आर. गुप्ता® कृत

पॉपुलर मास्टर गाइड

KVS

केन्द्रीय विद्यालय संगठन

लाइब्रेरियन

भर्ती परीक्षा

RPH संपादक मंडल

द्वारा संपादित

Thoroughly Revised Edition

2027
EDITION

रमेश पब्लिशिंग हाउस, नई दिल्ली

प्रकाशक

ओ॰पी॰ गुप्ता, **रमेश पब्लिशिंग हाउस**

प्रशासनिक कार्यालय

12-H, न्यू दरियागंज रोड, ऑफिसर्स मेस के सामने,

नई दिल्ली-110002 ✆ 23275224, 23245124

E-mail: info@rameshpublishinghouse.com

For Online Shopping: www.rameshpublishinghouse.com

विक्रय केन्द्र

- बालाजी मार्किट, नई सड़क, दिल्ली-110006 ✆ 23282525 📱 9354373464
- 4457, नई सड़क, दिल्ली-110006

Book Code: R-1631

ISBN: 978-93-5012-410-9

मूल्य: ₹ 410

मुद्रक: बी.के. ऑफसैट, दिल्ली

अनुक्रमणिका

Scheme of Written Examination

Test Duration	180 Minutes	
Total Questions	180 Objective Type Multiple Choice Questions	
Total Marks	180 Marks	
Section Name	**Marks per Question**	**No. of Questions**
Part-I : Proficiency in Languages (30 marks)		
1. General English	01 mark per question	15
2. General Hindi		15
Part-II : General Awareness, Reasoning & Proficiency in Computers (50 marks)		
1. General Awareness & Current Affairs	01 mark per question	20
2. Reasoning Ability		20
3. Computer Literacy		10
Part-III : Subject-Specific : **Library & Information Science** (100 questions & 100 marks)		

PROFESSIONAL COMPETENCY TEST: 60 MARKS

(Demo Teaching-30 marks and Interview-30 marks)

पिछले प्रश्न-पत्र

केन्द्रीय विद्यालय संगठन (KVS)—लाइब्रेरियन

भर्ती परीक्षा 2023*

GENERAL ENGLISH

Directions (Qs. No. 1 and 2): *Rearrange the parts in* **correct** *order to make meaningful sentence:*

1. (*a*) is an ennobling form
(*b*) in performing their day-to-day activities
(*c*) helping the elderly
(*d*) of social service
A. (*c*), (*b*), (*a*), (*d*)
B. (*d*), (*a*), (*b*), (*c*)
C. (*b*), (*a*), (*c*), (*d*)
D. (*a*), (*b*), (*c*), (*d*)

2. (*a*) over a long period of time
(*b*) Babu Devaki Nandan Khatri's 'Chandrakanta'
(*c*) was serialised
(*d*) in local Hindi newspapers
A. (*c*), (*b*), (*d*), (*a*)
B. (*a*), (*b*), (*d*), (*c*)
C. (*b*), (*c*), (*d*), (*a*)
D. (*d*), (*a*), (*b*), (*c*)

Directions (Qs. No. 3 and 4): *Change the following sentence from Active Voice to Passive Voice:*

3. Why has the employer sacked the employee?
A. The employer has been sacked by the employee – why?
B. Why has the employee been sacked by the employer?
C. Why the employee has been sacked by the employer?
D. Why is the employee sacked by the employer?

4. The violent thunderstorm frightened the jungle animals.
A. The violent thunderstorm was frightened by the jungle animals.
B. The animals were frightened by the storm.
C. The jungle animals have been frightened by the violet thunderstorm.
D. The jungle animals were frightened by the violent thunderstorm.

Directions (Qs. No. 5 and 6): *Fill in the blank with correct preposition.*

5. He is justifiably proud ______ his achievements in sports activities.
A. with
B. of
C. from
D. for

6. All companies should adhere ______ the rules and regulations operating in their fields.
A. of
B. with
C. to
D. from

1. A	**2.** C	**3.** B	**4.** D	**5.** B	**6.** C

*Exam held on 06-03-2023

Directions (Qs. No. 7 and 8): *Identify the correct tense form of the underlined part in the given sentence.*

7. They have been living in Europe for a long time now.
   A. Present Continuous
   B. Present Perfect Continuous
   C. Present Perfect
   D. Simple Present

8. They had finished eating long before we reached the restaurant.
   A. Simple Present B. Present Perfect
   C. Simple Past D. Past Perfect

Directions (Qs. No. 9 and 10): *Identify the part which contains an error.*

9. Lata Mangeshkar has sung (*a*)/ a large number of songs (*b*)/ in Hindi cinema, (*c*)/ isn't it? (*d*)
   A. (*a*) B. (*b*)
   C. (*c*) D. (*d*)

10. Why can't you (*a*)/ adjust for (*b*)/ your parents (*c*)/ and live with them? (*d*)
    A. (*a*) B. (*b*)
    C. (*c*) D. (*d*)

Directions (Qs. No. 11 and 12): *Choose the word nearest in meaning to the given word.*

11. COERCE
    A. shout B. compel
    C. rebuke D. admonish

12. BOISTEROUS
    A. crowded B. illegal
    C. noisy D. chaotic

Directions (Qs. No. 13 and 14): *Choose the word opposite in meaning to the given word.*

13. CURSORY
    A. rapid B. scholarly
    C. intensive D. superficial

14. AVERSION
    A. praise B. worship
    C. indifference D. liking

15. Identify the part of speech of the underlined word.

    There is something endearing about his personality.
    A. Adverb B. Preposition
    C. Conjunction D. Adjective

सामान्य हिन्दी

निर्देशः (प्र. सं. 16 से 20 तक): निम्नलिखित गद्यांश को ध्यानपूर्वक पढ़िए और उसके आधार पर दिए गए प्रश्न का उत्तर दीजिए:

कबीर का उद्देश्य काव्य-रचना करना नहीं था। वे तो निर्गुण को वाणी के द्वारा व्यक्त करना चाहते थे। इस कार्य को करते-करते कविता भी अपने आप बन गयीं। उनकी वाणी अटपटी कही गयी है। वे भाषा पर शासन करते थे और शब्द को अपना मनचाहा अर्थ देने के लिए विवश कर देते थे। आज हिन्दी के श्रेष्ठ कवियों में उनकी गणना की जाती है और लोग बड़ी श्रद्धा से उनके पद गाते हैं।

16. कबीर की कविता बन गयी:
    A. यात्रा करते-करते
    B. समाज की बुराईयों को देखते-देखते
    C. निर्गुण की अभिव्यक्ति करते-करते
    D. धर्म-प्रचार करते-करते

7. B **8.** D **9.** D **10.** B **11.** B **12.** C **13.** C **14.** D **15.** B **16.** C

17. कबीर का उद्देश्य था:
A. काव्य रचना
B. काव्य-प्रचार
C. निर्गुण को वाणी द्वारा व्यक्त करना
D. सगुणोपासना

18. कबीर के बारे में कौन-सा कथन सही है?
A. वे रामभक्त कवि कहलाते थे
B. उनके आराध्य दशरथ-पुत्र राम थे
C. उनके पद बड़ी श्रद्धा से गाए जाते हैं
D. उनकी गणना श्रेष्ठ कवियों में कम ही होती है

19. कबीर के बारे में कौन-सा कथन सही है?
A. कबीर सगुणोपासना के समर्थक थे
B. कबीर की आस्था सामाजिक आडंबरों में थी
C. कबीर भाषा पर शासन करते थे
D. कबीर बनारस में दफनाए गए थे

20. भाषा के बारे में कबीर की विशेषता थी:
A. वे केवल राजस्थानी में रचना करते थे
B. वे केवल ब्रजभाषा में रचना करते थे
C. वे शब्द को मनचाहा अर्थ देने के लिए विवश कर देते थे
D. कबीर को निर्गुण कवियों में वह स्थान न मिला

21. निम्नलिखित में भाववाचक संज्ञा शब्द है:
A. मिठास
B. परमात्मा
C. सभा
D. नदी

22. 'आभ्यंतर' शब्द का विलोमार्थी शब्द है:
A. प्रत्यंतर B. समांतर
C. बाहरी D. बाह्य

23. 'सोना' शब्द का पर्यायवाची शब्द नहीं है:
A. स्वर्ण B. हिम
C. कनक D. हाटक

24. 'तिरंगा' शब्द उदाहरण है:
A. द्विगु समास का
B. कर्मधारय समास का
C. बहुव्रीहि समास का
D. तत्पुरुष समास का

25. व्यंजन संधि वाला शब्द है:
A. उद्गम
B. धनुष्टंकार
C. मनस्ताप
D. निश्चल

26. निम्नलिखित में गुणवाचक विशेषण है:
A. भीतरी B. बाहरी
C. अधूरा D. दुबला

27. निम्नलिखित शब्द युग्मों में तत्सम-तद्भव का असंगत युग्म है:
A. कोकिल – कोयल
B. जिह्वा – जीभ
C. क्षार – खार
D. सोना – स्वर्ण

28. निम्नलिखित में एकार्थी शब्द है:
A. अपयश B. अभिजात
C. अरुण D. अवधि

29. 'आग उगलना' मुहावरे का सटीक अर्थ है:
A. नाराज होना
B. क्रोधित होना
C. अत्यंत क्रोधित होना
D. लड़ाई करवाना

30. निम्नलिखित में वर्तनी की दृष्टि से शुद्ध शब्द है:
A. छत्रिय
B. मध्यान्ह
C. स्वास्थ
D. माहात्म्य

17. C	**18.** C	**19.** C	**20.** C	**21.** A	**22.** D	**23.** B
24. A	**25.** A	**26.** A, B, D	**27.** D	**28.** A	**29.** C	**30.** D

सामान्य ज्ञान एवं समसामयिक

31. स्वतंत्रता से पहले भारतीय धातु-विज्ञान के बारे में निम्नलिखित कथनों पर विचार कीजिए:

(*a*) टीपू सुल्तान की तलवार 'वुट्ज' नामक उच्च कार्बन सिल्वर से बनी हुई थी

(*b*) टाटा आयरन और स्टील कंपनी (टिस्को) की स्थापना सन् 1912 से सुवर्णरिखा नदी के किनारे की गई थी।

(*c*) सुप्रसिद्ध वैज्ञानिक माइकल फराडे ने 19वीं शताब्दी के आंरभ में कन्नड़ में 'UKKU' नामक भारतीय इस्पात की विशेषताओं का अध्ययन करनें में चार वर्ष बिताए।

नीचे दिए गए कूट से सही उत्तर का चयन कीजिए:

A. केवल (*a*)
B. केवल (*a*) और (*b*)
C. केवल (*b*) और (*c*)
D. केवल (*a*) और (*c*)

32. निम्नलिखित में से कौन-से अनुच्छेद को भारत के संविधान के भाग-तीन (मूल अधिकार) में वर्ष 1976 में अंतर्विष्ट किया गया था किंतु 1977 में भारत की संसद द्वारा निरस्त कर दिया गया था?

A. सेना विधि के प्रवृत्त होने के दौरान मूल अधिकारों पर प्रतिबंध
B. राष्ट्र-विरोधी क्रिया-कलाप के संबंध में विधियों की व्यावृत्ति
C. धार्मिक कार्यों के प्रबंध की स्वतंत्रता
D. कुछ दशाओं में गिरफ्तारी और निरोध से संरक्षण

33. निम्नलिखित में से कौन भारत की संविधान सभा के एक सदस्य और भारत रत्न पाने वाले पहले व्यक्ति थे?

A. सी. राजगोपालाचारी
B. जाकिर हुसैन
C. राजेन्द्र प्रसाद
D. के. कामराज

34. भारत में 1857 के विद्रोह के समकालीन चीन में महान शांति की ईश्वरीय राजशाही (हेवनली किंगडम ऑफ ग्रेट पीस) की स्थापना की मांग करने वाला लोकप्रिय विद्रोह कौन-सा था।

A. वाइट लोट्स विद्रोह
B. ताइपिंग विद्रोह
C. ऐट ट्राइग्राम्स विद्रोह
D. बॉक्सर विद्रोह

35. संयुक्त राष्ट्र जलवायु परिवर्तन सम्मेलन (COP 26), 2021 में भारत ने किस वर्ष तक निवल शून्य कार्बन उत्सर्जन लक्ष्य तक पहुँचने की प्रतिज्ञा ली है?

A. 2050
B. 2060
C. 2070
D. 2080

36. वर्ष 1960 में ARPANET पर अपने कार्य के माध्यम से 'क्लाउड क्म्प्यूटिंग' की खोज किसने की थी?

A. जोसेफ कार्ल रॉबनेट लिकलाइडर
B. लेडी एडा लवलेस
C. निकोलस कार
D. जीन मैरी वॉलैंड

37. निम्नलिखित में से शीतोष्ण घास के मैदान के उदाहरण कौन-सा से हैं?

A. प्रेयरी
B. स्टेपी
C. कंपोस

नीचे दिए गए कूट से सही उत्तर का चयन कीजिए:

A. केवल (*a*)
B. केवल (*c*)
C. केवल (*a*) और (*b*)
D. केवल (*b*) और (*c*)

31. C **32.** B **33.** A **34.** B **35.** C **36.** A **37.** C

38. 1990 के आरंभ में युगोस्लाविया के विघटन से निम्नलिखित में से कौन-से स्वतंत्र देशों का निर्माण हुआ?

(*a*) क्रोएशिया गणराज्य

(*b*) स्लोवेनिया गणराज्य

(*c*) अल्बानिया गणराज्य

नीचे दिए गए कूट से सही उत्तर का चयन कीजिए:

A. केवल (*a*) B. केवल (*a*) और (*b*)

C. केवल (*b*) और (*c*) D. केवल (*a*) और (*c*)

39. निम्नलिखित में से कौन-से शहर को उसकी आप्रवासियों की बड़ी संख्या के कारण '72 देशों का शहर' (सिटी ऑफ 72 नेशंस) कहा जाता है?

A. ज्यूरिक B. तेहरान

C. वियना D. सिंगापुर

40. निम्नलिखित में से कौन-से ग्रह/ग्रहों का कोई चन्द्रमा नहीं है?

(*a*) बुध

(*b*) शुक्र

(*c*) मंगल

नीचे दिए गए कूटों से सही उत्तर का चयन कीजिए:

A. केवल (*a*) B. केवल (*c*)

C. केवल (*a*) और (*b*) D. केवल (*b*) और (*c*)

41. शरीर में भोजन ले जाने की प्रक्रिया कहलाती है ________।

A. अंतर्ग्रहण B. स्वांगीकरण

C. अवशोषण D. बहिःक्षेपण

42. अमरबेल एक ________ है।

A. परजीवी B. कीटाहारी पादप

C. मृतपोषी D. स्वपोषी

43. जनवरी, 2023 में इंदौर में आयोजित 17वें प्रवासी भारतीय दिवस सम्मेलन के अवसर पर जारी स्मारक डाक टिकट का थीम क्या था?

A. 'एक भारत श्रेष्ठ भारत'

B. 'वसुधैव कुटुम्बकम'

C. 'अतिथि देवो भव'

D. 'सुरक्षित जाएं, प्रशिक्षित जाएं'

44. अखिल भारतीय पीठासीन अधिकारियों का सम्मेलन (AIPOC) के बारे में निम्नलिखित कथनों पर विचार कीजिए, और गलत कथन की पहचान कीजिए।

A. अखिल भारतीय पीठासीन अधिकारी सम्मेलन (AIPOC) भारत में विधानमंडलों का शीर्ष निकाय है जिसने वर्ष 2020 में अपने सौ वर्ष पूरे किए हैं।

B. 82वां AIPOC वर्ष 2021 में शिमला में हुआ था।

C. 83वां AIPOC 11 जनवरी, 2023 में जयपुर में हुआ था।

D. AIPOC का पहला सम्मेलन 1921 में शिमला में हुआ था।

45. निम्नलिखित में से यू.एन. हैबिटेट अवार्ड्स की भागीदारी में वर्ल्ड हैबिटेट 2023 का स्वर्ण विजेता कौन है?

A. 'जागा मिशन', भारत

B. 'होम्स फॉर गुड', स्कॉटलैंड

C. 'हाउसिंग एक्शन ग्रुप', नामीबिया

D. सिफो (SIPHO), स्पेन

46. भारत सरकार द्वारा सरकारी मंत्रालयों/विभागों/कार्यालयों/संगठनों को डिजिटल इंडिया पुरस्कार, 2022 दिए गए थे। निम्नलिखित में से कौन-सा संगठन 'डाटा शेयरिंग एंड यूज फॉर सोशियो-इकॉनोमिक डेवलपमेंट' के अंतर्गत 'प्लेटिनम अवार्ड' का विजेता रहा?

A. स्मार्ट सिटी मिशन (आवासन और शहरी विकास मंत्रालय)

B. केन्द्रीय माध्यमिक शिक्षा बोर्ड (सीबीएसई)

C. सेंटर फॉर ई-गवर्नेंस (कर्नाटक)

D. डिजिटल वर्कफोर्स मैनेजमेंट सिस्टम (केरल)

38. B **39.** B **40.** C **41.** A **42.** A **43.** D **44.** A **45.** B **46.** A

47. वर्ष 2022 में साहित्य के लिए नोबेल पुरस्कार किस लेखक ने जीता?

A. एलिस मुनरो
B. काजुओ इशिगुरो
C. एनी इरनॉक्स
D. अब्दुल रजाक गुरनाह

48. निम्नलिखित में से भूटान के प्रधानमंत्री कौन हैं?

A. दोरजी वांगडी
B. वांगचुक नामग्याल
C. येसहे पन्जोर
D. डॉ. लोटे शेरिंग

49. वर्ष 2022 में हुए फीफा विश्व कप के सेमी-फाइनल में कौन-सी चार टीमों ने भाग लिया था?

A. अर्जेंटीना, क्रोएशिया, ब्राजील और फ्रांस
B. फ्रांस, अर्जेंटीना, क्रोएशिया और मोरक्को
C. फ्रांस, पुर्तगाल, अर्जेंटीना और क्रोएशिया
D. अर्जेंटीना, नीदरलैंड, फ्रांस और मोरक्को

50. निम्नलिखित में से 3,200 किलोमीटर से अधिक की दूरी तय करने वाला विश्व का सबसे लंबा रिवर क्रूज कौन-सा है?

A. 'स्प्रिट ऑफ गंगा'
B. 'अपर गंगा क्रूज'
C. 'गंगा विलास क्रूज'
D. 'लोअर गंगा क्रूज'

तार्किक अभिक्षमता

51. '::' के बायीं ओर दिए शब्दों के बीच एक विशेष संबंध है और :: के दायीं ओर एक शब्द दिया गया है। दिए गए विकल्पों में से दूसरे ऐसे शब्द का चयन कीजिए जिसका दिए गए शब्द से वही संबंध हो जो दिए गए शब्द-युग्म के बीच है।

ग्रह : बृहस्पति :: द्वीप : ?

A. आयरलैंड
B. नीदरलैंड
C. ग्रीनलैंड
D. स्कॉटलैंड

52. एक कतिपय कूट भाषा में यदि 'CONSIDER' को 'CNOISEDR' के रूप में लिखा जाता है तो 'MANAGERS' को उस कूट भाषा में किस प्रकार लिखा जाएगा?

A. MBNBGFST
B. NAOAHERT
C. NBOBGDST
D. MNAGARES

53. चार शब्द दिए गए हैं इनमें से तीन किसी न किसी रूप में समान हैं जबकि एक भिन्न है। भिन्न शब्द का चयन कीजिए।

A. संपादक
B. फोटोग्राफर
C. रिपोर्टर
D. पाठक

54. जब सचित अपने स्कूल पहुँचता है तो उसकी स्कूल बस का मुँह दक्षिण दिशा की ओर होता है। उसके घर से चलकर वह दो बार बाईं ओर मुडती है और स्कूल पहुँचने से पहले दायीं ओर मुड़ती है। जब उसके घर के सामने बस-स्टॉप को छोड़ती है तो बस का मुँह किस दिशा में होता है?

A. उत्तर
B. पूर्व
C. पश्चिम
D. दक्षिण

55. एक पुस्तकालय में चिकित्सा, पाककला और इंजीनियरिंग विषय की पुस्तकें पीले कवर में हैं जबकि कढ़ाई और विधि विषय की पुस्तकें भूरे कवर में हैं। साथ ही, इंजीनियरिंग और पाककला विषय की पुस्तकों के नए संस्करण हैं जबकि चिकित्सा, विधि और कढ़ाई विषय की पुस्तकों के पुराने संस्करण हैं।

किस विषय की पुस्तक पीले कवर में है और उसका पुराना संस्करण है?

A. विधि
B. कढ़ाई
C. चिकित्सा
D. पाककला

47. C **48.** D **49.** B **50.** C **51.** C **52.** D **53.** D **54.** C **55.** C

56. दो कथन हैं जिन्हें अभिकथन (A) और तर्क (R) के रूप में दर्शाया गया है:

अभिकथन (A): फसल के साथ खपतवार को नहीं उगने देना चाहिए।

तर्क (R): खपतवार, उन अनिवार्य पोषक तत्वों का अवशोषण कर लेते हैं जिनकी फसल को वृद्धि के लिए आवश्यकता होती है।

नीचे दिए गए कोड के अनुसार अपना उत्तर अंकित कीजिए:

A. (A) और (R) दोनों सत्य हैं, और (R), (A) का सही स्पष्टीकरण है।
B. (A) और (R) दोनों सत्य हैं, और (R), (A) का सही स्पष्टीकरण नहीं है।
C. (A) सत्य है, और (R) असत्य है।
D. (A) असत्य है, और (R) सत्य है।

57. नीचे एक प्रश्न दिया गया है जिसके बाद दो कथन I और II दिए गए हैं जिनमें प्रत्येक में कुछ जानकारी दी गई है। यह निर्णय कीजिए कि कौन-सा/से कथन प्रश्न का उत्तर देने के लिए पर्याप्त है/हैं?

प्रः X का ललित से क्या संबंध है?

I. रवि ललित का भाई है।
II. X का पिता रवि का पुत्र है।

A. अकेल कथन-I ही प्रश्न का उत्तर देने के लिए पर्याप्त है जबकि कथन-II अकेले प्रश्न का उत्तर देने के लिए पर्याप्त नहीं हैं।
B. अकेले कथन-II ही प्रश्न का उत्तर देने के लिए पर्याप्त है जबकि कथन-I अकेले उत्तर देने के लिए पर्याप्त नहीं है।
C. कथन-I और कथन-II, दोनों साथ मिलकर भी प्रश्न का उत्तर देने के लिए आवश्यक हैं।
D. कथन-I और कथन-II, दोनों मिलकर भी प्रश्न का उत्तर देने के लिए पर्याप्त नहीं हैं।

58. ऐसी कितनी सम संख्याएँ हैं जिनके पहले विषम संख्या है और तत्काल बाद भी विषम संख्या?

4, 7, 3, 8, 3, 5, 5, 3, 4, 9, 8, 6, 7, 2

A. 3
B. 4
C. 2
D. 6

59. निम्नलिखित आरेख गेहूँ, चना और चावल की खेती वाले क्षेत्रों को दर्शाता है:

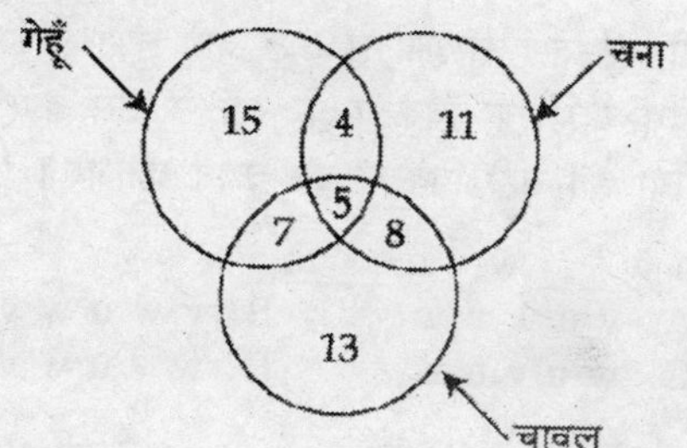

तीनों फसलों की कृषि करने वाले क्षेत्र का अनुपात उस क्षेत्र से ज्ञात कीजिए जहाँ चावल की कृषि नहीं होती।

A. 1 : 4
B. 1 : 5
C. 1 : 6
D. 1 : 7

60. सात मित्र A, B, C, D, E, F और G एक वृत्ताकार मेज के चारो ओर केन्द्र की ओर मुँह करके बैठे हैं। 'C', 'A' तथा 'E' का पड़ोसी है। 'G' जो 'B' के बाईं ओर तीसरे स्थान पर बैठा है, 'E' तथा 'F' का पड़ोसी है। 'D', 'G' तथा 'C' का पड़ोसी नहीं है। 'A', 'B' तथा 'C' का पड़ोसी है।

'D' और 'G' के बीच में कौन बैठा है?

A. A
B. B
C. E
D. F

56. A	57. D	58. C	59. C	60. D

61. पाँच व्यक्ति P, Q, R, S और T गेंद के साथ एक खेल खेलते हैं। जिस व्यक्ति के पास सबसे पहले गेंद होती है वह उसे 'R' को देता है। जिसके पास सबसे अंत में गेंद होती है उसे वह 'P' से मिलती है। 'T' गेंद पाने वाला अंतिम या पहला व्यक्ति नहीं है। 'Q' और 'P' के बीच में दो खिलाड़ी हैं।

अंत में गेंद किसके पास है?

A. P B. Q
C. R D. S

62. दी गई वर्ण शृंखला में कुछ वर्ण लुप्त हैं जिन्हें नीचे दिए गए एक विकल्प के रूप में उस क्रम में दिया गया हैं। सही विकल्प का चयन कीजिए।

u w _ _ w v u _ _ u _ v

A. v u w v w B. v w u w v
C. w u v u w D. w v u w v

63. एक कूट भाषा में 'Roses are red' को 'Kew xas deko' के रूप में, 'Flowers are beautiful' को 'Kew tepo qua' के रूप में और 'Red flowers' को 'deko tepo' के रूप में लिखा जाता है। 'Roses' को उस भाषा में किस प्रकार लिखा जाता है?

A. Kew B. xas
C. deko D. tepo

64. यदि $A \leq B$, $A > C$ और $B \leq D$ है तो निम्नलिखित में से कौन-सा सत्य है?

A. $C \geq B$ B. $C > D$
C. $D = C$ D. $C < D$

65. 'P + Q' का अर्थ है कि 'P', 'Q' का पुत्र है; 'P – Q' का अर्थ है कि 'P', 'Q' का पति है; 'P ÷ Q' का अर्थ है कि 'P', 'Q' की बहन है तथा 'P × Q' का अर्थ है कि 'P', 'Q' की माता है।

यदि A ÷ R + C – B, तो 'B' का 'A' से क्या संबंध है?

A. बहन B. माता
C. पुत्री D. चाची

66. नीचे दिए गए शब्द के अक्षर अव्यवस्थित हो गए हैं तथा प्रत्येक अक्षर की एक संख्या निर्धारित की गई है। उस संख्या संयोजन का चयन कीजिए जिसके अनुसार अक्षरों को व्यवस्थित किए जाने पर कोई सार्थक शब्द बनेगा।

U	T	R	S	P	I	D
1	2	3	4	5	6	7

A. 4 2 1 5 6 3 7 B. 3 1 4 2 5 6 7
C. 2 1 3 4 6 5 7 D. 7 6 4 3 1 5 2

67. नीचे दो कथन दिए गए हैं जिनके बाद निष्कर्ष I और II दिए गए हैं। आपको दोनों कथनों को सत्य मानना है चाहे वे सामान्य ज्ञात तथ्यों से भिन्न ही क्यों न हों। निष्कर्षों को पढ़िए और फिर यह निर्णय कीजिए कि नीचे दिए गए निष्कर्षों में से कौन-सा/से निष्कर्ष दिए गए दोनों कथनों से तार्किक रूप से निकलता है/निकलते हैं।

कथनः

सभी शेर चूहे हैं।

सभी चूहे चींटे हैं।

निष्कर्षः

I. सभी शेर चींटे हैं।

II. सभी चींटे शेर हैं।

A. केवल निष्कर्ष I निकलता है।
B. केवल निष्कर्ष II निकलता है।
C. न तो निष्कर्ष I न ही निष्कर्ष II निकलता है।
D. निष्कर्ष I तथा निष्कर्ष II दोनों निकलते हैं।

68. एक शब्द दिया गया है जिसके बाद चार विकल्प दिए गए हैं जिनमें से दिए गए शब्द के अक्षरों का प्रयोग करके जो शब्द बनाया जा सकता है उस शब्द को ज्ञात कीजिए:

APPRECIATION

A. ACTION B. APPEAL
C. PIECE D. TREAT

61. D **62.** A **63.** B **64.** D **65.** B **66.** D **67.** A **68.** A

69. मैरी, अनिल की पत्नी है। नीतू, मयंक की बहन है। अनिल, दिनेश का पुत्र है और मयंक, अनिल का पुत्र है। नीतू का मैरी से क्या संबंध है?

A. बहन B. पुत्री

C. दादी D. नातिन

70. निम्नलिखित वेन आरेखों में से उसे चुनिए जो दिए गए तीन वर्गों के बीच संबंध को सर्वोत्तम रूप से निरूपित करता है?

महिलाएँ, अध्यापक, माताएँ

A. 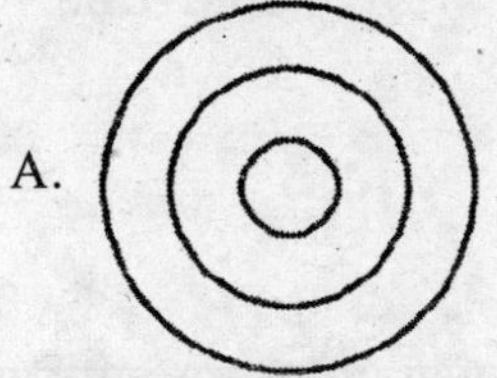

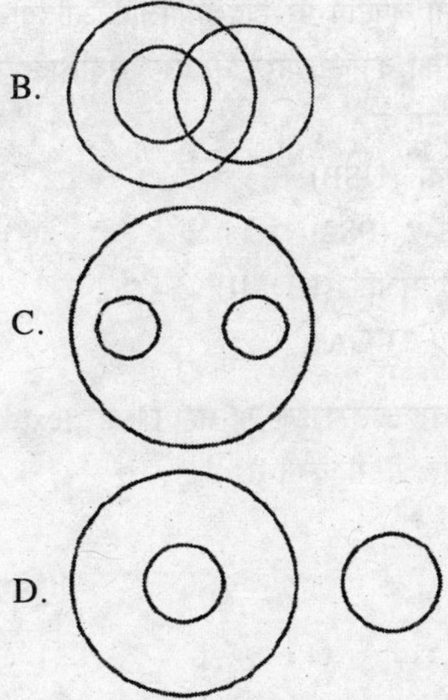

कम्प्यूटर शिक्षण

71. निम्नलिखित में से कौन-सा एक इनपुट डिवाइस नहीं है?

A. टचपैड B. प्लॉटर

C. जॉयस्टिक D. बारकोड स्कैनर

72. नीचे दिए गए विकल्पों में से किसकी मेमोरी यूनिट सर्वाधिक होती है?

A. Kilo Byte B. Peta Byte

C. Exa Byte D. Giga Byte

73. निम्नलिखित में से कौन-सा एक ऑपरेटिंग सिस्टम नहीं है?

A. MacOS B. MS Windows

C. Linux D. Mozilla Firefox

74. कौन-सी कंपनी एंटीवायरस सॉफ्टवेयर नहीं बनाती है?

A. नॉर्टन B. टेली

C. मेकैफी D. केस्परस्काई

75. अब्दुल शेख एक ओपन सोर्स सॉफ्टवेयर का प्रयोग करके अपने स्टॉफ के प्रशिक्षण के लिए एक डिजिटल प्रस्तुति (presentation) बनाने के इच्छुक हैं। आप इसके लिए निम्नलिखित में से किसका सुझाव देंगे?

A. इम्प्रेस (Impress)

B. काल्क (Calc)

C. राइटर (Writer)

D. पावरप्वाइंट (Powerpoint)

76. गुल पाटिल एक नया स्मार्टफोन खरीदने की योजना बना रही है। उसे निम्नलिखित में से किस पहलू के बारे में चिंता नहीं करनी चाहिए?

A. इंटरनल मेमोरी

B. कैमरा पिक्सल

C. ऑपरेटिंग सिस्टम

D. इथरनेट पोर्ट

69. B **70.** B **71.** B **72.** C **73.** D **74.** B **75.** A **76.** D

77. किसी पीसी/लैपटॉप पर हाई क्वालिटी ऑडियो-वीडियो आउटपुट को कनेक्ट करने के लिए सर्वाधिक उपयुक्त पोर्ट कौन-सा है?

A. यूएसबी (USB)

B. पीएस 2 (PS2)

C. एचडीएमआई (HDMI)

D. वीजीए (VGA)

78. एमएस पावरप्वाइंट फाइल का सही विस्तार (extension) निम्नलिखित में से कौन-सा है?

A. pptx B. pdocx

C. pwpt D. ppoint

79. _______ किसी एक्सेल फाइल का फाइल विस्तार (file extension) है।

A. excel B. xlsx

C. xcl D. xelx

80. निम्नलिखित में से कौन-सा आरडीबीएमएस (RDBMS) का एक उदाहरण नहीं है?

A. MySQL B. MS SQL Server

C. MS Word D. IBM DB2

विषय संबंधित प्रश्न

81. निम्नलिखित में से 'पुस्तकालयों के राष्ट्रीय मिशन' (एन.एम.एल.) के लिए केन्द्रीय नोडल एजेन्सी कौन-सी है?

A. निस्केयर (NISCAIR)

B. भारतीय राष्ट्रीय पुस्तकालय

C. आर.आर.आर.एल.एफ.

D. दिल्ली पब्लिक लाइब्रेरी

82. 'एस.आर. रंगनाथन की फाइव लॉज ऑफ लाइब्रेरी साइंस' का प्रथम प्रकाशक कौन था?

A. थॉमसन

B. एडवर्ड गोल्डस्टन

C. एशिया पब्लिशिंग हाउस

D. ऑक्सफोर्ड

83. किस वर्ष 'अरुणाचल प्रदेश सार्वजनिक पुस्तकालय अधिनियम' को अधिनियमित किया गया?

A. 2003 B. 2006

C. 2009 D. 2011

84. निम्नलिखित अधिनियमों को उनके पुस्तकालय विधान के अधिनियम वर्ष के अनुसार व्यवस्थित कीजिए:

(*i*) छत्तीसगढ़ सार्वजनिक पुस्तकालय अधिनियम

(*ii*) गुजरात सार्वजनिक पुस्तकालय अधिनियम

(*iii*) मिजोरम सार्वजनिक पुस्तकालय अधिनियम

(*iv*) बिहार सार्वजनिक पुस्तकालय अधिनियम

A. (*i*), (*iii*), (*ii*), (*iv*)

B. (*iii*), (*ii*), (*iv*), (*i*)

C. (*ii*), (*iii*), (*i*), (*iv*)

D. (*iii*), (*iv*), (*ii*), (*i*)

85. एस.आर. रंगनाथन के अनुसार 'सूक्ष्म विषय' है:

A. लघु विस्तार और अत्यधिक गहराई वाला विषय

B. दो या दो से अधिक विषयों के युग्म से बना हुआ विषय

C. बहुत छोटे विस्तार के साथ विषय

D. अधिकाधिक विस्तार और अत्यन्त सूक्ष्म गहराई के साथ विषय

86. सूचीकरण में 'साइनो लोको' (Sino loco) का आशय _______ है।

A. लेखक के नाम के बिना

B. वर्ष के बिना

C. स्थान के बिना

D. वर्गांक के बिना

77. C	**78.** A	**79.** B	**80.** C	**81.** C	**82.** B	**83.** C	**84.** B	**85.** A	**86.** C

87. क्लासिफाइड कैटलॉग कोड (संस्करण 5) के अनुसार निम्नलिखित में से कौन-सा मुख्य प्रविष्टि का भाग नहीं है?

A. आख्या भाग B. नाम भाग

C. अग्र भाग D. संलेख भाग

88. पुस्तक 'हैडिंग एण्ड केनन्स' का लेखक कौन है?

A. बी.एस. केसवन B. कृष्ण कुमार

C. एस.आर. रंगनाथन D. पी.एन. कौल

89. द्विबिन्दु वर्गीकरण में, मूलभूत वर्ग 'मेडीसिन' में 'विशिष्ट वर्गों' का अनुक्रम किस नियम के आधार पर चयनित किया गया है?

A. विकास-अवतरता नियम

B. काल-अवतरता नियम

C. दैशिक सामीप्य नियम

D. आनुवर्णिक अनुक्रम नियम

90. निम्नलिखित में से डी.डी.सी. (19वां संस्करण) की कौन-सी तालिका 'रेशियल, एथनिक, नेशनल ग्रुप्स' के साथ संबंधित है।

A. तालिका-1 B. तालिका-2

C. तालिका-5 D. तालिका-7

91. "यदि एक विषय में पक्ष 'ब', पक्ष 'अ' का अंग है, तब 'अ' को 'ब' से पहले आना चाहिए"– यह किससे संबंधित है?

A. गाय-बछड़ा नियम

B. काल-अवतरता नियम

C. प्रदक्षिणता नियम

D. सम्पूर्ण-अवयव नियम

92. डी.डी.सी. के अनुसार 'अनइम्प्लाइड कारपेन्टर्स' किसका उदाहरण है?

A. सरल विषय B. जटिल विषय

C. मिश्रित विषय D. सम्पूर्ण विषय

93. 'फेसेटेड एप्लिकेशन ऑफ सब्जेक्ट टर्मिनोलॉजी' (FAST) ______ के द्वारा विकसित की गई।

A. ओ.सी.एल.सी. B. इफ्ला

C. ए.एल.ए. D. सिलिप

94. द्विबिन्दु वर्गीकरण (छठवें संस्करण) के मुख्य वर्ग 'ओ' साहित्य के पक्ष के सही अनुक्रम की पहचान कीजिए:

A. रूप, कृति, भाषा, लेखक

B. भाषा, रूप, लेखक, कृति

C. रूप, भाषा, लेखक, कृति

D. कृति, भाषा, रूप, लेखक

95. निम्नलिखित में से कौन-से 'डी स्पेस' के साथ संबंधित हैं?

(*a*) निःशुल्क ओपन सॉफ्टवेयर

(*b*) उपभोक्ताओं की आवश्यकताओं के अनुरूप पूर्णतया ग्राहकीकृत

(*c*) गूगल स्कालर अनुक्रमणीकरण के लिए आशान्वित

(*d*) 51 भाषाओं में इन्टरफेस उपलब्ध

A. (*b*), (*c*) और (*d*) सही हैं।

B. (*a*), (*b*) और (*d*) सही हैं।

C. (*a*), (*b*) और (*c*) सही हैं।

D. (*a*), (*c*) और (*d*) सही हैं।

96. एक 'नेटवर्क में बैंडविड्थ' को ______ कहा जाता है।

A. नेटवर्क का आकार

B. नेटवर्क में दूरी

C. डेटा अन्तरण दर का मापन

D. कम-से-कम डेटा अन्तरण दर का मापन

97. किस वित्तीय अनुमान की विधि में, प्रति व्यक्ति जनसंख्या की न्यूनतम राशि निश्चित है?

A. प्रति व्यक्ति विधि

B. आनुपातिक विधि

C. विवरण विधि

D. शून्य आधारित बजट विधि

87. B **88.** C **89.** A **90.** C **91.** D **92.** B **93.** A **94.** B **95.** C **96.** C **97.** A

98. 'आई.एस.ओ. 31000' किसका अन्तर्राष्ट्रीय मानक है?

A. पुस्तकालय प्रबंधन

B. ऊर्जा प्रबंधन

C. स्थान प्रबंधन

D. जोखिम प्रबंधन

99. 'जर्नल ट्रांसलेशन टुडे' ______ का प्रकाशन है।

A. निस्केयर (NISCAIR)

B. राष्ट्रीय अनुवाद मिशन

C. इन्फ्लिबनेट (INFLIBNET)

D. वैज्ञानिक तथा तकनीकी शब्दावली आयोग

100. संदर्भ सेवा के ''रूढ़िवादी, मध्यमार्गी और उदारवादी'' सिद्धांतों को किसके द्वारा प्रतिपादित किया गया है?

A. एस.आर. रंगनाथन B. सैमुअल रोथस्टीन

C. जेम्स आई वायर D. मेलविल ड्यूवी

101. जीवन के रास्ते के प्रसंग प्रतिरूप ''एवरीडे लाइफ इनफॉर्मेशन सीकिंग' को किसने विकसित किया था?

A. सैंडा अरडेज B. डेविड एलिस

C. रीजो सेवोलेनेन D. एम.बी. ईसनबर्ग

102. 1949 में, त्रि-स्तरीय उपयोक्ता कार्यक्रम को किसने प्रस्तावित किया था?

A. इफ्ला

B. ए.एल.ए.-पब्लिक लाइब्रेरी सेक्शन

C. यू.के.-लाइब्रेरी एसोसिएशन के यूनिवर्सिटी एवं रिसर्च सेक्शन

D. हॉपकिन्स

103. निम्नलिखित में से कौन-सी गुणात्मक शोध विधि नहीं है?

A. आधारित अध्ययन B. हर्मेनेयुटिक्स

C. प्रयोगात्मक D. नृवंशीय अध्ययन

104. 'ग्रीन ग्लॉस' एक सेवा/कार्यक्रम है:

A. सिलिप B. ए.एल.ए.

C. इफ्ला D. ओ.सी.एल.सी.

105. ''ग्रन्थालय व्यवसाय सेल्समैनशिप है'', यह कथन किसने कहा है?

A. डब्ल्यू.सी.बी. सेयर्ज B. एस.आर. रंगनाथन

C. मारग्रेट हचिन्ज D. विलियम काट्ज

106. प्रबंधन परिवर्तन का तीन चरण मॉडलः 'अनफ्रीज, मूव अथवा चेंज एवं रीफ्रीज' किसके द्वारा प्रतिपादित किया गया?

A. आर.एम. कैन्टर B. कर्टे लेविन

C. जॉन कोटलर D. मैकिन्से

107. निम्नलिखित में से किन सार्वजनिक पुस्तकालय अधिनियमों में पुस्तकालय उपकर का प्रावधान है?

(*a*) कर्नाटक (*b*) गोवा

(*c*) हरियाणा (*d*) बिहार

कोडः

A. (*a*) एवं (*c*) सही हैं

B. (*a*) एवं (*b*) सही हैं

C. (*b*) एवं (*c*) सही हैं

D. (*a*) एवं (*d*) सही हैं

108. 'एयर इंडिया का महाराजा' किसका प्रतीक है?

A. कॉपीराइट B. स्टैण्डर्ड

C. पेटेन्ट D. ट्रेडमार्क

109. 'राष्ट्रीय पुस्तकालय मिशन' की स्थापना ______ की अध्यक्षता में की गई।

A. प्रो. दीपक पेन्टल

B. श्री सैम पित्रोदा

C. डॉ. जगदीश अरोड़ा

D. प्रो. सुबइया अरुणाचलम

110. ''यदि उपयोगकर्ता पुस्तकालय में नहीं आएंगे, तो पुस्तकालय को उपयोगकर्ता के पास जाना चाहिए'', यह कथन किसके द्वारा कहा गया?

A. विलियम ए काट्ज B. सैमुअल राथस्टीन

C. एस.आर. रंगनाथन D. मारग्रेट हचिन्स

98. D	**99.** B	**100.** C	**101.** C	**102.** C	**103.** C	**104.** D
105. B	**106.** B	**107.** A	**108.** D	**109.** A	**110.** A	

149. भारतीय राष्ट्रीय ग्रंथसूची ______ द्वारा प्रकाशित किया जाता है।

A. यू.जी.सी.

B. आर.आर.आर.एल.एफ.

C. सेन्ट्रल रेफरेंस लायब्रेरी (केन्द्रीय संदर्भ पुस्तकालय, कोलकाता)

D. भारतीय राष्ट्रीय पुस्तकालय

150. किन संस्थानों के विलय से (एन.आई.एस.सी.पी.आर.) 'नेशनल इंस्टीटयूट ऑफ साइंस कम्यूनिकेशन एण्ड पॉलिसी रिसर्च' अस्तित्व में आया?

(*a*) सी.एस.आई.आर. – निस्केयर

(*b*) सी.एस.आई.आर. – एनपीएल

(*c*) सी.एस.आई.आर. – निस्काम

(*d*) सी.एस.आई.आर. – निस्टैड्स

कूटः

A. (*b*) एवं (*d*) सही हैं

B. (*a*) एवं (*c*) सही हैं

C. (*a*) एवं (*b*) सही हैं

D. (*a*) एवं (*d*) सही हैं

151. 'साइंस डायरेक्ट डेटाबेस' ______ के द्वारा विकसित किया गया।

A. मैक्ग्रा हिल

B. एलिसवीयर

C. थॉमस रुटर्स

D. एमेराल्ड

152. 'मैक्ग्रा हिल इनसाइक्लोपीडिया ऑफ साइंस एंड टेक्नोलॉजी' का ऑनलाइन संस्करण ______ है।

A. एमसीजीएच ऑनलाइन (McGH Online)

B. साइंस ऑनलाइन

C. मैक्ग्रा हिल ऑनलाइन

D. एक्सेस साइंस

153. कन्टेंड्म (CONTENTdm) ______ की/का सेवा/कार्यक्रम है?

A. इफ्ला

B. यूनेस्को

C. ओ.सी.एल.सी.

D. ए.एल.ए.

154. 'डिजिटल एक्सैसिबल इन्फार्मेशन सिस्टम' (डैजी) संगठन ______ में स्थापित हुआ।

A. शिकागो, यू.एस.ए.

B. स्टॉकहोम, स्वीडन

C. हेग, नीदरलैंड

D. सिडनी, आस्ट्रेलिया

155. पुस्तकालय उपयोगकर्ताओं का अभिमुखीकरण (ओरिएंटेशन) एक प्रकार की ______ है।

A. वर्तमान जागरूकता सेवाएँ (सी.ए.एस.)

B. रेफरल सेवाएँ

C. संदर्भ सेवाएँ

D. प्रलेखन वितरण सेवा (डी.डी.एस.)

156. निम्नलिखित को सुमेलित कीजिएः

सूची-I (लेखक)	सूची-II (किताब)
(*a*) विलियम ए. काट्ज	(*i*) टैक्स्ट बुक ऑफ इन्फार्मेशन साइंस
(*b*) ए.जे. वेलफर्ड	(*ii*) इन्ट्रोडक्शन टू रेफरेंस वर्क
(*c*) सी.एम. वीनशैल	(*iii*) गाइड टू रेफरेंस बुक्स
(*d*) पी.एस. कावत्रा	(*iv*) गाइड टू रेफरेंस मैटीरियल

कूटः

	(*a*)	(*b*)	(*c*)	(*d*)
A.	(*iv*)	(*ii*)	(*iii*)	(*i*)
B.	(*ii*)	(*iv*)	(*iii*)	(*i*)
C.	(*i*)	(*iv*)	(*ii*)	(*iii*)
D.	(*iii*)	(*iv*)	(*ii*)	(*i*)

149. C **150.** D **151.** B **152.** D **153.** C **154.** B **155.** C **156.** B

157. निम्नलिखित को सुमेलित कीजिए:

सूची-I (निर्माणकर्ता)	सूची-II (सूचना साक्षरता मॉडल)
(*a*) माइक एजनबर्ग एवं बाब बेरकोविट्ज	(*i*) सॉस
(*b*) क्रीस्टीन सूसन ब्रूस	(*ii*) प्लस
(*c*) जेम्स हेरिंग	(*iii*) सेवन फेसीज ऑफ आईएल
(*d*) ट्रेवर बॉण्ड	(*iv*) बिग 6 मॉडल

कूटः

	(*a*)	(*b*)	(*c*)	(*d*)
A.	(*ii*)	(*iii*)	(*iv*)	(*i*)
B.	(*iv*)	(*iii*)	(*i*)	(*ii*)
C.	(*iii*)	(*iv*)	(*ii*)	(*i*)
D.	(*iv*)	(*iii*)	(*ii*)	(*i*)

158. 'सूचना साक्षरता 8WS मॉडल' किसके द्वारा प्रतिपादित किया गया?
A. ट्रेवल बॉण्ड B. एनेट लैम्ब
C. जेम्स हैरिंग D. माइक एजनबर्ग

159. ''वैज्ञानिक प्रबंधन' की अवधारणा को किसने प्रस्तावित (शुरुआत) किया?
A. पीटर ड्रकर B. एफ.डब्ल्यू. टेलर
C. हेनरी फेयोल D. पीटर ए. पायर

160. 'संचार के लिये उपयुक्त औपचारिक तरीके से तथ्यों, अवधारणाओं या निर्देशों' को _______ द्वारा सूचना के रूप में परिभाषित किया गया है।
A. ए.एल.ए. B. इफ्ला
C. एल.ए. D. यूनेस्को

161. यूनेस्को के अनुसार 'विश्व पुस्तक एवं कॉपीराइट दिवस' हर साल किस दिन मनाया जाता है?
A. 19 जनवरी B. 12 अगस्त
C. 23 अप्रैल D. 14 नवम्बर

162. आइसलिक (IASLIC) की स्थापना कब हुई थी?
A. 1933 B. 1951
C. 1955 D. 1961

163. आचार मानकों को बनाए रखने के लिए पुस्तकालयाध्यक्षों की आवश्यकता का सर्वप्रथम 1903 में उल्लेख किसके द्वारा किया गया था?
A. मेलविल डिवी B. डी.जे. फास्केट
C. आर. बेकर D. मेरी डब्ल्यू. प्लमर

164. शिकागो विश्वविद्यालय के द्वारा किस वर्ष में पुस्तकालयाध्यक्षता के प्रथम स्नातक स्कूल की स्थापना की गई थी?
A. 1920 B. 1922
C. 1926 D. 1930

165. _______ पुरस्कार ऐसे व्यक्ति को दिया जाता है, जिसने एक समिति या समूह में लगे एक स्वयंसेवक के रूप में इफ्ला के लिए विशिष्ट सेवा प्रदान की हो।
A. इफ्ला बेस्ट लाइब्रेरियन अवार्ड
B. इफ्ला मेडल
C. इफ्ला स्क्रोल ऑफ एपरिसिएशन
D. इफ्ला डायनामिक यूनिट एण्ड इम्पेक्ट अवार्ड

166. डबलिन कोर मेटाडेटा एलीमेंट सेट संस्करण 1.1 में कितने मेटाडेटा एलीमेंट्स हैं?
A. छह B. नौ
C. पन्द्रह D. अठारह

167. ''सूक्ष्म हो, सूक्ष्म हो, अतिसूक्ष्म नहीं हो'', किसने कहा है?
A. मेलविल डिवी B. ए.सी. फोस्केट
C. एस.आर. रंगनाथन D. एच.ई. ब्लिस

168. किस वर्गीकरण पद्धति को 'एक स्थान सिद्धांत' का पालन करने के लिए जाना जाता है?
A. लाइब्रेरी ऑफ काँग्रेस वर्गीकरण
B. विषय वर्गीकरण
C. ग्रन्थात्मक वर्गीकरण
D. द्विबिन्दु वर्गीकरण

157. D	**158.** B	**159.** B	**160.** D	**161.** C	**162.** C
163. D	**164.** C	**165.** C	**166.** C	**167.** D	**168.** B

169. निम्नलिखित में से कैरेक्टर यूजर इंटरफेस (CUI) आधारित ऑपरेटिंग सिस्टम कौन-से हैं?

(*a*) लाइनक्स (LINUX)

(*b*) यूनिक्स (UNIX)

(*c*) एम.एस. विण्डोज (MS-Windows)

(*d*) एम.एस. डॉस (MS-DOS)

कूटः

A. (*a*) एवं (*b*) सही हैं

B. (*b*) एवं (*c*) सही हैं

C. (*a*) एवं (*d*) सही हैं

D. (*b*) एवं (*d*) सही हैं

170. 'संदर्भों, अर्थ अथवा सत्य के अध्ययन' को _______ कहते हैं।

A. साहित्यिक-चौर्य B. महामारी विज्ञान

C. ज्ञानमीमांसा D. अर्थ मीमांसा

171. इंटरनेट प्रोटोकोल वर्जन 6 (IPv6) का विकास _______ के द्वारा किया गया था।

A. इंटरनेट इंजीनियरिंग टास्क फोर्स

B. इंटरनेट टैक्निकल सोसाइटी

C. इंटरनेट डेवलपमेंट टास्क फोर्स

D. इंटरनेट सोसाइटी

172. निम्नलिखित में से अमेरिकी सुरक्षा विभाग द्वारा प्रथमतः क्या प्रस्ताव दिया गया?

A. फार्मूला बजट

B. प्रोग्राम बजट

C. निष्पादन बजट

D. प्लैनिंग प्रोग्रामिंग बजटिंग सिस्टम

173. निम्नलिखित में से कौन-सा ''एक राष्ट्र एक ग्राहकत्व'' (ONOS) पहल का उद्देश्य है?

A. राष्ट्रीय और अंतर्राष्ट्रीय वैज्ञानिक तथा शैक्षणिक विषयवस्तु के लिए देशव्यापी अभिगम प्रदान करना।

B. मात्र अन्तर्राष्ट्रीय वैज्ञानिक तथा शैक्षणिक विषयवस्तु के लिए देशव्यापी अभिगम प्रदान करना।

C. राष्ट्रीय वैज्ञानिक तथा शैक्षणिक विषयवस्तु के लिए चयनित अभिगम प्रदान करना।

D. मात्र राष्ट्रीय वैज्ञानिक विषयवस्तु के लिए देशव्यापी अभिगम प्रदान करना।

174. निम्नलिखित में से किसने ग्रंथालय भवनों के लिए अत्यधिक वित्तीय दान दिया है?

A. एंड्रयू कार्नेगी B. मेलविल डिवी

C. एस.आर. रंगनाथन D. टी. विलसन

175. 'कोरिये इनसाइट्स' _______ की एक उत्पाद/सेवा है।

A. यूनेस्को B. एएलए

C. ओसीएलसी D. इफ्ला

176. निम्नलिखित में से कौन-सा भारतीय राष्ट्रीय ग्रंथसूची का भाग नहीं है?

A. वर्गीकृत

B. लेखक और शीर्षक अनुक्रमणिका

C. प्रकाशक अनुक्रमणिका

D. विषय अनुक्रमणिका

177. एक 'आई.एन.एस.एस.पी.ई.एल.' _______ है।

A. मात्र सूचना विज्ञान साहित्य की संपूर्ण अनुक्रमणिका

B. समाज सुरक्षा साहित्य की संपूर्ण अनुक्रमणिका

C. मात्र भारतीय समाजशास्त्र साहित्य की संपूर्ण अनुक्रमणिका

D. भारतीय सामाजिक विज्ञान साहित्य की संपूर्ण अनुक्रमणिका

178. निम्नलिखित 'सूचना साक्षरता' की परिभाषा किसने दी?

''कब और क्यों सूचना की जानकारी की आवश्यकता है, यह कहाँ मिलेगी यह जानना और उचित अनुचित का विचार करके इसका मूल्यांकन, उपयोग तथा संप्रेषित करना।''

A. एसलिब B. एएलए

C. इफ्ला D. सीलिप

169. D	**170.** D	**171.** A	**172.** D	**173.** A	**174.** A	**175.** C	**176.** C	**177.** D	**178.** D

179. 'मराकैश वी.आई.पी. संधि ______ संबंधित है।
A. सभी के शिक्षा सुगम करने से
B. दृष्टि-बाधित व्यक्तियों और मुद्रण पठन अशक्त व्यक्तियों के द्वारा प्रकाशित कृतियों तक अभिगम सुगम करने से
C. सभी शिक्षाविदों के द्वारा समस्त प्रकाशित कृतियों तक अभिगम सुगम करने से
D. दृष्टि-बाधित व्यक्तियों के द्वारा मात्र श्रव्य-दृश्य सामग्री तक अभिगम सुगम करने से

180. राष्ट्रीय शैक्षणिक डिपाजिटरी (भारत) ______ प्रदान करने की एक पहल है।
A. सभी पुरस्कारों के लिए एक ऑनलाइन स्टोरहाउस
B. सभी शैक्षणिक पुरस्कारों के लिए एक ऑनलाइन स्टोरहाउस
C. मात्र समस्त विद्यालयी शिक्षा के पुरस्कारों के लिए एक ऑनलाइन स्टोरहाउस
D. सभी शैक्षणिक आलेखों के लिए एक ऑनलाइन रिपोजिटरी

व्याख्यात्मक उत्तर

1. (A): (*c*) Helping the elderly: This can serve as the subject of the sentence.
(*b*) in performing their day-to-day activities: This phrase can describe how the elderly are being helped.
(*a*) is an ennobling form: This phrase states what helping the elderly is considered to be.
(*d*) of social service: This phrase completes the description, specifying the kind of ennobling form it is.

2. (C): (*b*) Babu Devaki Nandan Khatri's 'Chandrakanta': This is the subject of the sentence, introducing the book and its author.
(*c*) was serialised: This phrase indicates what happened to 'Chandrakanta'.
(*d*) in local Hindi newspapers: This phrase specifies where it was serialized.
(*a*) over a long period of time: This phrase adds the information of the duration over which the serialization took place.

3. (B): To convert this to passive voice, we need to make "the employee" the subject of the sentence and "the employer" the agent. The correct structure will be: Why has the employee been sacked by the employer?

4. (D): To convert this to passive voice, we need to make "the jungle animals" the subject of the sentence and "the violent thunderstorm" the agent. The correct structure will be: The jungle animals were frightened by the violent thunderstorm.

5. (B): In English, the phrase "proud of" is commonly used to express pride in someone or something. This is an established collocation (a pair or group of words that are often used together).

6. (C): The phrase "adhere to" is used to indicate that someone is following or sticking to rules, guidelines, or instructions. This is another established collocation in English.

7. (B): Present Perfect Continuous: This tense is used for actions that started in the past and are still continuing in the present, often with a sense of duration.

8. (D): Past Perfect: This tense is used for actions that were completed before another action in the past. The phrase "had finished"

179. B **180.** B

indicates that the action of finishing eating was completed before another past action.

9. (D): isn't it?: This part contains the error. The tag question "isn't it?" is incorrect because it does not match the main clause in terms of subject and verb form. The main clause subject is "Lata Mangeshkar" and the verb is in the present perfect form ("has sung"). The correct tag question should be "hasn't she?".

10. (B): adjust for: This part contains the error. The correct preposition after "adjust" in this context should be "to," not "for." The phrase should be "adjust to" meaning to become accustomed or adapted to someone or something.

11. (B): "Coerce" means to persuade an unwilling person to do something by using force or threats. "Compel" similarly means to force someone to do something, making it the nearest in meaning.

12. (C): "Boisterous" means noisy, energetic, and cheerful. "Noisy" is the nearest in meaning, capturing the loud aspect of "boisterous."

13. (C): Cursory means brief, superficial, and lacking in detail. Intensive means thorough, detailed, and requiring a lot of effort, which is the opposite of cursory.

14. (D): "Aversion" means a strong dislike or disinclination towards something. The opposite of this would be a positive feeling or preference, which "liking" represents.

15. (B): Prepositions are words that typically show the relationship between a noun (or pronoun) and other elements in a sentence. In this case, "about" is used to indicate the relationship between "endearing" and "his personality," expressing the idea of "concerning" or "regarding." Therefore, "about" is functioning as a preposition in the sentence.

32. (B): अनुच्छेद 31(D): राष्ट्र विरोधी क्रियाकलाप के संबंध में विधियों की व्यावृत्ति। संविधान (तैतालीसवाँ संशोधन) अधिनियम, 1977 की धारा 2 द्वारा (13-4-1978 से) निरसित।

33. (A): 1954 में सर्वप्रथम भारत रत्न सी. राजगोपालाचारी, सर्वपल्ली राधाकृष्णन और सी.वी. रमन को दिया गया था। राजगोपालाचारी एक भारतीय राजनीतिज्ञ, स्वतंत्रता सेनानी और मद्रास से संविधान सभा के सदस्य थे। वे भारतीय राष्ट्रीय कांग्रेस के वरिष्ठ नेता तथा स्वतंत्र भारत के पहले और अंतिम भारतीय गवर्नर-जनरल थे। उन्हें 1944 में अखिल भारतीय मुस्लिम लीग और भारतीय राष्ट्रीय कांग्रेस के बीच राजनीतिक गतिरोध को हल करने के प्रस्ताव के निर्माण के लिए जाना जाता है जिसे राजगोपालाचारी सूत्र के रूप में जाना जाता है।

34. (B): ताइपिंग विद्रोह (Taiping Rebellion) दक्षिणी चीन में चला एक भयानक गृहयुद्ध हांग जिकुआंग के नेतृत्व में 1851 ईस्वी में संपन्न हुआ। इसमें हजारों मेहनतकश गरीब लोगों ने परम शांति के स्वर्गिक साम्राज्य की स्थापना के लिए लड़ाई लड़ी। हांग जिकुआंग ने धर्मांतरण करके ईसाई धर्म अपना लिया था। वह परंपरागत चीनी धर्मों के खिलाफ थे। वह एक ऐसे साम्राज्य की कल्पना कर रहे थे जहाँ पर किसी के पास निजी संपत्ति नहीं होगी तथा सामाजिक वर्गों एवं स्त्री के मध्य कोई भेदभाव नहीं होगा। अफीम, तंबाकू, शराब के सेवन तथा जुए और वेश्यावृत्ति एवं गुलामी पर पाबंदी होगी। चीन में तैनात अंग्रेज और फ्रांसीसी सेनाओं ने ताइपिंग विद्रोह को दबाने के लिए किंग (Qing) साम्राज्य के बादशाह को काफी मदद की तथा इस विद्रोह को 1864 ईस्वी में कुचल दिया गया।

35. (C): नवंबर, 2021 में जलवायु परिवर्तन पर संयुक्त राष्ट्र फ्रेमवर्क कन्वेंशन (सीओपी 26) के 26वें सत्र में भारत ने 2070 तक शून्य कार्बन उत्सर्जन हासिल करने के अपने लक्ष्य की घोषणा की। पेरिस समझौते के अनुच्छेद 4 के पैरा 19 को मान्यता देते हुए,

भारत की दीर्घकालिक निम्न-कार्बन विकास रणनीति को जलवायु परिवर्तन पर संयुक्त राष्ट्र फ्रेमवर्क कन्वेंशन में प्रस्तुत किया गया है, और यह 2070 तक शून्य तक पहुँचने के लक्ष्य की पुष्टि करता है। भारत की दीर्घकालिक निम्न-कार्बन विकास रणनीति समानता और जलवायु न्याय के सिद्धांतों और सामान्य लेकिन विभेदित जिम्मेदारियों और संबंधित क्षमताओं के सिद्धांत पर आधारित है।

36. (A): एडवांस्ड रिसर्च प्रोजेक्ट्स एजेंसी नेटवर्क (ARPANET) एक शुरुआती पैकेट-स्विचिंग नेटवर्क और टीसीपी/आईपी प्रोटोकॉल सूट को लागू करने वाला पहला नेटवर्क था। दोनों प्रौद्योगिकियाँ इंटरनेट की तकनीकी नींव बनी। जे.सी.आर. लिकलाइडर के विचारों पर आधारित, बॉब टेलर ने 1966 में ARPANET परियोजना की शुरुआत की, ताकि दूरस्थ कंप्यूटरों के बीच संसाधन साझा करना संभव हो सके। टेलर ने लैरी रॉबर्ट्स ने नेटवर्क को कार्यक्रम प्रबंधक नियुक्त किया। रॉबर्ट्स बनाने के लिए प्रस्ताव के अनुरोध के बारे में महत्वपूर्ण निर्णय लिए। उन्होंने पैकेट स्विचिंग के लिए डोनाल्ड डेविस की अवधारणाओं और डिजाइनों को शामिल किया और पॉल बरन से इनपुट माँगा।

37. (C): समशीतोष्ण घास के मैदान हैं:

- अर्जेंटीना – पम्पास
- अमेरिका – प्रेयरी
- अफ्रीका – वेल्ड
- एशिया – स्टेपी
- ऑस्ट्रेलिया – डाउंस
- यूरोप – स्टेपी

38. (B): 1990 के आरंभ में यूगोस्लाविया अपने छह घटक गणराज्यों में टूट गया: क्रोएशिया (1991), स्लोवेनिया (1991), बोस्निया और हर्जेगोविना (1992), मोंटेनेग्रो (2006) और सर्बिया (2006)। कोसोवो सर्बिया से अलग हो गया और 2008 में स्वतंत्रता की घोषणा की।

40. (C): हमारे सौरमंडल में बुध और शुक्र ही ऐसे ग्रह हैं जिनके पास चंद्रमा नहीं है (अर्थात् उनका कोई प्राकृतिक उपग्रह नहीं है)। बुध का कोई चंद्रमा नहीं है क्योंकि यह सूर्य और उसके गुरुत्वाकर्षण के बहुत करीब है। यही कारण है कि यह अपने चंद्रमा पर पकड़ बनाने में सक्षम नहीं है। शुक्र के पास भी कोई चन्द्रमा नहीं है और इसका कारण अभी भी वैज्ञानिकों के लिए एक रहस्य है।

41. (A): शरीर में अंतर्ग्रहित भोजन की प्रक्रिया निम्नवत है:

- **अंतर्ग्रहण:** यह जन्तुओं द्वारा भोजन को शरीर में ले जाने की प्रक्रिया है।
- **पाचन:** यह वह प्रक्रिया है जिसमें बड़े अणुओं वाला भोजन छोटे और जल में घुलनशील अणुओं में परिवर्तित या विघटित हो जाता है।
- **अवशोषण:** यह वह प्रक्रिया है जिसमें पचा हुआ भोजन रक्तप्रवाह में जाता है।
- **स्वांगीकरण:** यह वह प्रक्रिया है जिसमें अवशोषित भोजन शरीर की कोशिकाओं द्वारा उनकी वृद्धि और ऊर्जा के लिए ग्रहण किया जाता है।
- **उत्सर्जन:** यह वह प्रक्रिया है जिसमें अपच को मल के रूप में विसर्जित किया जाता है।

42. (A): अमरबेल एक परजीवी (Parasitic Plant) और दूसरे पेड़ों पर निर्भर लता है, जो रस्सी की तरह बेर, शाल, करौंदे आदि वृक्षों पर फैली रहती है। इसमें से महीने धागे के समान तन्तु निकलकर वृक्ष की डालियों का रस चूसते रहते हैं। एक ही वृक्ष पर हर साल पैदा होने के कारण इसको अमरबेल (Amarbel Plant) कहते हैं। यह वृक्षों के ऊपर फैलती है, जमीन से बिना जुड़े केवल पेड़ पर ही होने के कारण इसे आकाशबेल (cuscuta) भी कहा जाता है।

43. (D): 9 जनवरी, 2023 को प्रधानमंत्री नरेंद्र मोदी ने मध्य प्रदेश के इंदौर में 17वें प्रवासी भारतीय दिवस सम्मेलन का उद्घाटन किया। प्रधानमंत्री ने

'आजादी का अमृत महोत्सव-भारतीय स्वतंत्रता संग्राम में प्रवासी भारतीयों का योगदान' विषय पर पहली बार डिजिटल पीबीडी प्रदर्शनी का भी उद्घाटन किया। प्रधानमंत्री ने सुरक्षित, कानूनी, व्यवस्थित और कुशल प्रवासन के महत्व को रेखांकित करने के लिये एक स्मारक डाक टिकट 'सुरक्षित जाएँ, प्रशिक्षित जाएँ' भी जारी किया।

44. (A): अखिल भारतीय पीठासीन अधिकारी सम्मेलन, भारत के विधायी निकायों की सर्वोच्च संस्था है जिसने 2021 में अपनी स्थापना के सौ वर्ष पूर्ण किए। उस दौरान 2021 में शिमला में आयोजित 82वें अखिल भारतीय पीठासीन अधिकारी सम्मेलन के उद्घाटन सत्र को माननीय प्रधानमंत्री श्री नरेन्द्र मोदी ने संबोधित किया था। पीठासीन अधिकारियों का पहला सम्मेलन भी 1921 में शिमला में ही आयोजित हुआ था। यह सम्मेलन (83वाँ) चौथी बार जयपुर में आयोजित किया गया।

46. (A): सामाजिक आर्थिक विकास के लिए डेटा साझा करना और उसका उपयोगः मंत्रालयों/विभागों/संगठनों/ राज्यों/स्मार्ट शहरों और शहरी स्थानीय निकायों द्वारा देश में विश्लेषण के माध्यम से निर्णय लेने, नवाचार, आर्थिक विकास और सार्वजनिक भलाई के लिए एक जीवंत डेटा इकोसिस्टम का सृजन करने के लिए केंद्रीय कोष हेतु सरकारी डेटा की साझेदारी को मान्यता देना।

पुरस्कार	विजेता
प्लैटिनम	स्मार्ट सिटीज, मिशन (आवास और शहरी मामलों के मंत्रालय)
गोल्ड	केंद्रीय माध्यमिक शिक्षा बोर्ड (सीबीएसई)
रजत	ई-गवर्नेंस केंद्र (कर्नाटक)

47. (C): साहित्य में वर्ष 2022 का नोबेल पुरस्कार फ्रांसीसी लेखक ''एनी इरनॉक्स'' को ''साहस और नैदानिक तीक्ष्णता जिसके साथ वह व्यक्तिगत स्मृति, व्यवस्थाओं और सामूहिक प्रतिबंधों को उजागर करती हैं'' के लिये दिया गया।

48. (D): लोटे शेरिंग एक भूटानी राजनीतिज्ञ हैं, जो भूटानी नेशनल असेंबली चुनाव, 2018 के परिणामों के बाद देश के प्रधानमंत्री चुने गये हैं। वह 14 मई, 2018 से ड्रुक न्यामप्रप त्सोग्पा (Druk Nyamrup Tshogpa) के नेता हैं।

49. (B): फीफा विश्व कप 2022 के क्वार्टर फाइनल मैचों में फ्रांस, मोरक्को, अर्जेंटीना, और क्रोएशिया की टीम को जीत मिली, जिनको सेमीफाइनल खेलने का मौका मिला। क्रोएशिया ने ब्राजील, अर्जेंटीना ने नीदरलैंड, मोरक्को ने पुर्तगाल और फ्रांस ने इंग्लैंड को हराकर सेमीफाइनल का टिकट पक्का किया था।

50. (C): भारत में बने क्रूज जहाज ''एमवी गंगा विलास'' ने 13 जनवरी, 2023 में वाराणसी से अपनी यात्रा आरंभ की। 28 फरवरी को पटना साहिब, बोधगया, विक्रमशिला, ढाका, सुंदरबन और काजीरंगा राष्ट्रीय उद्यान होते हुए डिब्रूगढ़ पहुँचने से पहले क्रूज 50 दिनों में 3,200 किमी. की दूरी तय किया। एक अनूठे डिजाइन और भविष्योन्मुखी विजन से निर्मित, क्रूज में 36 पर्यटकों की क्षमता के साथ तीन डेक और 18 सुइट हैं।

51. (C): ग्रह : बृहस्पति :: द्वीप : ग्रीनलैंड

बृहस्पति एक ग्रह है ठीक उसी प्रकार ग्रीनलैंड एक द्वीप है।

52. (D): दिया है,

C O N S I D E R = C N O I S E D R
↓ ↓ ↓ ↓ ↓ ↓ ↓ ↓   ↓ ↓ ↓ ↓ ↓ ↓ ↓ ↓
1 2 3 4 5 6 7 8   1 3 2 5 4 7 6 8

उसी प्रकार,

M A N A G E R S = M N A G A R E S
↓ ↓ ↓ ↓ ↓ ↓ ↓ ↓   ↓ ↓ ↓ ↓ ↓ ↓ ↓ ↓
1 2 3 4 5 6 7 8   1 3 2 5 4 7 6 8

इसलिए, 'MANAGERS' को उस कूट भाषा में MNAGARES लिखा जाएगा।

54. (C):

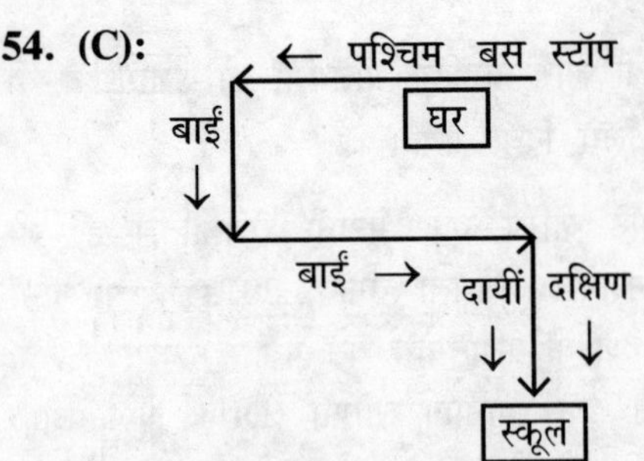

अतः जब सचित के घर के सामने बस बस-स्टॉप को छोड़ती है तो उसका मुँह पश्चिम दिशा में होता है।

55. (C):

	पीला कवर	भूरा कवर
नए संस्करण (पुस्तक)	इंजीनियरिंग, पाककला	
पुराने संस्करण (पुस्तक)	चिकित्सा	विधि, इकाई

यहाँ, चिकित्सा की पुस्तक पीले कवर में है और उसका पुराना संस्करण है।

57. (D):

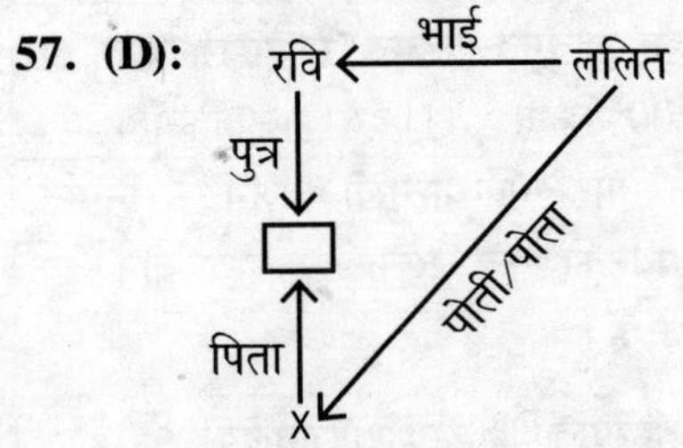

यहाँ, X का ललित से पोती/पोता का संबंध है। अतः कथन I और II दोनों साथ मिलकर भी प्रश्न का उत्तर देने के लिए पर्याप्त नहीं हैं।

58. (C): ऐसी 2 सम संख्याएँ हैं जिनके पहले और तत्काल बाद भी विषम संख्या है।

$\Rightarrow$ (3, 8, 3) और (3, 4, 9)

59. (C): दिए गए आरेख से:

तीनों फसलों की कृषि करने वाले क्षेत्र = 5

चावल की कृषि नहीं करने वाले क्षेत्र

$= 15 + 4 + 11 = 30$

$\therefore$ अभीष्ट अनुपात $= 5 : 30 = 1 : 6$.

60. (D): दिया है,

7 मित्र एक वृत्ताकार मेज के चारों ओर केन्द्र की ओर मुँह करके बैठे हैं।

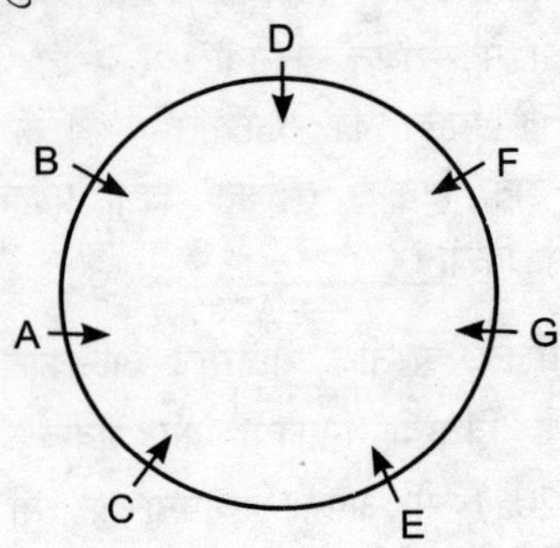

अतः यहाँ 'D' और 'G' के बीच में 'F' बैठा है।

61. (D): 5 व्यक्ति गेंद के साथ एक खेल खेलते हैं।

Q → R → T → P → S

अतः अंत में गेंद S के पास है।

62. (A): vuwvw

$\therefore$ uw$\underline{v}$, $\underline{u}$wv, u$\underline{w}\underline{v}$, u$\underline{w}$v

यहाँ, शृंखला में खण्ड uwv की पुनरावृत्ति हो रही है। इसलिए, विकल्प (A) सही है।

63. (B): दिया है,

'Roses are red' = 'Kew xas deko' ...(*i*)

'Flowers are beautiful' = 'Kew tepo qua' ...(*ii*)

'Red flowers' = 'deko tepo' ...(*iii*)

(*i*) और (*ii*) से, are = Kew,

(*i*) और (*iii*) से red = deko

अतः 'Roses' = xas

अतः 'Roses' को उस भाषा में xas के रूप में लिखा जाएगा।

64. (D): दिया है, $A \le B$, $A > C$ और $B \le D$

$\Rightarrow C < A \le B \le D$

$\Rightarrow C < D$

विकल्प (D) सत्य है।

A. $C \ge B$ (असत्य) B. $C > D$ (असत्य)

C. $D = C$ (असत्य) D. $C < D$ (सत्य)

65. (B): व्यंजक A ÷ R + C – B

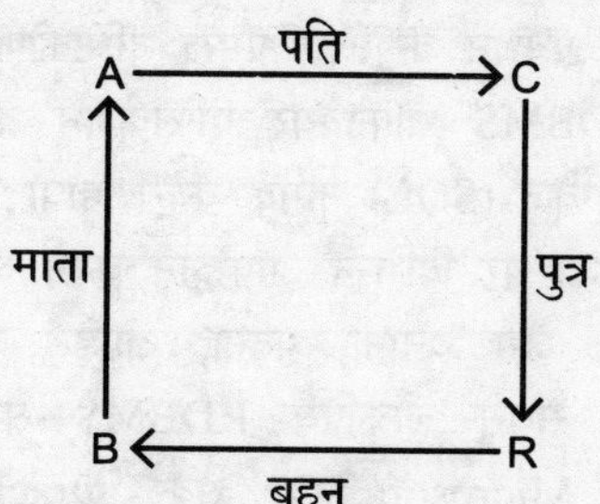

यहाँ, B, A की माता है।

66. (D): दिया है, U T R S P I D
1 2 3 4 5 6 7

A. 4215637 ⇒ STUPIRD
B. 3142567 ⇒ RUSTPID
C. 2134657 ⇒ TURSIPD
D. 7643152 ⇒ DISRUPT
= व्यवधान (बाधा)

अतः विकल्प (D) से एक सार्थक शब्द बनता है।

67. (A): दिए गए कथन सेः

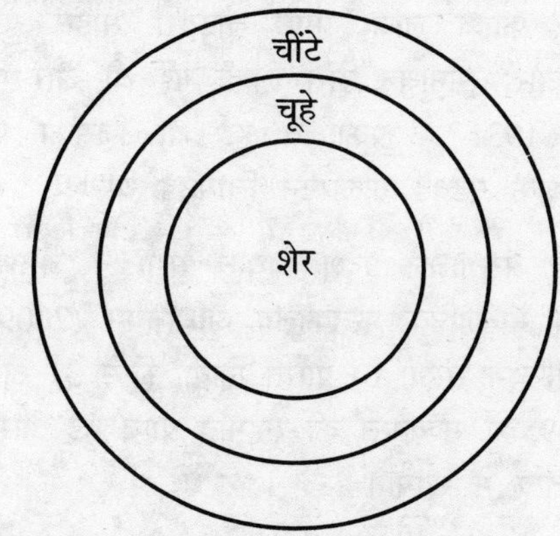

निष्कर्षः I. सभी शेर चींटे हैं। (सत्य)
II. सभी चींटे शेर हैं। (असत्य)

अतः केवल निष्कर्ष I अनुसरण करता है।

68. (A): दिए गए शब्दः
APPRECIATION के अक्षरों का प्रयोग करके शब्द ACTION बनाया जा सकता है।
विकल्प (A) सही है।

69. (B):

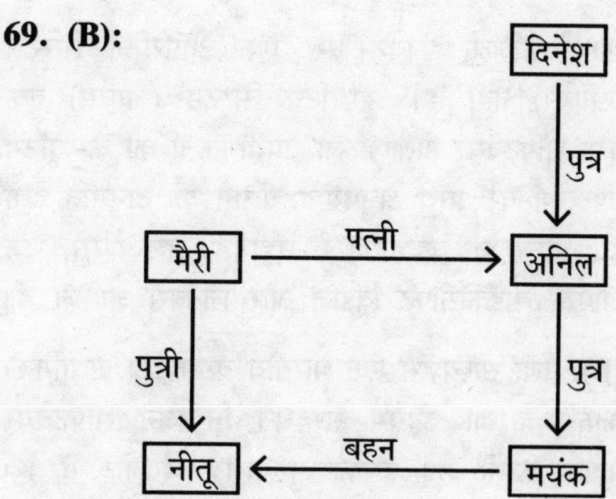

अतः नीतू, मैरी की पुत्री है।

71. (B): इनपुट डिवाइस वो डिवाइस होते हैं, जिनसे कंप्यूटर तक कोई जानकारी निर्विष्ट कराई जाती है। की-बोर्ड, माउस, स्कैनर, जॉयस्टिक आदि इनपुट डिवाइस के ही उदाहरण हैं जबकि प्लॉटर आउटपुट डिवाइस है।

72. (C): डेटा मापन चार्टः

इकाई	विस्तार
1 बिट	एकल बाइनरी अंक (0 या 1)
1 निबल	4 बिट (एक बाइट का आधा)
1 बाइट (1 B)	8 बिट
1 किलोबाइट (1 KB)	1024 बाइट
1 मेगाबाइट (1 MB)	1024 किलोबाइट
1 गीगाबाइट (1 GB)	1024 मेगाबाइट (1024 × 1024 KB)
1 टेराबाइट (1 TB)	1024 गीगाबाइट (1024 × 1024 × 1024 KB)
1 पेटाबाइट (1 PB)	1024 टेराबाइट
1 एक्साबाइट (1 EB)	1024 पेटाबाइट
1 जेट्टाबाइट (1 ZB)	1024 एक्साबाइट
1 योट्टाबाइट (1 YB)	1024 जेट्टाबाइट

73. (D): मोजिला फायरफॉक्स एक ऑपरेटिंग सिस्टम (ओएस) नहीं है। ऑपरेटिंग सिस्टम (ओएस) एक ऐसा सॉफ्टवेयर होता है जो उपयोगकर्ता को कम्प्यूटिंग उपकरण पर अन्य अनुप्रयोग चलाने की अनुमति देता है। ओएस के उदाहरणों में एंड्रायड, आईओएस, मैक ओएस, माइक्रोसॉफ्ट विंडोज और लिनक्स शामिल हैं।

74. (B): टैली सॉल्यूशंस एक भारतीय बहुराष्ट्रीय प्रौद्योगिकी कंपनी है जो उद्यम संसाधन नियोजन सॉफ्टवेयर प्रदान करती है। इसका मुख्यालय बैंगलोर में है। कंपनी की रिपोर्ट है कि उसके सॉफ्टवेयर का उपयोग 2 मिलियन से अधिक ग्राहक करते हैं। यह कंपनी एंटीवायरस सॉफ्टवेयर नहीं बनाती है।

77. (C): किसी पीसी/लैपटॉप पर हाई क्वालिटी ऑडियो-विडियो आउटपुट को कनेक्ट करने के लिए सर्वाधिक उपयुक्त पोर्ट एचडीएमआई है। हाई डेफिनिशन मल्टीमीडिया इंटरफेस (HDMI) एक डिजिटल इंटरफेस है जिसका उपयोग टीवी, मॉनीटर, प्रोजेक्टर आदि जैसे उपकरणों (डिवाइस) पर ऑडियो और वीडियो डेटा प्रसारित करने के लिए किया जाता है।

78. (A): MS पॉवरपॉइंट का फाइल एक्सटेंशन .ppt है। .ppt एक फाइल है जो ppt एक्सटेंशन वाली एक पॉवरपॉइंट फाइल का प्रतिनिधित्व करती है जिसमें स्लाइडशो के रूप में प्रदर्शित करने के लिए स्लाइड का संग्रह होता है।

79. (B): xlsx फाइल एक्सटेंशन का उपयोग Microsoft Excel वर्कशीट के रूप में सहेजी गई फाइलों के लिए किया जाता है। एक्सेल एक लोकप्रिय स्प्रेडशीट प्रोग्राम है जिसका उपयोग संख्याओं और सूत्रों, पाठ और ड्राइंग आकृतियों जैसे डेटा के साथ किया जाता है।

80. (C): रिलेशनल डेटाबेस मैनेजमेंट सिस्टम (RDBMS) एक डेटाबेस प्रबंधन प्रणाली है जो डेटा को पंक्तियों (रिकॉर्ड) और कॉलम (फील्ड) के साथ तालिकाओं में व्यवस्थित और संग्रहीत करती है। 1970 में एडगर एफ. कॉड द्वारा आविष्कार किया गया रिलेशनल मॉडल आधुनिक सॉफ्टवेयर अनुप्रयोगों में संरचित डेटा के प्रबंधन के लिए प्रमुख दृष्टिकोण बन गया है। RDBMS सॉफ्टवेयर एप्लिकेशन को स्ट्रक्चर्ड क्वेरी लैंग्वेज (SQL) नामक क्वेरी भाषा का उपयोग करके डेटा पर विभिन्न ऑपरेशन करने की अनुमति देता है, जैसे बनाना, पढ़ना, अपडेट करना और हटाना। सबसे लोकप्रिय RDBMS समाधानों में से कुछ Microsoft SQL सर्वर, Oracle डेटाबेस, MySQL, PostgreSQL और IBM Db2 है। प्रत्येक की अपनी अनूठी विशेषताएँ और क्षमताएँ हैं, और आपकी आवश्यकताओं के लिए सही RDBMS चुनना प्रदर्शन, स्केलेबिलिटी, सुरक्षा और उपयोग में आसानी जैसे विभिन्न कारकों पर निर्भर करता है।

81. (C): कोलकाता स्थित राजा राममोहन रॉय लाइब्रेरी फाउंडेशन (RRRLF) NML के कार्यान्वयन के लिए नोडल एजेंसी है, जो दिल्ली विश्वविद्यालय के पूर्व कुलपति प्रोफेसर दीपक पेंटल की अध्यक्षता वाली 10 सदस्यीय संस्था है।

82. (B): फाइव लॉज ऑफ लाइब्रेरी साइंस पुस्तक एस.आर. रंगनाथन द्वारा लिखी गई थी और पहली बार 1931 में प्रकाशित हुई थी जिसका पहला प्रकाशक एडवर्ड गोल्डस्टन लिमिटेड था।

83. (C): अरुणाचल प्रदेश विधान सभा ने अरुणाचल प्रदेश सार्वजनिक पुस्तकालय अधिनियम (2009 का अधिनियम संख्या 6) पारित किया, जिसे 31 अगस्त, 2009 को राज्यपाल की सहमति प्राप्त हुई और यह अस्तित्व में आया।

84. (B): भारत में सार्वजनिक पुस्तकालय अधिनियमों की सूची:

- मद्रास सार्वजनिक पुस्तकालय अधिनियम, 1948
- आंध्र प्रदेश सार्वजनिक पुस्तकालय अधिनियम, 1960
- कर्नाटक सार्वजनिक पुस्तकालय अधिनियम, 1965
- महाराष्ट्र सार्वजनिक पुस्तकालय अधिनियम, 1967
- पश्चिम बंगाल सार्वजनिक पुस्तकालय अधिनियम, 1979

- मणिपुर सार्वजनिक पुस्तकालय अधिनियम, 1988
- केरल सार्वजनिक पुस्तकालय अधिनियम, 1989
- हरियाणा सार्वजनिक पुस्तकालय अधिनियम, 1989
- मिजोरम सार्वजनिक पुस्तकालय अधिनियम, 1993
- गोवा सार्वजनिक पुस्तकालय अधिनियम, 1993
- गुजरात सार्वजनिक पुस्तकालय अधिनियम, 2001
- उड़ीसा सार्वजनिक पुस्तकालय अधिनियम, 2001
- उत्तराखंड सार्वजनिक पुस्तकालय अधिनियम, 2005
- राजस्थान सार्वजनिक पुस्तकालय अधिनियम, 2006
- उत्तर प्रदेश सार्वजनिक पुस्तकालय अधिनियम, 2006
- बिहार सार्वजनिक पुस्तकालय अधिनियम, 2008
- छत्तीसगढ़ सार्वजनिक पुस्तकालय अधिनियम, 2009
- अरुणाचल प्रदेश सार्वजनिक पुस्तकालय अधिनियम, 2009
- तेलंगाना सार्वजनिक पुस्तकालय अधिनियम, 2015

85. (A): एस.आर. रंगनाथन के अनुसार 'सूक्ष्म विषय' का तात्पर्य लघु विस्तार और अत्यधिक गहराई वाले विषय से है। सूक्ष्म विषय अपेक्षाकृत सीमित विषयों को शामिल करता है, लेकिन उन विषयों की समझ, विश्लेषण और अन्वेषण के संदर्भ में इसमें महत्वपूर्ण गहराई और विस्तार है।

86. (C): पुस्तकालय सूची या कैटलॉग किसी पुस्तकालय या पुस्तकालयों के समूह द्वारा रखी गई सामग्रियों की एक व्यवस्थित सूची है। जब इनमें से कुछ जानकारी अज्ञात हो तो इसके लिए कुछ मानक संक्षिप्ताक्षर हैं:

- [s.I.] का अर्थ है ''साइनो लाको'', जिसका लैटिन अर्थ है ''बिना जगह के''।
- [s.n.] का अर्थ है ''साइनो नॉमिनी'', जो लैटिन में ''बिना नाम के'' के लिए है।
- [n.d.] का अर्थ है ''कोई तारीख नहीं''।

87. (B): CCC के नियम MBO के अनुसार वर्गीकृत संसूची की मुख्य प्रविष्टि खंड में निम्नलिखित खंड सम्मलित होते हैं:

- अग्र खंड
- शीर्षक खंड
- आख्या खंड
- नोट खंड, यदि कोई है तो
- परिग्रहण संख्या और
- संलेख।

88. (C): एस.आर. रंगनाथन की पुस्तकें:

पुस्तक का नाम	प्रकाशन वर्ष
पुस्तकालय विज्ञान के पाँच नियम	1931
कोलन वर्गीकरण	1933
दूसरा संस्करण	1939
तीसरा संस्करण	1950
चौथा संस्करण	1952
पाँचवा संस्करण	1957
छठा संस्करण	1960
वर्गीकृत कैटलॉगिंग कोड	1934
पुस्तकालय प्रशासन	1935
पुस्तकालय वर्गीकरण की प्रस्तावना	1937
दूसरा संस्करण तीसरा संस्करण	1957 1967
भारत में पुस्तकालयों के संगठन के लिए सुझाव	1946
वर्गीकरण और संचार	1951
पुस्तकालय वर्गीकरण का दर्शन	1951
लाइब्रेरी मैनुअल	1951
पुस्तकालय पुस्तक चयन	1952
दूसरा संस्करण	1966
हेडिंग्स एण्ड कैनन्स	1955

89. (A): कोलन वर्गीकरण में मूलभूत वर्ग 'मेडीसिन' में विशिष्ट वर्गों का क्रम विकास-अवतरता नियम सिद्धांत के अनुसार चुना जाता है। यह सिद्धांत इस विचार पर आधारित है कि किसी अनुशासन की विषय-वस्तु समय के साथ विकसित होती है और नवीनतम विकास पहले की तुलना में अधिक महत्वपूर्ण होते हैं।

90. (C): DDC के 19वें संस्करण में निम्नलिखित सात तालिकाएँ दिखाई देती हैं:

- तालिका 1 : मानक उपखंड
- तालिका 2 : क्षेत्र
- तालिका 3 : व्यक्तिगत साहित्य के उपविभाग
- तालिका 4 : व्यक्तिगत भाषाओं के उपविभाग
- तालिका 5 : **नस्लीय, जातीय, राष्ट्रीय समूह**
- तालिका 6 : भाषाएँ
- तालिका 7 : व्यक्ति

91. (D): सम्पूर्ण अवयव नियम:

- यदि एक पक्ष किसी अन्य संपूर्ण इकाई का एक हिस्सा या अंग है तो वह स्पष्ट और तार्किक अनुक्रम का संपूर्ण-अंग होता है।
- उदाहरण के लिए, संसद-लोकसभा-समितियाँ या विश्वविद्यालय-संकाय-विद्यालय-कक्षा-अनुभाग।
- इसका परिणाम संपूर्ण-अव्यव (भाग) सिद्धांत है। परिणामी क्रम पदानुक्रमित होता है, जिसे प्राकृतिक और वैज्ञानिक माना जाता है।

92. (B): डी.डी.सी. के अनुसार 'अनइम्प्लाइड कारपेन्टर्स' जटिल विषय का उदाहरण है। डेवी दशमलव वर्गीकरण या डेवी दशांश वर्गीकरण (डी.डी.सी.) एक पुस्तकालय वर्गीकरण प्रणाली है जो 1876 में मेल्विल डिवी द्वारा संयुक्त राज्य अमेरिका में पहली बार प्रकाशित हुई थी। इसके अनुसार सम्पूर्ण मानवीय ज्ञान को दस मूल वर्गों में विभक्त किया गया है और इन वर्गों के विभागों और उपविभागों को दशमलव के सिद्धांत और प्रयोग के आधार पर दस-दस भागों में विभाजित किया गया है।

93. (A): फास्ट (फेसेटेड एप्लिकेशन ऑफ सब्जेक्ट टर्मिनोलॉजी) लाइब्रेरी ऑफ कांग्रेस सब्जेक्ट हेडिंग्स (LCSH) से लिया गया है। फास्ट के विकास में OCLC रिसर्च और लाइब्रेरी ऑफ कांग्रेस का सहयोग रहा है। फास्ट पर काम 1998 के अंत में शुरू हुआ। सामान्य उपयोग वाली विषय शब्दावली योजना की आवश्यकता को पूरा करने के लिए फास्ट को बड़े पैमाने पर विकसित किया गया था, जो इस प्रकार है:

- सीखना और लागू करना,
- पहलू-नेविगेशन अनुकूल,
- अपने स्वरूप में आधुनिक और
- LCSH के साथ उर्ध्वगामी अनुकूलता बनाए रखना।

95. (C): डी स्पेस की कुछ सबसे महत्वपूर्ण विशेषताएँ इस प्रकार हैं:

- फ्री ओपन-सोर्स सॉफ्टवेयर
- उपभोक्ताओं की आवश्यकताओं को पूरा करने के लिए पूरी तरह से अनुकूलन योग्य।
- यह डिजिटल सामग्री के सभी प्रारूपों (PDF, Word, JPEG, MPEG, TIFF फाइलों) को प्रबंधित और संरक्षित करता है।
- यह मेटाडेटा और पूर्ण-पाठ सामग्री के लिए अपाचे SOLR-आधारित खोज करता है।
- UTF-8 सपोर्ट
- इसका इंटरफेस 22 भाषाओं में उपलब्ध है।
- यह गूगल स्कॉलर इंडेक्सिंग के लिए उपयुक्त है।
- इसका इंटीग्रेशन बेस कोर, OpenAIRE, अनपेवाल और वोर्डसेट के साथ भी है।

96. (C): नेटवर्क बैंडविड्थ किसी दिए गए नेटवर्क की डेटा ट्रांसफर दर या क्षमता का माप है। यह किसी नेटवर्क की गति और गुणवत्ता को समझने के लिए एक महत्वपूर्ण नेटवर्क माप है। नेटवर्क बैंडविड्थ आमतौर पर बिट्स प्रति सेकंड (BPS) में मापा जाता है।

97. (A): प्रति व्यक्ति विधिः

- इस पद्धति में प्रति व्यक्ति राशि तय की जाती है जिसे मानक पुस्तकालय सेवा प्रदान करने के लिए आवश्यक माना जाता है।
- UGC पुस्तकालय समिति ने सिफारिश की है कि एक विश्वविद्यालय को अपने पुस्तकालय के लिए पठन सामग्री प्राप्त करने के लिए प्रति छात्र 15 रुपये और प्रति शिक्षक 200 रुपये प्रदान करने चाहिए।
- कोठारी शिक्षा आयोग (1964-66) में सिफारिश की गई कि एक मानक के रूप में, एक विश्वविद्यालय को प्रत्येक वर्ष प्रत्येक छात्र के लिए लगभग 25 रुपये और प्रति शिक्षक 300 रुपये खर्च करने चाहिए।
- रंगनाथन ने सुझाव दिया कि विश्वविद्यालय और कॉलेज पुस्तकालयों पर प्रति व्यक्ति व्यय 20 रुपये प्रति छात्र और 300 रुपये प्रति शिक्षक होना चाहिए।

98. (D): ISO 31000 एक अंतरराष्ट्रीय मानक है जो जोखिम प्रबंधन के लिए सिद्धांत और दिशानिर्देश प्रदान करता है। यह किसी संगठन में जोखिमों की पहचान, विश्लेषण, मूल्यांकन, उपचार, निगरानी और संचार करने के लिए एक व्यापक दृष्टिकोण की रूपरेखा तैयार करता है।

99. (B): ट्रांसलेशन टुडे राष्ट्रीय अनुवाद मिशन, केंद्रीय भारतीय भाषा संस्थान द्वारा प्रकाशित एक द्विवार्षिक संदर्भ पत्रिका है। इसका शुभारंभ 2004 में किया गया। यह पत्रिका मुद्रित और इलेक्ट्रॉनिक प्रारूप में उपलब्ध है। यह पत्रिका क्रॉसरेफ की सदस्य है। इसे कई डेटाबेस में अनुक्रमित किया गया है और UGC की अनुसंधान मूल्यांकन सूची में शामिल किया गया है।

100. (C): जेम्स वायर ने संदर्भ सेवा के तीन अलग-अलग दर्शनों का वर्णन किया है जिन्हें ''रूढ़िवादी'', ''मध्यमार्गी'' और ''उदारवादी'' कहा जाता है। इन्हें सैमुअल रोथस्टीन द्वारा सी मिडलिंग और मैक्सिमम के नाम से जाना जाता है।

101. (C): रोजमर्रा की जिंदगी की जानकारी मांगने (ELIS) की अवधारणा सेवोलेनेन (1995) द्वारा गढ़ी गई थी। सेवोलेनेन ने जीवन शैली की अवधारणा को ''चीजों के क्रम'' के रूप में परिभाषित किया, जो व्यक्तियों द्वारा चुने गए विकल्पों पर आधारित है। चूँकि सार्थक आदेश स्वाभाविक रूप से दोबारा घटित नहीं होता इसलिए व्यक्तियों को इसे सक्रिय रूप से बनाए रखना चाहिए। इस क्रिया को ''जीवन की निपुणता'' कहा जाता है।

103. (C): गुणात्मक अनुसंधान पद्धतियों में शामिल हैं:

- नृवंशविज्ञान पद्धति,
- जमीनी सिद्धांत (ग्राउंडेड थ्योरी) पद्धति,
- हर्मेनेयुटिक्स पद्धति,
- संभाषण विश्लेषण पद्धति और
- व्याख्यात्मक घटनात्मक विश्लेषण

104. (D): ग्रीन ग्लासः

- यह एक डेटा-संचालित निर्णय समर्थन उपकरण है जो कई पुस्तकालयों से संग्रह डेटा का लाभ उठाकर लाइब्रेरी को अपने प्रिंट धारावाहिकों पर स्थानीय कार्रवाई करने का अधिकार देता है।
- यह प्रमुख आईएलएस के साथ काम करता है और संपूर्ण सिस्टम या विशिष्ट विभागों के लिए निर्णय लेने में मदद करता है।
- यह OCLC का एक इंटरेक्टिव वेब-आधारित एप्लिकेशन है।
- ग्रीन ग्लास प्रिंट मोनोग्राफ संग्रह के प्रबंधन के संबंध में साक्ष्य-आधारित निर्णय लेने में पुस्तकालयों और समूहों का समर्थन करता है।

105. (B): एस.आर. रंगनाथन के लोकप्रिय उद्धरणः

- ज्ञान सभ्यता द्वारा संरक्षित जानकारी का कुल योग है।
- लाइब्रेरियनशिप एक बिक्री कौशल है।
- संदर्भ सेवा सही पाठक और सही पुस्तक के बीच सही व्यक्तिगत तरीके से संपर्क है।

106. (B): प्रबंधन परिवर्तन का तीन चरण मॉडलः 'अनफ्रीज, मूव अथवा चेंज एवं रीफ्रीज' कर्ट लेविन द्वारा प्रतिपादित किया गया।

मॉडल में तीन चरण होते हैं:

- **अनफ्रीजः** पहले चरण में परिवर्तन की आवश्यकता को पहचानना और इसके लिए तैयारी करना शामिल है। इसमें परिवर्तन के प्रति प्रतिरोध को तोड़ना, तात्कालिकता की भावना पैदा करना और परिवर्तन के प्रयास के लिए समर्थन प्राप्त करना शामिल है।
- **परिवर्तनः** दूसरे चरण में परिवर्तन करना शामिल है। इसमें परिवर्तन का समर्थन करने के लिए नई प्रक्रियाओं, प्रणालियों या संरचनाओं को लागू करना और प्रशिक्षण और संचार प्रयास शामिल हो सकते हैं।
- **रीफ्रीजः** अंतिम चरण में परिवर्तन को समेकित और स्थिर करना शामिल है, यह सुनिश्चित करना कि यह स्थायी हो जाए और संगठन की संस्कृति और संचालन में एकीकृत हो जाए।

107. (A): हरियाणा सार्वजनिक पुस्तकालय अधिनियम (1989) में पुस्तकालय उपकर के रूप में गृह कर और संपत्ति कर पर अधिभार का प्रावधान है।

कर्नाटक सार्वजनिक पुस्तकालय अधिनियम (1965) में पुस्तकालय उपकर के रूप में भूमि राजस्व के 3% का प्रावधान है।

108. (D): ट्रेडमार्कः कोई भी शब्द, वाक्यांश, प्रतीक, डिजाइन या इनका संयोजन जो आपके उत्पादों या सेवाओं को अलग करता है उसे ट्रेडमार्क माना जा सकता है। 'एयर इंडिया का महाराजा' एक ट्रेडमार्क का प्रतीक है।

109. (A): 'राष्ट्रीय पुस्तकालय मिशन' की स्थापना प्रो. दीपक पेन्टल की अध्यक्षता में की गई। राष्ट्रीय पुस्तकालय मिशन की शुरुआत 2012 में की गई थी जिसे 3 फरवरी, 2014 को राष्ट्रपति प्रणव मुखर्जी द्वारा लॉन्च किया गया था।

110. (A): विलियम ए. काट्ज (1969) ने सही कहा है कि ''यदि उपयोगकर्ता पुस्तकालय में नहीं आएंगे, तो पुस्तकालय को उपयोगकर्ता के पास जाना चाहिए।'' इसे निर्विवाद रूप से संदर्भ सेवाओं का मार्गदर्शक सिद्धांत माना जा सकता है। उन्होंने यह भी कहा कि पुस्तकालय संग्रह की अधिक समय तक उपयोगिता सुनिश्चित करने के लिए पुस्तकों की छंटाई करना इसके लिए उपलब्ध उपयुक्त तकनीकों में से एक है।

111. (D): राष्ट्रीय मानसिक स्वास्थ्य एवं तंत्रिका विज्ञान संस्थान बेंगलुरु, भारत में स्थित एक प्रमुख चिकित्सा संस्थान है। निमहान्स, देश में मानसिक स्वास्थ्य एवं तंत्रिका विज्ञान शिक्षा का शीर्ष केंद्र है। निमहान्स संस्थान स्वास्थ्य एवं परिवार कल्याण मंत्रालय के तहत स्वायत्त रूप से संचालित है।

112. (B): 2004 में एलीरेजा नॉरुजी ने अपने पत्र 'एप्लिकेशन ऑफ रंगनाथनूज लॉज टू द वेब' द्वारा रंगनाथन के पाँच नियमों को वेब पर लागू किया, जिनका विवरण निम्नवत है:

- वेब संसाधन उपयोग के लिए हैं।
- प्रत्येक उपयोगर्ता के अपने वेब संसाधन होते हैं।
- प्रत्येक वेब संसाधन का उसका उपभोक्ता होता है।
- उपभोक्ता का समय बचाएं।
- वेब एक वर्धनशील संस्था है।

113. (B): सार्वजनिक पुस्तकालय सेवा का प्रावधान राज्य सरकार की जिम्मेदारी है क्योंकि पुस्तकालयों क विषय भारत के संविधान की सातवीं अनुसूची मे राज्य सूची की प्रविष्टि 12 से संबंधित है।

दिल्ली सार्वजनिक पुस्तकालयः

- दिल्ली सार्वजनिक पुस्तकालय (DPL) की स्थापन 1951 में भारत सरकार के शिक्षा मंत्रालय द्वार UNESCO की वित्तीय और तकनीकी सहायत से की गई थी।

- वर्तमान में अनुच्छेद 246 के तहत सातवीं अनुसूची के अनुसार, दिल्ली सार्वजनिक पुस्तकालय भारत सरकार के संस्कृति मंत्रालय के प्रशासनिक नियंत्रण के तहत कार्य कर रही है और उसके द्वारा वित्तीय रूप से वित्त पोषित है।

केंद्रीय संदर्भ पुस्तकालय, कोलकाताः

- इसकी स्थापना 1955 में भारत के राष्ट्रीय पुस्तकालय के परिसर में राष्ट्रीय ग्रंथ सूची और प्रलेखीकरण केंद्र के रूप में की गई थी।
- वर्तमान में यह अनुच्छेद 246 के तहत सातवीं अनुसूची के अनुसार केंद्रीय संदर्भ पुस्तकालय भारत सरकार के संस्कृति मंत्रालय के प्रशासनिक नियंत्रण के तहत कार्य कर रहा है और उसके द्वारा वित्तीय रूप से वित्त पोषित है।

114. (D): IFLA और UNESCO ने जुलाई 2022 में, डबलिन, आयरलैंड में 86वीं विश्व पुस्तकालय और सूचना कांग्रेस (WLIC) के दौरान आधिकारिक तौर पर अपने नए अद्यतित घोषणापत्र का शुभारंभ किया था। IFLA/UNESCO सार्वजनिक पुस्तकालय घोषणापत्र शिक्षा संस्कृति और सूचना के लिए एक जीवंत शक्ति के रूप में और सभी लोगों के दिमाग के माध्यम से शांति और कल्याण को बढ़ावा देने के लिए एक आवश्यक प्रतिनिधि के रूप में सार्वजनिक पुस्तकालय में UNESCO के प्रति विश्वास की घोषणा करता है। इस घोषणापत्र का निर्माण पहली बार 1949 में किया गया था।

15. (A): द्वितीय नियम के निहितार्थः

- **राज्य का दायित्वः** इससे संबंधित जिम्मेदारी को पूरा करने के लिए राज्य के कुछ दायित्व होते हैं जिसमें से सबसे पहला और महत्वपूर्ण दायित्व पुस्तकालय विधान है।
- **पुस्तकालय प्राधिकरण के दायित्वः** पुस्तकों का चयन और कर्मचारियों का चयन पुस्तकालय प्राधिकरण के दो आवश्यक दायित्व हैं।
- **पुस्तकालय के कर्मचारियों का दायित्वः** अपने कर्तव्यों को निभाने के लिए पुस्तकालय कर्मचारियों को "उसका" शब्द का एहसास करने के लिए कुछ दृष्टिकोण और प्रथाओं को अपनाना पड़ता है, जिसमें पुस्तकालय कर्मचारियों का पठन सामग्री उपलब्ध कराना एकमात्र कर्तव्य नहीं है।

116. (A): सुमेलन योजना सहायता अनुपात हैः

राज्यों की स्थिति	सहायता अनुपात
विकसित राज्य	50 : 50
विकासशील एवं पिछड़े राज्य	60 : 40
उत्तर-पूर्वी राज्य	90 : 10

117. (D): "आस्क लायब्रेरी एनिथिंग" (ALA) संदर्भ की प्रकृति को समझाने के लिए मेलविल डिवी द्वारा गढ़ा गया वाक्यांश था। इसकी उत्पत्ति ALA द्वारा हुई थी।

118. (C): पी.वी. वर्गीज पुरस्कार ILA सम्मेलन के दौरान लिखे और प्रस्तुत किए गए सर्वश्रेष्ठ पत्र के लेखक के लिए होता है। यह पुरस्कार डॉ. सी.डी. शर्मा की पत्नी श्रीमती कमला शर्मा द्वारा स्थापित किया गया था। इस पुरस्कार की घोषणा अखिल भारतीय पुस्तकालय सम्मेलन के समय की जाती है।

120. (B): AACR-2: यह ALA, ब्रिटिश पुस्तकालय, प्रसूचीकरण की कनाडियाई समिति, पुस्तकालय संघ और कांग्रेस पुस्तकालय द्वारा तैयार किया गया है और इसे माइकल गोर्मन और पॉल डब्ल्यू विंकलर द्वारा संपादित किया गया है। AACR-2 के उद्देश्य इस प्रकार हैंः

- 1967 के उत्तरी अमेरिकी और ब्रिटिश ग्रंथों को एक ही पाठ में समेटना।
- पिछले तंत्र के तहत पहले से ही सहमत और कार्यान्वित सभी संशोधनों और परिवर्तनों को एक ही पाठ में शामिल करना।
- AACR को अंतर्राष्ट्रीय हित प्रदान करना।

122. (A): रिक्त युक्ति साधन भविष्य के विषयों को समायोजित करने की एक विधि है, जिसका उपयोग लगभग सभी वर्गीकरण में सारणियों के प्रत्येक स्तर

पर किया जाता है। रिक्त युक्ति साधन वर्गीकरण योजना को अधिक उदार बनाने में सहायता करता है। रिक्त युक्ति साधन भविष्य और अजन्मे विषयों को इसमें भरने के लिए यहाँ-वहाँ कुछ खाली संख्याएँ छोड़ देता है।

123. (C): CC के मुख्य वर्गः

विज्ञान एवं प्रौद्योगिकी

- A/B विज्ञान/गणित
- C/D भौतिकी/अभियांत्रिकी
- E/F रसायन विज्ञान/रासायनिक प्रौद्योगिकी
- G/H जीवविज्ञान/भूविज्ञान
- I/J/K वनस्पति विज्ञान/कृषि/जंतु विज्ञान
- L औषध विज्ञान
- M आवश्यक कलाएँ

मानविकी

- Δ आध्यात्मिक अनुभव एवं रहस्यवाद
- N ललित कला
- O/P साहित्य/भाषा
- Q/R/S धर्म/दर्शन/मनोविज्ञान

सामाजिक विज्ञान (समाज-शास्त्र)

- T शिक्षा
- U/V भूगोल/इतिहास
- W/X राजनीति विज्ञान/अर्थशास्त्र
- Y/Z समाजशास्त्र/कानून

124. (B): सामान्यतः कंप्यूटर सिस्टम के प्राथमिक कनेक्टर्स में निम्नलिखित भाग सम्मलित होते हैंः

- **पावरः** इस कनेक्टर का उपयोग कंप्यूटर सिस्टम को पावर सप्लाई करने के लिए किया जाता है।
- **कीबोर्डः** यह कनेक्टर आपको कीबोर्ड को कंप्यूटर से कनेक्ट करने, सामान्यतः यूएसबी पोर्ट या PS/2 पोर्ट के माध्यम से अनुमति देता है।
- **डिस्प्लेः** इस कनेक्टर का उपयोग कंप्यूटर को मॉनिटर या प्रोजेक्टर जैसे डिस्प्ले डिवाइस से कनेक्ट करने के लिए किया जाता है। कॉमन डिस्प्ले कनेक्टर में VGA, DVI, HDML और डिस्प्ले पोर्ट शामिल हैं।

125. (B): C भाषा को सभी प्रोग्रामिंग भाषाओं की जननी भी कहा जाता है। C एक सामान्य प्रयोजन वाली प्रोग्रामिंग भाषा है जिसका उपयोग विभिन्न प्रकार के एप्लिकेशन बनाने के लिए किया जाता है। C भाषा मूल रूप से ऑपरेटिंग सिस्टम लिखने के लिए विकसित की गई थी। यूनिक्स कर्नेल और इसके सभी सहायक उपकरण और लाइब्रेरी सी भाषा में लिखे गए हैं। C भाषा का उपयोग निम्नलिखित कार्यों के लिए किया जाता हैः

- ऑपरेटिंग सिस्टम
- नई भाषाओं का विकास
- कम्प्यूटेशन प्लेटफॉर्म
- एम्बेडेड सिस्टम
- ग्राफिक्स और गेम

127. (C): संचार में PDN एक सर्किट या पैकेट-स्विच्ड नेटवर्क है जो जनता के लिए उपलब्ध है और जो डिजिटल रूप में डेटा संचारित कर सकता है। 1976 में 'डेटापैक' जिसे "कनाडा का पैकेट-स्विच्ड X.25" के रूप में भी जाना जाता है, X.25 का उपयोग करने वाला पहला PDN था।

128. (D): कुछ DTP सॉफ्टवेयर निम्नवत हैंः

- **एडोब पेजमेकर** (पूर्व में जिसे एल्डस पेजमेकर कहा जाता था) एक डिस्कन्टिन्युएड डेस्कटॉप पब्लिशिंग कंप्यूटर प्रोग्राम है जिसे 1985 में एल्डस कॉर्पोरेशन द्वारा एप्पल मैकिंटोश पर प्रस्तुत किया गया था।
- **क्वार्कएक्सप्रेस** एक डेस्कटॉप पब्लिशिंग सॉफ्टवेयर है जिसे पहली बार 1987 में क्वार्क Inc. द्वारा जारी किया गया था और अभी भी इसका स्वामित्व और प्रकाशन उसी के पास है।
- **एडोब इनडिजाइन** एक डेस्कटॉप पब्लिशिंग और पेज लेआउट डिजाइनिंग सॉफ्टवेयर एप्लिकेशन है जो Adobe Inc. द्वारा निर्मित है और पहली बार 1999 में जारी किया गया था।
- **माइक्रोसॉफ्ट पब्लिशर** माइक्रोसॉफ्ट का एक डेस्कटॉप पब्लिशिंग एप्लिकेशन है।

130. (A): कुछ महत्वपूर्ण पुस्तकालय प्रबंधन प्रणालियाँ हैं:

- **एवरग्रीनः** एवरग्रीन परियोजना 2006 में जॉर्जिया पब्लिक लाइब्रेरी सिस्टम द्वारा शुरू किया गया था।
- **कोहाः** कोहा पहला ओपन-सोर्स ILS है (2000 में ओपन सोर्स के रूप में जारी किया गया)। कोहा एक एकीकृत पुस्तकालय प्रबंधन सिस्टम है जिसे मूल रूप से होरोवेनुआ लाइब्रेरी ट्रस्ट (एचएलटी) के लिए वेलिंगटन, न्यूजीलैंड के कैटिपो कम्युनिकेशंस लिमिटेड द्वारा विकसित किया गया था।
- **NewGenLib** या NGL की शुरुआत 2005 में वाणिज्यिक ILS के रूप में हुई थी और इसे 2008 में GNU GPL के तहत ओपन-सोर्स ILS के रूप में उपलब्ध कराया गया था। NewGenLib केसवन इंस्टीटयूट ऑफ इंफॉर्मेशन एंड नॉलेज मैनेजमेंट (KIIKM), हैदराबाद और वेरस सॉल्यूशंस प्राइवेट लिमिटेड नामक एक धर्मार्थ ट्रस्ट के बीच सहयोग का परिणाम है।
- **LIBSYS:** LIBSYS एक स्वदेशी ILS है जिसे 1984 में LIBSYS कॉर्पोरेशन, नई दिल्ली द्वारा डिजाइन और विकसित किया गया था। लिबसिस वर्तमान में छह अलग-अलग संस्करणों में उपलब्ध है।

131. (C): इफ्ला प्रोजेक्टस का कालक्रमानुसार व्यवस्थापनः

- फंक्शनल रिक्वायरमेंट फॉर बिब्लियोग्राफिक रिकॉर्ड्स (FRBR), 1998 में प्रकाशित।
- फंक्शनल रिक्वायरमेंट फॉर ऑथरिटी डेटा (FRAD), 2009 में प्रकाशित।
- फंक्शन रिक्वायरमेंट फॉर सब्जेक्ट ऑथरिटी डेटा (FRSAD), 2010 में प्रकाशित।
- फंक्शनल रिक्वायरमेंट फॉर बिब्लियोग्राफिक रिकॉर्डस ऑब्जेक्ट ओरियेन्टिड (FRBRoo), 2016 में प्रकाशित।

132. (B): निवेश यंत्र (input device) किसी कम्प्यूटर या कम्प्यूटर प्रणाली से जुड़ा एक ऐसा यंत्र होता है जो किसी प्रयोगकर्ता या अन्य प्रणाली से किसी कम्प्यूटर तक सूचना ले जाए। उदाहरण के लिए, माउस, कीबोर्ड, टचपैड, स्कैनर, डिजिटल कैमरा, माइक्रोफोन, जॉयस्टिक, ग्राफिक टैबलेट, ट्रैकबॉल, ऑप्टिकल कैरेक्टर रिकग्निशन (OCR), स्कैनर आदि।

133. (D): बस टोपोलॉजी को इस तरह से डिजाइन किया गया है कि सभी स्टेशन एक ही केबल के माध्यम से जुड़े हुए हैं जिसे बैकबोन केबल कहा जाता है। प्रत्येक नोड या तो ड्रॉप केबल द्वारा बैकबोन केबल से जुड़ा होता है या सीधे बैकबोन केबल से जुड़ा होता है। बस टोपोलॉजी का उपयोग मुख्य रूप से 802.3 (ईथरनेट) और 802.4 मानक नेटवर्क में किया जाता है। अन्य टोपोलॉजी की तुलना में बस टोपोलॉजी की विन्यास काफी सरल है। बैकबोन केबल को "सिंगल लेन" माना जाता है जिसके माध्यम से सभी स्टेशनों पर संदेश प्रसारित किया जाता है। बस टोपोलॉजी की सबसे आम एक्सेस विधि सीएसएमए (कैरियर सेंस मल्टीपल एक्सेस) है।

134. (C): लीडरः डेटा एलिमेंट जो मुख्य रूप से रिकॉर्ड के प्रोसेसिंग के लिए जानकारी प्रदान करते हैं। लीडर की लंबाई 24 करैक्टर स्थितियों पर तय की गई है और यह मार्क रिकॉर्ड का पहला घटक है।

135. (C): एक ऑपरेटिंग सिस्टम (ओएस) एक कंप्यूटर उपयोगकर्ता और कंप्यूटर हार्डवेयर के बीच एक इंटरफेस होता है। एक ऑपरेटिंग सिस्टम एक सॉफ्टवेयर होता है जो फाइल प्रबंधन, मेमोरी प्रबंधन, प्रक्रिया प्रबंधन, इनपुट और आउटपुट को संभालने और डिस्क ड्राइव और प्रिंटर जैसे परिधीय उपकरणों को नियंत्रित करने जैसे सभी बुनियादी कार्यों को करता है। कुछ लोकप्रिय ऑपरेटिंग सिस्टम में लिनक्स ऑपरेटिंग सिस्टम, विंडोज ऑपरेटिंग सिस्टम, वीएमएस, एमपीई/आईएक्स, ओएस/400, एआईएक्स, जेड/ओएस आदि शामिल हैं।

136. (B): HTML का पहला सार्वजनिक रूप से उपलब्ध विवरण "HTML Tag" नामक एक दस्तावेज था, जिसका उल्लेख पहली बार 1991 के अंत में टिम बर्नर्स-ली द्वारा इंटरनेट पर किया गया था।

137. (D): आधुनिक प्रबंधन सिद्धांतः

- इसमें कहा गया है कि कर्मचारी केवल पैसे से प्रेरित होते हैं।
- आधुनिक प्रबंधन सिद्धांत भी मानता है कि तेजी से बदलती तकनीक कार्यस्थल में कई समस्याओं का कारण और समाधान दोनों कर सकती है। आधुनिक प्रबंधन सिद्धांत वास्तव में तीन अन्य प्रबंधन सिद्धांतों से युक्त है।
- **क्वांटिटेटिव थ्योरीः** यह एक सरल संख्या-आधारित सिद्धांत है जो किसी भी कार्रवाई को करने से पहले उसके जोखिमों, लाभों और कमियों की गणना करने पर निर्भर करता है।
- **सिस्टम थ्योरीः** लुडविग वॉन बर्टलान्फी द्वारा विकसित, यह सिद्धांत बताता है कि कंपनी के जीवित रहने के लिए सीईओ से लेकर प्रवेश स्तर के कर्मचारी तक, कंपनी के सभी हिस्सों को सद्भाव में काम करना चाहिए।
- **कॉन्टिंजेंसी थ्योरीः** इसे 'सिचुएशनल एप्रोच' के रूप में में भी जाना जाता है, जिसे 1960 के दशक में फ्रेड फिडलर द्वारा बनाया गया था। यह सिद्धांत बताता है कि किसी स्थिति का आकलन करना और सर्वोत्तम नेतृत्व रणनीति का उपयोग करना किसी कंपनी के नेताओं पर निर्भर है।

138. (A): हेनरी फेयोल के अनुसार प्रत्येक कर्मचारी का केवल एक ही अधिकारी होना चाहिए। यदि कोई कर्मचारी एक ही समय में दो अधिकारियों से आदेश लेता है तो इसे आदेश की एकता (unity of command) के सिद्धांत का उल्लंघन माना जाएगा। आदेश की एकता के सिद्धांत के अनुसार किसी भी औपचारिक संगठन में कार्यरत व्यक्ति को एक ही अधिकारी से आदेश लेने चाहिए एवं उसी के प्रति उत्तरदायी होना चाहिए। फेयोल ने इस सिद्धांत को काफी महत्व दिया। उसको ऐसा लगा कि यदि इस सिद्धांत का उल्लंघन होता है तो 'अधिकार प्रभावहीन हो जाता है, अनुशासन संकट में आ जाता है, आदेश में व्यवधान पड़ जाता है एवं स्थायित्व को खतरा हो जाता है'। माना कि एक विक्रयकर्ता को एक ग्राहक से सौदा करने के लिए कहा जाता है तथा उसे विपणन प्रबंधक 10 प्रतिशत की छूट देने का अधिकार देता है। लेकिन वित्त विभाग का आदेश है कि छूट 5 प्रतिशत से अधिक नहीं दी जाए। यहाँ आदेश की एकता नहीं है। यदि विभिन्न विभागों में समन्वय है तो इस स्थिति में बचा जा सकता है।

139. (A): यहाँ शब्दों को वर्णमाला क्रम में व्यवस्थित किया गया हैः सिंग (Sing), सिंग एट (Sing at), सिंगर (Singer), सिंगिंग (Singing).

वर्णानुक्रम के दो बुनियादी सिद्धांत हैंः

- **अक्षर-दर-अक्षर व्यवस्थाः** इसे ''ऑल थ्रू अरेंजमेंट'' नाम भी दिया गया है। इस व्यवस्था में व्यवस्था के लिए एक पत्र को ही इकाई मान लिया जाता है तथा किसी अन्य बिन्दु को कोई महत्व नहीं दिया जाता है।
- **शब्द-दर-शब्द व्यवस्थाः** इसे ''कुछ भी नहीं से पहले कुछ नहीं'' ही नाम भी दिया गया है। इस व्यवस्था में शब्द को व्यवस्था क्रम के लिए इकाई के रूप में लिया जाता है।

140. (B): निकोलस जे. बेल्किन रटगर्स विश्वविद्यालय में संचार और सूचना स्कूल में प्रोफेसर हैं। उनके शोध के मुख्य विषयों में डिजिटल लाइब्रेरी; सूचना-खोज व्यवहारः और सूचना पुनर्प्राप्ति प्रणालियों के बीच अंतःक्रिया शामिल हैं। बेल्किन को मानव केंद्रित सूचना पुनर्प्राप्ति और ज्ञान की असामान्य स्थिति (ASK) की परिकल्पना पर उनके काम के लिए जाना जाता है। बेल्किन ने महसूस किया कि कई मामलों में, खोज प्रणालियों के उपयोगकर्ता अपनी जरूरतों को ठीक से तैयार करने में असमर्थ होते हैं। वे अपने प्रश्नों को तैयार करने के लिए कुछ महत्वपूर्ण ज्ञान से चूक जाते हैं। ऐसे मामलों में उपयोगकर्ता से सिस्टम के लिए अनुरोध के रूप में उसकी जरूरत को निर्दिष्ट करने के लिए कहने की तुलना में उपयोगकर्ता की ज्ञान की असामान्य स्थिति का वर्णन करने का प्रयास करना अधिक उपयुक्त है।

141. (A): भारतीय पुस्तकालयों को सलाह दी जाती है कि वे फर्नीचर, भवन, शेल्फिंग कैबिनेट, प्रकाश व्यवस्था, बाइंडिंग, सुरक्षा आदि के लिए भारतीय मानक ब्यूरो द्वारा निर्धारित विनिर्देशों का पालन करें। कुछ मानक इस प्रकार हैं:

- **आईएसः 1892 (भाग I) - 1978 (पुनः पुष्टि -1991)** लाइब्रेरी फर्नीचर और फिटिंग के लिए विशिष्टताएँ, भाग I: इमारतों लकड़ी (पहला संशोधन)।
- **आईएसः 1892 (भाग II) - 1977 (पुनः पुष्टि -1998)** लाइब्रेरी फर्नीचर और फिटिंग के लिए विशिष्टताएँ, भाग II: स्टील।

142. (D): परफार्मेंस प्लैनिंग एण्ड बजटिंग सिस्टम (पी.पी.बी.एस.)

- बजट बनाने की यह पद्धति सबसे पहले USDOD (संयुक्त राज्य अमेरिका रक्षा विभाग) (1961) द्वारा प्रस्तावित की गई थी।
- पी.पी.बी.एस. के दो प्रमुख तत्व हैं बजट बनाना और सिस्टम एनालिसिस।
- यह विधि गतिविधियों, कार्यक्रमों और सेवाओं की योजना बनाने के कार्यों को जोड़ती है, उन्हें मूर्त परियोजनाओं में परिवर्तित करती है, और अंततः बजटीय शर्तों में आवश्यकताओं को प्रस्तुत करती है।
- यह विधि प्रोग्राम बजटिंग और परफॉरमेंस बजटिंग दोनों का सर्वोत्तम संयोजन करती है।

143. (B): एडविन बी. फ्लिपो के अनुसार, "कार्य विनिर्देश किसी कार्य को ठीक से करने के लिए आवश्यक न्यूनतम स्वीकार्य मानवीय गुणों का विवरण है।"

144. (B): ब्राउन निर्गम प्रणाली:

- यह नीना ई. ब्राउन द्वारा 1895 में विकसित एक प्रणाली है जिसमें पुस्तकों को ऋण पर दिया जाता है।
- ब्राउन प्रणाली में प्रत्येक ऋणकर्ता के लिए पत्रक के बजाय जेब (पॉकेट) या लिफाफे का उपयोग किया जाता था।

146. (D): एल.आर. मैककोल्विनः पुस्तक चयन का सिद्धांत (1925): मैककोल्विन ने 1925 में पहली बार प्रकाशित अपनी पुस्तक 'सार्वजनिक पुस्तकालयों के लिए पुस्तक चयन का सिद्धांत' में पुस्तक चयन की माँग और आपूर्ति सिद्धांत की शुरुआत की। 'आपूर्ति' शब्द से उनका तात्पर्य सभी किस्मों में पठन सामग्री की उपलब्धता से है, जबकि 'माँग' उपयोगकर्ताओं की अभिव्यक्त और अव्यक्त सूचनात्मक आवश्यकताओं को संदर्भित करता है।

147. (C): गुणवत्ता के व्यावसायिक अर्थ समय के साथ विकसित हुए हैं। विभिन्न व्याख्याएँ नीचे दी गई हैं:

- **सुबीर चौधरीः** "गुणवत्ता लोगों की शक्ति और प्रक्रिया शक्ति को जोड़ती है।"
- **पीटर ड्रकरः** "किसी उत्पाद या सेवा में गुणवत्ता वह नहीं है जो आपूर्तिकर्ता डालता है। यह वह है जो ग्राहक प्राप्त करता है और उसके लिए भुगतान करने को तैयार रहता है।"

149. (C): केंद्रीय संदर्भ पुस्तकालय, कोलकाता में स्थित संस्कृति मंत्रालय, भारत सरकार का एक अधीनस्थ कार्यालय है। इस संस्था का प्राथमिक उद्देश्य भारतीय राष्ट्रीय ग्रंथ सूची को संकलित और प्रकाशित करना है। यह देश की राष्ट्रीय ग्रंथ सूची संस्था के रूप में कार्य करती है।

150. (D): वैज्ञानिक तथा औद्योगिक अनुसंधान परिषद (CSIR) से सम्बद्ध दो प्रमुख संस्थानों, राष्ट्रीय विज्ञान, प्रौद्योगिकी और विकास अध्ययन संस्थान (NISTADS) तथा राष्ट्रीय विज्ञान संचार एवं सूचना स्रोत संस्थान (NISCAIR) का विलय कर दिया गया। इन दोनों संस्थानों को मिलाकर अब एक नई संस्था का गठन किया गया है, जिसे नेशनल इंस्टिटयूट ऑफ साइंस कम्युनिकेशन एंड पॉलिसी रिसर्च NIScPR) नाम दिया गया है।

NIScPR के गठन का उद्देश्य विज्ञान संचार को प्रोत्साहित करने के साथ-साथ नीतिगत विषयों पर भी शोध को बढ़ावा देना है, जिससे उन सभी नीतियों

का लाभ आम जनता तक पहुँच सके। इसके साथ ही विज्ञान की जानकारी आम जनता तक पहुँचाना भी इस नयी गठित संस्था का उद्देश्य है। इन दोनों संस्थानों के विलय से अधिक संसाधनों और कम खर्च से बेहतर परिणाम प्राप्त करने की उम्मीद व्यक्त की जा रही है। उल्लेखनीय है कि राष्ट्रीय विज्ञान संचार एवं सूचना स्रोत संस्थान (NISCAIR) पिछले करीब छह दशकों से विज्ञान संचार के क्षेत्र में काम कर रहा है। विज्ञान संचार के क्षेत्र में कार्यरत निस्केयर को देश के प्रमुख संस्थान के रूप में जाना जाता है। वहीं राष्ट्रीय विज्ञान, प्रौद्योगिकी और विकास अध्ययन संस्थान (NISTADS) को मुख्य रूप से विज्ञान, समाज और राज्यों के बीच संवाद के विभिन्न पहलुओं पर अध्ययन के लिए जाना जाता है।

151. (B): साइंस डायरेक्ट एक वेब-आधारित पूर्ण-पाठ डेटाबेस है जो वैज्ञानिक और चिकित्सा प्रकाशनों के बड़े ग्रंथसूची डेटाबेस तक पहुँच प्रदान करता है। साइंस डायरेक्टर डेटाबेस मार्च 1997 में एल्सेवियर द्वारा तैयार किया गया। इस डेटाबेस में उत्पादित पत्रिकाओं को चार मुख्य खंडों में वर्गीकृत किया गया है:

- भौतिक विज्ञान और इंजीनियरिंग
- जीव विज्ञान
- स्वास्थ्य विज्ञान और
- सामाजिक विज्ञान और मानविकी

यह सदस्यता के आधार पर मुफ्त लेख सार और पूर्ण पाठ प्रदान करता है।

152. (D): एक्सेस साइंस:

- एक्सेस साइंस एक आधिकारिक और गतिशील ऑनलाइन संसाधन है जिसकी जड़ें मैकग्रा हिल में है।
- एक्सेस साइंस सख्ती से परीक्षित वैज्ञानिक ज्ञान और अवधारणाओं को ऐसे तरीकों से प्रस्तुत करता है जो आकर्षक और सुलभ दोनों हैं।

153. (C): CONTENTdm एक डिजिटल एसेट मैनेजमेंट सॉफ्टवेयर पैकेज है जिसका उपयोग व्यक्तिगत पुस्तकालयों और CARLI जैसे लाइब्रेरी कंसोर्टिया द्वारा प्राइमरी सोर्स मैटेरियल के डिजिटल संस्करणों तक एक्सेस प्रदान करने के लिए किया जाता है। CONTENTdm OCLC का एक प्रोडक्ट है। CARLI ने 2005 में CONTENTdm के लिए लाइसेंस खरीदा।

154. (B): डैजी कंसोर्टियम का गठन मई 1996 में स्वीडन (स्टॉकहोम) में टॉकिंग बुक लाइब्रेरी द्वारा एनालॉग से डिजिटल टॉकिंग बुक्स में विश्वव्यापी ट्रांजीशन का नेतृत्व करने के लिए किया गया था। इसके प्रारंभिक सदस्यों में शामिल हैं:

- नेत्रहीनों के लिए जापानी एसोसिएशन ऑफ लाइब्रेरी
- स्पैनिश नेशनल ऑर्गेनाइजेशन ऑफ द ब्लाइंड, O.N.C.E.
- रॉयल नेशनल इंस्टीटयूशन फॉर द ब्लाइंड, RNIB (यूनाइटेड किंगडम)
- दृष्टिहीनों और दृष्टिबाधितों के लिए स्विस लाइब्रेरी, SBS
- दृश्य और प्रिंट विकलांग छात्रों और पेशेवरों के लिए डच लाइब्रेरी, SVB आदि।

155. (C): संदर्भ सेवाएँ:

- यह पाठकों को किसी विशेष प्रश्न के उत्तर में सूचना के स्रोतों की पहचान करने में मदद करने की प्रक्रिया है।
- यह व्यक्तिगत सेवा है जो उपयोगकर्ताओं को अनुरोध पर प्रदान की जाती है।
- संदर्भ सेवा उन उपयोगकर्ताओं के लिए विशेष महत्व रखती है जो अक्सर पुस्तकालय आते हैं और पुस्तकालय के वातावरण और प्रक्रियाओं से परिचित हैं।

158. (B): 8WS का मॉडल 1990 के दशक में एनेट लैम्ब द्वारा तैयार किया गया था। यह एक प्रोजेक्ट-आधारित मॉडल है जो छात्रों को सूचना साक्षरता की जटिलताओं का पता लगाने और सीखने के अवसर प्रदान करता है।

159. (B): वैज्ञानिक प्रबंधन (जिसे टेलरवाद और टेलर पद्धति भी कहते हैं) प्रबंधन का एक सिद्धांत है जो कार्य-प्रवाह (workflow) का विश्लेषण एवं संश्लेषण करती है और इस प्रकार श्रमिक उत्पादकता को बढ़ाने में सहायता करती है। इसके मूल सिद्धांत 1880 एवं 1890 के दशकों में फ्रेडरिक विंस्लो टेलर द्वारा प्रतिपादित किये गये जो उनकी रचनाओं "शॉप मैनेजमेंट" तथा "द प्रिंसिपल्स ऑफ साइंटिफिक मैनेजमेंट" के द्वारा प्रकाश में आये। टेलर का मानना था कि परिपाटी और "रूल ऑफ थम्ब" पर आधारित निर्णय के स्थान पर ऐसे तरीकों/विधियों का उपयोग किया जाना चाहिये जो कार्मिकों के कार्य का ध्यानपूर्वक अध्ययन के फलस्वरूप विकसित किये गये हों।

160. (D): वेबस्टर की थर्ड न्यू इंटरनेशनल डिक्शनरी डेटा को "कुछ दिया या स्वीकार किया गया, तथ्य या सिद्धांत दिए गए या प्रस्तुत किए गए, जिस पर एक अनुमान या तर्क आधारित है, या जिससे किसी भी प्रकार की एक आदर्श प्रणाली का निर्माण किया जाता है" के रूप में परिभाषित किया है। ऑक्सफोर्ड इनसाइक्लोपीडिक इंग्लिश डिक्शनरी के अनुसार डेटा "ज्ञात तथ्य या वस्तुएं हैं जिनका उपयोग अनुमान या गणना के आधार के रूप में किया जाता है"। UNESCO डेटा को मानवीय या स्वचालित माध्यमों से संचार, व्याख्या या प्रसंस्करण के लिए उपयुक्त औपचारिक तरीके से तथ्यों, अवधारणाओं या निर्देशों के रूप में परिभाषित करता है। मैक्ग्रा-हिल इनसाइक्लोपीडिया ऑफ साइंस एंड टेक्नोलॉजी में डेटा को "एक वैज्ञानिक प्रयोग से प्राप्त संख्यात्मक या गुणात्मक मूल्यों" के रूप में परिभाषित किया गया है। CODATA डेटा को "सबसे सटीक रूप में वैज्ञानिक ज्ञान के सार की क्रिस्टलीकृत प्रस्तुति" के रूप में परिभाषित करता है।

161. (C): 23 अप्रैल को दुनिया भर में विश्व पुस्तक दिवस का आयोजन किया जाता है। यूनेस्को हर वर्ष इस मौके पर कार्यक्रमों का आयोजन करता है। किताबी दुनिया में कॉपीराइट एक अहम मुद्दा है, इसलिये विश्व पुस्तक दिवस पर इस मुद्दे पर भी जोर दिया जाता है। इसी वजह से दुनिया के कई हिस्सों में इसे विश्व पुस्तक और कॉपीराइट दिवस के तौर पर भी मनाया जाता है।

162. (C): IASLIC: विशेष पुस्तकालय और सूचना केंद्रों का भारतीय संघ (IASLIC) की स्थापना 25 जून, 1955 को हुई थी। इसमें डॉ. एस.एल. हीरा को पहले अध्यक्ष और श्री जे. साहा को IASLIC के पहले मानद महासचिव के रूप में चुना गया था।

163. (D): ऑक्सफोर्ड डिक्शनरी नैतिकता को "नैतिकता का विज्ञान, मानव कर्त्तव्य के सिद्धांतों से संबंधित अध्ययन विभाग" के रूप में परिभाषित करती है। IFLA के अनुसार पेशेवर नैतिकता का अर्थ है "राष्ट्रीय पुस्तकालय या पुस्तकालयाध्यक्ष संघों द्वारा अपनाए गए या सरकारी एजेंसियों द्वारा कार्यान्वित पुस्तकालयाध्यक्षों और अन्य पुस्तकालय कर्मचारियों के लिए पेशेवर दिशानिर्देशों का एक संग्रह"। मिस मैरी राइट प्लमर, एक लाइब्रेरियन, जिनके चरित्र ने पेशे पर एक अमिट छाप छोड़ी, ने 14 अप्रैल, 1903 को इलिनोइस लाइब्रेरी एसोसिएशन में "लाइब्रेरियनशिप के पेशेवरों और विपक्ष शीर्षक" से एक भाषण दिया, जो लाइब्रेरियन के लिए नैतिकता की आवश्यकता पर केंद्रित था।

164. (C): शिकागो विश्वविद्यालय द्वारा ग्रेजुएट लाइब्रेरी स्कूल की स्थापना 1926 में कार्नेगी कॉर्पोरेशन के अनुदान के सहयोग से की गई थी। यह पुस्तकालय विज्ञान कार्य में डॉक्टरेट की पेशकश करने वाला अमेरिका का पहला पुस्तकालय स्कूल था।

165. (C): IFLA स्क्रॉल ऑफ एप्रिसिएशन "एक ऐसे व्यक्ति को दिया जाता है, जिसने IFLA मूल्यों, उदाहरण के लिए, विविधता, समावेशन और समानता को बढ़ावा देने के प्रयासों के अलावा, एक समिति या समूह में शामिल स्वयंसेवक के रूप में IFLA को विशिष्ट सेवा दी है।"

166. (C): ''डबलिन कोर'', जिसे डबलिन कोर मेटाडेटा एलिमेंट सेट के रूप में भी जाना जाता है, संसाधनों का वर्णन करने के लिए पंद्रह ''कोर'' तत्वों (गुणों) का एक सेट है। 15 डबलिन कोर तत्व हैं–

	तत्व	परिभाषा
1.	अभिदाता	एक इकाई, संसाधन में योगदान देने के लिए जिम्मेदार।
2.	कवरेज	संसाधन का स्थानीक या लौकिक विषय, संसाधन की स्थानिक प्रयोज्यता या वह क्षेत्राधिकार जिसके अंतर्गत संसाधन प्रासंगिक है।
3.	निर्माता	एक इकाई, जो मुख्य रूप से संसाधन बनाने के लिए जिम्मेदार है।
4.	तारीख	संसाधन के जीवनचक्र में किसी घटना से जुड़ा समय का एक बिंदु या अवधि।
5.	विवरण	संसाधन का लेखा-जोखा
6.	प्रारूप	फाइल स्वरूप, भौतिक माध्यम, या संसाधन के आयाम।
7.	पहचानकर्ता	किसी दिए गए संदर्भ में संसाधन का एक स्पष्ट संदर्भ।
8.	भाषा	संसाधन की एक भाषा।
9.	प्रकाशक	एक संस्था, जो संसाधन उपलब्ध कराने के लिए जिम्मेदार है।
10.	संबंध	एक संबंधित संसाधन
11.	अधिकार	संसाधन में और उस पर मौजूद अधिकारों के बारे में जानकारी।
12.	स्रोत	एक संबंधित संसाधन जिससे वर्णित संसाधन प्राप्त होता है।
13.	विषय	संसाधन का विषय।
14.	शीर्षक	संसाधन को एक नाम दिया गया है।
15.	प्रकार	संसाधन की प्रकृति या शैली।

167. (D): कहा जाता है कि महामहिम ब्लिस (1870-1955) ने कहा था, ''मिनट बनो, मिनट बनो, बहुत मिनट मत बनो''। इस पर रंगनाथन ने जवाब दिया, ''मिनट बनो, मिनट बनो, बहुत मिनट बनो''।

168. (B): एक स्थान सिद्धांतः किसी ठोस विषय के सभी अमूर्त पहलुओं को उसके चारों और एकत्रित करना, जेम्स डफ ब्राउन द्वारा अपने विषय वर्गीकरण में दिया गया यह अनुशासन द्वारा विभाजन का एक वैकल्पिक दृष्टिकोण है। विषय वर्गीकरण विषय के सभी पहलुओं को एक साथ रखता है, यही कारण है कि इसे वन-प्लेस थ्योरी कहा जाता है।

169. (D): यूजर इंटरफेस एक ऑपरेटिंग सिस्टम, प्रोग्राम या डिवाइस के उस हिस्से को संदर्भित करता है जो यूजर को जानकारी दर्ज करने और प्राप्त करने की अनुमति देता है। CUI का मतलब कैरेक्टर यूजर इंटरफेस है जहाँ यूजर केवल कीबोर्ड के माध्यम से कंप्यूटर के साथ इंटरैक्ट करता है और किसी भी टास्क की करने के लिए एक कमांड की आवश्यकता होती है। यह यूजर (क्लाइंट) को एक प्रोग्राम में टेक्स्ट को एक या अधिक पंक्तियों (कमांड लाइन के रूप में संदर्भित) के रूप में कमांड जारी करने की अनुमति देकर कार्य करता है। CUI के उदाहरण MS-DOC और UNIX हैं।

170. (D): अर्थ मीमांसाः

- यह संदर्भ, अर्थ या सत्य का अध्ययन है।
- इस शब्द का उपयोग दर्शनशास्त्र, भाषा विज्ञान और कंप्यूटर विज्ञान सहित कई अलग-अलग विषयों के उपक्षेत्रों को संदर्भित करने के लिए किया जा सकता है।
- भाषा विज्ञान में, शब्दार्थ विज्ञान वह उपक्षेत्र है जो अर्थ का अध्ययन करता है।
- वर्तमान दर्शन में शब्द '' अर्थ विज्ञान'' का प्रयोग अक्सर भाषाई औपचारिक शब्दार्थ को संदर्भित करने के लिए किया जाता है, जो भाषा विज्ञान और दर्शन दोनों को जोड़ता है।

- कंप्यूटर विज्ञान में, अर्थ मीमांसा मीमांसा शब्द भाषा निर्माणों के अर्थ को संदर्भित करता है, न कि उनके स्वरूप (वाक्य विन्यास) को।

171. (A): IPv4 एड्रेस क्षय की लंबे समय से प्रतीक्षित समस्या से निपटने के लिए इंटरनेट इंजीनियरिंग टास्क फोर्स (IETF) द्वारा IPv6 विकसित किया गया था। IPv6 एड्रेस का आकार 128 बिट है। इंटरनेट प्रोटोकॉल संस्करण 6 (IPv6) इंटरनेट प्रोटोकॉल (आईपी) का सबसे नवीनतम संस्करण है, संचार प्रोटोकॉल जो इंटरनेट पर नेटवर्क और मार्ग ट्रैफिक पर कंप्यूटर के लिए एक पहचान और स्थान प्रणाली प्रदान करता है। IPv6 का उद्देश्य IPv4 को परिवर्तित करना है।

173. (A): एक राष्ट्र एक सदस्यता (ONOS): ONOS भारत सरकार (GoI) द्वारा प्रस्तावित एक पहल है, जिसका उद्देश्य राष्ट्रीय और अंतर्राष्ट्रीय वैज्ञानिक और शैक्षणिक विषयवस्तु तक देशव्यापी पहुँच प्रदान करना है। यह 1 अप्रैल, 2023 को लागू हुआ। इस पहल से विश्वविद्यालयों, कॉलेजों और अनुसंधान संगठनों सहित अनुसंधान और शैक्षणिक संस्थानों के साथ-साथ सार्वजनिक पुस्तकालयों के माध्यम से देश के प्रत्येक नागरिक को लाभ होने की उम्मीद है। ONOS का उद्देश्य- उच्च गुणवत्ता वाली शैक्षणिक जानकारी तक आसान पहुँच को प्रोत्साहित करने के लिए ONOS द्वारा दुनिया भर के अधिकांश प्रमुख STEM (विज्ञान, प्रौद्योगिकी, इंजीनियरिंग और गणित) प्रकाशकों और डेटाबेस उत्पादकों के साथ राष्ट्रीय लाइसेंस पर हस्ताक्षर करने की उम्मीद है, जिससे देश में वैज्ञानिक अनुसंधान और नवाचार को बढ़ावा मिलेगा। किफायती लागत पर और लाइसेंस की बेहतर शर्तों पर इलेक्ट्रॉनिक संसाधनों तक देशव्यापी पहुँच प्रदान करना।

174. (A): एंड्रयू कार्नेगी (25 नवंबर, 1835-11 अगस्त, 1919) एक स्कॉटिश-अमेरिकी उद्योगपति और परोपकारी थे। अपने जीवन के अंतिम 18 वर्षों के दौरान, उन्होंने लगभग 350 मिलियन डॉलर अपनी संपत्ति का लगभग 90 प्रतिशत दान, फाउंडेशन और विश्वविद्यालयों को दे दिया।

175. (C): ऑनलाइन कंप्यूटर लाइब्रेरी सेंटर (OCLC): "एक गैर लाभकारी, सदस्यता, कंप्यूटर पुस्तकालय सेवा और अनुसंधान संगठन है जो अग्रसर सार्वजनिक प्रयोजनों के लिए दुनिया की जानकारी तक पहुँचने और सूचना की लागत कम करने के लिए समर्पित है"। 1967 में ओहयो कॉलेज लाइब्रेरी सेंटर के रूप में स्थापित, ओसीएलसी और उसके सदस्य पुस्तकालय दुनिया में सबसे बड़े ऑनलाइन पब्लिक एक्सेस कैटलॉग (ओपक) वर्ल्डकैट का सहयोगात्मक उत्पादन और अनुरक्षण करते हैं।

OCLC 1967 में ओहियो कॉलेज लाइब्रेरी सेंटर के रूप में विश्वविद्यालय के कुलपतियों, उपाध्यक्षों और पुस्तकालय निदेशकों के सहयोग से शुरू हुआ, जो ओहियो के राज्य में पुस्तकालयों के लिए सहकारी कम्प्यूटरीकृत नेटवर्क बनाना चाहते थे। OCLC के उत्पाद और सेवाएँ:

- BIBLIOTHECA प्लस पुस्तकालय मैनेजमेंट सिस्टम।
- LBS पुस्तकालय मैनेजमेंट सिस्टम।
- ईजीप्रॉक्सी एक्ससे तथा ऑथेंटिकेशन सॉफ्टवेयर।
- ग्रीनग्लॉस।
- SISIS-सनराइज पुस्तकालय मैनेजमेंट सिस्टम।
- वाइज।
- कैटेएक्सप्रेस प्रसूचीकरण सेवा।
- पिकार्टा डेटाबेस।
- WorldCat.org वैश्विक प्रसूची।
- कोरियो इनसाइट्स।

176. (C): IND (Indian National Bibliography) का प्रकाशन अक्टूबर-दिसंबर 1957 से त्रैमासिक शुरू किया गया जो 1963 तक किया गया बाद में इसका प्रकाशन मासिक रूप से किया जाता है। इसका प्रकाशन कोलकाता की सेंट्रल रेफरेंस लाइब्रेरी (Central Reference library) से किया जाता है। INB की सूची Classified Part, Subject Index and Author Index भागों में विभक्त है। INB का कम्प्यूटरी स्वरूप में प्रकाशन जून 2000 में प्रारंभ हुआ। वर्तमान में INB का निर्माण 'केंद्रीय संदर्भ पुस्तकालय' करता है। (पहले भारतीय-राष्ट्रीय

पुस्तकालय करता था।) INB में 3 भाग होते हैं: वर्गीकृत, लेखक एवं शीर्षक अनुक्रमणिका और विषय अनुक्रमणिका।

177. (D): INSSPEL:

- **भारतीय सामाजिक विज्ञान आवधिक साहित्य** अर्थशास्त्र और राजनीति विज्ञान से संबंधित 1970 में अपनी स्थापना के बाद से 119 भारतीय पत्रिकाओं में प्रकाशित लेखकों का एक एकीकृत और कम्प्यूटरीकृत ग्रंथ सूची डेटाबेस है।
- पहले INSSPEL डेटाबेस केवल अर्थशास्त्र और राजनीति विज्ञान पत्रिकाओं को कवर करता था, लेकिन वर्तमान डेटाबेस विस्तृत होगा और इसमें UGC-CARE सूची के तहत भारतीय पत्रिकाएँ, NASSDOC द्वारा सदस्यता प्राप्त पत्रिकाएँ और ICSSR द्वारा सुझाई गई पत्रिकाएँ शामिल होंगी।
- **भारतीय शिक्षा सूचकांक (1947-1978):** यह एक संयुक्त पूर्वव्यापी सूचकांक है, जिसमें अंग्रेजी भाषा में 26 भारतीय शैक्षिक पत्रिकाएँ हैं।
- **भारतीय पत्रिकाओं का सूचकांकः समाजशास्त्र और मनोविज्ञान (1886-1970):** वर्तमान खंड में, समाजशास्त्र (अंग्रेजी) में 35 भारतीय पत्रिकाओं को खंड एक से वर्ष 1970 तक अनुक्रमित किया गया है, जो 1886-1970 की अवधि को कवर करता है।

178. (D): सूचना साक्षरता किसी व्यक्ति की वह योग्यता है जिसके द्वारा वह जाना जाता है कि उसे किस सूचना की जरूरत है तथा वह सूचना कहाँ मिलेगी। इसके अतिरिक्त सूचना साक्षर व्यक्ति में उस सूचना का मूल्यांकन करने तथा उस सूचना का प्रभावी ढंग से उपयोग करने की योग्यता भी होती है। आज का युग सूचना का युग है। हर तरफ से सूचना का विस्फोट हो रहा है। ऐसे में सही सूचना कम से कम समय में प्राप्त कर लेना एक महती योग्यता है। सीलिप (CILIP) द्वारा सूचना साक्षरता को परिभाषित करते हुए कहा गया है कि ''कब और क्यों सूचना की जानकारी की आवश्यकता है, यह कहाँ मिलेगी यह जानना और उचित अनुचित का विचार क इसका मूल्यांकन, उपयोग तथा संप्रेषित करना''

179. (B): मराकेश VIP संधि:

- ''मराकेश VIP (दृष्टिबाधित व्यक्ति) संधि'' औपचारिक रूप से ''अंधे, दृष्टिबाधिता या अ प्रिंट करने में अक्षम व्यक्तियों के लिए प्रक कार्यों तक पहुँच की सुविधा प्रदान करने मराकेश संधि'' के रूप में जाना जाता है।
- यह संधि 27 जून, 2013 को मराकेश, मोरक्त में अपनाई गई और 30 जून, 2016 का लागू हु
- यह संधि WIPO (विश्व बौद्धिक संपदा संगठन) द्वारा प्रशासित है, जो पारंपरिक कॉपीराइट कानून क सीमाओं और अपवादों का एक सेट स्थापित करके VIP के लिए विशेष रूप से अनुकूलित पुस्तके का उत्पादन और अंतर्राष्ट्रीय हस्तांतरण करता है
- भारत 24 जून, 2014 को इस संधि का अनुमोद करने वाला पहला देश है।

180. (B): राष्ट्रीय शैक्षणिक डिपॉजिटरी (एनएडी) शि मंत्रालय (एमओई) के तहत भारत सरकार की ए पहल है, जिसे पहले मानव संसाधन विकास मंत्राल (एमएचआरडी) के नाम से जाना जाता था। य शैक्षणिक संस्थानों/बोर्डों/पात्रता मूल्यांकन निकायों द्व डिजिटल प्रारूप में जमा किए गए शैक्षणिक पुरस्क जैसे प्रमाणपत्र, डिप्लोमा, डिग्री, मार्कशीट आदि क एक ऑनलाइन भंडार है। एनएडी न केवल एक अकादमिक पुरस्कार तक आसान पहुँच और पुनर्प्राप्ति सुनिश्चित करता है, बल्कि इसकी प्रामाणिकता औ सुरक्षित भंडारण की पुष्टि और गारंटी भी देता है डेटाबेस की प्रामाणिकता अखंडता और गोपनीयत सुनिश्चित करने के अलावा, एनएडी नकली और जाल कागजी प्रमाणपत्रों के लिए एक निवारक के रू में कार्य कर सकता है, प्रशासनिक प्रयासों को क कर सकता है और भौतिक रिकॉर्ड की आवश्यकत को समाप्त कर सकता है। यह छात्रों को कि भी भौतिक हस्तक्षेप के बिना किसी भी समय, क भी अपने मूल जारीकर्ता से सीधे डिजिटल प्रारूप प्रामाणिक दस्तावेज/प्रमाणपत्र प्राप्त करने की सुवि प्रदान करता है।

पिछले प्रश्न-पत्र

केन्द्रीय विद्यालय संगठन (KVS)—लाइब्रेरियन भर्ती परीक्षा 2018*

General English

1. Complete the sentence with the appropriate option.
Ratan managed to work despite the .... of his computer.
A. unreliability B. unreliably
C. unrelied D. unreliable

2. Select the word with the wrong spelling.
A. conceivable B. shield
C. frieght D. counterfeit

3. Complete the sentence with the correct word/phrase.
You don't have to come to see my mother .... you want to.
A. if not B. so
C. unless D. if

4. Complete the sentence with the correct word/phrase.
The questionnaire .... by most of the participants before the workshop began.
A. had completed B. has completed
C. has been completed D. had been completed

5. In the following question, the given sentence has been divided in three parts. Select the part that has an error. If there is no error, select option No error.
Did you saw/the hockey match/last night?/No error.
A. the hockey match B. Did you saw
C. No error D. last night?

6. Complete the sentence with the appropriate article.
We were driving through heavy rain when one of .... windscreen wipers stopped working.
A. a B. an
C. the D. No article

7. In the following question, the given sentence has been divided in three parts. Select the part that has an error. If there is no error, select option No error.
All fears were forgotten/when the children saw the toys/in a corner of the clinic./No error.
A. in a corner of the clinic
B. when the children saw the toys
C. All fears were forgotten
D. No error

8. Complete the sentence with the correct word/phrase.
Despite the good advice their parents gave them, the two brothers .... college.
A. have quitted B. quitted
C. quit D. quitting

9. Select the wrongly spelt word.
A. legal B. levre
C. level D. label

10. Complete the sentence with the correct word/phrase.
Computer users in my office were warned .... a new virus.
A. on B. about
C. off D. at

11. Complete the sentence with the appropriate option.
The vet recognised the bird .... injuries he had healed.
A. whom B. who's
C. whose D. who

* Online exam held on 22-02-2018.

12. Choose the correct antonym for the given word:

spurious

A. useful B. actual
C. artificial D. genuine

13. In the following question, the given sentence has been divided in three parts. Select the part that has an error. If there is no error, select option No error.

She underwent surgery/on the removal/of a cataract in her left eye./No error.

A. on the removal
B. of a cataract in her left eye
C. She underwent surgery
D. No error

14. Choose the most appropriate option to fill in the blanks.

This winter they are planning .... holiday in Cambodia.

A. the B. no word required
C. an D. a

15. Choose the correct synonym of the underlined word.

At these sessions, no idea is too <u>preposterous</u> to be thrown on the table.

A. ridiculous B. sensible
C. logical D. uninteresting

16. Find the most appropriate word that can substitute the following phrase.

Failing to observe the limits of what is permitted or acceptable.

A. criminal B. presumptuous
C. unscrupulous D. arrogant

Directions (Q.No. 17-20): *Read the passage and answer the questions below.*

On a mid-September day, British climbers Rachel Kelsey and Jeremy Colenso were climbing in the Swiss Alps. They were both experienced climbers and when they started, the weather was good. They reached the Summit but as they started the climb down, an electric storm struck the mountain.

Snow began to fall, making it difficult to see where they could put their hands and feet on the rock. After several frightening minutes, they found a narrow ledge and climbed on to it, hoping the snow would stop and they could climb down.

The snow did not stop and the temperature dropped to –5°C. They decided that they had to get help. Rachel had brought her mobile phone with her. She was unable to contact the mountain rescue service on her mobile phone and the only contact number she had were in London. She sent a text message at 1.30 am to five friends in the UK. It read: 'Need heli rescue off north ridge of Piz Badile, Switz'. They were all asleep.

At 5.00 am Avery Cunliffe got the message. He jumped into action and immediately contacted the rescue services in Geneva. He texted Rachel back saying: 'I'm on the case'. Even then, rescue was impossible because of the treacherous weather and the mountain rescue team had to send a text message to Miss de Kelsey telling her she would have to spend a second night on the mountain. They could reach the stranded couple only at 8.15 am the next day. At about 1.00 pm they were lifted off the mountains in helicopters.

17. Rachel and Jeremy could not climb down because:

A. They had forgotten the route
B. The mountain was very slippery
C. They could not see properly in the snow-fall
D. It was very cold

18. What did Cunliffe mean by 'I'm on the case'?

A. I am getting lawyers
B. I am doing what needs to be done
C. I can't help you
D. I am coming to meet you

19. How long did Rachel and Jeremy spend on the narrow ledge?

A. More than 36 hours B. Almost 24 hours
C. Around 12 hours D. About 36 hours

20. What did Rachel do as she was sitting on the ledge?

A. She sent text messages to Jeremy Colenso
B. She sent text messages to friends in the UK
C. She sent text messages to the mountain Rescue team
D. She sent text messages to friends in Switzerland

सामान्य हिन्दी

21. 'जिस शब्द से किसी काम का करना या होना समझा जाए' उसे कहते हैं?

A. संज्ञा B. विशेषण

C. सर्वनाम D. क्रिया

22. निम्नलिखित में से कौन-सा शब्द तद्भव है?

A. मोर B. भक्त

C. पुष्प D. प्रिय

23. कौन-सा अलंकार शब्दालंकार नहीं है?

A. श्लेष B. उपमा

C. अनुप्रास D. यमक

24. कौन-सा शब्द सर्वनाम है?

A. आप B. पटना

C. लोहा D. भारत

25. 'प्रत्येक' में कौन-सा समास है?

A. कर्मधारय B. बहुब्रीहि

C. अव्ययीभाव D. द्विगु

26. निम्नलिखित में से कौन-सा शब्द तत्सम है?

A. ऊँगली B. उल्लू

C. आम्र D. आग

27. 'गिरीश' में कौन-सी संधि है?

A. यण B. दीर्घ

C. वृद्धि D. गुण

28. 'जन्म' का विलोम होगा:

A. मृत्यु B. जीवित

C. जय D. नश्वर

29. 'मनोयोग' में कौन-सी संधि है?

A. विसर्ग B. दीर्घ

C. गुण D. व्यंजन

30. निम्नलिखित में से कौन-सा शब्द अनेकार्थी है?

A. विष B. घन

C. अमर D. आय

31. 'बिना वेतन के' के लिए एक शब्द होगा :

A. याचक B. वैयाकरण

C. कुबेर D. अवैतनिक

32. कौन-सा वाक्य अशुद्ध है?

A. बरसात हो रही है।

B. राम पुस्तक पढ़ रहा था।

C. रोगी से पानी नहीं पी जाता।

D. उसकी शोभा देखते ही बनती है।

33. कौन-सा स्त्रीलिंग है?

A. टिकट B. कपूर

C. अनार D. अवस्था

34. निम्नलिखित में कौन-सा वाक्य वर्तमान काल का है?

A. तुम बाजार जाते हो B. श्याम खेल रहा था

C. वह गया था D. वह जाएगा

35. कौन-सा विशेषण नहीं है?

A. विद्वान B. सुंदर

C. हम D. दुष्ट

36. 'सिर मुड़ाते ओले पड़ना' मुहावरे का सही अर्थ होगा :

A. सिर पर ही ओले गिरना

B. काम शुरू होते ही बाधा आना

C. होश उड़ जाना

D. दुःख सह लेना

37. निम्नलिखित में से कौन-सा शब्द 'वृक्ष' का पर्यायवाची नहीं है?

A. पेड़ B. विटप

C. सुमन D. तरु

38. 'ढोल के भीतर पोल' लोकोक्ति का सही अर्थ होगा :

A. एक से बढ़कर दूसरा चालाक

B. लड़ाई-झगड़े के जिम्मेदार दोनों पक्ष हैं

C. ढोल के भीतर छेद होना

D. केवल दिखावटी शान

39. कौन-सा शब्द एकवचन नहीं है?

A. बच्चे B. गाय

C. सड़क D. रात

40. निम्नलिखित में से कौन-सा शब्द विदेशी है?

A. उद्घाटन B. आशा

C. आत्मा D. अमीर

सामान्य सचेतता

41. नवंबर 2017 में संयुक्त राष्ट्र शैक्षिक, वैज्ञानिक एवं सांस्कृतिक संगठन (यूनेस्को) के महानिदेशक के रूप में किसे नियुक्त किया गया था?
A. फेडेरिको मेयर
B. इरीना बोकोवा
C. कोइचिरो मत्सुआरा
D. ऑड्रे एजोले

42. आर्थिक शब्दावली में, LIBOR किसका संक्षिप्त रूप है?
A. London Interbank Offer Rate
B. Liability Induced By Older Rates
C. Labour Interest Balance of Revenue
D. Law in Base Order Rates

43. क्षुद्रग्रह पट्टी (Asteroid Belt) कहाँ स्थित है?
A. पृथ्वी और बृहस्पति के बीच
B. बृहस्पति और यूरेनस के बीच
C. बृहस्पति और शनि के बीच
D. मंगल और बृहस्पति के बीच

44. कृष्णा नदी का उद्‌गम स्थल है?
A. पश्चिमी घाट B. कश्मीर
C. हिमालय D. पूर्वी घाट

45. तमिलनाडु राज्य से राज्य सभा के कितने प्रतिनिधि हैं?
A. 20 B. 19
C. 18 D. 80

46. दांडी मार्च को किस नाम से भी जाना है?
A. असहयोग आंदोलन
B. नमक सत्याग्रह
C. स्वराज आंदोलन
D. होम रूल आंदोलन

47. आग्नेय चट्टानों का निर्माण कैसे होता है?
A. मेग्मा या लावा के ठंडे होने और जमने से
B. तलछटों के धीरे-धीरे संचयन से
C. दबाव और ऊष्मा की डिग्री में परिवर्तन से
D. खनिजों के जमने और दबाव लगने पर

48. जन्तु और पादप कोशिकाओं में पाये जाने वाले जीवाणु कोशिकाओं में निम्नलिखित में से किसकी कमी होती है?
A. कोशिकांग B. डी एन ए
C. गतिशीलता D. कोशिका भित्ती

49. भारतीय कम्युनिस्ट पार्टी के ध्वज के रंग कौन से हैं?
A. हरा और सफेद B. लाल और सफेद
C. केसरी और सफेद D. काला और सफेद

50. 'इंटरप्रेटर ऑफ मालाडाइज' के लेखक कौन हैं?
A. झुम्पा लाहिड़ी B. रोहिंटन मिस्त्री
C. विक्रम सेठ D. आर.के. नारायण

51. नीरद चंद्र चौधरी कौन है?
A. एक पुरस्कार विजेता अभिनेता
B. एक प्रतिष्ठित भारतीय लेखक
C. एक प्रसिद्ध भारतीय राजनीतिज्ञ
D. एक प्रसिद्ध संगीतकार

52. आर्थिक संदर्भ में EMI का विस्तारित रूप/परिभाषा क्या है?
A. Equated Monthly Installment
B. Equal Monthly Interest
C. Equal Monthly Increase
D. Equated Monthly Income

53. अर्थशास्त्र और वित्त में, वह स्थिति जहाँ एक विशेष अर्थव्यवस्था अथवा क्षेत्र में झटका लगता है और वह बिखरने लगता है तथा अन्य अर्थव्यवस्था पर प्रभाव डालता है, तो मूल्य प्रचलन को क्या कहा जाता है?
A. केन्टाजेन
B. क्लियरिंग प्राइस
C. क्राउडिंग आउट इफेक्ट
D. कैच अप इफेक्ट

54. भारत के सर्वोच्च न्यायालय की मुहर का डिजाइन किस प्रमुख स्मारक का पुनरुत्पादन है?
A. अशोक के सारनाथ सिंह स्तम्भ का चक्र
B. ताज महल
C. इंडिया गेट
D. द गेटवे ऑफ इंडिया

55. राष्ट्रीय राजमार्ग (NH1) से कौन-कौन से शहर जुड़े हैं?

A. उरी-बारामूला-श्रीनगर-कारगिल-लेह
B. आगरा-इंदौर-धूले-मुम्बई
C. दिल्ली-आगरा-इलाहाबाद-कोलकाता
D. ठाणे-पूणे-बंगलौर-चेन्नई

56. सरयू नदी के तट पर कौन-सा प्राचीन शहर स्थित है?

A. वाराणसी B. अयोध्या
C. मथुरा D. द्वारका

57. राष्ट्रीय पेंशन योजना में शामिल होने की अधिकतम आयु-निजी क्षेत्र को पीएफआरडीए द्वारा 60 वर्ष से संशोधित करके कितना कर दिया गया है?

A. 70 वर्ष B. 65 वर्ष
C. 75 वर्ष D. 62 वर्ष

58. कौन-से भारतीय स्वतंत्रता सेनानी को भारत का ''लौह पुरुष' कहा जाता है?

A. वल्लभभाई पटेल
B. लाल बहादुर शास्त्री
C. खान अब्दुल गफ्फार खान
D. दादाभाई नौरोजी

59. क्रिप्स मिशन भारत कब भेजा गया था?

A. 1942 B. 1932
C. 1915 D. 1910

60. भारत में अमरनाथ मंदिर कहां स्थित है?

A. सिक्किम B. हिमाचल प्रदेश
C. उत्तराखंड D. जम्मू व कश्मीर

61. निम्नलिखित में से किसमें ध्वनि सबसे तीव्र गति से चलती है?

A. एल्युमिनियम B. रबड़
C. जल D. वायु

62. मालगुडी नामक काल्पनिक गांव का निर्माण किस लेखक ने किया था?

A. गिरीश कर्नाड
B. शंकर नाग
C. डब्ल्यू.एस. स्वामीनाथन
D. आर.के. नारायण

63. तत्त्वविज्ञान के योग विद्यालय के संस्थापक कौन हैं?

A. पतंजली B. महर्षि कपिल
C. जामिनी D. अक्षपाद गौतम

64. महात्मा गांधी का जन्म कहाँ हुआ था?

A. नडियाद, गुजरात B. इलाहाबाद, उत्तर प्रदेश
C. पोरबंदर, गुजरात D. जीरादेई, बिहार

65. राज्य सभा के सत्र की अध्यक्षता कौन करता है?

A. भारत का उपराष्ट्रपति
B. भारत का सभापति
C. भारत की सत्ताधारी पार्टी का अध्यक्ष
D. भारत का राष्ट्रपति

66. 'इंडियन वुमन्स नेशनल टीम' के किस खेल की कप्तान सुशीला चानु पुख्रामबम हैं?

A. हॉकी B. फुटबॉल
C. क्रिकेट D. बॉलीबॉल

67. पौधों में जाइलम का मुख्य कार्य क्या होता है?

A. प्रकाश से ऊर्जा प्राप्त करना
B. ऑक्सीजन और कार्बन डाइऑक्साइड का विनिमय
C. ग्लूकोज संग्रहित करना
D. जल और खनिजों का परिवहन

68. भारत के महिला क्रिकेट एसोसिएशन का गठन कब हुआ था?

A. 1979 B. 1973
C. 1978 D. 1975

69. किस वाक्यांश को कॉलिन्स डिक्शनरी द्वारा ''वर्ष 2017 का शब्द'' चुना गया?

A. GOAT (Greatest of all time)
B. Fake news
C. Keep it 100
D. My new "Aesthetic"

70. वस्तुओं और सेवाओं के लिए उपभोक्ताओं द्वारा देय मूल्य में परिवर्तन के लिए कौन-सा मापदंड प्रयुक्त होता है?

A. उपभोक्ता क्रय सूचकांक
B. उपभोक्ता मूल्य सूचकांक
C. वस्तु उपभोग सूचकांक
D. वस्तुओं एवं सेवाओं का उपभोक्ता मूल्य सूचकांक

संख्यात्मक अभियोग्यता एवं तर्कशक्ति

71. निम्न शृंखला में अगले पद की पहचान करें।

4D, 6F, 8H, 10J, ...

A. 14L　　B. 12K
C. 12K　　D. 12L

72. दिये गये विकल्पों में से तीन आपस में एक निश्चित प्रकार से संबंधित हैं। उस विकल्प का चयन करें जो अन्य तीन विकल्पों से भिन्न हैं।

A. लिली　　B. चमेली
C. गुलबहार　　D. बगीचा

73. निम्नलिखित में से कौन-सा शब्द निम्नलिखित शब्द के अक्षरों का उपयोग करते हुए शब्द के प्रत्येक अक्षर का उपयोग उतनी बार करता है, जितना दिए गए शब्द में प्रकट होते हैं, निर्मित किया जाता है?

NECESSARY

A. NEARNESS　　B. ESSAY
C. SCENERY　　D. RECESS

74. निम्नलिखित शृंखला को नीचे दिये गये सबसे उपर्युक्त विकल्प से पूर्ण करें।

गाय : चमड़ा : : लामा : ?

A. ऊन　　B. मीट
C. मांस　　D. रेशम

75. निम्न में से विषम विकल्प की पहचान करें।

A. 63　　B. 13
C. 23　　D. 17

76. राधिका का परिचय करवाते हुए, मीनू कहती है, ''वह मेरे पिता की इकलौती पुत्री की इकलौती पुत्री है।'' मीनू का राधिका से क्या संबंध है?

A. पुत्री　　B. माता
C. बहन　　D. दादी/नानी

77. यदि WINTER को VIOUER में कोडित किया जाता है, तो SPRING के लिए क्या कोड होगा?

A. RPSJNG
B. RSPJNG
C. RPSNJG
D. RPQERG

78. निम्न संख्या शृंखला में लुप्त पदों को ज्ञात करें।

6, 11, 16, 21, ..., ..., 36, 41

A. 25, 31　　B. 26, 30
C. 26, 31　　D. 25, 30

79. प्रश्न में, चार आकृतियां दी गई हैं। चारों में से तीन एक निश्चित तरीके से समान हैं और एक सबसे अलग है। उस आकृति का पता लगाएं जो अन्य तीनों आकृतियों से अलग है।

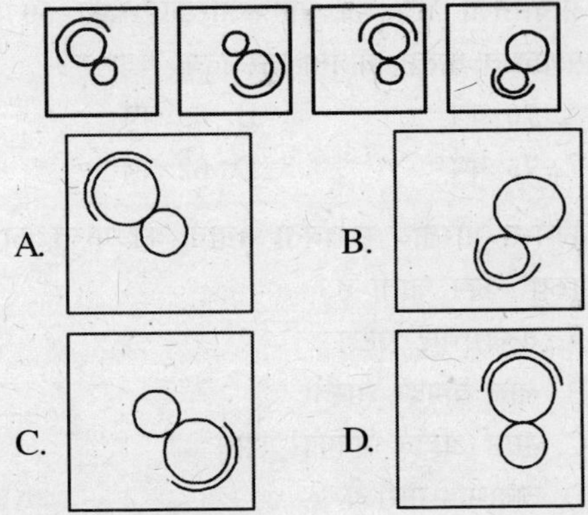

80. विलुप्त पद ज्ञात करें।

1000, 1100, 990, 1089, ...

A. 999　　B. 980.1
C. 9801　　D. 989.1

81. निम्नलिखित में से विषम पद का पता करें।

A. 54-9　　B. 60-12
C. 36-6　　D. 42-7

82. विषम विकल्प की पहचान करें।

A. बुद्ध　　B. मार्क्स
C. महावीर　　D. जीसस

83. निम्नलिखित प्रश्न में, चार प्रश्न आकृतियाँ एक निश्चित प्रकार से आपस में संबंधित हैं। विकल्पों में से उस एक आकृति का चयन कीजिए जो प्रश्न आकृतियों के बिल्कुल समान हैं।

प्रश्न आकृतियाँ :

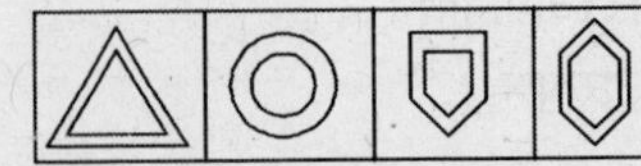

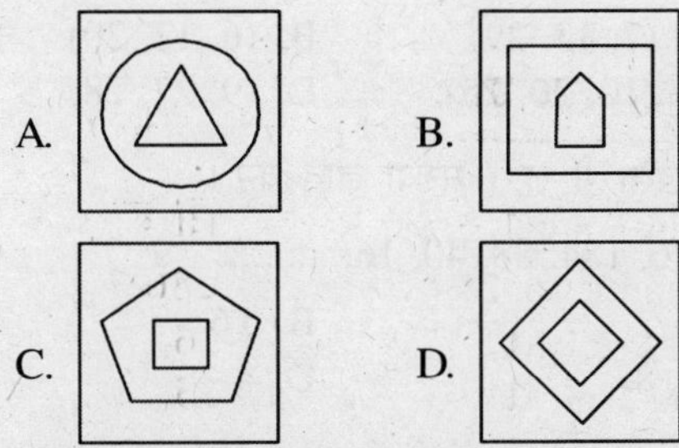

84. जिस प्रकार 'बैडमिंटन' 'कोर्ट' से संबंधित है, उसी प्रकार ''बॉक्सिंग'' किससे संबंधित है?

A. पूल B. एरिना
C. रिंग D. कोर्ट

85. निम्नलिखित में से विषम विकल्प की पहचान करें।

A. विद्यालय B. महल
C. झोपड़ी D. घर

86. एक निश्चित कोड भाषा में, शब्दों को कुछ विशेष कोड संख्याएं दी गयी हैं जिनका क्रम निर्धारित नहीं है। ''481' का अर्थ 'hard work pays' '246' का अर्थ 'work is worship' और '698' का अर्थ 'worship also pays' है। 'is' के लिए निम्नलिखित में से कौन-सा कोड होगा?

A. 1 B. 2
C. 6 D. 4

87. निम्नलिखित प्रश्न में, चार प्रश्न आकृतियाँ एक निश्चित प्रकार से आपस में संबंधित हैं। विकल्पों में से उस एक आकृति का चयन कीजिए, जो प्रश्न आकृतियों के बिलकुल समान हैं।

प्रश्न आकृतियाँ

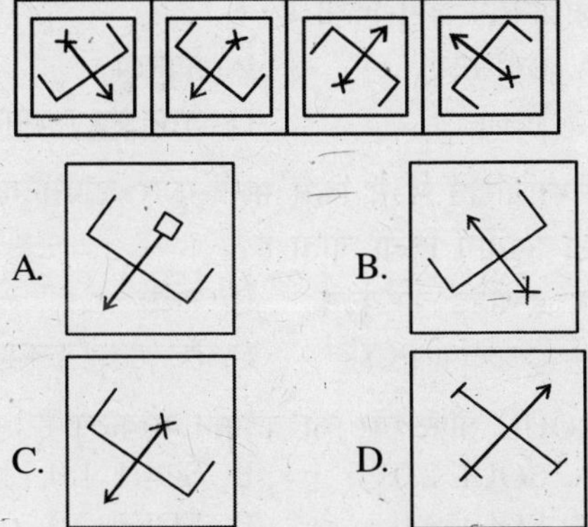

88. नीचे दिए गए विकल्पों में, तीन शब्द कुछ संदर्भ में समान हैं और एक शब्द अलग है। उस शब्द का चयन करें, जो शेष शब्दों से अलग है।

A. घोड़ा-अस्तबल B. व्यक्ति-मकान
C. शेर-वन D. चिड़िया-घोंसला

89. नीचे दी गयी शृंखला में अगला पद ज्ञात कीजिए।

BvF, DyJ, FbN, HeR

A. JuV B. JhV
C. JvH D. JgH

90. यदि 23 = 8, 25 = 32, 42 = 16, तो 44 = ?

A. 88 B. 256
C. 96 D. 250

91. ऐसे शब्द युग्म का चयन करें जिसके बीच ठीक उसी तरह का संबंध हो जिस प्रकार का संबंध नीचे दिए गए शब्द युग्म के बीच है।

प्रज्वलित : प्रकाश

A. पहिया : कार B. चिपटना : सम्बद्ध
C. प्राप्ति : खो देना D. आकर्षित : पीछे हटना

92. यदि MART को 2179 के रूप में कूटबद्ध किया जाता है और SLIT को 8539 के रूप में कूटबद्ध किया जाता है, तो TRAIL को कैसे कूटबद्ध किया जाएगा?

A. 97135 B. 97351
C. 97153 D. 91735

93. विकल्पों में से उस शब्द का चयन कीजिए जिसका अर्थ कोष्ठकों के दोनों ओर के शब्दों के समान है।

FINAL (.....) ULTIMATE

A. END B. FINISH
C. DEAD D. LAST

94. अनिल बालू का भाई है। बालू अपने एक मित्र से कहता है, ''मेरी उतनी ही बहने हैं, जितने भाई हैं।'' परिवार में कुल कितने भाई और बहन हैं?

A. 3 बहनें और 4 भाई B. 4 बहनें और 5 भाई
C. डेटा अपर्याप्त है D. 5 बहनें और 3 भाई

95. दिए गए संख्यात्मक सादृश्य के आधार पर, नीचे दिए गए विकल्पों से सही उत्तर चुनें।

3 : 9 :: 8 : ?

A. 64 B. 20
C. 14 D. 16

96. यदि A का अर्थ '÷', B का अर्थ '×', C का अर्थ '+' और D का अर्थ '–' है, तो 18 B 12 A 4 C 5 D 6 का मान क्या होगा?

A. 50 B. 53
C. 46 D. 35

97. यदि विंसेन्ट रॉबर्ट के पुत्र के पुत्र का भाई है, तो विंसेन्ट का रॉबर्स से क्या संबंध है?

A. पुत्र B. पोता
C. भाई D. चाचा/मामा/फूफा/मौसा

98. उस समुच्चय का चयन कीजिए जो निम्नलिखित समुच्चय के समान है।

(8, 24, 40)

A. (7, 13, 29) B. (6, 12, 20)
C. (10, 20, 25) D. (9, 27, 28)

99. शृंखला में लुप्त संख्या ज्ञात करें।

376, 184, 88, 40, 16, ..., – 2

A. 2 B. 16
C. 8 D. 4

100. दिए गए विकल्पों में से तीन आपस में एक निश्चित प्रकार से संबंधित हैं। उस विकल्प का चयन करें जो अन्य तीन विकल्पों से भिन्न है।

A. खतरनाक B. हानिरहित
C. जोखिमभरा D. असुरक्षित

विषय सम्बन्धित प्रश्न

101. किस प्रकार की योजना सार्वभौमिक दशमलव वर्गीकरण (UDC) है?

A. प्रायः पृष्ठक B. प्रायः गणनात्मक
C. पूर्णतः पृष्ठक D. गणनात्मक

102. निम्नलिखित में से कौन संबंधों की पूर्वता का एक नेटवर्क के रूप में ऐरो नेटवर्क संरचना की क्रियाओं का उपयोग करते हुए प्रदर्शित करता है?

A. डिसिसन ट्री एनेलायसिस
B. TQM
C. PERT
D. CPM

103. ''शोध गंगोत्री : ए रिपोसिटोरी ऑफ इंडियन रिसर्च इन प्रोग्रेस'' किस प्रकार की सेवा है?

A. चेतावनी सेवा
B. समीक्षा सेवा
C. संदर्भ सेवा
D. दस्तावेज वितरण सेवा

104. एस.आर. रंगनाथन द्वारा प्रदत्त वर्गीकरण के अनुसार, ''ऐसी घटनाओं/तथ्यों का संकलन जो मानव मस्तिष्क द्वारा प्रत्यक्ष रूप से रिकॉर्ड की जाती है'', वर्गीकृत की जा सकती है :

A. मेटा-दस्तावेज B. गैर पारंपरिक
C. नव परंपरागत D. पारंपरिक

105. किस वर्ष इंटरनेशनल फेडरेशन ऑफ लाइब्रेरी एसोसिएशन एण्ड इन्स्टीट्यूशन्स (IFLA) की स्थापना की गई?

A. 1927 B. 1895
C. 1938 D. 1876

106. कोलन वर्गीकरण में 'f^3' प्रयोग किया जाता है :

A. पोस्टिरियराइजिंग पर्सनाल्टी कॉमन आइसोलेट
B. एन्टीरिअराइजिंग कॉमन आइसोलेट (स्पेस फेसेट के बाद अनुप्रयोग)
C. पोस्टिरियराइजिंग एनर्जी कॉमन आइसोलेट
D. एन्टीरिअराइजिंग कॉमन आइसोलेट (टाइम फेसेट के बाद अनुप्रयोग)

107. निम्नलिखित में से कौन से राज्य ने लोक पुस्तकालय अधिनियम लागू किया है?

A. छत्तीसगढ़ B. मेघालय
C. दिल्ली D. जम्मू एवं कश्मीर

108. निम्नलिखित में से किस मल्टी-यूजर ऑपरेटिंग सिस्टम का उपयोग किया जाता है?

A. इम्बीडेड कम्प्यूटर्स B. सर्वर्स
C. डेस्कटॉप PCs D. हैंड हेल्ड कम्प्यूटर्स

109. SOUL सॉफ्टवेयर का वर्तमान संस्करण है :

A. SOUL 2.0 B. SOUL 1.0
C. SOUL 4.0 D. SOUL 3.0

110. स्टेट्समैन्स ईयर बुक 2017 के प्रकाशक कौन हैं?
A. ऑक्सफोर्ड यूनिवर्सिटी प्रेस
B. यूरोपा पब्लिकेशन्स, लंदन
C. एडम एण्ड चार्ल्स ब्लैक, लंदन
D. पालग्रेव मैकमिलन, यूके

111. इंडेक्सिंग एण्ड एब्सट्रैक्टिंग पिरियोडिकल्स किस प्रकार की सूचना के स्रोत हैं?
A. रेडी रेफरेन्स B. करेंट इवेन्ट
C. इफिमेरल D. बिबलियोग्राफिकल

112. एस.आर. रंगनाथन द्वारा विकसित वर्गीकरण के सामान्य सिद्धांत को निम्नलिखित में से किस रूप में वर्गीकृत किया जा सकता है?
A. वर्गीकरण का वर्णनात्मक सिद्धांत
B. वर्गीकरण का स्थैतिक सिद्धांत
C. वर्गीकरण का गतिज सिद्धांत
D. उन्नत वर्गीकरण

113. निम्नलिखित में से कौन-सा विस्तार अनकम्प्रेस्ड आउटपुट ऑफ डेटा को प्रदर्शित करता है?
A. .bmp B. .jpg
C. .gif D. .tiff

114. महाराष्ट्र सार्वजनिक पुस्तकालय अधिनियम के अंतर्गत राज्य पुस्तकालय परिषद् का पदेन अध्यक्ष कौन होता है?
A. शिक्षा निदेशक
B. राज्य सार्वजनिक पुस्तकालय के निदेशक
C. शिक्षा सचिव
D. शिक्षा मंत्री

115. निम्नलिखित में से कौन प्वाइंटिंग डिवाइस का उदाहरण है?
A. पंच्ड होल डिवाइस B. कीबोर्ड
C. लाइट पेन D. स्कैनर

116. निम्न में से कौन DBMS की विशेषता है?
A. GUI B. SQL के साथ संगतता
C. स्मृति प्रबंधन D. BIOS

117. भारत में किस वर्ष से राष्ट्रीय पुस्तकालय सप्ताह मनाया जा रहा है?
A. 1972 B. 1933
C. 1958 D. 1968

118. किसने "गाइडलाइन्स ऑन इन्फॉर्मेशन लिटरेसी फॉर लाइफलॉन्ग लर्निंग" को विकसित किया?
A. RUSA B. IFLA
C. ACRL D. SCONUL

119. जब कोई व्यक्ति अपने कार्य/कृति की सूचना चाहता है, तो उसे क्या कहा जाता है?
A. इन्फॉर्मेशन वान्ट B. इन्फॉर्मेशन रिक्वायरमेंट
C. इन्फॉर्मेशन डिमाण्ड D. इन्फॉर्मेशन नीड

120. निम्नलिखित में से कौन बुक सेलेक्शन टूल है?
A. वर्ल्ड बुक इनसायक्लोपिडिया
B. इंडियन नेशनल बिबलियोग्राफी
C. उलरिच का इंटरनेशनल पिरियोडिकल डायरेक्ट्री
D. यूनिवर्सिटीज हैंड बुक

121. शैक्षणिक पुस्तकालय की सूचना सेवा के विकास के लिए वर्ष 1991 में यूजीसी ने क्या कदम उठाया?
A. INFLIBNET
B. INFONET Consortium
C. SOUL
D. National Centre for Scientific Information

122. जब यूजर को सब्जेक्ट कवरेज ऑफ केमिकल एब्सट्रैक्ट को समझने में मदद की जाती है, तो इसे क्या कहा जाता है?
A. यूजर असिस्टेंस B. यूजर एडुकेशन
C. यूजर ओरिएन्टेशन D. यूजर एडवाइजरी

123. निम्नलिखित में से किसे कम्प्यूटरों की पाँचवीं पीढ़ी के अन्तर्गत श्रेणीबद्ध किया जा सकता है?
A. VLSI
B. वैक्युम ट्यूब्स
C. आर्टिफिशियल इंटेलिजेंस
D. ट्रांजिस्टर्स

124. निम्नलिखित में से किसने UDC को सबसे पहले विकसित किया था?
A. मेलविल डिवी B. एच. ई. ब्लिस
C. ई.सी. रिचर्डसन D. पॉल ओटलेट

125. वह कैटलॉग जिसमें कुछ इंट्री संख्या इंट्री के रूप में हैं और कुछ टेक्स्ट इंट्री के रूप में हैं, कहलाता है :
A. टाइटल कैटलॉग B. डिक्शनरी कैटलॉग
C. ऑथर कैटलॉग D. वर्गीकृत कैटलॉग

126. निम्नलिखित में से कौन बैंडविड्थ के मापन की इकाई है?
A. बिट्स B. एम्पलीट्यूड
C. हर्ट्ज D. बाउड्स

127. निम्नलिखित में से कौन भारत में विज्ञान और प्रौद्योगिकी दस्तावेज के लिए अनुवाद सेवा प्रदान करता है?
A. NISCAIR, दिल्ली
B. सेंट्रल इंस्टीट्यूट ऑफ इंडियन लैंग्वेजेज
C. सेंटर फॉर साइंस एण्ड इन्वायरमेंट, दिल्ली
D. नेशनल लाइब्रेरी, कोलकाता

128. कैटलॉगिंग में, कौन-सा नियम दो या दो से अधिक संभावित विकल्पों के बीच विशेष प्राकृतिक घटना के सम्पूर्णता में अग्रणी अर्थव्यवस्था को पसंद करने के लिए शासित होता है?
A. लॉ ऑफ पार्सीमोनी B. लॉ ऑफ इमपार्शियलिटी
C. लॉ ऑफ इंटरप्रीटेशन D. लॉ ऑफ सिमेट्री

129. एस.आर. रंगनाथन के अनुसार, संदर्भ सेवा जो अवशिष्ट सिद्धांतों और सामान्यताओं से संबंधित है, लेकिन विशिष्ट भागों में आसानी से लागू नहीं की जा सकती, को क्या कहा जाता है?
A. सामान्य पाठक के लिए सामान्य सहायता
B. तैयार संदर्भ सेवा
C. प्रथमवर्षीय की शुरुआत
D. दीर्घकालीन संदर्भ सेवा

130. निम्नलिखित में से कौन वर्ष 1910 में प्लानिंग बड़ौदा सेंट्रल लाइब्रेरी से संबद्ध है?
A. विलियम ए बॉर्डन B. असा डॉन डिकिन्सन
C. गोपाल राव इकबूटे D. ए.ए.ए. फायजी

131. निम्नलिखित में से कौन-सा ऑपरेटिंग सिस्टम मशीन-इंडिपेंडेन्ट और ओपन-सोर्स है?
A. एमएस विंडोज 7 B. एप्पल MAC OS
C. IBM Z/VM D. लिनक्स

132. अन्य ऑप्टिकल स्टोरेज मीडिया की तुलना में WORM की अनिवार्य विशेषता क्या है?
A. यह डिस्क पर आता है
B. इसमें उच्च संग्रहण घनत्व पाया जाता है
C. एक बार की गई रिकार्डिंग अनुत्क्रमणीय है
D. रिकार्डिंग डिजिटल हो सकती है

133. निम्नलिखित में से कौन-सी TQM तकनीक "80/20" नियम को निर्दिष्ट करता है?
A. पेरिटो एनेलाइसिस चार्ट
B. हिस्टोग्राम
C. पाइ चार्ट
D. फिश बोन डायग्राम

134. जे.के. खन्ना द्वारा शुरू की गई भारत में विशेष पुस्तकालयों का विस्तार सीधे तौर पर संबंधित है :
A. विश्वविद्यालय शिक्षा का विस्तार
B. औद्योगिक विकास
C. समिति/आयोग की अनुशंसाएं
D. भारत की स्वतंत्रता

135. डिवी दशमलव वर्गीकरण में, संख्या '028' प्रयुक्त होता है :
A. विशेष विषय के लिए पुस्तकालय
B. सामान्य पुस्तकालय
C. पुस्तकालय संचालन
D. पठन तथा अन्य इन्फॉर्मेशन मीडिया का उपयोग

136. निम्नलिखित में से किससे 'अंक पद्धति' संलग्न है?
A. कार्य वर्णन B. कार्य मूल्यांकन
C. कार्य प्रदर्शन D. कार्य विशिष्टीकरण

137. फाइल प्रबंधन का एक कार्य है :
A. युटिलिटी सॉफ्टवेयर B. मिडलवेयर
C. GUI D. संचालन पद्धति

138. वर्गीकृति कैटलॉग कोड में, 'स्पेसिफिक एडेड क्लास नम्बर इंट्री' में वर्गीकृत कैटलॉग किस रूप में परिभाषित होता है?
A. बुक इंडेक्स इंट्री
B. क्रॉस रेफरेन्स इंट्री
C. क्रॉस रेफरेन्स इंडेक्स इंट्री
D. क्लास इंडेक्स इंट्री

139. प्रबंधन सिद्धान्त "इस्प्रीट डी कॉर्प्स" का अर्थ है:
A. ग्रुप स्पिरिट
B. विज्ञान सहित अंगूठे के नियम को बदलना
C. कार्मिकों का विकास
D. उत्तरदायित्व का निर्वाह

140. वह कौन-सी सेवा का प्रकार है जो यूजर से वास्तव में सूचना लेता है, इसके पूर्व वह (यूजर) इसकी मांग के लिए सूत्रीकरण करने में दिलचस्पी दिखाता है?

A. सूचना पुनर्प्राप्ति B. दस्तावेज पुनर्प्राप्ति
C. सूचना प्रसार D. सूचना एवं संप्रेषण

141. भारत में साहित्यिक कृति के कॉपीराइट की रक्षा के लिए कौन-सी शर्त है?

A. प्रकाशन के वर्ष से 60 साल तक
B. साहित्यिक कृति के लेखक की मृत्यु वर्ष से 50 वर्ष तक
C. साहित्यिक कृति के लेखक की मृत्यु वर्ष से 60 वर्ष तक
D. प्रकाशन वर्ष से 50 वर्ष तक

142. किस वर्ष से AGRIS, एक ग्लोबल पब्लिक डेटाबेस डोमेन आरंभ हुआ?

A. 1964 B. 1975
C. 1967 D. 1971

143. जब एक पृष्ठ की चीर अथवा खुले पन्ने पर टिपिंग की मरम्मती की जाती है, इसे कहा जाता है :

A. री-केसिंग B. रीइनफोर्सिंग
C. मेंडिंग D. रीबैकिंग

144. जब यूजर को किसी विषय पर लगभग सभी संबद्ध साहित्य की आवश्यकता होती है, तो ऐसी उपगम्यता को क्या कहा जाता है?

A. कैचिंग अप एप्रोच B. एक्जॉस्टिव एप्रोच
C. करेंट एप्रोच D. एवरीडे एप्रोच

145. नोटेशन के संदर्भ में 'कार्डिनल वैल्यू' का क्या अर्थ है?

A. अवधारणा जो सेमेनटिक्स को संदर्भित करता है
B. संख्यात्मक मान जिसे प्रत्येक अंक समाहित करता है
C. उपयोग में लाए गए नोटेशन के प्रकार
D. शृंखला में अंक की स्थिति

146. किस प्रकार का डेटाबेस लाइब्रेरी लिटरेचर एण्ड इन्फॉर्मेशन साइंस है?

A. सार-संक्षेप B. पुरालेख संबंधी
C. पूर्णपाठ D. सूचीकरण

147. सियर्स लिस्ट ऑफ सब्जेक्ट हेडिंग्स का प्रकाशन पहली बार कब हुआ?

A. 1925 B. 1891
C. 1923 D. 1898

148. अप्रकाशित थीसिस और डेजर्टेशन्स को किस रूप में वर्गीकृत किया जाता है :

A. सेकेण्डरी लिटरेचर B. टरशियरी लिटरेचर
C. इपिथर्मल लिटरेचर D. ग्रे लिटरेचर

149. प्रिंट से इलेक्ट्रॉनिक सूचना संसाधनों में स्थानांतरण को निम्नलिखित में से किसके तहत एक परिवर्तन के रूप में वर्गीकृत किया जा सकता है?

A. आतंरिक परिस्थिति
B. सामाजिक राजनैतिक परिस्थिति
C. बाहरी परिस्थिति
D. आर्थिक परिस्थिति

150. महाराष्ट्र के किस विश्वविद्यालय ने सबसे पहले लाइब्रेरियन प्रशिक्षण की शुरुआत की थी।

A. आर.टी.एम. नागपुर विश्वविद्यालय, नागपुर
B. मुम्बई विश्वविद्यालय
C. एस.एन.डी.टी. महिला विश्वविद्यालय, मुम्बई
D. पुणे विश्वविद्यालय, पुणे

151. किसके लिए ODLIS प्रयुक्त होता है?

A. Online Dictionary of Library and Information Science
B. Online Directory of Library and Information Science
C. Online Databank of Library and Information Science
D. Open Documents for Library and Information Science

152. निम्नलिखित में से किसने पहली बार कैटलॉगिंग के उद्देश्य और अर्थ की रूपरेखा तैयार की?

A. चार्ल्स ए. कटर B. एस.आर. रंगनाथन
C. बर्विक सेयर्स D. सेमोर लुबेटजकी

153. निम्नलिखित में से कौन-सा विश्वविद्यालय पुस्तकालय का एक विशिष्ट कार्य है?

A. विस्तारित सेवाएं
B. पुस्तकालय निर्देश
C. पढ़ने की आदत प्रोत्साहित करना
D. अनुसंधान और प्रकाशन के विकास में सहयोग प्रदान करना

154. निम्नलिखित में से कौन-सी संस्था 'सार्वजनिक पुस्तकालयों की निर्देशिका' प्रदान करती है?

A. इंडियन पब्लिक लाइब्रेरी मूवमेंट, दिल्ली

B. दिल्ली पब्लिक लाइब्रेरी सिस्टम

C. सेंट्रल रेफरेंस लाइब्रेरी, कोलकाता

D. राजा राममोहन राय लाइब्रेरी फाउंडेशन (RRRLF), कोलकाता

155. ''लाइब्रेरी बिल्डिंग्स : प्लानिंग्स एण्ड डिजाइन'' के लेखक कौन हैं?

A. एस.आर. रंगनाथन B. बी.एस. केशवन

C. पी.एन. कौल D. राजवंत सिंह चिलाना

156. किसके सहयोग से वर्ष 1994 में यूनेस्को पब्लिक लाइब्रेरी मैनिफेस्टो का नवीकरण हुआ?

A. लाइब्रेरी ऑफ कांग्रेस B. IFLA

C. FID D. OCLC

157. यूजर प्रोफाइल क्या है?

A. यूजर इन्फॉर्मेशन हैबिट्स को प्रभावित करने की विशेषता है

B. यूजर का बायोडेटा

C. यूजर के लिए आवश्यक दस्तावेजों की सूची

D. यूजर दस्तावेजों की सूची को पुनः प्राप्त करना

158. निम्नलिखित में से कौन ''फैसेट सिक्वेन्स का सिद्धांत'' है?

A. काऊ-काफ सिद्धांत

B. लैटर इन टाइम का सिद्धांत

C. लिटरेरी वारन्ट का सिद्धांत

D. अर्लियर इन टाइम का सिद्धांत

159. शेल्फ लिस्ट क्या है?

A. बुक आर्डर कार्ड

B. कॉल नम्बर द्वारा कैटलॉग एंट्रीज का संग्रहण

C. मुख्य एंट्री कार्ड की कॉपी

D. कैटलॉग एंट्रीज का विशेष संग्रहण

160. लाइब्रेरियनशिप के नीतिशास्त्र के रूप में किसने 'सेवन लैम्प्स ऑफ कन्डक्ट' का सुझाव दिया?

A. बी.एम. हेडिकार B. विलियम बी. पैटन

C. आर.एल. मित्तल D. ए.के. मुखर्जी

161. निम्नलिखित में से कौन मुख्य मेमोरी का गुण है?

A. यह पोर्टेबल है

B. यह वोलाटाइल है

C. इसका जीवन बहुत लम्बा है

D. इसकी क्षमता व्यापक है

162. लाइब्रेरी साइंस के पाँच नियमों में कौन-सा नियम परामर्श देता है ''स्तरीय पुस्तक का चयन मत करें जो क्षेत्र में अधिकांश पाठकों के अनुरूप नहीं है''

A. पहला नियम B. तीसरा नियम

C. दूसरा नियम D. चौथा नियम

163. निम्नलिखित में से कौन-सा आंकड़ा ''रुचि, विद्वेष और प्रतिक्रिया की जानकारी के लिए सर्वश्रेष्ठ रूप है''?

A. सीरियल कंट्रोल B. टेक्निकल सेक्शन

C. सर्कुलेशन सेक्शन D. एक्वीजिसन सेक्शन

164. कौन-सा बजटीय प्रक्रिया वर्ष के लिए प्रस्तावित गतिविधियों के साथ ''स्क्रैच'' से आरंभ होता है?

A. शून्य-आधारित बजट B. प्रदर्शन बजट

C. कार्यक्रम बजट D. फार्मूला बजट

165. निम्न में से कौन-सी सेवा नवीनतम सचेतता की जानकारी में सहायता पहुँचाती है?

A. सार-संग्रह B. उद्धरण

C. अनुक्रमणिका D. न्यूजपेपर क्लिपिंग

166. निम्नलिखित में से कौन कम्पोनेन्ट ऑटोमेटेड एक्वीजिशन माड्यूल है?

A. इंटर लाइब्रेरी लोन

B. ऑथरिटी फाइल

C. कस्टमाइज्ड मेम्बर कार्ड

D. मेम्बर कैटेगरी

167. 'बीजगणित' को किस प्रकार के विषय के रूप में वर्गीकृत किया जा सकता है?

A. कम्पाउण्ड सब्जेक्ट

B. प्राइमरी बेसिक सब्जेक्ट

C. नन-प्राइमरी बेसिक सब्जेक्ट

D. कम्पलेक्स सब्जेक्ट

168. किस वर्ष NASSDOC स्थापित हुआ?

A. 1967 B. 1969

C. 1953 D. 1970

169. आवधिक नियंत्रण (Periodical control) के लिए तीन कार्ड व्यवस्था में किस कार्ड का उपयोग खंड, अंक और प्रकाशन की तिथि आदि से सम्बन्धित प्रविष्टियों का रिकॉर्ड रखने के लिए किया जाता है?

A. रजिस्टर कार्ड
B. वर्गीकृत इंडेक्स कार्ड
C. चेक कार्ड
D. वर्गीकृत कार्ड

170. इण्डियन डिलेवरी ऑफ बुक्स एण्ड न्यूजपेपर्स (पब्लिक लाइब्रेरी) अधिनियम, 1954 के अनुसार, नामित पुस्तकालयों को प्रकाशक द्वारा पुस्तक प्रदान करने की समय-सीमा क्या है?

A. 45 दिन
B. 15 दिन
C. 30 दिन
D. 60 दिन

171. निम्नलिखित में से कौन वर्णनात्मक कैटलॉगिंग का मानक है?

A. Z39.50
B. RDA
C. OSI
D. ISO 2709

172. निम्नलिखित में से कौन रेफरेंस इन्टरव्यू के त्रिस्तरीय उद्देश्य का वर्णन करता है?

A. आर.एल. कॉलिन्स
B. विलियम ए. काट्ज
C. राबर्ट एस. टेलर
D. एस.आर. रंगनाथन

173. निम्न में से कौन-सी OPACs की विशेषता ने पारंपरिक कैटलॉगों के ऊपर उसके उपयोग को बढ़ाया है?

A. छँटनी प्रक्रिया स्थैतिज है
B. किसी भी तत्व के अधीन खोज सुविधा उपलब्ध है
C. ग्रंथसूची विवरण में अवयव के बीच विराम चिह्न की कोई आवश्यकता नहीं है।
D. मीडिया क्वालिफायर्स के लिए आवश्यक नहीं

174. किस वर्ष कमिटी ऑन नेशनल पॉलिसी ऑन लाइब्रेरी एण्ड इन्फॉर्मेशन सिस्टम (CONPOLIS) भारत सरकार द्वारा स्थापित की गई?

A. 1992
B. 1985
C. 1991
D. 1972

175. निम्न में से कौन वेब OPAC की विशेषता है?

A. यह कमांड भाषा पर आधारित है
B. यह फ्रेज-इंडेक्स्ड है
C. यह प्री-कोआर्डिनेटेड है
D. यह नेविगेशन पर आधारित है

176. स्टॉफ सूत्र के अनुसार, विश्वविद्यालय पुस्तकालय के किस वर्ग में 'वर्ष के एक दिन में लाइब्रेरी का उपयोग दर हर 50 पाठकों के लिए एक व्यक्ति' होना चाहिए?

A. पर्यवेक्षी
B. संदर्भ
C. प्रसार
D. रखरखाव

177. भारतीय जर्नल के लिए कौन आईएसएसएन निर्धारित करता है?

A. IISc, बंगलौर
B. सेंटर फॉर साइंस एण्ड इन्वायरमेंट, दिल्ली
C. नेशनल साइंस लाइब्रेरी, NISCAIR
D. नेशनल फिजिकल लेबोरेटोरिज, नई दिल्ली

178. बुलियन ऑपरेटर्स का कौन-सा संयोजन अधिक दस्तावेज पुनः प्राप्त करता है?

A. A या B
B. A और B
C. A और AB न कि B
D. A, B नहीं

179. निम्न में से ज्ञान की कौन-सी विशेषता सत्य है?

A. ज्ञान स्वतंत्र है
B. ज्ञान आश्रित है
C. ज्ञान सीमित है
D. ज्ञान पूर्ण है

180. निम्नलिखित में से कौन यूजर स्टडी के लिए अप्रत्यक्ष विधि है?

A. ऑपरेशन्स रिसर्च
B. डायरी
C. लाइब्रेरी रिकॉर्ड्स का विश्लेषण
D. प्रश्नावली

181. AACR2 में, कार्यों के साझा उत्तरदायित्व के मामले में, मुख्य एंट्री किसके तहत तैयार की जाएगी?

A. प्रथम लेखक
B. शीर्षक
C. विषय
D. प्रथम दो लेखक

182. निम्न में से कौन-सी विधि व्यक्तिगत उपयोगकर्ता को शिक्षित करने के लिए अनुपालनीय है?

A. व्याख्यान विधि
B. निर्देशित यात्रा
C. आत्म-निर्देशक सामग्री
D. ट्यूटोरियल

183. पैतृक मूल विषय पर एक या अधिक पृथकों को जोड़ने की प्रक्रिया कहलाती है :

A. अनाच्छादन B. लेमिनेशन

C. संचय D. एकीकरण

184. Java किस प्रकार का प्रोग्रामिंग लैंग्वेज है?

A. प्रकाशन B. लक्ष्योन्मुखी

C. एल्गोरिथम D. पटकथा

185. लाइब्रेरी साइंस के पाँच नियमों में से कौन-सा नियम विकलांगों के लिए सेवा को संतुष्ट करता है?

A. चौथा नियम B. पाँचवां नियम

C. दूसरा नियम D. तीसरा नियम

186. प्रवृत्ति रिपोर्ट किस प्रकार की सूचना सेवा उत्पाद है?

A. संदर्भ प्रकार B. मूल्यांकन प्रकार

C. अवस्थिति प्रकार D. संघनन/संक्षेपण प्रकार

187. इन्साइक्लपीडीया ब्रिटेनिका के 32 खण्डों का अंतिम प्रिंट संस्करण किस वर्ष प्रकाशित हुआ?

A. 2008 B. 2010

C. 2012 D. 2009

188. निम्नलिखित में कौन-सा पुस्तकालयी संसाधनों के साझाकरण का व्यवहार्य माध्यम है?

A. ब्लॉग B. सोशल मीडिया

C. कॉन्सॉर्टियम D. आरएसएस

189. जब एक ही चैनल पर उसी समय कोई संदेश प्रेषित और प्राप्त होता है, तो नेटवर्क परिवेश में इस तरह के प्रसारण को कहा जाता है :

A. बैंड विड्थ B. हाफ डुप्लेक्स

C. फुल डुप्लेक्स D. सिम्पल

190. निम्न में से कैंटलॉग का कौन-सा अवयव पृष्ठांकन, खण्डों की संख्या, इत्यादि से संबंधित है?

A. कोलेशन B. नोट

C. इम्प्रिंट D. सीरीज

191. फ्लो चार्ट का एक छोटा वृत्त किसे प्रदर्शित करता है?

A. निर्णय B. टर्मिनल

C. प्रक्रिया D. कनेक्टर

192. SWOT विश्लेषण किसकी देन है?

A. पीटर पायहर B. फिलिप कोटलर

C. पीटर ड्रकर D. अल्बर्ट एस. हमफ्रे

193. पुस्तकालय साहित्य और सूचना विज्ञान के प्रोड्यूसर कौन हैं?

A. एच.डब्लू. विल्सन

B. फेसेट पब्लिकेशन

C. OCLC

D. अमेरिकन लाइब्रेरी एसोसिएशन

194. निम्नलिखित में से कौन-सी नेटवर्क टोपोलॉजी में केबल बाहर निकली हुई होती है, लेकिन केबल के छोर को वापस नहीं लाया जाना चाहिए?

A. स्टार B. मेश

C. रिंग D. बस

195. किस प्रकार के राजकोषीय अनुमान की अनुशंसा कोठारी आयोग (1961-66) ने की थी कि एक विश्वविद्यालय को प्रत्येक छात्र पर ₹ 25 और प्रत्येक शिक्षक पर ₹ 300 खर्च करनी चाहिए।

A. प्रति व्यक्ति विधि B. विवरण की विधि

C. फार्मूला विधि D. अनुपात की विधि

196. सेलेक्टिव डिसिमिनेशन ऑफ इन्फॉर्मेशन की अवधारणा, जैसा कि आज हम इसे जानते हैं, सबसे पहले किसने दी?

A. एच. पीटर लुह्न B. ई.एम. हाउसमैन

C. एल.जे.एस. स्ट्रॉस D. मेलविल जे. वोयग्ट

197. पुस्तकालय के पुस्तक अर्जन कार्य में 'मांगपत्र' का क्या अर्थ है?

A. स्वीकृत मदों की सूची B. अस्वीकृत मदों की सूची

C. अभिगम्य मदों की सूची D. आदेशित मदों की सूची

198. निम्न में किसने एपिसोडिक मॉडल ऑफ इन्फॉर्मेशन सीकिंग बिहेव्यर को विकसित किया?

A. एलफ्रेडा चैटमैन B. टी.डी. विल्सन

C. निकोलस जे. बेल्किन D. डेविड इलिस

199. इंडियन लाइब्रेरी साइंस एब्सट्रेक्ट्स का प्रकाशक कौन है?

A. SIS B. ILA

C. IATLIS D. IASLIC

200. कोलोन वर्गीकरण के भाग 3 को नामित किया गया है :

A. उत्कृष्ट और धार्मिक पुस्तकों की अनुसूची

B. वर्गीकरण की अनुसूची

C. सूची

D. नियम

उत्तरमाला

1	2	3	4	5	6	7	8	9	10
A	C	C	C	B	C	D	C	B	B
11	**12**	**13**	**14**	**15**	**16**	**17**	**18**	**19**	**20**
C	D	A	D	A	B	C	B	A	B
21	**22**	**23**	**24**	**25**	**26**	**27**	**28**	**29**	**30**
D	A	B	A	C	C	B	A	A	B
31	**32**	**33**	**34**	**35**	**36**	**37**	**38**	**39**	**40**
D	C	D	A	C	B	C	D	A	D
41	**42**	**43**	**44**	**45**	**46**	**47**	**48**	**49**	**50**
D	A	D	A	C	B	A	A	B	A
51	**52**	**53**	**54**	**55**	**56**	**57**	**58**	**59**	**60**
B	A	A	A	A	B	B	A	A	D
61	**62**	**63**	**64**	**65**	**66**	**67**	**68**	**69**	**70**
A	D	A	C	A	A	D	B	B	B
71	**72**	**73**	**74**	**75**	**76**	**77**	**78**	**79**	**80**
D	D	A	A	A	B	A	C	B	B
81	**82**	**83**	**84**	**85**	**86**	**87**	**88**	**89**	**90**
B	B	D	C	A	B	C	C	B	B
91	**92**	**93**	**94**	**95**	**96**	**97**	**98**	**99**	**100**
B	A	A	C	A	B	B	B	D	B
101	**102**	**103**	**104**	**105**	**106**	**107**	**108**	**109**	**110**
A	C	A	A	A	A	A	B	A	D
111	**112**	**113**	**114**	**115**	**116**	**117**	**118**	**119**	**120**
D	C	A	D	C	B	D	B	D	B
121	**122**	**123**	**124**	**125**	**126**	**127**	**128**	**129**	**130**
A	A	C	D	D	A	A	A	A	A
131	**132**	**133**	**134**	**135**	**136**	**137**	**138**	**139**	**140**
D	C	A	B	D	B	D	B	A	C
141	**142**	**143**	**144**	**145**	**146**	**147**	**148**	**149**	**150**
C	B	C	B	B	D	C	D	A	B
151	**152**	**153**	**154**	**155**	**156**	**157**	**158**	**159**	**160**
A	A	D	D	C	B	A	A	B	C
161	**162**	**163**	**164**	**165**	**166**	**167**	**168**	**169**	**170**
B	B	C	A	D	B	C	D	A	C
171	**172**	**173**	**174**	**175**	**176**	**177**	**178**	**179**	**180**
B	B	B	B	D	B	C	A	B	C
181	**182**	**183**	**184**	**185**	**186**	**187**	**188**	**189**	**190**
B	C	B	B	C	B	B	C	C	A
191	**192**	**193**	**194**	**195**	**196**	**197**	**198**	**199**	**200**
D	D	A	D	A	A	A	C	D	A

व्याख्यात्मक उत्तर

71. 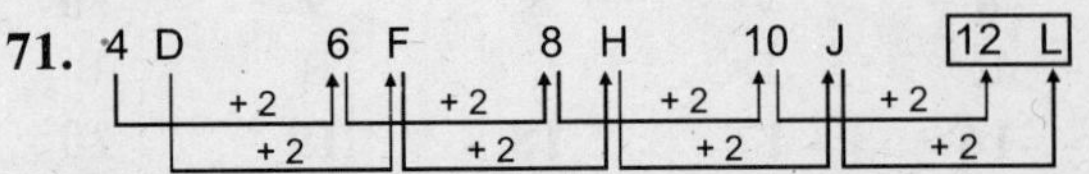

अतः शृंखला का अगला पद 12 L होगा।

73. शब्द NEARNESS दिये गये शब्द NECESSARY से नहीं बनाया जा सकता है, क्योंकि दिये गये शब्द में N दो बार नहीं दिया गया है।

74. जिस प्रकार चमड़ा, गाय से प्राप्त होता है, उसी प्रकार उन, लामा से प्राप्त होता है।

76. 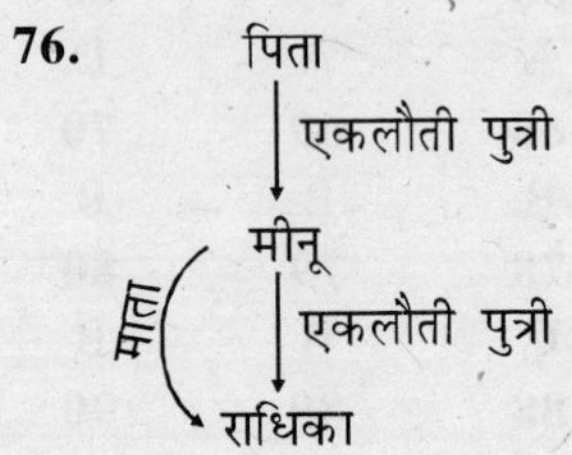

77. W I N T E R को

(−1, +1, +1)

V I O U E R से कोडित किया जाता है।

इसी प्रकार,

S P R I N G को

(−1, +1, +1)

R P S J N G से कोडित किया जाएगा है।

78. 6 11 16 21 [26] [31] 36 41

(+5, +5, +5, +5, +5, +5, +5)

अतः संख्या शृंखला में लुप्त पद 26 तथा 31 हैं।

80. 1000 1100 990 1089 [980.1]

(+ 100, − 110, + 99, − 108.9)

अतः विलुप्त पद 980.1 है।

81.
$9 \times 6 = 54$
$6 \times 6 = 36$
$12 \times 5 = 60$
$7 \times 6 = 42$

12 को छोड़कर सभी संख्याएँ 6 से गुणा करने पर दूसरी संख्या प्राप्त होती है।

83. (D) को छोड़कर सभी अन्य आकृति प्रश्न-आकृति से भिन्न हैं। अतः सही विकल्प (D) है।

84. जिस प्रकार बैडमिंटन कोर्ट से संबंधित है, उसी प्रकार बॉक्सिंग रिंग से संबंधित है।

85. (A) विद्यालय विषम विकल्प है क्योंकि अन्य सभी अवासीय हैं।

88. (C) शेर अन्य से भिन्न हैं क्योंकि अन्य सभी अपने निवास स्थान में रहते हैं।

90.
$23 = 8 \Rightarrow 2^3 = 8$
$25 = 32 \Rightarrow 2^5 = 32$
$42 = 16 \Rightarrow 4^2 = 16$
$44 = \mathbf{256} \Rightarrow 4^4 = 256$

95. $3 : 9 :: 8 : 64$

$\because (3)^2 = 9 \qquad \therefore (8)^2 = 64.$

96. दिया है,

A का अर्थ ÷
B का अर्थ ×
C का अर्थ +
D का अर्थ −

∴ 18 B 12 A 4 C 5 D 6 का मान

$= 18 \times 12 \div 4 + 5 - 6$
$= 18 \times 3 + 5 - 6$
$= 54 + 5 - 6$
$= 59 - 6$
$= 53.$

97. 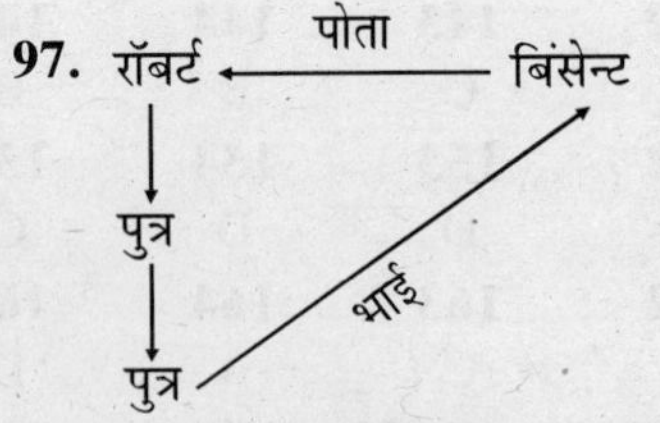

अतः बिंसेन्ट, रॉबर्ट का पोता है।

99. 376 184 88 40 16 [4] −2

(÷ 2 − 4, ÷ 2 − 4, ÷ 2 − 4, ÷ 2 − 4, ÷ 2 − 4, ÷ 2 − 4)

अतः शृंखला में लुप्त संख्या 4 है।

पिछले प्रश्न-पत्र (हल सहित)

केन्द्रीय विद्यालय संगठन (KVS)—लाइब्रेरियन भर्ती परीक्षा 2015*

विषय सम्बन्धित प्रश्न

1. भारत में, विकास के रूप में सार्वजनिक पुस्तकालय का शुरुआती आंदोलन आरंभ हुआ था:

A. दिल्ली B. कोलकाता
C. बड़ौदा D. पुणे

2. 'पुस्तकालय विकसित होता है और अंतहीन विकसित होता है' है:

A. पुस्तकालय विज्ञान का प्रथम नियम
B. पुस्तकालय विज्ञान का पाँचवां नियम
C. पुस्तकालय विज्ञान का चौथा नियम
D. पुस्तकालय विज्ञान का नियम नहीं

3. भारत के पुस्तकालय कानून के अनुसार, भारत में सार्वजनिक पुस्तकालयों के निदेशक कौन हैं?

A. राज्य स्तर पर मुख्य कार्यकारी अधिकारी
B. प्रधानमंत्री
C. राज्य के राज्यपाल
D. इनमें से कोई नहीं

4. भारत में राज्यों की संख्या जहाँ (वर्तमान में) पुस्तकालय कानून हैं:

A. 11 B. 16
C. 18 D. इनमें से कोई नहीं

5. स्वतंत्रता के बाद भारत का पहला पुस्तकालय कानून अधिनियमित किया गया था:

A. बिहार B. तमिलनाडु
C. महाराष्ट्र D. पंजाब

6. भारत में "Book Week" किस माह में मनाया जाता है?

A. जनवरी B. नवम्बर
C. सितम्बर D. जून

7. भारत में कब और कहाँ पर पुस्तकालय विज्ञान शिक्षा आरंभ की गई?

A. नई दिल्ली, 1924 B. बड़ौदा, 1911
C. चेन्नई, 1933 D. इनमें से कोई नहीं

8. अमेरिकी लाइब्रेरी एसोसिएशन (ALA) ने पुस्तकों के प्रति प्यार को बढ़ावा देने के लिए और पढ़ने के लिए .... की स्थापना की है।

A. Clarence day Award
B. Carnegie medal
C. Caldecott medal
D. Aurianne medal

9. एक पुस्तकालय की खुली पहुँच प्रणाली में निर्दिष्ट है:

A. पुस्तकालय विज्ञान का प्रथम नियम
B. पुस्तकालय विज्ञान का पाँचवां नियम
C. पुस्तकालय विज्ञान का दूसरा नियम
D. पुस्तकालय विज्ञान का तीसरा नियम

10. पठन सामग्री और कुशल संरक्षण का विशिष्ट संगठन निहितार्थ है:

A. पुस्तकालय विज्ञान का चतुर्थ नियम
B. पुस्तकालय विज्ञान का तृतीय नियम
C. पुस्तकालय विज्ञान का द्वितीय नियम
D. इनमें से कोई नहीं

11. पहला भारतीय विश्वविद्यालय जिसने पुस्तकालय विज्ञान में डिप्लोमा को स्नातक की डिग्री में बदल दिया:

A. दिल्ली विश्वविद्यालय
B. बनारस हिन्दू विश्वविद्यालय
C. अलीगढ़ मुस्लिम विश्वविद्यालय
D. पंजाब विश्वविद्यालय

* Exam Held on 06-09-2015.

12. गत समयावधि में विभिन्न स्रोतों के जानकारी का संग्रह और प्रावधान के रूप में कौन जाना जाता है?
A. लम्बी दूरी की संदर्भ सेवा
B. एस.डी.आई.
C. अल्प दूरी की संदर्भ सेवा
D. इनमें से कोई नहीं

13. पेटेंटों को किस रूप में माना जाता है?
A. प्राथमिक स्रोत B. तृतीयक स्रोत
C. द्वितीयक स्रोत D. इनमें से कोई नहीं

14. ISSN संदर्भित है:
A. Indian Standard Service Number
B. International Standard Serial Number
C. Indian Super Service Number
D. International Super Service Number

15. रंगनाथन के अनुसार, पठन सामग्री पर खर्च करने के लिए पुस्तकालय बजट के कुल पैसे का कितना प्रतिशत होना चाहिए?
A. 10% B. 5%
C. 40% D. 75%

16. निम्नलिखित में से कौन-सी एक तकनीक है जो पुस्तकालय के अंदर संव्यावसायिक कर्मचारियों को प्रशिक्षित करती है?
A. कार्यावर्तन
B. कर्मचारी मूल्यांकन
C. सम्मेलन भागीदारी
D. रोजगार मानकों का संप्रेषण

17. प्रबंधन का महत्वपूर्ण पहलू है:
A. प्रदर्शन विश्लेषण
B. बजट
C. लागत लाभ विश्लेषण
D. सभी चीजें

18. PPBS तकनीक का विकास किसके द्वारा हुआ?
A. विश्व बैंक B. भारतीय स्टेट बैंक
C. रैंड कॉर्पोरेशन D. RRRLF

19. PERT का अर्थ है:
A. Programme Evaluation Review Technique
B. Programme Evaluation Reverse Technique
C. Post Evaluation Review Technique
D. Postgraduate Evaluation Review Technique

20. कब शून्य आधारित बजट सर्वप्रथम तैयार किया गया था?
A. 1947 B. 1950
C. 1970 D. 1965

21. किसके द्वारा योजना के पाँच चरण तैयार किए गए थे?
A. कोट्ज और ओ. डोनियल
B. ई. मेयो
C. ए. मोसलो
D. एच. फेयोल

22. पुस्तकालय का प्रणाली विश्लेषण किसको अंजाम देता है?
A. केवल प्रस्तकालय की दिनचर्या का विकास
B. कार्यों और सेवाओं में सुधार
C. प्रदर्शन का मूल्यांकन
D. इनमें से सभी

23. थीसिस किसका उदाहरण है?
A. माइक्रो दस्तावेज
B. मैक्रो दस्तावेज
C. मेटा डेटा
D. पारंपरिक दस्तावेज

24. किस वर्ष पुस्तकालय विज्ञान के पाँच कानून प्रकाशित किए गए थे?
A. 1925 B. 1930
C. 1931 D. 1933

25. यूजीसी से शैक्षिक पुस्तकालयों के लिए प्राप्त अनुदान को क्या कहा जाता है?
A. नियमित अनुदान
B. तदर्थ अनुदान
C. योजना अनुदान
D. अनियमित अनुदान

26. वर्गीकृत सूची में मुख्य प्रविष्टियों की क्या व्यवस्था है?
A. लेखक के अनुसार
B. टाइटल के अनुसार

C. वर्गीकृत योजना के अनुसार
D. वर्णानुक्रम

27. अनुक्रमण आवधिक हमें क्या प्रदान करता है?
A. लेखों की सूची
B. पुस्तकों की सूची
C. लेखों का पूर्ण बिब्लियोग्राफिकल वर्णन
D. दस्तावेजों की सूची

28. इंडियन नेशनल बिब्लियोग्राफी (I.N.B.) की आवृत्ति है:
A. वार्षिक B. साप्ताहिक
C. मासिक D. त्रैमासिक

29. इंडियन नेशनल बिब्लियोग्राफी (I.N.B.) में शामिल भाषा पुस्तकों की संख्या है:
A. 10 B. 11
C. 14 D. 13

30. नक्शे, तालिकाएं और चार्ट आदि का संग्रह कहलाता है:
A. ग्लोब B. नक्शा
C. एटलस D. गजेटियर

31. दस्तावेज का अनुवाद है:
A. द्वितीयक स्रोत B. प्राथमिक स्रोत
C. तृतीयक स्रोत D. स्रोत नहीं है

32. वे स्रोत जो मुद्रित प्रपत्र में मुख्यतः उपस्थित होते है .... स्रोत कहलाते हैं।
A. संदर्भ B. दस्तावेजी
C. गैर-दस्तावेजी D. सूचना

33. पुस्तकालय योजना में संख्याओं को किसके द्वारा अभिकल्पित और संपोषित किया जाता है?
A. संदर्भ अनुभाग B. समीक्षा अनुभाग
C. तकनीकी अनुभाग D. अनुरक्षण अनुभाग

34. एक डेटाबेस किसका संग्रह है?
A. मशीन में पठनीय रूप में रिकार्ड
B. पुस्तकें
C. जर्नल
D. इनमें से कोई नहीं

35. ई-पुस्तकों का अर्थ है:
A. अंग्रेजी में पुस्तक
B. इलेक्ट्रोनिक रूप में उपलब्ध कोई भी पुस्तक
C. कोई भी सूचना ऑन लाइन उपलब्ध
D. कोई भी पाठ्य पुस्तक

36. वर्गीकरण की किस योजना में '999' संख्या फ्री-एक्स्ट्रा-टेरिस्ट्रयल विषय है?
A. कॉलन वर्गीकरण
B. डेवी दशमलव वर्गीकरण
C. A और B दोनों
D. इनमें से कोई नहीं

37. एक शीर्षक जो आंगिक रूप से विषय के लिए प्रासंगिक है, वह विषय है:
A. उपर्युक्त गुणवाला विषय
B. बुनियादी विषय
C. विदेशी विषय
D. इनमें से कोई नहीं

38. कैटलॉग कोड जो वर्णन के तीन स्तर प्रदान करता है:
A. वगीकृत कैटलॉग कोड
B. AACR-II
C. शब्दकोष कैटलॉग कोड
D. सभी

39. निम्नलिखित में से किस कोड को विषय कैटलॉग के लिए पूर्ण कोडिफीकेशन माना जाता था?
A. वेटिकन कोड
B. जेविट कोड
C. रंगनाथन के कोड
D. सी.ए. कटर का कोड

40. स्थानों से संबंधित पुस्तकों का कैटलॉग है:
A. स्थलाकृतिक कैटलॉग
B. संयोजी कैटलॉग
C. व्यापार कैटलॉग
D. आनुक्रमिक कैटलॉग

41. एक डेटाबेस में सूचना का भंडारण और निरूपण तथा प्रसंस्करण करने की प्रक्रिया है:
A. सूचना का चयन
B. सूचना प्रक्रम

C. सूचना की पुनर्प्राप्ति
D. सूचना निरूपण

42. क्रियाओं का अनुक्रम जिसके परिणामस्वरूप अपेक्षित जानकारी प्राप्त होती है, कहलाती है:
A. पुनर्प्राप्ति प्रणाली
B. पुनर्प्राप्ति संहिता
C. पुनर्प्राप्ति कार्यक्रम
D. पुनर्प्राप्ति डिवाइस

43. CDS/ISIS पैकेज का माइक्रो संस्करण लिखा है:
A. C भाषा B. फोरट्रान भाषा
C. कोबोल भाषा D. पास्कल भाषा

44. कम्प्यूटर की किस पीढ़ी मे निर्वात नली उपयोग में लाई जाती थी?
A. दूसरी पीढ़ी
B. तीसरी पीढ़ी
C. पहली पीढ़ी
D. दूसरी और तीसरी पीढ़ी

45. निम्न प्रकार की स्मृति में से कौन अस्थिर है?
A. ROM B. RAM
C. PROM D. सभी

46. 8 बिट्स की स्ट्रिंग कहलाती है:
A. बाइट B. स्ट्रिंग
C. कैरेक्टर D. बाइनरी

47. यूजीसी पुस्तकालय समिति के अनुसार, पुस्तकालय कर्मचारी की किस श्रेणी के अधीन पुस्तकालयाध्यक्ष समूहबद्ध हैं?
A. शैक्षिक B. वृत्तिक
C. प्रशासनिक D. शिक्षण

48. किसमें उपयोगकर्ताओं के सर्वेक्षण सबसे उपयोगी हैं?
A. विशेष पुस्तकालयों
B. सार्वजनिक पुस्तकालयों
C. शैक्षिक और विशेष पुस्तकालयों
D. विश्वविद्यालय पुस्तकालयों

49. निम्नलिखित में से कौन पुस्तकालय प्रयोक्ता शिक्षा से संबंधित हैं?
A. रंगनाथन B. पी. नैप
C. एम. डेवी D. डी.एम. नोरिस

50. पाठकों की शुरूआत का अर्थ है:
A. अभिविन्यास B. ज्ञान
C. शुरुआत D. ग्रहणशक्ति

51. कौन-से मिस्र के राजा ने अपने पुस्तकालय को "आत्माओं के लिए चिकित्सा का एक स्थान" कहा था?
A. रामसेस II B. सेती I
C. अमेनमेस D. मर्नेप्टाह

52. खुली प्रवेश प्रणाली पहली बार किसके द्वारा शुरु की गई थी?
A. स्टेट लेनिन लाइब्रेरी
B. ब्रिटिश म्युजियम
C. बोस्टोन पब्लिक लाइब्रेरी
D. बिबलियोथिक नेशनल

53. 13 अंकीय ISBN नम्बर के कितने भाग हैं?
A. 07 B. 04
C. 05 D. 02

54. निम्न में से कौन-सी सेवा किसी विशिष्ट उपयोगकर्ता के लिए सबसे उपयुक्त दस्तावेजों की पहचान करने के लिए निर्दिष्ट की गई है?
A. इंटरनेट लिंक सेवा
B. दस्तावेज वितरण सेवा
C. सूचना का चयनात्मक प्रसार
D. प्रचलित जागरूकता सेवा

55. अनुसंधानकर्त्ता हैं:
A. सूचना के आयोजक
B. सूचना के उपभोक्ता
C. सूचना का निर्माण
D. सूचना के उपभोक्ता और निर्माणकर्त्ता दोनों

56. पुस्तकालय विज्ञान के किस कानून का निहितार्थ पुस्तकालय भवन का स्थान है?
A. पाँचवां B. तीसरा
C. पहला D. चौथा

57. किसके अधीन सृजित कृति के स्वामित्व का दावा करने का लेखक को अधिकार है?
A. पुस्तकों का वितरण अधिनियम
B. बौद्धिक संपदा अधिकार

C. प्रेस अधिनियम
D. सेंसरशिप

58. किसके द्वारा भारतीय विज्ञान सारांश प्रकाशित होते हैं?
A. ISIC B. NBT
C. DRTC D. NISCAIR

59. किसे विकसित करने के लिए राजा राम मोहन राय लाइब्रेरी फाउंडेशन (RRRLF) की स्थापना की गई थी?
A. महाविद्यालय के पुस्तकालयों
B. विशिष्ट पुस्तकालयों
C. विश्वविद्यालय के पुस्तकालयों
D. सार्वजनिक पुस्तकालयों

60. किसके द्वारा प्रकाशन की सार्वभौमिक उपलब्धता शुरू की गई थी?
A. I.F.L.A B. I.L.A
C. F.I.D D. I.C.S.U

61. पुस्तकालयों के बीच संसाधनों की हिस्सेदारी को मूलतः किस रूप में जाना जाता है?
A. पुस्तकालय वितरण
B. पुस्तकालय सहकारिता
C. पुस्तकालय नेटवर्किंग
D. अंतरपुस्तकालयी ऋण

62. R.R.L.F. क्या है?
A. सार्वजनिक पुस्तकालय
B. विशिष्ट पुस्तकालय
C. सार्वजनिक पुस्तकालयों के समर्थन के लिए सरकारी निकाय
D. सभी पुस्तकालयों का समर्थन करने के लिए विश्वास

63. किसके द्वारा पुस्तकालय और सूचना प्रणाली पर राष्ट्रीय नीति (ड्राफ्ट) तैयार की गई?
A. I.L.A B. R.R.R.L.F
C. IASLIC D. IATLIS

64. किसके द्वारा भारत के लिए पुस्तकालय विकास योजना का मसौदा तैयार किया गया था?
A. एस.आर. रंगनाथन
B. बी.एस. केशवन
C. पी.एन. कौउला
D. पी.बी. मंगला

65. प्रकाशक द्वारा पुस्तक वितरण अधिनियम के अधीन एक पुस्तक की कितनी प्रतियां भेजी जानी चाहिए?
A. 3 प्रतियां B. 4 प्रतियां
C. 5 प्रतियां D. 2 प्रतियां

66. एक पुस्तकालय की बुनियादी जानकारी की भूमिका क्या है?
A. गैर-प्रिंट मीडिया में जानकारी संग्रह करना
B. प्रिंट मीडिया में मौजूद सभी सूचनाओं का संग्रह
C. सूचनाओं को एकत्र एवं प्रसारित करना
D. पुस्तकालय के उपयोगकर्त्ताओं (पाठकों) को पुस्तकें प्रदान करना

67. DELNET (डेलनेट) का मुख्यालय कहाँ पर अवस्थित है?
A. दिल्ली B. मुम्बई
C. चेन्नई D. इनमें से कोई नहीं

68. सभी के लिए पुस्तकों का संस्करण भिन्न है:
A. दूसरा कानून
B. तीसरा कानून
C. पहला कानून
D. इनमें से कोई नहीं

69. कौन-सा पुस्तकालय, प्रकाशित की गई प्रत्येक पुस्तक की एक निःशुल्क कॉपी प्राप्त करने के लिए कानूनन हकदार है?
A. छात्रावास पुस्तकालय
B. निक्षेपागार पुस्तकालय
C. डिपॉजिट पुस्तकालय
D. सामुदायिक पुस्तकालय

70. 'पुस्तकालय' जो समाज के सभी सदस्यों की उम्र और लिंग में भेद किए बिना सेवा करता है:
A. शैक्षिक पुस्तकालय
B. सार्वजनिक पुस्तकालय
C. राष्ट्रीय पुस्तकालय
D. विशिष्ट पुस्तकालय

71. अलमारियों तक की खुली पहुँच को पूरा करने में कौन योगदान देता है?
A. तीसरा कानून
B. पहला कानून
C. दूसरा कानून
D. इनमें से कोई नहीं

72. अधिग्रहण संगठन को जानने की गतिविधि और ज्ञान के उपयोग को किस रूप में जाना जाता है?
A. अवधारणा B. अनुभूति
C. संवेदन D. अभिमूल्यन

73. पुस्तकालयों में उपयोग की जानेवाली कैटेलॉग कार्ड का मानक आकार क्या है?
A. 12′5 सेंमी B. 12.5′7.5 सेंमी
C. 5′3 सेंमी D. 10′8 सेंमी

74. किस राज्य में सार्वजनिक पुस्तकालय अधिनियमों में पुस्तकालय सेस का कोई प्रावधान नहीं है?
A. तमिलनाडु B. आंध्र प्रदेश
C. महाराष्ट्र D. कर्नाटक

75. अधिकृत रूप से आय और व्यय प्रवाह के व्यवस्थित रख-रखाव को क्या कहा जाता है?
A. वित्तपोषण B. विपणन
C. वित्त व्यवस्था D. लेखांकन

76. पूर्वनिर्धारित अनुक्रम में डेटा की व्यवस्था को क्या कहा जाता है?
A. कोडिंग B. वर्गीकरण
C. प्रसंस्करण D. सॉर्टिंग

77. कंप्यूटर शब्दावली और उपयोग में 'बग' का अर्थ है
A. हार्डवेयर में त्रुटि का चयन
B. सॉफ्टवेयर में त्रुटि का चयन
C. कंप्यूटर वायरस
D. प्रोग्रामिंग त्रुटि

78. ERNET का पूर्ण रूप क्या है?
A. Economic Research Networking
B. Eastern in Region Network
C. Electronic Research Network
D. Education and Research Network

79. MS-ऑफिस क्या है?
A. एक संचालन व्यवस्था
B. एक सॉफ्टवेयर
C. हार्डवेयर
D. एक प्रोग्रामिंग भाषा

80. INFLIBNET को मुख्य रूप से किससे जोड़ने का प्रस्ताव है?
A. व्यावसायिक पुस्तकालय
B. सार्वजनिक पुस्तकालय
C. आर एंड डी पुस्तकालय
D. शैक्षिक पुस्तकालय

81. निम्नलिखित में से कौन बहुउपयोगकर्ता प्रणाली है?
A. DOS
B. UNIX
C. LAN व्यवस्था
D. LAN और UNIX

82. सर्वप्रथम किसके द्वारा दशमलव अपूर्ण अंकन का प्रयोग किया गया?
A. रिचर्डसन
B. चार्ल्स मार्टेल
C. मेलविल डेवी
D. एच.पी. लुह्न

83. मॉडुलेशन का सिद्धांत किसके अधीन आता है?
A. शृंखला
B. सारणी
C. लक्षण
D. विलक्षणता की सफलता

84. उनलोगों के बीच बिना किसी विशेष व्यवस्था के संस्थाओं का एकत्रीकरण कहलाता है:
A. समूहीकरण B. आवंटन
C. सहमति D. झुंड

85. कोलोन वर्गीकरण के अनुसार 'J' किस रूप में जाना जाता है?
A. कृषि B. वनस्पति विज्ञान
C. औषधि D. साहित्य

86. वर्गीकरण के लिए योजना जो कुछ पुस्तकों की विशेषताओं पर आधारित है, जो विषय वस्तु के बारे

में एक विश्वसनीय मार्गदर्शन प्रदान नहीं करते हैं:

A. कृत्रिम वर्गीकरण B. फार्म वर्गीकरण

C. नम्य वर्गीकरण D. फैमिफाइंग वर्गीकरण

87. वर्गीकरण की किस योजना में यह प्रावधान है कि संकेतन में अंतराल छोड़कर लघु और बड़े विषय दोनों की व्यवस्था करना है?

A. कांग्रेस वर्गीकरण का पुस्तकालय

B. डेवी दशमलव वर्गीकरण

C. सार्वभौमिक पुस्तकालय

D. कोलोन वर्गीकरण

88. एक काम जिसे खुद के द्वारा एक विषय के रूप में माना जाता है, क्या है?

A. मैक्रो विषय B. माइक्रो विषय

C. क्वासी विषय D. स्पॉट विषय

89. मैक्रो दस्तावेज के लिए विस्तृत वर्गीकरण की आवश्यकता होती है, वह वर्गीकरण कौन-सा है?

A. बिब्लियोग्राफिक वर्गीकरण

B. बोर्ड वर्गीकरण

C. डेप्थ वर्गीकरण

D. पुस्तकालय वर्गीकरण

90. जयपुर (राजस्थान) की जलवायु के बारे में जानने के लिए उपयुक्त संदर्भ स्रोत क्या है?

A. ग्लोब B. कम्पास

C. मैप D. गजेटियर

91. निम्नलिखित में से कौन कंप्यूटर प्रोग्रामिंग भाषा नहीं है?

A. COBOL B. ASCII

C. BASIC D. FORTRAN

92. अनुरेखण अनुभाग की पहचान करने में कौन सहायता करता है?

A. जोड़ी गई प्रविष्टियाँ

B. सामान्य विषय की प्रविष्टियाँ

C. विशिष्ट विषय की प्रविष्टियाँ

D. इनमें से कोई नहीं

93. किस रूप में कैटोलॉग संदर्भित है?

A. प्रक्रिया B. साधन

C. विधि D. तकनीक

94. किसके द्वारा भारत में ओपन जर्नल एक्सेस सिस्टम प्रबंधित होता है?

A. NIC B. INFIBNET

C. CSIR D. ICSSR

95. किसके द्वारा यह कथन दिया गया कि सूचना उत्पाद और प्रक्रिया दोनों है?

A. जे.सी. ब्रैडफोर्ड B. जे. मार्टिन

C. जी. गार्डनर D. एम. फौकाल्ट

96. MARC 21 में विषय पहुँच क्षेत्र हैं:

A. 3XX B. 4XX

C. 6XX D. 5XX

97. डिजिटल पुस्तकालय फंक्शन में शामिल हैं

A. सृजित करना और अधिकृत करना

B. भंडारण और प्रबंधन

C. सारण और समीक्षा

D. सभी

98. किसके द्वारा डेटाबेस में स्थित शब्दकोश नियंत्रित होता है?

A. आयात फाइल

B. केवल मानक फाइलें

C. केवल प्राधिकरण फाइलें

D. मानक फाइलें और प्राधिकरण फाइलें दोनों

99. सीसीएफ ग्रंथसूचीय दस्तावेज किसको संदर्भित है?

A. डेटा संग्रहण

B. डेटा हस्तांतरण और डेटा क्षतिपूर्ति के मानक टैग

C. डेटा संग्रहण और दस्तावेजों का स्वरूपण

D. दस्तावेजों का स्वरूपण

100. 'शोधगंगा' किसका भंडार है?

A. ई - जर्नल B. ई - थीसिस

C. ई - बुक्स D. ई - संसाधन

*** In addition to these 100 questions, 100 more questions were asked from Hindi, English, Reasoning, Numerical Ability and General Awareness.**

उत्तरमाला

1	2	3	4	5	6	7	8	9	10
C	B	A	D	B	B	B	C	D	A
11	**12**	**13**	**14**	**15**	**16**	**17**	**18**	**19**	**20**
A	B	A	B	A	C	D	C	A	C
21	**22**	**23**	**24**	**25**	**26**	**27**	**28**	**29**	**30**
D	D	D	C	B	C	C	C	C	C
31	**32**	**33**	**34**	**35**	**36**	**37**	**38**	**39**	**40**
D	B	C	A	B	C	B	D	C	C
41	**42**	**43**	**44**	**45**	**46**	**47**	**48**	**49**	**50**
B	A	D	C	B	A	D	B	B	A
51	**52**	**53**	**54**	**55**	**56**	**57**	**58**	**59**	**60**
C	B	C	C	D	C	B	D	D	A
61	**62**	**63**	**64**	**65**	**66**	**67**	**68**	**69**	**70**
B	C	B	A	B	C	A	A	B	B
71	**72**	**73**	**74**	**75**	**76**	**77**	**78**	**79**	**80**
A	B	B	B	D	C	D	D	B	D
81	**82**	**83**	**84**	**85**	**86**	**87**	**88**	**89**	**90**
C	C	A	D	A	A	B	C	C	D
91	**92**	**93**	**94**	**95**	**96**	**97**	**98**	**99**	**100**
B	A	B	B	B	C	D	D	B	B

पिछले प्रश्न–पत्र (हल सहित)

केन्द्रीय विद्यालय संगठन (KVS)—लाइब्रेरियन भर्ती परीक्षा 2013* (हल सहित)

भाग-1

Directions (Qs. 1 to 3): *Choose the word which best expresses the meaning of the underlined word in the sentence.*

1. He spent his whole life caught up in <u>mundane</u> matters.
A. worldly B. foolish
C. inconsequential D. criminal

2. Smart people are often good at <u>camouflaging</u> their real character.
A. projecting B. displaying
C. hiding D. revealing

3. The old woman lives alone in a <u>dilapidated</u> house.
A. shabby B. decayed
C. ugly D. broken

Directions (Qs. 4 to 6): *Choose the word which is closest to the opposite in meaning of the underlined word in the sentence.*

4. We had a <u>delectable</u> meal yesterday.
A. nice B. tasty
C. heavy D. unsavory

5. Never adopt a <u>callous</u> attitude towards your duties.
A. cooperative B. considerate
C. cautious D. courteous

6. One should not go for a <u>transient</u> solution of a problem.
A. brief B. temporary
C. permanent D. erratic

Directions (Qs. 7 to 9): *Choose the option which best expresses the meaning of the underlined idiom/ phrase in the sentence.*

7. Our politicians are often <u>in a Catch-22 situation</u>.
A. absurd B. dangerous
C. hopeful D. depressive

8. One could observe the opposition to the new policy by the <u>rank and file</u> of the government.
A. the majority
B. the special members
C. the official machinery
D. the ordinary members

9. Good politicians are capable of swaying the public opinion with their <u>gift of the gab</u>.
A. flattering words
B. abundance of promises
C. fluency of speech
D. political acumen

Directions (Qs. 10 to 12): *A word has been written in four different ways out of which only one is correctly spelt. Choose the correctly spelt word.*

10. A. Etiquete B. Ettiquete
C. Etiquette D. Ettiquette

11. A. Diarhoea B. Diarheoa
C. Diarrheoa D. Diarrhoea

12. A. Embarrassment B. Embarassment
C. Embarrasment D. Emberressment

Directions (Qs. 13 to 17): *Each question has a group of sentences marked (1), (2), (3), (4) and (5). Arrange these to form a logical sequence.*

13. 1. According to well known management gurus, these team activities can have unintended consequences for certain employees.
2. I humbly suggest you think again about it.
3. So you believe that office parties are the ultimate team building exercise?
4. Finally, recent research reveals that while social events help homogenous teams form close bonds, they do not have the same benefits for racially diverse groups of co-workers.
5. Research points out otherwise.

*Held on 14.12.2013

A. 5 1 4 3 2 B. 3 2 5 1 4
C. 4 1 3 5 2 D. 2 5 1 4 3

14. 1. I have thought about it many times in an objective way.
2. And as a result I lose my temper often when people goof up or don't deliver.
3. I own a family business with a turnover of over 500 crores.
4. And while my temper has negative results in terms of people getting but I feel it is also a great way to get people to push boundaries.
5. I am very driven and focused on results.

A. 5 1 3 4 2 B. 1 5 4 2 3
C. 3 5 2 1 4 D. 4 3 2 1 5

15. 1. My dream led me to an obsessive interest in design, which slowly opened the door to visual communication.
2. I am so happy that I am now studying design at India's premier institute.
3. Even as a child, I was clear what I wanted to do.
4. However, I was determined that I wanted to join a premier institute or not pursue design at all.
5. I told my parents in class three that I wanted to be an artist.

A. 2 5 1 3 4 B. 1 4 5 3 2
C. 3 5 1 4 2 D. 5 2 1 3 4

16. 1. He will be remembered for many things he did.
2. He was an extremely compassionate and helpful person for all who knew him.
3. One of my mother's uncles died recently.
4. But for me, and many others in our family, he will be remembered for one thing in particular.
5. He had a long and full life, including a distinguished career in the Indian Air Force.

A. 5 3 2 4 1 B. 3 5 1 4 2
C. 2 4 1 3 5 D. 1 4 5 3 2

17. 1. Or you go on a shopping trip with plans to buy certain things but end up buying things you did not need.
2. Thus, there is always a mismatch between our plans and our final outcomes.
3. It has happened to every one of us.
4. And 60 minutes later you are left wondering what got into you that said what you did.
5. you walk into a meeting clear about what you want to say or do.

A. 5 3 2 4 1 B. 2 1 3 5 4
C. 3 5 1 2 4 D. 3 5 4 1 2

Directions (Qs. 18 to 20): *In each question, choose the one word which can be substituted for the given sentence/words.*

18. The school or college in which one has been educated—
A. Alumni B. Alma mater
C. Matinee D. Calvin

19. The period between two reigns—
A. Stasis B. Gap
C. Anachronism D. Interregnum

20. Large scale departure of people—
A. Exodus B. Emigration
C. Migration D. Immigration

निर्देश (प्रश्न-21 एवं 22 तक): *निम्नलिखित विकल्पों में से शुद्ध वर्तनी वाला शब्द छाँटिए—*

21. A. मातृभूमि B. मात्रभूमि
C. मातरभूमि D. मातर्भुमि

22. A. भृष्टाचार B. भ्रषटाचार
C. भ्रष्टाचार D. भ्रष्टचार

निर्देश (प्रश्न 23): *निम्नलिखित वाक्यांश के लिए एक उपयुक्त शब्द चुनिए—*

23. जो व्याकरण का ज्ञाता हो—
A. ज्ञानी B. बुद्धिमान
C. वैयाकरण D. भाषाविद्

निर्देश (प्रश्न 24): *दिए गए शब्द के विभिन्न विकल्पों में से एक शब्द पर्यायवाची (समानार्थक) नहीं है, उसे छाँटिए—*

24. अद्वितीय
A. अपूर्व B. अनुपम
C. श्रेष्ठ D. निरुपम

निर्देश (प्रश्न 25): *दिए गए शब्द का सही विलोम (विपरीतार्थक) चुनिए—*

25. स्वाभाविक
A. कृत्रिम B. कुटिल
C. बनावटी D. नैसर्गिक

निर्देश (प्रश्न 26 एवं 27 तक): *निम्नलिखित में से किस समूह के तीनों शब्द समान लिंग के हैं–*

26. तीनों पुल्लिंग शब्द–
A. रजनी, सरिता, अमेरिका
B. बाजरा, डिबिया, नर्मदा
C. भारत, पत्थर, वर्ष
D. अध्यापिका, मास्टर, नागिन

27. तीनों स्त्रीलिंग शब्द–
A. भेड़िया, समाज, छाछ B. अदरक, पनीर, बूँद
C. सुगन्ध, चाबुक, कनस्तर D. घास, पुस्तक, सिगरेट

निर्देश (प्रश्न 28 एवं 31 तक): *निम्नलिखित शब्दों में आवश्यकतानुसार सन्धि अथवा सन्धि-विच्छेद का विकल्प चुनिए।*

28. विषम
A. विः + सम B. वि + शम
C. वि + सम D. वि + षर्म

29. वयः + वृद्ध
A. वयवृद्ध B. वयःवृद्ध
C. वयोवृद्ध D. वयस्वृद्ध

30. शरत् + चन्द्र
A. शरतेन्द्र B. शरच्चन्द्र
C. शरतचन्द्र D. शरचन्द्र

31. यशोगान
A. यशः + गान B. यश + आगान
C. यश + गान D. यः + शगान

निर्देश (प्रश्न 32 एवं 33 तक): *पदक्रम की दृष्टि से निम्नलिखित विकल्पों में से कौन-सा असंगत है?*

32. A. सौ-पचास B. हीरे-जवाहरात
C. यहाँ-वहाँ D. नाले-नदी

33. A. ऊबड़-खाबड़ B. घास-पात
C. देना-लेना D. भेड़-बकरी

34. निम्नलिखित विकल्पों में से उस विकल्प की पहचान करो जिसमें केवल संज्ञा शब्द हों–
A. हिमालय, कागज, राम B. सुन्दर, शरीफ, ऊँचा
C. चलना, उड़ना, पीना D. आप, मैं, कौन

35. अल्पविराम (,) के सही प्रयोग की दृष्टि से इनमें से कौन-सा विकल्प सही है?
A. महोदय निवेदन है, कि मैं आगे पढ़ना चाहता हूँ
B. महोदय, निवेदन है कि मैं आगे पढ़ना चाहता हूँ
C. महोदय निवेदन है कि मैं, आगे पढ़ना चाहता हूँ
D. महोदय निवेदन है कि मैं आगे, पढ़ना चाहता हूँ

निर्देश (प्रश्न 36 एवं 37 तक): *नीचे दिए गए मुहावरों का सही अर्थ छाँटिए–*

36. चिकनी-चुपड़ी बातें करना–
A. सुन्दर बातें करना B. घी खाकर बातें करना
C. खुशामद करना D. अर्थ स्पष्ट नहीं है

37. आँखों की पुतली होना–
A. बहुत प्यारा होना
B. आँखें पतली होना
C. आँखों से कठपुतली बनाना
D. आँखों में रोग होना

निर्देश (प्रश्न 38 एवं 40 तक): *निम्नलिखित अनुच्छेदों को ध्यान से पढ़ें और बताएं कि इनमें कितने मुहावरे-लोकोक्ति प्रयुक्त हुए हैं।*

38. "कक्षा में प्रथम आने के कारण मोहन की सारे स्कूल में धाक जम गई। उसने सारे मुहल्ले में अपनी सफलता का ढिंढोरा पीट दिया। उसके माता-पिता का दिल भी बाँसों उछलने लगा। उन्होंने हाथ तंग होने पर भी इस खुशी में एक दावत दी और जी खोलकर खर्च किया। इतने मेहमान आए कि तिल धरने को भी जगह न थी।"
A. छह B. चार
C. तीन D. पाँच

39. "चार पुत्रों की मृत्यु हो जाने के बाद अब रामनाथ ही मेरे अँधेरे घर का उजाला रह गया है। उसे अन्धे की लकड़ी जानकर मैंने उसके पालन-पोषण के लिए आँखों में रातें काटी हैं। उसकी प्रसन्नता के लिए मैंने आसमान के तारे तोड़ने से भी मुँह नहीं मोड़ा। चाँद के टुकड़े-सी बहू से मैंने उसका विवाह किया, लेकिन अब मेरा यही पुत्र सारे समाज में मेरी टोपी उछालता फिरता है।"
A. पाँच B. आठ
C. तीन D. सात

40. "यदि विद्यार्थी पढ़ने में दिन-रात एक कर दें, तो कभी असफल नहीं हो सकते, लेकिन अधिकांश विद्यार्थी टाँगें पसारकर सोते रहते हैं और परीक्षा सिर पर आ जाने पर उनकी आँखें खुलती हैं, तब वे कुछ गिने-चुने प्रश्नों को तोते की तरह रट लेते हैं।"
A. तीन B. पाँच
C. सात D. दो

भाग-2

41. लगभग 2843 मीटर की ऊँचाई पर स्थित प्रसिद्ध 'लुकला हवाई अड्डा', जिसे 'तेन्जिंग-हिलेरी हवाई अड्डा' भी कहा जाता है, किस देश में स्थित है?

A. भारत B. न्यूजीलैंड
C. भूटान D. नेपाल

42. पाकिस्तानी किशोरी मलाला यूसुफजई, जिसने जुलाई 2013 में यू.एन. में अपने जन्म दिवस पर युवा सभा को सम्बोधित किया और उसने निम्नलिखित में से किस सुविधा को देने के लिए अपील की?

A.. सभी बच्चों को मुफ्त शिक्षा
B. महिला मजदूरों को सुरक्षा
C. सभी बच्चों को मुफ्त स्वास्थ्य सुविधाएं
D. बालिकाओं की सुरक्षा

43. हाल ही में अपने बैंकिंग तंत्र को पतन होने से बचाने के लिए किस देश ने अपने दूसरे सबसे बड़े बैंक 'लाइकी' को बंद कर दिया?

A. ग्रीस B. तुर्की
C. साइप्रस D. सर्बिया

44. वर्ष 2013 में किसे नेशनल स्टॉक एक्सचेंज (एन.एस.ई.) का प्रबंध निदेशक (एम.डी.) और मुख्य कार्यकारी अफसर (सी.ई.ओ.) नियुक्त किया गया है?

A. रवि नारायण B. चित्रा रामाकृष्णा
C. नैना लाल किदवई D. चंदा कोचर

45. मानव संसाधन विकास मंत्रालय (एम.एच.आर.डी.) का गठन सितम्बर 1985 में भारत सरकार (कार्य नियतन) नियमावली, 1961 में .... वें संशोधन के माध्यम से किया गया था।

A. 170 B. 174
C. 167 D. 163

46. 2011 की जनगणना की अंतरिम जनसंख्या के अनुसार निम्नलिखित में से किस संघशासित क्षेत्र (यू.टी.) की शहरी आबादी सबसे अधिक है?

A. राष्ट्रीय राजधानी क्षेत्र दिल्ली
B. दमन और दीव
C. चंडीगढ़
D. पुदुचेरी

47. 'वॉकिंग विद लॉयन्स : टेल्स फ्रॉम ए डिप्लोमैटिक पास्ट' शीर्षक पुस्तक के लेखक हैं–

A. मोहम्मद हामिद अंसारी
B. जसवंत सिंह
C. के. नटवर सिंह
D. अरुण जेटली

48. चेक गणराज्य के रादेक स्टेपानेक के साथ मिलकर भारतीय टेनिस खिलाड़ी लिएंडर पेस ने 2013 में निम्नलिखित में से कौन-सी ग्रांड स्लैम डबल्स स्पर्द्धा जीती है?

A. ऑस्ट्रेलियाई ओपन B. विम्बलडन
C. फ्रेंच ओपन D. अमेरिकी ओपन

49. केवाईसी मानकों का पालन नहीं करने के लिए भारतीय रिजर्व बैंक ने निम्नलिखित में से किन बैंकों पर 2013 में ₹ 10.5 करोड़ का जुर्माना लगाया है?

1. एक्सिस बैंक 2. एचडीएफसी बैंक
3. आईसीआईसीआई बैंक D. यस बैंक

A. 1 और 2 B. 2, 3 और 4
C. 1, 2 और 3 D. 1, 3 और 4

50. उस चीनी टेबल टेनिस खिलाड़ी का नाम क्या है, जो 'आर्किटेक्ट ऑफ पिंग-पांग डिप्लोमेसी' के नाम से लोकप्रिय थे और जिनका 2013 में निधन हुआ?

A. झुआंग जेडांग B. ली पिंग
C. ली चोंग वेई D. चेन लांग

51. 2013 में पृथ्वी से 27600 किमी की दूरी से गुजरने वाले क्षुद्रग्रह (150 फुट आकार की एक चट्टान) का नाम क्या है?

A. 2013 AS15 B. 2012 DA14
C. AS14 2010 D. AT2011 13

52. के.के. बिड़ला फाउण्डेशन द्वारा स्थापित 'बिहारी पुरस्कार' वर्ष 2012 के लिए किसे प्रदान किया गया?

A. सोनिका अग्रवाल B. हरिराम मीणा
C. प्रणीता तालुकदार D. जी.एच. संकीना

53. 2013 में समूचे विश्व में पाई $\left(\frac{22}{7}\right)$ सन्निकटन दिवस कब मनाया गया?

A. 22 जुलाई　B. 25 जुलाई
C. 5 अगस्त　D. 9 अगस्त

54. विश्व तैराकी प्रतियोगिता 2013 कहाँ आयोजित की गई?
A. बार्सिलोना　B. टोक्यो
C. लंदन　D. रोम

55. 'IKEA'—एक प्रसिद्ध अंतर्राष्ट्रीय फर्निचर ब्रांड किस देश का है?
A. जापान　B. यू.के.
C. जर्मनी　D. स्वीडन

56. राष्ट्रीय मानवाधिकार आयोग के वर्तमान अध्यक्ष कौन हैं?
A. एम.एन. राव
B. वजाहत हबीबुल्लाह
C. के.जी. बालाकृष्णन
D. उपर्युक्त में से कोई नहीं

57. अगस्त 2013 में प्रक्षेपित किए गए मौसम विज्ञान तथा खोज एवं बचाव कार्य सेवाओं से जुड़े भारत के उन्नत उपग्रह का क्या नाम है?
A. इन्सैट-3डी　B. इन्सैट-1बी
C. इन्सैट-2ए　D. इन्सैट-1ए

58. 2011 की जनगणना की अंतरिम जनसंख्या के अनुसार भारत में वर्ष 2011 में पुरुष और महिला साक्षरता दरों के बीच अन्तर .... प्रतिशत अंक है।
A. 21.59　B. 13.18
C. 9.10　D. 16.68

59. भूटान के प्रधानमंत्री कौन हैं?
A. ल्योन्पो जिग्मी वाई थिन्ली
B. शेरिंग तोब्गे
C. ल्योन्पो दागो शेरिंग
D. उपर्युक्त में से कोई नहीं

60. रेल बजट 2013 में भारतीय रेल के लिए वर्ष 2013-14 के लिए योजना खर्च (लगभग) है—
A. ₹ 43,565 करोड़　B. ₹ 63,363 करोड़
C. ₹ 75,855 करोड़　D. ₹ 57,320 करोड़

निर्देश (प्रश्न 61 से 64 तक): *इन प्रश्नों के उत्तर देने के लिए नीचे दी गई सूचना सावधानी से पढ़ें—*

एक शहर की सभी सड़कें या तो लम्बवत् या एक-दूसरे के समानांतर हैं। सभी सड़कें सीधी हैं। A, B, C, D और E सड़कें एक-दूसरे के समानांतर हैं। C, H, I, J, K, L और M सड़कें एक-दूसरे के समानांतर हैं। A सड़क, B सड़क की पूरब दिशा में 1 किमी पर है। B सड़क, C सड़क की पश्चिम दिशा में $\frac{1}{2}$ किमी पर है। D सड़क, E सड़क की पश्चिम दिशा में 1 किमी पर है। G सड़क, H सड़क की दक्षिण दिशा में $\frac{1}{2}$ किमी पर है। I सड़क, J सड़क की उत्तर दिशा में 1 किमी पर है। K सड़क, L सड़क की उत्तर दिशा में $\frac{1}{2}$ किमी पर है। K सड़क, M सड़क की दक्षिण दिशा में 1 किमी पर है।

61. यदि E, B और C के बीच में हो, तो निम्नलिखित में से कौन-सा कथन असत्य है?
A. D, A की पश्चिम दिशा में 2 किमी पर है
B. C, D से 1.5 किमी से कम दूरी पर है
C. E और B की दूरी तथा E से C की दूरी जोड़ने पर 1/2 किमी है
D. E, A से 1 किमी से कम दूरी पर है

62. यदि सड़क E, B और C के बीच हो, तो A और D के बीच की दूरी है—
A. 1/2 किमी　B. 1 किमी
C. 1.5 किमी　D. 1.5-2.0 किमी

63. यदि K, I के समानांतर है और K, J की दक्षिण दिशा में 1/2 किमी पर तथा G की उत्तर दिशा में 1 किमी पर है, तो कौन-सी दो सड़कें एक-दूसरे से 1/2 किमी की दूरी पर होंगी?
A. I और K　B. K और J
C. I और G　D. J और G

64. इनमें से कौन-सा कथन अनिवार्यतः सही है?
A. E और B एक-दूसरे को काटती हैं
B. D, B की पश्चिम दिशा में 2 किमी पर है
C. D, A की पश्चिम दिशा में कम-से-कम 2 किमी पर है
D. M, L की उत्तर दिशा में 1.5 किमी पर है

निर्देश (प्रश्न 65 से 67 तक): *इनमें से हर प्रश्न में दो कथन I और II दिए गए हैं। इनमें एक कारण और प्रभाव सम्बन्ध हो सकता है या स्वतंत्र कारण हो सकते हैं या स्वतंत्र कारणों के प्रभाव हो सकते हैं। कथनों को पढ़ें और अपना उत्तर निम्नलिखित रूप में अंकित करें—*

A. यदि कथन I कारण हो और कथन II इसका प्रभाव हो।
B. यदि कथन II कारण हो और कथन I इसका प्रभाव हो।
C. यदि कथन I और II दोनों स्वतंत्र कारणों के प्रभाव हों।
D. यदि कथन I और II दोनों किसी आम कारण के प्रभाव हों।

65. कथनः

I. विश्वविद्यालय प्राधिकारी ने अपने अधिकार क्षेत्र के अधीन सभी कॉलेजों को अनुदेश दिया है कि वे कॉलेज परिसर के भीतर सभी फोनों के प्रयोग को प्रतिबंधित करें।

II. कॉलेजों के अधिकांश शिक्षकों ने कक्षाओं के भीतर सेल फोनों के रिंग टोन से होने वाले व्यवधान की शिकायत करने के लिए विश्वविद्यालय को अपने हस्ताक्षर के साथ एक संयुक्त याचिका भेजी।

66. कथनः

I. सरकार द्वारा चलाए जा रहे स्कूलों में बारहवीं कक्षा की अन्तिम परीक्षा में अधिकांश छात्रों ने उत्कृष्ट प्रदर्शन किया।

II. सरकारी स्कूलों के कई शिक्षक अपने स्कूल छोड़कर निजी स्कूलों में चले गए।

67. कथनः

I. पुलिस ने भारी संख्या में गैर-कानूनी तरीके से जमा हुए लोगों को तितर-बितर करने के लिए लाठीचार्ज का सहारा लिया।

II. पुलिस के अत्याचार के विरोध में जनता के मंच ने आम हड़ताल का आह्वान किया।

68. छह छात्र A, B, C, D, E और F मैदान में बैठे हैं। A और B दिल्ली से हैं, जबकि बाकी बंगलुरू से हैं। D और F लम्बे हैं, जबकि बाकी कद में छोटे हैं। A, C और D लड़कियाँ हैं, जबकि बाकी लड़के हैं। बंगलुरू से लम्बी लड़की कौन है?

A. F　　B. E
C. D　　D. C

69. यदि WONDERFUL शब्द के अक्षरों को वर्णमाला के क्रम के अनुसार सजाया जाए, तो इसके कितने अक्षरों का स्थान अपरिवर्तित रहेगा?

A. शून्य　　B. एक
C. दो　　D. तीन

70. किसी खास कोड भाषा में '123' का अर्थ 'bright little boy', '145' का अर्थ 'tall big boy' और 637 का अर्थ 'beautiful little flower' है। उस भाषा में 'bright' किस अंक का अर्थ है?

A. 2　　B. 1
C. 4　　D. 3

71. $5\frac{3}{4}, 4\frac{4}{5}$ और $7\frac{3}{8}$ के योग में कौन-सा भिन्न जोड़ा जाए, ताकि परिणाम एक पूर्ण संख्या आए?

A. $\frac{1}{40}$　　B. $\frac{1}{20}$
C. $\frac{3}{40}$　　D. $\frac{1}{10}$

72. किसी संख्या में 11 गुणा करने पर यह 180 से उतना ही अधिक होगी जितना यह पहले मूलतः कम थी। वह संख्या है–

A. 25　　B. 30
C. 40　　D. 45

73. एक छात्र ने भौतिकी के 180 अंकों के पहले पत्र में 30% अंक प्राप्त किए। उसे दो पत्रों में कम-से-कम कुल 50% अंक लाना जरूरी है। दूसरा पत्र 15 अंकों का है। कुल मिलाकर आवश्यक औसत अंक प्राप्त करने के लिए उसे दूसरे पत्र में कितने प्रतिशत अंक लाने पड़ेंगे?

A. 80%　　B. 76%
C. 74%　　D. 70%

74. अन्ना ने एक बैंक में एक निश्चित धनराशि निवेश किया, जो साधारण ब्याज देता है। 2 वर्ष के बाद धनराशि बढ़कर ₹ 2,400 हो गई। उसने तीन वर्ष और इंतजार किया और अंत में उसे ₹ 3,000 मिले। शुरू में उसने कितनी मूल धनराशि निवेश की?

A. ₹ 2,000　　B. ₹ 150
C. ₹ 210　　D. ₹ 175

75. ₹ 671 की धनराशि को A, B, C में इस प्रकार बाँटें कि यदि उनके हिस्से में क्रमशः ₹ 3, ₹ 7 और ₹ 9 बढ़ा दिए जाएं, तो शेष 1 : 2 : 3 के अनुपात में रहे।

A. ₹ 105, ₹ 223 और ₹ 330
B. ₹ 112, ₹ 223 और ₹ 336
C. ₹ 110, ₹ 220 और ₹ 336
D. इनमें से कोई नहीं

76. 30 मजदूर हर दिन 7 घंटे काम करते हुए किसी काम को 18 दिनों में पूरा कर सकते हैं। यदि मजदूर हर दिन 6 घंटे काम करें, तो उसी काम को 30 दिनों में पूरा करने के लिए कितने मजदूरों की जरूरत पड़ेगी?

A. 15 B. 21
C. 25 D. इनमें से कोई नहीं

77. किसी भिन्न के अंश में से यदि 2 घटा दिया जाए और हर में एक जोड़ दिया जाए, तो यह घटकर $\frac{1}{2}$ हो जाता है, लेकिन यदि इसके अंश में से 3 घटा दिया जाए और हर में 5 जोड़ दिया जाए, तो यह घटकर $\frac{1}{4}$ हो जाता है। यह भिन्न है,

A. $\frac{7}{8}$ B. $\frac{6}{7}$
C. $\frac{7}{11}$ D. $\frac{5}{10}$

78. सरल करें–

$$\sqrt{-\sqrt{3}+\sqrt{3+8\sqrt{7+4\sqrt{3}}}}$$

A. $\sqrt{3}$ B. 5
C. $\sqrt{2}$ D. 2

79. सरल करें–

$$\frac{0.035 \times 0.035 \times 0.035 + (0.965)^3}{(0.035)^2 - 0.035 \times 0.965 + (0.965)^2}$$

A. 5 B. 0.5
C. 1 D. 0.4

80. एक संख्या जिसकी चौथे और पाँचवें भागों का योग उसके तीसरे भाग से 28 अधिक हो, वह होगी–

A. 120 B. 240
C. 220 D. 160

81. प्रगति रिपोर्ट कार्ड माता-पिता/अभिभावकों को क्यों सौंपे जाने चाहिए?

A. हो सकता है कि छात्र इसे माता-पिता/अभिभावक को न सौंपें
B. माता-पिता/अभिभावकों को अपने बच्चों की प्रगति की जानकारी अवश्य मिलनी चाहिए
C. इसके बाद एक शिक्षक की जिम्मेदारी खत्म हो जाती है
D. इनमें से कोई नहीं

82. आपकी दृष्टि में सहशिक्षा का मुख्य उद्देश्य क्या है?

A. छात्राओं की हीनता की भावना को रोकना
B. लड़के और लड़कियों को एक-दूसरे को समझने का अवसर देना
C. शिक्षा पर व्यय घटाने हेतु
D. लड़कियों के लिए अलग स्कूल खोलने से बचना

83. किसी विद्यार्थी की पढ़ाई को बढ़ावा देने के लिए निम्नलिखित में से कौन-सा पहलू सबसे उपयुक्त है?

A. विस्तृत पाठ्य-पुस्तकें
B. व्यस्त स्कूली कार्यक्रम
C. माता-पिता की चिंता
D. पढ़ाई का प्रेरणादायक माहौल

84. यदि कोई विद्यार्थी लगातार दो वर्षों में परीक्षा पास करने में विफल रहा है, तो आप क्या करेंगे?

A. उसे स्कूल छोड़ने के लिए कहेंगे
B. उसके ग्रेड में सुधार लाने के लिए उसे काफी डाँट-फटकार लगाएंगे
C. उसे कोई काम ढूँढ़ने का सुझाव देंगे
D. उसकी विफलता के कारण खोजने का प्रयास करेंगे

85. निम्नलिखित में से कौन-सा कारण विद्यार्थियों में सीखने की रुचि जगाने और इसे बनाए रखने में योगदान नहीं करता?

A. विद्यार्थियों से बार-बार प्रश्न करना
B. पढ़ाने के साधनों का उपयोग करना
C. पढ़ाने से पहले कहानियाँ सुनाना
D. पढ़ाते समय मनोरंजक माहौल बनाना

86. छात्रों को प्रभावित करने की एक आसान विधि है–

A. प्रिंसिपल से नजदीकी बनाए रखना
B. अपना आचरण हमेशा अच्छा बनाए रखना
C. छात्रों को डराकर रखना
D. छात्रों के सामने अपने ज्ञान का प्रदर्शन करना

87. यदि किसी छात्र के माता-पिता/अभिभावक, शिक्षक से मिलने नहीं आते, तो शिक्षक क्या करेगा?

A. उनसे मिलने खुद जाएगा
B. छात्र को दंडित करेगा
C. माता-पिता/अभिभावक को स्वयं से मिलने के लिए लिखेगा
D. अब से उस छात्र को नजरअंदाज करेगा

88. ....परीक्षणों का प्रयोग करते हुए व्यक्तित्व का मूल्यांकन सबसे अच्छे तरीके से किया जा सकता है।

A. अभिरुचि B. परियोजनापरक
C. सर्वेक्षण D. आविष्कारशील

89. पढ़ाई में पाँच औपचारिक चरणों के विचार को आगे लाने वाले शिक्षाविद् कौन थे?

A. जे.एफ. हर्बर्ट B. जे.जे. रूसो
C. जे.ए. कॉमेनियस D. जे.एच. पेस्टालॉजी

90. वैयक्तिककृत शिक्षण पद्धति के मामले में निम्नलिखित में से कौन-सा कथन लागू नहीं होता?

A. शिक्षक, शिक्षा का केन्द्र होता है
B. शिक्षक छात्र की अभिवृत्ति समझ सकता है
C. छात्र को पूरा ध्यान मिलता है
D. छात्र को अपने रुचि/पसंद के अनुसार काम करने का एक मौका मिलता है

91. आजकल के समय में हमारे समाज में शिक्षकों की मान-मर्यादा घट जाने की मुख्य वजह क्या है?

A. छात्रों की ओर शिक्षकों का अपर्याप्त ध्यान देना
B. छात्रों की अनुशासनहीनता
C. अनावश्यक राजनीतिक दखलंदाजी
D. शिक्षकों में ट्यूशन के माध्यम से ज्यादा पैसे कमाने की प्रवृत्ति

92. विशेष जरूरतों वाले बच्चों को एकीकृत माहौल में क्यों पढ़ाया जाना चाहिए?

A. ताकि वे सहानुभूति के भाव का अनुभव कर सकें
B. उन्हें किसी-न-किसी तरह शिक्षित तो करना ही है
C. उन्हें जीवन की सामान्य प्रक्रिया से तालमेल बिठाना सीखना चाहिए
D. इनमें से कोई नहीं

93. छात्रों के लिए एक शैक्षणिक दौरे का क्या महत्व है?

A. छात्रों को आनन्द दिलाना
B. दौरे के अनुभव के माध्यम से ज्ञान अर्जित कराना
C. माता-पिता/अभिभावकों को संतुष्ट करना
D. नियमित कक्षाओं का बोझ कम करना

94. जिस व्यक्ति की मानसिक आयु और कालक्रमिक आयु समान हो, तो उसका आई क्यू स्तर कितना होगा?

A. शून्य B. एक
C. सौ D. एक सौ दस

95. मनोविज्ञान और शिक्षा के बीच के सम्बन्ध को .... माना जाता है।

A. अंतरंग
B. गैर-महत्वपूर्ण
C. अस्तित्वहीन
D. कुछ खास प्रासंगिक नहीं

96. मनोविज्ञान एक ऐसा विज्ञान है, जो .... से सम्बन्धित है।

A. व्यवहार B. धर्म
C. संस्कृति D. ये सभी

97. प्रेरणा/प्रोत्साहन सामान्यतः .... पाने के लिए दिया जाता है।

A. परिणाम B. सोच-विचार प्रक्रिया
C. अनुक्रिया D. अलगाव

98. जब अभिवृत्ति, क्षमता और रुचियों को ध्यान में रखते हुए शिक्षा प्रदान की जाती है, तो इसे कहते हैं—

A. लक्ष्य आधारित शिक्षण
B. तार्किक शिक्षण
C. मनोवैज्ञानिक शिक्षण
D. इनमें से कोई नहीं

99. शिक्षा की डाल्टन स्कीम के मुताबिक निम्नलिखित में से कौन प्रमुख होता है?

A. छात्र B. शिक्षक
C. मार्गदर्शन D. इनमें से कोई नहीं

100. .... का विकास शिक्षा के क्षेत्र में एफ. फ्रोबेल का सबसे महत्वपूर्ण योगदान था।

A. लैटिन स्कूल B. व्यावसायिक स्कूल
C. किन्डरगार्टन D. पब्लिक हाईस्कूल

101. INDEST संकाय .... के लिए है।

A. सामाजिक विज्ञान B. मानविकी
C. विज्ञान और प्रौद्योगिकी D. कला और संस्कृति

102. INFLIBNET .... का एक स्वायत्तशासी अंतर-विश्वविद्यालय केन्द्र है।

A. विज्ञान और प्रौद्योगिकी विभाग, भारत सरकार
B. संस्कृति विभाग, भारत सरकार
C. नेशनल लाइब्रेरी, कोलकाता
D. विश्वविद्यालय अनुदान आयोग (यू.जी.सी.)

103. वॉल पिक्चर सिद्धान्त किसका एक सिद्धान्त है?

A. फलक अनुक्रम B. सहायक अनुक्रम

C. A और B दोनों D. इनमें से कोई नहीं

104. भारत में प्रथम लाइब्रेरी नेटवर्क होने का श्रेय किसे प्राप्त है?

A. DELNET B. CALIBNET

C. INFLIBNET D. इनमें से कोई नहीं

105. पुस्तकालय विज्ञान का कौन-सा नियम खुली पहुँच की वकालत करता है?

A. पहला नियम B. दूसरा नियम

C. तीसरा नियम D. चौथा नियम

106. निम्नलिखित में से कौन एक गौण (सेकण्ड्री) दस्तावेज नहीं है?

A. लाइब्रेरी हेराल्ड B. वार्षिक रिपोर्ट

C. एटलस D. इनमें से कोई नहीं

107. .... स्वतंत्र भारत के पहले राष्ट्रीय पुस्तकालयाध्यक्ष थे।

A. आर.के. दासगुप्ता B. बी.एस. केसवन

C. डी.आर. कालिया D. वाई.एम. मलय

108. निम्नलिखित में से किस राज्य ने सार्वजनिक पुस्तकालय कानून, 2009 लागू किया?

A. उत्तर प्रदेश B. राजस्थान

C. अरुणाचल प्रदेश D. हरियाणा

109. कोलोन वर्गीकरण में टाइम आइसोलेट के .... स्तर होते हैं।

A. एक B. दो

C. तीन D. चार

110. कोलोन वर्गीकरण के मुख्य वर्ग .... में (P) का प्रथम स्तर भौगोलिक खंडों में लिया गया है।

A. ललित कला B. इतिहास

C. विधि D. उपर्युक्त सभी

111. भारत में पुस्तकालय विज्ञान में पहली पी.एच.डी. .... द्वारा प्रदान की गई थी।

A. पंजाब विश्वविद्यालय

B. दिल्ली विश्वविद्यालय

C. मद्रास विश्वविद्यालय

D. कोलकाता विश्वविद्यालय

112. निम्नलिखित में से कौन एक किसी पुस्तकालय का स्थाई रिकॉर्ड होता है?

A. लाइब्रेरी कैटलॉग B. स्टॉक रजिस्टर

C. एक्सेशन रजिस्टर D. शैल्फ लिस्ट

113. नई एन्साइक्लोपीडिया ब्रिटानिका में ..... भाग हैं।

A. एक B. दो

C. तीन D. चार

114. ब्रिटिश नेशनल बिब्लियोग्राफी की आवृत्ति है—

A. साप्ताहिक B. मासिक

C. तिमाही D. वार्षिक

115. ई-ग्रंथालय लाइब्रेरी सॉफ्टवेयर ...... द्वारा विकसित किया गया है।

A. NIC B. DELNET

C. CALIBNET D. NISCAIR

116. भारत में .... के लाभ के लिए N-LIST विकसित की गई है।

A. स्कूलों B. कॉलेजों

C. विश्वविद्यालयों D. उद्योगों

117. व्यक्तियों और स्थानों के बारे में सूचना ...... में पाई जाती है।

A. इन्साइक्लोपीडिया B. गजेटियर

C. कोटेशंस D. डाइजेस्ट

118. किस प्रकार के पुस्तकालयों में बकाया प्रभार आय का अतिरिक्त स्रोत होता है?

A. अकादमिक B. विशेष

C. सार्वजनिक D. ये सभी

119. आइडिया प्लेन, वर्बल प्लेन और नोटेशनल प्लेन की संकल्पना .... द्वारा विकसित की गई थी।

A. एस.आर. रंगनाथन B. एम.ए. गोपीनाथ

C. ए. नीलमेघन D. जी. भट्टाचार्य

120. क्लेक्शन नंबर .... का एक हिस्सा होता है।

A. कॉल नंबर B. बुक नंबर

C. क्लास नंबर D. इनमें से कोई नहीं

121. भारत में ब्रिटिश राज के दौरान पुस्तकालयाध्यक्ष क्लब की स्थापना वर्ष .... में .... में की गई थी।

A. 1929, लाहौर B. 1919, लखनऊ

C. 1919, कोलकाता D. 1929, नई दिल्ली

122. 'माला (MALA) इन्फोजिन' मद्रास लाइब्रेरी एसोसिएशन की एक ..... है।

A. पुस्तिका B. कॉन्फ्रेंस कार्यवाही
C. न्यूजलेटर D. थीसिस

123. CILIP का पूरा नाम है–

A. चार्टर्ड इंस्टीट्यूट ऑफ लाइब्रेरी एण्ड इन्फॉर्मेशन प्रोफेशनल्स
B. छत्रपति इंस्टीट्यूट ऑफ लाइब्रेरी एण्ड इन्फॉर्मेशन प्रोफेशनल्स
C. चार्टर्ड इंस्टीट्यूट ऑफ लाइब्रेरीयंस एण्ड इन्फॉर्मेशन प्रोफेसर्स
D. उपर्युक्त में से कोई नहीं

124. चट्टोपाध्याय समिति की नियुक्ति .... द्वारा की गई थी।

A. राजा राममोहन राय लाइब्रेरी फाउंडेशन
B. संस्कृति विभाग, भारत सरकार
C. भारतीय पुस्कालय संघ
D. राष्ट्रीय पुस्तकालय, कोलकाता

125. राष्ट्रीय पुस्तकालय मिशन का पुनर्गठन कितने वर्षों में किया जाता है?

A. 3
B. 4
C. 5
D. इनमें से कोई नहीं

126. पुस्तकालय कानून .... में मदद करता है।

A. पुस्तकालय सेवाओं को बेहतर बनाने
B. पुस्तकालयाध्यक्षों को बेहतर वेतन दिलाने
C. प्रयोक्ताओं को किताबें खरीदने में पैसे बचाने
D. उपर्युक्त में से कोई नहीं

127. मॉडल पुस्तकालय विधेयक .... में मदद करता है।

A. सार्वजनिक पुस्तकालयों को बेहतर ढंग से जानने
B. मौजूदा पुस्तकालय अधिनियमों को संशोधित करने
C. पुस्तकालय अधिनियमों का प्रारूप तैयार करने
D. उपर्युक्त में से कोई नहीं

128. डॉ. एस.आर. रंगनाथन ने प्रथम मॉडल पुस्तकालय विधेयक .... में प्रस्तुत किया था।

A. ऑल एशिया एजुकेशनल कॉन्फ्रेंस, बनारस
B. ऑल इंडिया लाइब्रेरी कॉन्फ्रेंस, कलकत्ता
C. मद्रास लाइब्रेरी एसोसिएशन कॉन्फ्रेंस, मद्रास
D. महाराष्ट्र सार्वजनिक पुस्तकालय बैठक, मुंबई

129. स्वतंत्र भारत में पहली बार पुस्तकालय कानून ..... में पारित किया गया था।

A. मद्रास राज्य B. हैदराबाद राज्य
C. कोल्हापुर राज्य D. कलकत्ता राज्य

130. निम्नलिखित अधिनियमों में से किसमें पुस्तकालय उपकर का प्रावधान नहीं है?

A. मद्रास सार्वजनिक पुस्तकालय अधिनियम
B. आंध्र प्रदेश सार्वजनिक पुस्तकालय अधिनियम
C. महाराष्ट्र सार्वजनिक पुस्तकालय अधिनियम
D. उपर्युक्त में से कोई नहीं

131. निम्नलिखित में से किस राज्य ने छात्रों के आठवीं कक्षा में पहुँचने पर उनके लिए पुस्तकालय की सदस्यता की शर्त अनिवार्य बना दी है?

A. अरुणाचल प्रदेश B. उत्तर प्रदेश
C. छत्तीसगढ़ D. इनमें से कोई नहीं

132. इनमें से किस राज्य में पुस्तकालय विभाग शिक्षा विभाग का एक 'प्रकोष्ठ' (सेल) है?

A. अरुणाचल प्रदेश B. छत्तीसगढ़
C. राजस्थान D. हिमाचल प्रदेश

133. पुस्तकालय सेवाओं के लिए .... मुहैया कराना RRRLF का एक प्रमुख कार्य है।

A. सहायक कार्यक्रम
B. भवन सुविधा
C. मानव संसाधन
D. इनमें से कोई नहीं

134. श्रम प्रभाविकी (अर्गोनोमिक्स) को .... के तौर पर भी जाना जाता है।

A. इलेक्ट्रिकल इंजीनियरिंग
B. साइबरनेटिक्स
C. मानव कारक इंजीनियरिंग
D. अर्थशास्त्र के अध्ययन

135. आवधिक रिकॉर्ड यदि हस्त रूप से रखे जाते हों, तो इन्हें .... में रखा जाता है।

A. कार्डेक्स या लाइनडेस्क
B. रैकों
C. अलमारियों
D. सूची-पत्रों

136. यूनेस्को एक किताब को .... वाले "एक बँधे हुए गैर-आवधिक प्रकाशन" के तौर पर परिभाषित करता है।
A. 49 या इससे अधिक पृष्ठों
B. 100 या इससे अधिक पृष्ठों
C. 25 या इससे अधिक पृष्ठों
D. 150 या इससे अधिक पृष्ठों

137. ई-जाइन .... के लिए प्रयुक्त एक पद है।
A. अंग्रेजी पत्रिकाओं
B. इंजीनियरिंग पत्रिकाओं
C. इलेक्ट्रॉनिक पत्रिकाओं
D. किसी भी इलेक्ट्रॉनिक विधि द्वारा वितरित छोटी पत्रिकाओं और संवाद पत्रों

138. नेवार्क चार्जिंग सिस्टम वर्ष .... में प्रारम्भ किया गया था।
A. 1900 B. 1901
C. 1902 D. 1903

139. स्टॉफ विकास में किसी पुस्तकालय के कर्मचारियों का .... सुनिश्चित किया जाता है।
A. व्यक्तिगत और पेशेवर विकास
B. भविष्य
C. व्यक्तित्व विकास
D. नियमित नौकरी

140. सार्वजनिक पुस्तकालय स्टॉफ के लिए अपेक्षित मुख्य गुण और कौशल है/हैं–
A. समाज के विभिन्न सदस्यों के साथ संचार के लिए संचार क्षमता
B. प्रयोक्ताओं की जरूरत को समझने की क्षमता
C. A और B दोनों
D. उपर्युक्त में से कोई नहीं

141. कौन-सा पुस्तकालय संयुक्त राष्ट्र संघ के एक 'न्यासी पुस्तकालय' के रूप में काम करता है?
A. दिल्ली पब्लिक लाइब्रेरी
B. कॉनेमारा पब्लिक लाइब्रेरी
C. केरल राज्य सेंट्रल लाइब्रेरी
D. कर्नाटक राज्य सेंट्रल लाइब्रेरी

142. राष्ट्रीय पुस्तकालय मिशन की स्थापना वर्ष .... में की गई थी।
A. 2005 B. 2012
C. 2013 D. 2009

143. भारत में कितने राज्यों में जुलाई, 2013 तक पुस्तकालय विधेयक लागू है?
A. 12 B. 14
C. 19 D. 9

144. सार्वजनिक पुस्तकालय : भारतीय मानक ब्यूरो द्वारा दिशा-निर्देश में निम्नलिखित में से कौन-सा ब्यौरा है?
A. बच्चों और पिछड़े वर्गों को सेवाएँ मुहैया कराया जाना
B. किसी पुस्तकालय के लिए अपेक्षित जगह का ब्यौरा
C. मॉडल सार्वजनिक पुस्तकालय अधिनियम
D. सार्वजनिक पुस्तकालय घोषणा-पत्र

145. पुस्तकालय मानकों का पालन निम्नलिखित के प्रयोजनार्थ किया जाता है–
A. किताबों की खरीद
B. पत्र-पत्रिकाओं की सूची तय करने
C. ग्रंथ-सूची रिकॉर्ड के आदान-प्रदान
D. नए सदस्यों के पंजीकरण

146. राजा राममोहन राय लाइब्रेरी फाउण्डेशन (RRRLF) की स्थापना का प्रयोजन क्या है?
A. संसाधनों की साझेदारी करने को बढ़ावा देना
B. पुस्तकालयों में प्रौद्योगिकी के प्रयोग में सहायता करना
C. सार्वजनिक पुस्तकालयों के विकास के लिए वित्तीय और अन्य सहायताएँ मुहैया कराना
D. स्तर विकसित करना

147. किसी सार्वजनिक लाइब्रेरी के लिए निम्नलिखित की सूचना आवश्यकताएँ पूरी करना जरूरी होता है–
A. स्थानीय समुदाय B. व्यापार निगमों
C. विश्वविद्यालय शिक्षकों D. सरकारी संगठनों

148. संदर्भ सेवा की संकल्पना पहली बार .... द्वारा आरम्भ की गई थी।
A. एस. पार्थसारथी B. मेल्विल डेवी
C. सैमुएल एस. ग्रीन D. जस्टिन विंसर

149. 'संदर्भ रचना' (रेफरेंस वर्क) शब्द पहली बार पुस्तकालय पत्रिका में वर्ष .... में सामने आया।
A. 1876 B. 1883
C. 1891 D. 1893

150. पुस्तकालय कानून ...... के विकास से सम्बन्धित है।
A. सार्वजनिक पुस्तकालयों B. विशेष पुस्तकालयों
C. अकादमिक पुस्तकालयों D. उपर्युक्त सभी

151. RRRLF का कार्यवाहक प्रमुख और पदेन सदस्य सचिव कौन होता है?
A. संयुक्त सचिव B. अध्यक्ष
C. निदेशक D. प्रधानाचार्य

152. निम्नलिखित में कौन एक हेरिटेज पुस्तकालय है?
A. मारवाड़ी पुस्तकालय
B. दयाल सिंह पब्लिक लाइब्रेरी
C. पुरुषोत्तम दास टंडन पुस्तकालय
D. ललित कला पुस्तकालय

153. मुम्बई स्थित एशियाटिक सोसायटी लाइब्रेरी का मूल नाम क्या है?
A. लिटरेरी सोसाइटी
B. सार्वजनिक पुस्तकालय निदेशालय
C. राज्य केन्द्रीय पुस्तकालय
D. केन्द्रीय संदर्भ पुस्तकालय

154. मुम्बई मराठी ग्रंथ संग्रहालय की स्थापना वर्ष ..... में की गई थी।
A. 1893 B. 1895
C. 1898 D. 1891

155. केन्द्रीय पुस्तकालय, बड़ौदा फिलहाल एक ..... है।
A. राज्य केन्द्रीय पुस्तकालय
B. जिला पुस्तकालय
C. सार्वजनिक पुस्तकालय
D. विशेष पुस्तकालय

156. खुदाबख्श ओरिएंटल पब्लिक लाइब्रेरी कहाँ स्थित है?
A. रामपुर B. लखनऊ
C. पटना D. कानपुर

157. अधिकांश सार्वजनिक पुस्तकालय किताबों के वर्गीकरण के लिए .... वर्गीकरण योजना का प्रयोग करते हैं।
A. कोलोन B. डेवी डेसिमल
C. यूनिवर्सल डेसिमल D. सार्वभौम

158. अधिकतर सार्वजनिक पुस्तकालयों में छायाप्रति लेने की सेवा एक .... है।
A. भुगतान पर की गई सेवा
B. मुफ्त सेवा
C. आर्थिक-अनुदान प्राप्त सेवा
D. सेवा नहीं

159. शब्दकोश और विश्वकोश पुस्तकालय के ...... भाग में रखे जाते हैं।
A. दुर्लभ संग्रह
B. पाठ्यपुस्तक संग्रह
C. संदर्भ संग्रह
D. उपर्युक्त में से कोई नहीं

160. .... सेवा, विस्तार सेवा के दायरे में आती है।
A. संदर्भ
B. चल पुस्तकालय
C. किताबें जारी करने और लौटाने से सम्बन्धित
D. उपर्युक्त में से कोई नहीं

161. .... ने सरकारी मदद के बगैर अकेले दम पर जयपुर में एक सार्वजनिक पुस्तकालय बनवाया और इसे चलाया, जो सन्मति पुस्तकालय के नाम से लोकप्रिय है।
A. मास्टर मोतीलालजी B. एन.सी. दीवानजी
C. मोतीभाई एन. अमीन D. डी.आर. कालिया

162. यह कथन किसका है कि "जिस प्रकार हमारे पास टैंक और कुएँ हैं, उसी प्रकार हर गाँव में पुस्तकालय होने चाहिए"?
A. आर.के. दासगुप्ता
B. चिल्कामार्ती लक्ष्मी नरसिम्हन
C. वाविलाल गोपालकृष्णैया
D. के.एम. असदुल्लाह

163. आंध्र प्रदेश में पुस्तकालय तीर्थयात्रा का आयोजन किसने किया था?
A. वाविलाल गोपालकृष्णैया
B. इयांकी वेंकट रमनैया
C. पटूरी नागभूषणम्
D. ए. नीलमेघन

164. 'दिल्ली सोसायटी फॉर प्रमोशन ऑफ लिटरेरी एण्ड कल्चरल ऐक्टिविटीज' का गठन वर्ष .... में किया गया था।
A. 1862 B. 1865
C. 1870 D. 1875

165. RRRLF ने नेहरू युवक केन्द्र संगठन के साथ मिलकर .... को विकसित करने की पहल शुरू की है।
A. जिला युवा संसाधन केन्द्रों (डी.वाई.आर.सी.)
B. पुस्तकालय और सूचना केन्द्रों
C. सभी ग्राम पंचायतों
D. ग्रामीण सूचना केंद्रों

166. इंटरनेशनल सीरियल्स डेटा सिस्टम (आई.एस.डी.एस.) की स्थापना 1971 में ...... द्वारा की गई थी।

A. FID B. IFLA
C. UNESCO D. UNISIST

167. माइक्रोसॉफ्ट वर्ड (MS-Word) में बुकमार्क का क्या उपयोग है?

A. वर्तनी की अशुद्धियों को आसानी से ठीक करना
B. डॉक्यूमेंट में एक खास स्थान पर तेजी से पहुँचना
C. डॉक्यूमेंट के अंत में तेजी से पहुँचना
D. डॉक्यूमेंट के भीतर एक लिंक तैयार करना

168. किसी एम.एस. वर्ड डॉक्यूमेंट में मैनुअल लाइन ब्रेक के लिए शार्टकट-की क्या है?

A. Ctrl + एंटर B. Alt + एंटर
C. शिफ्ट + एंटर D. स्पेस + एंटर

169. निम्नलिखित में से किस आदेश से आप एम.एस. वर्ड में किसी डॉक्यूमेंट का ऊर्ध्वाधर संरेखण कर पाते हैं?

A. फाइल मेन्यू से पेज सेटअप आदेश
B. फॉर्मेट मेन्यू से पेज सेटअप आदेश
C. फॉर्मेट मेन्यू से पैराग्राफ आदेश
D. फॉर्मेट मेन्यू से फॉन्ट आदेश

170. एम.एस. वर्ड में न्यूनतम ज़ूम आउट प्रतिशत कितना मिलता है?

A. 10% B. 15%
C. 25% D. 4%

171. अनुक्रमणिका बनाने की KWIC विधि निम्नलिखित में से किस पर आधारित है?

A. टाइटल B. साइटेशन
C. ऐब्सट्रेक्ट्स D. फुल टेक्स्ट

172. संक्षिप्ति POSDCORB के दो अक्षर CO का क्या अभिप्राय है?

A. कोऑपरेशन
B. कोऑर्डिनेशन
C. कॉर्पोरेशन
D. कम्युनिकेशन

173. पुस्तकालयों में अभिप्राप्ति रजिस्टर क्यों तैयार किया जाता है?

A. किताब को रजिस्टर करने के लिए
B. किताबों और पत्र-पत्रिकाओं को रजिस्टर करने के लिए
C. किताबें पुस्तकालय में जिस क्रम में प्राप्त की जाती हैं, उसी क्रम में उन्हें एक्सेस करने के लिए
D. पुस्तकालय में लाई जानेवाली हर मद को रजिस्टर करने के लिए

174. 'ग्रंथालय ज्योति' 1910 से 1966 तक की अवधि में पुस्तकालय आंदोलन पर .... के लेखों और भाषणों का एक संग्रह है।

A. इयाकी वेंकटरमनैया
B. एम.ए. गोपीनाथ
C. ए. नीलमेघन
D. पटूरी नागभूषणम्

175. 'सरस्वती साम्राज्य भवनम्' .... में स्थित है।

A. हैदराबाद B. चेन्नई
C. त्रिवेन्द्रम D. विजयवाड़ा

176. निम्नलिखित में से किस संगठन ने लाइब्रेरी एसोसिएशन के साथ मिलकर 2012 में CILIP का गठन किया है?

A. इंस्टीट्यूट ऑफ लाइब्रेरियनशिप
B. इंस्टीट्यूट ऑफ डॉक्यूमेंटेशन
C. इंस्टीट्यूट ऑफ इन्फॉर्मेशन साइंटिस्ट्स
D. इंस्टीट्यूट ऑफ बिब्लियोग्राफी

177. भारतीय पुस्तकालय संघ (आई.एल.ए.) की स्थापना कब की गई थी?

A. 1943 B. 1933
C. 1921 D. 1928

178. 'द लॉ ऑफ लाइब्रेरी' या ग्रंथालय वेद' के लेखक कौन हैं?

A. बी.एस. केसवन
B. इयांकी वेकंट रमनैया
C. एस. पार्थसारथी
D. चिल्कामार्ती लक्ष्मी नरसिम्हम

179. नालंदा डाटाबेस ऑफ इंडियन लाइब्रेरीज ...... ने तैयार किया था।

A. NISCAIR
B. DRTC
C. ILA
D. नेशनल लाइब्रेरी (कोलकाता)

180. के.पी. सिन्हा समिति की सिफारिशें .... पुस्तकालयों से सम्बन्धित हैं।

A. विशेष B. अकादमिक
C. सार्वजनिक D. सरकारी

181. सूचना प्रबंधन संघ (एसोसिएशन फॉर इन्फॉर्मेशन मैनेजमेंट) .... का नया नाम है।

A. ALA B. LA
C. ASLIB D. IASLIC

182. यू.डी.सी. .... का एक उदाहरण है।

A. गणनात्मक योजना
B. फलकित योजना
C. प्रायः फलकित योजना
D. वर्गीकरण की मुक्त फलकित योजना

183. कोलोन वर्गीकरण पुस्तक संख्या सूत्र में तत्व होते हैं–

A. चार B. छः
C. आठ D. दस

184. डी.डी.सी. के नवीनतम संस्करण में कितने टेबल हैं?

A. चार B. पाँच
C. छः D. सात

185. कोलोन वर्गीकरण के स्पेस आइसोलेट में .... ब्लॉक होते हैं–

A. दो B. तीन
C. चार D. पाँच

186. कोलोन वर्गीकरण (छठा संशोधित संस्करण) के अनुसार पुस्तक वर्गीकरण के लिए तालिकाओं की संख्या होती है–

A. तीन B. पाँच
C. सात D. नौ

187. 'वर्गीकरण का उपोद्घात' नामक पुस्तक को एस.आर. रंगनाथन द्वारा वर्ष .... में लाया गया था।

A. 1928 B. 1937
C. 1950 D. 1960

188. किसी दस्तावेज की कॉल संख्या में शामिल होती है–

A. परिग्रहण संख्या
B. वर्ग संख्या
C. वर्ग संख्या, पुस्तक संख्या और अनुक्रम संख्या
D. उपर्युक्त में से कोई नहीं

189. एंग्लो-अमेरिकन (एए) कोड वर्ष ...... में प्रकाशित हुआ था।

A. 1876 B. 1908
C. 1949 D. 1961

190. IATLIS ....का एक निकाय है।

A. पुस्तकालयाध्यक्षों
B. पुस्तकालय विज्ञान के शिक्षकों
C. लेखकों और प्रकाशकों
D. A और B दोनों

191. AACR में संपादित कार्यों को .... के नीचे दर्ज किया जाता है।

A. संपादक B. प्रकाशन
C. दस्तावेज का शीर्षक D. उपर्युक्त सभी

192. लाइब्रेरी ऑफ कांग्रेस सी.आई.पी. डाटा ...... पर पाया जाता है।

A. दस्तावेज के शीर्षक पृष्ठ
B. शीर्षक पृष्ठ के पीछे
C. पुस्तक के पिछले आवरण
D. जैकेट पुस्तक के आवरण

193. सी.सी.सी. के अनुसार मुख्य प्रविष्टि में खंडों की संख्या होती है–

A. चार B. पाँच
C. छः D. सात

194. मेडिकल लाइब्रेरियों के विषय शीर्षकों के लिए .... के उपयोग को तरजीह दी जाती है।

A. विषय शीर्षकों की सिअर्स सूची
B. MeSH
C. LCSH
D. कड़ी प्रक्रिया

195. भारत में ISSN .... द्वारा आबंटित किया जाता है।

A. CSIR B. NISCAIR
C. ISI D. DRTC

196. ब्रॉड ऑडरिंग सिस्टम (बी.एस.ओ.) एक .... है।

A. अनुक्रमणी पद्धति
B. वर्गीकरण योजना
C. सूची-पत्र कोड
D. प्रबंधन साधन

197. डॉ. एस.आर. रंगनाथन ने अपने .... में किसी पुस्तकालय में निष्पादित विभिन्न कार्यों का विवरण दिया है।

A. पुस्तकालय विज्ञान के पाँच नियमों
B. कोलोन वर्गीकरण
C. वर्गीकृत सूची-पत्र कोड
D. पुस्तकालय प्रशासन

198. INFLIBNET द्वारा विकसित पुस्तकालय प्रबंधन सॉफ्टवेयर का नाम है–

A. CDS/ISIS B. NETTLIB
C. SOUL D. PMB

199. AGRINDEX.......का प्रकाशन है।

A. UNO B. ILO

C. ICAR D. FAO

200. SOUL सॉफ्टवेयर में .... मॉड्यूल हैं।

A. चार B. पाँच

C. छ: D. सात

उत्तरमाला

1	2	3	4	5	6	7	8	9	10
A	C	B	D	D	C	A	D	C	C
11	**12**	**13**	**14**	**15**	**16**	**17**	**18**	**19**	**20**
D	A	B	C	C	B	D	B	D	A
21	**22**	**23**	**24**	**25**	**26**	**27**	**28**	**29**	**30**
A	C	C	C	A	C	D	A	C	B
31	**32**	**33**	**34**	**35**	**36**	**37**	**38**	**39**	**40**
A	D	C	A	B	C	A	D	D	A
41	**42**	**43**	**44**	**45**	**46**	**47**	**48**	**49**	**50**
D	A	C	B	B	A	C	D	C	A
51	**52**	**53**	**54**	**55**	**56**	**57**	**58**	**59**	**60**
B	B	A	A	D	C	A	D	B	B
61	**62**	**63**	**64**	**65**	**66**	**67**	**68**	**69**	**70**
A	A	C	B	A	C	B	C	B	A
71	**72**	**73**	**74**	**75**	**76**	**77**	**78**	**79**	**80**
C	B	C	A	B	B	B	D	C	B
81	**82**	**83**	**84**	**85**	**86**	**87**	**88**	**89**	**90**
B	A	D	D	C	B	C	A	A	A
91	**92**	**93**	**94**	**95**	**96**	**97**	**98**	**99**	**100**
D	C	B	C	A	A	C	C	A	C
101	**102**	**103**	**104**	**105**	**106**	**107**	**108**	**109**	**110**
C	D	A	A	D	A	B	C	B	D
111	**112**	**113**	**114**	**115**	**116**	**117**	**118**	**119**	**120**
B	C	C	A	A	B	D	A	A	A
121	**122**	**123**	**124**	**125**	**126**	**127**	**128**	**129**	**130**
C	C	A	B	A	A	C	B	A	C
131	**132**	**133**	**134**	**135**	**136**	**137**	**138**	**139**	**140**
C	A	A	C	A	A	C	A	A	C
141	**142**	**143**	**144**	**145**	**146**	**147**	**148**	**149**	**150**
A	B	C	B	C	C	A	C	C	A
151	**152**	**153**	**154**	**155**	**156**	**157**	**158**	**159**	**160**
C	D	A	C	A	C	B	C	C	B
161	**162**	**163**	**164**	**165**	**166**	**167**	**168**	**169**	**170**
A	D	B	D	C	C	B	C	A	A
171	**172**	**173**	**174**	**175**	**176**	**177**	**178**	**179**	**180**
D	B	C	A	D	C	B	B	C	C
181	**182**	**183**	**184**	**185**	**186**	**187**	**188**	**189**	**190**
C	C	C	C	A	B	B	B	B	B
191	**192**	**193**	**194**	**195**	**196**	**197**	**198**	**199**	**200**
C	B	C	B	B	B	D	C	D	C

कुछ चुने हुए प्रश्नों के व्याख्यात्मक उत्तर

33. लेना-देना विरोधी युग्म है। बाकी समानार्थी युग्म हैं जिनका एक वर्ग में स्थान है।

35. महोदय, निवेदन है कि मैं आगे पढ़ना चाहता हूँ। विराम चिन्ह्रों की दृष्टि से सही है।

38. छह मुहावरे हैं—धाक जमाना, ढिंढोरा पीटना, दिल बाँसों उछलना, हाथ तंग होना, जी खोलकर खर्च करना, तिल धरने को जगह न होना।

39. सात मुहावरे हैं—अंधेरे घर का उजाला होना, अंधे की लकड़ी होना, आँखों में रात काटना, आसमान के तारे तोड़ना, मुँह न मोड़ना, चाँद का टुकड़ा होना, टोपी उछालना।

40. पाँच मुहावरे हैं—दिन-रात एक कर देना, टाँगें पसारकर सोना, सिर पर आ जाना, आँखें खुलना, तोते की तरह रट लेना (अर्थात् तोता रटन्त)।

प्रश्न 61-64 तक के लिए:

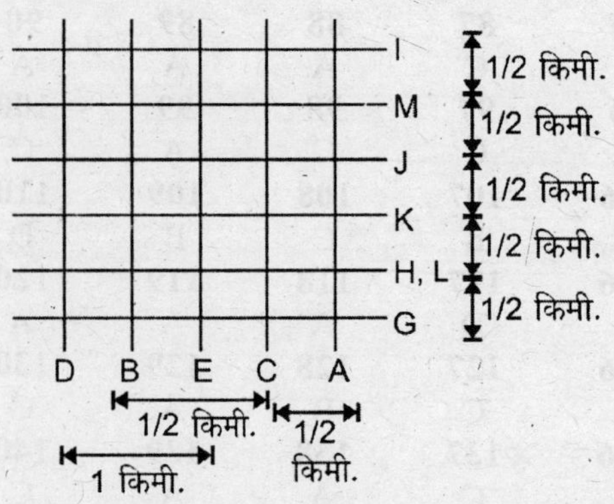

61. D, A की पश्चिम दिशा में 2 कि.मी. से कम दूरी पर है।

62. यदि सड़क E, B और C के बीच हो तो, सड़क D की सड़क C से दूरी 1 – 1.5 कि.मी. तथा सड़क D की सड़क A से दूरी 1.5 – 2 किमी. होगी।

63. I और K के बीच की दूरी = 1.5 कि.मी.
K और J के बीच की दूरी = 0.5 कि.मी.
I और G के बीच की दूरी = 2.5 कि.मी.
J और G के बीच की दूरी = 1.5 कि.मी.

64. M, L की उत्तर दिशा में 1.5 कि.मी. पर है।

68.

	लड़के		लड़कियाँ	
	लम्बी	*छोटी*	*लम्बी*	*छोटी*
दिल्ली	–	B	–	A
बंगलौर	F	E	D	C

अतः, बंगलौर से लम्बी लड़की D है।

69. दिया गया शब्द : W O N D E R F U L
↓ ↓ ↓ ↓ ↓ ↓ ↓ ↓ ↓
वर्णमाला के क्रम में व्यवस्था : D E F L N O R U W
अतः केवल अक्षर 'U' का स्थान अपरिवर्तित रहेगा।

70. bright △little ○boy : ① 2 △3
tall big ○boy : ① 4 5
beautiful △little flower : 6 △3 7

अतः 'bright' का कोड 2 है।

72. माना कि वह संख्या x है।
प्रश्नानुसार,

$$11x - 180 = 180 - x$$
$$11x + x = 180 + 180$$
$$12x = 360$$
$$x = 30$$

अतः, वांछित संख्या 30 है।

73. पहले प्रश्न-पत्र में प्राप्त अंक $= 180 \times \frac{30}{100} = 54$

दो पत्रों के कुल अंकों का औसत $= \frac{180 + 150}{2}$

$= 165$

दूसरे पत्र में वांछित अंक $= 165 - 54 = 111$

दूसरे पत्र में वांछित अंकों का प्रतिशत $= \frac{111}{150} \times 100$

$= 74\%$

74. माना कि अन्ना ने प्रारंभ में ₹ x धनराशि $r\%$ वार्षिक ब्याज पर निवेश किया।

प्रश्नानुसार,

$$2400 = x + \frac{x.r \times 2}{100} \quad ...(i)$$

और $3000 = x + \frac{x.r.5}{100}$ ...(ii)

समीकरण (i) तथा (ii) से,

$$\frac{5x.r}{100} - \frac{2x.r}{100} = 3000 - 2400$$

$$\frac{3x.r}{100} = 600$$

$$x.r = 20000$$

समीकरण (1) में $x.r = 20000$ रखने पर हम पाते हैं कि

$$2400 = x + \frac{20000 \times 2}{100}$$

$x = 2400 - 400 =$ ₹ 2000

75. $3 + 7 + 9 = 19$

जब कुल धनराशि $= 671 + 19 = 690$ हो

तो, A : B : C = 1 : 2 : 3

$$A = 690 \times \frac{1}{6} = 115$$

$$B = 690 \times \frac{2}{6} = 230$$

$$C = 690 \times \frac{3}{6} = 345$$

∴ A की वास्तविक राशि = 115 − 3 = ₹ 112

B की वास्तविक राशि = 230 − 7 = ₹ 223

C की वास्तविक राशि = 345 − 9 = ₹ 336

77. माना कि भिन्न $\frac{x}{y}$ है।

प्रश्नानुसार,

$$\frac{x-2}{y+1} = \frac{1}{2} \Rightarrow 2(x-2) = y + 1$$

$2x - y = 5$ ...(i)

पुनः $\frac{x-3}{y+5} = \frac{1}{4}$

$$4(x-3) = y + 5$$

$4x - y = 17$ ...(ii)

समीकरण (i) तथा (ii) से,

$$4x - 2x = 17 - 5$$

$$2x = 12$$

$$x = 6$$

जब $x = 6$ हो, तो

$$4 \times 6 - y = 17$$

$$24 - y = 17$$

$$y = 24 - 17 = 7$$

अतः भिन्न $\frac{x}{y} = \frac{6}{7}$

78. $\sqrt{-\sqrt{3} + \sqrt{3 + 8\sqrt{7 + 4\sqrt{3}}}}$

$$= \sqrt{-\sqrt{3} + \sqrt{3 + 8\sqrt{(2+\sqrt{3})^2}}}$$

$$= \sqrt{-\sqrt{3} + \sqrt{3 + 8\sqrt{(2+\sqrt{3})}}}$$

$$= \sqrt{-\sqrt{3} + \sqrt{16 + 8\sqrt{3}}}$$

$$= \sqrt{-\sqrt{3} + \sqrt{(4+\sqrt{3})^2}}$$

$$= \sqrt{-\sqrt{3} + 4 + \sqrt{3}}$$

$$= \sqrt{4} = 2$$

79. सूत्र से: $a^3 + b^3 = (a + b)(a^2 - ab + b^2)$

यहाँ $a = 0.035$, $b = 0.965$

$$\therefore (.035)^3 + (0.965)^3 = (0.035 + 0.965)\{(0.35)^2 - 0.035 \times 0.965 + (0.965)^2\}$$

$$\frac{(0.035)^3 + (0.965)^3}{\left\{(0.035)^2 - 0.035 \times 0.965 + (0.965)^2\right\}} = 0.035 + 0.965 = 1$$

80. माना कि संख्या x है।

प्रश्नानुसार,

$$= \frac{x}{4} + \frac{x}{5} - \frac{x}{3} = 28 = \frac{15x + 12x - 20x}{60} = 28$$

$$= \frac{7x}{60} = 28 \qquad x = \frac{28 \times 60}{7} = 240$$

82. सहशिक्षा का अर्थ है लड़के और लड़कियों को एक ही वातावरण या परिवेश में शिक्षित करना। इससे छात्राओं में हीनता की भावना को रोकने में मदद मिलती है।

88. अभिरुचि परीक्षणों का प्रयोग करते हुए व्यक्तित्व का मूल्यांकन सबसे अच्छे तरीके से किया जा सकता है। व्यक्तित्व किसी व्यक्ति के चरित्र, विचार और भावनाओं के पहलुओं का वर्णन है।

92. विशेष जरूरतों वाले बच्चों को एकीकृत माहौल में पढ़ाने से वे सहानुभूति के भाव का अनुभव करते हैं।

94. बुद्धिलब्धि या इंटेलिजेंस कोशेंट कई अलग मानकीकृत परीक्षणों से प्राप्त एक गणना है जिससे बुद्धि का आकलन किया जाता है। आई.क्यू. का पहली बार प्रयोग जर्मन वैज्ञानिक विलियम स्टर्न ने 1912 में अल्फ्रेड बाइनेट और थेओडोर सिमोन द्वारा प्रस्तावित पद्धतियों के लिए किया, जो आधुनिक बच्चों के बौद्धिक परीक्षण के लिए अपनाया गया था।

101. Indian National Digital Library in Science and Technology (INDEST) मानव संसाधन विकास मंत्रालय द्वारा गठित विज्ञान और प्रौद्योगिकी के लिए काम करनेवाली एक संकाय है।

102. INFLIBNET (Information and Library Network) विश्वविद्यालय अनुदान आयोग का एक स्वायत्तशासी अंतर-विश्वविद्यालय केन्द्र है, जो शोध के कार्य हेतु एक प्रभुत्व संसाधन के रूप में काम करता है।

104. DELNET (Delhi Library Network) की स्थापना, जनवरी, 1988 में इण्डिया इंटरनेशनल सेंटर में हुआ था।

115. ई-ग्रंथालय लाइब्रेरी सॉफ्टवेयर NIC (National Information Centre) द्वारा विकसित किया गया है।

119. एस.आर. रंगनाथन द्वारा आइडिया प्लेन, वर्बल प्लेन और नोटेशनल प्लेन की संकल्पना विकसित की गई थी।

120. उदाहरणार्थ Salija and Comaromi (1992) का कॉल नंबर 025-42852623 BMC है। इसमें MC क्लेक्शन नम्बर है।

121. भारत में ब्रिटिश राज के दौरान पुस्तकालयाध्यक्ष क्लब की स्थापना वर्ष 1919 में कोलकाता में की गई थी।

124. चट्टोपाध्याय समिति की नियुक्ति संस्कृति विभाग, भारत सरकार द्वारा की गई थी।

127. मॉडल पुस्तकालय विधेयक पुस्तकालय अधिनियमों का प्रारूप तैयार करने में मदद करता है।

128. मद्रास लाइब्रेरी एसोसिएशन कान्फ्रेंस में डॉ. एस.आर. रंगनाथन ने प्रथम मॉडल पुस्तकालय विधेयक प्रस्तुत किया था।

131. छत्तीसगढ़ राज्य जहाँ भाजपा के रमण सिंह की सरकार है। उसने छात्रों के आठवीं कक्षा में पहुँचने पर उनके लिए पुस्तकालय की सदस्यता की शर्त अनिवार्य बना दी है।

133. RRRLF का एक प्रमुख कार्य पुस्तकालय सेवाओं के लिए सहायक कार्यक्रम उपलब्ध कराना है।

135. आवधिक रिकॉर्ड यदि हस्त रूप से रखे जाते हों, तो इन्हें कार्डेक्स या लाइनडेस्क में रखा जाता है।

138. नेवार्क चार्जिंग सिस्टम वर्ष 1990 में संयुक्त राज्य अमेरिका के न्यूजर्सी की लाइब्रेरी में प्रारम्भ किया गया था।

144. किसी पुस्तकालय के लिए अपेक्षित जगह का ब्यौरा सार्वजनिक पुस्तकालय : भारतीय मानक ब्यूरो द्वारा दिशा-निर्देश में मुख्य ब्यौरा है।

146. राजा राममोहन राय लाइब्रेरी फाउण्डेशन की स्थापना 1972 में भारत सरकार के संस्कृति मंत्रालय द्वारा शिक्षा एवं श्रम मंत्रालय के अधीन सार्वजनिक पुस्तकालयों के विकास के लिए वित्तीय और अन्य सहायताएँ मुहैया कराना है।

153. मुम्बई स्थित एशियाटिक सोसाइटी लाइब्रेरी को मूल नाम लिटरेरी सोसाइटी है। जिसकी स्थापना 26 नवम्बर, 1804 को सर जेम्स मैकिन्टोस द्वारा की गई थी।

162. के.एम. असदुल्लाह का कथन था कि, "जिस प्रकार हमारे पास टैंक और कुएँ हैं, उसी प्रकार हर गाँव में पुस्तकालय होने चाहिए।

164. 'दिल्ली सोसाइटी फॉर प्रमोशन ऑफ लिटरेरी एण्ड कल्चरल ऐक्टिविटीज' का गठन वर्ष 1875 में डॉ. किरण सेठ द्वारा आई.आई.टी. दिल्ली में किया गया था।

169. फाइल मेन्यू से पेज सेटअप आदेश से हम एम.एस. वर्ड में किसी डॉक्यूमेंट का ऊर्ध्वाधर संरेखण कर पाते हैं।

173. किताबें पुस्तकालय में जिस क्रम में प्राप्त की जाती हैं, उसी क्रम में उन्हें एक्सेस करने के लिए पुस्तकालयों में अभिप्राप्ति रजिस्टर तैयार किया जाता है।

180. के.पी. सिन्हा समिति की सिफारिशें सार्वजनिक पुस्तकालयों से सम्बन्धित हैं। भारत सरकार द्वारा 1957 में गठित इस समिति ने 1959 में अपनी रिपोर्ट प्रस्तुत की।

184. डिस्प्ले डाटा चैनल कम्प्यूटर डिस्प्ले और ग्राफिक्स अडॉप्टर के बीच के डिजिटल संचार प्रोटोकॉल का एक संग्रह है जो डिस्प्ले को अडाप्टर तक अपनी समर्थित डिस्प्ले विधियों की जानकारी का संचार करने और कम्प्यूटर होस्ट को धवलता (ब्राइटनेस) और कंट्रास्ट जैसे मॉनिटर पैरामीटर को समायोजित करने में सक्षम बनाता है।

Test of English Language

Chapter 1

COMMON ERRORS

(A) ONE WORD SUBSTITUTES

1. You are a man of *words.* (word)
2. I did all my *works.* (work)
3. I have placed *order* for a book. (orders)
4. I am out of *sort.* (sorts)
5. He applied himself to *study.* (studies)
6. There is no *place* on this berth. (room)
7. I am resting in the *shadow* of a tree. (shade)
8. He *walked* on his cycle. (rode)
9. I have no *rupees.* (money)
10. The house is beyond *repairs.* (repair)
11. His *four fathers* were great men. (forefathers)
12. He is given free *boarding* and lodging. (board)
13. There is a *bevy* of boys. (bevy of girls)
14. This house is made of *bricks.* (brick)
15. There is a *crowd* of grapes. (bunch)
16. He has not paid the *foods* charges. (food)
17. I enjoy *freeship.* (free-studentship)
18. He has applied for *lecturership.* (lectureship)
19. A *towny man* gets a lot of comforts. (A townsman)
20. He is true to his *words.* (word)
21. I am a man of *part.* (parts)
22. I have sent *a request* for casual leave. (an application)
23. He is out of *door.* (doors)
24. He is out of *spirit.* (spirits)
25. They are *sworn* enemies. (avowed)
26. I *richly* deserve this honour. (highly, greatly)
27. He *highly* deserves this punishment. (richly)
28. He is very *coward.* (is a coward or is very cowardly)
29. It is *totally* clear to me. (perfectly, thoroughly)
30. It is *totally right.* (all right/perfectly right)
31. The pot is *vacant.* (empty)
32. I admire her *womanish* virtues. (womanly)
33. It is a historical event. (historic)
34. My tooth is *giving pain* (aching)
35. I *took* my admission. (I was admitted or I got myself admitted)
36. I *took* my birth in 1920. (I was born)
37. It is *utterly* right. (wholly, perfectly)
38. I have done *good* at the examination. (well)
39. The thief stood *in front of* the judge. (before)
40. My salary is Rs. 400/- *per month.* (per mensem)
41. My salary is Rs. 4800/- *per year.* (per annum)
42. Please credit this amount to my *name.* (account)
43. *Good bye,* Ram, I am glad to see you. (Good evening)
44. *Good night,* sir, you are welcome. (Good evening)
45. The *weather* of this place suits me. (climate)
46. He is *devoted* to gambling. (addicted)
47. You are *addicted* to literature. (devoted)
48. There is *lack of* poverty here. (absence of)
49. This great poem is very *artful.* (artistic)
50. I gave him a cheque *of* Rs. 500/- (for)
51. I like your *childish* nature. (child-like)
52. She is *somewhat* tall for her age. (too, rather)
53. The great saint is *notorious* in the spiritual field. (famous)
54. You are a *luxuriant* man. (luxurious)
55. Please *shut* the tap. (close)
56. Bread is made *of* flour. (from)
57. Shakespeare was an *imaginary* poet. (imaginative)
58. As he is *sick,* he is absent. (ill)
59. What's the cause *for* delay? (of)
60. There is no cause *of* complain. (for)
61. *Whom* are you speaking to? (Who)
62. The teacher *told* that the earth is round. (said)
63. *See* this word in the dictionary. (look up)
64. Have you *seen* all the examination papers? (examined)

65. The doctor *saw* my pulse. (felt)
66. He *saw* my certificates. (looked into)
67. He *stopped* at my house for a week. (stayed)
68. He *tells* me a fool. (calls)
69. I *told* him good morning. (wished)
70. Will you *forego* your holiday? (forgo)
71. Please excuse *me* coming late. (my)
72. I can't question his *bonafide.* (bona fides)
73. This scheme has been *approved of* by VC. (approved by the VC)
74. I didn't *approve* this marriage proposal. (approve of)
75. You *enjoy* bad health. (You have)
76. Columbus *invented* America. (discovered)
77. I *hope* that I shall fail. (I am afraid)
78. The smoke is *raising* from huts. (rising)
79. He was *hung* for murder. (hanged)
80. She refused to look at me, *much more* speak to me. (much less)
81. He went with me *so far as* Mumbai. (as far as)
82. I cannot stay here *any more.* (any longer)
83. I went there *especially* to see him. (specially)
84. His words are as sweet as *sugar.* (honey)
85. He invited me but I *denied.* (declined)
86. He *denied* to help me. (refused)
87. She *gave* a speech. (made)
88. A lot of men suspect the existence of God. (doubt)
89. I don't like *that he should go out.* (I don't like him to go out)
90. The ship was *drowned* in the sea. (The ship sank)
91. Fish *float* in the river. (swim)
92. A piece of wood is *swimming.* (floating)
93. The picture was *hanged.* (hung)
94. I cannot *rise* it. (raise)
95. I will do it *some way* or another. (some way or other/one way or another)
96. Please *await* me here. (wait for)
97. He jumped *at* a conclusion. (to)
98. Neither of them saw *each other.* (saw the other)
99. The two cars followed *each other.* (One car followed the other)
100. His name is *full-known.* (well-known)
101. *Except for* your help I would have been ruined. (Without or But for)
102. He *shook my hand.* (shook hands with me or shook me by the hand)
103. It is an apple of *contention.* (discord)
104. *What to speak* of helping, he did not even see me. (Not to speak)
105. She is as busy as an *ant.* (as a bee)
106. It is a *forgone* conclusion. (foregone)
107. Do not *speak* a lie. (tell)
108. He is as firm as a *hill.* (rock)
109. He *talks* English well. (speaks)
110. It is as heavy as *stone.* (lead)
111. The matter *shook* in the balance. (trembled)
112. He is as gentle as a *cow.* (lamb, dove)
113. He is as greedy as a *cat.* (wolf)
114. He is as faithful as a *horse* (dog)
115. He *turned every* stone. (He left no stone unturned)
116. My friend *visualises* that the Five-Year Plan is good. (feels)
117. It is as white as *milk.* (snow)
118. I have *given* examination this year. (appeared at, taken)
119. He *broke the news* of my grand success. (communicated)
120. I could not help *to laugh.* (laughing)

(B) SUPERFLUOUS WORDS

1. He died at the age of *serventy years.* (seventy)
2. He picked *up* a quarrel. (picked a quarrel)
3. I am awaiting *for* your reply. (awaiting your reply)
4. The fact is *true.* (It is a fact)
5. He is my *own* father. (He is my father)
6. I met a *child of* five years *old.* (a five-year old child)
7. The clock has struck *six hours.* (six)
8. It is *almost quite* right. (quite right or almost right)
9. He is a man of *good* position. (man of position)
10. It is *rather* unique. (It is unique)
11. I walked on *my feet.* (on foot)
12. I *think myself.* (I think)

13. He will *return back* in a week. (return or come back)
14. He is out of *good* temper. (out of temper)
15. She is in a *bad* temper. (in a temper)
16. My watch is in *proper* order. (is in order)
17. Unless you *do not* work hard, you will not pass. (Unless you work)
18. Wait here until I *do not* return. (until I return)
19. Her face resembles *to* her mother. (resembles her mother's)
20. I recommended *for* him to the Principal. (recommended him)
21. I am contesting *for* a seat. (contesting a seat)
22. I am investigating *into* the case. (investigating the case)
23. Let us discuss *about* the problem. (discuss the problem)
24. I doubt as *to* whether he is honest. (doubt whether)
25. The poet describes *about* nature. (describes nature)
26. She made a *fine* figure. (made a figure)
27. There is no *other* alternative. (no alternative)
28. You are my only *one* friend. (only friend)
29. I think/consider him *to be* a good student. (him a good student)
30. I consider it *as* a good thing. (consider it a good thing)
31. He was proved *to be* wrong. (proved wrong)
32. I ordered *for* his dismissal. (ordered his dismissal)
33. He is my *cousin brother*. (cousin)
34. This is just the *right thing*. (just the thing)
35. I forbade him *not* to smoke. (him to smoke)

(C) WORDS OMITTED

1. Do not *take to* your heart. (take this to)
2. I *find hard* to do it. (find it hard)
3. I *know him* a good man. (know him to be)
4. His services were *dispensed*. (despensed with)
5. I have *disposed* the business. (disposed of)
6. She does not *listen* my advice. (listen to)
7. He does not know *to read and write*. (how to read and write)
8. It is *regarded* sacred. (regarded as)
9. I took him *a thief*. (for a thief)
10. I have a pen to *write*. (to write with)
11. I *consider wrong* to use unfair means. (consider it wrong)
12. *Suffice* to say. (Suffice it to say)
13. *Yours* of the 10th instant is to hand. (Your letter of the 10th)
14. Please come to *mine*. (my house, place, residence)
15. She *avenged* on her enemy. (avenged herself)
16. When he *grows* he will enter a college. (grows up)
17. She is *five feet*. (five feet tall)
18. He *met* an accident. (met with)
19. Go there and *enjoy*. (enjoy yourself)
20. I *pray* God. (pray to God)
21. I *replied* him. (replied to him)
22. I *wrote* him to come. (wrote to him)
23. *Open* page 15. (Open at)
24. He resides in a *boarding*. (boarding house)
25. You have a house to *live*. (to live in)
26. You are *for possible* mishap. (for a possible)
27. Why do not you *come with* me? (come along)
28. The tree *grew tall* to be retained. (grew too tall)
29. Shekhar Kapoor directed *Elizabeth*. (the movie Elizabeth)
30. You can *count me* for support. (count on me)

(D) WORDS NOT PROPERLY RELATED

1. The storm burst just when the king reached the shore with great violence.
(The storm burst with great violence just when the king reached the shore).
2. I told him that he would fail as plainly as possible.
(I told him as plainly as was possible that he would fail).

3. Lost a cane by a gentleman with a carved head. (Lost by a gentleman a cane with a carved head).
4. He gave a stool to the servant that had four legs. (He gave the servant a stool that had four legs).
5. The death occurred yesterday afternoon at his residence of Mr Brown. (The death of Mr Brown occurred at his residence yesterday afternoon).
6. A motor car may be driven across the bridge which weighs less than two tons. (A motor car, which weighs less than two tonnes, may be driven across the bridge.)
7. My *family members.* (The members of my family)
8. Many *worth seeing* places. (Many places worth seeing)
9. *All round* the year. (All the year round)
10. I saw a dead horse while walking across the field. (While walking across the field, I saw a dead horse).
11. He shot himself dead after bidding his wife good-bye with a gun. (After bidding his wife good-bye, he shot himself dead with a gun).
12. He was murdered, sleeping in cold blood while he was. (He was murderd in cold blood while he was sleeping).
13. A large number of seats have been occupied by scholars that have no backs. (A large number of seats which have no backs, have been occupied by scholars).
14. Standing on the roof a helicopter flew over me. (While I was standing)
15. Playing in the field a ghost was seen. (While we were playing)
16. Walking in the morning a snake bit him. (While he was walking)
17. While plucking flowers a wasp stung him. (While he was plucking...)
18. Waiting for a taxi a lizard fell on his head. (As he was waiting for a taxi...)
19. Wanted a house by a government officer that has at least four bed rooms. (Wanted by a government officer a house that has at least four bed rooms.)
20. Wanted a piano by a gentleman with carved legs. (Wanted by a gentleman, a piano with carved legs).
21. He boarded the plane after coming out of the taxi that was waiting at the runway. (After coming out of the taxi, he boarded the plane that was waiting at the runway)
22. The chairman spoke at length about the company but the members of the board sipped tea. (The chairman spoke at length about the company while the members of the board sipped tea.)
23. Wanted a girl to be handled my wife who would wash utensils and clean the kitchen. (Wanted a girl to wash utensils and clean the kitchen, to be handled only by my wife)
24. Fearing attack, he pushed the sword by me. (Fear an attack by me, he pushed the sword.)
25. As the truck lost control, he hit the car. (When he lost control, the truck hit the car)

EXERCISE

1. (A) Cholera is/(B) raging in the/(C) town for/ (D) over a month./(E) No Error.

2. (A) He cannot pull / (B) on / (C) with / (D) his wife. / (E) No Error.

3. (A) The speech he / (B) gave at the function / (C) was very / (D) impressive. / (E) No Error.

4. (A) I and he / (B) was admitted in / (C) this / (D) college. / (E) No Error.

5. (A) Inspite of / (B) the instructions to / (C) the contrary,/ (D) he came down at once. / (E) No Error.

6. (A) Hardly / (B) had I / (C) reached the / (D) station than the train left. / (E) No Error.

7. (A) Not seldom / (B) he / (C) comes late to / (D) school. / (E) No Error.

8. (A) Not only has he / (B) passed the / (C) examination, but also, he / (D) has distinguished. / (E) No Error.

9. (A) From / (B) all the / (C) hill stations, which I know, Gulmarg is / (D) the most delightful. / (E) No Error.

10. (A) He takes ordinarily / (B) his / (C) dinner at / (D) 8.30 P.M. everyday. / (E) No Error.

11. (A) The members of / (B) his / (C) family are / (D) coming in this train./ (E) No Error.

12. (A) I fail to / (B) understand what / (C) have you / (D) been doing all these days. / (E) No Error.

13. (A) I have / (B) warned the / (C) class for / (D) making a noise. / (E) No Error.

14. (A) The / (B) reason of his being / (C) angry / (D) is because he is hungry. / (E) No Error.

15. (A) He is / (B) twenty / (C) years old, / (D) Isn't it. / (E) No Error.

16. (A) He / (B) has lost / (C) match from / (D) his rival. / (E) No Error.

17. (A) Not un-often / (B) I have / (C) asked / (D) him to speak the truth. / (E) No Error.

18. (A) He did not / (B) like me / (C) coming in / (D) that careless fashion. / (E) No Error.

19. (A) This year, the / (B) monsoon failed and this caused / (C) a terrible famine throughout / (D) the province. / (E) No Error.

20. (A) He advised / (B) everybody to / (C) look after their / (D) own interest. / (E) No Error.

21. (A) People do not / (B) save money like / (C) they / (D) used to. / (D) No Error.

22. (A) Neither of / (B) them were / (C) prepared for / (D) the emergency. / (E) No Error.

23. (A) I want you to pick up / (B) the box of / (C) eggs and carefully / (D) carry it. / (E) No Error.

24. (A) He has / (B) been / (C) more / (D) successful than me. / (E) No Error.

25. (A) If I were / (B) he, / (C) I should / (E) go. / (E) No Error.

26. (A) Who / (B) are / (C) you / (E) referring to? / (E) No Error.

27. (A) She is / (B) the / (C) tallest / (D) of the two girls./ (E) No Error.

28. (A) People should make it / (B) a rule never to / (C) interfere with / (D) the affairs of others. / (E) No Error.

29. (A) Nobody in / (B) their / (C) senses would / (D) have done that. / (E) No Error.

30. (A) He was / (B) one of the / (C) wisest man / (D) who have ever lived. / (E) No Error.

31. (A) I would / (B) not say that / (C) if / (D) I were him. / (E) No Error.

32. (A) As a / (B) dramatist, Shaw is / (C) superior / (D) than Galsworthy. / (E) No Error.

33. (A) Kalidas is / (B) greater than / (C) any / (D) Indian dramatist. / (E) No Error.

34. (A) Boys study because / (B) they / (C) may earn their / (D) livelihood. / (e) No Error.

35. (A) Supposing if / (B) you are / (C) arrested, what will / (D) you do? / (E) No Error.

36. (A) Though he / (B) was / (C) busy, but / (D) he talked to me. / (E) No Error.

37. (A) The / (B) sceneries of Himalayas are / (C) second to / (D) none. / (E) No Error.

38. (A) I do / (B) not / (C) know that when / (D) he will come./ (E) No Error.

39. (A) Many / (B) a / (C) sleepless / (D) nights I spend. / (E) No Error.

40. (A) He / (B) was / (C) hung / (D) for murder. / (E) No Error.

41. (A) He / (B) was / (C) settled in / (D) United States. / (E) No Error.

42. (A) Do not / (B) find / (C) fault in / (D) his work. / (D) No Error.

43. (A) He has / (B) been reading very / (C) hard since / (D) last fourteen days. / (E) No Error.

44. (A) Less / (B) books are / (C) needed in / (D) the library now. / (E) No Error.

45. (A) He has / (B) been / (C) accused / (D) for theft. / (E) No Error.

46. (A) I request / (B) your favour of granting / (C) me / (D) permission to apply elsewhere. / (D) No Error.

47. (A) His failure is / (B) to be / (C) attributed to / (D) nothing else than pride. / (E) No Error.

48. (A) I / (B) ask him that why / (C) he / (D) had injured me. / (E) No Error.

49. (A) The trophy has / (B) been / (C) competed / (d) by ten teams. / (E) No Error.

50. (A) His both hands / (B) have / (C) been / (D) injured. / (E) No Error.

51. (A) We do / (B) not have any / (C) more place / (D) in this compartment. / (E) No Error.

52. (A) Such a / (B) boy, who / (C) does not study, is not / (D) liked by his teachers. / (E) No Error.

53. (A) My sister is / (B) two years / (C) older than / (D) me./ (E) No Error.

54. (A) Unless he / (B) will work / (C) hard, he / (D) will not succeed. / (E) No Error.

55. (A) When two / (B) years old, / (C) my / (D) uncle married./ (E) No Error.

56. (A) The / (B) train is / (C) running in / (E) time. / (E) No Error.

57. (A) They / (B) are / (C) fast / (D) enemies. / (E) No Error.

58. (A) Good Night, / (B) Sir, Have / (C) a cup of / (E) tea. / (E) No Error.

EXPLANATORY ANSWERS

1. A : Replace *is* by *has been.*

2. B : Replace it by *well.*

3. A : It should be *which he gave.*

4. B : The verb should be plural as *were.*

5. D : Replace *came down* by *returned.*

6. D : Replace *than* by *when* because *hardly* is followed by *when.*

7. A : Delete *not* because *seldom* has negative sense.

8. D : It should be *distinguished himself.*

9. A : replace *From* by *Of.*

10. A : Put *ordinarily* in the beginning of the sentence.

11. D : It should be *by.*

12. C : An interrogative clause cannot follow a principal clause. So it should be *you have.*

13. C : Replace *for* by *against.*

14. D : Replace *because* by *that.*

15. D : The tag question should be *Isn't he?*

16. C : Replace *from* by *to.*

17. A : It should be *unoften*—double negatives should not be used.

18. B : A gerund is preceded by a possessive pronoun. So it should be *my.*

19. C : Replace *throughout* by *in.*

20. C : Replace *their* by *his* because it must agree with *everybody.*

21. B : Replace *like* by *as* because it is a comparison.

22. B : The verb should be singular, *i.e., was.*

23. C : Put *carefully* after *it.*

24. D : It should be 'I' because the complete sentence is than *I have been.*

25. C : Replace *should* by *would.*

26. A : Replace *Who* by *Whom.*

27. C : While comparing two, comparative degree should be used.

28. B : It should be *not to.*

29. B : Replace *their* by *his.*

30. C : It should be *men* because *one of the* means out of *many.*

31. D : Replace *him* by *he.*

32. D : *Superior* is followed by *to* and not *than.*

33. C : It should be *any other.*

34. A : Replace *because* by *so that.*

35. A : Delete *if* because *supposing* and <u>if</u> do not go together.

36. C : Replace *but* by *yet.*

37. B : It should *scenery of the Himalayas is.*

38. C : Delete *that* because it cannot be used with *when.*

39. D : *Many* a followed by a singular noun so it should be *night.*

40. C : It should be *hanged* because *hung* means suspended.

41. D : Artice *the* should be used with United States.

42. C : Replace *in* by *with.*

43. C : For period of time *for* should be used.

44. A : For countable things *Fewer* should be used.

45. D : Replace *for* by *of.*

46. B : The phrase should be *you to grant.*

47. D : *else* is followed by *but.*

48. B : Delete *that* because it cannot go with *why.*

49. D : It should be *competed for by.*

50. A : The phrase should be *Both of his hands.*

51. C : Use *room* for *place* because for sitting place *room* should be used.

52. B : *Such* is followed by *as.*

53. C : It should be *elder to* because for brothers and sisters *'older'* should not be used.

54. B : Replace by *works* because we cannot use double *'will'* in one sentence.

55. A : The sentence means that the uncle was two years old. So it should be *When I was two years.*

56. C : "running to time" means *not late.*

57. C : For enemies the word *bitter* should be used.

58. A : We say *Good evening* when we meet a person.

Chapter 2

Basic Vocabulary

A-SYNONYMS

Synonyms are the words of the same grammatical class that have a similar but not an identical meaning. Some of them have been appended below:

1. Amusement—is that which occupies the vacant mind.

Diversion—is that which turns the thoughts aside into a new direction.

Recreation—is that which refreshes the mind after work.

1. Abandon, Desert, Forsake
2. Abbreviate, Abridge, Summarise, Sum Up, Shorten
3. Abdicate, Resign, Relinquish
4. Abhor, Detest, Hate
5. Abnormal, Unusal, Unnatural
6. Accomplish, Effect, Execute, Achieve
7. Accurate, Exact, Precise
8. Accuse, Charge, Blame, Condemn, Denounce
9. Adversity, Calamity, Misery, Tribulation
10. Alleviate, Mitigate, Relieve
11. Amaze, Astonish
12. Amusement, Entertainment, Diversion, Recreation
13. Anger, Vexation, Annoyance, Wrath, Resentment
14. Anger, Wrath, Indignation, Displeasure, Resentment
15. Announce, Proclaim, Declare
16. Answer, Reply
17. Apparently, Ostensibly, Clearly, Straight forwardly
18. Ask, Request, Beg, Beseech, Supplicate, Entreat, Implore, Solicit, Urge
19. Assent, Acquiesce
20. Astute, Shrewds, Perspicacious, Canny, Wily, Crafty
21. Attachment, Affection, Tenderness, Fondness, Love, Living
22. Autocrat, Despot, Tyrant, Monarch
23. Avaricious, Miserly, Stingy, Penurious
24. Aversion, Antipathy, Dislike, Hatred, Repugnance
25. Awkward, Clumsy
26. Barren, Unproductive, Sterile
27. Base, Low, Mean, Ignoble
28. Bear, Suffer, Endure
29. Beautiful, Handsome, Pretty, Lovely, Fine, Exquisite
30. Benevolent, Beneficent, Munificent, Liberal, Bountiful
31. Bias, Prepossession, Prejudice
32. Bold, Daring, Audacious
33. Bravery, Courage, Gallantry, Fortitude
34. Brief, Concise, Terse, Pity
35. Build, Erect, Construct

2. Character—is the sum of man's qualities.

Reputation—is what people think of the qualities of a man.

3. Command—a loftier term; an order by a superior in the armed forces.

Injunction—comes from some superior authority often as to general conduct.

Order—an order from some arranging or directing authority in respect of particular acts.

4. Confess—we confess to some one that we are wrong.

Admit—we admit to ourselves that we are mistaken.

5. Continuous—an action uninterrupted as long as it lasts.

Continual-that which is constantly renewed and recurring, though interrupted.

Perpetual-that which is continuous and lasting.
Eternal-lasting through all the past and also, into the future.

36. Calamity, Disaster, Catastrophe
37. Callous, Cruel, Hard
38. Calm, Tranquil, Quiet
39. Careless, Negligent, Unintentional, Inadvertent
40. Charming, Lovable, Amiable
41. Cheat, Imposter, Thug
42. Civil, Courteous, Affable, Polite
43. Civil, Polite, Courteous, Polished, Well-bred
44. Class, Category, Type
45. Coarse, Crude, Vulgar
46. Cold, Frigid, Indifferent, Passionless
47. Colossal, Gigantic, Huge, Anormous
48. Completely, Entirely, Scarcely, Hardly
49. Comprehend, Understand, Apprehend
50. Comprise, Include, Consist of
51. Compulsion, Restraint, Constraint
52. Confess, Acknowledge, Own, Avow, Admit
53. Confuse, Confound, Derange
54. Conscious, Aware
55. Consolation, Comfort, Solace
56. Contemplation, Meditation, Negotiation
57. Contentment, Satisfaction
58. Contrary, Opposite, Reverse
59. Cordial, Warm, Friendly, Hearty
60. Couple, Pair, Duo
61. Courteous, Polite, Civil, Affable
62. Criterion, Standard, Test, Rule
63. Cruel, Barbarous, Inhuman, Savage
64. Cruel, Savage, Brutal
65. Customary, Fashionable, Conventional

6. Crime—violation of a law of the Country
Vice—violation of a moral law
Sin—violation of a religious law

7. Delightful—applies the pleasures of the mind and to those of the senses except taste.
Delicious—applies only to the pleasures of the senses.

8. Discover—we discover something that existed before but was unknown.
Invent—we invent new combinations.

9. Dismay—a state of gloomy apprehension.
Daunt—a man is daunted by a suden obstacle.
Appal—a man is appalled by a sense of overwhilming

66. Dangerous, Perilous, Hazardous
67. Decay, Decline, Wither, Fade
68. Deceipt, Beguile, Fraud
69. Decorate, Adorn, Embelish, Ornament
70. Deference, Respect, Reverence, Veneration
71. Delude, Mislead
72. Demeanour, Behaviour
73. Depot, Autocrat, Tyrant
74. Despise, Condemn, Scorn, Disdain, Hate
75. Dexterity, Address, Skill, Cleverness
76. Distinguish, Discriminate, Differentiate, Discern
77. Divine, Godlike, Heavenly
78. Dreadful, Terrifying, Appaling

10. Efficacious—remedy.
Efficient—physician.
Effective—medicine effective in its working.
Effectual—patient effectually cured.

79. Earnest, Serious, Solemn
80. Effect, Consequence, Result
81. Enemy, Antagonist, Adversary, Opponent
82. Envy, Jealousy, Vani
83. Error, Mistake, Blunder
84. Error, Mistake, Blunder, Fault
85. Eternal, Everlasting, Perpetual, Immortal
86. Expense, Cost

11. Enormous—is used of size or extent that is awkward or unpleasing.
Vast—refers to space.
Huge—refers to bulk; a stronger word than 'big.'
Big—refers to bulk.

12. Famous—for one's achievements
Illustrious—due to one's high rank
Notable—for some special act
Renowned—for one's achievements
Noted—in either a good or a bad sense
Notorious—is always used in a bad sense

87. Faith, Belief, Credulity
88. False, Imaginary, Spurious
89. Famous, Celebrated, Illustrious, Renowned
90. Fascinate, Enchant, Charm
91. Figure, Emblem, Symbol, Type
92. Force, Compel, Coerce, Oblige, Constrain
93. Fortitude, Courage, Valour, Bravery, Interpidity, Gallantry, Heroism

94. Frailty, Foible, Failing
95. Frank, Candid, Ingenuous
96. Fraud, Knavery
97. Funny, Jocose, Ludicrous, Ridiculous, Absurd

13. Give—a general term.
Confer—implies superior authority in the giver.
Grant—an answer to a petition.

14. Grave—because of important considerations; serious; opposed to levity.
Sober—calm and moderate in actions, behaviour and mannerisms; opposed to flightiness.
Solemn—because of something peculiar and rare; often with the idea of religious awe.

15. General—relating to a genus or whole class, opposed to special.
Universal—includes every particular part.

16. Glad—sense of pleasure.
Delighted—expresses a stronger sense of pleasure, than glad.
Gratified—implies that we satisfy the desires or inclinations of other person.
Merry—we show our actions or bearing when we are merry.

17. Habit—internal principle.
Custom—external action, a habit of devotion leads to the custom of praying.

18. Idle—opposed to busy, dislikes doing work.
Lazy—opposed to alert, dislikes taking trouble.
Negligent—opposed to diligent; dislikes taking trouble.

19. Import—is the actual significance of words as they are in a sentence.
Sense—'sense' is the possible significance that the words bear in a sentence.
Meaning—'meaning' is the significance intended by the writer.

20. Leave—a general term; we leave persons or things with the intention of returning.
Quit—we quit things, jobs, countries, homes and never return.
Forsake—we forsake or desert persons.
Desert—to leave due to fault in the person who does so.
Relinquish—to leave things with regret.
Renounce—to leave in a formal way in public.
Abandon—we abandon things hopelessly.

21. Liberty—implies previous constraint.
Freedom—absence of constraint at the present movement.

22. Liberal—allowing freedom of movements, actions and thoughts; an absence of servile niggardliness.
Generous—nobleness of feeling, placing others before oneself.
Charitable—points to the spirit of love or kindness in which, an action is done.

23. Lie—intentional of truth; more offensive than falsehood.
Falsehood—less offensive than lie.
Untruth—more softened than falsehood.
Deception—Deliberately created falsehood that appears to be sight and moral.
Fiction—merely something invented or imagined.

24. Nearly—is applied to questions of quantity, time and space.
Almost—is applied to the degree of severity or the limit.

25. Observe—is a general or a continuous act; we observe a person's demeanour.
Remark—is a special or single act; we remark peculiarities.
Notice—is to observe in a cursory way.

26. Part—a segment of a house, building, contract, business, family, society; used in general parlance.
Portion—is a part set aside for a special purpose.

27. Passive—means doing nothing.
Patient—refers to the mental condition.

28. Permit—to give a decided acquiescence.
Allow—to abstain from refusal.
Suffer—not to oppose a thing, though our feelings may be against it.

29. Pity—often implies an approach to contempt.
Compassion—has more tenderness than pity.
Sympathy—implies more of fellow-feeling; having an empathetic attitude towards someone in distress.

30. Praise—a person for what he does (for his actions); it also refers to the of feelings and the sentiments.

Admire—a person for what he is (for his natural qualities); it refers to the feelings rather than the expressions of feelings.

Extol—praise or admire vehemently.

Commend—a person for what he does.

Eulogise—praise or admire in a set discourse of poetry or prose.

31. Pride—implies to claim to respect or attention too highly viewing equals as inferiors and superiors as equals.

Vanity—an excessive desire for recognition, approbation and applause for qualities we possess or do not possess.

Haughtiness—develops from pride, applies to manners and development only.

Arrogance—is in a person without any deference; considering himself infallible.

Self-conceit—a very high opinion of oneself.

32. Religious—scrupulous in one's conduct towards God.

Pious—implies a reverence for what is good and desire to do good.

Godly—means endeavouring to be like God.

Devout—devoted to the worship and service of God.

Righteous—means upright and honest in one's dealings.

33. Safety—a well-grounded security.

Security—An absence of all fears or anxieties.

34. Secret—not known; not shared with people at large; normally used for thoughts, concepts or information.

Hidden—beyond vision or knowledge; normally used for objects and tangible items.

Concealed—hidden, withdrawn or removed from observation; refusing to reveal or divulge.

Covert—not openly expressed; concealed; secretive.

98. Gentle, Tender, Kind, Soft
99. Genuine, Authentic
100. Genuine, Authentic
101. Gift, Present, Donation
102. Gloomy, Dark, Sombre
103. Graceful, Elegant, Thankful
104. Guard, Keep, Preserve
105. Hamper, Hinder, Impede
106. Help, Aid, Assistance
107. Hidden, Secret, Covert, Tacit
108. Idle, Lazy, Indolent, Slothful
109. Illusion, Delusion
110. Imaginary, Fancied, Utopian
111. Impalacable, Unrelenting, Inexorable
112. Impracticable, Impossible, Utopian
113. Increase, Enlarge, Augment, Perpetuate
114. Inevitable, Unavoidable
115. Insolent, Impudent, Impertinent, Shameless
116. Intensify, Heighten, Aggravate
117. Irresolute, Undecided, Wavering, Vacillating
118. Joy, Felicity, Happiness, Bliss
119. Joyful, Glad, Pleased, Delighted, Exhilarated
120. Judicious, Discreet, Prudent
121. Laborious, Assiduous, Industrious, Hard working
122. Lawless, Unlawful, Illegal
123. Lenient, Mild, Forbearing
124. Lethargy, Sluggishness
125. Linger, Later, Stay, Prolong
126. Lively, Bright, Brisk
127. Mad, Insane, Imbecile
128. Magnificent, Grand, Splendid
129. Misfortune, Adversity, Misery, Crisis
130. Misfortune, Calamity, Disaster
131. Modest, Diffident, Bashful, Shy, Demure, Reserved
132. Obscene, Indecent, Filthy, Vulgar
133. Obtuse, Dull, Stupid
134. Obvious, Clear, Evident
135. Occurrence, Event, Circumstance
136. Only, Solely, Alone, Merely, Simply
137. Opportunity, Occasion, Juncture
138. Pain, Grief, Sorrow, Agony, Anguish
139. Pardon, Forgive
140. Pardon, Forgive, Excuse, Exculpate
141. Patience, Fortitude, Resignation
142. Perpendicular, Vertical, Erect, Towering, Standing
143. Person, Individual Creature, Being
144. Power, Strength, Force, Authority
145. Premature, Nascent, Novice, Beginner
146. Privacy, Retirement, Solitude, Loneliness, Desolation
147. Prohibit, Forbid
148. Prompt, Incite, Instigate, Provoke
149. Queer, Odd, Quaint, Singular

150. Recover, Regain, Retrieve
151. Regret, Lament, Deplore
152. Remember, Recollect
153. Reproof, Reprimand, Censure, Remonstrate, Reproach
154. Reserved, Reticent, Indolent, Withdrawn
155. Residue, Remainder, Remnant
156. Respect, Esteem, Prestige, Reverance
157. Respite, Reprieve, Solace, Comfort
158. Return, Restore, Surrender
159. Revenge, Vengeance
160. Rigid, Stiff, Unyielding
161. Rise, Ascend, Mount, Soar
162. Rival, Competitor
163. Rude, Impertinent, Insolent, Impudent
164. Savage, Barbarian, Cruel
165. Scarce, Rare
166. See, Look, Behold, Discern, Perceive
167. Separate, Part, Divide, Bifurcate
168. Severe, Harsh, Rigorous, Stern, Austere, Strict
169. Shame, Disgrace, Dishonour
170. Sincere, Frank, Candid
171. Size, Bulk, Volume
172. Slander, Calumny, Detraction, Defamation
173. Sly, Cunning, Crafty, Deceitful
174. Sorrow, Distress, Affliction
175. Store, Collect, Accumulate
176. Sublime, Elevated, Exalted
177. Suffering, Pain, Agony, Anguish
178. Sufficient, Adequate, Enough
179. Suitable, Apposite, Appropriate, Befitting
180. Superfluous, Needless, Unnecessary
181. Supernatural, Unnatural, Non-natural, Preternatural
182. Synonymous, Equivalent, Identical
183. Teach, Instruct, Inform, Educate
184. Tell, Say, Relate, Recount, Describe
185. Timidity, Shyness, Basefulness, Diffidence
186. True, Authentic
187. Truism, Platitude, Commonplace, Cabal
188. Truth, Veracity, Fact
189. Useful, Advantageous, Expedient
190. Vacant, Empty, Void, Hiatus, Space
191. Vain, Useless, Fruitless, Ineffectual
192. Variance, Variety, Variation
193. Vulgarism, Vulgarity, Obscenity, Lewdness
194. Wisdom, Learning, Acquaintance, Knowledge
195. Wit, Humour
196. Wretched, Miserable, Unfortunate
197. Zeal, Passion
198. Zenith, Top, Summit, Peak

35. Sensuous—addressing the senses, less objectionable form of sensual.

Sensitive—quick to respond impressions, decisions, actions.

Sensible—capable of responding to impressions.

Sentiment—having the faculty of feeling.

Sentimental—having an excess of sentiments.

Sensual—generally means voluptuous; lewd.

36. Silly—deficiency of intellect; implies contempt.

Foolish—an abuse of intellect; implies blame.

Dull—slown in understanding.

Stupid—expresses a cloudy perception of everything.

Weak—some moral deficiency.

Simple—normal; no crafty attitudes or apperances; plain; sans any decorations or hype.

Absurd—applies to an action; implies something laughable.

37. Shun—a person or vices; to give up.

Avoid—a person or a thing or an action.

Elude—to avoid or escape by speed, trick or cleverness; to remain out of one's reach.

38. Stop—to arrest motion.

Stay—to remain where the motion is arrested.

39. Strict—is used for one who likes to keep close to rules and regulations.

Severe—one who keeps so close to them as to punish the slightest infringement.

40. Sublime—strongest and highest of the following words means the loftiest style of excellence.

Magnificent—applied to anything on a large and grand scale.

Splendid—is less stronger in its significance than magnificent; applies to abstract qualities; something brilliant.

Grand—used for something in a great or lofty style.

Superb—nearly the same as magnificent; the most impressive or splendid or exalted kind.

41. Sympathy—felt for our equals when they are

in distress.

Compassion—for inferiors with an effort to relieve them.

Pity—does not imply any sense of connection with the object pitied.

Fellow-feeling—refers to the joyful as well as to sad circumstances.

42. Teach—teaching is a branch of knowledge.

Instruct—instruction applies to theory; to brief about an operation or an act.

Inform—a matter of fact made known.

Educate—includes the harmoniosis; drawing out of all the faculties of the person being educated.

43. Temporal—relative to time; opposed to eternity.

Temporary—lasting only for a time.

44. Timid—applies to a person's state of mind or to his disposition.

Timorous—applies only to a person's disposition.

Cowardly—is used alike of character or conduct.

Dastardly—is used alike of character or conduct; it implies to meanness.

45. Transient—for short duration; temporary and varying in degree.

Transitory—having the nature of transient, transitory life.

Fleeting—is actually passing away, fleeting hours.

46. Trifling—a matter of small or little importance; no contempt.

Trivial—small matter often exaggerated; implies contempt.

47. Understand—to follow things without little or no difficulty.

Comprehend—refers to things that are difficult to follow.

48. Utility—of an invention or a discovery.

Usefulness—of the article discovered or invented.

49. Weightly—reasons; arguments.

Heavy—cares; discourses.

50. Wisdom—means ready and accurate perception of analogies.

Prudence—a lower kind of 'wisdom.'

51. Wonder—at what is extraordinary loftly, great or stricking.

Surprise—at what is unexpected.

Strange—refers to something that is uncommon or odd.

B. ANTONYMS

Pairs of words having opposite or contrary meanings are called *antonyms*.

1. Abbreviate-expand
2. Ability-disability, incompetence
3. Absurd-sane, rational
4. Abundance-want
5. Accept-reject, refuse
6. Accord-discord, disagreement
7. Accumulate-scatter, fritter
8. Accustomed-unusual
9. Acquisition-loss
10. Acquit-dislike
11. Active-inert
12. Admit-reject
13. Adopt-reject
14. Advance-retreat
15. Adversity-prosperity
16. Affectation-naturalness
17. Affinity-aversion
18. Alert-careless, absent-minded
19. Amiability-petulance
20. Ample-scanty, meagre
21. Analysis-synthesis
22. Ancient-modern
23. Antipathy-sympathy
24. Appreciate-depreciate
25. Approach-repel
26. Arrival-departure
27. Arrogant-Humble
28. Artificial-natural
29. Ascent-descent
30. Assemble-disperse
31. Assist-harass
32. Assured-doubtful

33. Attack-repel
34. Attract-repel
35. Authentic-spurious
36. Awkward-graceful, dexterous
37. Barbarous-civilised
38. Barren-fertile
39. Base-noble, virtuous
40. Beautiful-ugly
41. Beautify-disfigure
42. Belief-disbelief
43. Beneficial-injurious
44. Benevolent-cruel, callous
45. Bliss-misery
46. Blustering-gentle, quite
47. Boisterous-quiet, calm
48. Bold-timid, cowardly
49. Borrow-lend
50. Bravery-cowardice
51. Brutal-humane, kindly
52. Brutality-humanity
53. Butter-fingured-tenacious
54. Callous-soft, tender
55. Care-neglect
56. Cautious-reckless
57. Celebrated-obscure
58. Censure-praise
59. Certain-uncertain
60. Chaste-impure, unchaste
61. Cheap-dear
62. Cheerful-gloomy, depressed
63. Cheerfulness-dejection
64. Choose-reject
65. Coarse-fine
66. Collect-disperse
67. Combatant-non-combatant
68. Comic-tragic, serious
69. Compare-contrast
70. Compassionate-merciless
71. Competent-incompetent
72. Complex-simple
73. Complicate-simplify
74. Compress-expand
75. Conceal reveal
76. Conceited-modest, unassuming
77. Concord-discord
78. Condemn-praise
79. Condense-lengthen, expand
80. Confess-deny
81. Confidence-diffidence, distrust, doubt
82. Consolidate-weaken
83. Conspicuous-inconspicuous
84. Continue-discontinue
85. Contract-expand
86. Converge-diverge
87. Cordial-cold, frigid
88. Costly-cheap
89. Courageous-timorous
90. Create-destroy
91. Credit-discredit, debit
92. Crude-refined
93. Cruel-kind, gentle
94. Danger-safety
95. Darkness-light
96. Decrease-uncrease
97. Deep-shallow
98. Defame-praise, laud
99. Deficit-surplus
100. Definite-indefinite, vague
101. Delay-haste
102. Deligent-lazy
103. Delight-displeasure, sorrow
104. Demote-promote
105. Dense-sparse
106. Descend-ascend
107. Despair-hope
108. Destruction-construction
109. Diffident-confident
110. Diminish-increase
111. Discourage-encourage
112. Distant-near
113. Distress-comfort
114. Dwarf-giant
115. Early-late
116. Earthly-heavenly, celestial
117. Economy-extravagance
118. Elegance-ugliness
119. Elenate-depress
120. Eligible-ineligible
121. Emancipate-enslave
122. Energetic-weak
123. Enmity-friendship
124. Enormous-small

125. Enrich-impoverish
126. Enthusiasm-indifference
127. Entrance-exit
128. Equality-inequality
129. Equitable-unjust
130. Evade-face
131. Exceptional-ordinary
132. Exonerate-implicate
133. Expedient-unexpedient
134. Expeditious-dialatory
135. Experience-inexperience
136. Explicit-implicit
137. Exquisite-detestable
138. Exterior-interior
139. External-internal
140. Extraordinary-ordinary
141. Extravagant-Economical
142. Exult-lament
143. Fabulous-actual, real
144. Fact-fiction
145. Failure-success
146. Fair-foul
147. False-true
148. Familiar-strange
149. Famous-obscure, unknown, notorious
150. Fanciful-practical, pragmatic
151. Fatigue-refresh
152. Ferocious-mild, gentle
153. Fickle-constant, confident
154. Fictitious-true, genuine
155. Fidgety-placid, self-possessed
156. Fine-coarse, rough
157. Flexible-stiff, rigid
158. Folly-wisdom
159. Foreign-native
160. Freedom-slavery
161. Fresh-stale
162. Futility-utility
163. Gaiety-mourning, melancholy
164. Gain-loss, profit
165. General-particular
166. Generous-mean, avaricious
167. Generosity-stinginess
168. Genuine-false, spurious
169. Gloomy-gay, vivacious
170. Good-bad, wicked
171. Growth-decline, retardation
172. Guilty-innocent
173. Happiness-sorrow, sadness
174. Hard-soft, polite
175. Haughty-humble, suave
176. Healthy-diseased
177. Heavy-light
178. Help-hinder, obstruct
179. Homogeneous-heterogenous
180. Honest-dishonest
181. Honour-dishonour, shame
182. Hope-despair
183. Hospitable-inhospitable
184. Humane-cruel
185. Humble-proud
186. Humility-arrogance
187. Hypocrisy-sincerity
188. Illuminate-darken
189. Imbecile-sane
190. Immaculate-soiled, spotted
191. Impede-expedite
192. Impolite-rude
193. Import-export
194. Include-exclude
195. Increase-decrease
196. Indolent-active, energetic
197. Induce-dissuade
198. Industrious-lazy
199. Inferior-superior
200. Inhale-exhale
201. Initial-final
202. Insert-extract
203. Insufficiently-plentitude
204. Intelligible-unintelligible
205. Interest-boredom
206. Interested-disinterested
207. Interesting-uninteresting
208. Invariable-fluctuating
209. Joint-separate
210. Joyful-sad, depressed
211. Joy-sadness, sorrow
212. Junior-senior
213. Justice-injustice
214. Keen-indifferent
215. Knowledge-ignorance
216. Lack-plenty

217. Lanquid-energetic, vigorous
218. Legal-illegal
219. Legible-Illegible
220. Lentence-severity
221. Lessen-extend, enlarge
222. Liberty-slavery
223. Liquid-solid
224. Logical-irrational
225. Long-short
226. Loose-tight
227. Loyal-treacherous, disloyal
228. Luscious-unpalatable, insipid
229. Mad-sane
230. Magnify-reduce
231. Major-minor
232. Malice-goodwill
233. Material-spiritual
234. Meagre-plentiful
235. Meek-ungovernable
236. Miraculous-common place, ordinary
237. Miserly-generous
238. Moderation-fanaticism
239. Moral-immoral
240. Morbid-healthy
241. Motion-rest
242. Native-foreign
243. Natural-artificial
244. Neat-untidy
245. Noble-base, ignoble
246. Normal-abnormal
247. Notorious-reputable
248. Obligation-claim
249. Obscure-clarify
250. Obstinate-yielding
251. Offensive-pleasing, defensive
252. Ominous-auspicious
253. Optimism-pessimism
254. Optional-compulsory
255. Ordinary-uncommon, rare
256. Outward-inward
257. Parsimony-prodigality
258. Part (noun)-whole
259. Part (verb)-join
260. Partial-fair, impartial
261. Particular-general
262. Passion-coolness
263. Pathetic-joyous, happy, exuberant
264. Peace-war, confrontable, tussle, battle
265. Permanent-temporary, momentary, fleeting
266. Permit-prohibit
267. Persist-relinquish
268. Persuade-dissuade
269. Petulance-amiability
270. Physical-mental, psychological
271. Please-displease
272. Pleasure-pain
273. Plenteous-unsufficient
274. Plentiful-scarce
275. Plenty-scarcity
276. Poor-rich, wealthy
277. Pompous-modest
278. Practicable-Impracticable
279. Praise-condemn, defame
280. Precious-cheap, worthless
281. Preliminary-final
282. Premium-discount
283. Pride-humility
284. Profit-loss
285. Progressive-retrogade
286. Prospect-retrospect
287. Prosperity-adversity
288. Prudent-imprudent, reckless
289. Pursue-avoid
290. Quarrelsome-peaceful, friendly
291. Quick-slow, tardy
292. Raise-lower
293. Rapid-slow, tardy
294. Rare-common, ordinary
295. Rash-steady, cautious
296. Real-false
297. Rear-front
298. Recklessness-prudence, wisdom
299. Recover-relapse
300. Rectify-falsify
301. Refinement-coarseness
302. Rejoice-lament, grieve
303. Relevant-irrelevant
304. Relieve-aggravate
305. Religious-secular, irreligious
306. Relish-dislike, shun
307. Remote-near
308. Repress-encourage

309. Repulsive-attractive
310. Resolute-vacillating
311. Resolve-hesitate
312. Restless-calm
313. Restone-appropriate
314. Reveal-hide
315. Rigid-flexible
316. Romantic-prosaic, classical
317. Rough-smooth
318. Ruthless-humane, polite, kind
319. Sacred-profane, unholy
320. Safety-danger, peril
321. Sane-insane, irrational
322. Satisfaction-dissatifaction
323. Savage-civilised
324. Scanty-plentiful
325. Secret-open, public
326. Security-peril, risk
327. Security-peril, risk
328. Sedulousness-indolence
329. Sensible-insensible, senseless
330. Sensitive-insensitive
331. Separate-joint
332. Serious-trifling, light
333. Service-disservice
334. Severe-mild
335. Shallow-deep
336. Sharp-blunt
337. Shy-bold, impudent
338. Simple-intricate, complex
339. Sin-virtue
340. Slow-prompt
341. Smart-dull, slow
342. Smile-frown
343. Sober-excited
344. Soft-hard, stubborn
345. Solidity-liquefy
346. Special-ordinary
347. Speedy-slow
348. Stationary-moving
349. Steadfast-wavering, fickle
350. Straight-crooked
351. Sublime-ridiculous
352. Summit-base
353. Surplus-deficit
354. Sweet-bitter, sour
355. Swift-slow
356. Synonym-antonym
357. Tainted-pure
358. Tame-wild
359. Tedious-lively
360. Temperate-intemperate
361. Tender-hard, strong
362. Thin-fat, stout
363. Thrifty-extravagant
364. Thrive-decline
365. Tolerance-intolerance, bigotry
366. Tractable-refractory
367. Tranquil-agitated
368. Transient-lasting, durable, stable
369. Transparent-opaque
370. Triumph-fail
371. Truth-falsehood
372. Uniform-variable
373. Union-disunion, discord, split
374. Vague-definite
375. Vain-modest, effective
376. Variety-uniformity
377. Venturesome-timid
378. Vigilant-careless, heedless
379. Vindictive-forgiving
380. Violent-gentle
381. Violent-gentle
382. Visible-invisible
383. Vital-immaterial
384. Vivacious-languid
385. Voluntary-compulsory
386. Voluntary-compulsory
387. Volunteer-desert
388. Vulgar-refined
389. Warmth-coolness
390. Wave-wax
391. Wearisome-refreshing
392. Winsome-unprepossessing
393. Woeful-cheerful
394. Worry-comfort
395. Worthless-priceless
396. Yield-resist
397. Youth-age
398. Zeal-indifference
399. Zenith-nadir
400. Zest-dislike

Chapter 3

Idioms and Phrases in Common Usage

1. **To bear in mind:** (to remember) While reading a book we should *bear in mind* the special conditions under which, its author has lived.
2. **To make the best of a bad bargain:** (to bear hardships as best as one can) It is true that your employer is a hard taskmaster but you must *make the best of a bad bargain.*
3. **Into the bargain:** (in addition) He married a rich widow's daughter and got her property *into the bargain.*
4. **Blue blood:** (noble birth) King Edward could not marry Miss Simpson because she had no *blue blood* in her veins.
5. **Bad blood:** (enmity or angry feeling) The recent quarrel has created *bad blood* between the two friends.
6. **To the backbone:** (thoroughly) He is a patriot *to the backbone.*
7. **To have an axe to grind:** (to have a selfish motive) He flatters his boss for he has *an exe to grind.*
8. **An apple of discord:** (bone of contention or cause of dispute) Kashmir is the *apple of discord* between India and Pakistan.
9. **All and sundry:** (everyone without distinction) *All and sundry* cannot be invited to this function because it is a special occasion.
10. **To give oneself airs:** (to be vain and haughty) All people dislike a man who *gives himself airs.*
11. **To be all agog:** (eager and excited) Upon returning home after five years, he found his family *all agog.*
12. **To come of age:** (to become major) He will manage all his affairs when he *comes of age.*
13. **To be above board:** (fair and open) He is honest and so, all his dealings are *above board.*
14. **A black sheep:** (a disloyal person) The robber said that there was *a black sheep* in the gang who had betrayed by giving its secrets to the police.
15. **Bag and baggage:** (with all one's belongings) When he was transferred, he left Agra with his *bag and baggage.*
16. **A bird of passage:** (a temporary resident) My friend cannot settle in this city because he is *a bird of passage.*
17. **Birds of the same feather:** (persons of the same character) One thief likes to accompany another for the *birds of the same feather* flock together.
18. **To kill two birds with one stone:** (to accomplish two purposes at once) He *killed two birds with one stone* for he visited Kanpur and enjoyed the cricket match as well.
19. **To bid fair:** (to give a promise of) This intelligent student *bid fair* to top the list this year in the university examinations.
20. **To be on the horns of a dilemma:** (to face a perplexing choice between two unpleasant things) My poor friend *is on the horns of a dilemma* for if he goes abroad, he will break his wife's heart and if does not, he will mar his future.
21. **Between the devil and the deep sea:** (between two equally great evils when there is no escape either way) He is *between the devil and*

the deep sea for he must either resign or face an enquiry of the charges against him of embezzlement.

22. **Between scylla and charybdis:** (between two dangers in which, if a man avoids the one, he falls into the other) If he escapes *the scylla* of sensuality, he will run into the *charybdis* of drinking.

23. **To get the better of:** (to overcome) The fight seemed equal for a while but he *got the better of* his enemy in the end.

24. **To hit below the belt:** (to take unfair advantage) While referring to his rival's private life he *hit below the belt* beg the quest and thus played foul to him.

25. **To talk big:** (to boast) My friend always *talks big.*

26. **To have a bee in one's bonnet:** (to be eccentric) The old man seems *to have a bee in his bonnet* for he changes his desire so many times.

27. **To beat about the bush:** (to talk irrelevantly) A good speaker does not *beat about the bush* when he speaks in a public meeting.

28. **To take up the cudgels:** (to hold a brief)- A good man does not *take up the cudgels* on behalf of a wrong-doer nor does he hold a brief for a criminal.

29. **As the crow flies:** (in a straight line) The plane, which took Pt. Nehru to Delhi, flew *as the crow flies.*

30. **To shed crocodile tears:** (hypocritical or false grief) She hated the old miser and so she *shed crocodile tears* at his death.

31. **A cock and bull story:** (a false story or explanation) When he is late, he explains his irregularities with *a cock and bull story.*

32. **To cut one's coat according to one's cloth:** (to live within one's means)- With a small salary, I cannot visit the cinema every week for I have *to cut my coat according to my cloth.*

33. **To put the cart before the horse:** (to be preposterous or foolish by putting before what should be put behind)- If you teach them the geography of the world before the geography of India, you will *put the cart before the horse.*

34. **To take the bull by its horns:** (to attack a danger boldly) Next morning he took courage to face his powerful enemy in the office and *took the bull by the horns.*

35. **To nip in the bud:** (to suppress or end at an early stage) This kind of indiscipline among students should be *nipped in the bud.*

36. **To make a clean breast of:** (to make complete confession) The thief *made a clean breast of* his guilt when the policeman beat him.

37. **To be born with a silver spoon in one's mouth:** (to be born rich) Pt. Nehru was born with *a silver spoon in his mouth.*

38. **Bread and butter:** (means of livelihood) It is a question of *bread and butter,* so he should not quarrel with his boss.

39. **In the good books of:** (to enjoy the favour of) He is *in the good books of* his principal and so, he hopes to get the appointment.

40. **Blue-stocking:** (a literary women) India has produced many *a blue-stocking* like Sarojini Naidu.

41. **Blood is thicker than water:** (one cannot ignore family ties) *Blood is thicker than water* and so, he has appointed his brother as the incharge of this office.

42. **To beat black and blue:** (to thrash mercilessly) The police caught the thief and *beat him black and blue.*

43. **To throw down the gaunlet of glove:** (challenge) This wrestler has *thrown the gaunlet* to all the champions present in the arena.

44. **In full swing:** (something at its peak in activity) When I reached there, the fair was *in full swing.*

45. **To take time by the forelock:** (to make usage of the opportunity) Napolean *took time by the forelock* and began every job fifteen minutes earlier than its schedule.

46. **To follow suit:** (to do what the predecessor has done) When the chief guest began to take tea, we *followed suit.*

47. By fits and starts: (irregularly)- She is not an achiever because she works *by fits and starts.*

48. A feather in one's cap: (a thing of pride and distinction) That he has become a member of the executive council is another *feather in his cap.*

49. A far cry: (a long distance in time or space) It is *a far cry* from this city Newyork.

50. To take exception to: (to object to) This remark from you is a reflection on me, and so, I *take exception to it.*

51. A white elephant: (something costly to maintain) This foreign engineer in our iron and steel factory draws a fat salary and so, it is difficult for us to keep such *a white elephant* for a long time.

52. To eat one's words: (to whitdraw one's words) Being rash to pass a disgraceful remark, he had *to eat his words.*

53. To set by the ears: (to cause a quarrel) It is the old man's will, which has *set* all the family *by the ears.*

54. Throw dust in one's eyes: (to deceive) A man cannot *throw dust in my eyes* when I know the facts.

55. Double-dealing (deceiving) Being an honest man, he is incapable of *double-dealing.*

56. To go to the wall: (to fare badly) The new hands will *go to the wall* due to this retrenchment in our factory.

57. A dog in the manger policy: (preventing others from what is useless to oneself) In spite of this surity to loose in the forthcoming elections he follows *a dog in the manger policy* and does not give a chance to me.

58. To carry favour with: (to flatter for favour) This clever and worldly wise man does not fail *to carry favour with* any officer in the town.

59. To eat the humble pie: (to be humiliated) He wrote an apology and thus *ate the humble pie* for being rude to his uncle.

60. To ride the high horse: (to think big or to put on airs) Being the brother of a minister, he *rides the high horse.*

61. To out-herod Herod: (to make more noise and bluster than Herod or to exceed Herod in oppression) He *out-heroded Herod* in his verbal attack on his rival or, Hitler *out-heroded Herod* in his dealings with the Jews.

62. Helter-skelter: (in confusion or disorder) When they saw a headmaster they ran away *helter-skelter.*

63. To take to one's heels: (to run away) When the thief saw a policeman coming towards him he *took to his heels.*

64. Over head and ears: (overwhelmingly)- He is *over head and ears in debt.*

65. To make hay while the sun shines: (to take full advantage of an opportunity) This is a golden opportunity for you and so, you should *make hay while the sun shines.*

66. To bury the hatchet: (to stop quarrelling) He has *buried the hatchet* and has befriended his rival.

67. To harp on the same string: (to be always talking about the same thing) He bores me by *harping on the same string* continually.

68. To die in harness: (to die while doing one's duty or work) He is an industrious and hard-working man and hopes *to die in harness* only.

69. Handwriting on the wall: (the warning of the forthcoming disaster) That the Congress has lost many seats in the recent general elections, is *the handwriting on the wall,* which it cannot ignore easily.

70. Hand in glove with: (to be intimate and friendly) He is *hand in glove with* his neighbour these days.

71. To split hairs: (to advance hair-splitting arguments) I request you to state the main issue at once and not to waste my time in *splitting hairs.*

72. To bring same grist to the mill: (to be a source of some income) Every member of this family earns something and so, even the children *bring same grist to the mill.*

73. To gird up the one's lions: (to get ready far hard work) Let all of us *gird up our lions* to improve the lot of the poor people in the country.

74. **To lead by the nose:** (to make one do what someone else likes) Every person can *lead him by the nose* for he is a very simple man.
75. **To hit the nail on the head:** (to give the exact answer or solution) Without beating about the bush, you should *hit at the nail on the head.*
76. **To move heaven and earth:** (to do everything possible) He has *moved heaven and earth* for his reinstatement.
77. **To mince matters:** (to be soft-tongued) Without *mincing matters,* I told him that his son was weak in English.
78. **To make a mountain of a mole-hill:** (to magnify a trivial matter) This is a trivial matter and so, you should not *make a mountain of a mole-hill.*
79. **To cry over spilt milk:** (to regret in vain) When you are robbed of your money, you should not *cry over spilt milk.*
80. **To be at loggerheads:** (to quarrel) They are *at loggerheads* over the division of work in the library.
81. **The loaves and fishes:** (the material advantages) He is more than sixty years old but he sticks to his office for *the loaves and fishes.*
82. **To leave in the lurch:** (to leave in difficulty) My friends *left me in the lurch* when they cycled ahead without telling me the way to my house.
83. **To laugh in one's sleeves:** (to laugh secretly) This simple man does not know that his companions are *laughing in their sleeves* and are thus making a butt of him.
84. **To strike while the iron is hot:** (to act while an opportunity lasts) The present education minister is favourable to our teachers community and so, we should approach him for an increase in our dearness allowance. Indeed, we should *strike while the iron is hot.*
85. **To have many irons in the fire:** (to be busy with many things at the same time) He has *many irons in the fire* and so, he cannot call any moment of time his own.
86. **Inns and outs:** (all the details) I can give my judgement only when I know all the *inns and outs* of this matter.
87. **To break the ice:** (to begin conversation after silence) After a long silence, he *broke the ice* and began to persuade his angry friend to accompany him.
88. **The rank and file:** (common people) The revolt against the present ministry has not spread in the *rank and file* because it is still confined to the upper classes.
89. **To call in question:** (to dispute) It is not wise *to call* the authority of a *boss in question.*
90. **To feel one's pulse:** (to know one's feelings) Shastriji had *felt the pulse* of every citizen in India and he knew that the nation is behind him over the Kashmir issue.
91. **Pros and cons:** (points for and against) A man can judge this case only after he has examined its *pros and cons* carefully.
92. **At a premium:** (valued highly) Dishonesty is *at a premium* in this line of trade.
93. **Pell mell:** (in a confused or disorderly manner) When the class room caught fire, the student left it *pell mell.*
94. **To cast pearls before swine:** (waste advice or something valuable before those who cannot appreciate its value) By delivering a thrilling speech before the illiterate and ignorant people, he *cast pearls before swine.*
95. **Pandora's box:** (a source of many evils) Autocracy has proved to be a *Pandora's box.*
96. **To palm off:** (to pass off an inferior article as superior) He cannot buy woollen cloth from this shop-keeper because once, he has *palmed off* an ordinary rug for a genuine Dhariwal product.
97. **To hold out an olive branch:** (to try for peace) India has always *held out the olive branch* in her disputes with the neighbouring countries.
98. **A fly in the ointment:** (a defect marring the excellence) The poor relative seems to be *a fly in the ointment* in the company of rich people.
99. **Out of sorts:** (not feeling well) He is feeling *out of sorts* and so, he has taken leave today.
100. **To pour oil on troubled waters:** (to soothe or pacify) They do not stop quarrelling with

each other even when I have made my best efforts *to pour oil on troubled waters.*

101. At odds: (in conflict) They are *at odds* because they seldom meet each other.

102. Null and void: (of no legal validity) This bond will be *null and void* after five years.

103. To smell a rat: (to know that something is wrong) When I saw the window open from a distance, I *smell a rat.*

104. At six and sevens: (in disorder) He was surprised to find everything in his drawing room *at sixes and sevens.*

105. To give the cold shoulder: (to treat in a cold manner) When I approached him for a favour, he *gave me the cold shoulder.*

106. To talk shop: (to talk one's own profession) He is a cloth-deeler but he seldom *talks shop* while going with me to the Ganges.

107. At sea: (to be perplexed) All the doors being closed, I am perfectly *at sea* to understand how the thief entered the room and took away my cash and clothes.

108. Scot-free: (unpunished) Three boys were punished but the real mischief-monger went *scot-free.*

109. A good samaritan: (a really kind and charitable person) He proved the poor begger's *good samaritan* by arranging for his medical treatment.

110. The salt of the earth: (the people, who preserve the society by the good influence of their character) Those men and women who live for their countrymen, are *the salt of the earth.*

111. To cross the Rubicon: (to take a fateful step) When he resigned, he *crossed the Rubicon* because he will no longer be reinstated.

112. A red letter day: (a happy and memorable day) Being the Republic day, the twenty-sixth January is *a red letter day* in the history of India.

113. Red tape: (long and tedious process through which, a file moves before a final order is passed) The scheme of cooperative societies is likely to be held up for a week due to *red tape.*

114. Red handed: (in the act) The thief was caught *red-handed* by the watchmen who found him inside the room.

115. To read between the lines: (to understand the hidden meaning) This is all right but *reading between the lines,* I find that it will not help us in the execution of our plan.

116. To rise from the ranks: (to rise to an eminent position from a very humble position) Napoleon *rose from the ranks* as he started as an ordinary soldier.

117. A wild goose chase: (a foolish and useless quest) If you visit the Himalayas to see the snow-man only, it will be a *wild goose chase* only.

118. To hold water: (to be put to test) The argument which you have given, will not *hold water.*

119. Of the first water: (of the finest quality or of diamond) Every word let out by his tongue is *of the first water.*

120. To throw cold water: (to discourage) This is a very good scheme but the old man is likely to *throw cold water* on it.

121. With a vengeance: (anything in the extreme) This lawlessness is a manifestation of the fact that newly-won freedom is freedom *with a vengeance.*

122. To blow one's own trumpt: (to boast or praise oneself) Nowadays, a man has *to blow his own trumpet* if he wants to achieve success in any walk of life.

123. To play truant: (to be absent without leave) He has *played truant* more than once and so, he is not in the good books of his teacher.

124. Touch and go: (a situation in which, a little thing may turn the balance) The fate of the present ministry hangs in the balance, so, it is but *a touch and go* affair.

125. With the tongue in the cheek: (insincerily or ironically) This man is a bad character; so, while praising honesty and truth, he talks *with the tongue in the cheek.*

126. On tenterhooks: (in agonised suspense) I request you to tell me about your decision and not to keep me *on tenterhooks.*

127. A storm in a tea-cup: (a noisy quarrel or insignificant disturbance over a trivial matter) There was *a storm in a tea-cup* when they failed to decide whether the amount of subscription should be raised or not.

128. On the spur of the moment: (on impulse or without deliberation) This witty man answers all questions *on the spur of the moment.*

129. At stake: (in danger) His reputation is at *stake* and so, he should fulfil his promise.

130. To sow wild oats: (to lead a wild reckless life in youth) He repents now in his old age for having *sown wild oats* in his youth.

131. To end up in smoke: (to fail badly, to come to nothing) He lacks practical wisdom and therefore, this scheme will *end up in smoke.*

132. To set at nought: (to defy) His boss has dismissed him for having *set* his authority *at nought.*

133. Turn to account: (make useful) He has *turned to account* every useful thing he got from me.

134. With one accord: (unanimously) All the students declared to go on a picnic *with one accord.*

135. To play the game: (to act honestly, to observe rules) A God-fearing man *plays the game* and does not deceive his friends.

136. By hook or by crook: (by fair means or by foul) He has made up his mind to become rich *by hook or by crook.*

137. A maiden speech: (the first speech in public) He has never spoken in public in the past but he has done very well in this *maiden speech.*

138. A dark horse: (little known of unexpected winner) By winning the race, it has proved to be *a dark horse* as it was not expected to do it at this age.

139. A wet blanket: (a person who checks conversation, damps enthusiasm) The entry of this strict teacher proved to be *a wet blanket* to the fun enjoyed by the students.

140. Within an ace of: (the smallest possible amount, hair's breath) It was *within an ace of* what he desired.

141. Gone to his account: (dead) I am sorry that this gentle creature has *gone to his account.*

142. To give a wide berth: (to keep at a distance or to avoid) We should *give a wide berth* to all bad people.

143. A French leave: (absence without leave) The teacher had to explain to the principal why he went on *a French leave.*

144. Yeoman's service: (hard and faithful work) As a supply minister, he has given the *yeoman's service* to the public and deserves all possible tribute for it.

145. Out of the wood: (out of a difficult situation) The shortage of food-grains still continue and so, we are not yet *out of the wood.*

146. To keep the wolf from the door: (to escape starvation) The poor workers cannot continue this strike for a long time for they have to *keep the wolf from the door.*

147. At one's wit's end: (not to know what to do) I am *at my wit's end* for I am unable to decide what to do with this mischievous boy.

148. A turn-coat: (a time server) He flatters the present chief minister as he did in the case of his predecessor becasuse he is *a turn-coat* and does not really belong to any party.

149. A Utopian scheme: (a scheme or plan too ideal to be realised) I don't think that this Land Gift Movement is to prove *a Utopian scheme* only.

150. To feather one's nest: (to secure money or comfort) Everyone of these selfish time-servers and turn-coats *feather their own nest* when they talk of giving service to other people.

151. To pay lip service: (not to be sincere in praise) I know that you are not really favouring me and so, I would request you not to *pay lip service* to me.

152. Cat's paw: (a person used as a tool by another) I cannot to be a *cat's paw* in his hand.

153. To go against the grain: (not tasteful or according to inclination) These days, many students opt for English even when it has *gone against their grain.*

154. To burn one's boats: (to leave no means to retreat or to take a final decision) While speaking on the Quit India Resolution, he said that they had *burnt their boats* and so, there was no going back.

155. The heel of Achilles: (weak or vulnerable point) Every great man has *the heel of Achilles* in his personality if he is a human being.

156. The gift of the gab: (the power of speech) These days, a man cannot become a leader if he has not been favoured by nature with *the gift of the gab.*

157. At the eleventh hour: (at the last minute) He has approached me *at the eleventh hour* and so, I could not do much for him.

158. Kith and kin: (a near relative) He is his *kith and kin,* and so, he is bound to favour him.

159. In the wake: (after something) Flood brings cholera *in its wake* and so, all possible medical arrangements should be in advance.

160. Palmy days: (prosperous times) He is now a beggar but he still dreams of his *palmy days.*

161. At the outset: (in the very beginning) He has missed the catch *at the outset* but now, he is playing well.

162. To make amends for: (to compensate for damage, injury or insult) He has apologised *to make amends for* the insolent behaviour in the class.

163. To make short work of: (to dispose of speedily or end suddenly) The locusts have *made short work of* the rabi crop this year.

164. To hang fire: (to remain suspended or to be slow in going off) If this thing *hangs fire* now, it will never be completed (or the bomb is hanging fire and so, it is not to go off soon).

165. To go by the board: (to come to nothing) All his schemes to start a co-operative society in this village have *gone by the board.*

166. To chew the cud: (to meditate on some idea) He promised to give his judgement only after *chewing the cud* on the scheme.

167. To count the chickens before they are hatched: (to anticipate gains) You have started this business only yesterday, and you have begun *to count the chickens before they are hatched.*

168. To bear the burnt of: (to endure the main force, strain or shock of) It was the *pipal* tree that had to *bear the burnt of* the lightning on Monday but the neighbouring trees escaped narrowly.

169. To beggar description: (beyond description) The beauty of the Taj, which is a great wonder of the world is *beggars description.*

170. To call a spade a spade: (to be plain and blunt in speech) If you want me to speak of this matter, I will *call* a *spade a spade* and will not mince matters.

171. To make the flesh creep: (to scare with terror) This murder will *make any man's flesh creep.*

172. To have a finger in every pie: (to meddle in every affair) He is so ambitious that he *has a finger in every pie.*

173. Wool gathering: (absent-minded) He was *wool gathering* when the teacher introduced this difficult lesson.

174. Will-o-the-wisp: (anything that deludes) Man's life is a struggle in which, happiness is like the *will-o-the-wisp*, it deludes him for ever.

175. To flog a dead horse: (to revive a dead issue) If you raise questions regarding the integration of Kashmir with India, you will only *flog a dead horse.*

176. By leaps and bounds: (quickly) The population of India is increasing *by leaps and bounds.*

177. With open arms: (warmly, affectionately) My friend welcomed me *with open arms* when I visited his place last year.

178. To give the devil his due: (to admit the merits of a bad person also) He is wicked but intelligent man; so, you should *give the devil his due* by admitting this intellectual superiority.

179. The sword of Democles: (an ever present and imminent danger)The fear of examination hangs for ever over the students like a *sword of Democles.*

180. A sop to cerberus: (something to pacify a troublesome enemy) The mill owner offered him a good job as *sop to cerberus* because he created trouble among the workers.

181. A bolt from the blue: (sudden and sad

occurrence) The news of his uncle's death came to him as a *bolt from the blue.*

182. A sleeping partner: (one who invests money and shares in the profit but not in the management of a business) Ram is only *sleeping partner* of this firm and so, he seldom looks into these matters.

183. Hall mark: (stamp or mark of genuine excellence) Simplicity is always the *hall mark* of a saintly man like Gandhiji.

184. To wash dirty linen in public: (to discuss personal and private matters before strangers) When he was defeated, he began *to wash dirty linen in public* against his rival.

185. To take to task: (to require explanation) I will *take him task* for idling away five hours.

186. To stem the tide of: (to check) If you want to make India a great nation, you should first *stem the tide of* hunger and poverty.

187. To set the Thames on fire: (to try to do an impossible thing)- If you aim at reaching the Sun, you will try to set *the Thames on fire.*

188. To sail in the same boat with: (to be equally exposed to danger) I was satisfied to know that I had my neighbour *sailing with me in the same boat.*

189. In accordance with a: (in obedience to) *In accordance with* this order I have to stay here for a week.

190. Up to the mark: (up to the standard) He is working hard but he is still not *up to the mark* in this subject.

191. To wind up: (stop) Inspite of these heavy losses, he is not *to wind up* his business.

192. To tide over: (overcome) He has *tided over* all the difficulties on the way to his success.

193. To drive home: (make clear) I followed this point only when my friend *drove it home.*

194. A narrow escape: (a lucky or close escape) He had a *narrow escape* from death in the accident.

195. To draw upon: (take help from) He will *draw upon* all his resources to get out of the present crisis.

196. Out of place: (strange) A crow, in the company of swans looks quite *out of place.*

197. To bring to book: (to be tried in the count) If you commit this crime, you will *be brought to book* by the police.

198. In cold blood: (cruelly) The robbers committed the murder of a helpless traveller *in cold blood.*

199. The see eye to eye: (agree) I do not *see eye to eye* with my friend in the matter of co-education.

200. With a grain of salt: (with reservations) *With a grain of salt,* you have to believe his statemant.

201. To lose ground: (defeat, decrease) It is because of this case of forgery that my friend has begun to *lose ground* in his popularity.

202. Hard up: (scarcity) He has sustained a heavy loss in business recently and so, he is *hard up* for money.

203. To make both ends meet: (to live within one's income) It is with sad to note that he is now able *to make both ends meet.*

204. Point blank: (direct) He refused to accompany me and I did not like this *point-blank* refusal.

205. To rise to the occasion: (to prove worthy) When Bhama Shah saw Rana Pratap and his family facing many hardships in the forests of the Aravalli hills, he *rose to the occasion* and helped master with men and money.

206. With a view to: (for the purpose of) I have come to Kanpur *with a view to* meeting my friend Sant Kumar.

207. To back out: (left) He has *backed out* even when himself undertook this project for its completion.

208. The lion's share: (the biggest share) Those people, who shirk money should not demand *the lion's share* in the people incomes.

Chapter 4

USAGE OF PREPOSITIONS

Prepositions are generally placed in front of those words, which they control. They could also come after the words they govern, notably in questions and in relative and interrogative clauses.

Examples:

What can I cut the apple *with*?

This is the house he was telling me *about*?

Many verbs get strongly associated with certain prepositions in one of the following ways:

(A) With verb and prepositions keeping their basic meanings.

Examples:

Take the book *in* your hand and open it *at* page 49.

He is sitting *on* an armchair and looking *out of* the gate.

He spoke *about* his holidays.

(B) As a compound having an idiomatic meaning.

Examples:

She did not *take* to me at first. (Like)

She *took after* her father. (resembled)

Babita *set about* preparing dinner. (began to prepare)

The boat *made for* the bank. (went towards)

Prepositions indicate various relationships between words or phrases, the most usual being those of time, space (position, direction etc.), manner, agent and mental or emotional attitudes.

Examples:

The book is *on* the desk. (space, position or place)

The boy ran *toward* the house. (direction)

The man arrived *at* ten O'clock. (time)

He travels *by* train. (manner)

The book was written *by* him. (agent)

He spoke *about* his holidays. (mental associa-tion)

We can conceive of various space-relationships with the notions either of Rest or of Motion.

Rest

(i)	Rest near with contact →	**At** →	Babita was *at* home.
(ii)	Rest near with-out contact →	**By** →	I stood *by* him.
	Rest near with-out contact →	**with** →	I sat *with* her.
(iii)	Rest on the surface →	**On** →	The house is *on* the hill.
(iv)	Rest in the interior →	**In** →	He rides *in* a carriage.

Motion

(i)	Motion to-wards, result-ing in contact →	**To** →	Babita gone *to* school.
(ii)	Motion to-wards, before →	**For** →	She sailed *for* Japan it results in contact.
(iii)	Motion away from the upper surface →	**Of** / **Off** →	The balloon passed within 10 metres *of* the ground, the jum-ped *off* the chair
(iv)	Motion away from exterior →	**From** →	He has come *from* the school.
(v)	Motion along the interior →	**Through** →	He went *through* the garden.
(vi)	Motion to a higher point →	**Up** →	He ran *up* the ladder.

Prepositions of Place or Position

A list of some prepositions that indicate relation-ships of place or position has been appended below:

1. At Babita is *at* the store.

2. To	Babita went *to* school.
From	Babita came *from* school.
3. In	She is sitting *in* an arm chair.
On	She is sitting *on* the sofa.
4. By	The matches are over there *by* the Cigarettes.
Beside	The book is *beside* the desk.
Near	Babita is sitting *near* the window.
Against	Do not lean *against* the wall.
5. Over	The kite is *over* our head.
Under	The book is *under* the desk.
Beneath	The closet is *beneath* the stairs.
Underneath	Put a pad *underneath* the neg.
On top of	He is working *on top of* the house.
6. Behind	The boy is *behind* the desk.
In back of	He is standing *in back of* Babita.
In front of	Her school is *in front of* my house.
7. Up	I saw her walking *up* the street.
Down	I met her two miles *down* the road.
8. Across	She walked *across* the park.
Around	I took a walk *around* the 'K' block.
Through	I went *through* the park.
9. Between	She is sitting *between* Gopal and Govind.
Among	Her letter is somewhere *among* these papers.
10. Inside	Keep this box *inside* the house.
Outside	Do not leave the chair *outside* the house.
11. After	Stop for a while *after* each question.
Before	While giving dates, place the month *before* the day.
12. Above	This town is *above* sea level.
Below	This city is *below* sea level.
13. At the top of	His name is *at the top of* the list.
At the bottom of	My name is *at the bottom* of the list.
At the Head of	He is *at the head of* his class.

Prepositions of Direction

The following is a list of some prepositions that indicate relationship of direction.

Into	I walked *into* the room.
Out of	They ran *out of* the burning house.
Toward	He walked *toward* the tent.
By way of	You can go to Mumbai *by way of* Pune.

Prepositions of Time

A list of some prepositions that indicate relationships of time has been appended below:

1. At	The match will start *at* 2 O'clock.
By	He reached there *by* 2 O'clock.
2. In	He will come *in* an hour.
On	Her birthday is *on* November 19.
3. For	I stayed *for* three days.
During	I go there *during* the summer holidays.
Since	I have been living here *since* 1940.
4. After	Meet me *after* 10 O'clock.
Before	Come to me *before* 6 O'clock.
5. Until	Stay here *until* Monday.
Till	Wait here *till* 5 O'clock.
6. At the beginning of	Meet me *at the beginning of the* week.
At the end of	Go to him *at the end of the* month.
In the middle of	I will meet him *in the middle of* the week.
7. Around	I will come to you at *around* 7 O'clock.
About	It is now *about* 5 O'clock.

Prepositions of Manner

A list of some prepositions that indicate relationships of manner has been appended below:

1. By	You can go *by* bus.
2. On	He went *on* foot.
3. In	We came here *in* a car.
4. With	She greeted me *with* a smile.
5. Like	He walks *like* an old man.

Some other Types of Prepositions

1. Agent (Or Instrument) — With or By
   Open the door *with* this key.
   The door is opened *by* him.
2. Accompaniment — With
   He went *with* her to the market.
3. Purpose — For
   This book is meant *for* you only.
4. Association — Of
   I got the news *of* her success.
5. Measure — Of and By
   I want three slices *of* bread.
   Cloth is not sold *by* the yard.
6. Similarity — Like
   You look *like* your brother.
7. In the capacity of — As
   He will serve *as* chairman.

Some Prepositions and Their Usage

1. ABOUT

About *(on-by-out, on that which is by the outside)*: It means close proximity to the outside. It is used figuratively in the following senses:

(a) Close to, on the verge of:

(*i*) It is *about* three O'clock.
(*ii*) He is *about* to be married.
(*iii*) This happened *about* a year ago.
(*iv*) He is much *about* the same as he was last year. (very nearly).

(b) Engaged in (of occupations):

(*i*) What are you *about*? (What are you doing?)
(*ii*) I send him *about* (to engage in) his business.

(c) On all sides of, concerning:

(*i*) I want to consult *about* a matter.
(*ii*) Tell us *about* him.

(d) Adverbial Usage:

(*i*) He went two miles *about.* (He made a circuit of two miles).
(*ii*) He turned *about.* (round)
(*iii*) He decided to bring it *about.* (to cause to happen)
(*iv*) They cast *about* for an opportunity. (tried to find)
(*v*) I am too ill to get *about.* (to leave the house)
(*vi*) They were hanging *about.* (loitering near).

2. ABOVE

Above *(on-by-up; on that which is on the upper side)*: It means close proximity to the upper surface. It is used in the sense of higher in status in terms of position or order. It is used figuratively in the sense of the following:

(a) **Out of the range of, beyond**
His conduct is *above* suspicion.

(b) **More than (of quantity or degree)**
(*i*) Not *above* fifty boys were present.
(*ii*) I value this *above* everything.

(c) **Superior to**
She is *above* such meanness.

3. ACROSS

Across *(on cross, cross-wise)*: It indicates intersection and hence, it is used to indicate.

(a) **Motion from one side of thing to the other:**
A road runs *acorss* the farm.

(b) **Position on the otherside of a thing:**
Her cottage is just *across* the street.

(c) **Position on both sides of a thing:**
(*i*) He threw the load *across* his shoulders.
(*ii*) I came *across* her.

4. AFTER

After *(after, more off)*: It points out distance measured from the back part of a thing. It is used in the sense of the following:

(a) **Behind (with the notion of sequence of time):**
Day *after* day passed by.

(b) **In accordance with, in imitation of:**
(*i*) He is a man *after* my own heart.
(*ii*) This boy takes *after* his father.

(c) **In quest of, in regard to:**
(*i*) They are seekers *after* God.
(*ii*) What are you *after*? (What are you doing?)

(d) **As a result of, and so, inspite of:**
I succeeded *after* all.

5. AGAINST

Against *(on going, in the way)*: It indicates opposition. It is used figuratively in the sense of :

(a) **Opposed to, in opposition to:**
This is *against* the law.

(b) **In provision for, with reference to some necessity or danger:**

It is good to save something *against* a rainy day. (hard times)

6. ALONG

Along *(over against in length, length-wise):* It points out motion or position by the side of a thing or in the direction of its length.

Flowers were blooming *all along* the valley.

7. AMONG, AMONGST

Among *(in the crowd or company of)*: It indicates motion to or position in the midst of. It is used in the sense of-

(a) In the number of:
He is the strongest *among* the boys of this school.

(b) By the joint action of:
Settle this matter *among* yourselves.

(c) For distribution to:
Share this money *among* you.

8. AROUND, ROUND

Around *(on round, in a round or circle)*: It indicates proximity on all sides. Round is its shortened form.

(a) On every side of:
Treses grew *around* her house.

(b) Circuitously about:
He is travelling *round* the world.

(c) Adverbial Use:
(*i*) Go *round* (make a circuit).
(*ii*) Come *round* (revive)
(*iii*) All *round* (in every direction).
(*iv*) *Round* about (indirect)

9. BEFORE

Before *(By fore)*: It marks motion or position in front of.

(*a*) He appeared *before* the judge.
(*b*) They ran away *before* him.

10. BEHIND

Behind *(By hind)*: It marks motion or position at the back of.

(*a*) The sun is *behind* a cloud.
(*b*) The train is *behind* time.

11. BELOW

Below *(By low)*: It indicates motion to or position at a lower point.

(*a*) The article is *below* the mark.
(*b*) He struck me *below* the knee.

12. BENEATH

Beneath *(By the nither part):* It indicates motion to or position at a lower point.

(*a*) She dived *beneath* the water.
(*b*) She is buried *beneath* this stone.

13. BESIDE, BESIDES

Beside *(By side) :* It indicates motion or position by the side of. It is used in the sense of:

(a) Aside from, outside of :
This is *beside* the mark.

(b) In addition to *(also in the from besides) :*
Besides three children at home, she has two at school.

14. BETWEEN

Between *(By twain):* It means in the middle of two.

(*a*) He reads *between* the lines.
(*b*) I will some *between* twelve and one O'clock.

15. BEYOND

Beyond *(By yonder) :* It means on the further side of and so outside the limits of.

(*a*) The matter is *beyond* dispute.
(*b*) His behaviour is *beyond* all praise.

16. OUT OF

Out of : It is a compound preposiiion. It indicates:

(a) Motion from the interior and so origin, derivation:
He turned him *out of* the house.

(b) Rest on the outside, and so, exclusion, defect, loss:
(*i*) He is *out of* prison.
(*ii*) He is a fish *out-of* water.
(*iii*) *Out of* sight, *out of* mind.
(*iv*) I am *out of* pocket by that bargain.

(c) Adverbial Usage:
(*i*) He was *out.* (Not at home).
(*ii*) Find *out* the truth. (discover).
(*iii*) The book will soon be *out.* (published).
(*iv*) Fire is *out.* (extinguished).
(*v*) The day was *out.* (ended).
(*vi*) Congress I is *out* in Punjab. (not in Government office).
(*vii*) He laughed *out.* (without restraint)

(*viii*) You are *out* in that matter. (in error).
(*ix*) Write *out* the lesson. (copy in full).
(*x*) Look out the baby. (Take care).

17. TOWARD, TOWARDS

Toward, Towards *(tending to)* : It means in the direction of. It is used in the sense of—

(a) Approaching to, and so near to:
He wrote it *towards* the end of the book.

(b) With a view to, for the aid of:
I did everything *towards* that object.

(c) With reference to, regarding:
Do everything *towards* God and *toward* man.

18. WITHOUT

Without *(on the outside of)* : It is used to express exclusion or deficiency with reference to attendant circumstances only.

(*a*) He was left *without* money in the world.
(*b*) He tried his best *without* success.

19. WITHIN

Within *(in the interior of, and so inside the limits of):*

(*a*) He kept within doors.
(*b*) I will come within an hour.

20. WITH

With : At first 'With' had the meaning of from—with hold, withdraw, to put with, to differ with, to break with.

Then it took the meaning of against—withstand, to be angry with, to *bigh* with.

Lastly it gained its modern sense of association–I will go with you; I am with you.

It is used in relation to—

(a) Attendant Circumstances:
I will go there *with* pleasure.

(b) The point of reference of an action or a feeling:
He is popular *with* the boys.

(c) Instrumentality:
He did it *with* his own hands.

21. UP

Up : *'Up'* indicates *motion to* and sometimes *rest at* a higher point.

(*a*) He is gone upstairs
(*b*) It is a very *up hill* task.

'Up' has its adverbial use also.

(*a*) He always gets *up* early.
(*b*) Let us be *up* and doing.
(*c*) Prices are looking *up.* (have a tendency to rise).
(*d*) He offered *up* (put) a prayer.
(*e*) To keep *up.* (maintain)
(*f*) Brought *up.* (educated)
(*g*) Threw *up.* (abandoned) or gave up.
(*h*) Bear *up.* (be firm)
(*i*) Came *up.* (arrived)
(*i*) Caught *up.* (overtook)
(*j*) Hard *up.* (in difficulty)
(*k*) Made *up.* (compensated)

22. UNDER

Under: It marks position or motion beneath. It has the meaning of—

(a) In subordination to, subject to:
(*i*) Be patient *under* misfortune.
(*ii*) The case is *under* trial.
(*iii*) It is a post *under* Government.

(b) Falling short of, less than:
I will not give it you *under* four rupees.

(c) Covered, represented, designated by:
He deceived me *under* the mask.

(d) Adverbial use:
(*i*) He brought the fever *under.* (subdued)
(*ii*) He was obliged to knock under. (to yield)

23. FOR, DURING, SINCE

For : In expressions of time, *for* refers to a period of time, frequently stated in terms of the number of hours, days, weeks, and so forth, and in such expressions as *for a long (short) time, for several (a few) minutes, for a little while,* and so forth.

(*a*) We waited *for* fifteen minutes.
(*b*) We waited *for* two hours.
(*c*) We waited *for* several hours.
(*d*) We waited *for* a long time.

During: During also refers to a period to time, frequently stated as a block of time—*during the summer, during the year, during the semester, during my vacation* etc.

(*a*) It rained a great deal *during* the winter.
(*b*) It rained a great deal *during* the year.
(*c*) It rained a great deal *during* the spring semester.
(*d*) It rained a great deal *during* April.

(*e*) It rained a great deal *during* 1955.

In many cases *FOR* refers to something more or less continuous, *during,* to something intermittient. *For* is followed by the indefinite article—*during,* by the definite article.

(*a*) It rained for a day or so. (It rained almost continuously for a day or so).

(*b*) It rained during the day. (It rained sometime during the day or perhaps off and on during the day).

Since: 'Since' refers to a period of time that extends from a point of time in the past to the present or to another point of time in the past. The tense of the verb is usually the present perfect continuous or past continuous.

(*a*) It has been raining *since* five O'clock.

(*b*) I have been here *since* May 10th.

(*c*) I have been here *since* June 1952.

(*d*) I had been teaching there *since* November 1965.

24. ON TIME, IN TIME

On Time: It means *'On schedule.'*

I was there *on time.* (I was there at the appointed time)

In Time: It usually means before an appointed time (often with time left over to do something).

I reached the office in time.

25. FROM, TO *OR* FROM, UNTIL

These expressions have approximately the same meanings and are usually interchangeable in expressions of time.

(*a*) He works *from* 8 A.M. *to* 5 P.M.

(*b*) He works *from* 8 A.M. *until* 5 P.M.

26. AT

At: It indicates external proximity with the notion of contact actual or intended. It is used to denote—

(*a*) **Proximity in relation to a point in space, in the phrases:**

(*i*) She is sick *at* heart.

(*ii*) I keep him *at* arm's length.

(*iii*) She is quite *at* home on this topic.

(*b*) **Proximity in relation to a point in time:**

(*i*) He came *at* day break.

(*ii*) He went *at* 5 O'clock.

(**Note:** *on, in* and *by* used in relation to space of time—*on* monday, *in* the morning (but *on* the morning of Tuesday, the 14th' etc. *by* day not at day. At length-after a long time, finally).

(*c*) **Proximity in relation to value or degree:**

(*i*) The cow is valued *at* Rs. 100.

(*ii*) I wil sell this thing *at* cost price.

(*iii*) She set my advice *at* nought. (valued it at nothing, despise it).

(*d*) **Proximity in relation to the notions of consequence or dependence:**

(*i*) She calmed me *at* (by means of) a word.

(*ii*) He came *at* my call.

(*iii*) I am a tenant *at* will (of my landlord).

(*e*) **Proximity in relation to the notions of occupation, situation, condition:**

(*i*) The storm was *at* its height.

(*ii*) My mind is *at* ease.

(*iii*) He has to play *at* cricket.

(*iv*) He is *at* work.

(*f*) **Adverbial use:** *At* is used in adverbial phrases often with the notion of *degree* or *reckoning* understood.

(*i*) He is a fool *at* best.

(*ii*) I am not *at* all tired.

(*g*) In an address *at* is used with the house number+the name of the street.

He lives at 66/222 Bhusa Toli.

(*h*) In referring to location *at* ordinarily indicates a specified location.

She will meet me at the library.

(*i*) *At* is sometimes used in referring to the arrival of a train and so forth.

The train will arrive *at* Kanpur *at* 8.10 A.M.

27. BY

By: It indicates proximity often without contact either in connection with rest or motion. It is used to denote—

(*a*) **Proximity is relation to time:**

(*i*) I shall come *by* 12 O'clock. (not later than 12 O'clock).

(*b*) **Agency:**

(*i*) I can read *by moonlight.*

(*ii*) He has two children *by* his first wife.

(*iii*) He wants to travel *by* rail.

(*c*) **Manner:**

(*i*) I caught him *by* the leg.

(ii) He paid the money by instalments.

(d) Measure, standard, amount:

(i) It is 10 O'clock *by* (not in) my watch.

(ii) He is teacher *by* profession.

(iii) He sells *by* whole sale.

(iv) He is taller *by* four inches.

(e) Adjuration, appeal:

(i) I swear *by* Heaven.

(ii) I beseech you *by* the mercies of God. (Bible).

(f) Adverbial use: *By is* used as an adverb—

(i) They passed *by* on the other side.

(ii) He laid *by* a rupee every week. (saved).

(iii) Go *by* (avoid)

(iv) *By* and *by* (near and near, very near, very soon).

(v) *By* the *by* [near the near (time)]

28. FOR

For *(Fore):* In Old English it meant *before, in front of.* Now it is used in relation to the three main notions of (A) substitution, (B) causality, (C) opposition.

(A) Substitution—with the meanings of—

(a) In the place of, instead of:

(i) I passed him *for* a rich man. (He was regarded as rich).

(ii) That was meant *for* a joke.

(iii) I took you *for* a gentleman. (regarded)

(b) In exchange for:

(i) An eye *for* an eye and a tooth *for* a tooth.

(ii) He sells mangoes *at* six for a rupee.

(c) In correspondence to:

These two books are page *for* page and line *for* line alike.

(B) Causality-with the meanings of—

(a) On behalf of, in favour of, in the interest of:

(i) Our P. M. is *for* peace.

(ii) He should think *for* himself.

(b) For the sake of, on account of:

(i) She did it *for* love of me.

(ii) I am sorry *for* you.

(c) In regard of, in point of:

(i) As *for* me, I do not object.

(ii) He is small *for* his age.

(d) For the purpose of:

(i) This is not fit *for* food.

(ii) He gasped *for* breath.

(e) In the direction of:

(i) He started *for* Kanpur.

(f) To the extent of:

(i) I failed *for* 10,000 rupees.

(ii) He was silent *for* a time.

29. INTO

Into: Motion inward is usually indicated by *Into.* It marks—

(a) Motion or direction inward:

(i) Please enter *into* the room.

(ii) I will take you *into* my confidence.

(iii) She has driven me *into* a corner.

(b) Change of condition:

(i) He has grown *into* a youngman.

(ii) I reasoned him *into* submission. (induced him to submit by reasoning with him).

30. OF, OFF

Of, Off: They are different forms of the same word. They indicate motion away from or rest at a distance from something. They have the meanings of—

(a) From, with the notion, of separation:

(i) She acquitted you *of* blame.

(ii) He got *off* his horse.

(iii) He is *off* duty.

(b) Proceeding from, with the notion of source or starting point:

(i) He comes *of* good family.

(ii) Evil must come *of* evil.

(c) Resulting from, with the notion of cause:

(i) He died *of* cancer.

(ii) I am sick *of* waiting.

(d) Appertaining to, with the notions of:

(i) Possession-

Bread is the staff of life.

(ii) Material, and so distinguishing characteristic—

1. It is a bar of iron.
2. Service is not a bed *of* roses.

(iii) Apposition—

1. The month of May.
2. A jewel of a servant. (most valuable servant).

(iv) Partition—

I am not *of* your religion.

(v) Point of reference, object—

1. He is hard of heart.

2. He is lame of both legs.

(e) Adverbial uses: 'off' is used as an adverb in-

Give *off* (emit), Take *off* (depart), Be *off* (go away),Cast *off* (discard), Set *off* (started), Came *off* (took place), Warned *off*, (advised), Well *off* (rich, prosperous), *off* and on (at intervals).

31. ON, UPON

On : It is from the same root as in and originally meant at or near with the added notion of superposition.

Hence *on, upon* (up-on) are used to indicate contact.

With the upper surface in relation to—

(a) Place:

(*i*) Kanpur stands *on* the Ganga.

(*ii*) Refreshment is *on* the table.

(*iii*) He gave me blow *upon* blow.

(b) Time:

(*i*) Come on Sunday.

(c) Attendant circumstances:

(*i*) I have hit *upon* a plan.

(*ii*) I am not *on* speaking terms with him.

(*iii*) Her house is *on* fire.

(*iv*) I call upon you to be firm [request].

(d) On acquires the notion of:

Reliance, dependence, aim—Sheep feed on grass. It is used in the sense of—

(*i*) *Because of—*

I congratulated her *on* her success.

(*ii*) *Just after, and so in consequence of—*

On hearing this, he ran away.

(*iii*) *In direction of, with a view to, against—*

1. The guns opened fire *on* the fort.

2. He went *on* a pilgrimage.

(*iv*) *In accordance with, Independence upon—*

I will act *on* your suggestion-*on* your advice.

(*v*) *On condition of—*

He lends money *on* good security.

(e) Adverbial use : *On* is used as an adverb—

Go *on,* live *on,* laid *on,* later *on,* carried *on,* fall *on,* get *on,* hold *on.*

(f) *On* occurs in numerous adverbial phrases:

On the wing [in flight], *on* the alert [ready], *on* all hands [in all directions], *on* no account [for no reason whatever], *on* a par [equal], *on* hand [in present possession], *on* occasion [at need], *on* the want [in a state of decline].

32. OVER

Over: It indicates (*A*) Position above—I wept *over* his grave.

(*B*) Motion above—He travelled over the mountains.

(*C*) Position beyond—My home is over the sea. Hence it is used with the sense of—

(a) Above (in place time or other relations):

(*i*) I am *over* head and ears in debt.

(*ii*) She was absent *over* two hours.

(*iii*) He ruled *over* a vast empire.

(b) About the surface of, across:

(*i*) Think *over* my proposal.

(*ii*) He ferried them *over* the river.

(c) On the other side of, beyond:

(*i*) He lives *over* the way. (on the other side of the street)

(*ii*) He stayed *over* the next day.

(d) Adverbial Use:

(*i*) My ancestors came *over* here three hundred years ago.

(*ii*) He gave over the attempt. (abandoned).

(*iii*) He called over the names (read aloud).

(*iv*) It is all *over* with him (ruined or dead).

33. TO

To : It indicates motion towards a point in space or time, with the notion of reaching it. It is used to mark—

(a) The direction of an action or a feeling towards on object or state—

(*i*) He is a friend *to* the poor.

(*ii*) I am pray *to* anxiety.

(b) Reference to some standard:

She tried *to* convince me.

(d) Adaptation, consonance:

It is not *to* my advantage.

(e) Comparison:

As three is *to* six, so is four *to* eight.

(f) Purpose:

I went *to* see her.

(g) Degree, limit:

I was frightened *to* death. [Excessively]

(j) Result:

The shirt was torn *to* pieces.

(k) **Adverbial use:**

To and fro, go *to,* fall *to,* bring *to,* etc.

Usage of Prepositions

1. The following words take the preposition FOR after them.

Nouns: Affection, ambition, anxiety, apology, appetite, aptitude, blame, candidate, capacity, compassion, compensation, contempt, craving, desire, esteem, fitness, fondness, guarantee, leisure, liking, match, motive, need, opportunity, partiality, passion, pity, pretext, prediction, relish, remorse, reputation, ability, basis, care, cause, demand, disgust, distaste, excuse, facility, fondness, grief, hatred, love, punishment, qualification, receipt, regard, regret, remedy, request, respect, search, shame, sorrow, sympathy, taste, prediction; zest, amends, application, atonement, authority, bargain, cloak, competition, consideration, eagerness, emulation, fine, forbearance, freedom, gratitude, greediness, hope, inclination, intercession, lust, margin, longing, martyr, necessity, nerve, penance, penetration, predilection, preference, preparation, provocation, reason, readiness, receptacle, recompense, repentance, request, respect, responsibility, reverence, surety, satisfaction, specific, stickler, use, warrant, yearning, zeal, zeet.

Adverbs: Anxiously, effectively, fortunately, sufficiently,

Adjectives and Participles: Anxious, celebrated, conspicuous, customary, designed, zealous, destined, eager, eligible, eminent, fit, grateful, notorious, prepared, proper, qualified, ready, sorry, sufficient, suited, useful, solicitous, suitable.

Chapter 5

One Word Substitution

1. Persons, who lived during the same time period —*Contemporaries*
2. Members who are all of one mind—*Unanimous*
3. A thing, which cannot be seen —*Invisible*
4. A voice, which cannot be heard —*Inaudible*
5. A person, who cannot be elected or selected —*Inelligible*
6. Writing which cannot be read —*Illegible*
7. Words, which cannot be understood —*Unintelligible*
8. A match in which, neither party wins —*Drawn*
9. An animal that lives on flesh —*Carnivorous*
10. A plan, which cannot be put into practice —*Impracticable*
11. A person who lacks courage —*Coward*
12. A thing or person liked by all —*Popular*
13. A person who can neither read nor write —*Illiterate*
14. One who abandons his faith —*Apostate*
15. One who is opposed to war and violence —*Pacifist*
16. One who takes a dark view of life —*Pessimist*
17. One who takes a bright view of life—*Optimist*
18. Person skilled in many languages —*Linguist*
19. Writer of pamphlets —*Pamphleteer*
20. Writer of comedies —*Comedian*
21. Writer of tragedies —*Tragedian*
22. Writer of sonnets —*Sonneteer*
23. Writer of drama —*Dramatist*
24. One who enters a country, not his own, for settling there —*Immigrant*
25. One who leaves one's country for settling abrood —*Emigrant*
26. One who is disposed to weeping—*Lachrimose*
27. One who falsely pretends skill in medicine —*Quack Or Charlatan*
28. One who is disposed to quarrel with all —*Bellicose Or Quarrelsome*
29. One who has regard for others —*Altruist*
30. One who is between boyhood and manhood —*Adolescent*
31. One who keeps away from pleasure —*Abstinent*
32. A remedy for all diseases —*Panacea*
33. One travelling on foot —*Pedestrian*
34. To cut off the head —*Behead*
35. To tell before-hand —*Predict*
36. Words no longer in usage —*Obsolete*
37. The murder of one's father —*Patricide*
38. The murder of one's brother —*Fratricide*
39. At the same time —*Simultaneously*
40. Speaking without preparation —*Extempore*
41. Without payment or recompense —*Gratis*
42. One who knows everything —*Omniscient*
43. The life of a person written by himself —*Autobiography*
44. A post with a salary but no work —*Sinecure*
45. A post with no salary —*Honrary*
46. One who lives on vegetables —*Vegetarian*
47. A thing fit to be eaten —*Edible*
48. A child born after its father's death Or A book published after its author's death–*Posthumous*
49. One who represents the government of his country abroad —*Ambassador*
50. One living at the same time or age as another —*Contemporary*
51. One who acts mechanically without free will of one's own —*Automated*
52. An athelete who has defeated all his rivals —*Champion*
53. One resolved not to marry —*Celebate*
54. One who holds fast to irrational view—*Bigot*
55. One (person or nation) engaged in regular warfare —*Belligerent*

56. One who is born out of wedlock —*Bastard*
57. One who believes everything easily —*Credulous*
58. One who is engaged in illegitimate traffic of controlled goods or commodities in short supply —*Black Marketeer*
59. One who makes excessive profits in trade —*Profiteer*
60. One who indulges in boastful talk—*Braggart*
61. Lover of one's own country or nation —*Patriot Or Nationalist*
62. One who likes to inflict pain upon oneself —*Masochist*
63. One who is desirous of doing evil to others —*Malevolent*
64. One who is desirous of doing good to others —*Benevolent*
65. Lover of mankind —*Philanthropist*
66. Hater of marriage —*Misogamist*
67. Hater of women —*Misogynist*
68. Hater of mankind —*Misanthrope*
69. One who is not fully developed —*Immature*
70. One who talks during sleep —*Somnaloquist*
71. One who walks during sleep—*Somnambulist*
72. A child under seven years of age —*Infant*
73. One who abstains from drinking—*Teetoteller*
74. One who believes that pleasure is the chief objective in life —*Hedonist*
75. One who is opposed to old traditions —*Heterodox*
76. One who respects traditions —*Orthodox*
77. One who believes that all things in the universe are manifestations of one God —*Pantheist*
78. One who does not believe in gods —*Atheist*
79. One who believes in many gods —*Polytheist*
80. One who believes in one God —*Monotheist*
81. A breaker of idols and conventions —*Iconoclast*
82. One who deserts his faith or principles —*Renegade*
83. A poem of fourteen lines —*Sonnet*
84. A figure having eight sides —*Octagon*
85. A figure having seven sides —*Heptagon*
86. A figure having six sides —*Hexagon*
87. A figure having five sides —*Pentagon*
88. A figure having four sides —*Quadrilateral*
89. A figure having three sides —*Triangle*
90. Celebration after 100 years —*Centenary*
91. Yearly celebration —*Anniversary*
92. Place where prostitutes live —*Brothel*
93. Fight between two persons with or without arms —*Duel*
94. Place where public records are kept—*Archive*
95. Chest in which, a corpse is buried —*Coffin*
96. Trap for catching birds and animals —*Snare*
97. Buiding set apart for lodging horses—*Stable*
98. A group of rhymed lines —*Stanza*
99. Systematic collection and analysis of facts and data —*Statistics*
100. Export and import duties —*Tariffs*
101. Duty levied on goods entering a town —*Octroi*
102. A collection of choicest poems —*Anthology*
103. Equipment for warfare —*Armament*
104. Substance, which can kill germs—*Germicide*
105. Substance, which can kill insects —*Insecticide*
106. Four-footed animal —*Quadruped*
107. Two-footed animal —*Biped*
108. Vessel to spit in —*Spitoon*
109. Material through which, light cannot pass at all —*Opaque*
110. Material through which, light can pass only partially —*Transparent*
111. One who always thinks that he is ill —*Valetudinarian*
112. One who always thinks of himself —*Egoist*
113. One who abstains from animal foods —*Vegetarian*
114. One who alters his principles to changing circumstances —*Opportunist*
115. One who is given to the indulgence of animal appetites —*Sensualist*
116. One who is a lover of books —*Bibloiphilist*
117. One who is addicted to one's own pet nations —*Faddist*
118. One who denies all existing doctrines —*Nihilist*
119. Use of a delicate word or expression in place of an offensive one —*Euphemism*
120. A morbid impulse to steal —*Kleptomania*

121. A mania for versifying —*Metromania*
122. An inordinate craving for music—*Melomania*
123. Insanity characterised by excessive self-exultation —*Megalomania*
124. A rage for collecting rare books —*Bibliomania*
125. Uncontrollable desire for alcohol —*Dipsomania*
126. Delusion that one is God —*Theomania*
127. Want of or lack of blood —*Anaemia*
128. Morbid dread of water —*Hydrophobia*
129. Dread or hatred of books —*Bibliophobia*
130. Unreasonable dread of being poisoned —*Toxiphobia*
131. Roundabout way of expressing one's ideas —*Circumlocution*
132. Tendency to appoint one's own relatives for high posts —*Nepotism*
133. Habit of giving special privileges to one's friends and relatives —*Favouritism*
134. Language commonly understood by many people —*Lingua Franca*
135. Art of growing gardens —*Horticulture*
136. A society which has no government —*Anarchy*
137. Government by a dictator —*Dictatorship*
138. Government by two independent authorities —*Dyarchy*
139. Government by the wealthy —*Plutocracy*
140. Government by the few —*Oligarchy*
141. Government by the mob —*Mobocracy*
142. Government by the people —*Democracy*
143. Government by a king —*Monarchy*
144. Death caused by electricity —*Electrocution*
145. A free fight in which, many persons take part —*Riot*
146. Large-scale killings —*Massacre*
147. Murder of one's ownself —*Suicide*
148. Murder of mother —*Matricide*
149. Murder of an infant —*Infanticide*
150. Murder of a king —*Regicide*
151. Murder of human being —*Homicide*
152. Theft of literary ideas and material —*Plagiarism*
153. A poem of three lines —*Triplet*
154. A poem of two lines —*Couplet*
155. One who starves the body for the good of the soul —*Ascetic*
156. One who is not sure of the existence of God —*Agnostic*
157. Government by the officials —*Bureaucracy*
158. Motivated to get some money through criminal acts —*Mercenary*
159. Speaking many languages —*Multi-lingual*
160. Speaking two languages —*Bi-lingual*
161. Not in consonance with reason —*Irrational*
162. In consonance with reason —*Rational*
163. That the loss of which, cannot be made good —*Irremediable*
164. Easily set on fire —*Inflammable*
165. Sure to happen —*Inevitable*
166. Not clearly expressed, only implied—*Implicit*
167. Clearly expressed —*Explicit*
168. Living both on land and in water —*Amphibious*
169. Living in water —*Aquatic*
170. Just about to happen —*Imminent*
171. That, which cannot be excused—*Inexcusable*
172. That, which cannot be explained —*Inexplicable*
173. That, which cannot be expressed —*Inexpressible or Ineffable or Unutterable*
174. That, which cannot die —*Immortal*
175. That, which cannot perish —*Imperishable*
176. That, which cannot be exhausted —*Inexhaustible*
177. That, which cannot be conquered —*Invincible*
178. Only in title —*Titular*
179. Only in name —*Nominal*
180. Occurring in five years —*Quinquennial*
181. To talk in childish prattle —*Lisp*
182. To speak in a way, which may be interpreted in two contradictory ways —*Equivocate*
183. To outrage the sanctity of a religious place —*Desecrate*
184. To accuse a pesson of treason or any serious crime before a competent tribunal —*Impeach*
185. To despatch things to a foreign land—*Export*
186. To bring things from a foreign land —*Import*
187. The passage of the soul after death into another body —*Transmigration*

188. Morbid fear of men (in women) —*Androphobia*
189. An impracticable ideal —*Utopia*
190. Remarks, which do not really apply to the subject under discussion —*Irrelevant*
191. Words inscribed on the tomb of a person —*Epitaph*
192. Speech made to oneself when one is alone —*Soliloquy*
193. One who is new in any business or profession —*Novice*
194. One who possesses several talents or gifts —*Versatile*
195. One who eats too much —*Glutton*
196. One who changes one's principles or party —*Turncoat*
197. One who lives upon others —*Parasite*
198. A man of unusual habits —*Eccentric*
199. One who is all-powerful —*Omnipotent*
200. One who is present everywhere—*Omnipresent*
201. A letter, poem etc. whose anthor is unknown —*Anonymous*
202. With one voice' a decision-opinion on which, all are agreed —*Unanimous*
203. The action of looking back on past time —*Retrospection*
204. The action of looking within or into one's own mind —*Introspection*
205. Vigilant and cautious observation of events or circumstances —*Circumspection*
206. One who can make himself at home in all countries —*Cosmopolitan*
207. One who is always inclines to find faults —*Censorious*
208. People working together in the same office or department —*Colleagues*
209. A person having little or no sympathy —*Callous*
210. Marrying more than one husband at a time —*Polyandry*
211. Marrying more than one wife or more than one husband at a time —*Polygamy*
212. Marrying one husband or one wife at a time —*Monogamy*
213. A woman with dark complexion and brown hair —*Brunette*
214. A woman of fair complexion and light hair —*Blonde*
215. To talk impiously about sacred things or texts —*Blasphemy*
216. A statement open to more than one interpretation —*Ambiguous*
217. One who does something not professionally but for pleasure —*Amateur*
218. To turn friends into enemies —*Alienate*
219. A man who has too much enthusiasm for his own religion and hates other religion —*Fanatic*
220. A state of complete chastity on the part of a woman —*Virginity*
221. A place where clothes are kept —*Wardrobe*
222. A person who has long experience of any occupation —*Veteran*
223. A style or text full of words —*Verbose*

Chapter 6

COMPREHENSION

By comprehension we mean 'grasping a piece of writing *intelligently'*, which is slightly different from 'understanding'of any piece of writing. As we know, according to the law of nature, individuals differ in their levels of intelligence. So, the readers of any pasage would also differ in their capacity and aptitude in grasping the exact message contained therein. That is why, there are persons who would read any piece of writing once only and could get fully apprised while others could read it to get something out of it, Hence, comprehension is related to the grasping the idea contained in any passage.

Essentional Pre-requisites of Comprehension: While attempting comprehension you will read a passage to satisfy yourself. See carefully:

(*a*) what is actually conveyed by the narrator;

(*b*) in what connection he has conveyed all that; and

(*c*) what is his contention/objective or what he wants to say by it.

Treatment of comprehension passage: First thing to be done on your part is to read the whole passage thoroughly and attempt to grasp fully, the meanings and the context of the same. No matter whether you read it twice or thrice for the purpose. After reading it to your satisfaction, attempt the questions. Every question is followed by *multiple choice* answers. You have to choose the right answer out of them. While attempting to mark your choice, you may, if you so feel, read the passage once again for the purpose. It will help you in clearing your doubt about the right choice.

While choosing your answer, note the following:

(*A*) Actually you are not writing an answer yourself but choosing the *best* or the *correct* answer out of the lot presented for the purpose.

(*B*) While making the choice of the correct answer beware of the distractors. Plainly speaking, distractors are meant to distract you from the correct answers. The language used therein sometimes is mixed with the language of the actual text of the passage just to mislead you. *Fresh reading of passage dealing with the question would help you much in this regard.*

(*C*) *Note it finally that the more you will read the more you will understand the actual sense sought to be conveyed by the narrator.* Therefore, read and compare every suggested answer with the original passage and in this way, clear yourself of the distractors to mark the correct answer. *Do not act in a hurried manner.*

By now, it should be very clear to the readers what is meant by comprehension and how a passage for comprehension is dealt with properly. All this can be summed up to help them evolve a method to accord comprehension treatment to the passage.

(*i*) *You should read the passage as a whole* once, twice or thrice *to grasp* the sense of the narrator *completely* in the first instance.

(*ii*) The *phrases, idioms* and *technical terms,* if any, should be very carefully read again and again and should be *understood in the context of the meanings of one another.* Their exact sense should be noted in mind.

(*iii*) The *speed of reading* for comprehension is *faster* in the beginning and then *slowed down* in successive rounds. It would enable you to *understand* the *passage intelligently* and exactly.

(*iv*) Use the method of re-reading the passage to solve your difficulty for choosing your answer.

PASSAGE-1

Mrs. Loisel now learned what it was like to be really poor. She made up her mind to face it and played her part bravely. This terrible debt had to be paid and she would pay it. The maid was dismissed; the flat was given up and they moved into a *garret.*

She did all the rough household work; washed up after meals and ruined her finger nails scrubbing dirty dishes and pans. She did all the washing and hung it out on the line to dry. Every morning, she carried the rubbish down to the street and brought the water, pausing for breath at the top of each *flight of stairs.* Dressed like a working woman, she went with her basket on her arm to the *greengrocer,* the *grocer* and the *butcher,* bargaining, arguing and fighting for every penny.

Her husband spent his evenings, working at some shopkeepers' account, and at night, he would often copy papers at a few pennies a page.

Thus life went on for ten years.

At the end of that time, they had paid off everything to the last penny, including the interest on the loan.

Mrs. Loisel now looked like an old woman. She had become a typical poor man's wife, rough and coarse. Her hair was neglected, her dress was untidy, her hands were red. But now and then, when her husband was at the office, she would sit by the window and her thoughts would go back to that far away evening, the evening of her beauty and her success. What would have been the end of it if she had not lost the necklace? Who could say? How strange and varied are the chances of life. How small a thing can save or ruin you.

One Sunday, she went for a walk in the Champa Elysees* and she caught sight of a lady with a child. She recognized Mrs. Forestier, who looked as young, as pretty and as attractive as ever. Mrs. Loisel felt a wave of sadness pass over her. Should she speak to her? Why not? Now that the debt was paid, why should she not tell her the whole story? She went up to her.

"Good morning, Jeanne."

Her friend did not recognize her and said, "I'm afraid I don't know you; you must have made a mistake."

"No, I am Mathilde Loisel."

Her friend uttered a cry.

'Oh' my poor dear Mathilde! How you have changed!"

"Yes, I have been through a very hard time since I saw you last."

* A park in Paris

"What do you mean?"

"You remember the diamond necklace you lent me to wear?"

"Yes, Well?'

"Well, I lost it."

"I don't understand. You brought it back to me."

"What I brought you back was another one, exactly like it and for the ten years, we have been busy paying for it. You must understand that it was not an easy matter for people like us, who hadn't a penny. However, it's all over now. I can't tell you what a relief it is!"

Mrs. Forestier stopped dead.

"You mean that you bought a diamond necklace to replace mine?"

"Yes. And you never noticed it? They were certainly very much alike."

She smiled with pride and satisfaction. But Mrs. Forestier seized both her hands in great distress.

"Oh, my poor, dear Mathilde! Why? Mine was only imitation. At the most it was worth five hundred francs!"

Questions

1. Mrs. Loisel was not a well off lady but still, she took to pay back the huge amount of necklace
   A. in a half-hearted way
   B. in a reluctant manner
   C. quite unwillingly
   D. in a determined way
   E. under compulsion of law

2. Entire money was paid up by her without excuse but
   A. it took ten years for Loisel to clear off the dues in instalments
   B. it took ten years for them to save that much amount to pay back
   C. it took lesser period in paying back the money
   D. they had not paid back in full the amount of necklace even during a period of ten years
   E. they were running short of a little amount to pay back the amount in full at the end of ten years

3. Mrs. Loisel struggled very hard to pay back the amount and it
   A. had made her weak and ill

B. had no effect on her health
C. had made her demoralised and ill humoured
D. had bereft her of her memory
E. had affected her looks

4. When Mrs. Loisel met Mrs. Forestier she
A. told her that she had lost the necklace but promised to return another exactly like it
B. admitted that she had replaced Mrs. Forestier's diamond necklace with a necklace of imitation diamonds
C. told her that the necklace she had returned was not the same that she had borrowed
D. accused Mrs. Forestier of being a cause of ten years sufferings
E. begged her pardon to avoid talk about the necklace that has caused her so much worry

5. Mrs. Forestier told Mrs. Loisel to the effect that
A. the necklace that was returned was made of imitation diamonds
B. the necklace borrowed by Mrs. Loisel was not of real diamonds
C. the necklace returned valued just 500 francs
D. the necklace that she had returned valued less than 500 francs
E. the necklace she had lent was of real diamonds

PASSAGE-2

Imagine a ship built to sail amongst the ice at the North Pole. The ship has a hull two feet thick. This hull is shaped so that when the ice closes in on the ship she* is pushed up—like a piece of soap in your hand and drifts in the top layer of the ice. A ship like this was built for the great Norwegian explorer Fridjof Nansen.

One day, while he was walking by the sea, Nansen found a piece of Russian wood. Obviously the wood had drifted south across the Arctic Circle from Siberia. Nansen thought that if a piece of wood could make the journey so could he. If he had a ship which rested on the ice he would be able to drift across the Arctic Sea. And so the 'Fram' (which means 'forward') was built.

In June, 1893, Nansen left Oslo with a crew of 13 men and 30 dogs for the sledges. Many people thought his plans were mad and said that he was going to meet his death. By September, the 'Fram' had reached Cape Chelyuskin, the most northerly point of Siberia. Here, the ice became 30 ft thick and began to close in on the 'Fram.' But just as Nansen had said, the ship rose up, came to rest on the ice, and began to drift. For an year she drifted northwards, then slowly westwards. Nansen then decided to rush to the North Pole with his companion Hjelmar Johansen. At that time, no explorer had ever reached the Pole.

They set off with 28 dogs, 3 sledges, 2 small boats, a tent, sleeping bags and food. By April 1895 they were within 200 miles of the Pole.

This was nearer to the Pole than any other explorer had ever been. But conditions were terrible. The temperature dropped to 40 degrees below freezing point. The dogs became exhausted. Their clothes froze on their bodies. In the end they had to turn back. The two men and their dogs travelled for four months through ice and snow. Frozen, exhausted and with sinking spirits, they struggled on through mile after mile of snow.

Once Nansen was nearly killed by animals. On another occasion, they tied their small boats to an iceberg and climbed up to make observations. The boats broke loose and began to drift. Nansen knew that they would not be able to go on without the boats. Still wearing his heavy clothes, he dived into the freezing water and swam after the boats. Then, after he had got them back, Nansen's boat was nearly destroyed by an animal.

At last, they reached Franz Josef Land, which is still inside the Arctic Circle. They decided to spend the winter there because it would have been dangerous to travel in a Polar winter. They built a hut of stone and covered it with animal skins and then, settled down for a long cold wait. They spent the winter hunting, talking and writing. In this way, they stopped themselves from going mad with loneliness.

In May, when spring came, they set out again on their march Southwards. A month later, they

* She-the feminine pronoun is used for ships and boats in English.

walked into a party of British explorers. The British had been in the Arctic for two years and were waiting for their ship to take them home. The ship arrived and took Nansen and Johansen back to Norway.

But what had happened to the 'Fram'? There was no word. Her movements were as much a mystery as those of Nansen and Johansen had been. Astonishingly, a week after Nansen's return, the 'Fram' drifted back to Norway—exactly three years after she had left. Nansen was given a hero's welcome and so were the men of the 'Fram.'

Questions

1. For going on journey across the Arctic, Nansen got an idea of a particular ship, especially designed for the purpose because
   A. he must travel by a newly designed ship to go on exploration mission
   B. he must have a ship that would sail around the frozen Arctic
   C. he must have a ship that would plough through the ice
   D. he must have a ship that would slide the top layer of the ice
   E. he must have a ship that would rest on the ice and drift
2. How did Nansen plan to go on exploration mission across the Arctic?
   A. He planned to go to Russia across the Arctic sea
   B. He planned to sail towards the North Pole
   C. He planned to sail north-west toward the Pole
   D. He planned to proceed Northward on the ice
   E. He planned to go across the Arctic from north to south
3. What happened when Nansen and Johansen tried to reach the North Pole proceeding West ward?
   A. they lost the way and were misled
   B. they reached the pole but could not stay there
   C. they reached the Pole and passed the winter there
   D. they approached closer to the pole but were forced to keep away by weather extremities
4. What happened to Nansen and Johansen while they were on return journey?
   A. They met unknown explorers who played host to them
   B. They met British explorers who offered them lift to Norway
   C. They met the British explorers who took them home in their ship
   D. They met the British explorers and took them home in their ship—the 'Fram'
   E. They got a ship that had just landed a party of explorers and reached home
5. What happened to 'Fram' after it was abandoned by Nansen and Johansen?
   A. The ship was destroyed by the snow storm
   B. Returned to Norway after a very long time
   C. Returned to Norway shortly after Nansen
   D. Nothing was heard of it
   E. The ship was remodelled by some other explorers and taken away by them

PASSAGE-3

The French expedition led by Maurice Herzog climbed Annapurna, the 26,493 ft mountain in the Himalayan mountains of Nepal in 1950. This was the first mountain of over 26,000 feet to be climbed, nearly 1,000 ft higher than Tilman's Nanda Devi. At the time of Herzog's climb, some twenty-two previous expeditions had attempted to reach a summit of 26,000 feet. All had failed.

At first, things went according to plan. By May 28th, the mountaineers had established four camps on Annapurna, a base camp at about 16,750 feet and higher camps at 19,350 ft, 21,650 feet and 23,500 feet. Then, two things went wrong. Two of Herzog's companions, whom he had sent high to establish a fifth camp near the summit, were overcome by high altitude sickness and frostbite, an injury to the body caused by intense cold. They failed to set up the camp. With another companion, Louis Lachenal, Herzog took over from them and on June 2nd, made a camp of sorts—a tent on an ice shelf—at 24,600 feet. The monsoon was almost on them and a weather forecast that they had heard on the radio just before coming up was bad. They spent a miserable night in their tent and it snowed heavily.

With dawn the weather got a little better and

they decided to go for the summit, still nearly 2000 feet above them. Neither was using oxygen, both were beginning to suffer from frostbite. After eight hours' climbing they got to the top. Then the weather showed signs of breaking and they had to go down as quickly as they could. On the way down, Herzog took off his gloves for a moment to get something out of his climbing bag—he does not recall what—and he dropped the gloves. They rolled over a cliff.

The loss was disastrous. To be gloveless at 26,000 ft with bad weather coming on might easily mean the loss of his hands from frostbite. There was nothing to be done but to go on down.

They reached their tent of the night before to find that two more of the party, Lionel Terray and Goston Rebuffat, had come to their aid. Terray and Rebuffat undoubtedly saved their lives, for both Herzog and Lachenal were severely frostbitten and Herzog's hands were in a terrible condition.

In the morning the four of them set off on the descent to the next camp but in snow and thick mist, they lost their way. They walked this way and that for the whole day. At nightfall, they were still lost not knowing where they were continuing the descent. Next morning, Lachenal could barely walk. Herzog could not stand unless Terray and Rebuffat supported him. Herzog decided that he was simply getting in the way and told them to leave him and try to save their own lives. The others refused to leave him. In this condition, they were lucky to be found by a search party from the camp.

The behaviour of Herzog and his companions in disaster is beyond criticism as it is beyond praise. As a leader of the expedition, Herzog was unquestionably right to tell the others to abandon him in order to have a better chance themselves but they were equally right to disobey. At the same time, had they left him to die on the mountain, they could not have been criticised; three lives for one is a proper exchange. Herzog's condition was hindering the others, fatally, for all he or they knew. Yet the determination of Herzog's companions to die with him rather than leave him somehow stands out above all arguments about what would have been sensible.

Questions

1. The writer commenting on expedition to Annapurna has remarked to the effect that
   A. before Tilman none had climbed the height of 26,000 ft
   B. Herzog was the first mountaineer to reach the height of 26,000 ft
   C. there had been no expedition till then to climb to that height
   D. there had been twenty-two expeditions to climb Annapurna but all had failed
   E. Tilman had climbed to a height of 26,000 ft before Herzog
2. What had been the fate of the French expedition under review?
   A. It took an ill-start and ended in damn failure
   B. It took a good and successful start but ended in sorrow
   C. It took an odd start but later got to the right course as per plan
   D. It was very disheartening in the beginning
   E. It had taken a good start in the beginning but failed later
3. What happened to Lachenal and Herzog when they set out for final assault to Annapurna?
   A. They were overcome by mountain sickness and frostbite and gave up the idea of proceeding on
   B. They reached Annapurna all right but descended immediately
   C. They had returned leaving uncanned 2,000 feet height below Annapurna
   D. They had reached the summit but due to aggressive weather returned without camping or rest
   E. They were parted on way and descended back to their camp in confusion
4. What happened when Lachenal and Herzog were returning from Annapurna to the lower camp?
   A. Both had broken their shins
   B. Herzog had lost his gloves
   C. Rebuffat and Terray met to help them
   D. Both were affected by frostbite
   E. Herzog told his companion to go back and abandon him
5. What did Herzog decide while on way to descent to the fourth camp?
   A. Herzog decided—for other—to leave as

Rebuffat was getting in the way

B. Herzog decided to leave Lachenal because he could only walk with difficulty

C. Herzog ordered others to leave him and save their own lives

D. Herzog asked others to leave him in anticipation of getting a better chance of recovering later in due course

E. Herzog asked others to leave so that they could arrange better treatment for him

PASSAGE-4

The Great Wall of China is said to be the one structure built by man on earth, which would be visible to observers on the moon. It covers a distance of 1,500 miles as the crow flies. From the Liaotung Peninsula Westward to the last fortress in Central Asia, it crosses the Northern provinces of China. But its actual course, twisting and turning, sweeping across deep valleys, covers over 2,000 miles.

In the Eastern section, its height varies from 15 to 30 feet and its width from about 25 feet at the bottom to 15 feet at the top where there is a pathway wide enough for six horsemen to ride side by side, protected by parapets. When the wall was first built, it had about 25,000 towers, each 40 feet square and 40 feet high projecting from it every few hundred yards with holes from which, the defenders could shoot at attackers. Thousands of these towers are still standing. There are also many watch-towers on the enemy side, outside the wall on hilltops or passes. These and the towers of the wall were used for signalling with smoke or flags by day and with fire by night. The approach of invaders could be reported at once and reinforcements could be sent to any part of the frontier.

The great Emperor Shih Huang Ti joined three earlier frontier walls to form a Great Wall, which was to act as a boundary between China and the north and keep out the feared nomads of the Mongolian steppes. The wall was designed to strengthen the nation's defences; it was not then, as it later became in Ming times, a substitute for a strong army and State.

Construction was started in about 221 B.C. and the structure was practically complete when Shih Huang Ti died in 210 B.C. The man who did most in carrying out the Emperor's plans was general Meng Tien, who, in 221 B.C., led an expedition against the Tartars with an army of 3,00,000, and drove them back from the Yellow River into the steppes and set his men to work on building the Wall. They were later joined by the thousands of convicts. Year in, year out, in icy winds and snowstorms in winter and in duststorms in summer, the work went on and so many men died that the wall was sometimes called the longest cemetery in the world. The core of the Wall is earth and stone, faced with brick and set in a stone foundation. In hilly places, the design was altered; two parallel ditches were dug out of the rock, 25 feet apart and great blocks of stone were laid in the trenches to a height of several feet. Along each side of these stones, baked bricks—about two feet long—were laid at right angles to the face of the Wall, joined together with a white mortar so hard that no nail could be driven into it. The space between the two brick walls was filled with earth, which was beaten down hard. North of Peking, the Wall follows mountain summits of such an altitude and steepness that even goats can hardly climb them. Further West, the Wall often follows the easiest route and here again, its design changes and it is built of yellow earth faced with a thin layer of brick or stone.

Emperor Wu Ti (140-86 B.C.) resumed work on the Wall and extended it to its greatest length and built fortresses in Central Asia itself. The emperors of the Ming Dynasty (A.D. 1386-1644) carried out more work on the Wall repairing its whole length and establishing new walls West of the Yellow River. The Wall, which now exists, dates from the Ming Dynasty but many of its foundations are nearly 2,000 years old; the long line of gray bricks goes back into China's past, dividing two ways of life, separating the nomad from the peaceful farmer.

Questions

1. What do you know about the length of the Great Wall of China?

A. The Great Wall of 1,500 miles long crossing even length of twisting valleys, etc.

B. The Great Wall is 2,000 miles long leaving the twisting valleys

C. The Great Wall is 2,000 miles long overall,

including twisting walls

D. The Great Wall is 1,500 miles long through the twisting valleys

E. The Great Wall was originally 3,000 miles long but now, it is just 1,500 miles

2. What was the idea behind raising the Great Wall?

A. To facilitate weather conditions of that part of China

B. To engage the convicts in hard labour

C. To check the invaders from the North without necessitating massive army

D. To watch the movement of enemy and keep them off the invasion attempts

E. It was built for patrolling purposes throughout the region

3. What was the Wisdom of Emperor Shih Huang Ti in constructing Great Wall?

A. He considered the wall as more powerful means of defence than a massive army

B. He had already used three separate walls to protect the frontiers

C. He was the first ruler to use walls as reliable means of defence

D. He joined three old walls to make the Great Wall for protection from the North

E. The Wall was a multi-purpose project to engage the convicts, to protect the country and facilitate the military movement

4. What do you come to know about the design and construction of the Great Wall?

A. The entire Wall is constructed in a uniformed way

B. The entire Wall is constructed with the same material

C. The same method of construction is used for the entire Wall

D. Different methods of construction are used in different parts of the country

E. There is difference in the outward design of the structure in different regions

5. Who carried over the most part of the work on Great Wall?

A. Shih Huang Ti

B. General Meng Ten

C. Emperor Wu Ti

D. The Ming Emperors

E. The Generals of the Chinese Army of the post Ming era

PASSAGE-5

Countries in the higher stages of development accumulate capital far more easily than those in the less advanced stages. This is one reason why lending between advanced and less advanced countries—at low or zero rates of interest and for long terms of repayment-should be considered normal and natural.

But even loans at low or zero rates or outright grants of capital have their dangers. Even where a country has reached a stage, where it can use capital in quantity, borrowing from abroad can be a substitute for earnings from abroad. The poor country must take advantage of the tendency for the more advanced nations to become what Keynes* called "high-cost, high-living" countries. Friends of many developing countries must view with some concern the rather poor performance of their exports. At a roughly similar stage in her industrialisation, Japan had no alternative but to force her products on to the markets of the world. This did not make the Japanese universally popular but it did provide the earnings for investments, which ensured her further growth. It is doubtful if such aid, however generous, can be a substitute for such earnings and for the independence and self-confidence they bring.

The borrowing of technology is also a complex matter. One advantage of being second in line is that the country so placed can take advantage of what has been worked out, often with considerable mental labour and cost, by those who have gone before. But one must know why the thing was worked out. High-yielding maize hybrids, improved fertilizer usage, are both advances of general application. They are as appropriate and important for the less as for the more developed country. But much of the technology of the more advanced countries was developed because of their shortage of labour, the mechanical cotton picker and the modern heavy farm tractor are inventions of this sort. Their usage on farms in the United States reflects the fact that labour for hire is scarce. This technology should not be

* Keynes-the famous British Economist

taken over in the earlier stages of development in countries with unemployment problems.

So much for the borrowing of capital and technology. I come now to the borrowing of organisation, a term I use broadly to include government and its services and educational, welfare and economic organisation. The argument goes-because a particular organisation or service exists in a more advanced country, it must make an important contribution to development and should be re-created in countries that are in the less advanced stages. It will aid in their development too.

This line of reasoning is a rich source of error. Often and I think usually, the organisation and services of the more advanced countries are not the cause of its development but its result. They either reflect the needs of more advanced development or they are made possible by the level of development and income that country has reached. Unwise borrowing of such organisations will not help development but hinder it. The government of India is a complex thing, which reflects the great variety of tasks undertaken by India in her stage of development. An equally complex organisation would be a great misfortune for one of the newer African States, for the time being, with a far simpler range of tasks.

If luxuries like specialised educational institutions, prefabricated housing and a wide range of public services are adopted before their time, they will draw resources from the tasks that are vital for development.

A hundred years ago, the development of the trans-Mississippi plains in the United States called, above all else, for a land policy, which would get the land settled and ploughed and a transportation system, which would get the products to market. To this end, the government surveyed the land, gave 160 acres to anyone who had proved this good intensions by farming it for a few months and subsidised the building of a railway. These essentials having been provided, development proceeded at amazing speed. It was our unquestioned good fortune that community education experts, home economists and public safety advisers had not been invented. Had these existed, attention would have been drawn from the central task of getting the farms settled and the railway built.

Today, in the United States, these more elaborate services can be easily afforded. And in the present stage of our development, they may be needed. Transferred to Africa or even to India, they may be redundant or damaging as they would have been in the United States in its comparable stage of economic development.

Questions

1. What is meant by 'capital' in the passage?

A. The money earned by traders and industrialists as profit

B. The money that is paid by a borrower in excess to the money borrowed

C. The money advanced by a lender for developmental purposes that would bring interest

D. The amount of money and material that can be put to earn more money

E. The money that is saved in course of time—shorter or longer

2. What is the advantage of advanced and economically developed countries regarding supply of capital over under-developed countries?

A. Developed countries make huge profits from under-developed countries

B. Under-developed countries or less developed countries have rare chances of accumulation of capital internally

C. Developed countries can easily attract capital from less developed countries

D. They are able to accumulate money at a higher rate than any of the under-developed countries

E. They want to keep their money engaged

3. In what way, are the exports helpful to the under-developed countries?

A. It would incline developed countries to provide them big loans

B. They can import latest stuff and material to improve their standard of living

C. The earnings from export would raise their capacities to enhance the rate of growth

D. They will be able to repay the loans at an early date

E. They can easily modernise their industry

4. What advantage is available to under-developed countries in respect of exports that the developed countries lack?
   A. They may improve their position quickly and instead of borrowing may earn from foreign countries
   B. The exports from under-developed countries are encouraging by the advanced countries and appreciated
   C. The cost of production of the same commodity in under-developed countries is lower than in the developed countries
   D. Developed countries grow a tendency of lavish spending without caring for enhancing their earnings
   E. Export promotion in under-developed countries grows the industries rapidly
5. What is particular with Japan in quoting as an instance in context of exports?
   A. Japan had flooded the under-developed countries with very cheap commodities
   B. Japan had exported on competitive rates in foreign countries
   C. Japan is exporting not less than the developing countries had been when they were in the same stage of industrial development
   D. Japan had taken to export intensely while she was still an under-developed country like others are
   E. Japan is exporting to pay off foreign debts

PASSAGE-6

To avoid the various foolish opinions to which, mankind is prone, no superhuman brain is required. A few simple rules will keep you, not only from all errors, but also from silly errors.

If the matter is one that can be settled by observation, make the observation yourself. Aristotle could have avoided the mistake of thinking that women have fewer teeth than men, by the simple device of asking Mrs. Aristotle to keep her mouth open while he counted. Thinking that you know when, in fact, you do not, is a bad mistake to which, we are all prone. I believe myself that hedgehogs eat black beetles because I have been told that they do; but if I was writing a book on the habits of hedgehogs, I should not commit myself until I had seen one enjoying this diet. Aristotle, however, was less cautious. Ancient and mediaeval writers knew all about unicorns and salamanders; not one of them thought it necessary to avoid dogmatic statements about them because he had never seen one of them.

Many matters, however, are less easily brought to the test of experience. If, like most of the mankind, you have strong convictions on many such matters, there are ways in which, you can learn about your own bias. If an opinion contrary to your own makes you angry, that is a sign that you are subconsciously aware of having no good reason for thinking as you do. If someone says that two and two are five or that Iceland is on the equator, you feel pity rather than anger, unless you know so little of arithmetic or geography that his opinion shakes your own contrary conviction. The most savage controversies are those about the kind of opinion as to which, there is no good evidence, either way. Persecution is used in theology, not in arithmetic, because in arithmetic there is knowledge, but in theology there is only opinion. So, whenever you find yourself getting angry about a difference of opinion, be on the alert; you will probably find, on examination, that your belief is going beyond what the evidence warrants.

A good way of ridding yourself of certain types of dogmatism is to become aware of opinions held in social circles different from your own. When I was young, I lived much outside my own country—in France, Germany, Italy and the United States. I found this very profitable in reducing the intensity of my insular prejudices. If you cannot travel, talk to people with whom you disagree and read a newspaper belonging to a party that is not yours. If the people and the newspaper seem mad, stupid and wicked, remind yourself that you seem so to them. In this opinion, both parties may be right but they cannot both be wrong. This thought should generate a certain caution.

Questions

1. What is the writer's comment on Aristotle in the passage?
   A. Aristotle averted the mistake of thinking that women have lesser teeth than men
   B. Aristotle might have thought about women

as having lesser teeth in their mouths than men

C. Aristotle could have avoided the mistake of thinking that women have lesser teeth than men

D. Aristotle thought women have lesser teeth in their mouths than men

E. Aristotle could not avoid the mistake of thinking that women have lesser teeth than men

2. Writer explains his view by saying that if he is going to write a book on hedgehogs

A. he would state that they are black beetles as he had heard and believed about it

B. he would like to check statement by means of his own observation about hedgehogs

C. he would not stick to the view that hedgehogs are black beetles

D. he won't commit the opinion that hedgehogs are black beetles

E. he would verify the statement that they are black beetles before making it

3. What does the writer mean by latest of experience mentioned in the passage?

A. Verify the facts through a highly qualified and well informed person

B. Ascertain the facts from a person who has specialised knowledge of the subject

C. Verify the facts by making personal observations

D. Experimenting by testing that the matter causes reaction in you

E. To verify the matter in the light of common belief

4. What is the comment of the writer about the unicorn and salamanders mentioned in the stories of ancient and mediaeval eras?

A. The two were neither observed nor did they exist

B. They were observed by the writers

C. The two existed but were not observed or seen by those writers

D. The two were in existence in the past only

E. The two may exist but are not observed by the modern writers so far

5. How has the writer defined a dogmatic statement in the context of passage?

A. The one that is undoubting

B. The one that is beyond questioning

C. The one that is taken for granted

D. The one that is probable

E. The one that is highly convincing

ANSWERS

Passage 1

1	2	3	4	5
D	B	D	D	C

Passage 2

1	2	3	4	5
D	D	C	E	D

Passage 3

1	2	3	4	5
D	D	C	B	5. D

Passage 4

1	2	3	4	5
D	A	E	C	B

Passage 5

1	2	3	4	5
E	E	D	C	C

Passage 6

1	2	3	4	5
B	D	D	B	C

Passage 7

1	2	3	4	5
C	D	D	D	B

Passage 8

1	2	3	4	5
D	D	C	C	D

Passage 9

1	2	3	4	5
C	E	C	A	A

Chapter 7

WORDS COMMONLY MIS-SPELT

Note : *The common and more important words have been italicised.*

A

accredited
accrue
accumulate
accurate
accused
accuse
accussation
accustomed
achieve
acknowledge
acquaintance
acquiesce
acquire
acquisition
acquit
actually
actuality
additional
address
addressee
adequate
adequacy
adhere
adherent
adjourn
admirable
administrator
admission
adopt
adulterate
advantageous
adventure
adventurous
adversary
advise
advisable
advertisement
aerial
aerie (or aery)
aeronaut
aesthetic
affectionate
affiliate
affirmation
affix
afflict
affluence
affray
against
agape
agency
aggravate
aggression
aggrieved
agitator
agony
agree
agreeable
agreement
agriculture
aide-de-camp
alcohol
alert
alien
alienate
allegory
alliance
alliteration
allot
allowance
allude
allusion
almighty
aloud
almost
aloof
amass
amateur
ambiguity
ambitious
amenity
ambiguous
amiable
analysis
anarchy
ancestor
anchor
ancient
anecdote
angelic
anger
angry
anguish
annihilate
announce
annual
annually
anonymous
antidote
antiquity
antiseptic
anoint
antique
antithesis
anxious
anxiety
apology
apologise
apostle
apparatus
apparent
appearance
appellation
appetite
appreciate
apprentice
approach
approve
appropriate
approval
approximate
aptitude
aquatic
architecture
ascertain
ascetic
assemblage
assent
assignation
attendance
audience
autobiography
awe

B

bailiff
balcony
balloon
balm
banana
bankruptcy
banquet
barbarous

barrier
bazaar
beauteous
beautify
beguile
behaviour
believe
benediction
beneficent
beneficial
bequeath
besiege
bestow
bewitch
bias
bicycle
binocular
biography
bivouac
bizarre
blasphemy
bough
bounteous
bouquet
breath
brunette
buffet
bungalow
buoyant
bureaucracy
business
butcher

C

cadence
cadre
cafe
calender
calibre
callous
calumny
candour
canoe
canonise
canvas
canvass
cap-a-pie
caprice
career
carriage
carcass
caricature
casualty
catalogue
celebrate
celestial
cemetry
censure
centenary
ceremonial
champion
character
Christmas
chronicle
circumstantial
coalesce
coalition
coerce
coffee
coincide
collaborate
collapse
commemorate
communication
comparable
competition
complement
comparison
comprehension
condolence
conference
conscious
consecutive
contemporary
contemptible
correspondence
countenance
creature
cubicle
curiosity
cylinder

D

daffodil
daunt
dearth
deceased
deceit
deceive
decency
decision
declaration
deference
deficiency
defiance
defy
deity
deliberate
delineate
delirious
deliverance
demoniac
demurrage
dependant
dependence
depression
derision
descend
descent
despot
develop
devour
diagnosis
diarrhoea
dictionary
difference
diffident
digression
dilemma
discern
discipline
disciplinarian
disguise
dissolution
donor
doughty
drudgery
dubious
dwelling
dynasty

E

earnest
eccentricity
ecstasy
effeminate
efficacious
effrontery
eighty
elapse
elegance
elegiac
elementary
eligible
emancipation
embarrassed
embroidery
empyrean
enamel
enamour
endeavour
endow
endure
enfranchise
enthusiasm
entreaty
envisage
ennoble
equilibrium
ethereal
evaporate
exaltation
exasperate
excellence
exception
exhilarate
explanation
explosion
extinguish
extravagance

fashion
fascinate
feature
feign
felicitous
february
feudal
fibre
fiend
fierce
fiery
figure
flourish
foible
forebode

F

forecast
forgo
foreign
foretell
foreword
forfeit
forty
fourteen
fraud
freight
freer
fruition
fulness
furlong
furniture

G

galloping
gaudy
gauging
genius
genealogy
gorgeous
glutton
gnaw

good-bye
grieve
guarantee
guardian
guild
guise
gymnasium

H

half-caste
hammock
handiwork
handkerchief
harangue
harass
hasten
heinous
heroes
heroine
heterogenous

hideous
holiday
horde
humorous
humorist
hurricane
hypocrite
hyprocrisy
hygiene
hysterical

I

ideal
idiom
idiosyncrasy
idolatry
ignominy
illiteracy
illusion
immanent

immeasurable
imminent
impassable
impartial
impenetrable
impiety
impostor
impoverish

inaccessible
inadequate
inalienable
inappropriate
incandescent
inclement
inconsolable
inconvenient
incredulous
indefatigable
indigenous
indiscretion
indispensable
indomitable

infallible
infinitesimal
inflammation
influential
ingenious
ingenuity
ingenuous
ingratiate
ingredient
inoculation
inquisitor
insurrection
irresistible
itch
itinerant

J

jealous
jeopardise
jessamine

jovial
judgement
jungle

K

kaleidoscope
knack
kennel

knot
knowledge
knuckle

L

laboratory
laborious
labyrinth
language
leapard
ligitimate
library

lieutinant
liquefy
litigant
liveable
livelihood
lovable
luxurious

M

magnificent
magnify
maintenance
majority
manageable
manifesto
manoeuvre
mantelshelf
marketed
marshalled
martial
marvelled
marvellous

masquerade
mattress
mayoralty
meagre
measuring
medicinal
mediocre
memorandum
mercenary
meteor
mileage
milennium
millionaire

miniature
minstrel
mischievous
mischhief
misjudgement
modelled
modified
modifying
moisten

moneyed
monitor
monologue
mortal
murkiness
murky
muscular
myriad

N

navigable
negotiate
night
nestling
niche
niece
ninth
notable

noticeable
notified
notifying
novice
noxious
nuisance
nutrition
nymph

O

oasis
obedience
obeisance
obituary
oblique
obliterate
obnoxious
obscure
obsequious
observance
offence
offensive
olympic
omelet (omelette)

omen
omniscient
onomatopoeia
opium
oppress
opulent
ordinary
original
ounce
outcast
ovation
overawe
overhaul
overwhelming
owner

P

pacify
pageant
paladin
palatial
palsy
paltry
pamphlet
panacea
panegyric
pantheism
paralysis

parchment
paroxysm
particoloured
partition
passionate
pastoral
pastry
pasture
patient
patronage
pecuniary

pedestal
peevish
penance
penitent
penitence
penury
perceptible
perennial
permanence
permissible
persecute
perspire
persuasion
perturbation
perversion
phantom
philosophy
phthisis
picturesque
peer
pigeon
pillage
pique
piquant

pitiful
plausible
plebian
pledge
pneumonia
precis
precocious
predicament
predilection
preference
premium
presumptuous
pretentious
prior
procrastinate
profession
prohibit
proprietor
provisional
psalm
pseudonym
pungent
pursuit
pyre

Q

quack
quaint
quarrel
quarrelled
quarrelsome
quarterly

quell
querulous
question
quiescent
quixotic
quorum

R

raciness
radiance
reillery
raspberry
ravenous
realm
recede
receivable
receive
receipt
receptacle
recompense
reconcilable
reconciliatory
recurrence

reducible
reference
regrettable
regiment
relief
relieve
religious
remedy
reminiscence
remitted
removable
remuneration
repelling
repetition
replaceable

repository
reprehensible
reprieve
reproducible
reprovable
repudiator
reputable
requittal
resolvable
resplendent
resurrection
resumption
retraceable
retractable
retrievable
retrieve
revel
revival
rhetoric
rheumatism
rhyme
rhythm
ribald
ridiculous
righteous
rigorous
ruling
rumour

S

sabbath
sacrament
sacrifice
sacrificial
sacrilege
sacrilegious
sagacious
sagacity
saleable
salutary
satchel
safeless
saucer
sauciness
saviour
scabbard
scenery
schedule
scheme
scholar
schooner
science
scintillate
scurrilous
scythe
secede
secrecy
sedentary
sensibility
sepulchre
shield
shoeing
shriek
siege
sieve
silkiness
similarly
simultaneous
sinecure
silful
slyly
smoulder
solecism
solemnize
soliloquy
soliloquize
sombre
somersault
sootiness
sorcery
souvenir
spasm
specify
spectre
sphere
splendour
spontaneous
sprightly
squalid
squalor
squeak
squire
stalwart
staunch
stratagem
stupefy
subservience
subterranean
subtle
succour
succumb
sufficient
suffrage
sumptuous
supercillious
superfluous
superintendent
supersede
superstition
supervisor
suppressor
supremacy
surfeit
surliness
survivor
susceptible
suspense
suspicious
suspensor
sycophant
syllable
sylvan
symbol
symmetrical
symphony
symptom
synonymous

T

tacit
taciturnity
tactician
tameable
tambourine
tawdry
teasel
technique
tedious
temerity
temperament
temperance
tempestuous
temporary
tenable
tenacious
tenement
tenor
tenuity
termagant
tertiary
testimonial
therapeutics
thistle
thorough
threatening
threshold
tithe
torpor
tortuous
tournament
traceable
traitorous
tranquillity
transcend
transference
transferred
transgressor
treasurer
tremendous
tremulous
turbulence
twelfth
twentieth
tying
tyrant

U

ulterior
ultra vires
umbrella
umpire
unalloyed
unanimous

unassuming
unconscionable
undultatory
unfledged
ungrudging
unintelligible
unison
unsavoury

vacancy
vaccinate
vacillate
vacuum
valedictory
valiant
valley
valuable
vaseline
vegetable
vehement
veiled

unspeakable
unthinkable
unwieldy
upbraid
usurp
utilitarian
utterance
uxorious

V

veneer
vengeance
venison
venomous
ventilator
venturesome
venturous
veracious
veracity
verandah
verify
vestige

vicinity
vicissitude
victual
vigour
vigorous

wagon
waif
waltz
wary
warily
wasteful
weasel
weird
whirl

yacht
yeoman

zodiac

vitiate
vivacity
vivify
votary

W

wholesome
wield
wilful
wilfulness
withhold
witticism
wreak
wrought

Y

yield

Z

zoology

Chapter 8

SOME PURPLE PATCHES

NUMBERED PARAGRAPH

In the following passage, some of the words have been left out. First read the passage over and try to understand what it is about. Then fill in the blanks with the help of the alternatives given. Mark your correct Answer.

PASSAGE-1

Many parents greet their children's teenage years with needless dread. While teens (1) assault us with heavy-metal music (2) outlandhish clothes and spend all (3) time with friends, such behaviour (4) adds up to full-scale revolt. Teenage (5), according to psychologist Laurence Steinberg has been (6) exaggerated. Sociologist Sanford Dornbusch agrees. "The (7) that teenagers inevitably rebel is a (8) that has the potential for great family (9)" says Dornbusch. He believes that notion can (10) communication during this critical time for parents to influence youngsters.

1. A. should B. may C. must D. can
2. A. put B. show C. dress D. flaunt
3. A. our B. their C. his D. her
4. A. infrequently B. sporadically C. scarcely D. always
5. A. revolution B. mania C. subversion D. rebellion
6. A. greatly B. hardly C. never D. always
7. A. surmise B. idea C. complaint D. accusation
8. A. story B. reality C. fact D. myth
9. A. ruin B. harm C. defeat D. downfall
10. A. damage B. destroy C. injure D. suffocate

PASSAGE-2

Nations which have (11) upon programmes of economic development often run into unsuspected barriers which threaten, and often (12) the (13) needed growth of the economy. Industrialisation (14), productivity fails to respond and the nations' goals of a rising standard of living for its people are (15). The cities are (16) up and urban unemployment steadily grows. Very probably there is an equal measure of (17) in the countryside. The poorest quarter of the population in developing lands (18) being left almost entirely behind in the vast (19) of the modern technological society. The "marginal men", the (20) strugglers for survival on the (21) of farm and city, may (22) more than two billion. Can we (23) any human order surviving with so (24) a mass of (25) piling up at its base?

11. A. decided B. progressed C. insisted D. embarked E. initiated
12. A. activate B. deteriorate C. halt D. cut E. enlighten
13. A. positively B. hopefully C. alarmingly D. deceptively E. desperately
14. A. falters B. deviates C. fluctuates D. lowers E. dissolves
15. A. postponed B. frustrated C. suspended D. criticised E. fulfilled
16. A. piling B. filing C. growing D. developing E. enlarging
17. A. worklessness B. shortage C. imbalance D. employment E. diversity
18. A. believes B. condemns C. suffers D. risks E. endeavours

19. A. struggle B. surface
C. result D. abundance
E. transformation

20. A. brave B. aged
C. wretched D. ultimate
E. honest

21. A. fringes B. ground
C. surface D. background
E. environment

22. A. account B. project
C. extend D. mount
E. number

23. A. hope B. suspect
C. question D. imagine
E. argue

24. A. little B. far
C. gross D. long
E. many

25. A. population B. misery
C. generation D. degradation
E. humility

PASSAGE-3

Women have (**26**) made (**27**) in the corporate workplace but certainly not as much as they had (**28**) We have new laws, rules and (**29**) relating to women in the workplace, but what we have not changed much is male (**30**) Women have fallen short in their goals because we (**31**) the potency of the male need to (**32**) their power. We can abide (**33**) by the laws and rules, we create in order to (**34**) women an equal opportunity in the corporate workplace and still not (**35**) the problems that afflicted and eventually capsized the women's raft.

26. A. seldom B. not
C. optimistically D. undoubtedly
E. perhaps

27. A. attempts B. progress
C. decisions D. efforts
E. automation

28. A. prescribed B. informed
C. encompassed D. predisposed
E. expected

29. A. problems B. revolutions
C. policies D. cases
E. activities

30. A. behaviour B. population
C. achievements D. patterns
E. hatred

31. A. risk B. minimise
C. respect D. retaliate
E. underestimate

32. A. know B. maintain
C. evolve D. absolve
E. diminish

33. A. them B. partially
C. occasionally D. scrupulously
E. excessively

34. A. deprive B. donate
C. assure D. deny
E. share

35. A. emphasise B. explore
C. judge D. mentioned
E. overcome

PASSAGE-4

Children are loved by all human beings. But (**36**) this world of human (**37**) ther is no (**38**) nuisance than a boy (**39**) the age of fourteen. He is neither ornamental (**40**) useful. It is impossible to (**41**) affection on him as on a (**42**) boy and he always getting (**43**) the way. If he talks with a childish lisp he is called a baby, and if he answers in a grown-up way he is called impertinent. In fact, any talk from him is resented. Then he is (**44**) the unattractive, growing age. He grows out (**45**) his clothes, with indecent haste. His voice begins to break and loses its childish charm.

36. A. in B. for
C. of D. on

37. A. life B. world
C. affairs D. beings

38. A. bad B. worse
C. worst D. better

39. A. of B. in
C. on D. at

40. A. nor B. or
C. and D. so

41. A. showering B. repose
C. show D. shower

42. A. big B. little
C. tiny D. small

43. A. on B. in
C. through D. off

44. A. at B. of
C. on D. with

45. A. beyond B. from
C. of D. through

PASSAGE-5

New industries supported by foreign interests (**46**) offer (**47**) salaries to their employees at all levels of responsibility than (**48**) locally-owned industries. They need (**49**) people and are (**50**) to pay high wages to (**51**) them. Local industries often (**52**) the high salaries offered by foreign-supported industries, arguing that this will (**53**) raise all wages to an excessive level. Workers in local industries, seeing the sharp (**54**) in job-pay will agitate for an improvement in their salaries. This eventually will drain the resources and (**55**) their profitability.

46. A. hardly B. reluctantly
C. seldom D. never
E. usually

47. A. disproportionate B. better
C. proportionate D. comparable
E. unreasonable

48. A. did B. could
C. do D. their
E. does

49. A. local B. several
C. more D. talented
E. less

50. A. willing B. bound
C. forced D. reluctant
E. authorised

51. A. entertain B. retain
C. enrich D. hire
E. bribe

52. A. uphold B. imitate
C. protest D. pay
E. accept

53. A. hardly B. considerably
C. not D. unreasonably
E. artificially

54. A. difference B. cut
C. hike D. decrease
E. injustice

55. A. augment B. fulfil
C. enhance D. lower
E. check

PASSAGE-6

The people of Orissa, where 70 per cent of the cultivable (**56**) is rain-fed had no choice but to migrate because of the (**57**) drought. Migration is an annual (**58**) in the drought-prone districts of this State. Madhya Pradesh (**59**) a favourite (**60**) besides Andhra Pradesh, Delhi and even Punjab. A survey (**61**) that every year more than 50,000 people migrate from one district alone. But this year more than 20,000 have already migrated (**62**) from one block of this district.

56. A. grain B. crop
C. water D. area
E. length

57. A. fear B. weak
C. best D. simple
E. severe

58. A. claim B. affair
C. festival D. right
E. demand

59. A. be B. were
C. is D. may
E. are

60. A. opportunity B. agency
C. destination D. force
E. course

61. A. shows B. collects
C. provided D. obtains
E. conducted

62. A. into B. above
C. beyond D. from
E. although

PASSAGE-7

To the curious and the (**63**) the sea still presents the challenge of the unknown, for ignorance is still the (**64**) characteristic of man's relations to the sea. But now, more than ever, necessity (**65**) us onward in our exploration of the sea. We now have submarines capable of (**66**) submergence for many months (**67**) missiles capable of (**68**) many times greater than that (**69**) by World War II. For (**70**) reasons, therefore, we need (**71**) to learn more about the (**72**) of ocean bottom, about deep ocean currents, temperature, density and so on.

63. A. outgoing B. courageous C. formidable D. watchful E. intelligent

64. A. outstanding B. remarkable C. valuable D. critical E. distinguishing

65. A. projects B. excites C. goads D. propels E. makes

66. A. provocative B. turbulant C. deadly D. durable E. steady

67. A. guiding B. subjecting C. providing D. holding E. directing

68. A. expansion B. destruction C. projection D. domination E. aggression

69. A. forced B. witnessed C. experienced D. conceived E. wrought

70. A. traditional B. academic C. deliberate D. strategic E. historical

71. A. ugrently B. drastically C. judiciously D. cautiously E. wilfully

72. A. tenacity B. distribution C. topography D. resources E. velocity

PASSAGE-8

Energy is the most important (**73**) for economic development (**74**) a country and (**75**) in the quality of life of its people. Recent developments in the (**76**) of science and technology have revolutionised the industrial (**77**) of the country due to which the energy (**78**) has increased mainifold. But these developments also (**79**) a huge quantity of undesirable but (**80**) wastes which are regularly thrown into rivers, ponds, etc. Waste products from thermal power plants (**81**) fly ash is one of such wastes which has drawn the (**82**) of scientists and academicians.

73. A. matter B. factor C. output D. attribute E. ingredient

74. A. on B. about C. of D. for E. in

75. A. dilution B. deterioration C. development D. improvement E. decline

76. A. field B. range C. respect D. scope E. place

77. A. input B. sickness C. consumption D. backwardness E. growth

78. A. requirement B. scenario C. strength D. accumulation E. level

79. A. utilise B. generate C. regulate D. maintain E. retain

80. A. marginal B. sustainable C. needful D. unavoidable E. useful

81. A. often B. occasionally C. rarely D. instantly E. mainly

82. A. research B. thought C. attention D. morale E. minds

ANSWERS

1	2	3	4	5	6	7	8	9	10
B	D	B	D	D	A	B	B	A	D
11	**12**	**13**	**14**	**15**	**16**	**17**	**18**	**19**	**20**
D	D	E	A	B	C	A	C	A	A
21	**22**	**23**	**24**	**25**	**26**	**27**	**28**	**29**	**30**
A	E	A	C	A	D	B	E	C	A
31	**32**	**33**	**34**	**35**	**36**	**37**	**38**	**39**	**40**
C	B	E	C	E	A	D	B	A	A
41	**42**	**43**	**44**	**45**	**46**	**47**	**48**	**49**	**50**
D	B	B	A	C	E	B	C	D	A
51	**52**	**53**	**54**	**55**	**56**	**57**	**58**	**59**	**60**
B	C	D	A	D	D	E	B	C	C
61	**62**	**63**	**64**	**65**	**66**	**67**	**68**	**69**	**70**
A	D	D	B	C	E	D	B	B	D
71	**72**	**73**	**74**	**75**	**76**	**77**	**78**	**79**	**80**
A	C	B	C	D	A	E	A	B	D
81	**82**								
E	C								

REARRANGEMENT OF SENTENCES

TYPE-ONE

Each of the following passages contains five sentences marked a, b, c, d and e. Rearrange the five sentences in proper sequence in order to form a meaningful paragraph. Answer the questions named below each of the passages.

PASSAGE-1

a. Both of them are human beings.
b. They have the same desires, passions, emotions and sentiments.
c. Both of them are made of five elements.
d. Both men and women are created by the same God.
e. They are made of the same flesh and blood.

Questions

1. Which of the following will be the FIRST sentence?

A. a B. b
C. c D. d
E. e

2. Which of the following will be the SECOND sentence?

A. a B. b
C. c D. d
E. e

3. Which of the following will be the THIRD sentence?

A. a B. b
C. c D. d
E. e

4. Which of the following will be the FOURTH sentence?

A. a B. b
C. c D. d
E. e

5. Which of the following will be the FIFTH sentence?

A. a B. b
C. c D. d
E. e

PASSAGE-2

a. All of them are very dedicated to the institute.
b. It was started with only four faculty members.
c. It is one of the reasons for its recognition in such a short period.
d. Now it has a team of fifty highly qualified persons.
e. This institute is only four years old.

Questions

6. Which of the following should be the FIRST sentence?
A. a B. b
C. c D. d
E. e

7. Which of the following should be the SECOND sentence?
A. a B. b
C. c D. d
E. e

8. Which of the following should be the THIRD sentence?
A. a B. b
C. c D. d
E. e

9. Which of the following should be the FOURTH sentence?
A. a B. b
C. c D. d
E. e

10. Which of the following should be the FIFTH sentence?
A. a B. b
C. c D. d
E. e

PASSAGE-3

a. She came back wet and with a cold.
b. It was raining in Torents.
c. Ram had been sick for some days.
d. Many things were needed in the house.
e. Despite it, Ram's wife went out to market.

Questions

11. Which sentence should come FIRST in the passage?
A. a B. b
C. c D. d
E. e

12. Which sentence should come SECOND in the passage?
A. a B. b
C. c D. d
E. e

13. Which sentence should come THIRD in the passage?
A. a B. b
C. c D. d
E. e

14. Which sentence should come FOURTH in the passage?
A. a B. b
C. c D. d
E. e

15. Which sentence should come FIFTH in the passage?
A. a B. b
C. c D. d
E. e

PASSAGE-4

a. The patient became helpless.
b. The patient went to the doctor.
c. He wanted to give him some present.
d. The docotr totally refused to do so.
e. He requested him to accept it.

Questions

16. Which of the following should be the FIRST sentence?
A. a B. b
C. c D. d
E. e

17. Which of the following should be the SECOND sentence?
A. a B. b
C. c D. d
E. e

18. Which of the following should be the THIRD sentence?

A. a B. b
C. c D. d
E. e

19. Which of the following should be the FOURTH sentence?

A. a B. b
C. c D. d
E. e

20. Which of the following should be the FIFTH sentence?

A. a B. b
C. c D. d
E. e

PASSAGE-5

a. Children sat listening to him for almost an hour.
b. At the stories were full of crime and mystery.
c. Ramesh conceded to their request.
d. That hour was fascinating for them.
e. Children requested Ramesh to tell them stories.

Questions

21. Which of the following will be the FIRST sentence?

A. a B. b
C. c D. d
E. e

22. Which of the following will be the SECOND sentence?

A. a B. b
C. c D. d
E. e

23. Which of the following will be the THIRD sentence?

A. a B. b
C. c D. d
E. e

24. Which of the following will be the FOURTH sentence?

A. a B. b
C. c D. d
E. e

25. Which of the following will be the FIFTH sentence?

A. a B. b
C. c D. d
E. e

ANSWERS

Passage-1

The proper sequence of the sentences is:

Both men and women are created by the same God. They are made of the same flesh and blood. Both of them are made of five elements. They have the same desires, passions, emotions and sentiments. Both of them are human beings.

1. D 2. E 3. C 4. B 5. A

Passage-2

The proper sequence of the sentences is:

This institute is only four years old. It was started with only four faculty members. Now it has a team of fifty highly qualified persons. All of them are very dedicated to the institute. It is one of the reasons for its recognition in such a short period.

6. E 7. B 8. D 9. A 10. C

Passage-3

The proper sequence of the sentenees is:

Ram had been sick for some days. Many things were needed in the house. It was raining in Torrents. Despite it, Ram's wife went out to rharket. She came back wet and with a cold.

11. C 12. D 13. B 14. E 15. A

Passage-4

The proper sequence of the sentences is:

The patient went to the doctor. He wanted to give him some present. He requested him to accept it. The doctor totally refused to do so. The patient became helpless.

16. B 17. C 18. E 19. D 20. A

Passage-5

The proper sequence of the sentenees is:

Children requested Ramesh to tell them stories. Ramesh conceded to their request. Children sat listening to him for almost an hour. All the stories were full of crime and mystery That hour was fascinating for them.

21. E 22. C 23. A 24. B 25. D

TYPE-TWO

In questions below, each passage consists of six sentences. The first and the sixth sentences are given in the beginning. The middle four sentences in each have been removed and jumbled up. These are labelled P, Q, R and S. Find out the proper order for the four sentences.

1. S_1 : Since the sixties there has been an increasing interest in human neurophysiology, which deals with the neural bases of mental activity and behaviour.

S_6 : So far the journal has published a mixture of articles including reports and investigations.

P : It has format which is very similar to that of *Brain and Language*, a sister journal.

Q : Since then, a number of journals devoted entirely to this area of research have appeared.

R : Before the 1960's when this field was the concern of a small number of investigators, research articles were scattered in various neurological journals.

S : *Brain and Cognition* is one such journal.

The proper sequence should be:

A. R Q S P B. Q R S P
C. Q S P R D. R S P Q

2. S_1 : She said on the phone that she would report for duty next day.

S_6 : Eventually we reported to the police.

P : We waited for a few days, then we decided to go to her place.

Q : But she did not.

R : We found it locked.

S : Even after that we waited for her for quite a few days.

The proper sequence should be:

A. P R S Q B. Q P S R
C. Q P R S D. S Q P R

3. S_1: A force of attraction exists between everybody in the universe.

S_6 : The greater the mass, the greater is the earth's force of attraction on it—we call this force of attraction gravity.

P : Normally it is very small but when one of the bodies is a planet, like the earth, the force is considerable.

Q : It has been investigated by many scientists including Galileo and Newton.

R : Everything on or near the surface of the earth is attracted by the mass of the earth.

S : This gravitational force depends on the mass of the bodies involved.

The proper sequence should be:

A. P R Q S B. P R S Q
C. Q S R P D. Q S P R

4. S_1 : Metals are today being replaced by polymers in many applications.

S_6 : Many Indian Institutes of Science and Technology run special programmes on polymer science.

P : Above all, they are cheaper and easier to process, making them a viable alternative to metals.

Q : Polymers are essentially long chains of hydrocarbon molecules.

R : Today polymers as strong as metals have been developed.

S : These have replaced the traditional chromium-plated metallic bumpers in cars.

The proper sequence should be:

A. Q R S P B. R S Q P
C. R Q S P D. Q R P S

5. S_1 : Biological evolution has not fitted man to any specific environment.

S_6 : That brilliant sequence of cultural peaks can most appropriately be termed the ascent of Man.

P : It is by no means a biological evolution, but it is a cultural one.

Q : His imagination, his reason, his emotional subtlety and toughness, make it possible for him not to accept the environment but to change it.

R : And that series of inventions by which man from age to age has reshaped his environment is a different kind of evolution.

S : Among the multitude of animals which scamper, fly, burrow and swim around us, he is the only one who is not locked into his environment.

The proper sequence should be:

A. Q P R S B. S R Q P
C. Q R S P D. S Q R P

6. S_1 : Growing up means not only getting larger, but also using our senses and our brains to become more aware of the things around us.

S_6 : In other words, we must develop and use our ability to reason, because the destruction or the preservation of the places in which we live depends on us.

P : Not only does he have a memory but he is able to think and reason.

Q : In this, man differs from all other animals.

R : Before we spray our roadside plants or turn sewage into our rivers, we should pause to think what the results of our actions are likely to be.

S : That is to say, he is able to plan what he is going to do in the light of his experience before the does it.

The proper sequence should be:

A. Q R S P B. S P Q R
C. S P R Q D. Q P S R

7. S_1 : It is regrettable that there is widespread corruption in the country at all levels.

S_6 : This is indeed a tragedy of great magnitude.

P : So there is hardly anything that the government can do about it now.

Q : And there are graft and other malpractices too.

R : The impression that corruption is a universal phenomenon persists and the people do not cooperate in checking this evil.

S : Recently several offenders were brought to book, but they were not given deterrent punishment.

The proper sequence should be:

A. Q S R P B. S Q R P
C. R S Q P D. P Q S R

8. S_1 : Smoke oozed up between the planks.

S_6 : Most people bore the shock bravely.

P : Passengers wee told to be ready to quit the ship.

Q : The rising gale fanned the smouldering fire.

R : Everyone now knew there was a fire on board.

S : Flame broke out here and there.

The proper sequence should be:

A. S R Q P B. Q P S R
C. R S P Q D. Q S R P

9. S_1 : It was dark moonless night.

S_6 : They all seemed to him to be poor and ordinary—mere childish words.

P : He turned over the pages, reading passages here and there.

Q : He heard them on the floor.

R : The poet took down his books of poems from his shelves.

S : Some of them contained his earliest writings which he had almost forgotten.

The proper sequence should be:

A. R P Q S B. R Q S P
C. R S P Q D. R P S Q

10. S_1 : A noise started above their heads.

S_6 : Nearly two hundred lives were lost on the fateful day.

P : But people did not take it seriously.

Q : That was to show everyone that there was something wrong.

R : It was a dangerous thing to do.

S : For, within minutes the ship began to sink.

The proper sequence should be:

A. P Q R S B. P R Q S
C. Q P R S D. Q P S R

11. S_1 : The cooperative system of doing business is a good way of encouraging ordinary workers to work hard.

S_6 : The main object is to maintain the interest of every member of the society and to ensure that the members participate actively in the projects of the society.

P : If the society is to be well run, it is necessary to prevent insincere officials being elected to the committee which is solely responsible for the running of the business.

Q : They get this from experienced and professional workers who are not only familiar with the cooperative system, but also with efficient methods of doing business.

R : To a large extent, many cooperative societies need advice and guidance.

S : The capital necessary to start a business venture is obtained by the workers' contributions.

The proper sequence should be:

A. S Q P R B. P Q S R
C. S R Q P D. P S R Q

12. S_1 : American private lives may seem shallow.

S_6 : This would not happen in China, he said.

P : Students would walk away with books they had not paid for.

Q : A Chinese journalist commented on a curious institution: the library.

R : Their public morality, however, impressed visitors.

S : But in general they returned them.

The proper sequence should be:

A. P S Q R B. Q P S R
C. R Q P S D. R P S Q

13. S_1 : The *Bhagavadgita* recognises the nature of man and the needs of man.

S_6 : A man who does not harmonise them, is not truly human.

P : All these three aspects constitute the nature of man.

Q : It shows how the human being is a rational one, an ethical one and a spiritual one.

R : More than all, it must be a spiritual experience.

S : Nothing can give him fulfilment unless it satisfies his reason, his ethical conscience.

The proper sequence should be:

A. P S R Q B. R S P Q
C. Q P S R D. P S Q R

14. S_1 : I usually sleep quite well in the train, but this time I slept only a little.

S_6 : It was shut all night, as usual.

P : Most people wanted it shut and I wanted it open.

Q : As usual, I got angry about the window.

R : The quarrel left me completely upset.

S : There were too many people and too much luggage all around.

The proper sequence should be:

A. R S Q P B. S Q P R
C. S Q R P D. R S P Q

15. S_1 : For decades, American society has been called a melting pot.

S_6 : In recent years, such differences—accentuated by the arrival of immigrants from Asia and other parts of the world in the United States—have become something to celebrate and to nurture.

P : Differences remained—in appearance, mannerisms, customs, speech, religion and more.

Q : The term has long been a cliche, and a half-truth.

R : But homogenisation was never achieved.

S : Yes, immigrants from diverse cultures and traditions did cast off vestiges of their native lands and become almost imperceptibly woven into the American fabric.

The proper sequence should be:

A. Q R S P B. S Q R P
C. S Q P R D. Q S R P

16. S_1 : While talking to a group, one should feel self-confident and courageous.

S_6 : Any man can develop his capacity if he has the desire to do so.

P : Nor is it a gift bestowed by Providence on only a few.

Q : One should also learn how to think calmly and clearly.

R : It is like the ability to play golf.

S : It is not as difficult as most men imagine.

The proper sequence should be:

A. S Q P R B. Q S P R
C. Q R S P D. R S Q P

17. S_1 : In 1934, William Golding published a small volume of poems.

S_6 : *But Lord of the Flies* which came out in 1954 was welcomed as "a most absorbing and instructive tale".

P : During the World War II (1939-45) he joined the Royal Navy and was present at the sinking of the *Bismarck.*

Q : He returned to teaching in 1945 and gave it up in 1962, and is now a full-time writer.

R : In 1939, he married and started teaching at Bishop Wordsworth's School in Salisbury

S : At first his novels were not accepted.

The proper sequence should be:

A. R P Q S B. R P S Q
C. S R P Q D. S Q P R

18. S_1 : Our ancestors thought that anything which moved itself was alive.

S_6 : Therefore some scientists think that life is just a very complicated mechanism.

P : The philosopher Descartes thought that both men and animals were machines.

Q : But a machine such as a motorcar or a steamship moves itself, and as soon as machines which moved themselves had been made, people asked, "Is man a machine?"

R : And before the days of machinery that was a good definition.

S : He also thought that the human machine was partly controlled by the soul action on a certain part of the brain, while animals had no souls

The proper sequence should be:

A. P R S Q B. R P Q S
C. P S Q R D. R Q P S

19. S_1 : But how does a new word get into the dictionary?

S_6 : He sorts them according to their grammatical function, and carefully writes a definition.

P : When a new dictionary is being edited, a lexicographer collects all the alphabetically arranged citation slips for a particular word.

Q : The dictionary makers notice it and make a note of it on a citation slip.

R : The moment a new word is coined, it usually enters the spoken language.

S : The word then passes from the realm of hearing to the realm of writing.

The proper sequence should be:

A. P Q R S B. P R S Q
C. R Q P S D. R S Q P

20. S_1 : There is a touching story of Professor Hardy visiting Ramanujan as he lay desperately ill in hospital at Putney.

S_6 : It is the lowest number that can be expressed in two different ways as the sum of two cubes."

P : 'No, Hardy, that is not a dull number in the very least.

Q : Hardy, who was a very shy man, could not find the words for his distress.

R : It was 1729.

S : The best he could do, as he got to the bedside was: "I say, Ramanujan, I thought the number of the taxi I came down in was a very dull number".

The proper sequence should be:

A. P R S Q B. Q S R P
C. Q S P R D. S Q R P

21. S_1 : The heart is the pump of life.

S_6 : All this was made possible by the invention of the heart-lung machine.

P : They have even succeeded in heart transplants.

Q : Nowadays surgeons are able to stop a patient's heart and carry out complicated operations.

R : A few years ago it was impossible to operate on a patient whose heart was not working properly.

S : If the heart stops we die in about five minutes.

The proper sequence should be:

A. S R Q P B. S P R Q
C. S Q P R D. S R P Q

22. S_1 : On vacation in Tangier, Morocco, my friend and I sat down at a street cafe!

S_6 : Finally a man walked over to me and whispered, "Hey buddy ..... this guy's your waiter and he wants your order."

P : At one point, he bent over with a big smile, showing me a single gold tooth and a dingy fez.

Q : Soon I felt the presence of someone standing alongside me.

R : But this one wouldn't budge.

S : We had been cautioned about beggars and were told to ignore them.

The proper sequence should be:

A. S Q R P B. S Q P R

C. Q S R P D. Q S P R

23. S_1 : There is only one monkey we can thoroughly recommend as an indoor pet.

S_6 : Finally, let me say that no other monkey has a better temper or more winning ways.

P : They quickly die from colds and coughs after the first winter fogs.

Q : It is the beautiful and intelligent Capuchin monkey.

R : The lively little Capuchins, however, may be left for years in an English house without the least danger to their health.

S : The Marmosets, it is true, are more beautiful than the Capuchins and just as pleasing, but they are too delicate for the English climate.

The proper sequence should be:

A. P Q R S B. Q R P S

C. Q S P R D. R P S Q

24. Hungry, with a population of about ten million, lies between Czechoslovakia to the north and Yugoslavia to the south.

S_6 : The new industries derive mainly from agricultural production.

P : Here a great deal of grain is grown.

Q : In recent years, however, progress has been made also in the field of industrialisation.

R : Most of this country consists of an extremely fertile plain, through which the river Danube flows.

S : In addition to grain, the plain produces potatoes, sugar, wine and livestock.

The proper sequence should be:

A. Q R S P B. R P S Q

C. P R S Q D. R Q S P

25. S_1 : Throughout history man has used energy from the sun.

S_6: This energy comes from inside atoms.

P_6 : Today, when we burn wood or use electric current we are drawing on energy.

Q : However, we now have a new supply of energy.

R : All our ordinary life depends on the sun.

S : This has come from the sun.

The proper sequence should be:

A. S Q P R B. R Q P S

C. Q S R P D. P S R Q

26. S_1 : In India marriages are usually arranged by parents.

S_6 : She felt she was a modern girl and not a subject for bargaining

P : Sometimes girls and boys do not like the idea of arranged marriages.

Q : Most young people accept this state of affairs.

R : Shanta was like that.

S : They assume their parents can make good choices.

The proper sequence should be:

A. S P R Q B. P S R Q

C. Q S P R D. R Q P S

27. S_1 : I had halted on the road.

S_6 : I decided to watch him for a while and then go home.

P : As soon as I saw the elephant I knew I should not shoot him.

Q : It is a serious matter to shoot a working elephant.

R : I knew that his 'must' was already passing off.

S : The elephant was standing eighty yards from the road.

The proper sequence should be:

A. S P Q R B. P Q S R

C. R Q P S D. S R P Q

28. S_1 : A man can be physically confined within stone walls.

S_6 : No tyranny can intimidate a lover of liberty.

P : But his mind and spirit will still be free.

Q : Thus his freedom of action may be restricted.

R : His hopes and aspirations still remain with him.

S : Hence, he will be free spiritually if not physically.

The proper sequence should be:

A. P Q R S B. S R Q P
C. Q P R S D. Q P S R

29. S_1 : The dictionary is the best friend for your task.

S_6 : Soon you will realize that this is an exciting task

P : That may not be possible always.

Q : It is wise to look it up immediately.

R : Then it must be firmly written on the memory and traced at the first opportunity.

S : Never allow a strange word to pass unchallenged.

The proper sequence should be:

A. P Q R S B. S P Q R
C. Q R P S D. S Q P R

30. S_1 : Far away in a little street there is a poor house.

S_6 : His mother has nothing to give but water, so he is crying

P : Her face is thin and worn and her hands are coarse, pricked by a needle, for she is a seam-stress.

Q : One of the windows is open and through it I can see a poor woman.

R : He has a fever and a asking for oranges.

S : In a bed in a corner of the room her little boy is lying ill.

The proper sequence should be:

A. S R Q P B. P Q S R
C. Q P S R D. R S P Q

31. S_1 : Calcutta unlike other cities, kept its trams.

S_6 : The foundation stone was laid in 1972.

P : As a result, there is horrendous congestion.

Q : It was going to be the first in South Asia.

R : They run down the centre of the road.

S : To ease in the city decided to build an underground railway line.

The proper sequence should be:

A. P R S Q B. P S Q R
C. S Q R P D. R P S Q

32. S_1 : We now know that oceans are very deep.

S_6 : This reaches from India to the Antarctic.

P : For example, the Indian Ocean has a range called the Indian Ridge.

Q : Much of it is fairly flat.

R : However, there are great mountain ranges as well.

S : On average the bottom is two and a half to three and a half miles down.

The proper sequence should be:

A. S Q P R B. P Q S R
C. R S Q P D. Q P R S

33. S_1 : As he passed beneath her he heard the swish of her wings.

S_6 : The next moment he felt his wings spread outwards.

P : He was not falling head long now.

Q : Then monstrous terror seized him

R : But it only lasted a minute.

S : He could hear nothing.

The proper sequence should be:

A. P S Q R B. Q S P R
C. Q S R P D. P R Q S

34. S_1 : When a satellite is launched, the rocket begins by going slowly upwards through the air.

S_6 : Consequently, the rocket still does not become too hot.

P : However, the higher it goes, the less air it meets.

Q : As the rocket goes higher, it travels faster.

R : For the atmosphere becomes thinner.

S : As a result there is less friction.

The proper sequence should be:

A. Q P R S B. Q S P R
C. P Q R S D. P Q S R

35. S_1 : Sunbirds are among the smallest of Indian birds.

S_6 : Our common sunbirds are the purple sunbird, the glossy black species and purplerumped sunbird, the yellow and maroon species

P : Though they are functionally similar to the hummingbirds of the New World, they are totally unrelated.

Q : They do eat small insects too.

R : They are also some of the most brilliantly-coloured birds.

S : Sunbirds feed on nectar mostly and help in pollination.

The proper sequence should be:

A. S Q P R B. R P S Q
C. Q P R S D. P S R Q

ANSWERS

1	2	3	4	5	6	7	8	9	10
A	C	D	A	C	D	A	A	D	C
11	**12**	**13**	**14**	**15**	**16**	**17**	**18**	**19**	**20**
A	B	B	B	B	B	A	C	A	B
21	**22**	**23**	**24**	**25**	**26**	**27**	**28**	**29**	**30**
A	C	B	B	D	C	B	A	D	C
31	**32**	**33**	**34**	**35**					
D	A	C	A	A					

SENTENCE IMPROVEMENT

In questions given below, a part of the sentence is italicised. Below are given alternatives to the italicised part which may improve the sentence. Choose the correct alternative. In case no improvement is needed, option 'D' is the answer.

1. If you *cross the line* you will be disqualified.
   A. cross upon the line
   B. cross on the line
   C. cross out the line
   D. No improvement
2. My friend was in hospital for a week *after* an accident.
   A. through
   B. following
   C. for
   D. No improvement
3. I want *you to clearly understand* that excuses won't do.
   A. you clearly to understand
   B. you to understand clearly
   C. to clearly understand you
   D. No improvement
4. I *have lived* in Delhi since I was four.
   A. am living
   B. lived
   C. had lived
   D. No improvement
5. To get one's name in the Rowland Ward's book of hunting records was the *hot* ambition of every serious hunter.
   A. extreme
   B. burning
   C. high
   D. No improvement
6. In fact, if it hadn't been for his *invaluable advice* on so many occasions I wouldn't have achieved anything in life.
   A. remarkable advice
   B. valuable advices
   C. priceless suggestions
   D. No improvement
7. The greatest thing in style is to have *a use* of metaphor.
   A. knowledge
   B. command
   C. need
   D. No improvement
8. John *had told* me that he hasn't done it yet.
   A. told
   B. tells
   C. was telling
   D. No improvement
9. The record for the biggest tiger hunt has not been *met* since 1911 when Lord Hardinge, then Viceroy of India, shot a tiger that measured eleven feet six and three-fourth inches.
   A. improved
   B. broken
   C. bettered
   D. No improvement

10. Whatever to our other problems, we have no *shortcoming* to cheap labour in India.
A. default
B. deficit
C. scarcity
D. No improvement

11. Mr. Smith arrived *at* India in June last year.
A. to
B. by
C. in
D. No improvement

12. If he *would have tried* he would have succeeded.
A. is tried
B. was tried
C. had tried
D. No improvement

13. I will not go to school, if *it shall rain tomorrow*.
A. it would rain tomorrow
B. it will rain tomorrow
C. it rains tomorrow
D. No improvement

14. Why the dinosaurs died out *is not known*.
A. it is not known
B. the reason is not known
C. that is not known
D. No improvement

15. He could not *look* anything in the dark room.
A. look at
B. see
C. see through
D. No improvement

16. He *was fined* for careless driving.
A. got fined
B. fined
C. was to be fined
D. No improvement

17. We look forward to *hear* from you.
A. hearing
B. have heard
C. listen
D. No improvement

18. When the examinations were over *Anil and me* went to our native town.
A. me and Anil
B. Anil and I
C. I and Anil
D. No improvement

19. Will you kindly *open* the knot?
A. unite
B. break
C. loose
D. No improvement

20. Realising is the significance of technical education for a developing country, the government *laid aside* a large sum on it during the last plan-period.
A. laid up
B. set aside
C. laid out
D. No improvement

21. Other countries *have eradicated* this disease ten years ago.
A. eradicated
B. had eradicated
C. did eradicated
D. No improvement

22. We were *not* the wiser for all his effort to explain the case to us.
A. none
B. neither
C. nevertheless
D. No improvement

23. If I stood alone in defence of truth, and the whole world *is banded* against me and against truth, I would fight them all.
A. will be banded
B. were banded
C. banded
D. No improvement

24. During his long discourse, he did not *touch* that point.
A. touch upon
B. touch on
C. touch of
D. No improvement

25. He *has not and can never be* in the good books of his employer because he lakes honesty.
A. has not and cannot be
B. has not and can never been
C. has not been and can never be
D. No improvement.

ANSWERS

1	2	3	4	5	6	7	8	9	10
D	B	D	D	C	D	A	B	B	C
11	**12**	**13**	**14**	**15**	**16**	**17**	**18**	**19**	**20**
C	C	C	D	B	D	A	B	A	B
21	**22**	**23**	**24**	**25**					
A	A	B	B	C					

COMPLETION OF SENTENCES

There is a blank space in each of the following sentences. Fill in the blank by choosing the correct word or group of words from the alternatives—A, B, C and D.

1. I shall go .... for higher studies.
   A. alien B. foreign
   C. abroad D. emigrated
2. She gave me .... to drink.
   A. some water B. little water
   C. any water D. few water
3. You should not avoid .... him.
   A. for meeting B. in meeting
   C. to meet D. meeing
4. Are you .... your lessons?
   A. busy for preparing
   B. busy preparing
   C. busy to prepare
   D. busy of preparing
5. If you .... hard, you would have succeeded.
   A. worked
   B. had worked
   C. were working
   D. would have worked
6. It is long since I .... her.
   A. met B. had met
   C. have met D. will have met
7. She did nothing but ....
   A. complaining B. complain
   C. complained D. None of these
8. He is more intelligent .... in the class.
   A. than all the boys
   B. than any other
   C. than any other boys
   D. to all the boys
9. Can you write faster .... ?
   A. to I B. to me
   C. than me D. than I
10. She insisted .... the work.
    A. on my doing
    B. in my doing
    C. in me doing
    D. on me doing
11. A series of lectures .... arranged.
    A. are B. were
    C. have been D. has been
12. I admitted that I was ....
    A. on the wrong
    B. on wrong
    C. in wrong
    D. in the wrong
13. Do you speak Bengali? Yes, I learnt .... in Calcutta.
    A. how speak it
    B. it to speak
    C. speak it
    D. how to speak it
14. Why was he so late? I do not know ....
    A. what the reason was
    B. what the reason can be
    C. can what the reason be
    D. what could the reason be
15. I am not prepared to .... him in this matter.
    A. go off B. go with
    C. go for D. go up

ANSWERS

1	2	3	4	5	6	7	8	9	10
C	A	D	B	B	A	B	C	D	A
11	**12**	**13**	**14**	**15**					
D	D	D	A	B					

सामान्य हिन्दी (वस्तुनिष्ठ)

वर्ण विचार

1. भाषा किसका साधन है ?
A. लिखने का B. बोलने का
C. अध्ययन का D. अभिव्यक्ति का

2. भाषा—
A. जड़ होती है
B. विकासोन्मुख होती है
C. बोधगम्य होती है
D. उपर्युक्त तीनों

3. भाषा में किन शब्दों का बाहुल्य होता है ?
A. तत्सम B. तद्‌भव
C. विदेशी D. लोक व्यवहार के

4. हिन्दी के विकास के आदिकाल में इस पर किसका प्रभाव रहा ?
A. संस्कृत का B. देशज शब्दों का
C. ब्रज भाषा का D. अपभ्रंश का

5. खड़ी बोली का विकास कब हुआ ?
A. आधुनिक युग में
B. मध्य युग में
C. आदिकाल में
D. उपर्युक्त में से कोई भी नहीं

6. अपभ्रंश भाषा का व्याकरण किसने लिखा ?
A. हेमचन्द्र B. चन्द्रनाथ
C. उमानाथ D. धर्मेन्द्र

7. निम्नलिखित में से कौन-सी बिहारी बोली है ?
A. ब्रज B. मैथिली
C. बुन्देली D. अवधी

8. भाषा को बोलने में किसका प्रयोग किया जाता है ?
A. लिपि का B. ध्वनियों का
C. दोनों का D. दोनों में से कोई भी नहीं

9. व्याकरण—
A. भाषा की लिपि निर्धारित करता है
B. भाषा को सुबोध बनाता है
C. भाषा का रूप निर्धारित करता है
D. भाषा के वर्णों का अध्ययन करता है

10. वर्ण—
A. स्वर हैं B. व्यंजन हैं
C. ध्वनियाँ हैं D. उच्चारण हैं

11. हिन्दी में कितने वर्ण हैं ?
A. 56 B. 26
C. 44 D. 36

12. स्वर/स्वरों—
A. मूल ध्वनियाँ हैं
B. को किसी अन्य ध्वनि की सहायता के बिना उच्चरित किया जा सकता है
C. की संख्या 11 है
D. उपरोक्त सभी

13. जिन स्वरों के उच्चारण में 'अ' के उच्चारण के बराबर समय लगता है, उन्हें क्या कहते हैं ?
A. दीर्घ स्वर B. ह्रस्व स्वर
C. प्लुत स्वर D. पूर्ण स्वर

14. संयुक्त स्वर का एक उदाहरण है—
A. आ B. अ
C. इ D. उ

15. क् + ष =
A. श B. क्ष
C. ष D. उपर्युक्त में से कोई नहीं

16. व्यंजन तीन प्रकार के होते हैं—(i) स्पर्श, (ii) अन्तस्थ और (iii) . . . .
A. ऊष्म B. कन्ठ्य
C. दन्तोष्ठ D. नासिका

17. त, थ, द, ध, का उच्चारण—
A. दाँतों के साथ जिह्वा के मेल से होता है
B. कंठ और ओठों के मेल से होता है
C. केवल ओठों से होता है
D. जीभ के प्रयोग के बिना होता है

18. एक या एक से अधिक वर्णों के संयोग से बनी ध्वनियों को क्या कहते हैं ?
A. स्वर B. व्यंजन
C. शब्द D. रूढ़ि

19. व्युत्पत्ति के आधार पर शब्दों के तीन भेद होते हैं—(i) रूढ़ि, (ii) यौगिक और (iii) . . .
A. मिश्र B. योगरूढ़ि
C. तद्भव D. उपर्युक्त में से कोई भी नहीं

20. 'पाठशाला' शब्द किस वर्ग का है ?
A. यौगिक B. रूढ़ि
C. योगरूढ़ि D. उपर्युक्त में से कोई भी नहीं

21. 'नीलकंठ' शब्द किस वर्ग का है ?
A. यौगिक B. रूढ़ि
C. योगरूढ़ि D. उपर्युक्त में से कोई भी नहीं

22. जो शब्द संस्कृत के हैं और जिन्हें हिन्दी में ज्यों-का-त्यों इस्तेमाल किया जाता है, क्या कहलाते हैं ?
A. तत्सम B. तद्भव
C. देशज D. उपर्युक्त में से कोई भी नहीं

23. 'अग्नि' शब्द किस वर्ग का है ?
A. तत्सम B. तद्भव
C. देशज D. उपरोक्त में से कोई नहीं

24. संस्कृत मूल वाले शब्दों को जब हिन्दी में कुछ परिवर्तन के साथ इस्तेमाल किया जाता है, तो उन्हें क्या नाम दिया जाता है ?
A. अविकारी B. तद्भव
C. तत्सम D. देशज

25. 'खेत' शब्द किस वर्ग का है ?
A. देशज B. तत्सम
C. तद्भव D. विदेशी

26. 'गौ' शब्द किस कोटि का है ?
A. वाचक B. लाक्षणिक
C. व्यंजक D. उपर्युक्त में से कोई भी नहीं

27. गोविन्द 'गधा' है। यहाँ गधा शब्द—
A. लाक्षणिक है B. व्यंजक है
C. वाचक है D. उपर्युक्त में से कोई नहीं है

28. व्याकरण की दृष्टि से 'बुढ़ापा' क्या है ?
A. विशेषण B. क्रिया-विशेषण
C. जातिवाचक संज्ञा D. भाववाचक संज्ञा

29. 'जयचन्दों' ने ही देश का विनाश किया। यहाँ 'जयचन्द' क्या है ?
A. व्यक्तिवाचक संज्ञा
B. जातिवाचक संज्ञा
C. भाववाचक संज्ञा
D. उपर्युक्त में से कोई भी नहीं

30. व्याकरण की दृष्टि से 'सौन्दर्य' क्या है ?
A. विशेषण B. संज्ञा
C. सर्वनाम D. उपर्युक्त में से कोई भी नहीं

31. 'हम' विद्यार्थी हैं। इसमें 'हम' पुरुषवाचक सर्वनाम है। यह—
A. उत्तम पुरुष है B. मध्यम पुरुष है
C. अन्य पुरुष है D. उपर्युक्त में से कोई भी नहीं

32. 'इमारती' व्याकरण की दृष्टि से क्या है ?
A. संज्ञा B. विशेषण
C. भाववाचक संज्ञा D. क्रिया-विशेषण

33. राधा 'दौड़ती है'। यहाँ 'दौड़ती है' कैसी क्रिया है ?
A. सकर्मक B. अकर्मक
C. द्विकर्मक D. उपर्युक्त में से कोई भी नहीं

34. संज्ञा के मुख्यत: कितने भेद हैं ?
A. पाँच B. चार
C. तीन D. दो

35. पुरुष कितने प्रकार के होते हैं ?
A. पाँच B. चार
C. तीन D. दो

36. निम्नलिखित शब्दों में से कौन-सा शब्द व्यक्तिवाचक संज्ञा नहीं है ?
A. बनारस
B. जवाहरलाल नेहरू
C. विश्व इतिहास की झलक
D. हीरा

37. हिन्दी भाषा में कितने लिंग माने जाते हैं ?
A. चार B. तीन
C. दो D. पाँच

38. निम्नलिखित शब्दों में से कौन-सा शब्द पुल्लिग माना जाता है ?
A. यमुना B. दही
C. पुस्तक D. भक्ति

39. जिन शब्दों में किसी प्रकार का विकार या परिवर्तन नहीं होता, उन्हें क्या कहते हैं ?
A. मूल शब्द B. तत्सम
C. अव्यय D. धातु

40. जिस शब्द के कई सार्थक खण्ड हो सकें, उन्हें क्या कहते हैं ?
A. यौगिक B. रूढ़ि
C. संयुक्त D. मिश्रित

41. कौन-से शब्द अविकारी होते हैं ?
A. सर्वनाम B. देशज
C. क्रिया-विशेषण D. यौगिक

42. निम्नलिखित वाक्यों में से किस वाक्य में अकर्मक क्रिया है ?
A. राम आम खाता है
B. उसने कमीज पहनी
C. पुष्पा रोती है
D. मैंने उसे पुस्तक दी

43. संज्ञा के स्थान पर प्रयुक्त होने वाले शब्द को क्या कहते हैं ?
A. सर्वनाम B. सार्थक
C. अविकारी D. अव्यय

44. मुख्यत: काल कितने हैं ?
A. पाँच B. चार
C. तीन D. दो

45. 'वह पढ़ रहा है'—यह कौन-सा काल है ?
A. भूतकाल B. भविष्यत् काल
C. वर्तमान काल D. अपूर्ण काल

46. मूल क्रिया के अतिरिक्त वाक्य में जितनी भी क्रियाएँ आती हैं, उन्हें क्या कहते हैं ?
A. अकर्मक क्रिया B. सहायक क्रिया
C. गौण क्रिया D. रंजक क्रिया

47. 'इधर-उधर कहीं मत जाना' में 'इधर-उधर' व्याकरण की दृष्टि से क्या है ?
A. क्रिया-विशेषण B. विशेषण
C. सर्वनाम D. क्रिया

48. निम्नलिखित शब्दों में से कौन-सा शब्द अविकारी है ?
A. घोड़ा B. आजकल
C. संकेत D. नदी

49. निम्नलिखित शब्दों में से कौन-सा शब्द स्त्रीलिंग है ?
A. दही B. मधु
C. मोती D. धातु

50. 'कक्षा' कौन-सी संज्ञा है ?
A. जातिवाचक B. भाववाचक
C. समुदायवाचक D. व्यक्तिवाचक

51. हिन्दी में कितने 'कारक' होते हैं ?
A. दस B. आठ
C. पाँच D. तीन

52. विशेषण उन शब्दों को कहते हैं, जो–
A. संज्ञा के स्थान पर इस्तेमाल किए जायें
B. संज्ञा की विशेषता प्रकट करें
C. क्रिया की विशेषता प्रकट करें
D. अपने आप में पूर्ण हों

53. नीचे कुछ शब्दों के पुल्लिंग और स्त्रीलिंग के जोड़े दिये हुए हैं। कौन-सा जोड़ा गलत है ?
A. शूद्र-शूद्रा
B. ग्वाला-ग्वालिन
C. कबूतर-कबूतरी
D. बाल-बाली

54. सतीश ने आम खाये। इसमें 'आम' शब्द—
A. एकवचन है
B. बहुवचन है
C. दोनों है
D. दोनों में से कोई नहीं है

55. 'दया' भाववाचक संज्ञा है। इससे विशेषण बनेगा—
A. दयालु B. दीनता
C. दयात्व D. दयता

56. 'पढ़ना' से भाववाचक संज्ञा क्या बनेगी ?
A. पाठ B. पठनीय
C. पढ़ाई D. पाठक

57. निम्नलिखित में से कौन-सा शब्द विशेषण है—
A. पशुता B. यौवन
C. चातुर्य D. दुष्ट

58. गली में 'तीसरा' मकान श्याम का है। यहाँ 'तीसरा' व्याकरण की दृष्टि से क्या है ?
A. बहुवचन B. विशेषण
C. संज्ञा D. अव्यय

59. 'ने' किस कारक की विभक्ति है ?
A. करण B. कर्म
C. कर्त्ता D. सम्प्रदान

60. 'यश' व्याकरण की दृष्टि से क्या है ?
A. विशेषण B. संज्ञा
C. क्रिया D. क्रिया-विशेषण

61. 'श्रीमान' का स्त्रीलिंग है–
A. पत्नी B. श्रीमती
C. देवी D. महोदया

62. निम्न में से कौन-सा शब्द तद्भव है ?
A. अग्नि B. हाथ
C. रात्रि D. कर्ण

63. निम्न वाक्यों में से किस वाक्य में क्रिया कर्मवाच्य है ?
A. राम के पिता अध्यापक हैं
B. वे सब काश्मीर जायेंगे
C. उत्सव में राष्ट्रीय गीत गाया गया
D. बच्चे पार्क में खेल रहे हैं

64. 'उसे' का बहुवचन है—
A. उसको B. उससे
C. उन्हें D. उसका

65. 'हमें' का एकवचन है—
A. हम B. हमको
C. मुझे D. मुझसे

66. निम्न में से कौन-सा शब्द तत्सम नहीं है ?
A. दुग्ध B. चूर्ण
C. क्षेत्र D. माता

67. निम्न में से कौन-सा शब्द अविकारी नहीं है ?
A. आज B. कल
C. ऊपर D. घोड़ा

68. 'मीठा' विशेषण है। इससे भाववाचक संज्ञा बनेगी—
A. मीठात्व B. मीठापन
C. मिठास D. मिठाई

69. 'राधा तेज दौड़ती है'। इसमें तेज शब्द क्या है ?
A. क्रिया B. क्रिया-विशेषण
C. विशेषण D. उपरोक्त में से कोई भी नहीं

70. जो शब्द संज्ञा के बदले प्रयुक्त होता है, उसे कहते हैं—
A. सर्वनाम B. क्रिया
C. विशेषण D. क्रिया-विशेषण

71. निम्न में से कौन-सा शब्द सर्वनाम है ?
A. मेरी B. उन्होंने
C. हमारे D. उपरोक्त तीनों

72. निम्न में से भाववाचक संज्ञा है—
A. मोहन B. खिलाड़ी
C. बचपन D. मैदान

73. निम्न में से कौन-सा शब्द विशेषण है ?
A. रोग B. घोड़ा
C. गाँव D. शोक

74. निम्न में से कौन-सी अकर्मक क्रिया है ?
A. चुराना B. माँगना
C. लेना D. हँसना

75. निम्न में से कौन-सी सकर्मक क्रिया है ?
A. सोना B. हँसना
C. रोना D. देखना

76. पंडित की भाववाचक संज्ञा है—
A. पंडित्व B. पंडिताइन
C. पंडिताऊ D. पांडित्य

77. 'विद्वान्' का स्त्रीलिंग है—
A. विद्वानी B. विद्यावती
C. विदुषी D. विदुषिनी

78. निम्नलिखित में से कौन-सा शब्द भाववाचक संज्ञा नहीं है ?
A. बन्धुत्व B. प्रभुता
C. मानवता D. कुशल

79. 'दैनिक' क्या है ?
A. संज्ञा B. सर्वनाम
C. क्रिया D. विशेषण

80. 'श्रद्धा' का विशेषण क्या बनता है ?
A. श्रद्धास्पद B. श्रद्धेय
C. श्रद्धालु D. उपर्युक्त में से कोई भी नहीं

81. उपसर्ग का प्रयोग होता है, शब्द के—
A. मध्य में B. आदि में
C. अन्त में D. आदि और अंत दोनों में

82. सर्वनाम का प्रयोग किसके बदले किया जाता है ?
A. क्रिया-विशेषण B. क्रिया
C. विशेषण D. संज्ञा

83. व्याकरण की दृष्टि से 'प्रेम' शब्द क्या है ?
A. भाववाचक संज्ञा B. विशेषण
C. अव्यय D. क्रिया

84. 'मैंने' कौन-सा कारक है ?
A. कर्त्ता B. कर्म
C. करण D. सम्प्रदान

85. 'सेवक' का स्त्रीलिंग है—
A. सेवका B. सेवकाइन
C. सेवकी D. सेविका

86. 'गायक' का स्त्रीलिंग है—
A. गायकी B. गायिका
C. गायिकी D. गायक

87. विशेषण किसकी विशेषता बताता है ?
A. संज्ञा की B. सर्वनाम की
C. क्रिया की D. संज्ञा और सर्वनाम दोनों की

88. निम्न में से कौन-सा शब्द क्रिया-विशेषण है ?
A. अहा! B. सुनाइये
C. धीरे D. प्रिय

89. 'देवता' का बहुवचन है—

A. देवताएँ B. देवताओं

C. देवताइयों D. देवत्व

90. 'कवि' का स्त्रीलिंग है—

A. कवित्री B. कवियत्री

C. कवयित्री D. कवियित्री

उत्तरमाला

1	2	3	4	5	6	7	8	9	10
D	B	D	D	A	A	B	B	C	C
11	**12**	**13**	**14**	**15**	**16**	**17**	**18**	**19**	**20**
C	D	B	A	B	A	A	C	B	A
21	**22**	**23**	**24**	**25**	**26**	**27**	**28**	**29**	**30**
C	A	A	B	C	A	A	D	B	B
31	**32**	**33**	**34**	**35**	**36**	**37**	**38**	**39**	**40**
A	B	B	C	C	D	C	B	C	A
41	**42**	**43**	**44**	**45**	**46**	**47**	**48**	**49**	**50**
C	C	A	C	C	B	A	B	D	C
51	**52**	**53**	**54**	**55**	**56**	**57**	**58**	**59**	**60**
B	B	D	B	A	C	D	B	C	B
61	**62**	**63**	**64**	**65**	**66**	**67**	**68**	**69**	**70**
B	B	C	C	C	D	D	C	B	A
71	**72**	**73**	**74**	**75**	**76**	**77**	**78**	**79**	**80**
D	C	D	D	D	D	C	D	D	C
81	**82**	**83**	**84**	**85**	**86**	**87**	**88**	**89**	**90**
B	D	A	A	D	B	D	C	B	C

❁ ❁ ❁

समास

निर्देश : *निम्नलिखित शब्दों में समास बताने के लिए उचित विकल्प का चयन कीजिए।*

1. चन्द्रशेखर

A. तत्पुरुष B. कर्मधारय

C. बहुब्रीहि D. द्विगु

2. रात-दिन

A. द्वन्द्व B. द्विगु

C. कर्मधारय D. अव्ययी भाव

3. बहन-भाई

A. बहुब्रीहि B. तत्पुरुष

C. द्वन्द्व D. द्विगु

4. दशमुख

A. तत्पुरुष B. बहुब्रीहि

C. द्वन्द्व D. कर्मधारय

5. यथाशक्ति

A. द्विगु B. बहुब्रीहि

C. कर्मधारय D. अव्ययीभाव

6. देशभक्ति

A. तत्पुरुष B. बहुब्रीहि

C. द्विगु D. कर्मधारय

7. हस्तलिखित
A. कर्मधारय B. तत्पुरुष
C. बहुब्रीहि D. द्वन्द्व

8. भरपेट
A. अव्ययीभाव B. कर्मधारय
C. द्विगु D. द्वन्द्व

9. आजन्म
A. तत्पुरुष B. द्वन्द्व
C. अव्ययीभाव D. कर्मधारय

10. नीलकमल
A. बहुब्रीहि B. तत्पुरुष
C. कर्मधारय D. द्विगु

11. चतुर्भुज
A. द्वन्द्व B. द्विगु
C. तत्पुरुष D. कर्मधारय

12. चौराहा
A. बहुब्रीहि B. तत्पुरुष
C. द्विगु D. कर्मधारय

13. दशानन
A. द्विगु B. बहुब्रीहि
C. कर्मधारय D. द्वन्द्व

14. रोग पीड़ित
A. कर्मधारय B. द्वन्द्व
C. बहुब्रीहि D. तत्पुरुष

15. प्रतिमान
A. कर्मधारय B. अव्ययीभाव
C. बहुब्रीहि D. तत्पुरुष

16. वीर पुरुष
A. बहुब्रीहि B. तत्पुरुष
C. अव्ययीभाव D. द्वन्द्व

17. नवयुवक
A. द्विगु B. बहुब्रीहि
C. द्वन्द्व D. कर्मधारय

18. पददलित
A. तत्पुरुष B. कर्मधारय
C. बहुब्रीहि D. द्विगु

19. लोकप्रिय
A. तत्पुरुष B. अव्ययीभाव
C. कर्मधारय D. बहुब्रीहि

20. वीणापाणि
A. बहुब्रीहि B. द्विगु
C. तत्पुरुष D. कर्मधारय

21. प्राप्तोदक
A. बहुब्रीहि B. अव्ययीभाव
C. द्वन्द्व D. तत्पुरुष

22. नवग्रह
A. द्विगु B. तत्पुरुष
C. द्वन्द्व D. कर्मधारय

23. रणवीर
A. कर्मधारय B. द्वन्द्व
C. बहुब्रीहि D. तत्पुरुष

24. देशान्तर
A. कर्मधारय B. द्विगु
C. द्वन्द्व D. बहुब्रीहि

25. राजपुरुष
A. कर्मधारय B. द्विगु
C. तत्पुरुष D. द्वन्द्व

26. सपरिवार
A. अव्ययीभाव B. तत्पुरुष
C. द्विगु D. बहुब्रीहि

27. वनवास
A. द्विगु B. तत्पुरुष
C. अव्ययीभाव D. कर्मधारय

28. गुरुदक्षिणा
A. कर्मधारय B. द्वन्द्व
C. तत्पुरुष D. अव्ययीभाव

29. त्रिलोचन
A. बहुब्रीहि B. द्विगु
C. तत्पुरुष D. अव्ययीभाव

30. पंचवटी
A. द्विगु B. बहुब्रीहि
C. तत्पुरुष D. कर्मधारय

31. पीताम्बर
A. बहुब्रीहि B. द्वन्द्व
C. द्विगु D. कर्मधारय

32. चतुरानन
A. कर्मधारय B. बहुब्रीहि
C. द्वन्द्व D. तत्पुरुष

33. बेकाम
A. कर्मधारय　B. बहुब्रीहि
C. द्विगु　D. अव्ययीभाव

34. महात्मा
A. कर्मधारय　B. बहुब्रीहि
C. द्वन्द्व　D. द्विगु

35. दुअन्नी
A. तत्पुरुष　B. बहुब्रीहि
C. द्विगु　D. द्वन्द्व

36. लाजवाब
A. अव्ययीभाव　B. तत्पुरुष
C. कर्मधारय　D. द्विगु

37. चिड़ीमार
A. कर्त्ता तत्पुरुष
B. उत्पादक तत्पुरुष
C. तत्पुरुष
D. कर्मधारय

38. सेठ-साहूकार
A. कर्मधारय　B. बहुब्रीहि
C. द्विगु　D. द्वन्द्व

39. सप्तऋषि
A. द्वन्द्व　B. द्विगु
C. अव्ययी भाव　D. कर्मधारय

40. नरोत्तम
A. द्वन्द्व　B. तत्पुरुष
C. अव्ययी भाव　D. कर्मधारय

41. गजानन
A. द्वन्द्व　B. कर्मधारय
C. बहुब्रीहि　D. तत्पुरुष

42. यथाविधि
A. अव्ययीभाव　B. तत्पुरुष
C. कर्मधारय　D. बहुब्रीहि

43. सूररचित
A. तत्पुरुष　B. कर्मधारय
C. अव्ययीभाव　D. द्वन्द्व

44. त्रिभुवन
A. द्विगु　B. द्वन्द्व
C. तत्पुरुष　D. बहुब्रीहि

45. उद्योगपति
A. द्विगु　B. द्वन्द्व
C. तत्पुरुष　D. बहुब्रीहि

46. आजीवन
A. तत्पुरुष　B. अव्ययी भाव
C. कर्मधारय　D. बहुब्रीहि

47. गगनचुम्बी
A. द्विगु　B. द्वन्द्व
C. तत्पुरुष　D. अव्ययीभाव

48. सिरतोड़
A. द्विगु　B. कर्मधारय
C. तत्पुरुष　D. द्वन्द्व

49. दोपहर
A. द्विगु　B. अव्ययीभाव
C. तत्पुरुष　D. कर्मधारय

50. लौह–पुरुष
A. अव्ययीभाव　B. द्वन्द्व
C. बहुब्रीहि　D. कर्मधारय

51. प्रत्येक
A. अव्ययीभाव　B. कर्मधारय
C. द्वन्द्व　D. तत्पुरुष

52. रोगग्रस्त
A. कर्मधारय　B. तत्पुरुष
C. बहुब्रीहि　D. द्विगु

53. छुटभैये
A. बहुब्रीहि　B. तत्पुरुष
C. कर्मधारय　D. द्वन्द्व

54. नीलोत्पल
A. तत्पुरुष　B. बहुब्रीहि
C. कर्मधारय　D. द्विगु

55. त्रिफला
A. द्वन्द्व　B. बहुब्रीहि
C. कर्मधारय　D. द्विगु

56. नीलकंठ
A. बहुब्रीहि　B. कर्मधारय
C. द्वन्द्व　D. द्विगु

57. रसभरा
A. तत्पुरुष　B. बहुब्रीहि
C अव्ययीभाव　D. द्वन्द्व

58. सहस्रानन
A. द्विगु B. तत्पुरुष
C. बहुव्रीहि D. कर्मधारय

59. नील-रत्न
A. कर्मधारय B. द्विगु
C. तत्पुरुष D. बहुव्रीहि

60. रामानुज
A. तत्पुरुष B. द्वन्द्व
C. कर्मधारय D. बहुव्रीहि

61. युद्धभूमि
A. तत्पुरुष B. बहुव्रीहि
C. द्वन्द्व D. कर्मधारय

62. दीनानाथ
A. कर्मधारय B. बहुव्रीहि
C. द्विगु D. द्वन्द्व

63. वज्रपाणि
A. तत्पुरुष B. द्वन्द्व
C. कर्मधारय D. बहुव्रीहि

64. नवरत्न
A. कर्मधारय B. बहुव्रीहि
C. द्वन्द्व D. द्विगु

65. गंगाजल
A. द्वन्द्व B. तत्पुरुष
C. द्विगु D. कर्मधारय

66. जन्मांध
A. द्वन्द्व B. कर्मधारय
C. तत्पुरुष D. द्विगु

67. देवासुर
A. बहुव्रीहि B. कर्मधारय
C. तत्पुरुष D. द्वन्द्व

68. देशप्रेम
A. द्विगु B. तत्पुरुष
C. कर्मधारय D. बहुव्रीहि

69. वनमानुष
A. बहुव्रीहि B. अव्ययी भाव
C. द्वन्द्व D. तत्पुरुष

70. पंचानन
A. कर्मधारय B. तत्पुरुष
C. द्वन्द्व D. बहुव्रीहि

71. अनन्त
A. कर्मधारय B. अव्ययीभाव
C. तत्पुरुष D. द्विगु

72. अनायास
A. द्विगु B. द्वन्द्व
C. नञ् D. अव्ययीभाव

73. करकमल
A. तत्पुरुष B. कर्मधारय
C. द्वन्द्व D. अव्ययीभाव

74. लम्बोदर
A. कर्मधारय B. बहुव्रीहि
C. द्विगु D. द्वन्द्व

75. परमेश्वर
A. द्विगु B. द्वन्द्व
C. बहुव्रीहि D. कर्मधारय

उत्तरमाला

1	2	3	4	5	6	7	8	9	10
C	A	C	B	D	A	B	A	C	C
11	**12**	**13**	**14**	**15**	**16**	**17**	**18**	**19**	**20**
B	C	B	D	B	B	D	A	A	A
21	**22**	**23**	**24**	**25**	**26**	**27**	**28**	**29**	**30**
D	A	D	A	C	B	B	C	B	A
31	**32**	**33**	**34**	**35**	**36**	**37**	**38**	**39**	**40**
D	B	D	A	C	A	A	D	B	B
41	**42**	**43**	**44**	**45**	**46**	**47**	**48**	**49**	**50**
C	A	A	B	C	B	C	C	A	D
51	**52**	**53**	**54**	**55**	**56**	**57**	**58**	**59**	**60**
A	B	C	C	D	A	A	C	A	D

61	62	63	64	65	66	67	68	69	70
A	B	D	D	B	B	D	B	D	D
71	72	73	74	75					
B	D	B	B	C					

❀ ❀ ❀

उपसर्ग और प्रत्यय

उपसर्ग

एक ऐसी भाषिक इकाई है जिसका भाषा में स्वतंत्र प्रयोग प्रायः नहीं होता किंतु इन्हें शब्दों के आरम्भ में जोड़कर नया शब्द बनाया जाता है। जैसे—अ + धर्म = अधर्म, सु + कर्म = सुकर्म, अध + पका = अधपका आदि। हिन्दी में तीन प्रकार के उपसर्गों का प्रयोग किया जाता है जो इस प्रकार हैं—

तत्सम उपसर्ग : ऐसे उपसर्ग जो संस्कृत से यथावत् ले लिए गए हैं उन्हें तत्सम उपसर्ग कहा जाता है। जैसे—अति, उत्, अधि, अप, आ, उप, दुः, निः, परा, परि, प्र, प्रति, बहु, वि, स, सु आदि।

तद्भव उपसर्ग : वे उपसर्ग जो संस्कृत के उपसर्गों तथा ध्वनियों से कुछ परिवर्तित होकर आए हैं तथा जिनका हिन्दी में स्वतंत्र प्रयोग नहीं होता किन्तु शब्द रचना के लिए उनका प्रयोग किया जाता है। उदाहरण के लिए अ, औ, क, दु, नि, पर, स आदि।

विदेशी उपसर्ग : जो उपसर्ग भाषाओं से लिए गए हैं तथा हिन्दी ने उन्हें स्वीकार कर लिया है उन्हें विदेशी उपसर्ग कहा जाता है। हिन्दी में प्रयुक्त होने वाले उपसर्ग ज्यादातर अरबी तथा फारसी से लिए गए हैं जैसे—अल, दर, ब, बा, बे, ला आदि।

प्रत्यय

प्रत्यय ऐसी भाषिक इकाई है जिसका प्रयोग स्वतंत्र रूप से नहीं किया जाता वरन् इसे किसी अन्य भाषिक इकाई के साथ जोड़कर किया जाता है। प्रत्यय चार प्रकार के होते हैं—

तत्सम : अनीय, आ, आलु, इ, इमा, इष्ठ, ई, ए, जीवी, तः, ता।

तद्भव : आइन, आई, आहट, आलू, एरा, नी आदि।

देशज : अंक, अक्कड़, अड़, आटा, पन आदि।

विदेशी : आना, इयत, खीर, मन्द आदि।

वस्तुनिष्ठ प्रश्न

निर्देश : *निम्नलिखित शब्दों में उपसर्ग लगाने से बनने वाले सही विकल्प को चुनिए।*

1. अति + अन्त
A. अतीयन्त B. अत्यन्त
C. अतिअन्त D. अत्यान्त

2. सत् + जन
A. सत्जन B. सद्जन
C. सज्जन D. सतजन

3. अधः + लिखित
A. अधलिखित B. अद्योलिखित
C. अधोलिखित D. अद्यलिखित

4. सम् + अन्वय
A. समअन्वय B. समोन्वय
C. समान्वय D. समन्वय

5. अलम + कार
A. अलंकार B. अलँकार
C. अलमकार D. अलोमकार

निर्देश : *नीचे एक शब्द दिया गया है। दिए गए विकल्प से आपको शब्द में प्रयुक्त उपसर्ग ज्ञात करना है।*

6. विज्ञान
A. विज्ञ B. चिर
C. वि D. अन

7. चिरायु
A. चि B. चिर
C. यु D. आयु

8. अवनत
A. नत B. अ
C. अव D. अवन

9. अत्याचार
A. अ B. अत्या
C. अति D. चार

10. अध्यात्म
A. अध्य B. अधि
C. आत्म D. अ

11. निम्नलिखित में किस शब्द में 'सम्' उपसर्ग लगा है?
A. संसार B. संस्कृत
C. उपर्युक्त दोनों D. इनमें से कोई नहीं

12. निम्नलिखित में किस शब्द में 'दर' उपसर्ग नहीं लगा है?
A. दरवाजा B. दरकिनार
C. दरमियान D. दरख्वास्त

13. निम्नलिखित में से उपसर्ग रहित शब्द कौन सा है?
A. प्रधान B. प्रस्ताव
C. प्रचार D. रूपक

14. उपसर्ग रहित शब्द है
A. सुरेश B. सुयोग
C. अत्यधिक D. विदेश

15. निम्नलिखित में से किस शब्द में 'वि' उपसर्ग नहीं है
A. विटप B. विमाता
C. विदेश D. विहीन

16. निम्नलिखित में से 'सु' उपसर्ग से निर्मित शब्द है?
A. सुरेश B. सुन्दर
C. सुरक्षा D. सुनार

17. 'निर्' उपसर्ग से कौन–सा शब्द बना है?
A. निशान B. निष्काम
C. निर्भय D. निराश

18. निम्नलिखित में से किस शब्द में 'अप' शब्द का अर्थ बुरा नहीं है?
A. अपमान
B. अपनाना
C. अपशब्द
D. अपयश

19. निम्नलिखित शब्दों में किसमें 'नि' उपसर्ग नहीं है?
A. निमेष B. निर्भय
C. निशान D. निरोग

20. निम्नलिखित शब्दों में से किस शब्द में उपसर्ग नहीं है?
A. अपवाद B. पराजय
C. प्रभाव D. ओढ़ना

निर्देश : *निम्नलिखित शब्दों में प्रत्यय लगाने से बनने वाले सही विकल्प को चुनिए।*

21. शरीर + इक
A. शारीरक B. शारिरीक
C. शारीरिक D. शरीरिक

22. वर + इष्ठ
A. वरीष्ठ B. वरेष्ठ
C. वरिष्ट D. वरिष्ठ

23. बहन + ओई
A. बहनौई B. बहनोई
C. बहनुई D. बहनौयी

24. आध्यात्मक + इक
A. आध्यात्मिक B. अध्यात्मिक
C. अधिआत्मिक D. अध्यात्मक

25. लड़का + पन
A. लड़कापन B. लड़पन
C. लड़कपन D. लड़कापन

26. 'दैत्य' शब्द में कौन–सा प्रत्यय है?
A. त्य B. य
C. अ D. एय

27. 'मौन' शब्द में कौन–सा प्रत्यय है?
A. औन B. न
C. अ D. अन

28. निम्नलिखित में से किस शब्द में 'अक' प्रत्यय नहीं है?
A. रक्षक B. याचक
C. नर्तक D. सड़क

29. निम्नलिखित शब्दों में किसमें 'अक' प्रत्यय नहीं है?
A. सुधारक B. लेखक
C. साधक D. यमक

30. निम्नलिखित में किस शब्द में 'ओला' प्रत्यय है?
A. झोला B. हँसबोला
C. गोला D. सँपोला

31. 'मनौती' में कौन–सा प्रत्यय है?
A. औती B. ती
C. आती D. ई

32. निम्नलिखित में किसमें 'इया' प्रत्यय है?
A. पहिया B. चुहिया
C. खटिया D. तिपहिया

33. तद्धित प्रत्यय निम्नलिखित में किसके अन्त में लगते हैं?
A. संज्ञा B. सर्वनाम
C. विशेषण D. उपर्युक्त सभी

34. निम्नलिखित में से कौन–सा शब्द 'इक' प्रत्यय से बना है?
A. सींक B. प्रत्येक
C. दैनिक D. नायक

35. मिलावट में किस प्रत्यय का प्रयोग किया गया है?
A. वट B. आवट
C. ठ D. लावट

36. 'भतीजा' शब्द में कौन–सा प्रत्यय है?
A. जा B. अजा
C. ईजा D. इजा

37. 'शिक्षक' में प्रत्यय है
A. क B. अक्
C. आक D. अक्

38. निम्नलिखित में प्रत्यय रहित शब्द कौन है?
A. कवित्व B. लघुत्व
C. बिकाऊ D. कुख्यात

39. 'बपौती' शब्द में कौन-सा प्रत्यय है?
A. ती B. औती
C. ई D. इ

40. 'फुफेरा' शब्द में कौन–सा प्रत्यय है?
A. रा B. एरा
C. ऐरा D. आ

41. 'अड़ियल' शब्द में प्रयुक्त प्रत्यय बताएं
A. इयल B. ईयल
C. यल D. एल

निर्देश : *नीचे एक शब्द दिया गया है। दिए गए विकल्प से आपको शब्द में प्रयुक्त प्रत्यय ज्ञात करना है।*

42. पागलपन
A. पागल B. पा
C. पन D. इनमें से कोई नहीं

43. सावधानी
A. ई B. इ
C. धानी D. साव

44. धुंधला
A. धुं B. धुंध
C. ला D. इनमें से कोई नहीं

45. प्रत्यय रहित शब्द है
A. पराभव B. कवित्व
C. कुख्यात D. लघुत्व

उत्तरमाला

1	2	3	4	5	6	7	8	9	10
B	C	C	D	B	C	B	C	C	B
11	**12**	**13**	**14**	**15**	**16**	**17**	**18**	**19**	**20**
C	A	D	A	A	C	C	B	B	D
21	**22**	**23**	**24**	**25**	**26**	**27**	**28**	**29**	**30**
C	D	B	A	C	B	C	D	D	D
31	**32**	**33**	**34**	**35**	**36**	**37**	**38**	**39**	**40**
A	C	D	C	B	A	B	D	B	B
41	**42**	**43**	**44**	**45**					
A	C	A	C	C					

❀ ❀ ❀

सन्धि

निर्देश : *निम्नलिखित शब्दों के संधि विच्छेद के सही विकल्प को चुनिए।*

1. सुरेन्द्र
A. सुर + इन्द्र B. सु + रेन्द्र
C. सुरः + इन्द्र D. सुरअ + इन्द

2. सदाचार
A. सदा+आचार B. सद्+आचार
C. सत्+आचार D. सदा+चार

3. महेन्द्र
A. महे + इन्द्र B. मह + इन्द्र
C. महान् + इन्द्र D. महा + इन्द्र

4. देव्यार्पण
A. देव्य + अर्पण B. देव + अर्पण
C. देव्या + अर्पण D. देवी + अर्पण

5. संशय
A. सम् + शय B. सन् + शय
C. स + शंय D. सम + शंय

6. निर्भय
A. निर + भय B. नि + रभय
C. निः + भय D. नृ + भय

7. शरदचन्द्र
A. शरद + चन्द्र B. शरत् + चन्द्र
C. शरच् + चन्द D. शरद् + चन्द्र

8. उल्लेख
A. उल + लेख B. उत् + लेख
C. उत + लेख D. उल् + लेख

9. बिम्बोष्ठ
A. बिम्ब + ओष्ठ B. बिम्ब + औष्ठ
C. बिम्बौ + अष्ठ D. बिम् + बौष्ठ

10. देव्यागम
A. देव + आगम B. देव्या + गम
C. देवि + अगम D. देवी+आगम

11. यद्यपि
A. यदि + अपि B. यद् + आपि
C. यद्या + पि D. यदा + इपि

12. पित्रिच्छा
A. पितृ + इच्छा B. पितृ + एच्छा
C. पित्र + इच्छा D. पितर+इच्छा

13. दुश्शासन
A. दु + शासन B. दुः + शासन
C. दश्श + आसन D. दुःशा + सन

14. उन्नति
A. उत् + नति B. उन् + नति
C. उ + नति D. उन + नति

15. मनोरथ
A. मनो + अर्थ B. मनः + रथ
C. मनः + अरथ D. मने + ओरथ

16. सप्तर्षि
A. सप्तः + ऋषि B. सप्त + ऋषि
C. सप्त + ऋर्षि D. सप्तत्+ऋषि

17. जगदीश
A. जगत् + ईश B. जग + ईश
C. जग + दीश D. जगद + ईश

18. न्यून
A. नि + यून B. नी + युन
C. नि + उन D. नि + ऊन

19. इत्यादि
A. इत + आदि B. ईत + आदी
C. इति + आदि D. ईति + आदी

20. अम्बूर्मि
A. अम्ब + बूर्मि B. अम + ऊर्मि
C. अम्बु + ऊर्मि D. अंब + ऊर्मि

21. पित्राज्ञा
A. पित्र + आज्ञा B. पितृ + आज्ञा
C. पितर + आज्ञा D. पित्रा + ज्ञा

22. श्रावण
A. श्रौ + अन B. श्राव् + अण
C. श्राव् + अन D. श्रौ + अण

23. प्रत्युत्तर

A. प्र + त्युत्तर B. प्रति + युत्तर

C. प्रति + उत्तर D. प्रत्यु + उत्तर

24. निस्तार

A. निः + स्तार B. निस् + तार

C. निः + तार D. निस्त + आर

25. मतैक्य

A. मत + एक्य B. मत + ऐक्य

C. मति + एक्य D. मत्य + ऐक्य

26. स्वल्प

A. स्व + अल्प B. सु + वल्प

C. सु + अल्प D. स्वलः + प

27. रजनीन्दु

A. रजनि + इन्दु B. रजनी + ईन्दु

C. रजनी + इन्दू D. रजनी + इन्दु

28. सदैव

A. सदा + एव B. सदा + ऐव

C. सद + ऐव D. सता + ऐव

29. वध्वागमन

A. वध्वा + गमन B. वध्व + आगमन

C. वधू + आगमन D. वध + उगमन

30. नयन

A. ने + अन B. न + यन

C. नय + अन D. नय + न

31. दीपावली

A. दीपा + वली B. दीप + अली

C. दीप + आवली D. दीप + अवली

32. निष्कारण

A. निः + कारण B. निस + कारण

C. निष + कारण D. निष् + कारण

33. गिरीश

A. गिरि + ईश B. गिरी + ईश

C. गिरि + इश D. गिर + ईष

34. पुनर्विवाह

A. पुनर + विवाह B. पुनस् + विवाह

C. पुर्न + विवाह D. पुनः + विवाह

35. निरुपाय

A. निः + पाय B. निर + उपाय

C. निः + उपाय D. निरु + पाय

36. निरीक्षण

A. निरी + क्षण B. निरा + इक्षण

C. निर् + ईक्षण D. निः + ईक्षण

37. अनन्त

A. अन् + अन्त B. अन + अन्त

C. अ + नन्त D. अनन् + त

38. काव्योर्मि

A. का + योर्मि B. कवि + उर्मि

C. काव्य + उर्मि D. काव्य + ओर्मि

39. भवन

A. भ + वन B. भो + अन

C. भु + वन D. भव + न

40. तद्धित

A. तत् + हित B. तत + हित

C. तद् + हित D. तध + हित

41. सत्याग्रह

A. सत्य + ग्रह B. सत्य + आग्रह

C. सत + आग्रह D. सत्या + अग्रह

42. बहिष्कार

A. बहिः + कार B. बहिष + कर

C. बहि + अकार D. बहि + सकार

43. निर्धन

A. निः + धन B. निर + धन

C. नृः + धन D. निरः + धन

44. एकैक

A. एकः + एक B. एक + एक

C. एको + एक D. एकाः + एक

45. सुक्तिं

A. स + उक्ति B. सु + उक्ति

C. सम + उक्ति D. सो + ऊक्ति

46. दिगम्बर

A. दिग् + अम्बर B. दिक् + अम्बर

C. दिग + अम्बर D. दिक + अम्बर

47. पावक

A. पौ + अक B. पा + अवक

C. पव + अक् D. पाव + अक

48. उपैति
A. अप + इति B. उपै + इति
C. उप + ऐति D. उप + एति

49. अन्वेषण
A. अन + वेषण B. अनु + एषण
C. अनु + वेषण D. अन्व + ऐषण

निर्देश : *नीचे प्रत्येक शब्द से संधि के लिए चार विकल्प दिए गए हैं। इनमें से जो विकल्प सही है उसका चयन कीजिए।*

50. निश्चल
A. विसर्ग B. गुण
C. दीर्घ D. यण

51. मनोहर
A. गुण B. वृद्धि
C. विसर्ग D. दीर्घ

52. परिच्छेद
A. गुण B. व्यंजन
C. विसर्ग D. दीर्घ

53. सप्तर्षि
A. वृद्धि B. दीर्घ
C. विसर्ग D. गुण

54. इत्यादि
A. गुण संधि B. यण संधि
C. विसर्ग संधि D. वृद्धि संधि

55. निस्तेज
A. यण संधि B. वृद्धि संधि
C. विसर्ग संधि D. गुण संधि

56. तथेति
A. वृद्धि संधि B. यण संधि
C. विसर्ग संधि D. गुण संधि

57. षडानन
A. दीर्घ संधि B. वृद्धि संधि
C. यण संधि D. गुण संधि

58. धर्मात्मा
A. स्वर संधि B. व्यंजन संधि
C. विसर्ग संधि D. यण संधि

59. रेखांकित
A. गुण संधि B. वृद्धि संधि
C. दीर्घ संधि D. स्वर संधि

60. अत्यूष्म
A. गुण संधि B. यण संधि
C. दीर्घ संधि D. वृद्धि संधि

61. दुरुपयोग
A. स्वर संधि B. यण संधि
C. गुण संधि D. दीर्घ संधि

62. देवेन्द्र
A. दीर्घ संधि B. गुण संधि
C. अयादि संधि D. वृद्धि संधि

63. पित्रीहा
A. दीर्घ संधि B. व्यंजन संधि
C. यण् संधि D. गुण संधि

64. यद्यपि
A. व्यंजन संधि B. वृद्धि संधि
C. यण् संधि D. गुण संधि

65. षड्दर्शन
A. यण् संधि B. व्यंजन संधि
C. गुण संधि D. वृद्धि संधि

66. निष्फल
A. विसर्ग संधि B. व्यंजन संधि
C. गुण संधि D. वृद्धि संधि

67. उपेन्द्र
A. अयादि संधि B. गुण संधि
C. विसर्ग संधि D. दीर्घ संधि

68. महीन्द्र
A. दीर्घ संधि B. गुण संधि
C. वृद्धि संधि D. यण् संधि

69. सूक्ति
A. गुण संधि B. वृद्धि संधि
C. अयादि संधि D. दीर्घ संधि

70. चन्द्रोदय
A. दीर्घ संधि B. गुण संधि
C. व्यंजन संधि D. वृद्धि संधि

71. हितैषी
A. दीर्घ संधि B. वृद्धि संधि
C. गुण संधि D. अयादि संधि

72. अन्वय
A. गुण संधि B. अयादि संधि
C. वृद्धि संधि D. यण् संधि

73. शयन
A. अयादि संधि B. यण् संधि
C. गुण संधि D. वृद्धि संधि

74. सत्येन्द्र
A. वृद्धि संधि B. गुण संधि
C. व्यंजन संधि D. विसर्ग संधि

75. दिगम्बर
A. व्यंजन संधि B. विसर्ग संधि
C. गुण संधि D. अयादि संधि

76. निस्स्वार्थ
A. व्यंजन संधि B. विसर्ग संधि
C. गुण संधि D. अयादि संधि

77. कवीश्वर
A. दीर्घ संधि B. गुण संधि
C. व्यंजन संधि D. स्वर संधि

78. सूर्योदय
A. गुण संधि B. वृद्धि संधि
C. यण् संधि D. दीर्घ संधि

79. निर्विकार
A. व्यंजन B. दीर्घ स्वर
C. विसर्ग D. गुणस्वर

80. उद्घाटन
A. गुण संधि B. यण् संधि
C. व्यंजन संधि D. वृद्धि संधि

उत्तरमाला

1	2	3	4	5	6	7	8	9	10
A	C	D	B	A	C	B	B	A	D
11	**12**	**13**	**14**	**15**	**16**	**17**	**18**	**19**	**20**
A	A	B	A	B	B	A	D	C	C
21	**22**	**23**	**24**	**25**	**26**	**27**	**28**	**29**	**30**
B	A	C	C	B	C	D	A	C	A
31	**32**	**33**	**34**	**35**	**36**	**37**	**38**	**39**	**40**
D	A	A	D	C	D	A	C	B	A
41	**42**	**43**	**44**	**45**	**46**	**47**	**48**	**49**	**50**
B	A	A	B	B	B	A	C	B	A
51	**52**	**53**	**54**	**55**	**56**	**57**	**58**	**59**	**60**
C	B	D	B	C	D	A	A	C	B
61	**62**	**63**	**64**	**65**	**66**	**67**	**68**	**69**	**70**
A	B	C	C	B	A	B	A	D	B
71	**72**	**73**	**74**	**75**	**76**	**77**	**78**	**79**	**80**
B	D	A	B	A	B	A	A	C	C

❀ ❀ ❀

मुहावरे एवं लोकोक्तियाँ

निर्देश : *नीचे प्रत्येक मुहावरे का अर्थ बताने के लिए चार विकल्प दिये गए हैं। इनमें से सही अर्थ बताने वाले विकल्प का चयन करें—*

1. लल्लो-चप्पो करना
A. बातें मानना
B. ढोंग करना

C. खुशामद की बातें करना

D. शिकायत करना

2. साढ़ेसाती लगना

A. होश बिगड़ जाना

B. शुभ घड़ी जाना

C. हिसाब न लगा पाना

D. विपत्ति का समय आना

3. कमर कसना

A. दृढ़ निश्चय कर लेना

B. खूब कसकर कपड़े पहनना

C. दण्डित करना

D. कमर कसकर युद्ध पर निकल जाना

4. लाल-पीला होना

A. क्रोध करना B. तेवर बदलना

C. मुद्राएं बदलना D. रंग बदलना

5. आँख लगना

A. आशंका होना B. मृत्यु होना

C. नींद आना D. प्रेम होना

6. घाट-घाट का पानी पीना

A. मारा-मारा फिरना

B. शिक्षा ग्रहण करना

C. तीर्थयात्रा करना

D. अनुभवी होना

7. निन्यानवे के फेर में पड़ना

A. धन कमाने में लगा रहना

B. मूर्खता के कार्य कर बैठना

C. किसी चक्कर में पड़ जाना

D. परिवार के झंझटों में फँसे रहना

8. हुलिया तंग होना

A. रास्ते की चौड़ाई कम होना

B. परेशान होना

C. बहुत क्रोधित होना

D. आर्थिक तंगी होना

9. डंके की चोट पर कहना

A. शोर-शराबा करना

B. अस्वाभाविक बातें करना

C. सबके सामने घोषित करना

D. ऊँचे स्वर में चिल्लाना

10. एड़ी चोटी का पसीना एक करना

A. पसीना आना

B. अत्यधिक श्रम करना

C. व्यर्थ परिश्रम करना

D. कठिन कार्य करना

11. ईंट से ईंट बजाना

A. दोष लगाना

B. कठोर वार करना

C. विपत्ति की आशंका होना

D. तबाह कर देना

12. अंगूठा चूमना

A. खुशामद करना

B. नासमझी दिखाना

C. तिरस्कार करना

D. इनकार करना

13. एक और एक ग्यारह होना

A. संगठन में शक्ति है

B. गणित विद्या में निपुणता प्राप्त करना

C. भीड़ में बल है

D. संसार में सब सम्भव है

14. चादर के बाहर पैर पसारना

A. बेपर्द होना

B. सामर्थ्यानुसार खर्च करना

C. आय से अधिक खर्च करना

D. दिखावा करना

15. कागज के घोड़े दौड़ाना

A. लम्बी लिखा-पढ़ी करना

B. बेकार बातें करना

C. लिखित प्रमाण देना

D. इनमें से कोई नहीं

16. आँखों में चर्बी छाना

A. विपत्ति का समय आना

B. अप्राकृतिक व्यवहार करना

C. इज्जत लेना

D. घमण्ड से चूर होना

17. मुँह की खाना

A. बातूनी होना B. अपमानित होना

C. अभिनन्दित होना D. पराजित होना

18. कलेजा काँपना

A. बेसहारा होना B. डरना

C. हिम्मत रखना D. परेशान होना

19. गरदन पर सवार होना

A. पीछा न छोड़ना B. गर्दन काट देना

C. परेशान करना D. बहुत प्यारा होना

20. उल्टी गंगा बहाना

A. अपनी बात से स्वयं को ही नुकसान पहुँचाना

B. परम्पराओं के विपरीत कार्य करना

C. निश्चित चाल के विपरीत कार्य करना

D. बिना सोचे–विचारे कार्य करना

21. आँख का पानी ढल जाना

A. बुढ़ापा आ जाना

B. निर्लज्ज हो जाना

C. प्रिय व्यक्ति का बिछुड़ जाना

D. देखने की ताकत कमजोर पड़ना

22. आस्तीन का साँप होना

A. सपेरों का एक खेल

B. कपटी मित्र

C. मूर्ख व्यक्ति

D. डंक मारने वाला

23. हथेली पर सरसों उगाना

A. असम्भव कार्य करना

B. शीघ्र प्रतिफल की कामना करना

C. स्थान परिवर्तन

D. शक्तिशाली होना

24. रंग में भंग होना

A. बना बनाया काम बिगड़ना

B. अपमानित होना

C. समाप्त होना

D. घुलमिल जाना

25. अक्ल पर पत्थर पड़ना

A. मूर्ख होना

B. बुद्धिभ्रष्ट होना

C. बुद्धिमान होना

D. प्रतिभावान होना

26. दाँतों तले उँगली दबाना

A. डर जाना

B. शर्मिंदा होना

C. हैरान हो जाना

D. कष्ट अनुभव करना

27. पगड़ी उछालना

A. सम्मानित करना

B. अपमानित करना

C. जश्न मनाना

D. अफसोस करना

28. कच्चे घड़े पानी भरना

A. मूर्खतापूर्ण कार्य करना

B. कठिन कार्य करना

C. ठीक ढंग से काम न करना

D. कमजोर से मदद की अपेक्षा रखना

29. सूर्य को दीपक दिखाना

A. सूर्य की पूजा करना

B. विपरीत कार्य करना

C. महापुरुषों को सम्मानित करना

D. अत्यन्त प्रसिद्ध व्यक्ति का परिचय देना

30. भुजी भाँग न होना

A. नशे में चूर होना

B. दरिद्र होना

C. होश में न रहना

D. भाँग न मिलने से नशा ढूँढना

31. पापड़ बेलना

A. पापड़ बनाना

B. मुसीबत उठाना

C. खाना बनाना

D. पतली रोटी बेलना

32. औघट घाट चलना

A. मूर्खता की बात करना

B. गलत स्थान से नदी पार करना

C. धोखा देना

D. सही रास्ता छोड़कर ऊटपटांग रास्ते पर चलना

33. कुएँ में भाँग घोलना
A. दिमाग का काम न करना
B. सबकी बुद्धि भ्रष्ट होना
C. कुछ भी न सूझना
D. नशे में आना

34. कंगाली में आटा गीला होना
A. गरीब होना
B. मुसीबत पर मुसीबत पड़ना
C. गीला आटा व्यर्थ होता है
D. कंगाल व्यक्ति का आटा गीला होता है

35. अपना उल्लू सीधा करना
A. अपना स्वार्थ सिद्ध करना
B. अपने बच्चे को सुधारना
C. अपनी गलती सुधारना
D. किसी को मूर्ख बनाना

36. दाँत खट्टे करना
A. नाराज करना
B. हरा देना
C. दुःखी कर देना
D. क्रोध करना

37. आटे-दाल का भाव मालूम होना
A. व्यवसाय में लगना
B. दुनियादारी का अनुभव होना
C. बाजार भाव की जानकारी रखना
D. घर-गृहस्थी में व्यस्त होना

38. पहाड़ टूट पड़ना
A. भारी विपत्ति आना
B. भूकम्प आना
C. काम का बोझ होना
D. अपने को असमर्थ पाना

39. कूपमण्डूक होना
A. कुएँ में गिरना
B. अत्यंत सीमित ज्ञान होना
C. घर में रहना
D. इनमें से कोई नहीं

40. ईद का चाँद होना
A. आकाश में चाँद निकलना
B. चाँद निकलने पर खुशियाँ मनाना
C. बहुत दिनों बाद दिखाई देना
D. चाँदनी रात में त्योहार का आनन्द लेना

41. कपास ओटना
A. खेती के कार्य में लगना
B. इधर-उधर भागना
C. व्यर्थ का कार्य करना
D. बेगार करना

निर्देश : *प्रत्येक पंक्ति में एक लोकोक्ति दी गई है। उसके अर्थ स्वरूप चार विकल्प दिए गए हैं। इनमें से एक विकल्प सही है। आपको उसी का चयन करना है।*

42. अन्धा बाँटे रेवड़ी फिर-फिर अपनों को देय
A. उच्च पद पाकर अपने ही लोगों को लाभान्वित करना
B. न्याय की अवहेलना करके स्वजनों को लाभान्वित करना
C. अन्धा आदमी स्वजनों का ख्याल रखता है
D. स्वार्थी व्यक्ति पक्षपात करता है

43. अकल बड़ी कि भैंस
A. शारीरिक बल की अपेक्षा बौद्धिक बल श्रेष्ठ होता है
B. अक्ल अमूर्त और भैंस मूर्त रूप हैं
C. भैंस शारीरिक दृष्टि से बड़ी होती है
D. भैंस बुद्धिमान होती है

44. होनहार विरवान के होत चीकने पात
A. चिकने पत्तों वाला पौधा सुन्दर लगता है
B. बागवानी का शौक अच्छी बात है
C. होनहार बालक के लक्षण बचपन में ही प्रकट होने लगते हैं
D. चिकने पत्तों से पता लगता है कि यह पौधा वृक्ष बन जाएगा

45. सच्चे का बोलबाला, झूठे का मुँह काला
A. झूठ बोलना पाप है
B. झूठ बोलने वाला अपमानित होता है
C. असत्य बोलने वालों पर व्यंग्य
D. सत्य की सर्वत्र विजय होती है

46. शेर भूखा रह जाए, पर घास नहीं खाता
A. श्रेष्ठ व्यक्ति संकट में भी मर्यादा नहीं तोड़ता है

B. शेर केवल मांसाहारी होता है

C. शेर स्वयं शिकार होता है

D. स्वावलम्बी व्यक्ति किसी का सहारा नहीं तकता

47. घर में नहीं दाने, अम्मा चली भुनाने

A. झूठा आडम्बर

B. अधिक दिखावा करना

C. डीगें हाँकना

D. मुश्किल से गुजारा करना

48. ऊँची दुकान फीका पकवान

A. ऊँचे पर बनी दुकान के पकवान मीठे नहीं होते

B. ऊँची दुकान महँगी होती है

C. दिखावटी वस्तु में गुणवत्ता कम होती है

D. दिखावट में आकर्षण अधिक रहता है

49. न ऊधो का लेना, न माधो का देना

A. दूसरे के झंझट में दखल देना

B. किसी झंझट में न पड़ना

C. किसी से उधार न लेना

D. नगद लेन-देन करना

50. तीन लोक से मथुरा न्यारी

A. मथुरा सबसे श्रेष्ठ तीर्थ है

B. मथुरा नगर विशिष्ट है

C. सबसे श्रेष्ठ व सुन्दर

D. सबसे निराला

51. अधजल गगरी, छलकत जाए

A. निर्धन द्वारा अधिक खर्च करना

B. अज्ञानी द्वारा उपदेश देना

C. अल्पज्ञानी द्वारा अधिक प्रदर्शन करना

D. गगरी को पूरा भरना ही श्रेष्ठ

52. अपनी करनी, पार उतरनी

A. स्वयं के प्रयास से सफलता मिलती है

B. अपने कर्मों का फल भोगना

C. अपने साधन से ही नदी पार करनी चाहिए

D. अपने का हित करना

53. आये थे हरि भजन को ओटन लगे कपास

A. अच्छे कार्य न करके बुरे कार्य करना

B. पूजा-पाठ छोड़कर व्यापार करना

C. साधारण मनुष्य बनकर रहना

D. उच्च लक्ष्य छोड़कर साधारण कार्य में शक्ति लगाना

54. आगे नाथ न पीछे पगहा

A. पूर्ण स्वतन्त्र

B. अपने मन की करना

C. बन्धन रहित होना

D. इधर-उधर भागना

55. जस दूल्हा तसि बनी बराता

A. अच्छा दूल्हा और अच्छे साथी

B. अच्छा दूल्हा और खराब बाराती

C. सभी लोगों का अच्छा होना

D. जैसे व्यक्ति वैसे साथी

56. कहे से कुम्हार गधे पर नहीं चढ़ता

A. सरलता से न मानना

B. हठी व्यक्ति समझाने से नहीं मानता

C. किसी की न सुनना

D. भय दिखाने से ही काम बनता है

57. ऊँट चढ़े पर कुत्ता काटे

A. अपना काम निकालना

B. कोई काम पूरा न हो पाना

C. दुस्साहस करके पछताना

D. विपत्ति सब जगह पीछा करती है

58. तन पर नहीं लत्ता, पान खायें अलबत्ता

A. बुरी आदत में पड़ना

B. झूठा दिखावा करना

C. रौब डालना

D. रईस मिजाज होना

59. आँख के अन्धे, गाँठ के पूरे

A. धनी परन्तु मूर्ख

B. गरीब किन्तु अक्लमंद

C. धनी परन्तु अक्लमंद

D. गरीब परन्तु मूर्ख

60. मन चंगा तो कठौती में गंगा

A. घर में रहना तीर्थ के बराबर होता है

B. यदि मन शुद्ध है तो सभी जगह तीर्थ होता है

C. मन प्रसन्न हो तो गंगा-स्नान होता है

D. कठौती में गंगाजल होता है

61. पेट भरे मन-मोदक से कब
A. पुरुषार्थ से किसी काम में सफलता न मिलना
B. सच्चाई व ईमानदारी से किसी काम में सफलता न मिलना
C. केवल भगवान का नाम लेने से किसी काम में सफलता न मिलना
D. केवल सोचते रहने से किसी काम में सफलता न मिलना

62. अरहर की टट्टी गुजराती ताला
A. बड़ी वस्तु के लिए अधिक व्यय करना
B. बड़ी वस्तु के लिए कम व्यय करना
C. छोटी वस्तु के लिए अधिक व्यय करना
D. छोटी वस्तु के लिए कम व्यय करना

63. पत्थर को जोंक नहीं लगती
A. मजबूत चीज आसानी से खराब नहीं होती
B. दो धूर्तों में प्रायः टकराव नहीं होता
C. सबल का शोषण नहीं होता
D. हठी पर कोई प्रभाव नहीं होता

64. ओखली में सिर दिया तो मूसलों का क्या डर
A. मूर्ख के साथ मित्रता करने पर हानि ही होती है
B. मुसीबतों से घबराना किसी भी प्रकार से उचित नहीं
C. ओछे व्यक्ति किसी को लाभ नहीं पहुँचा सकते
D. कठिन काम शुरू करने पर कष्ट तो सहन करने ही पड़ते हैं

65. एक पंथ दो काज
A. एक मार्ग और दो काम
B. अनमोल वस्तुओं का एक साथ होना
C. एक ही साधन से दो लाभ मिलना
D. अच्छे-बुरे का भेद न करना

66. न नौ मन तेल होगा न राधा नाचेगी
A. निश्चित कार्य एवं कार्यस्थल का अभाव
B. कारण को समूल नष्ट कर देना
C. किसी कार्य को न करने का बहाना
D. एक समस्या के निराकरण में दूसरी समस्या का आ जाना

67. डूबते को तिनके का सहारा
A. आपत्ति के समय थोड़ी सहायता भी बड़ी होती है
B. तिनका भी अवसर पर काम आता है
C. कभी बेकार लगने वाली वस्तु भी काम आ जाती है
D. निकम्मा व्यक्ति कुछ न करने का बहाना खोजता है

68. एक तो करेला ऊपर से नीम चढ़ा
A. अत्यन्त बुरे स्वभाव का होना
B. बुरे बाप का बुरा बेटा
C. कटु या कुटिल स्वभाव वाले व्यक्ति कुसंगति में पड़कर और अधिक बिगड़ जाते हैं
D. मूर्ख और साथ ही अशिष्ट

69. रस्सी जल गई ऐंठन न गई
A. सब कुछ मिट जाने पर भी झूठा अभिमान करना
B. झूठ बोलना और उस पर गर्व करना
C. फिर से ऐंठन
D. हारने पर भी अकड़ना

70. आँख का अंधा नाम नयनसुख
A. अंधे का अच्छा नाम
B. गुण के विपरीत नाम
C. नयनसुख नाम होना
D. आँख न होने पर भी सुखी

71. तबले की बला बंदर के सिर
A. दोषी कोई पर दोष किसी अन्य को
B. बंदर के सिर पर बला
C. तबले में बंदर
D. बंदर का तबले की ताल पर नाच

72. अन्धी पीसे कुत्ते खाएं
A. बेहिसाब काम करना
B. असावधानी से अयोग्य को लाभ
C. लाचारी का अनुचित लाभ
D. अपना माल लुटाना

73. अपना हाथ जगन्नाथ
A. भगवान जगन्नाथ की पूजा करना
B. अपने वश में सब कुछ होना
C. अपने हाथ का भोजन स्वादिष्ट होता है
D. स्वयं किया हुआ कार्य फलदायी होता है

74. गए थे रोजा छुड़ाने, गले पड़ी नमाज
A. सुख के बदले दुःख मिला
B. दुःख के बदले सुख मिला

C. लाभ ही लाभ होना
D. बिल्कुल उलटा काम

75. चौबे गए छब्बे बनने, दूबे बन के आए
A. लाभ के बदले हानि हुई
B. बढ़-चढ़ कर बातें करना
C. बहुत बड़ा आदमी हो जाना
D. बिल्कुल उलटा काम करना

76. ढाक के वही तीन पात
A. सदा एक-सा
B. यत्नपूर्वक करना
C. ऊटपटांग काम करना
D. निर्धन होना

77. थोथा चना बाजे घना
A. बहुत अधिक बोलना
B. ओछे व्यक्ति अधिक दिखावा करते हैं
C. बढ़ा-चढ़ाकर बात करना
D. बहुत शोर करना

78. खग जाने खग ही की भाषा
A. पक्षियों की भाषा जानना
B. समान प्रवृत्ति वाले ही एक-दूसरे को समझते हैं
C. पक्षी अपनी भाषा स्वयं समझते हैं
D. पक्षियों की तरह बोलना

79. नौ दिन चले अढाई कोस
A. यात्री को समय की परवाह नहीं होती
B. नौ दिन का काम एक ही दिन में करना
C. समय की गति बड़ी कुटिल होती है
D. समय का भारी अपव्यय करना

80. हींग लगे न फिटकरी रंग भी चोखा होय
A. बिना मेहनत फल पाना
B. मुफ्त में काम करने की इच्छा करना
C. साधारण मेहनत से अच्छा काम कर लेना
D. इनमें से कोई नहीं

81. ईश्वर की माया कहीं धूप कहीं छाया
A. जाड़ों में धूप तथा गर्मियों में छाया सुखद होती है
B. लक्ष्मी चंचल है
C. ईश्वर राई और पहाड़ में परिवर्तन करता रहता है
D. संसार में कहीं सुख है और कहीं दुःख है

82. अंधों में काना राजा
A. मूर्खों के मध्य कुछ समझदार
B. अंधों के बीच में काना बादशाह होना
C. अंधों के साथ काना व्यक्ति चालाकी करता है
D. उपर्युक्त में से कोई नहीं

83. अंधेर नगरी चौपट राजा
A. नगर में प्रकाश व्यवस्था का प्रभाव
B. अन्याय का बोलबाला
C. बिजली का बार-बार गुल होना
D. अव्यवस्थित प्रशासन व्यवस्था पर व्यंग्य

84. इमली के पात पर बारात का डेरा
A. असंभव बात
B. साधन थोड़े, बातें बड़ी
C. कमाल दिखाना
D. अत्यंत कंजूस होना

85. सीधी अंगुली से घी नहीं निकलता
A. सीधेपन से भी काम नहीं चलता
B. टेढ़ी अंगुली वाला घी जल्दी निकाल लेता है
C. घी अंगुली में जरूर लगता है
D. घी निकालने के लिए अंगुली टेढ़ी करनी पड़ती है

86. दूध का जला छाछ को भी फूँक कर पीता है
A. दूध से जलने वाला छाछ नहीं पीता
B. धोखा खाया व्यक्ति दुबारा सावधानी बरतता है
C. दूध से क्या छाछ से भी आदमी जल सकता है
D. दूध पीने वाले को छाछ अच्छी नहीं लगती

87. अकेला चना भाड़ नहीं फोड़ सकता
A. एक चना भाड़ में नहीं भुन सकता
B. अकेला चना व्यर्थ होता है
C. सफलता संगठन के बिना नहीं मिलती
D. सफलता के लिए संगठित हो या नहीं

88. खिसियानी बिल्ली खम्भा नोचे
A. जो क्रोध में पागल हो जाए
B. शक्तिशाली पर वश न चलने पर दुर्बल पर क्रोध करना
C. जो सर्वथा निकम्मा हो
D. काम बिगड़ जाने पर सब पर गुस्सा करने वाला

89. सांप मरे न लाठी टूटे
A. हत्या के पाप से बचना

B. सांप को भगा देना
C. बिना हानि के कार्य सिद्ध होना
D. अपना काम दूसरों से कराना

90. कहाँ राजा भोज कहाँ गंगू तेली
A. दो दूर से आए दोस्तों की मुलाकात
B. दो व्यक्तियों को अलग–अलग स्थान देना
C. दो व्यक्तियों के जन्म का अन्तर बताना
D. दो असमान व्यक्तियों की तुलना

उत्तरमाला

1	2	3	4	5	6	7	8	9	10
C	D	A	A	C	D	A	B	C	B
11	**12**	**13**	**14**	**15**	**16**	**17**	**18**	**19**	**20**
D	A	A	C	A	D	D	B	A	B
21	**22**	**23**	**24**	**25**	**26**	**27**	**28**	**29**	**30**
B	B	A	A	B	C	B	C	D	B
31	**32**	**33**	**34**	**35**	**36**	**37**	**38**	**39**	**40**
B	D	B	B	A	B	B	A	B	C
41	**42**	**43**	**44**	**45**	**46**	**47**	**48**	**49**	**50**
C	D	A	C	D	A	A	C	B	D
51	**52**	**53**	**54**	**55**	**56**	**57**	**58**	**59**	**60**
C	A	D	C	D	B	D	B	A	B
61	**62**	**63**	**64**	**65**	**66**	**67**	**68**	**69**	**70**
D	C	C	D	C	C	A	D	A	B
71	**72**	**73**	**74**	**75**	**76**	**77**	**78**	**79**	**80**
A	C	D	A	A	A	B	B	D	A
81	**82**	**83**	**84**	**85**	**86**	**87**	**88**	**89**	**90**
D	A	B	A	A	B	C	B	C	D

❀ ❀ ❀

शुद्ध–अशुद्ध वाक्यों का संशोधन

निर्देश : *नीचे दिए गए वाक्यों में से कुछ वाक्यों में त्रुटियाँ हैं और कुछ ठीक हैं। त्रुटि वाले वाक्य के जिस भाग में त्रुटि हो उसके अनुरूप उत्तर चुनिए। यदि वाक्य में कोई त्रुटि न हो तो (D) वाले विकल्प को चुनिए।*

1. (A) इस मकान की नीलामी के समय / (B) अनेकों लोगों ने / (C) अपनी–अपनी सामर्थ्य के अनुसार बोली लगाई / (D) कोई त्रुटि नहीं

2. (A) भारत विश्व का एकमात्र ऐसा देश है / (B) जहाँ विभिन्न प्रकार की अलग–अलग / (C) जलवायु, वनस्पति और भूमि है / (D) कोई त्रुटि नहीं

3. (A) शरद पूर्णिमा की मध्यरात्रि में / (B) ताजमहल की सौन्दर्यता / (C) सर्वाधिक चित्ताकर्षक होती है / (D) कोई त्रुटि नहीं

4. (A) मीरा के भावों में / (B) जो तन्मयता और माधुर्य है / (C) वह अत्यन्त दुर्लभ है / (D) कोई त्रुटि नहीं

5. (A) यह पंक्तियाँ भक्तिकाल के / (B) सर्वश्रेष्ठ कवि तुलसीदास के / (C) 'रामचरितमानस' से उद्धृत हैं / (D) कोई त्रुटि नहीं

6. (A) विदुषी लेखक ने / (B) इस पुस्तक को / (C) विद्वतापूर्वक लिखा है / (D) कोई त्रुटि नहीं

7. (A) भारत एक विशाल देश है / (B) जहाँ समय–समय पर ईश्वर अवतरित होते रहे हैं / (C) इसीलिए इसे देवों की पुण्य स्थली कहा जाता है / (D) कोई त्रुटि नहीं
8. (A) जिस प्रकार से अच्छी सुखद निद्रा के लिए एकांत, अनुकूल बिस्तर आदि की अपेक्षा होती है / (B) उसी प्रकार ईश्वर प्राप्ति के लिए / (C) उचित भोजन, नियम, आचार आदि की अपेक्षा होती है / (D) कोई त्रुटि नहीं
9. (A) आज के राजनीतिज्ञों ने / (B) देश की वर्तमान राजनीतिक व्यवस्था का / (C) बहुत नुकसान करा है / (D) कोई त्रुटि नहीं
10. (A) भाई साहब, आप बाजार जाएं / (B) तो मेरे लिए एक फूलों की माला / (C) अवश्य लाएं / (D) कोई त्रुटि नहीं
11. (A) स्कूल की छात्राओं ने / (B) 15 अगस्त के अवसर / (C) पर अच्छे गीत गाए / (D) कोई त्रुटि नहीं
12. (A) कृपया आप ही / (B) यह बताने की कृपा करें / (C) कि बम्बई कब चलना है / (D) कोई त्रुटि नहीं
13. (A) संक्षेपीकरण करने की कला में / (B) पारंगत होने के लिए / (C) विद्यार्थियों को इसका निरन्तर अभ्यास करना चाहिए / (D) कोई त्रुटि नहीं
14. (A) आपका पत्र मिला / (B) और आशा करता हूँ / (C) कि भविष्य में भी तुम्हारा कृपापात्र मिलता रहेगा / (D) कोई त्रुटि नहीं
15. (A) जीवन पथ पर / (B) हमें सतत् रूप से / (C) चलते रहना चाहिए / (D) कोई त्रुटि नहीं
16. (A) नए कवियों ने परम्परा से हट कर / (B) कविता को / (C) नए धरातल पर सम्मानित किया है / (D) कोई त्रुटि नहीं
17. (A) बुरे-से-बुरा आदमी भी / (B) अपने पारिवारिक सदस्यों के प्रति / (C) सद्भाव रखता है / (D) कोई त्रुटि नहीं
18. (A) हमें / (B) परस्पर एक दूसरे / (C) की सहायता करनी चाहिए / (D) कोई त्रुटि नहीं
19. (A) विद्यार्थियों ने / (B) प्राचार्य को / (C) एक गुलाब की माला पहनाई / (D) कोई त्रुटि नहीं
20. (A) उसने इस वर्ष / (B) परीक्षा में लगभग / (C) शत-प्रतिशत अंक प्राप्त किए /(D) कोई त्रुटि नहीं।
21. (A) आपके इन्हीं गुणों के कारण ही तो लोग / (B) तुम्हारी यशोगाथा का वर्णन करते / (C) अघाते नहीं / (D) कोई त्रुटि नहीं
22. (A) जब तक तुम अपने अभिप्राय का अभिप्रेत / (B) स्पष्ट रूप से नहीं कहते / (C) मैं तुम्हारी सहायता नहीं कर सकूंगा / (D) कोई त्रुटि नहीं
23. (A) उपन्यासकार ने अपने उपन्यास में / (B) राजनीतिक परिवेश का दिग्दर्शन किया है, / (C) परन्तु वह उसका मुख्य उद्देश्य नहीं है / (D) कोई त्रुटि नहीं
24. (A) गम्भीर नदियों, विस्तृत सागरों / (B) एवं उत्तुंग पर्वत श्रृंगों को पार करना / (C) भी अब कठिन नहीं रहा / (D) कोई त्रुटि नहीं
25. (A) प्रत्येक देशवासी को विभिन्नता में/ (B) एकीकरण करने की शक्ति को उजागर करने चाहिए / (C) तत्वों की पहचान करनी चाहिए / (D) कोई त्रुटि नहीं
26. (A) 'आवारा मसीहा' में विष्णु प्रभाकर ने / (B) कथाशिल्पी शरतचन्द्र का प्रामाणिक जीवन वृत / (C) प्रस्तुत करने का सराहनीय प्रयास किया है / (D) कोई त्रुटि नहीं
27. (A) तुष्टीकरण करने की नीति अपनाकर / (B) न व्यक्ति आगे बढ़ सकता है / (C) और न राष्ट्र /(D) कोई त्रुटि नहीं
28. (A) मेरी समझ में नहीं आ रहा है कि / (B) आपके द्वारा इतने परिश्रम से कमाया गया /(C) यह धन आखिर किस काम में आएगा / (D) कोई त्रुटि नहीं
29. (A) जब धर्म आदि एकता के साधन / (B) वैमनस्य का कारण बनने लगे / (C) तो समझिए मानव पतन के कगार पर खड़ा है / (D) कोई त्रुटि नहीं
30. (A) वही रचना कालजयी एवं प्रभावी कही जाएंगी / (B) जो अपने पाठकों के मन–मस्तिष्क पर / (C) अपने प्रभाव की गहरी रेखाएँ छोड़ जाती हैं / (D) कोई त्रुटि नहीं
31. (A) शिशुपाल गालियाँ देता रहा / (B) और श्रीकृष्ण उन्हें सुनते रहे / (C) परन्तु लगभग चुप रहे / (D) कोई त्रुटि नहीं
32. (A) भारत में शिक्षा के पर्याप्त प्रचार–प्रसार के बावजूद / (B) स्त्रियों के प्रति लोगों का दृष्टिकोण / (C) पूर्ववत् सा संकुचित एवं अनुदार है / (D) कोई त्रुटि नहीं
33. (A) इस पुस्तक के विकास में / (B) अनेक अध्यापकों,

शिक्षाविदों तथा भाषा शास्त्रियों / (C) का सहयोग मिला है / (D) कोई त्रुटि नहीं

34. (A) लोगों के बहुत आग्रह पर / (B) उन्होंने अपनी कविता / (C) स्वयं आप पढ़कर सुनाई / (D) कोई त्रुटि नहीं

35. (A) प्रायः ऐसे अबसर आते हैं / (B) जिनमें लोगों को लगभग कभी–कभी / (C) अपना मत बदलना पड़ता है / (D) कोई त्रुटि नहीं

36. (A) प्राणवायु पर नियन्त्रण करने की / (B) विधा को जानने वाला शरीर और मन की / (C) प्रत्येक क्रिया पर नियन्त्रण रख सकने की क्षमता से सुसम्पन्न हो जाता है / (D) कोई त्रुटि नहीं

37. (A) उसका व्यक्तित्व आकर्षक है / (B) वह मधुर भाषी है / (C) और उसकी जिह्वा पर तो लक्ष्मी निवास करती है / (D) कोई त्रुटि नहीं

38. (A) छायावादी कवि श्री महादेवी वर्मा ने / (B) केवल काव्य की रचना नहीं की /(C) वे सफल गद्य–लेखिका भी थीं / (D) कोई त्रुटि नहीं

39. (A) अपनी-अपनी कक्षा में प्रथम आने वाले / (B) तीन विद्यार्थियों को सम्मानित करने के लिए / (C) तीन फूलों के गुलदस्ते मँगवाए गए / (D) कोई त्रुटि नहीं

40. (A) यह चित्र उस समय का है / (B) जब अहिंसा के पुजारी महात्मा गांधी / (C) इस बस्ती में पधारे थे / (D) कोई त्रुटि नही

41. (A) डॉक्टर ने रोगी / (B) को राय दी / (C) कि तुम अधिक से अधिक पानी खाया करो / (D) कोई त्रुटि नहीं

42. (A) सच्चाई तो यह है / (B) कि व्यक्ति वहीं तक जाता है / (C) जहाँ तक जाने की उसमें शक्ति होती है / (D) कोई त्रुटि नहीं

43. (A) इस कहानी में / (B) लेखक आधुनिक शिक्षा पद्धति की / (C) समस्याओं पर प्रकाश फेंकता है / (D) कोई त्रुटि नहीं

44. (A) राम ने श्याम / (B) से कहा कि वह नित्य प्रातः / (C) टहलने जाया करो / (D) कोई त्रुटि नहीं

45. (A) पिंजरे में / (B) जाकर घोड़ों की / (C) नकेल उतार दो / (D) कोई त्रुटि नहीं

46. (A) राम लाल / (B) चोरी करने में / (C) विख्यात हो गया है / (D) कोई त्रुटि नहीं

47. (A) खूनी को / (B) मृत्यु की / (C) सजा दी गई / (D) कोई त्रुटि नहीं

48. (A) विद्यापति के / (B) हस्ताक्षर / (C) सुन्दर है / (D) कोई त्रुटि नहीं

49. (A) बाघ और बकरी / (B) एक ही घाट में / (C) पानी पीती हैं / (D) कोई त्रुटि नहीं

50. (A) सुनील / (B) बुरी तरह / (C) प्रसिद्ध है / (D) कोई त्रुटि नहीं

निर्देश : *निम्नलिखित अशुद्ध वाक्यों के शुद्ध रूप का नीचे दिए विकल्पों में से चयन कीजिए।*

51. मैं तेरे को बता दूँगा

A. मैं बता तुझको दूँगा
B. मैं तुम्हें बता दूँगा
C. मैं तुझको बता दूँगा
D. सभी वाक्य सही हैं

52. पेड़ों पर कोयल बोल रही थी

A. पेड़ पर कोयलें बोल रही थीं
B. पेड़ पर कोयल बोल रही थी
C. पेड़ों पर कोयल थी
D. सभी वाक्य सही हैं

53. मुझे भारी दुःख हुआ

A. मुझे बहुत दुःख हुआ
B. मुझे दुःखी हुआ
C. मुझे ज्यादा दुःख हुआ
D. सभी वाक्य सही हैं

54. वह पूर्णतया उत्तीर्ण हो गया

A. वह एकदम उत्तीर्ण हो गया
B. वह उत्तीर्ण हो गया
C. वह एकदम पास हो गया
D. सभी वाक्य सही हैं

55. जो मिठाइयाँ पसन्द हों आप खा लो

A. जो मिठाई पसन्द हों आप खा लो
B. जो मिठाई पसन्द हो तुम खा लो
C. जो मिठाइयाँ पसन्द हों तुम खा लो
D. जो मिठाइयाँ पसन्द हों उन्हें आप खाइए

56. हम बचपन में वहाँ जाता रहा

A. हम बचपन मं वहाँ जाएंगे
B. हम बचपन में वहाँ जाते रहे हैं

C. मैं बचपन में वहाँ जाता रहा
D. मैं बचपन में वहाँ जाऊँगा

57. हेम नरेश को पुस्तक दिया
A. हेम नरेश की पुस्तक दी
B. हेम ने नरेश को पुस्तक दी
C. हेम नरेश का पुस्तक देगा
D. हेम ने नरेश का पुस्तक दिया

निर्देश : *निम्नलिखित में शुद्ध वाक्य का चयन कीजिए।*

58. A. एक गीतों की पुस्तक ला दो
B. गीतों की एक पुस्तक ला दो
C. पुस्तक एक गीतों की ला दो
D. पुस्तक गीतों की एक ला दो

59. A. मैं गाने की कसरत कर रहा हूँ
B. मैं गाने का अभ्यास कर रहा हूँ
C. मैं गाने का शौक कर रहा हूँ
D. मैं गाने का व्यायाम कर रहा हूँ

60. A. उसकी अवस्था चालीस वर्ष की है
B. उसकी आयु चालीस वर्ष की है
C. उसका बात मत करो
D. आपका पत्र सधन्यवाद मिला

61. A. मैं जाते-जाते रुक गया
B. मैं जा रहा था पर रुक गया
C. मैं जा रहा था और रुक गया
D. अचानक जाते-जाते रुक गया

62. A. उसे जाने दो, रोको मत
B. रोको मत, उसे जाने दो
C. मत रोको, उसे जाने दो
D. उसे जाने ही दो, रोको नहीं

63. A. रात दस बजे गाड़ी आएगी
B. दस बजे रात में गाड़ी आएगी
C. रात में दस बजे गाड़ी आएगी
D. गाड़ी रात में दस बजे आएगी

64. A. मेरे को घर जाना चाहिए
B. मैंने घर जाना चाहिए
C. मुझे घर जाना चाहिए
D. मुझको घर को जाना चाहिए

65. A. भारत में अनेकों जातियाँ हैं
B. भारत में अनेक जातियाँ हैं
C. भारत में अनेकों जाति हैं
D. भारत में अनेक जाति हैं

66. A. वह दण्ड देने योग्य है
B. वह दण्ड के योग्य है
C. वह दण्ड लेने योग्य है
D. वह दण्ड पाने योग्य है

67. A. फल बच्चे को काटकर खिलाओ
B. बच्चे को काटकर फल खिलाओ
C. बच्चे को फल काटकर खिलाओ
D. काटकर फल बच्चे को खिलाओ

68. A. उसे अनुत्तीर्ण होने की आशा है
B. उसे अनुत्तीर्ण होने की आशंका है
C. उसे अनुत्तीर्ण होने का शक है
D. उसे अनुत्तीर्ण होने का संशय है

69. A. कल पाठ पढ़कर आइए
B. पाठ पढ़कर कल आए
C. पाठ पढ़कर आइए कल
D. कल पाठ पढ़कर आइए

70. A. सूर्य पश्चिम को अस्त होता है
B. मुझे विद्यालय जाना है
C. मैं तो आप के ऊपर निर्भर हूँ
D. लड़ाई में लोगों ने खूब कमाया

उत्तरमाला

1	2	3	4	5	6	7	8	9	10
B	B	B	A	A	A	B	A	D	B
11	**12**	**13**	**14**	**15**	**16**	**17**	**18**	**19**	**20**
D	A	A	C	B	C	B	B	C	A
21	**22**	**23**	**24**	**25**	**26**	**27**	**28**	**29**	**30**
B	B	B	A	B	B	A	C	A	A
31	**32**	**33**	**34**	**35**	**36**	**37**	**38**	**39**	**40**
B	C	A	C	B	C	C	A	C	D

41	42	43	44	45	46	47	48	49	50
C	C	C	B	A	C	D	B	C	C
51	52	53	54	55	56	57	58	59	60
C	B	A	B	D	C	B	B	B	A
61	62	63	64	65	66	67	68	69	70
A	B	A	C	B	B	D	B	B	D

❀ ❀ ❀

वर्तनी

निर्देश : *इन प्रश्नों में स्वर या मात्रा की दृष्टि से शब्द को अशुद्ध रूप में लिया गया है नीचे दिए गए चार विकल्पों में से शुद्ध रूप चुनिए—*

1. A. इच्छादुम B. इच्छाद्रम
   C. इच्छाद्रुम D. इच्छादम
2. A. द्विरूक्ति B. दिरुक्ति
   C. द्विरक्ती D. द्विरुकती
3. A. विसमृति B. विसमरती
   C. विस्मती D. विस्मृति
4. A. जगतापाण B. जगतप्राण
   C. जगत्प्राण D. जगर्त्पाण
5. A. आर्शीवाद B. आशिर्वाद
   C. आशीर्वाद D. आर्शिवाद
6. A. सास्टांग B. साष्टांग
   C. सस्टांग D. शाष्टांग
7. A. परिस्थती B. परीस्थिति
   C. परिस्थिति D. परिस्थिती
8. A. वाँक्षनीय B. वाँछनीय
   C. वाँछनिय D. वान्छनीय
9. A. स्वर्गिय B. स्वगीय
   C. स्वर्गीय D. स्वर्गीअ
10. A. प्रज्वलित B. प्रज्जलित
    C. प्रज्जवलित D. प्रजलित
11. A. पूज्यनीय B. पूजनीय
    C. पुजनीय D. पूजनिय
12. A. कवयित्री B. कवियित्री
    C. कवियत्री D. कवीयित्री
13. A. सौहार्द्र B. सौहार्द
    C. सौहार्दयता D. सौहार्दय
14. A. मृत्योपरांत B. मृत्यूपरांत
    C. म्रत्युपरांत D. मृत्युपरांत
15. A. माधुर्य B. माधुर्यता
    C. मार्धुता D. माधुयर्ता
16. A. सामुर्द्रिक B. समुद्रिक
    C. सांमुद्रिक D. सामुद्रिक
17. A. षड्दर्शन B. शड्दर्शन
    C. षड्दर्षन D. षड्दर्शण
18. A. श्रुतिलिपि B. श्रुतिलीपि
    C. श्रूतिलिपि D. श्रुतीलिपि
19. A. दुर्भिक्ष B. दूर्भिक्ष
    C. दुर्भीक्ष D. दूर्भीक्ष
20. A. गृहिणी B. ग्रहिणी
    C. ग्रहीणि D. गृहीणि
21. A. शूर्पनखाँ B. सूर्पणखाँ
    C. शूर्पणखा D. सुर्पणखा
22. A. आविष्कार B. आविस्कार
    C. आविश्कार D. अविस्कार

23. A. शत्रुन्न B. शत्रुघ्न
C. शत्रुधन D. शत्रूघ्न

24. A. पैत्रिक B. पैतृक
C. पैत्रीक D. पैतृक्

25. A. यथेष्ट B. यथेष्ठ
C. यथेस्ट D. यथेस्ठ

26. A. अस्तुत्य B. स्तुत्य
C. स्तूत्य D. स्तुतय

27. A. शिर्षस्थ B. शीर्षस्थ्य
C. सीर्षस्थ D. शीर्षस्थ

28. A. प्रथक B. पर्थक
C. पृथक् D. प्रर्थक

29. A. प्रसंशा B. प्रशंसा
C. पृशंसा D. परंशंसा

30. A. विध्यालय B. विधालय
C. विद्धालय D. विद्यालय

31. A. विभिषिका B. विभिषीका
C. विभीषिका D. वीभीषिका

32. A. निर्विघ्न B. नीर्विघ्न
C. नीर्वीघ्न D. र्निविघ्न

33. A. परिपार्टी B. परीपाटी
C. परिपार्टि D. परिपाटी

34. A. कोमलांगिनी B. कोमलांगी
C. कोमलंगी D. कोमल अंगी

35. A. दम्पत्ति B. दम्पती
C. दम्पति D. दमपति

36. A. अनुकृम B. अनुक्रम
C. अनुकर्म D. अनुकर्म्र

37. A. दीर्घायु B. दीरघायु
C. दीघायु D. दीघीयु

38. A. याक्षुष B. चाच्छुष
C. चक्षुश D. चासुस

39. A. दुरव्यवहार B. दुव्यर्वहार
C. दुर्व्यवहार D. द्रुव्यवहार

40. A. उरिन B. उरिण
C. उत्रऋण D. उत्रिृन

41. A. दन्तोष्ठ B. दन्तौष्ठ्य
C. दन्तौष्ठ D. दनतौष्ठ

42. A. ऐशवर्य B. ऐश्वर्य
C. ऐर्श्वय D. ऐश्वय

43. A. मुहूर्त B. मुहुर्त्त
C. मूहूर्त D. मुहूर्त

44. A. नूपुर B. नुपुर
C. नुपूर D. नपुर

45. A. अपह्हति B. अपन्हुति
C. अपह्नुति D. अपह्नुती

46. A. मन्त्रिमंडल B. मंत्रिमंडल
C. मंत्री मंडल D. मँत्री मंडल

47. A. ऊपरोक्त B. उपर्युक्त
C. उपोरोक्त D. उपरोक्त

48. A. अनुग्रहित B. अनुगृहीत
C. अनुग्रहीत D. अनुगृहीत

49. A. कृष्निका B. क्रष्णिका
C. कृष्णिका D. कृशिणका

50. A. प्रर्दशनी B. प्रदर्शनी
C. प्रदर्शिनी D. पर्दशिनी

51. A. अत्युष्म B. अत्यूष्म
C. अतियुष्म D. अत्यिुश्म

52. A. सिंगार B. सिंगारि
C. श्रंगार D. शृंगार

53. A. अन्तोदय B. अन्त्योदय
C. अन्तयौदय D. अन्तयुदय

54. A. युधिष्ठिर B. युद्धिष्ठिर
C. युधष्ठिर D. युधिष्ठर

55. A. कुटुम्बिक B. कुटुम्बीक
C. कुटूम्बीक D. कूटूम्बिक

56. A. बाल्मीकि B. वाल्मीकि
C. वाल्मिकि D. वालमिकि

निर्देश : *नीचे दिए गए वाक्यों में गहरे काले शब्दों की वर्तनी के लिए चार–चार विकल्प दिए गए हैं। इनमें से एक विकल्प में शब्द की वर्तनी शुद्ध है। उस विकल्प को चुनिए–*

57. हमें नियमों का **उलंल्घन** नहीं करना चाहिए

A. उल्लंघन B. उलंल्घन

C. उलंघन D. ऊल्लंघन

58. हम **जान्तंत्रिक** पद्धति में विश्वास करते हैं

A. जानतांत्रिक B. जनतांत्रिक

C. जनतांत्रीक D. जनतंत्रिक

59. इस पुस्तक के अन्त में दो **परिशिष्ठ** दिए गए हैं

A. परिशिष्ठ B. प्ररिशिष्ट

C. परिशिष्ट D. प्रशिष्ट

60. आपके दर्शन कर मैं स्वयं को **कृत्यकृत्य** अनुभव करता हूँ

A. कृत्यकृत B. कृत्यक्रत्य

C. कृत्कृत्य D. कृतकृत्य

61. कानपुर एक महत्वपूर्ण **व्यावसाइक** केन्द्र है

A. व्यावसायक B. व्यावसाइक

C. व्यावसाइक D. व्यावसायिक

62. **युधिस्टिर** सबसे बड़े पाण्डव थे

A. युधिस्थिर B. युधिस्टिर

C. युधिष्ठिर D. युधष्ठिर

63. प्रधानमंत्री ने **मंत्रिमण्डल** के बैठक की अध्यक्षता की

A. मन्त्रिमन्डल B. मन्त्रिमण्डल

C. मन्त्रीमण्डल D. मंत्रीमण्डल

64. आजकल **आर्युवैदिक** औषधियों की विश्वसनीयता बढ़ रही है

A. आर्युवैदिक B. आयुर्वेदिक

C. आयुर्वैदिक D. आयुर्वेदीक

65. चन्द्र-**ज्योतसना** सरिता के प्रभाव को मोहक बना रही थीं

A. ज्योतिसना B. ज्योतसना

C. ज्योत्सना D. ज्योत्स्ना

66. यह आपकी **अनिधिकार** चेष्टा है

A. अनधिक्कार B. अनधिकार

C. अनाधिकार D. अनधीकार

67. साम्राज्य के शासन-सूत्र को धारणा करने वाली स्त्री **समरागी** कहलाती है

A. सामरागी B. साम्राज्ञी

C. सम्राज्ञी D. साम्राग्यी

68. भूकम्प पीड़ित क्षेत्रों में **पुनरवास** एक बड़ी समस्या है

A. पूर्नवास B. पुर्णवास

C. पुनर्वास D. पुनरवास

69. धन के पीछे भागना **म्रिगतृष्णा** है

A. मिगतृष्णा B. म्रगतृष्णा

C. मृगतृष्णा D. मृगत्रिष्णा

70. **ओद्योगिक** क्रांति ने यूरोप के स्वरूप को पूर्णतः परिवर्तित कर दिया

A. उद्योगिक B. ओद्योगिक

C. औद्योगिक D. ओद्यौगिक

71. **प्रकारान्त्र** से मेरे कथन का अभिप्राय आपसे मिलता है

A. प्राकारान्तर B. प्रकारान्त्र

C. प्राकारान्त्र D. प्रकारान्तर

72. दिनकर राष्ट्रीय भावधारा के ओजस्वी कवियों में **अगरगन्य** है

A. अग्रगन्य B. अग्रगण्य

C. अगरगन्य D. अर्गगन्य

73. सीता राम की **परीणिता** है

A. प्रणीता B. प्रणयीता

C. परीणिता D. परिणीता

74. हमें आपके **आशीरवाद** की कामना है

A. आशिर्वाद B. आर्शीवाद

C. आशीरवाद D. आशीर्वाद

75. संस्कृत **संश्लिष्ट** भाषा है

A. संश्लिष्ट B. संश्लिस्ट

C. संस्लिष्ट D. संष्लिष्ठ

76. वह अभी–अभी तो यहाँ बैठा था, न जाने कहाँ **अर्न्तध्यान** हो गया

A. अर्न्तध्यान B. अन्तर्ध्यान

C. अन्तर्धान D. अन्तःर्धान

77. मन्दाकिनी की जलधारा **अजस्सर** रूप से प्रवाहित हो रही थी

A. अजस्सर B. अजस्त्र

C. अजस्त्र D. अजसर

78. रूप–रस–गंध आदि के अनुभव के लिए मनुष्य के पास पाँच **ज्ञानेन्द्रीयाँ** हैं

A. ज्ञानेन्द्रिआँ B. ज्ञानेन्द्रियाँ

C. ग्यानेंद्रीआँ D. ज्ञानेन्द्रीयँ

79. साहित्यकार ही समाज को **दिग्‌र्भान्त** होने से बचा सकता है

A. दिग्भ्रान्त B. दिगर्भान्त
C. दिर्गभान्त D. दिर्गभ्रान्त

80. इस सहायता के लिए मैं आपका सदैव **अनुग्रहित** रहूँगा

A. अनुग्रहीत B. अनुगृहीत
C. अनुगृहित D. अनुग्रहित

उत्तरमाला

1	2	3	4	5	6	7	8	9	10
C	A	D	C	C	B	C	A	C	C
11	**12**	**13**	**14**	**15**	**16**	**17**	**18**	**19**	**20**
B	A	B	B	A	D	A	A	A	A
21	**22**	**23**	**24**	**25**	**26**	**27**	**28**	**29**	**30**
C	A	B	B	A	B	D	C	B	D
31	**32**	**33**	**34**	**35**	**36**	**37**	**38**	**39**	**40**
C	A	D	B	B	B	A	C	C	C
41	**42**	**43**	**44**	**45**	**46**	**47**	**48**	**49**	**50**
B	B	A	A	C	A	B	C	C	B
51	**52**	**53**	**54**	**55**	**56**	**57**	**58**	**59**	**60**
B	D	B	A	A	B	A	B	C	D
61	**62**	**63**	**64**	**65**	**66**	**67**	**68**	**69**	**70**
D	C	B	C	D	C	B	C	C	C
71	**72**	**73**	**74**	**75**	**76**	**77**	**78**	**79**	**80**
D	B	D	D	A	C	C	B	A	B

❀ ❀ ❀

विराम चिन्ह

भाषा की सुस्पष्टता के लिए विराम चिह्नों का प्रयोग अपरिहार्य होता है। लिखने और बोलने दोनों में इनके प्रयोग से मन्तव्य सुबोध हो जाता है तथा कहाँ ठहरने की आवश्यकता है, कहाँ परस्पर सम्बन्ध की आवश्यकता है इसका समुचित निर्देश हो जाता है। किसी वाक्य के अर्थ को स्पष्ट करने में विराम चिह्नों की बहुत उपयोगिता होती है। किसी वाक्य में विराम चिह्नों के अलग-अलग प्रयोग से उसमें कितना परिवर्तन हो जाता है, यह निम्नलिखित उदाहरण से पूरी तरह स्पष्ट हो जाता है : राम ने खाना खाया। यह एक साधारण वाक्य है किन्तु विराम चिह्न के प्रयोग के बाद यह 'प्रश्नवाचक' और आश्चर्यबोधक भावों का अलग-अलग बोध कराता है—

(1) राम ने खाना खाया। (साधारण)

(2) राम ने खाना खाया? (प्रश्नवाचक)

(3) राम ने खाना खाया! (विस्मयादिबोधक)

इसके साथ ही साथ विराम चिह्नों के प्रयोग से उच्चारण और वाचन की गति में भी सहायता मिलती है।

प्राचीन संस्कृत तथा हिन्दी ग्रंथों में विराम चिह्नों के विविध रूप तो नहीं मिलते, किन्तु पूर्ण विराम (।) खड़ी पाई अवश्य मिलती है। अंग्रेजी भाषा के सम्पर्क से हिन्दी भाषा में अनेक प्रकार के विराम चिह्नों का प्रयोग काफी समय से किया जा रहा है। लिखने और पढ़ने दोनों में इनका ध्यान रखने के लिए प्रमुख विराम चिह्नों का स्पष्टीकरण नीचे किया जा रहा है—

1.	पूर्ण विराम* (Full stop)	।
2.	अर्द्ध-विराम (Semi-colon)	;
3.	अल्प विराम (Comma)	,
4.	प्रश्नसूचक (Interrogative sign)	?
5.	आश्चर्य अथवा विस्मयादिबोधक (Mark of Exclamation)	!
6.	निर्देशक (Dash)	—
7.	योजक (Hyphen)	-
8.	उद्धरण अथवा अवतरण चिह्न (Quotation Marks)	"–"
9.	कोष्ठक (Brackets)	(-) {-} [-]
10.	अधोरेखा (Underline)	——
11.	हंसपाद (Caret)	^
12.	लाघव	०

पूर्ण विराम

वाक्य अथवा कथन की समाप्ति पर इसका प्रयोग किया जाता है। तुलसी के रामचरितमानस में एक अर्धाली के बाद एक लकीर (।) तथा दूसरी अर्धाली के बाद दो लकीरों (॥) का प्रयोग किया गया है; जैसे—

जिमि सरिता सागर महुँ जाहीं।
यद्यपि ताहि कामना नाहीं॥

गद्य और पद्य दोनों में यह चिह्न वाक्य की समाप्ति का ही द्योतक है—

गद्य—भारत सदा से आदर्शवादी देश रहा है।

पद्य—वाचक! प्रथम सर्वत्र ही 'जय जानकी जीवन' कहो,
फिर पूर्वजों के चरित की शिक्षा तरंगों में बहो।

—मैथिलीशरण गुप्त

अर्द्ध विराम

इस चिह्न का प्रयोग संयुक्त वाक्यों में होता है। जब प्रधान वाक्य के साथ संयुक्त वाक्यों के विशेष सम्बन्ध स्पष्ट नहीं होते तो इस चिह्न द्वारा उन्हें प्रकट किया जाता है, जैसे—अंग्रेजी के कई एक संक्षिप्त नाम हिन्दी में भी संक्षिप्त मान लिए गए हैं, यद्यपि इस भाषा में उनका पूर्ण रूप प्रचलित नहीं है; जैसे—एम.ए., आई.सी.एस., पी.सी.एस. आदि।

अल्प विराम

जहाँ वाक्यों में किंचित् ठहराव की जरूरत पड़ती है उसका निर्देश अल्प विराम के द्वारा किया जाता है; जैसे—मोहन, जोकि एक ईमानदार बालक है, पढ़ने में भी बहुत होशियार है।

अल्प विराम का प्रयोग निम्नलिखित परिस्थितियों में किया जाता है—

(1) वाक्य के अन्दर कोई अन्तर्वती वाक्य खण्ड आ जाने पर अल्पविराम का प्रयोग होता है; जैसे—परिश्रम चाहे जिस रूप में हो, व्यक्ति को सम्पन्न बनाता है। ईर्ष्या चाहे जैसी भी हो, व्यक्ति को जला डालती है।

(2) जहाँ किसी भावना के आवेश में आकर शब्दों की बार-बार आवृत्ति होती है, वहाँ अल्प विराम का प्रयोग होता है; जैसे—

नहीं, नहीं वह हमें छोड़कर नहीं जा सकते।

देखो, देखो, चाचाजी घर वापस आ रहे हैं।

(3) सचमुच, अन्ततः, हाँ, नहीं, अच्छा, आदि शब्दों से जो वाक्य शुरू होते हैं, उनके बीच में अल्प विराम लगता है; जैसे—

सचमुच, वह एक अच्छा आदमी है।

नहीं, मैं खाना नहीं खाऊँगा।

(4) वाक्यों में जहाँ 'और' शब्द का प्रयोग अपेक्षित होता है, अल्प विराम का प्रयोग होता है; जैसे—वह रोज शाम को आता है, खाना खाता है और चला जाता है।

(5) यदि वाक्यों के बीच में किन्तु, परन्तु, क्योंकि, अतः, इसलिए आदि अवयवों का प्रयोग हुआ है तो वहाँ अल्प विराम लगाया जाता है; जैसे—

वह गरीब है, किन्तु चोर नहीं।

रमेश वापस आ गया, क्योंकि स्कूल बन्द था।

प्रश्नसूचक

जैसाकि नाम से ही स्पष्ट है, प्रश्नवाचक वाक्य के अन्त में इस चिह्न का प्रयोग किया जाता है; जैसे, क्या आप वकालत करते हैं? अनिश्चय भाव वाले वाक्यों में भी प्रश्नवाचक चिह्न लगाया जाता है; जैसे—आप शायद मुम्बई जा रहे हो?

आश्चर्य अथवा विस्मयादिबोधक

अरे, हाय, ओह, आह, ओफ आदि शब्दों से शुरू होने वाले वाक्यों में उक्त शब्दों के बाद इस चिह्न का प्रयोग विस्मय अथवा आश्चर्य का सूचक होता है; जैसे, ओह! इतना भव्य स्वरूप तो मैंने कभी नहीं देखा।

निर्देशक

एक बात के साथ ही दूसरी बात प्रकट करते समय निर्देशक अथवा डैश का प्रयोग किया जाता है; जैसे—अभयारण्य में अनेक प्रकार के जीव-जन्तु—भेड़िया, शेर, व्याघ्र आदि निश्चिन्त होकर

विचरण करते हैं। उदाहरण देते समय भी निर्देशक का प्रयोग किया जाता है; जैसे—पराधीन सपनेहु सुख नाहीं।

—तुलसीदास

योजक

दो समस्त शब्दों के मध्य यह चिह्न प्रयोग में लाया जाता है; जैसे—राज-पुत्र, माता-पिता, रात-दिन आदि।

सामान्यत: योजक चिह्न का प्रयोग निम्नलिखित परिस्थितियों में किया जाता है—

1. एक शब्द की बार-बार आवृत्ति होने पर—वन-वन, नगर-नगर

2. द्वन्द्व समास से बने हुए शब्दों में—दाल-रोटी, पाप-पुण्य

3. संज्ञा के अर्थ में दो विशेषण पदों के प्रयोग होने पर—जागना-सोना

4. विपरीत शब्दों के बीच में—अमृत-विष, स्वर्ग-नरक

5. मुख्य क्रिया के साथ प्रयोग की गई सहायक क्रिया के बीच—खाना-खिलाना, पढ़ना-पढ़ाना

6. निश्चित तथा अनिश्चित संख्या सम्बन्धी शब्दों में—सात-आठ, अधिक-से-अधिक

7. दो शब्दों के बीच का, की, के न लगे होने पर—दुर्गा-पूजा, नृत्य-कला, सुर-संगम

8. शब्दों के बीच ही, न, का, का प्रयोग होने पर—कभी-न-कभी, तुम-ही-तुम।

अवतरण

किसी के कथन को यथावत् प्रकट करने अथवा उद्धरण देने में इन चिह्नों का प्रयोग किया जाता है; जैसे—बाल गंगाधर तिलक, जिन्होंने गीता रहस्य जैसे महान् ग्रंथ का प्रणयन किया था, ने स्पष्ट शब्दों में घोषित किया था कि, ''स्वतन्त्रता हमारा जन्मसिद्ध अधिकार है।''

कोष्ठक

किसी पद, वाक्य अथवा शब्द का स्पष्टीकरण करने के लिए उसका सरल अथवा पर्याय रूप कोष्ठक में लिख दिया जाता है। मूल कथन से जो बात सम्बद्ध नहीं होती वरन् उसका वर्णन प्रासंगिक रूप से आ जाता है उसे भी कोष्ठक में ही बन्द कर देते हैं। कोष्ठक प्राय: तीन प्रकार के होते हैं जिनका अलग-अलग अवसरों पर प्रयोग किया जाता है। इसके प्रयोग का उदाहरण इस प्रकार है—संसद् के दो सदन (लोक सभा व राज्य सभा) होते हैं।

अधोरेखा

किसी के कथन अथवा किसी वाक्य को लिखते समय उसके महत्त्वपूर्ण अंश को इसलिए रेखांकित कर दिया जाता है कि उसकी ओर पाठक का ध्यान विशेष रूप से आकर्षित हो जाए। जैसे—महात्मा गांधी का जीवन शत-शत वर्षों तक भारत के लिए ही नहीं वरन् समस्त मानव जाति की प्रेरणा का स्रोत बना रहेगा।

हंसपाद

लिखते समय जब कोई बात छूट जाती है तो वह चिह्न लगाकर उसे पंक्ति के ऊपर लिख दिया जाता है; जैसे—

भव्य
भारत की राजधानी दिल्ली में बहुत-सी ^ इमारतें हैं।

लाघव

किसी शब्द को पूरा न लिखकर उसका आदि अक्षर लिखकर यह चिन्ह लगाया जाता है। जैसे—पं. नेहरू, डॉ. राजेन्द्र प्रसाद, मौ. आजाद आदि।

❀ ❀ ❀

पर्यायवाची शब्द

निर्देश : *नीचे एक शब्द दिया गया है। दिए गए चार विकल्पों में से पर्यायवाची शब्द ज्ञात करना है।*

1. अनन्त

A. विष्णु　　B. अतिशय

C. असंख्य　　D. आकाश

2. आडम्बर
A. ढोंग B. तम्बू
C. दर्प D. आवाज

3. कपाल
A. अदृष्ट B. खप्पर
C. भाग्य D. माथा

4. छंद
A. आवरण B. पद
C. बंधन D. आचरण

5. ऐश्वर्य
A. बड़ाई B. विलास
C. सुख D. सम्पदा

6. खर
A. रावण B. कुंठित
C. गधा D. मूर्ख

7. पक्षी
A. नीरज B. नभ
C. विहग D. सरसिज

8. कमल
A. कुसुम B. पुष्प
C. प्रसून D. पुंडरीक

9. चतुरानन
A. ब्रह्मा B. इन्द्र
C. विष्णु D. देवता

10. जल
A. घटा B. नीर
C. दिनकर D. सुधाकर

11. अमृत
A. सुधा B. कौमुदी
C. मन्मथ D. सुधाकर

12. उद्यान
A. धाम B. कुसुमाकर
C. आलय D. वाटिका

13. अन्त्य
A. समाप्त B. अन्तिम
C. नीच D. कुलीन

14. घर
A. सदन B. उपवन
C. पंचशर D. हुताशन

15. व्योम
A. आकाश B. किरण
C. अग्नि D. ब्रह्मा

16. कानन
A. मधुकर B. पुष्प
C. विहिप D. वन

17. दास
A. पादप B. तात
C. भृत्य D. श्रमिक

18. मारुत
A. वायु B. पृथ्वी
C. तालाब D. देवता

19. यमुना
A. अर्कजा B. सुरसरि
C. सुरसरिता D. त्रिपथगा

20. प्रेक्षक
A. प्रेरक B. दर्शक
C. संयोजक D. आयोजक

21. रासभ
A. रासलीला B. रास्ता
C. रीछ D. गधा

22. वृषभ
A. श्रेष्ठ B. कुलीन
C. बलराम D. बैल

23. मृगधर
A. सिंह B. चंद्रमा
C. शिव D. मयूर

24. प्रेक्षा
A. परीक्षा B. शिक्षा
C. दृष्टि D. दीक्षा

25. प्रासाद
A. प्रसाद B. आवास
C. प्रसन्न D. महल

26. श्वान
A. श्येन B. कुत्ता
C. शेर D. सांस

27. राधेय
A. कर्ण B. हलधर
C. राधा D. छंद

28. वितान
A. ताड़ना B. तैरना
C. विस्तार D. विश्राम

29. यक्ष
A. दक्ष B. कुशल
C. पेड़ D. देवता

30. कुसुमेबु
A. कबूतर B. काला
C. कामदेव D. आकाश

31. मर्कट
A. पानी B. पुत्र
C. बंदर D. मित्र

32. स्वर्ग
A. नाक B. ब्रह्माण्ड
C. देवलोक D. द्यौ

33. कुबेर
A. किन्नरेश B. कोविद
C. धनाधिप D. राजराज

34. रात्रि
A. क्षपा B. तमीचर
C. अमा D. विभावरी

35. भगीरथी
A. सरिता B. गंगा
C. यमुना D. निर्झरणी

36. विद्युत
A. गर्जन B. दामिनी
C. चमक D. पयोद

37. इन्द्र
A. राजीव B. कन्दर्प
C. शक्र D. बल्लभ

38. सैन्धव
A. अश्व B. अरण्य
C. असुर D. नदी

39. दामिनी
A. प्रकाश B. वृक्ष
C. बिजली D. पत्थर

40. श्यामा
A. दुर्गा B. पृथ्वी
C. चन्द्रमा D. गंगा

41. तामरस
A. आम B. अमृत
C. तालाब D. कमल

42. अग्नि
A. सोम B. हुतायन
C. अक्षि D. आलम

43. उदय
A. अन्त B. व्यस्त
C. उगना D. विराम

44. शत्रु
A. आरति B. आराति
C. आरती D. अति

45. उत्कर्ष
A. विकर्षण B. आकर्षण
C. प्रकर्ष D. निष्कर्ष

46. किरण
A. रश्मि B. सुषमा
C. मरीचिका D. अंशु

47. आकाश
A. राकापति B. व्योम
C. शशिधर D. निशाचर

48. कुहरा
A. कुन्तल B. कुहासा
C. वारि D. मृगमद

49. जुगनू
A. प्रभाकीट B. केतुक
C. करि D. कुन्तल

50. झंडा
A. केतन B. प्रतीक
C. चेतन D. डंडा

51. अनुशीलन
A. प्रेषण B. चिन्तन
C. अध्ययन D. मनन

52. वसन्त
A. बैसाख नन्दन B. कुषमायन
C. मधुमास D. पावस

53. गरुड़
A. उरग B. द्विज
C. वैन्तेय D. विहंग

54. अर्वाचीन
A. विदेशी B. चीनी
C. प्राचीन D. आधुनिक

निर्देश : *निम्नलिखित विकल्पों में से कौन–सा दिए गए शब्द का सही पर्यायवाची नहीं है?*

55. देवता
A. सुर B. असुर
C. अमर D. निर्जर

56. तारा
A. अम्बु B. तारक
C. नक्षत्र D. नखत

57. बेटा
A. पुत्र B. सुत
C. आत्मज D. अग्रज

58. मनुष्य
A. नर B. महीपाल
C. मनुज D. मानव

59. गणेश
A. गणपति B. गौरीसुत
C. मतंग D. गजानन

60. द्विज
A. केश B. दाँत
C. ब्राह्मण D. दो

61. हवा
A. अनल B. अनिल
C. वायु D. पवन

62. अंकुश
A. प्रतिबन्ध B. रोक
C. अखुआ D. दबाव

63. अक्षि
A. धुरी B. चक्षु
C. लोचन D. नेत्र

64. अगाध
A. गहना B. गहन
C. अथाह D. गम्भीर

65. अवधि
A. अचल B. पृथ्वी
C. इला D. धरती

66. राजा
A. क्षपाकर B. नृप
C. नरेश D. भूपति

67. पहाड़
A. पर्वत B. भूधर
C. भूप D. गिरि

निर्देश: *दिए गए वाक्यों में गाढ़े काले शब्दों के पर्याय के लिए चार–चार विकल्प दिए गए हैं। उचित विकल्प का चयन कीजिए।*

68. भक्ति से **सरल** मार्ग पर चलकर भी मोक्ष की प्राप्ति की जा सकती है
A. ऋजु B. सुलभ
C. पावन D. स्वच्छ

69. तुलसी का रामचरितमानस **आरम्भ** से अन्त तक भक्ति–भावना से ओत–प्रोत है
A. अथ B. पथ
C. गद्य D. रथ

70. एक अच्छे निबंध में बुद्धि और हृदय का **सामंजस्य** होना चाहिए
A. समुदाय B. मिश्रण
C. समन्वय D. सौष्ठव

71. **हाथी** पर नृप की सवारी यात्रा की शोभा बढ़ा रही थी
A. भुजंग B. कुंजर
C. वृषभ D. रासभ

72. **अतिशय** दुःख के क्षणों में मनुष्य को धैर्य और संयम से काम लेना चाहिए
A. अत्यधिक B. असहनीय
C. अकल्पनीय D. अत्यल्प

73. भारत के अतीत की गौरव गाथा से सभी **परिचित** हैं
A. अवगत B. ज्ञात
C. विगत D. सुविज्ञ

74. **वेश्या** को पतित समझने का हमें कोई अधिकार नहीं है
A. नृत्यांगना B. अंगना
C. वासगना D. वीरांगना

75. अर्जुन धनुर्विद्या में **निष्णात** थे
A. स्नातक B. विख्यात
C. पारंगत D. परम्परित

76. रेगिस्तान में जल की दो बूँद भी **अमृत** के समान हैं

A. पय B. सुधा

C. क्षुधा D. तृष्णा

77. गाँवों के सुखी और **स्वावलम्बी** होने से ही देश का कल्याण सम्भव है

A. परावलम्बी B. आत्मनिर्भर

C. निर्भर D. स्वछन्द

78. **बहेलिया** छिपकर शिकार करता है

A. बाघ B. व्याध

C. निदाघ D. पिशाच

79. राजा के तरकश में अनेक **बाण** थे

A. तूणीर B. शर

C. खर D. शस्त्र

80. उसके घुँघराले **बाल** अवलोकनीय हैं

A. अहि B. कुंतल

C. उपल D. अंबर

81. नदी के **तट** पर विशाल पीपल वृक्ष झूम रहा था

A. पय B. तरु

C. तटिनी D. तीर

82. घर में **अतिथि** आए हैं

A. अनुगत B. अवगत

C. दिनांत D. अभ्यागत

83. मानव शरीर का प्रत्येक **अंग** अपने आप में महत्त्वपूर्ण है

A. अवयव B. अनुभाव

C. अव्यय D. अंश

84. **युद्ध** भूमि में अनेक योद्धा क्षत–विक्षत हुए पड़े थे

A. स्मर B. संघर्ष

C. समर D. द्वन्द्व

85. **पर्वत** की ऊँचाई मानव को भी ऊँचा उठने की प्रेरणा देती है

A. डग B. विहग

C. खग D. नग

86. बालक **प्रकृति** से कोमल होते हैं

A. अभाव B. विभाव

C. स्वभाव D. अनुभाव

87. **मेघ** छाए, घिर के आए

A. यती B. तरु

C. दुम D. नीरद

88. राम एक जनप्रिय **राजा** थे

A. नरेश B. संदेश

C. माधव D. विभु

89. अमावस्या की रात्रि में **अन्धकार** का राज्य होता है

A. पंक B. आतंक

C. तिमिर D. धन

90. युद्ध में सैनिक **कवच** पहनकर लड़ते हैं

A. चर्म B. वर्म

C. शुक्र D. शक्ल

उत्तरमाला

1	2	3	4	5	6	7	8	9	10
C	A	D	B	D	C	C	D	A	B
11	**12**	**13**	**14**	**15**	**16**	**17**	**18**	**19**	**20**
A	D	C	A	A	D	C	A	A	B
21	**22**	**23**	**24**	**25**	**26**	**27**	**28**	**29**	**30**
D	D	B	C	D	B	A	C	D	C
31	**32**	**33**	**34**	**35**	**36**	**37**	**38**	**39**	**40**
C	A	C	D	B	B	C	A	C	B
41	**42**	**43**	**44**	**45**	**46**	**47**	**48**	**49**	**50**
D	B	C	B	C	B	B	B	A	A
51	**52**	**53**	**54**	**55**	**56**	**57**	**58**	**59**	**60**
C	C	C	C	B	A	D	B	C	A
61	**62**	**63**	**64**	**65**	**66**	**67**	**68**	**69**	**70**
A	C	A	A	A	A	C	A	A	C

71	72	73	74	75	76	77	78	79	80
B	A	A	C	C	B	B	B	B	B
81	82	83	84	85	86	87	88	89	90
D	D	A	C	D	B	D	A	C	B

❁❁❁

विलोम शब्द

निर्देश : *नीचे दिए गए शब्दों के विलोम के लिए चार-चार विकल्प दिए गए हैं। उनमें से उचित विकल्प का चयन कीजिए।*

1. क्षणिक
A. शाश्वत B. संक्षेप
C. विरल D. क्षुद्र

2. स्तुति
A. सेवक B. निवेदन
C. प्रार्थना D. निन्दा

3. तम
A. सम B. कृश
C. नम D. प्रकाश

4. नख
A. शिख B. अनित्य
C. श्याम D. निन्दा

5. भौतिक
A. पाश्चात्य B. दैविक
C. दैहिक D. आध्यात्मिक

6. कर्कशा
A. कोमल B. निर्मल
C. विह्वल D. व्याकुल

7. अति
A. न्यून B. कम
C. अल्प D. नगण्य

8. अद्‌भुत
A. सामान्य B. लौकिक
C. संसारी D. सुगम

9. दिवस
A. विभावरी B. अरविन्द
C. प्रवाहिणी D. विचक्षण

10. निर्मल
A. पवित्र B. शुद्ध
C. मलिन D. मृदु

11. अग्र
A. पश्च B. शांत
C. मध्यम D. अधम

12. अच्युत
A. अधम B. पतित
C. द्रवित D. च्युत

13. ओजस्विनी
A. तेजस्विनी B. निर्जस्वी
C. तपस्विनी D. तपस्वी

14. अर्पण
A. ग्रहण B. तर्पण
C. समर्पण D. प्रत्यर्पण

15. संयोग
A. विप्रलम्भ B. विरह
C. वियोग D. पार्थक्य

16. रूक्ष
A. पिच्छल B. चिक्कण
C. स्निग्ध D. सरस

17. अनायास
A. सायास B. विपर्यास
C. प्रयास D. आभास

18. गरिमा
A. कालिमा B. लघुमा
C. अरुणिमा D. लालिमा

19. उपेक्षा
A. वीक्षा B. उत्प्रेक्षा
C. अपेक्षा D. परीक्षा

20. अंगीकरण
A. तिरस्कार B. उपेक्षा
C. अनंगीकरण D. घृणा

21. अज्ञ
A. प्रज्ञ B. प्रवीण
C. चतुर D. समझदार

22. सामंजस्य
A. विवाद B. कलह
C. सन्ताप D. द्वेष

23. पराक्रम
A. भीरूता B. दुविधा
C. आलस्य D. दुर्बलता

24. गुरु
A. विस्तृत B. बड़ा
C. विशाल D. लघु

25. प्रीति
A. वैर B. दोस्ती
C. मदद D. सहायता

26. द्युति
A. छवि B. प्रभा
C. ज्योति D. अन्धकार

27. ऋत
A. निऋत B. रस
C. अमृत D. शहद

28. विपन्न
A. सम्पन्न B. धनाढ्य
C. सिद्ध D. परिपूर्ण

29. उत्तरायण
A. उत्तरोत्तर B. पूर्वोत्तर
C. पश्चिमोत्तर D. दक्षिणायन

30. सम्मुख
A. उन्मुख B. विमुख
C. प्रमुख D. अभिमुख

31. चिरंतन
A. नश्वर B. गम्भीर
C. अचल D. लघु

32. कृत्रिम
A. स्वाभाविके B. असली
C. प्राकृतिक D. निर्मित

33. संक्षिप्त
A. विश्लिष्ट B. विस्तीर्ण
C. विनीत D. विस्तृत

34. आदि
A. अन्त B. अनादि
C. अनन्त D. समाप्त

35. एड़ी
A. अधम B. चोटी
C. ऊपर D. मस्तक

36. अल्पज्ञ
A. सर्वज्ञ B. अभिज्ञ
C. कृतज्ञ D. कनिष्ठ

37. कृष्ण
A. राधा B. शुक्ल
C. कंस D. श्वेत

38. दनुज
A. देव B. प्रजापति
C. यक्ष D. मनुज

39. नवीन
A. प्राचीन B. पुरातन
C. अर्वाचीन D. आधुनिक

40. वक्र
A. ऊँचा B. सरल
C. वक्त्र D. उल्टा

41. भूगोल
A. धरातल B. आकाश
C. पाताल D. खगोल

42. प्रज्ञा
A. राजा B. धनवान
C. दौलतमंद D. गरीब

43. कृश

A. सूक्ष्म B. अनंग
C. स्थूल D. स्वस्थ

44. आध्यात्मिक

A. भौतिक B. अलौकिक
C. तनय D. पामर

45. पण्डित

A. मूर्ख B. ज्ञानी
C. जड़ D. अनपढ़

46. भूत

A. प्रेत B. वर्तमान
C. भविष्य D. तत्काल

47. कीर्ति

A. अपकीर्ति B. ख्याति
C. उपकृति D. वदी

48. श्री गणेश

A. अत श्री B. श्री ओम
C. इति श्री D. पद श्री

49. वैतनिक

A. सावधिक B. दैनिक
C. अवैतनिक D. माहवारी

निर्देश : *नीचे दिए गए प्रत्येक वाक्य में रिक्त स्थान की पूर्ति उसी वाक्य में गहरे काले शब्द के उपयुक्त विलोम द्वारा की जानी है। इसके लिए चार–चार विकल्प प्रस्तावित हैं। उचित विकल्प का चयन कीजिए।*

50. मोहन की कविता **मौलिक** न होकर .... है

A. अमूल्य B. अनमोल
C. काल्पनिक D. अनूदित

51. कानून की **अनभिज्ञता** क्षम्य नहीं होती इसलिए उसकी .... आवश्यक है

A. अभिज्ञता B. बहुज्ञता
C. विज्ञता D. अल्पज्ञता

52. दसवीं की परीक्षा में कतिपय विषय **अनिवार्य** है, तो कतिपय .... है

A. वैकल्पिक B. अनावश्यक
C. अपरिहार्य D. प्रासंगिक

53. बड़ी बहन **स्थूलकाय** है, परन्तु छोटी बहन की काया .... है

A. लघु B. सूक्ष्म
C. कृश D. निर्बल

54. व्यक्ति की **संकीर्णता** की तुलना में .... अधिक व्यावहारिक होती है

A. विकीर्णता B. उदारता
C. समानता D. संकुलता

55. **महान्** लक्ष्य पर दृष्टि रखने वाले .... साधनों का आश्रय नहीं लेते

A. अल्प B. नगण्य
C. अनुचित D. क्षुद्र

56. भारत पड़ोसी देशों से **संधि** का पक्षधर रहा है .... का नहीं

A. विग्रह B. निग्रह
C. अनुग्रह D. परिग्रह

57. राजेश यदि **धनवान** नहीं होता तो .... भी नहीं कहा जा सकता

A. अकिंचन B. किंकर
C. कंचन D. धनाढ्य

58. पृथ्वी पर खनिज पदार्थ **न्यून** नहीं .... मात्रा में उपलब्ध हैं

A. विपुल B. पृथुल
C. व्याप्त D. पर्याप्त

59. कार्लमार्क्स की विचारधारा **भौतिकवादी** है परन्तु महात्मा गांधी का ....

A. प्रकृतिवादी B. आदर्शवादी
C. यथार्थवादी D. अध्यात्मवादी

60. प्रत्येक **क्रिया** की .... स्वाभाविक है

A. प्रक्रिया B. अनुक्रिया
C. संक्रिया D. प्रतिक्रिया

61. शिव और पार्वती **ताण्डव** और .... की मुद्रा में सुशोभित थे

A. रास B. हास्य
C. लास्य D. उल्लास

62. **यौवन** के अनन्तर .... का आना स्वाभाविक है

A. जरा B. ज़री
C. अजर D. अजिर

63. **मधुर** और ·········· अनुभवों का नाम ज़िन्दगी है
A. ललित B. लवण
C. कूट D. कटु

64. पेड़ **सजीव** होते हैं और पेड़ों से प्राप्त लकड़ी
A. अजीव B. परजीव
C. निष्ठुर D. निर्जीव

65. इस **क्लिष्ट** गद्यांश को ·········· भाव में प्रकट करो
A. अपने B. बोलचाल
C. सरल D. लघु

66. अनीता का **प्रफुल्ल** मन एकाएक ·········· हो गया
A. प्रसन्न B. ऊष्ण
C. शुष्क D. उदास

67. कठिन परिश्रम से **असफलता** को ·········· में बदला जा सकता है
A. विफलता B. जीत
C. निर्भयता D. सफलता

68. अपनी **निर्जल** भूमि की ओर कृषक ·········· नेत्रों से देख रहा था
A. जलज B. अजल
C. स्नेहिल D. सजल

69. **संग्रह** और ·········· बहुत सोच समझकर करना चाहिए
A. त्याग B. परित्याग
C. विराग D. विग्रह

70. **गरिमा** और ·········· दोनों की सिद्धि के लिए साधना अपेक्षित होती हैं
A. अरुणिमा B. माहात्म्य
C. लघिमा D. सफलता

71. हानि और लाभ, **जीवन** और ·········· भगवान के अधीन हैं
A. मरण B. मृत्यु
C. स्वास्थ्य D. अपयश

72. जो उद्दण्ड अपने को **विज्ञ** प्रकट करते हैं, वे प्रायः ·········· होते हैं
A. अज्ञ B. अनभिज्ञ
C. अल्पज्ञ D. विज्ञ

73. भारत में हिन्दू **बहुसंख्यक** हैं और मुसलमान ·········· कहे जाते हैं
A. संगठित B. अल्पसंख्यक
C. धार्मिक D. दलित

74. **कोमल** शब्द सुनकर सांत्वना मिलती है, न कि ·········· शब्द
A. आनन्द B. मृदु
C. कठिन D. निष्ठुर

75. पिंजरे के खुलते ही **बन्धन** में रहने वाले तोते ने ·········· की साँस ली
A. प्रसन्नता B. खुशी
C. मुक्ति D. मीठी

76. सूर्य के **अस्त** होते ही चाँद का ·········· हुआ है
A. प्रादुर्भाव B. आगमन
C. पदार्पण D. उदय

77. **चंचल** चित्त एकाएक ·········· हो गया
A. प्रसन्न B. दुःखी
C. शान्त D. वाचाल

78. **कठिन** शब्दों का ·········· अर्थ लिखिए
A. सरल B. भाव
C. पर्याय D. व्याख्यात्मक

79. समीक्षा का एक रूप **व्यावहारिक** समीक्षा है तो दूसरा ·········· समीक्षा
A. काल्पनिक B. सैद्धान्तिक
C. सार्वत्रिक D. यथार्थवादी

80. हर वर्ष देश में कहीं **अतिवृष्टि** तो कहीं ·········· होती है
A. अनावृष्टि B. सूखा
C. बाढ़ D. वर्षा

उत्तरमाला

1	2	3	4	5	6	7	8	9	10
A	D	D	A	D	A	C	A	A	C
11	**12**	**13**	**14**	**15**	**16**	**17**	**18**	**19**	**20**
A	D	D	A	C	C	A	B	C	B

21	22	23	24	25	26	27	28	29	30
D	A	C	D	A	D	C	A	D	B
31	32	33	34	35	36	37	38	39	40
A	A	D	A	B	A	B	D	A	B
41	42	43	44	45	46	47	48	49	50
D	A	C	A	A	C	A	C	C	D
51	52	53	54	55	56	57	58	59	60
C	A	C	B	D	A	A	A	D	D
61	62	63	64	65	66	67	68	69	70
C	A	D	D	C	B	D	D	A	C
71	72	73	74	75	76	77	78	79	80
A	C	B	D	C	D	C	A	B	A

❀❀❀

श्रुतिसम भिन्नार्थक शब्द

निर्देश : *इन प्रश्नों में प्रत्येक में चार शब्द दिये गए हैं जिनमें से तीन अनेकार्थी शब्द की श्रेणी में आते हैं। जो शब्द इस श्रेणी में नहीं आता है वही आपका उत्तर है, उसे चुने।*

1. अर्थ
A. पाप B. धन
C. आशय D. प्रयोजन

2. आश्रय
A. आधार B. मैदान
C. सहायता D. तरकश

3. खग
A. मन B. तीर
C. पक्षी D. आकाश

4. चपला
A. लक्ष्मी B. चंचल
C. पुष्प D. तड़ित

5. नाग
A. साँप B. पर्वत
C. जवाहर D. बादल

6. पुर
A. गाँव B. घर
C. किला D. नगर

7. बक
A. बगुला B. ढोंगी
C. आँधी D. ठग

8. मूल
A. वंश B. जड़
C. औषध D. पूँजी

9. अक्षर
A. आत्मा B. वर्ण
C. अक्षत D. स्थिर

10. अचल
A. पहाड़ B. स्थिर
C. अटल D. चंचल

11. अर्क
A. सर्प B. बुध
C. ताँबा D. सत्व

12. कनक
A. सोना B. गेहूँ
C. धतूरा D. कमल

13. वर्ण
A. अक्षर B. स्वर
C. जाति D. रंग

14. शिखी
A. मोर B. पर्वत
C. क्षत्रित D. अग्नि

15. सारंग
A. सर्प B. सिंह
C. भौंरा D. वादक

16. अंक
A. चिह्न B. लेख
C. अक्षर D. प्रकृति

17. अंकुर
A. आँख B. कोंपल
C. गरुड़ D. रक्त

18. अंग
A. शरीर B. भेद
C. गोद D. प्रकृति

19. अक्ष
A. सोहागा B. शरीर
C. बछेड़ा D. गरुड़

20. कुल
A. वंश B. शक्ति
C. समूह D. भवन

21. खर
A. गधा B. तिनका
C. कौवा D. दुष्ट

22. गो
A. गाय B. श्रेष्ठ
C. सरस्वती D. पृथ्वी

23. ग्रहण
A. नक्षत्र B. पकड़ना
C. स्वीकार D. अर्थ

24. गौरी
A. पार्वती B. तुलसी
C. गंगा नदी D. अदरक

25. गुरु
A. शिक्षक B. भारी
C. श्रेष्ठ D. वृहस्पति

26. घट
A. घड़ा B. शरीर
C. मन D. अंग

27. घन
A. बादल B. लोहा
C. घड़ा D. कपूर

28. चक्र
A. पहिया B. विष्णु
C. सेना का व्यूह D. चकवा पक्षी

29. छन्द
A. वेंद B. अभिलाषा
C. बंधन D. मुक्ति

30. छाया
A. अनुकरण B. अंधकार
C. पंक्ति D. शीतलता

31. जननी
A. जनमत B. माता
C. चमगादड़ D. कृपा

32. जन्मज
A. कमल B. मछली
C. शैवाल D. मोती

33. जाल
A. बुनावट B. षड्यन्त्र
C. क्षार D. सम्मान

34. जाहक
A. गिरगिट B. कबूतर
C. बिस्तर D. घोंघा

35. टंक
A. सिक्का B. कुल्हाड़ी
C. बिच्छू D. म्यान

36. तनु
A. थोड़ा B. कोमल
C. मधुर D. केंचुली

37. तंत्र
A. सूत B. जुलाहा
C. रेशम D. औषध

38. तात
A. पिता B. कपूर
C. पुत्र D. प्रिय

39. ताल
A. हथेली B. बेल
C. ताला D. मृदंग

40. दंड
A. डंडा B. शिव
C. पतवार D. यमराज

41. दल
A. पंखुड़ी B. सेना
C. कोष D. अम्बार

42. द्विज
A. दाँत B. द्वापर
C. पक्षी D. चन्द्रमा

43. धाम
A. पसीना B. देव स्थान
C. जन्म D. ज्योति

44. धर्म
A. प्रकृति B. उत्कर्ष
C. कर्त्तव्य D. सम्प्रदाय

45. धर्मराज
A. युधिष्ठिर B. यमराज
C. न्यायाधीश D. दार्शनिक

46. धात्री
A. माता B. गंगा
C. भाई D. गाय

47. धुर
A. बोझ B. खूँटी
C. चिनगारी D. धूर्त्त

48. ध्रुव
A. अटल B. तारे का नाम
C. नदी D. पर्वत

49. नंदिनी
A. व्याहता B. उमा
C. पति की बहन D. पत्नी

50. नग
A. पर्वत B. वृक्ष
C. सूर्य D. सपेरा

51. नभ
A. बिजली B. शून्य
C. अभ्रक D. वर्षा

52. नाक
A. स्वर्ग B. नासिका
C. प्रतिष्ठा D. पाताल

53. निराला
A. एकान्त B. विचित्र
C. अनूठा D. निर्मल

54. निशाचर
A. राक्षस B. गीदड़
C. चन्द्रमा D. सर्प

55. पत्र
A. पत्ता B. पुत्र
C. अखबार D. पंखुड़ी

56. पट्ट
A. मुकुट B. रेशम
C. पगड़ी D. पठार

57. पतंग
A. थोड़ा B. टिड्डी
C. शलभ D. चिनगारी

58. पाद
A. पाँव B. मंत्र
C. गंदगी D. शिव

59. पद
A. पैर B. उपवास
C. उपाधि D. मोक्ष

60. पानी
A. जल B. इज्जत
C. चमक D. बाढ़

61. पार्थिव
A. पृथ्वी संबंधी B. राजसी
C. अर्जुन D. मंगल ग्रह

62. पावन
A. पवित्र B. प्राकृतिक
C. रुद्राक्ष D. चंदन

63. फणी
A. सर्प B. केतु
C. कौतुहल D. औषध

64. बलि
A. उदार B. बलिदान
C. उपहार D. भोग

65. मधु
A. शहद B. शरबत
C. अमृत D. दूध

66. मल
A. मैल B. दोष
C. पाप D. मलमल

67. मकर
A. घड़ियाल B. मछली
C. माघ मास D. मकड़ी

68. माधव
A. विष्णु B. वैशाख
C. वसन्त D. काला

69. मुद्रा
A. सिक्का B. चेहरा
C. उम्र D. भाव–भंगिमा

70. युक्ति
A. साधन B. कौशल
C. न्याय D. तर्क

71. रस
A. आनन्द B. शहद
C. जल D. स्वाद

72. रक्त
A. खून B. केसर
C. कमल D. लोहा

73. राग
A. प्रेम B. कष्ट
C. मोह D. तारा

74. लय
A. प्रलय B. प्यास
C. गाने का ढंग D. नाश

75. वन
A. जंगल B. बगीचा
C. मोह D. रश्मि

76. वरा
A. त्रिफला B. भिण्डी
C. हल्दी D. मद्य

77. वंश
A. बाँस B. रीढ़
C. खानदान D. उपवन

78. शंकु
A. भाला B. उमंग
C. राक्षस D. कामदेव

79. शिव
A. आपदा B. भाग्यशाली
C. महादेव D. लिंग

80. श्री
A. सरस्वती B. बनावटी
C. चन्दन D. सिद्धि

उत्तरमाला

1	2	3	4	5	6	7	8	9	10
A	D	A	C	D	A	C	C	D	D
11	**12**	**13**	**14**	**15**	**16**	**17**	**18**	**19**	**20**
B	D	B	C	D	D	C	C	B	B
21	**22**	**23**	**24**	**25**	**26**	**27**	**28**	**29**	**30**
D	B	A	D	B	D	C	B	D	D
31	**32**	**33**	**34**	**35**	**36**	**37**	**38**	**39**	**40**
A	C	D	B	C	C	C	B	D	C
41	**42**	**43**	**44**	**45**	**46**	**47**	**48**	**49**	**50**
D	B	A	B	A	C	D	C	A	D
51	**52**	**53**	**54**	**55**	**56**	**57**	**58**	**59**	**60**
A	D	D	C	B	D	A	C	B	D
61	**62**	**63**	**64**	**65**	**66**	**67**	**68**	**69**	**70**
C	B	C	A	B	D	D	D	C	A
71	**72**	**73**	**74**	**75**	**76**	**77**	**78**	**79**	**80**
B	D	D	B	C	B	D	B	A	B

❀ ❀ ❀

अवतरण तथा उद्धरण

नीचे कुछ विशिष्ट विद्वानों, लेखकों एवं विचारकों की लिखी सुप्रसिद्ध पुस्तकों अथवा परिज्ञान गद्यांश अथवा उनके निबंधों के अवतरण इस उद्देश्य से दिए गए हैं ताकि विद्यार्थी/प्रतियोगी स्वयं श्रेष्ठ लेखकों की रचनाओं को पढ़ने की प्रेरणा प्राप्त कर सकें और जब कभी उनसे ऐसे लेखकों की कृतियों अथवा उनकी विद्या के बारे में पूछा जाए तो वे सरलता से उनका उत्तर दे सकें। प्राय: अवतरण पर कई प्रकार के प्रश्न पूछे जाते हैं; जैसे—

(i) अवतरण का आशय अपने शब्दों में लिखिए, *(ii)* अवतरण का अर्थ स्पष्ट कीजिए, *(iii)* अवतरण का उपयुक्त शीर्षक बताइए तथा *(iv)* अवतरण में विशिष्ट शब्दों के अर्थ लिखिए। यदा-कदा अवतरण के लेखक अथवा उस पुस्तक के बारे में भी पूछा जाता है जिससे अवतरण लिया गया होता है।

अवतरण प्राय: गद्य में होते हैं। यदि प्रतियोगी को किसी अवतरण के बारे में सम्यक् ज्ञान नहीं है तो उसे अवतरण के बारे में अनुमान मात्र से लिखने की चेष्टा नहीं करनी चाहिए। बुझौवल अथवा अटकलों से सफलता मिलने की संभावना बहुत कम होती है।

यहाँ जो अवतरण दिए गए हैं वे प्रतियोगी के लिए अपेक्षित बौद्धिक स्तर को ध्यान में रखकर संग्रहीत किए गए हैं। ये अवतरण न बहुत क्लिष्ट हैं और न ऐसी अज्ञात पुस्तकों से लिए गए हैं जिनका प्रकाशन अर्द्धशती पूर्व हुआ था। अवतरणों के चयन में चेष्टा यह रही है कि ये ऐसी पुस्तकों से लिए जाएँ जिनको किसी-न-किसी विश्वविद्यालय में पाठ्यक्रम में स्वीकृत किया गया है अथवा जो विषय सहज बोधगम्यता के कारण लोकप्रिय हो चुके हैं।

इस संकलन में साहित्य शिक्षा, मनोविज्ञान विज्ञान इंजीनियरी, राजनीतिशास्त्र, अर्थशास्त्र जैसे अनेक विषयों से संबंधित अवतरणों को संग्रहित करने का प्रयास किया गया है ताकि प्रतियोगी की बहुआयामी प्रतिभा का सरलता से मूल्यांकन किया जा सके। आशा है कि इन अवतरणों तथा इनसे सम्बन्धित प्रश्नों से विद्यार्थी और प्रतियोगी दोनों लाभान्वित होंगे। परीक्षा में सफलता के साथ-साथ इनका सम्यक् अध्ययन पाठकों का ज्ञानवर्धन भी कर सकेगा, ऐसा दृढ़ विश्वास है।

अभ्यास 1

प्रेममार्गी शाखा के प्रमुख कवि मलिक मोहम्मद जायसी संसार से इतने विरक्त नहीं थे। वे लोक तथा परलोक दोनों की साधना चाहते थे। उन्होंने अपने 'पद्मावत' में मसनवी परम्परा के अनुकूल शेरशाह की वंदना की है। उन्होंने लौकिक प्रेमगाथाओं के रूपक द्वारा परमार्थिक प्रेम की साधना की है। पद्मावती की प्रेम-कथा जो पृथ्वीराज रासो में वीर रस के आश्रित गौण थी, वह जायसी की 'पद्मावत' में मुख्यता प्राप्त कर लेती है। पद्मावत में कथा भी है और रूपक के द्वारा अलौकिक तत्त्वों की व्यंजना भी है। यद्यपि जायसी मुसलमान थे तथापि वे भारतीय संस्कृति से पूर्णतया परिचित थे। थोड़े बहुत हेर-फेर के साथ उनके काव्य में भारतीय अन्तर-कथाओं और धार्मिक परम्पराओं का उल्लेख हुआ है। उसमें रासो की अपेक्षा अन्विति अधिक है और आरंभ से लेकर अन्त तक शैली और भाषा की एकरसता है। पद्मावत प्रबंधकाव्य का एक अच्छा उदाहरण कहा जा सकता है।

—काव्य के रूप—डॉ. गुलाब राय

1. मलिक मोहम्मद जायसी थे :

A. अवधी भाषा के प्रथम कवि
B. सूफी सन्त कवि
C. शेरशाह सूरी के सभासद्
D. जायस के नागरिक

2. जायसी के सर्वोत्कृष्ट ग्रंथ का नाम है :

A. आखिरी कलाम B. अखरावट
C. पद्मावत D. मधुमालती

3. उक्त गद्य खण्ड का उपयुक्त शीर्षक हो सकता है :

A. पद्मावत का कथानक
B. पद्मावत परिचय
C. जायसी और उनका पद्मावत
D. कविवर जायसी

4. पद्मावत महाकाव्य की भाषा है :

A. ब्रजभाषा B. भोजपुरी
C. खड़ी बोली D. अवधी

5. अवधी भाषा के सर्वाधिक लोकप्रिय महाकाव्य का नाम है :

A. रामचरितमानस B. पद्मावत

C. मधुमालती D. मृगावती

अभ्यास 2

सामान्यत: दुष्टों की वन्दना में या तो भय रहता है, या व्यंग्य। परन्तु जहाँ हम हानि होने के पहले ही हानि के कारण की वन्दना करने लगते हैं वहाँ हमारी वन्दना के मूल में भय नहीं बल्कि उसकी स्थायी दशा की आशंका है। इस वंदना में दुष्टों को थपकी देकर सुलाने की चाल है जिसमें विघ्न-बाधाओं से जान बच सके। आशंका से उत्पन्न यह नम्रता गोस्वामी जी को आश्रय से आलंबन बना देती है। जब स्फुट अंशों के संचारीभावों तथा अनुभवों को छोड़कर वंदना के पीछे निहित भावना की दृष्टि से देखते हैं तो यह आश्रय से संक्रमित आलंबन का उदाहरण बन जाता है। सन्तों, देवताओं तथा राम की वन्दना पर्याप्त नहीं इसलिए दुष्टों की भी वन्दना की जाती है। इससे दुष्टों के महत्त्व की मायिक सृष्टि होती है और वह उन्हें और भी उपहास्य बना देती है।

—हास्य के सिद्धान्त तथा मानस में हास्य,
प्रो. जगदीश पाण्डेय

1. दुष्ट वन्दना के पीछे कवि का उद्देश्य है :

A. दुष्टों को लज्जित करना

B. दुष्टों को थपकी देकर सुलाना

C. दुष्टों से अपना बचाव करना

D. दुष्टों का सहयोग प्राप्त करना

2. रामचरितमानस एक भक्ति काव्य है। इसमें दुष्ट वंदना का रहस्य है :

A. तुलसी की व्यापक दृष्टि

B. तुलसी का सभी को राममय देखना

C. तुलसी की उदारता

D. तुलसी का शील-सौजन्य

3. उपरोक्त अवतरण का उपयुक्त शीर्षक हो सकता है :

A. तुलसी की दुष्ट वंदना

B. तुलसी की उदारता

C. तुलसी का मानवीय दृष्टिकोण

D. उपर्युक्त तीनों

4. देवताओं, महापुरुषों, सज्जनों के साथ दुष्टों की वंदना इसलिए सार्थक कही जाएगी कि महाकवि तुलसी :

A. संत कवि थे

B. उदार चेता थे

C. हित-अनहित और अपने पराये की भावना से ऊपर उठ चुके थे

D. निर्वैरता चाहते थे

5. जीवन में हास्य का महत्त्व इसलिए है कि वह जीवन को :

A. प्रेरणा देता है B. आनन्दित करता है

C. आगे बढ़ाता है D. सरस बनाता है

अभ्यास 3

इन्द्र यह सुनकर स्वयं महर्षि दधीचि के आश्रम में गए और उन्हें मजबूरी कह सुनायी। ऋषि जग-कल्याण के लिए सहर्ष अपना शरीर त्यागने के लिए तैयार हो गए। उनकी हड्डियों से त्वष्ठा ने वज्र बनाया। इस वज्र को हाथ में लेकर इन्द्र दुगुने उत्साह से वृत्रासुर के सम्मुख गए। उनके मेघरूपी रथ के गर्जन से एक बार वृत्रासुर का कलेजा काँप गया। उनके साथ चलते हुए मरुत जोर-जोर से उनकी जयजयकार कर रहे थे। इन्द्र ने सबसे पहले अपने वज्र से वृत्रासुर की माया को काट दिया। फिर भी वह दैत्य बड़ा शक्तिशाली था। अपनी माया से विछिन्न होकर भी वह बहुत देर तक इन्द्र से जूझता रहा। लेकिन अन्त में इन्द्र ने वज्र के प्रहार से वृत्रासुर का सिर काट दिया। वृत्रासुर के मरते ही रुका हुआ जल बह निकला, नदी-नाले फिर से भर उठे और देखते-ही-देखते खेत लहलहा उठे।

1. महर्षि दधीचि एक ऐसे ऋषि थे जिन्होंने :

A. देवताओं की रक्षा के लिए अपने शरीर का त्याग किया था

B. योग बल से अपने शरीर को त्याग कर वृत्रासुर के वध हेतु वज्र बनाने के लिए इन्द्र को अपनी अस्थियाँ सुलभ करा दी थीं

C. वृत्रासुर के वध में इन्द्र की सहायता की थी

D. वृत्रासुर का वध किया था

2. हमें इस अवतरण से यह प्रेरणा मिलती है कि परोपकार के लिए आवश्यकता पड़ने पर :

A. अपने शरीर भी दे देना चाहिए

B. अपना सर्वस्व दे देना चाहिए

C. अपनी अस्थियाँ दे देनी चाहिए

D. अपनी सम्पत्ति दे देनी चाहिए

3. इस गद्यांश का उपयुक्त शीर्षक हो सकता है :
A. दधीचि का आत्मदान B. दधीचि का सर्वस्व दान
C. वृत्रासुर वध D. इन्द्र का कोप

4. निम्नलिखित में से सही कथन पर निशान लगाइए :
A. वृत्रासुर इन्द्र का प्रतिद्वन्द्वी था
B. वृत्रासुर एक आततायी राक्षस था
C. वृत्रासुर एक महाप्रतापी राक्षस था, जिसने जलावरोध कर रखा था
D. वृत्रासुर उपर्युक्त में से कोई नहीं था

इस उद्धरण में प्रयुक्त निम्नलिखित शब्दों के सही अर्थों पर निशान लगाइए :

5. महर्षि
A. मुनि
B. ऋषि जो ब्राह्मण न हो
C. ऋषि जो ब्राह्मण हो
D. ऋषियों का एक पद विशेष

6. जगकल्याण :
A. संसार का हित
B. संसार की भलाई
C. संसार को सुख देना
D. संसार के लिए आनन्द की व्यवस्था करना

7. वज्र :
A. एक प्रकार का बाजा
B. एक प्रकार का शस्त्र
C. एक प्रकार का आघात
D. पत्थर गिरना या बिजली गिरना

अभ्यास 4

महाकवि सूरदास का 'सूर-सागर' भागवत के आधार पर लिखा हुआ ग्रंथ है। इसीलिए महाकवि 'सूर' ने भी ब्रह्म का यही स्वरूप ग्रहण किया और भगवान श्रीकृष्ण को अपनी उपासना का केन्द्र मानकर वैष्णव सम्प्रदाय के सिद्धान्तों का ही प्रतिपादन किया है। वास्तव में वैदिक ऋचाओं में वर्णित सिद्धान्त ही वैदिक धर्म के प्रकाण्ड आचार्यों द्वारा प्रचारित हुए हैं। काल और स्थिति के अनुसार धार्मिक सिद्धान्तों में भी परिवर्तन होना आवश्यक है। सर्वप्रथम दृष्टि से भगवान कृष्ण ने इन वैदिक सिद्धान्तों में कुछ परिवर्तन कर सूरकालीन वैष्णव धर्म का शिलान्यास किया। अतः भगवान कृष्ण को ही वैष्णव धर्म का प्रथम आचार्य कहना अनुचित न होगा। धार्मिक और ऐतिहासिक अनुसंधानों के अनुसार वेदों और संहिताओं की रचना भिन्न-भिन्न काल में हुई है। उदाहरणार्थ—यजुर्वेद संहिता में केशी नामक राक्षस का कृष्ण द्वारा वध किए जाने का उल्लेख है। इससे प्रमाणित होता है कि यह संहिता कृष्ण जन्म के बाद लिखी गई है।

—सूरदर्शन, डॉ. कृष्ण लाल 'हंस'

1. उक्त गद्यांश का सारांश एक पंक्ति में इस प्रकार हो सकता है :
A. श्रीमद्भागवत ग्रंथ सूर-सागर की रचना का आधार है
B. श्रीमद्भागवत नहीं अपितु ब्रह्म वैवर्त्त पुराण सूर-सागर का आधार है
C. महाभारत ग्रंथ सूर-सागर का आधार है
D. वैदिक ऋचाएँ सूर-सागर का आधार हैं

2. हिन्दी साहित्य में भक्ति तथा रीति काल को सम्मिलित करके तीन उत्तम कवि माने गए हैं, जिनमें प्रथम स्थान :
A. सूरदास का है B. तुलसीदास का है
C. केशवदास का है D. देव का है

3. महाकवि सूरदास भक्तिकाल में सगुण भक्ति की :
A. कृष्ण भक्ति शाखा के कवि थे
B. राम कृष्ण दोनों की भक्ति शाखा के कवि थे
C. स्मार्त्त कवि थे
D. उपर्युक्त किसी शाखा के कवि नहीं थे

4. इस गद्यांश का उपयुक्त शीर्षक हो सकता है :
A. सूर-सागर का प्रणयन
B. वैष्णव धर्म के प्रथम आचार्य श्रीकृष्ण
C. परब्रह्म श्रीकृष्ण
D. वैष्णव धर्म का शिलान्यास

5. सूर-सागर की कथा श्रीमद्भागवत के :
A. दशम स्कंध से ली गई है
B. एकादश स्कंध से ली गई है
C. नवम स्कंध से ली गई है
D. उपर्युक्त किसी स्कंध ने नहीं ली गई है।

अभ्यास 5

''पर्वतीय पथ और पत्थरों की चोट से टूटे नाखून और चुटीली उँगलियों के बीच में ढाल बनी मूँज की चप्पल मानो मनुष्य को पशु बनाकर खुर न देने वाले परमात्मा का उपहास कर रही हो।

पाँव से दो बालिश्त ऊँचा और ऊनी-सूती पैबन्दों से बना हुआ पाजामा मनुष्य की लज्जाशीलता की विडम्बना जैसा लगता था। किसी से कभी मिले हुए पुराने कोट में, नीचे के मटमैले स्तर की झाँकी देती हुई, ऊपरी तह तार-तार फट कर झालरदार हो उठी थी और सब अपने पहनने वाले को एक झबरे जन्तु की भूमिका मे उपस्थिति करती थी। अस्पष्ट रंग और अनिश्चित रूप वाली दोपलिया टोपी के छेद से रूखे बाल जहाँ-तहाँ झाँककर मैले पानी और उसके बीच-बीच में झाँकते हुए सेवार की स्मृति करा देते थे।''

—**स्मृति की रेखाएँ, महादेवी वर्मा**

1. श्रीमती महादेवी वर्मा द्वारा किया गया उक्त रेखांकन 'स्मृति की रेखाएँ' नामक पुस्तक से है। यह रेखांकन :

A. एक निर्धन व्यक्ति का है

B. एक पहाड़ी नागरिक का है

C. एक पहाड़ी मजदूर का है

D. उपरोक्त में से किसी का नहीं है

2. उपर्युक्त गद्यांश का सार्थक शीर्षक हो सकता है :

A. एक विपन्न कुली

B. एक पर्वतीय श्रमिक

C. निर्धनता एक अभिशाप

D. करुणा की मूर्ति

3. महादेवी वर्मा की शैली की समीक्षा-मात्र एक पंक्ति में कर पाना असंभव है। फिर भी, कहा जा सकता है कि उनकी काव्य-शैली की तरह उनकी गद्य शैली भी :

A. भावना प्रधान है B. चित्रांकन प्रधान है

C. कल्पना प्रधान है D. मनोरम है

4. महादेवी वर्मा विरचित अनेक काव्यग्रंथ, निबन्ध तथा रेखाचित्र हैं। कुछेक के नाम हैं :

A. दीपशिखा, यामा

B. अतीत के चलचित्र, स्मृति की रेखाएँ

C. नीरजा, नीहार

D. उपरोक्त सभी

5. इस गद्य कृति के अतिरिक्त महादेवी वर्मा द्वारा रचित प्रमुखतम गद्य कृति का नाम है :

A. अतीत के चलचित्र B. मेरा परिवार

C. पथ के साथी D. शृंखला की कड़ियाँ

उत्तरमाला

अभ्यास 1

1	2	3	4	5
B	C	C	D	A

अभ्यास 2

1	2	3	4	5
B	B	A	B	D

अभ्यास 3

1	2	3	4	5	6	7
B	B	C	C	C	A	B

अभ्यास 4

1	2	3	4	5
A	B	A	B	A

अभ्यास 5

1	2	3	4	5
C	B	A	D	A

वाक्यांश के लिए एक शब्द

कथन में लम्बे-लम्बे वाक्यों का प्रयोग करने तथा शब्दों को परिभाषित करने के बजाय यदि एक शब्द का प्रयोग किया जाए तो कथन स्वत: संक्षिप्त और स्पष्ट हो जाता है। कुशल साहित्यकार अपनी रचनाओं में शब्दों का अपव्यय नहीं करते। वाक्य या वाक्यांश के लिए एक शब्द का प्रयोग कथन में आकर्षण और सौन्दर्य भर देता है। हिन्दी भाषा की यह विशेषता है कि उसे संस्कृत शब्दों का प्रचुर भण्डार सुलभ है। इसलिए हिन्दी भाषा कोश में ऐसे अनेक तत्सम शब्द हैं जो वाक्य या वाक्यांश के लिए प्रयोग में लाए जाते हैं।

अपने आशय और मन्तव्य को संक्षेप में प्रकट करने के लिए ही ऐसे शब्दों को गढ़ा गया है जिन्हें गागर में सागर कहा जा सकता है। हिन्दी भाषा के श्रेष्ठ कवियों में से एक कविवर बिहारी लाल के संबंध में कहा गया है कि वे शब्दों के जड़िया (आभूषण में नगों की जड़ाई करने वाला) थे। इसीलिए दोहे जैसे लघु छन्द में उन्होंने चित्रांकन के साथ-साथ अपने भावों को बहुत कौशल के साथ उतारा है। एक उदाहरण द्रष्टव्य है-

लोग कहत बेंदी दिए आँक दस गुनो होत।
तिय लिलार बेंदी दिए अगनित बढ़त उदोत।।

इसीलिए अपनी भाषा को समर्थ, प्रभावी तथा आकर्षक बनाने के लिए ऐसे शब्दों की जानकारी रखना नितान्त आवश्यक होता है। भाषा में शक्ति के स्रोत उसके शब्द माने जाते हैं। यहाँ इसी उद्देश्य से अनेक ऐसे शब्द संजोए गए हैं जिनका अर्थ पूरे वाक्य या वाक्यांश द्वारा ही स्पष्ट होता है। इनसे न केवल पाठकों के शब्द भण्डार में वृद्धि होगी वरन् वे हिन्दी भाषा लिखने में भी कुशल बन सकेंगे।

बहुविकल्पी वस्तुनिष्ठ प्रश्न

निर्देश : *नीचे के प्रश्नों में ऊपर एक वाक्य दिया गया है और उसके नीचे चार विकल्प A, B, C और D दिए गए हैं। इनमें से एक विकल्प ऊपर दिए गए वाक्यांश का सही अर्थ एक शब्द में बताता है। ऐसे विकल्प को छाँटकर उस पर निशान लगाइए।*

1. ईश्वर में विश्वास करने वाला :
A. अनुरागी B. वैरागी
C. आस्तिक D. भक्त

2. जिस व्यक्ति की मृत्यु हो चुकी हो :
A. स्वर्गलोकी B. मृत्युलोकी
C. पाताललोकी D. स्वर्गीय

3. जिसका अन्त न हो :
A. आदि B. अनन्त
C. अनादि D. अन्तिम

4. जो अनुकरण करने योग्य हो :
A. ज्ञाता B. अनुकरणीय
C. अनुकारक D. अनुरक्ता

5. ईश्वर में विश्वास न नहीं रखने वाला :
A. निरामिश B. नास्तिक
C. नश्वर D. निष्कपट

6. जिसे आसानी से किया जा सके :
A. सुगम B. सरल
C. आसानीपूर्वक D. सदृश

7. जहाँ जाना कठिन हो :
A. अगम्य B. दुर्गम
C. कष्टपूर्ण D. कठिनतम

8. जो किसी का पक्ष न ले :
A. निष्पक्ष B. तटस्थ
C. अपक्षधर D. आदर्श

9. जिसे जीता न जा सके :
A. अजेय B. पराजय
C. अजर D. अमर

10. दूसरों पर उपकार करने वाला :
A. उपकारी B. समाजसेवक
C. परोपकारी D. कृतज्ञ

11. आकाश में घूमने वाला :
A. आकाशीय B. नभचर
C. अन्तरिक्ष यात्री D. पक्षीगण

12. जिसकी पत्नी मर चुकी हो :
A. विधुर B. संन्यासी
C. वैरागी D. अपत्नित्व

13. सब कुछ जानने वाला :
A. ज्ञाता B. ज्ञानी
C. बुद्धिमान् D. सर्वज्ञ

14. जो सब जगह उपस्थित हो :
A. ईश्वर B. सर्वव्यापी
C. सर्वज्ञ D. अन्तर्यामी

15. जिस पर विश्वास न किया जा सके :
A. धोखेबाज B. दगाबाज
C. कपटी D. अविश्वसनीय

16. जो कभी बूढ़ा न हो :
A. अमर B. महन्त
C. अजर D. इन्द्र

17. जिस तिथि को चाँद नहीं दिखाई देता :
A. पूर्णमासी B. अमावस्या
C. पूर्णिमा D. कार्तिक

18. ऐसी धरती जिसमें कुछ न उपजता हो :
A. बंजर B. मरुभूमि
C. दलदल D. ऊसर

19. बिना मांस का भोजन :
A. निरामिष B. सामिष
C. फलाहारी D. अन्नपूर्णा

20. जिसकी कोई उपमा न हो :
A. निराला B. अनोखा
C. अनुपम D. आश्चर्य

21. जो दो सप्ताह में एक बार हो :
A. द्विसप्ताहिक B. पाक्षिक
C. पन्द्रहवीं D. साप्ताहिकी

22. ज्ञान-प्राप्ति की इच्छा रखने वाला :
A. ज्ञानी B. ज्ञाता
C. जिज्ञासु D. ज्ञानेन्द्र

23. जो कहने योग्य न हो :
A. अकथनीय B. अयोग्य
C. अवगुण D. अभावनात्मक

24. जो सहन न कर सके :
A. असहनीय B. असामाजिक
C. असहिष्णु D. असहाय

25. उच्चकुल में जन्म लेने वाला :
A. कुलीन B. धनी
C. रईस D. कुलिश

26. जो इन्द्रियों से परे हो :
A. इन्द्रहीन B. अगोचर
C. गोचर D. इष्टहीन

27. जिसका जन्म बाद में हुआ हो :
A. अग्रज B. अनुज
C. पीढ़ी D. युवा

28. जिसे किसी बात का पता न हो :
A. अज्ञानी B. अल्पज्ञ
C. अनभिज्ञ D. मूर्ख

29. जो हथियार फेंक कर चलाया जाये :
A. शस्त्र B. अस्त्र
C. बारूद D. योद्धा

30. अत्यन्त क्रूर व्यक्ति :
A. दुष्ट B. राक्षस
C. शैतान D. आततायी

31. दूसरे की उन्नति को देखकर जलने वाला :
A. डाही B. ज्वलनशील
C. घमंडी D. ईर्ष्यालु

32. जिस बात का सम्बन्ध इस लोक से हो :
A. लौकिक B. पारलौकिक
C. भौतिक D. ऐहिक

33. जो काम से जी चुराता हो :
A. आलसी B. अकर्मण्य
C. कामचोर D. भोगी

34. जो उपकार न माने :
A. अपकारी B. कृतज्ञ
C. कृतघ्न D. अपरोपकारी

35. जो ग्रहण करने योग्य हो :
A. ग्रहणशील B. ग्राह्य
C. स्वीकार D. ग्रहणीय

निर्देश : *नीचे के प्रश्नों में ऊपर एक शब्द दिया गया है और उसके नीचे चार विकल्प A, B, C, और D, दिये गये हैं। इनमें से एक विकल्प ऊपर दिये गये शब्द का सही अर्थ एक वाक्यांश में बताता है। ऐसे विकल्प को छाँटकर उस पर निशान लगाइये।*

36. सर्वज्ञ
A. अच्छी तरह से जानने वाला
B. सर्वशक्तियों का स्वामी
C. सब कुछ जानने वाला
D. सबके मन में विद्यमान

37. ईर्ष्या
A. शत्रुता का भाव
B. दूसरों की उन्नति से जलना
C. दूसरों का बुरा चाहना
D. सदैव अपना स्वार्थ देखना

38. सखा
A. सद्व्यवहार रखने वाला
B. प्राय: साथ रहने वाला समवयस्क साथी
C. आत्मीयता रखने वाला सहपाठी
D. कल्याण की कामना करने वाला मित्र

39. अनिवार्य
A. जिसको टाला न जा सके
B. जिसका निवारण न हो सके
C. जिसको करना जरूरी हो
D. जो आसानी से न हो सके

40. कुलीन
A. जो बुरे कार्यों से दूर रहे
B. जो उच्च कुल में जन्मा हो
C. जो सभ्य और सुसंस्कृत हो
D. जो समाज में प्रतिष्ठित हो

41. निष्पक्ष
A. जो किसी का अहित न करे
B. जो दोनों पक्षों का साथ दे
C. जो किसी पक्ष से कोई अपेक्षा न करे
D. जो किसी का पक्ष न ले

42. अबध्य
A. जिसका वध करना वर्जित हो
B. जिसका वध कर पाना सम्भव न हो
C. जो किसी का वध न करे
D. जिसका वध अकारण किया गया हो

43. अश्रुत
A. जिसको सुनाई न दे
B. जिसे सुनना पाप हो
C. जिसे या जो पहले कभी सुना न गया हो
D. बहरा

44. अगोचर
A. जो चल न सके
B. जो देख न सके
C. जिसे आँखों से देखा न जा सके
D. जो रेंग कर चलता हो

45. अजातशत्रु
A. जिसे कोई शत्रु जीत न सके
B. जिसके सामने शत्रु नतमस्तक हो
C. जिसका कोई शत्रु पैदा ही न हुआ हो
D. जिसने अपने सभी शत्रुओं को जीत लिया हो

46. अनुज
A. पीछे-पीछे चलने वाला
B. पद में छोटा
C. बाद में पैदा होने वाला छोटा भाई
D. जो एक ही माता से जन्मा हो

47. अनाथ
A. जो अबोध हो
B. जिसका कोई घर-बार न हो
C. जिसके माँ-बाप मर चुके हों
D. जिसकी सहायता करने वाला कोई न हो

48. नास्तिक
A. पूजा-पाठ न करने वाला
B. ईश्वर के अस्तित्व में विश्वास न करने वाला
C. धर्म को न मानने वाला
D. धर्म-विरोधी

49. हिंस्र
A. दूसरे प्राणियों की हिंसा करने वाला
B. जनता पर अत्याचार करने वाला
C. हिंसा करके प्रसन्न होने वाला
D. दूसरों को हिंसा के लिए प्रेरित करने वाला

50. अविस्मरणीय
A. जो अभी भुलाया न गया हो
B. जिसे कभी भुलाया न जा सके
C. जो भूल जाने लायक हो
D. जिसे भुला दिया गया हो

51. शाश्वत
A. सबके मन की बात जानने वाला
B. सर्वत्र विद्यमान
C. सदैव रहने वाला
D. सबका कल्याण करने वाला

52. दुर्गम
A. जहाँ जा पाना कठिन हो
B. जहाँ जा सकना असम्भव हो
C. जो कठिन मार्ग पर चले
D. जो कठिनाई से भी मार्ग बना ले

53. कृतघ्न
A. जो उपकार का एहसान न माने
B. जो उपकार का एहसान माने
C. जो एहसान के लिए उपकार करे
D. जो दूसरों का उपकार करे

54. कृतज्ञ
A. जो अपने साथ किए गये उपकार का एहसान न माने
B. जो अपने साथ किए गये उपकार का एहसान माने
C. जो किसी के साथ उपकार न करे
D. जिसे किसी से उपकार की अपेक्षा न हो

55. अगम्य
A. जहाँ जाना वर्जित हो
B. जिसकी थाह न मिले
C. जहाँ जा सकना असम्भव हो
D. जहाँ जाने के लिए पहाड़ पार करना पड़े

56. अनश्वर
A. जिसका नाश किया जा सके
B. जिसका कभी नाश न हो
C. जो किसी का नाश न करे
D. जिसकी इच्छा सदैव जीवित रहने की हो

57. अप्रत्याशित
A. जिससे आशा न हो
B. जो आशा के ठीक विपरीत हो
C. जिसकी आशा न की गई हो
D. जो आशा के अनुरूप खरा उतरे

58. अनुगृहीत
A. कृपा का आभार मानने वाला
B. कृपा का आभार न मानने वाला
C. जो कृपा का पात्र न हो
D. जो सबसे दास कृपा का व्यवहार करे

59. असह्य
A. जिसे सहना अन्याय हो
B. जिसका डटकर मुकाबला करना चाहिए
C. जिसमें सहनशक्ति न हो
D. जो सहा न जा सके

60. आधि
A. शारीरिक रोग B. प्राकृतिक विपत्ति
C. मानसिक कष्ट D. निर्धनता

उत्तरमाला

1	2	3	4	5	6	7	8	9	10
C	D	B	B	B	A	B	A	A	C
11	**12**	**13**	**14**	**15**	**16**	**17**	**18**	**19**	**20**
B	A	D	B	D	C	B	D	B	C
21	**22**	**23**	**24**	**25**	**26**	**27**	**28**	**29**	**30**
B	C	A	C	A	B	B	C	B	D
31	**32**	**33**	**34**	**35**	**36**	**37**	**38**	**39**	**40**
D	D	C	C	B	C	B	B	B	B
41	**42**	**43**	**44**	**45**	**46**	**47**	**48**	**49**	**50**
D	A	C	C	C	C	C	B	A	B
51	**52**	**53**	**54**	**55**	**56**	**57**	**58**	**59**	**60**
C	A	A	B	C	B	C	A	D	C

वाक्यों में रिक्त स्थानों की पूर्ति

निर्देश : *निम्नलिखित वाक्यों में उपयुक्त शब्दों द्वारा रिक्त स्थान की पूर्ति के लिए चार-चार विकल्प दिए गए हैं। इनमें एक विकल्प ठीक है; उसका चयन कीजिए।*

1. परदेश में रहने वाला व्यक्ति........कहलाता है।
A. परेदशी B. प्रवासी
C. अजनबी D. अन्तेवासी

2. वह........व्यक्ति किसी भी समस्या का हल तत्काल सोच सकता है।
A. होनहार B. प्रतिभाशाली
C. सतोगुणी D. प्रत्युत्पन्नमति

3. यह........शीशा है जिसके आर-पार देखा जा सकता है।
A. स्वच्छ B. महँगा
C. पारदर्शक D. पारभासी

4. फिजूलखर्च करने वाले व्यक्ति........पुरुष से दूर रहना चाहते हैं।
A. मितव्ययी B. धनी
C. चरित्रवान् D. निर्धन

5. उस महिला के कोई बच्चा नहीं हुआ है। इसलिए कुछ मूर्ख लोग उसे........कह कर खिजाते हैं।
A. हीजड़ी B. वेश्या
C. विधवा D. वन्ध्या

6. पच्चीस वर्ष पूरे करने के उपलक्ष में कल हमारा विद्यालय........मनाएगा।
A. स्वर्ण जयन्ती B. रजत जयन्ती
C. कांस्य जयन्ती D. हीरक जयन्ती

7. गणेशजी का एक नाम........भी है।
A. माखनचोर B. पर्वतलंघी
C. लम्बोदर D. संहारक

8. ....का आचरण आमतौर पर अवहेलनापूर्ण होता है।
A. विमाताओं B. माताओं
C. चाचियों D. दादियों

9. वैदिक धर्म को........धर्म माना जाता है।
A. लौकिक B. पारलौकिक
C. सार्वभौमिक D. शाश्वत

10. सूर्य........है।
A. जंगम B. कम्पनशील
C. स्थावर D. शीतल

11. नेहरू के ....शरीर को जलाया गया था।
A. आध्यात्मिक B. मृतक
C. भौतिक D. पार्थिव

12. हमें अपने........को समूचा स्नेह देना चाहिए।
A. पूर्वजों B. अग्रजों
C. अनुजों D. शत्रुओं

13. ऐसा कौनसा व्यापारी है जिसमें........का अभाव हो?
A. लिप्सा B. जुगुप्सा
C. वासना D. जिज्ञासा

14. सुभाष चन्द्र बोस में........साहस था।
A. अकाट्य B. असह्य
C. अक्षम्य D. अदम्य

15. मैं........में विश्वास नहीं करता हूँ बल्कि वास्तविक गुणों का पक्षपाती हूँ।
A. अदृश्य B. आडम्बर
C. रंग-रोगन D. तड़क-भड़क

16. ....व्यक्ति हमेशा कुढ़ता रहता है।
A. ईर्ष्यालु B. कंजूस
C. झगड़ालू D. मितव्ययी

17. अहिंसा........उज्ज्वलतम रूप है।
A. न्याय का B. क्षमता का
C. निश्चय का D. वीरता का

18. न्यायालयों में न्याय पाना बड़ा........हो गया है।
A. असम्भव B. कठिन
C. किंचित् D. असंशय

19. त्यौहार मनुष्य की........महत्त्वपूर्ण अंग है।
A. संस्कृति का B. सम्मति का
C. स्मृति का D. विकृति का

20. आपका अपराध........है क्योंकि आपने एक वृद्ध पुरुष को ठगा है।

A. अकर्मण्य B. अक्षम्य
C. अदृश्य D. अस्पृश्य

21. क्या तू जानता है कि तेरे........का उसके मन पर क्या प्रभाव पड़ा होगा?

A. प्रसंग B. प्रमाद
C. उपहास D. उपचार

22. उत्सव आदि में विलम्ब से पहुँचना हमारे........में शामिल हो गया है।

A. स्वभाव B. नियम
C. खून D. आडम्बर

23. संस्कृत भाषा को........की संज्ञा दी जाती है।

A. जगज्जननी B. मृत भाषा
C. दिवंगत भाषा D. गीर्वाण भाषा

24. चरित्र ही दूसरे शब्दों में........है।

A. पर्व B. कर्म
C. धर्म D. मर्म

25. मुझे........व्यक्ति पसंद है।

A. असत्यभाषी B. छद्मवंशी
C. प्रपञ्ची D. स्पष्टभाषी

26. मैं उस........व्यक्ति का समूचे हृदय से आदर करता हूं।

A. मठकर B. कर्मठ
C. गोपनीय D. घृणित

27. उसके........व्यक्तित्व ने मुझे बेहद प्रभावित किया है।

A. कलंकित B. दूषित
C. कुत्सित D. चुम्बकीय

28. गद्यपद्यमयी साहित्य........कहलाता है।

A. गीतिकाव्य B. पौराणिक साहित्य
C. लौकिक साहित्य D. चम्पू

29. उस........का क्या कहना वह तो अपनी मम्मी के चरित्र पर भी नुक्ताचीनी कर सकता है।

A. हत्यारे B. छिद्रान्वेषी
C. आलोचक D. अवलोढ़क

30. जिसमें अनेक इच्छाएँ आबद्ध रहती हैं उसे........व्यक्तित्व कहते हैं।

A. विशिष्ट B. विश्लिष्ट
C. संश्लिष्ट D. प्रश्लिष्ट

31. कश्मीर की समस्या अब शीघ्र........योग्य बन गई है।

A. समाधान B. विधान
C. अनुदान D. संदान

32. भारतीय राजनीति में भी भक्ति और पूजा के लिए, प्राय: हर दल में एक........की जरूरत होती है।

A. नियोजक B. सर्वेसर्वा
C. व्यक्तित्व D. चर्चा

33. खूब सोच-विचार करने के बावजूद भी हम किसी........पर नहीं पहुँच सके।

A. निदान B. प्रमाण
C. परिणाम D. परिमाण

34. हास्यानंद की काम के प्रति लगन और निष्ठा........है।

A. अनुक्रमणीय B. अवज्ञेय
C. शोचनीय D. हास्यास्पद

35. अवधी भाषा के सर्वाधिक लोकप्रिय महाकाव्य का नाम........है।

A. पद्मावत B. रामचरितमानस
C. कादम्बरी D. मधुमालती

36. विद्या की अधिष्ठातृ देवी........है।

A. लक्ष्मी B. दुर्गा
C. सरस्वती D. कात्यायनी

37. पश्चिम के देशों में समय की........अनिवार्य है।

A. कुताई B. पाबंदी
C. शिथिलता D. अवज्ञा

38. सन्ध्या और रात्रि के बीच का समय........समय कहलाता है।

A. गोधूलि B. रात्रिमुख
C. दिनावसान D. गोमुख

39. सरकार नियमों का........करने वालों को दण्ड देती है।

A. प्रतिपालन B. अनुकरण
C. उल्लंघन D. अनुपालन

40. आजकल समाचार-पत्रों में........समाचार कम छपते हैं।

A. निर्धनों के B. धनाढ्यों के
C. धार्मिक D. जनहित के

41. भारतीय इतिहास की सराहनीय विशेषता उसमें धार्मिक भावों की........है।

A. अनुदारता B. प्रचुरता
C. न्यूनता D. अपरिपक्वता

42. प्राचीनकाल में राजा लोग वेश बदलकर........किया करते थे।

A. यज्ञ-हवन B. संचरण

C. देशाटन D. उद्‌घाटन

43. आपकी........बातों पर कौन विश्वास करेगा?

A. निर्दम्भ B. निराधार

C. निरुपम D. निर्मम

44. छोटे-छोटे जीवों में भी........पाई जाती है।

A. जिज्ञासा B. पिपासा

C. लालसा D. जिजीविषा

45. आपका आचरण सर्वथा........है।

A. अनुकरणीय B. ग्राह्य

C. अवज्ञेय D. प्राप्य

46. मैंने यह पुस्तक........पढ़ी है।

A. आद्यन्त B. सान्त

C. आद्योपान्त D. सर्वथा

47. मैं वह........भूमि नहीं खरीदूँगा।

A. गोचर B. दाय

C. उपजाऊ D. ऊसर

48. पतंगा तो........ही है दीपक भी जलता है।

A. जीता B. मरता

C. उड़ता D. जलता

49. परिवार........पर आधारित वृत्तचित्र दिखाना लाभप्रद होगा।

A. आयोजन B. संयोजन

C. नियोजन D. वियोजन

50. प्रिय बंधु! यह ....तुम्हें ले डूबेगी।

A. कुसंगति B. संगति

C. सत्संगति D. विसंगति

उत्तरमाला

1	2	3	4	5	6	7	8	9	10
B	D	C	A	D	B	C	A	D	C
11	**12**	**13**	**14**	**15**	**16**	**17**	**18**	**19**	**20**
D	C	A	D	B	A	D	B	A	B
21	**22**	**23**	**24**	**25**	**26**	**27**	**28**	**29**	**30**
C	A	D	C	D	B	D.	D	B	C
31	**32**	**33**	**34**	**35**	**36**	**37**	**38**	**39**	**40**
A	C	C	D	B	C	B	A	C	D
41	**42**	**43**	**44**	**45**	**46**	**47**	**48**	**49**	**50**
B	C	B	D	A	C	D	D	C	A

रस, छंद, अलंकार

अलंकार का शाब्दिक अर्थ है—आभूषण या गहना। जिस प्रकार शरीर की शोभा को बढ़ाने के लिए लोग आभूषण धारण करते हैं उसी प्रकार काव्य की शोभा को बढ़ाने के लिए जिस शब्द का प्रयोग किया जाता है, उसे अलंकार कहते हैं। किसी ने सच ही कहा है कि ''काव्य शोभा करान् धर्मानलंकार पुत्रक्षते!'' अर्थात् काव्य की शोभा बढ़ाने वाले धर्म या गुण को अलंकार कहते हैं। इसके प्रयोग से काव्य में अर्थ व भाषा की दृष्टि से चार चाँद लग जाते हैं। वहीं दूसरी ओर कविता में रस का प्रयोग श्रोता या पाठक को आत्म-विभोर कर देता है। रस किसी पद्य में ऐसे तत्त्व का समावेश करता है जो पाठक के हृदय में ऐसे आनंद का संचरण करता है जिसे वह सिर्फ महसूस कर पाता है किन्तु मुँह से या शब्दों से उसकी व्याख्या नहीं कर पाता। प्रस्तुत अध्याय छात्रों की परीक्षाओं को ध्यान में रखते हुए तैयार किया गया है ताकि वे इसे पढ़कर अच्छे अंक अर्जित कर सकें।

निर्देश : *निम्नलिखित प्रश्नों में दिए गए वाक्यों में प्रयुक्त अलंकार के भेद का चयन उसके नीचे दिए विकल्पों में से कीजिए।*

1. कुन्द इन्दु सन देह, उमा रमन, करुणा 'अयन' में कौन–सा अलंकार है?

A. श्लेष B. उपमा
C. अनुप्रास D. रूपक

2. 'काली लहर कल्पना काली
मेरी काल कोठरी काली'
में कौन-सा अलंकार है?

A. अनुप्रास B. रूपक
C. श्लेष D. उपमा

3. ''लाल चेहरा है नहीं, फिर, लाल किसके'', में कौन-सा अलंकार है?

A. यमक B. रूपक
C. उपमा D. अनुप्रास

4. 'कनक-कनक ते सौ गुनी मादकता अधिकाय' में कौन-सा अलंकार है?

A. यमक B. श्लेष
C. अनुप्रास D. उपमा

5. 'हरिपद कोमल कमल से' में उपमा का कौन-सा भेद है?

A. लुप्तोपमा B. मालोपमा
C. पूर्णोपमा D. इनमें से कोई नहीं

6. रंग-रूप, गुण-धर्म की समानता के कारण किसी वस्तु में दूसरी वस्तु का सन्देह होने पर कौन-सा अलंकार होता है?

A. भ्रान्तिमान B. सन्देह
C. प्रतीप D. अतिशयोक्ति

7. संपत्ति चकई भरतु चक मुनि आयसु खेलवार
तेहि निसि आश्रम पिजराँ राखे भाभिनुसार।
सम्पत्ति चकई में अलंकार बताइए।

A. उपमा B. रूपक
C. संदेह D. कोई नहीं

8. बीती विभावरी जाग री
अम्बर-पनघट में डूबो रही तारा घट उषा-नागरी।।
प्रस्तुत पंक्तियों में कौन-सा अलंकार है?

A. उपमा B. रूपक
C. उत्प्रेक्षा D. यमक

9. 'रघुपति राघव राजा राम' में निम्नलिखित में से किस अलंकार का प्रयोग किया गया है?

A. यमक B. अनुप्रास
C. उपमा D. उत्प्रेक्षा

10. एक शब्द के अनेक अर्थ होने पर कौन-सा अलंकार होता है?

A. उपमा B. रूपक
C. श्लेष D. यमक

11. ज्यों-ज्यों बढ़े स्याम रंग त्यों-त्यों उज्ज्वल होय। इसमें अलंकार है
A. अतिशयोक्ति B. विशेषोक्ति
C. विरोधाभास D. उत्प्रेक्षा

12. इस काल मारे क्रोध के, तनु काँपने उनका लगा।
मानो हवा के जोर से, सोता हुआ सागर जगा।।
A. उपमा B. रूपक
C. उत्प्रेक्षा D. अतिशयोक्ति

13. हनुमान की पूँछ में लगन न पाई आग।
लंकार सिगरी जल गई, गए निसाचर भाग।।
A. श्लेष B. रूपक
C. अतिशयोक्ति D. विरोधाभास

14. पीपर पात सरिस मन डोला।
A. उपमा B. उत्प्रेक्षा
C. रूपक D. उल्लेख

15. ध्वनि-मयी कर के गिरि-कंदरा।
कलित-कानन केलि-निकुंज को।
A. छेकानुप्रास B. वृत्त्यानुप्रास
C. लाटानुप्रास D. यमक

16. माला फेरत युग गया,
फिरा न मन का फेर।
कर का मनका डारि दे,
मन का मनका फेर।।
A. अनुप्रास B. श्लेष
C. यमक D. रूपक

17. या मुरली मुरलीधर की अधरान-धरी अधरान धरौंगी।
A. रूपक B. यमक
C. उपमा D. उत्प्रेक्षा

18. नदियाँ जिनकी यशधारा-सी
बहती हैं अब भी निशि-वासर।।
A. श्लेष B. उत्प्रेक्षा
C. रूपक D. उपमा

19. कहे कवि बेनी ब्याल की चुराई लीनी।
A. यमक B. श्लेष
C. अतिशयोक्ति D. रूपक

20. सब प्राणियों के मत्तमनोमयूर अहा नच रहा।
A. उपमा B. रूपक
C. श्लेष D. उत्प्रेक्षा

21. मखमल के झूले पड़े हाथी-सा टीला।
A. उल्लेख B. उत्प्रेक्षा
C. उपमा D. रूपक

22. "पराधीन जो जन, नहीं स्वर्ग, नरक ता हेतु।
पराधीन जो जन नहीं, स्वर्ग नरक ता हेतु।।
A. अनुप्रास B. यमक
C. श्लेष D. उपमा

23. जोगी जटिल अकाम मन मनन अमंगल वेष।
अस स्वामी एहि कहं मिलिहि, परी हस्त असि रेख।।
A. श्रृंगार B. वीभत्स
C. भयानक D. रौद्र

24. "मुख रूपी चाँद पर राहु भी धोखा खा गया" पंक्तियों में अलंकार है
A. श्लेष B. वक्रोक्ति
C. उपमा D. रूपक

25. "मूक होई वाचाल पंगु चढ़ाई गिरिवर गहन।
जसु कृपा सो दयाल, द्रवहु सकल कलिमल दहन।।"
प्रस्तुत पंक्तियों में कौन-सा छंद है?
A. दोहा B. चौपाई
C. सोरठा D. बरवै

26. अनुराग तड़ाग में भानु उदै बिगसी मानो कंज कली में कौन सा रस है?
A. श्रृंगार रस B. भक्ति रस
C. शांत रस D. इनमें से कोई नहीं

27. 'रुदन का हँसना ही तो गान'—पंक्ति में कौन-सा अलंकार है?
A. विरोधाभास B. विभावना
C. असंगति D. दीपक

28. "देखो दो-दो मेघ बरसते, मैं प्यासी की प्यासी'—पंक्ति में कौन-सा अलंकार है?
A. विशेषोक्ति B. विभावना
C. अनुप्रास D. यमक

29. किस रस का संचारी भाव उग्रता, गर्व, हर्ष आदि है?
A. श्रृंगार B. वीर
C. वात्सल्य D. रौद्र

30. फूले कास सकल महि छाई।
जनु बरसा रितु प्रकट बुढ़ाई।।
A. उत्प्रेक्षा B. उपमा
C. रूपक D. श्लेष

31. "रावन सिर सरोज–बनचारी
चल रघुवीर सिलीमुखी धारी।"
में कौन-सा अलंकार है?
A. रूपक B. श्लेष
C. उपमा D. उत्प्रेक्षा

32. जहाँ बिना कारण के कार्य का होना पाया जाए वहाँ कौन-सा अलंकार होता है?
A. विरोधाभास B. विशेषोक्ति
C. विभावना D. भ्रांतिमान

33. जहाँ उपमेय में अनेक उपमानों की शंका होती है वहाँ कौन-सा अलंकार होता है?
A. यमक B. श्लेष
C. भ्रांतिमान D. संदेह

34. "भारत के सम भारत है" में कौन-सा अलंकार है?
A. रूपक B. अनन्वय
C. उपमा D. यमक

35. "पूत कपूत तो क्यों धन संचय
पूत सपूत तो क्यों धन संचय।।"
A. छेकानुप्रास B. लाटानुप्रास
C. वृत्यानुप्रास D. अन्त्यानुप्रास

36. "उसी तपस्वी से लम्बे थे, देवदार दो चार खड़े।।". इस पंक्ति में कौन-सा अलंकार है?
A. अनुप्रास B. प्रतीप
C. रूपक D. यमक

37. "रहिमन पुतरी श्याम, मनहु जलज मधुकर लसै।" प्रस्तुत पंक्ति में कौन-सा अलंकार है?
A. रूपक B. उत्प्रेक्षा
C. यमक D. उपमा

38. "उदित उदय गिर मंच पर,
रघुवर बाल पतंग।
विकसे संत सरोज सब,
हरषे लोचन भृंग।।
इन पंक्तियों में प्रयुक्त अलंकार का नाम बताइए
A. उपमा B. उत्प्रेक्षा
C. श्लेष D. रूपक

39. 'कोई चाहे या न चाहे, मूक सी इस जिन्दगी को, शंख सा बजना पड़ेगा' इस उद्धरण में प्रयुक्त अलंकार है
A. उपमा B. रूपक
C. प्रतीप D. श्लेष

40. सती दीख कौतुक मग जाता।
आगे राम सहित श्री भ्राता।
फिरि चितवा पाछें प्रभु देखा।
सहित बंधु सियसुंदर वेषा।
A. श्रृंगार B. भयानक
C. वीर D. अद्‌भुत

41. "तरिन तनूज़ा तट तमाल तरुवर बहु छाये" में कौन-सा अलंकार है?
A. उत्प्रेक्षा B. उपमा
C. यमक D. अनुप्रास

निर्देश : *निम्नलिखित पंक्तियों से सम्बन्धित प्रश्न के उत्तर दीजिए।*
हृदय सिंधु मति सीप समाना।
स्वाँति सारत कहहिं सुजाना।
जौ बरबई बरवारि विचारू।
होहि कविता मुकुता मनि चारू।।

42. हृदय सिंधु में अलंकार है
A. उपमा B. श्लेष
C. रूपक D. वक्रोक्ति

43. सीप समाना में अलंकार है
A. उपमा B. श्लेष
C. रूपक D. अन्योक्ति

44. 'मेरी भव बाधा हरौ,
राघा नागरि सोई।
जो तन की झाईं परत,
स्यामु हरित दुति होई।।'
उपरोक्त पद में कौन-सा अलंकार होता है
A. उपमा B. रूपक
C. यमक D. श्लेष

निर्देश : *निम्नलिखित पंक्तियों से सम्बन्धित प्रश्न के उत्तर दीजिए।*

चारू चन्द्र की चंचल किरणें
खेल रही हैं जल थल में
स्वच्छ चाँदनी बिछी हुई है
अवनि और अम्बर तल में

45. इन पंक्तियों में अलंकार बताइए

A. उपमा B. रूपकातिशयोक्ति
C. वृत्यानुप्रास D. छेकानुप्रास

46. 'आशाओं की करवट
फिर सुप्त व्यथा का जगना'
इस पंक्तियों में अलंकार है

A. उपमा B. रूपक
C. उत्प्रेक्षा D. मानवीकरण

47. बढ़त-बढ़त सम्पत्ति-सलिल मन-सरोज बढ़ जाए
सम्पत्ति-सलिल में अलंकार है

A. रूपक B. उपमा
C. उत्प्रेक्षा D. श्लेष

48. बढ़त-बढ़त में अलंकार है

A. यमक B. पुनरुक्ति प्रकाश
C. वक्रोक्ति D. श्लेष

49. "नहिं पराग नहिं मधुर मधु, नहिं विकास येहि काल।
अली कली ही सों बंध्यो, आगे कौन हवाल।।
में कौन-सा अलंकार है?

A. अतिशयोक्ति B. अन्योक्ति
C. विशेषोक्ति D. रूपक

नीचे दी गई पंक्तियों के संदर्भ में प्रश्नों के उत्तर दीजिए

भरतहि होई न राजमदु विधि हरि हर पद पाइ।
कबहुँ कि काँजी सीकरनि छीर सिंधु बिनसाइ।।

50. इसमें अलंकार है

A. उदाहरण B. उपमा
C. दृष्टान्त D. रूपक

नीचे दी गई पंक्तियों के संदर्भ में प्रश्नों के उत्तर दीजिए

मो सम कौन कुटिल खल कामी?

51. मो सम में अलंकार है?

A. उत्प्रेक्षा B. उपमा
C. रूपक D. उत्प्रेक्षा

52. खल का अर्थ है

A. पापी B. अपराधी
C. दुष्ट D. इनमें से कोई नहीं

53. 'तिय लिलार बेंदी दिए अगनित बढ़त उदोत' में अलंकार है

A. अत्युक्ति B. विरोधाभास
C. अतिशयोक्ति D. अन्योक्ति

54. काव्य का अस्थिर धर्म क्या है?

A. रस B. शब्दशक्ति
C. अलंकार D. छंद

55. "रहिमन जो गति दीप की,
कुल कपूत गति सोय।
बारे उजियारे लगै,
बढ़ै अंधेरो होय।।"
इस दोहे में कौन-सा अलंकार है?

A. श्लेष B. यमक
C. रूपक D. अपह्वुति

56. "मेरे तो गिरिधर गोपाल दूसरो न कोई।
जाके सिर मोर मुकुट मेरो पति सोई।।" में किस रस की अभिव्यक्ति है?

A. हास्य B. करुण
C. शृंगार D. शान्त

57. साड़ी बीच नारी है कि नारी बीच साड़ी है। इसमें कौन-सा अलंकार है?

A. यमक B. वक्रोक्ति
C. संदेह D. श्लेष

58. "राग है कि, रूप है कि
रस है कि, जल है कि
तन है कि, मन है कि
प्राण है कि, प्यारी है"
उपर्युक्त पंक्तियों में रस है

A. शृंगार B. वात्सल्य
C. अद्‌भुत D. शान्त

59. किस रस का संचारी उद्दीपन विभाव बादल की घटाएँ, कोयल का बोलना, बसन्त ऋतु आदि होते हैं?

A. शृंगार B. वात्सल्य
C. अद्‌भुत D. शान्त

60. "सोहत कर नवनीत लिए
घुटुरुन चलत रेनु तन मंडित
मुख दधि लेप किए।"
उपर्युक्त पंक्तियों में रस है
A. श्रृंगार B. रौद्र
C. शान्त D. वात्सल्य

61. मारवे रदपदखन कुटिल भई भौंहें।
हृदयत फरकत नैन रिसौंहें।
A. वीर रस B. रौद्र रस
C. भयानक रस D. वीभत्स रस

62. किलक अरे मैं नेह निहारूँ।
इन दाँतों पर मोती वारूँ।।
इस पद्यांश में कौन-सा रस है?
A. वात्सल्य B. हास्य
C. वीर D. शांत

63. जिस वस्तु या व्यक्ति के कारण स्थायी भाव जाग्रत होता है, उन्हें कहते हैं
A. उद्दीपन B. आलम्बन
C. अनुभाव D. संचारी भाव

64. 'झांसी की रानी' कविता में रस है
A. वीर रस B. भक्ति रस
C. शान्त रस D. हास्य रस

65. 'दिनकर' किस रस के कवि माने जाते हैं?
A. श्रृंगार रस B. वीर रस
C. करुण रस D. रौद्र रस

66. रामचरितमानस का प्रधान रस है
A. वीर B. भक्तिरस
C. शान्त D. श्रृंगार

67. चौपाई के चारों चरणों में कितनी मात्राएँ होती हैं?
A. तेरह B. सत्रह
C. चौदह D. सोलह

68. छंद कितने प्रकार के होते हैं?
A. तीन B. दो
C. पाँच D. चार

69. दोहा के प्रथम और तृतीय चरण में कितनी मात्राएँ होती हैं?
A. ग्यारह B. बारह
C. चौदह D. तेरह

70. जहाँ किसी वस्तु का लोक-सीमा से इतना बढ़कर वर्णन किया जाए कि वह असम्भव की सीमा तक पहुँच जाए, वहाँ अलंकार होता है—
A. अतिशयोक्ति B. विरोधाभास
C. अत्युक्ति D. उत्प्रेक्षा

71. दोहे और रोले को क्रम से मिलाने पर कौन-सा छंद बनता है?
A. हरिगीतिका B. कुण्डलियाँ
C. सवैया D. बरवै

72. "अवधि शिला का उर पर था गुरु भार।
तिल-तिल काट रही थी दृग जल धार।।"
प्रस्तुत पंक्तियों में कौन-सा छंद है?
A. दोहा B. सोरठा
C. रोला D. बरवै

73. 'कमल' शब्द का गण बताएं
A. नगण B. जगण
C. मगण D. रगण

74. आचार्य मम्मट के अनुसार रस कितने हैं?
A. नौ B. ग्यारह
C. दस D. बारह

75. किस छन्द में वर्ण या मात्रा की गणना नहीं की जाती है?
A. वर्णिक छन्द B. मात्रिक छन्द
C. मुक्त छन्द D. इनमें से कोई नहीं

76. मात्रिक छंद नहीं है
A. दोहा B. चौपाई
C. सोरठा D. सवैया

77. जहाँ एक ही शब्द के अनेक अर्थ व्यंजित हों, वहाँ कौन-सा अलंकार होता है?
A. श्लेष B. यमक
C. उत्प्रेक्षा D. रूपक

78. जग मय मगन भई बानी
इसमें कौन-सा रस है?
A. रौद्र B. वीर
C. भयानक D. अद्भुत

79. निम्नलिखित पंक्तियों में रस बताइए
मेरो सब पुरुषारथ पाको
विपति कटावन बंधु बाहु बिन करों भरोसो काको
A. श्रृंगार B. वीर
C. शांत D. करुण

80. 'जगुप्सा' किस रस का स्थायी भाव है?

A. भयानक B. वीभत्स

C. शांत D. अद्भुत

81. शृंगार रस का स्थायी भाव बताइए

A. स्नेह B. प्रेम

C. उत्साह D. रति

82. बालक के प्रति प्रेम को क्या कहते हैं?

A. स्नेह B. अनुराग

C. वात्सल्य D. विराग

83. निम्नलिखित में कौन-सा शब्दालंकार है?

A. उपमा B. रूपक

C. यमक D. उत्प्रेक्षा

84. "मन पछितैहै अवसर बीते।
दुर्लभ देह पाइ हरि पद भजु, करम, वचन अरु नीके।।"
इन पंक्तियों में कौन-सा रस है?

A. करुण B. शांत

C. भक्ति D. वात्सल्य

85. आदिकाल के हिन्दी साहित्य में 'रासो' का क्या अर्थ है?

A. वीर काव्य

B. विविध रसों का मिश्रित काव्य

C. रहस्यपरक काव्य

D. 'रास' अर्थात् 'नृत्य' परक काव्य

86. जहाँ शब्दों, शब्दांशों या वाक्यांशों की आवृत्ति हो, किन्तु उनके अर्थ भिन्न हों, वहाँ निम्नलिखित अलंकार है

A. श्लेष B. वक्रोक्ति

C. यमक D. रूपक

87. "वही मनुष्य है कि जो मनुष्य के लिए मरे" में कौन-सा अलंकार है?

A. रूपक B. यमक

C. वक्रोक्ति D. लाटानुप्रास

88. "ऊधव मोहिं बृज विसरत नाहीं" में कौन-सा रस है?

A. शृंगार रस B. हास्य रस

C. वीर रस D. करुण रस

89. वीर रस का स्थायी भाव क्या होता है

A. रति B. उत्साह

C. हास्य D. परिहास

90. "उस काल मारे क्रोध के, तन काँपने उसका लगा।
मानो हवा के जोर से, सोता हुआ सागर जगा।"
प्रस्तुत पंक्तियों में कौन-सा रस है?

A. वीर रस B. रौद्र रस

C. अद्भुत रस D. करुण रस

उत्तरमाला

1	2	3	4	5	6	7	8	9	10
B	B	A	A	C	B	B	B	B	D
11	**12**	**13**	**14**	**15**	**16**	**17**	**18**	**19**	**20**
C	C	C	A	B	C	C	D	A	B
21	**22**	**23**	**24**	**25**	**26**	**27**	**28**	**29**	**30**
C	A	C	D	C	A	B	A	B	A
31	**32**	**33**	**34**	**35**	**36**	**37**	**38**	**39**	**40**
B	C	D	B	B	B	B	D	B	D
41	**42**	**43**	**44**	**45**	**46**	**47**	**48**	**49**	**50**
D	C	A	D	C	D	A	B	B	C
51	**52**	**53**	**54**	**55**	**56**	**57**	**58**	**59**	**60**
B	C	C	C	A	C	C	C	A	D
61	**62**	**63**	**64**	**65**	**66**	**67**	**68**	**69**	**70**
B	A	B	A	B	C	D	A	D	C
71	**72**	**73**	**74**	**75**	**76**	**77**	**78**	**79**	**80**
B	D	A	A	C	D	A	C	D	B
81	**82**	**83**	**84**	**85**	**86**	**87**	**88**	**89**	**90**
D	C	C	B	A	C	D	A	B	B

सामान्य बुद्धिमत्ता
(General Intelligence)

भाषिक (VERBAL)

1

श्रृंखला (Series)

अक्षर श्रृंखला (Letter Series)

अक्षर श्रृंखला में निहित अक्षरों का एक निश्चित क्रम होता है। दी गई अक्षर श्रृंखला में अक्षर वर्णमाला के सीधे क्रम में भी हो सकते हैं और वर्णमाला के विपरीत क्रम में भी।

वर्णमाला के सीधे क्रम में अक्षरों की श्रृंखला है :

A B C D E F G H I J K L M N O P Q R S T U V W X Y Z

A ↓ पहला, E ↓ 5वाँ, J ↓ 10वाँ, O ↓ 15वाँ, T ↓ 20वाँ, Y ↓ 25वाँ

वर्णमाला के विपरीत या उल्टे क्रम में अक्षरों की श्रृंखला है :

Z Y X W V U T S R Q P O N M L K J I H G F E D C B A

Z ↓ पहला, V ↓ 5वाँ, Q ↓ 10वाँ, L ↓ 15वाँ, G ↓ 20वाँ, B ↓ 25वाँ

टिप्पणी : Z पर पहुंचकर श्रृंखला A से पुनः शुरू होती है और A पर पहुंचकर श्रृंखला Z से पुनः शुरू होती है।

अभ्यास

निर्देश : *नीचे दी गई प्रत्येक श्रृंखला में अक्षरों का क्रम निर्धारित करें। तत्पश्चात् दिए गए विकल्पों में से उस विकल्प का चयन करें जिससे दी गई श्रृंखला में प्रश्न चिह्न प्रतिस्थापित होता हो।*

1. B Y C X D W E ?
(*a*) S (*b*) T
(*c*) U (*d*) V

2. A D C G E ?
(*a*) G (*b*) J
(*c*) I (*d*) L

3. X O I F ?
(*a*) D (*b*) F
(*c*) B (*d*) E

4. Z A A Y B B X C ?
(*a*) W (*b*) C
(*c*) V (*d*) D

5. A Z Y B X W C V U D T S E ?
(*a*) R S (*b*) S T
(*c*) R Q (*d*) Q R

उत्तरमाला

1	2	3	4	5
(*d*)	(*b*)	(*b*)	(*b*)	(*c*)

व्याख्यात्मक उत्तर

1. दी गई श्रृंखला में बारी-बारी से दो अक्षर श्रृंखलाएं अंतर्निहित हैं।

B Y C X D W E V

(+1, +1, +1 ; −1, −1, −1)

श्रृंखला I : BCDE (वर्णमाला के सीधे क्रम में)

श्रृंखला II : YXWV (वर्णमाला के विपरीत क्रम में)

3. श्रृंखला में दो सन्निकट अक्षरों के बीच वर्णमाला के विपरीत क्रम में क्रमशः 3 की कमी होती जाती है, अर्थात्

X O I F F

(−9, −6, −3, −0)

5. श्रृंखला में बारी-बारी से दो श्रृंखलाएं अंतर्निहित हैं।

A Z Y B X W C V U D T S E R Q

(+1, +1, +1, +1 ; −1, −1, −1, −1, −1, −1, −1, −1, −1)

श्रृंखला I : ABCDE (वर्णमाला के सीधे क्रम में)

श्रृंखला II : ZY XW VU TS RQ (वर्णमाला के विपरीत क्रम में एक साथ दो अक्षर)

गलत या बेमेल अक्षर-श्रृंखला (Wrong Letter Series)

इस प्रकार के प्रश्नों में दी गई श्रृंखला में अभ्यर्थियों को ऐसे अक्षर या अक्षर-समूह ज्ञात करने की आवश्यकता नहीं होती जिनसे दी गई श्रृंखला पूर्ण होती है बल्कि उन्हें ऐसे अक्षर का पता लगाना होता है जो श्रृंखला में गलत या बेमेल हो।

अभ्यास

निर्देश : *नीचे के प्रत्येक प्रश्न में दी गई अक्षर-श्रृंखला में कौन-सा अक्षर या अक्षर-समूह गलत या बेमेल है ?*

1. C H M S W B
   (*a*) C (*b*) S
   (*c*) B (*d*) W

2. Z A W B X C
   (*a*) D (*b*) C
   (*c*) X (*d*) W

3. D K R Y F L
   (*a*) L (*b*) D
   (*c*) R (*d*) Y

4. XW, DC, CB, NM, PQ
   (*a*) NM (*b*) CB
   (*c*) PQ (*d*) XW

5. Z T P K H F
   (*a*) Z (*b*) P
   (*c*) T (*d*) F

उत्तरमाला

1	2	3	4	5
(*b*)	(*d*)	(*a*)	(*c*)	(*b*)

व्याख्यात्मक उत्तर

1. श्रृंखला में दो सन्निकट अक्षरों के बीच वर्णमाला के सीधे क्रम में +5 का अंतर है।

C H M R W B

(+5, +5, +5, +5, +5)

अतः श्रृंखला में S के स्थान पर R होना चाहिए। (श्रृंखला Z पर पहुंचने के बाद A से पुनः शुरू होती है।)

4. श्रृंखला कोई भी दो क्रमागत अक्षरों को वर्णमाला के विपरीत क्रम में शामिल करके निर्मित की गई है।

XW DC CB NM QP

← ← ← ← ←

संख्या-श्रृंखला (Number Series)

इस प्रकार की श्रृंखला में दी गई संख्याओं के समुच्चय एक दूसरे से एक विशेष पैटर्न या रुप में संबंधित होते हैं। संख्याओं के बीच संबंध (*i*) क्रमागत विषम/सम संख्याओं; (*ii*) क्रमागत अविभाज्य संख्याओं; (*iii*) किसी संख्या (या संख्याओं) का वर्गफल/घनफल जिसमें किसी संख्या को जोड़ने या घटाने पर परिवर्तन होता है/नहीं होता; (*iv*) पूर्ववर्ती संख्याओं का योग/गुणनफल/अंतर; (*v*) किसी संख्या से योग/घटाव/गुणा/भाग; और (*vi*) उपर्युक्त संबंधों के अनेक और भी संयोजनों पर आधारित होता है।

अभ्यास

निर्देश : *शृंखलाओं को पूरा करने के लिए दिए गए विकल्पों में से लुप्त पद/संख्या ज्ञात करें।*

1. 1, 6, 12, 19, 27, ?
(*a*) 38 (*b*) 35
(*c*) 36 (*d*) 54

2. 2, 3, 6, 18, 108, ?
(*a*) 1944 (*b*) 1658
(*c*) 648 (*d*) 1008

3. 3, 8, 13, 24, 41, ?
(*a*) 65 (*b*) 75
(*c*) 70 (*d*) 80

4. 0, 5, 22, 57, ?, 205
(*a*) 198 (*b*) 116
(*c*) 172 (*d*) 92

5. 1, 2, 5, 12, 27, 58, 121, ?
(*a*) 246 (*b*) 247
(*c*) 248 (*d*) 249

उत्तरमाला

1	2	3	4	5
(*c*)	(*a*)	(*c*)	(*b*)	(*c*)

व्याख्यात्मक उत्तर

1. शृंखला के आरंभिक पदों अर्थात् 1 और 6 के बीच 5 का अंतर है और तत्पश्चात् शृंखला की आनुक्रमिक संख्याओं के बीच अंतर में क्रमशः 1 की वृद्धि होती जाती है।

1 →(+5) 6 →(+6) 12 →(+7) 19 →(+8) 27 →(+9) 36

4. शृंखला निम्नलिखित पैटर्न का अनुपालन करती है : 1 से आरंभ करके प्राकृतिक संख्याओं का घनफल घटा 1 से आरंभ करके एकांतर विषम संख्याएं

0	5	22	57	116	205
↓	↓	↓	↓	↓	↓
1^3-1	2^3-3	3^3-5	4^3-7	5^3-9	6^3-11

आवृत्ति शृंखला (Repetitive Series)

इस प्रकार की शृंखला में अक्षरों का समुच्चय निर्मित करने के लिए अंग्रेजी वर्णमाला के छोटे अक्षरों का प्रयोग किया जाता है जिनकी शृंखला में पुनरावृत्ति होती है।

अभ्यास

निर्देश : *दी गई अक्षर–शृंखलाओं को पूरा करने के लिए दिए गए अक्षर–समूहों के विकल्पों में से सही विकल्प का चयन करें।*

1. ab---b-bbaa-
(*a*) babba (*b*) abaab
(*c*) abbab (*d*) baaab

2. aa-ab--aaa-a
(*a*) baaa (*b*) abab
(*c*) aaab (*d*) aabb

3. -baa-aab-a-a
(*a*) baab (*b*) abab
(*c*) aaba (*d*) aabb

4. -a cca-ccca-acccc-aaa
(*a*) ccaa (*b*) acca
(*c*) caac (*d*) caaa

5. c-bbb--abbbb-abbb-
(*a*) abccb (*b*) bacbb
(*c*) aabcb (*d*) abacb

उत्तरमाला

1	2	3	4	5
(*d*)	(*c*)	(*b*)	(*d*)	(*a*)

व्याख्यात्मक उत्तर

2. दी गई अक्षर शृंखला है : aaaaba, aaaaba

4. दी गई अक्षर शृंखला है : c, a, cc, aa, ccc, aaa, cccc, aaaa

5. दी गई अक्षर शृंखला है : cabbbb, cabbbb, cabbbb

2

सादृश्य या संबंध (Analogies or Relationships)

शब्द सादृश्य (Word Analogy)

संबंध या सादृश्य परीक्षा में दिए गए दो शब्दों के बीच संबंध स्थापित किया जाता है और उसी संबंध को दिए गए अन्य शब्दों पर अनुप्रयुक्त किया जाता है। दिए गए दो शब्दों के बीच विभिन्न प्रकार के संबंध हो सकते हैं, अत: इस प्रकार के प्रश्नों को हल करते समय सर्वप्रथम यह ज्ञात करना होता है कि दिए गए दो शब्दों के बीच किस प्रकार का संबंध है।

अभ्यास

निर्देश (प्र.सं. 1–5): *पूछे गए प्रत्येक प्रश्न में पहले दिए गए दो शब्दों के बीच संबंध स्थापित करें। तत्पश्चात् दिए गए विकल्पों में से उस विकल्प का चयन करें जिसके शब्द और प्रश्न में दिए गए तीसरे शब्द के बीच ठीक वैसा ही संबंध या सादृश्य हो जैसा कि पहले के दो शब्दों के बीच है।*

1. जो संबंध 'उन्माद' और 'सनक' में है वही संबंध 'भय' और निम्नलिखित में से किसमें है?
(*a*) इच्छा (*b*) शौक
(*c*) आवश्यकता (*d*) डर

2. 'हकलाना' जिस प्रकार 'वाणी' से संबंधित है उसी प्रकार 'बहरापन' का संबंध निम्नलिखित में से किससे है?
(*a*) कान (*b*) सुनना
(*c*) शोर (*d*) चुप्पी

3. जिस प्रकार 'नेता', 'अनुयायी' से संबंधित है, उसी प्रकार .... संबंधित है सिपाही से।
(*a*) कैप्टन (*b*) यूनिट
(*c*) सेना (*d*) बैरक

4. जिस प्रकार 'चिल्लाहट', 'फुसफुसाहट' से संबंधित है, उसी प्रकार 'मारना' निम्नलिखित में से किससे संबंधित है?
(*a*) थप्पड़ मारने (*b*) छूना
(*c*) क्रोध (*d*) शोरगुल

5. जिस प्रकार 'पंजा', 'बिल्ली' से संबंधित है उसी प्रकार 'खुर' निम्नलिखित में से किससे संबंधित है?
(*a*) घोड़ा (*b*) मेमना
(*c*) हाथी (*d*) शेर

निर्देश (प्र.सं. 6–10): *नीचे दिए गए प्रत्येक प्रश्न में :: चिह्न की बाईं ओर दो शब्द दिए गए हैं। इन दोनों शब्दों में कुछ संबंध है। वैसा ही संबंध :: चिह्न की दाईं ओर के दो शब्दों में है जिनमें से एक शब्द के स्थान पर प्रश्नवाचक चिह्न (?) है। प्रश्नवाचक चिह्न (?) के स्थान पर दिए गए विकल्पों में से एक उपयुक्त विकल्प का चयन करें।*

6. शिकारी : बंदूक :: लेखक : ?
(*a*) पुस्तक (*b*) कलम
(*c*) कविता (*d*) पृष्ठ

7. भोजन : आमाशय :: ईंधन : ?
(*a*) इंजन (*b*) ऑटोमोबाइल
(*c*) रेल (*d*) वायुयान

8. जल : रेत :: महासागर : ?
(*a*) द्वीप (*b*) नदी
(*c*) मरुभूमि (*d*) तरंगें

9. वयस्क : बच्चा :: फूल : ?
(*a*) बीज (*b*) कली
(*c*) फल (*d*) तितली

10. मोती : कंठहार :: फूल : ?
(*a*) पौधा (*b*) बगीचा
(*c*) पँखुड़ी (*d*) गुलदस्ता

निर्देश (प्र.सं. 11–15): *दिए गए विकल्पों में से उस शब्द–युग्म का चयन कीजिए जिसमें युग्म के शब्दों के बीच ठीक उसी प्रकार का संबंध हो जिस प्रकार का संबंध प्रश्न में दिए गए मूल शब्द–युग्म के बीच है।*

11. राज्य : निर्वासन
(*a*) पुलिस : गिरफ्तार (*b*) न्यायाधीश : अभियुक्त
(*c*) संविधान : संशोधन (*d*) चर्च : धर्म–बहिष्करण

12. चंचलता : विश्वसनीयता
(*a*) तात्कालिक : भविष्य सूचक
(*b*) अविश्वसनीय : अमानवीय
(*c*) दृढ़निश्चयी : व्यवहार्यता
(*d*) स्वेच्छाचारी : सनकी

13. अनिच्छुक : बल–प्रयोग
(*a*) घृणित : दुलारा
(*b*) चिढ़ना : प्यार करना
(*c*) क्रुद्ध : प्रतिरोध
(*d*) विमुख : मान–मनोव्वल

14. शल्क : मछली
(*a*) महिला : ड्रेस (*b*) पेड़ : पत्तियां
(*c*) पक्षी : पंख (*d*) त्वचा : मुनष्य

15. वृक्ष : बालवृक्ष
(*a*) झोंपड़ी : महल (*b*) लंबा-तगड़ा : बौना
(*c*) घोड़ा : बछेड़ा (*d*) चींटी : हाथी

उत्तरमाला

1	2	3	4	5	6	7	8	9	10
(*d*)	(*b*)	(*a*)	(*b*)	(*a*)	(*b*)	(*a*)	(*c*)	(*b*)	(*d*)
11	**12**	**13**	**14**	**15**					
(*d*)	(*d*)	(*d*)	(*d*)	(*c*)					

व्याख्यात्मक उत्तर

1. संबंधित शब्द पर्यायवाची हैं।

3. जिस प्रकार 'अनुयायी' अपने 'नेता' से मार्ग–दर्शन प्राप्त करते हैं उसी प्रकार 'सिपाही' को अपने 'कैप्टन' से मार्गदर्शन प्राप्त होता है।

5. 'बिल्ली' के 'पैर में' 'पंजा' होता है जबकि 'घोड़ा' के पैर में 'खुर' होता है।

6. 'शिकारी' का हथियार 'बंदूक' है और 'लेखक' का हथियार 'कलम' है।

9. 'बच्चा' विकसित होकर 'वयस्क' बनता है और 'कली' खिलकर 'फूल' बनती है।

11. राज्य से बाहर कर देना 'निर्वासन' और चर्च से बाहर कर देना 'धर्म–बहिष्करण' कहलाता है।

14. मछली का शरीर 'शल्कों' से ढका होता है और मनुष्य का शरीर उसकी 'त्वचा' से ढका होता है।

15. नवजात वृक्ष को 'बालवृक्ष' कहते हैं और नवजात घोड़े को 'बछेड़ा' कहते हैं।

अक्षर सादृश्य (Letter Analogy)

इस प्रकार के सादृश्य में अक्षरों के दो दिए गए समुच्चयों के बीच संबंध स्थापित किया जाता है और तत्पश्चात् अक्षरों के दिए गए तीसरे समुच्चय पर पहले दो अक्षर समुच्चयों के बीच के संबंध को अनुप्रयुक्त करके अक्षरों के चौथे अपेक्षित समुच्चय को ज्ञात किया जाता है।

अभ्यास

निर्देश: *नीचे के प्रत्येक प्रश्न में एक लुप्त पद है। प्रश्न में :: चिह्न की बायीं ओर के दो अक्षर–समूहों में जो समानता या सादृश्य है वैसी ही समानता या सादृश्य :: चिह्न की दायीं ओर के दो अक्षर समूहों में है जिनमें से एक अक्षर समूह के स्थान पर प्रश्नवाचक चिह्न (?) लगा है। प्रश्न–वाचक चिह्न (?) के स्थान पर लुप्त पद ज्ञात करें।*

1. BCF : DEG : : MNQ : ?
(*a*) OPR (*b*) PQS
(*c*) OPP (*d*) QRT

2. NATION : ANITNO : : HUNGRY : ?
(*a*) HNUGRY (*b*) UNHGYR
(*c*) YRNGUH (*d*) UHGNYR

3. ACE : FGH : : LNP : ?
(*a*) QRS (*b*) PQR
(*c*) QST (*d*) MOQ

4. BOQD : ERTG : : ANPC : ?
(*a*) DQSF (*b*) FSHU
(*c*) SHFU (*d*) DSQF

5. RUX : TRP : : BEH : ?
(*a*) SQN (*b*) QON
(*c*) QOM (*d*) QNL

6. BCDE : WVUT : : QRST : ?
(*a*) EFHG (*b*) JIHG
(*c*) POML (*d*) GEDC

7. ABC : ZYX : : IJK : ?
(*a*) RST (*b*) RQP
(*c*) RTS (*d*) RPQ

8. CIRCLE : RICELC : : SQUARE : ?
(*a*) UQSERA (*b*) QUSERA
(*c*) QSUERA (*d*) UQSAER

9. PSQR : CFED : : JMKL : ?
(*a*) UXVW (*b*) WZYX
(*c*) YVXZ (*d*) YZWX

10. FHJL : VTRP : : MOQS : ?
(*a*) JHFD (*b*) IGFD
(*c*) IGED (*d*) JHED

उत्तरमाला

1	2	3	4	5	6	7	8	9	10
(*a*)	(*d*)	(*a*)	(*a*)	(*c*)	(*b*)	(*b*)	(*a*)	(*b*)	(*a*)

व्याख्यात्मक उत्तर

2. पहले समूह के अक्षरों को दो-दो अक्षरों के खंडों में विभाजित करके प्रत्येक खंड के अक्षरों को उल्टे क्रम में लिखने पर दूसरा अक्षर-समूह प्राप्त होता है।

NATION : ANITNO : : HUNGRY : UHGNYR

4. प्रत्येक अक्षर समूह में पहले और चौथे अक्षरों के बीच एक अक्षर छूटा हुआ है तथा दूसरे और तीसरे अक्षरों के बीच भी एक अक्षर छूटा हुआ है।

BOQD : ERTG : : ANPC : DQSF
P, C; S, F; O, B; R, E

5. पहले समूह के अक्षरों में +3 का और दूसरे समूह के अक्षरों में –2 का अंतर है।

RUX : TRP : : BEH : QOM
+3 +3 ; –2 –2 ; +3 +3 ; –2 –2

7. पहले अक्षर समूह में क्रमागत अक्षर वर्णमाला के सीधे क्रम में हैं और दूसरे अक्षर समूह में अक्षर वर्णमाला के विपरीत क्रम में समस्थानिक अक्षर हैं।

ABC → : ZYX ← : : IJK → : RQP ←

8. प्रथम अक्षर-समूह को दो बराबर खंडों में विभक्त करके प्रत्येक खंड के अक्षरों को उल्टे क्रम में लिखने पर दूसरा अक्षर-समूह प्राप्त होता है।

CIRCLE : RICELC : : SQUARE : UQSERA

संख्या सादृश्य (Number Analogy)

संख्या सादृश्य में भी पहले दो दी गई संख्याओं के बीच संबंध स्थापित किया जाता है और तत्पश्चात् इस ज्ञात संबंध को संख्याओं के दूसरे जोड़े पर प्रयुक्त करके उसके लुप्त पद को ज्ञात किया जाता है। संख्याओं के बीच संबंध किसी भी एक पैटर्न पर आधारित हो सकता है,

अभ्यास

निर्देश : नीचे के प्रत्येक प्रश्न में चिह्न ': :' के पहले दो संख्याएं दी गई हैं जिनमें आपस में एक संबंध है तथा ': :' चिह्न के बाद में एक तीसरी संख्या दी गई है। दिए गए विकल्पों में से उस संख्या का चयन करें जिसका तीसरी संख्या के साथ वैसा ही संबंध हो जैसा संबंध संख्याओं के पहले जोड़े के बीच है।

1. 14 : 20 : : 16 : ?
(*a*) 23 (*b*) 10
(*c*) 48 (*d*) 32

2. 0.16 : 0.0016 : : 1.02 : ?
(*a*) 10.20 (*b*) 0.102
(*c*) 0.0102 (*d*) 1.020

3. 5 : 24 : : 8 : ?
(*a*) 65 (*b*) 63
(*c*) 62 (*d*) 64

4. 65 : 30 : : 44 : ?
(*a*) 79 (*b*) 62
(*c*) 28 (*d*) 16

5. 30 : 42 : : 56 : ?
(*a*) 92 (*b*) 21
(*c*) 38 (*d*) 72

6. 6 : 18 : : 4 : ?
(*a*) 2 (*b*) 6
(*c*) 8 (*d*) 16

7. 162 : 9 : : 310 : ?
(*a*) 33 (*b*) 27
(*c*) 16 (*d*) 4

8. 123 : 149 : : 201 : ?
(*a*) 202 (*b*) 404
(*c*) 401 (*d*) 227

9. 6 : 21 : : 14 : ?
(*a*) 82 (*b*) 75
(*c*) 60 (*d*) 41

उत्तरमाला

1	2	3	4	5	6	7	8	9
(*a*)	(*c*)	(*b*)	(*d*)	(*d*)	(*c*)	(*d*)	(*c*)	(*a*)

व्याख्यात्मक उत्तर

1. संख्याओं के बीच संबंध निम्नवत् है:

14 : 20 : : 16 : 23
↓ ↓ ↓ ↓
7 × 2 (7 × 3)–1 8 × 2 (8 × 3)–1

4. दूसरी संख्या पहली संख्या के अंकों का गुणनफल है:

$$\frac{60:30}{(6\ \ 5)} :: \frac{44:16}{(4\ \ 4)}$$

7. पहली संख्या के अंकों का योगफल दूसरी संख्या के बराबर है:

162 : 9 : : 310 : 4
1 + 6 + 2 → 9 3 + 1 + 0 → 4

3

वर्गीकरण या विजातीय छांटना
(Classification or Odd One Out)

विजातीय छांटना–शब्दों पर आधारित समस्याएं

इस प्रकार के वर्गीकरण में चार शब्द दिए जाते हैं जिनमें से तीन शब्द तथ्य या अर्थ की दृष्टि से या अन्य किसी न किसी रूप में आपस में संबंधित होते हुए एक समूह बनाते हैं जबकि शेष केवल एक शब्द अन्य तीनों से भिन्न होता है।

अभ्यास

निर्देश : *यहां दिए गए प्रत्येक प्रश्न में तीन शब्द किसी न किसी प्रकार से समान हैं और इस कारण वे एक समूह बनाते हैं जबकि एक शब्द अन्य तीनों से भिन्न है। इस भिन्न या विजातीय शब्द को ज्ञात करें।*

1. (*a*) अस्तबल (*b*) बिल (*c*) डोंगी (*d*) सूअर–बाड़ा

2. (*a*) खुश (*b*) उदास (*c*) प्रसन्नचित्त (*d*) प्रसन्न

3. (*a*) सीसा (*b*) पारद (*c*) तांबा (*d*) लोहा

4. (*a*) अतिवृष्टि (*b*) अनावृष्टि (*c*) भूस्खलन (*d*) युद्ध

5. (*a*) सिंहशावक (*b*) चूजा (*c*) सूअर (*d*) पिल्ला

6. (*a*) खरगोश (*b*) मगरमच्छ (*c*) केंचुआ (*d*) घोंघा

7. (*a*) पेड़ (*b*) पत्ता (*c*) झाड़ी (*d*) शाकीय पौधे

8. (*a*) अलंकृत करना (*b*) रमणीय (*c*) सजाना (*d*) सुंदर बनाना

9. (*a*) ट्यूटर (*b*) प्रिंसिपल (*c*) छात्र (*d*) प्रोफेसर

10. (*a*) निवेदित भाव (*b*) शुल्क (*c*) कर (*d*) चुंगी

उत्तरमाला

1	2	3	4	5	6	7	8	9	10
(*c*)	(*b*)	(*b*)	(*d*)	(*c*)	(*a*)	(*b*)	(*b*)	(*c*)	(*a*)

व्याख्यात्मक उत्तर

1. डोंगी एक छोटी नाव होती है। अन्य सभी पशु–पक्षियों के निवासस्थलों के नाम हैं।

2. अन्य सभी आनन्द की अनुभूति को अभिव्यक्त करते हैं।

3. अन्य सभी ठोस धातुएं हैं।

5. अन्य सभी शब्द विभिन्न जंतुओं के शिशुओं के नाम हैं।

9. अन्य सभी शिक्षा प्रदान करते हैं जबकि छात्र इन सभी से शिक्षा प्राप्त करता है।

10. अन्य सभी विभिन्न प्रकार के कर हैं।

विजातीय छांटना–अक्षरों पर आधारित समस्याएं

इस कोटि के अंतर्गत विकल्प के रूप में चार अक्षर–समूह या अक्षरों की एक शृंखला दी जाती है। परीक्षार्थी को इनमें से ऐसे विकल्प का चयन करना होता है जो अन्यों से भिन्न अर्थात् विजातीय हो।

अभ्यास

निर्देश : *नीचे के प्रत्येक प्रश्न में अक्षर समूहों के रूप में चार विकल्प दिए गए हैं जिनमें से तीन में किसी न किसी प्रकार की समानता है और इस कारण वे एक समूह बनाते हैं। उस अक्षर समूह का चयन करें जो समूह से संबंधित नहीं है।*

1. (*a*) ACE (*b*) LOR
(*c*) GIK (*d*) VXZ

2. (*a*) EFLM (*b*) KJSR
(*c*) XWHG (*d*) EDYX

3. (*a*) JOPK (*b*) BOPC
(*c*) QOPR (*d*) TOPS

4. (*a*) BdfH (*b*) FHJL
(*c*) RTvX (*d*) uVwX

5. (*a*) MKGA (*b*) PNID
(*c*) RPLF (*d*) VTPJ

6. (*a*) ABJNM (*b*) QRTUZ
(*c*) IXYOQ (*d*) WGFPO

7. (*a*) CFIL (*b*) ABCD
(*c*) ACDF (*d*) EFGH

8. (*a*) KNOS (*b*) QTUY
(*c*) DFGJ (*d*) BEFJ

9. (*a*) FKP (*b*) LPU
(*c*) HMR (*d*) DIN

10. (*a*) TBVD (*b*) JOKQ
(*c*) AXCZ (*d*) FRHT

उत्तरमाला

1	2	3	4	5	6	7	8	9	10
(*b*)	(*a*)	(*d*)	(*d*)	(*b*)	(*c*)	(*c*)	(*c*)	(*b*)	(*b*)

व्याख्यात्मक उत्तर

1. शेष सभी अक्षर समूहों में अगला अक्षर अपने पूर्ववर्ती अक्षर से वर्णमाला के सीधे क्रम में 2 अक्षर आगे का है जबकि विकल्प (*b*) के अक्षर समूह में +3 अनुक्रम का पालन होता है।

A B C D E (+2, +2) L M N O P Q R (+3, +3)

G H I J K (+2, +2) V W X Y Z (+2, +2)

6. शेष समूहों में कम से कम दो जोड़े अक्षर वर्णमाला के क्रम में हैं, अर्थात्

A B J N M ; Q R T U Z ; W G F P O

विकल्प (*c*) में केवल एक जोड़ा अक्षर–ही वर्णमाला के क्रम में है।

I X Y O Q

9. शेष सभी अक्षर समूहों में +5 पैटर्न का अनुपालन होता है।

F K P (+5, +5) ; H M R (+5, +5) ; D I N (+5, +5)

विकल्प (*b*) में +4, +5 पैटर्न का अनुपालन होता है।

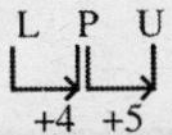

10. शेष समूहों में तीसरा अक्षर पहले अक्षर से और चौथा अक्षर दूसरे अक्षर से वर्णमाला के सीधे क्रम में 2 अक्षर आगे का अक्षर है। अर्थात् :

T B V D (+2, +2); A X C Z (+2, +2); F R H T (+2, +2)

विकल्प (*b*) में निम्नवत् पैटर्न दिखाई पड़ता है :

J O K Q (+1, +2)

विजातीय छांटना–संख्याओं पर आधारित समस्याएं

इस प्रकार के वर्गीकरण में विकल्पों के रूप में विभिन्न संख्याएं दी जाती हैं। इन संख्याओं में से एक को छोड़कर जो अन्य से भिन्न होती है, शेष किसी न किसी रूप में आपस में संबंधित होती हैं और इस प्रकार एक समूह बनाती हैं।

अभ्यास

निर्देश : *यहां प्रत्येक प्रश्न में चार विकल्प दिए गए हैं जिनमें से तीन किसी न किसी रूप में आपस में संबंधित होते हुए एक समूह बनाते हैं, जबकि शेष एक संख्या अन्य से भिन्न है। उस भिन्न संख्या का चयन करें जो समूह से संबंधित नहीं है।*

1. (*a*) 1948 (*b*) 2401 (*c*) 966 (*d*) 1449

2. (*a*) 182 (*b*) 169 (*c*) 130 (*d*) 158

3. (*a*) 3215 (*b*) 9309 (*c*) 4721 (*d*) 2850

4. (*a*) 1776 (*b*) 2364 (*c*) 1976 (*d*) 3776

5. (*a*) 7658 (*b*) 1234 (*c*) 9876 (*d*) 6543

6. (*a*) 18 (*b*) 12 (*c*) 30 (*d*) 20

7. (*a*) 9875432 (*b*) 98765 (*c*) 98756 (*d*) 9876543

8. (*a*) 5243 (*b*) 9251 (*c*) 4256 (*d*) 3257

9. (*a*) 2553 (*b*) 1224 (*c*) 7992 (*d*) 3885

10. (*a*) 3223 (*b*) 4554 (*c*) 6116 (*d*) 9887

उत्तरमाला

1	2	3	4	5	6	7	8	9	10
(*a*)	(*d*)	(*b*)	(*b*)	(*a*)	(*a*)	(*c*)	(*a*)	(*b*)	(*d*)

व्याख्यात्मक उत्तर

1. शेष संख्याएं 7 से विभाज्य हैं।

2. शेष संख्याएं 13 का गुणज हैं।

4. शेष संख्याओं में आखिरी दो अंक एक से हैं।

8. शेष सभी संख्याओं में 25 बीच में है और सिरे के दो अंकों का योग 10 के बराबर है।

10. शेष सभी संख्याओं में अंतिम दो अंक पहले दो अंकों को उलटे क्रम में लिखने पर प्राप्त होते हैं।

विजातीय छांटना–शब्द समूहों से संबंधित समस्याएं

शब्दों, अक्षरों या संख्याओं के समूह का वर्गीकरण एकल शब्द, अक्षर या संख्या के वर्गीकरण से अधिक भिन्न नहीं होता।

अभ्यास

निर्देश : *नीचे के प्रत्येक प्रश्न में शब्दों के उस जोड़े का चयन करें जो शेष तीन जोड़ों से भिन्न हो।*

1. (*a*) कुर्सी–फर्नीचर (*b*) शर्ट–वस्त्र (*c*) कंठहार–आभूषण (*d*) बोगी–इंजन

2. (*a*) चित्रांकनी–कागज (*b*) पेंसिल–लेड (*c*) कलम–स्याही (*d*) बुरुश–रंग

3. (*a*) युद्ध–शांति (*b*) वास्तविक–सहज (*c*) अग्रगण्य–प्रथम (*d*) क्रोध–गुस्सा

4. (*a*) दिन-रात (*b*) चालाक-मूर्ख
(*c*) स्पष्ट-धुंधला (*d*) पहुंचना-आना

5. (*a*) भतीजी-भतीजा (*b*) भाई-बहन
(*c*) पति-पत्नी (*d*) पिता-माता

6. (*a*) पेट्रोल-कार (*b*) तेल-लैम्प
(*c*) डीजल-लकड़ी (*d*) मोम-मोमबत्ती

7. (*a*) गंगा-नर्मदा (*b*) थार-गोबी
(*c*) आमाशय-हाथ (*d*) एवरेस्ट-पर्वत

8. (*a*) औषधि-चिकित्सक
(*b*) फूल-कलाकार
(*c*) जूता-मोची
(*d*) त्वचा-त्वचारोग विशेषज्ञ

9. (*a*) प्राधिकार-मंजूरी
(*b*) प्रतिकर्षण-आकर्षण
(*c*) तुनकमिजाज-दुस्तोषणीय
(*d*) श्वास-अस्तित्व

10. (*a*) पोलो-बर्फ का मैदान (रिंक)
(*b*) गोल्फ-लॉन
(*c*) टेनिस-कोर्ट
(*d*) शतरंज-बोर्ड

उत्तरमाला

1	2	3	4	5	6	7	8	9	10
(*d*)	(*a*)	(*a*)	(*d*)	(*a*)	(*c*)	(*d*)	(*b*)	(*b*)	(*a*)

व्याख्यात्मक उत्तर

1. बोगी रेलगाड़ी का एक हिंस्सा होता है जो परिवहन का एक साधन है। कुर्सी, शर्ट और कंठहार क्रमश: फर्नीचर, वस्त्र और आभूषण हैं।

3. शेष सभी शब्द-युग्म समानार्थक शब्दों के युग्म हैं जबकि विकल्प (*a*) में दिया गया शब्द-युग्म विपरीतार्थक शब्दों का युग्म है।

4. शेष शब्द-युग्म एक दूसरे के विपरीतार्थक हैं।

5. संबंधित शब्द-युग्मों में पहला पुल्लिंग और दूसरा स्त्रीलिंग है। विकल्प (*a*) में पहले स्त्रीलिंग और तत्पश्चात् पुल्लिंग दिया गया है।

8. चिकित्सक का औषधि, मोची का जूता और त्वचारोग विशेषज्ञ का संबंध त्वचारोग से है। फूलों की देख-रेख करने वाले व्यक्ति को माली कहते हैं।

4

सांकेतिक भाषा परीक्षण
(Coding and Decoding)

भाग-I

कूटलेखन या 'कोडिंग' संवाद–संप्रेषण की एक प्रक्रिया है जिसमें एक गुप्त भाषा का प्रयोग वास्तविक तथ्यों शब्दों/मूल्यों की अभिव्यक्ति या प्रस्तुतिकरण को एक ऐसी भाषा में परिवर्तित करने के लिए किया जाता है जिसे संवाद के प्रेषक और प्राप्तकर्ता के अतिरिक्त कोई तीसरा व्यक्ति समझ न सके।

अभ्यास

निर्देश : *निम्नलिखित प्रश्नों में दिए गए शब्दों या अक्षरों के लिए इंगित कूटभाषा के शब्द या अक्षर ज्ञात करें।*

1. यदि किसी कूट भाषा में CHAIR को FKDLU के रूप में लिखा जाए तो उसी कूटभाषा में RAID शब्द को किस प्रकार लिखा जाएगा?

(*a*) ULGD (*b*) ULKG
(*c*) ULDG (*d*) UDLG

2. किसी कूटभाषा में COME को XLNV और ABLE को ZYOV लिखा जाता है। इसी कूटभाषा में MOLLY किस प्रकार लिखा जाएगा?

(*a*) NLOBO (*b*) NLBOO
(*c*) LNOOB (*d*) NLOOB

3. यदि किसी कूटभाषा में ACTION को ZXGRLM लिखा जाता हो तो उसी कूटभाषा में HEALTH को कैसे लिखा जाएगा?

(*a*) SVZOGS (*b*) TVZOGT
(*c*) RUZPGR (*d*) QVGOZQ

4. यदि PHILOSOPHY को HPLISOPOYH लिखा जाता हो तो ORNAMENTAL कैसे लिखा जाएगा?

(*a*) ROANEMNTLA (*b*) ONRAMNEALT
(*c*) ROANEMTNLA (*d*) ROANEMNATL

5. यदि किसी कूटभाषा में लिखे गए शब्द OPFGBCST का अर्थवाचन NEAR के रूप में किया जाता हो तो उसी कूटभाषा में कूटबद्ध IJVWHI का अर्थ निम्नलिखित में से क्या होगा?

(*a*) HAG (*b*) HUG
(*c*) HUT (*d*) KEG

6. किसी विशेष कूटलिपि में PUNCTUAL को 16598623 के रूप में कूटबद्ध किया जाता है। इसी कूटलिपि में ACTUPULN निम्नलिखित में से किस प्रकार लिखा जाएगा?

(*a*) 29861653 (*b*) 29861635
(*c*) 28916135 (*d*) 29851536

7. यदि BAD को 7 के रूप में और HIS को 9 के रूप में कूटबद्ध किया जाए तो LOW निम्नलिखित में से किसके द्वारा सूचित किया जाएगा?

(*a*) 50 (*b*) 8
(*c*) 23 (*d*) 5

8. किसी विशेष कूटभाषा में REGISTRY को VAKEWPVU लिखा जाता है। इसी कूटभाषा में ENTRY कैसे लिखा जाएगा?

(*a*) IJXNC (*b*) ARPVW
(*c*) ARPVU (*d*) IJXMC

9. निम्नलिखित शब्दों में अक्षरों के संख्या कोड दिए गए हैं : BRAIN–12345, GRADE–72308, DRAIN–02345, STATE–78388। इन शब्दों में 'D' के लिए किस संख्या कोड का प्रयोग किया गया है?

(*a*) 3 (*b*) 2
(*c*) 0 (*d*) 4

उत्तरमाला

1	2	3	4	5	6	7	8	9
(*d*)	(*d*)	(*a*)	(*c*)	(*b*)	(*b*)	(*d*)	(*a*)	(*c*)

व्याख्यात्मक उत्तर

1. शब्द को कूटबद्ध करने के लिए उसके अक्षरों से वर्णमाला के क्रम में +3 चरण आगे के अक्षर लिए गए हैं।

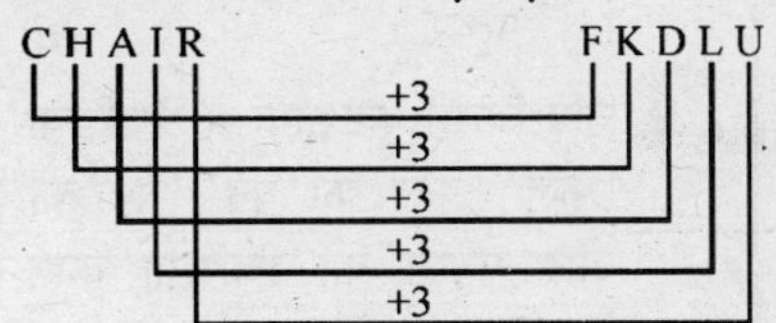

इसी प्रकार,

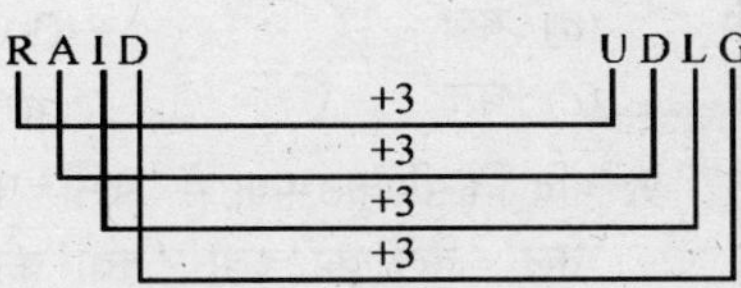

4. शब्द को कूटबद्ध करने के लिए उसके दो क्रमागत अक्षरों को एक दूसरे के स्थान पर लिखा जाता है।

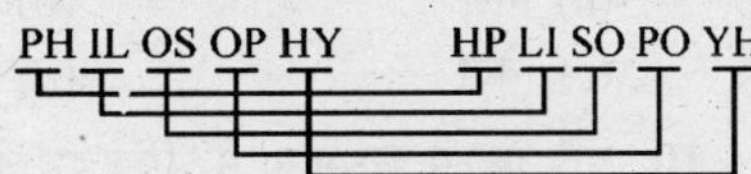

इसी प्रकार,

5. कूटबद्ध शब्द का अर्थ-निर्वचन निम्नलिखित रूप में किया गया है :

↓OP ↓ FG ↓ BC ↓ ST → कूट
N E A R →
दिया गया शब्द

अत: कूटबद्ध शब्द का अर्थ-निर्वचन करने के लिए वर्णमाला के अनुक्रम में दो क्रमागत अक्षरों से पहले के अक्षर लिए जाते हैं।

इसी प्रकार,

↓ IJ ↓ VW↓ HI → दिया गया शब्द
H U G → उत्तर शब्द

6. शब्द PUNCTUAL के अक्षरों को यादृच्छिक क्रम में लेकर ACTUPULN शब्द लिखा गया है।

इसी प्रकार संख्या कूट भी लिखा जाएगा

PUNCTUAL → दिया गया शब्द
1 6 5 9 8 6 2 3 → कूट

इसी प्रकार,

ACTUPULN → कूटबद्ध किया जाने वाला शब्द
2 9 8 6 1 6 3 5 → उत्तर कोड

9. जिन शब्दों में D का अक्षर निहित है, वे शब्द हैं :

GRADE और DRAIN → अक्षर
7 2 3 0 8 0 2 3 4 5 → कूट

अत: यह स्पष्ट है कि 'D' का कूट '0' है।

भाग-II

एक अन्य प्रकार के कूट लेखन में किसी शब्द को कूट नाम दिए जाते हैं जिन्हें आगे भी कूटबद्ध किया जाता है। इस पैटर्न पर आधारित प्रश्न अर्थहीन प्रतीत हो सकते हैं किंतु कूट यथार्थता की बुनियादी बातों से हटकर नहीं होने चाहिए।

अभ्यास

निर्देश : *प्रत्येक प्रश्न में दी गई कूटबद्ध सूचना को अच्छी तरह समझें और दिए गए विकल्पों में से सही उत्तर का चयन करें।*

1. यदि किसी कूटभाषा में 'पानी' को 'नीला', 'नीला' को 'लाल', 'लाल' को 'सफेद', 'सफेद' को 'आकाश', 'आकाश' को 'वर्षा', 'वर्षा' को 'हरा', 'हरा' को 'हवा' और 'हवा' को 'मेज' कहा जाए, तो इस कूटभाषा में दूध के रंग को क्या कहेंगे?

(*a*) सफेद (*b*) वर्षा
(*c*) आकाश (*d*) हरा

2. यदि किसी कूटभाषा में 'प्रकाश' को 'अंधकार', 'अंधकार' को 'हरा', 'हरा' को 'नीला', 'नीला' को 'लाल', 'लाल' को 'सफेद' और 'सफेद' को 'पीला' कहा जाता हो तो इस कूटभाषा में रक्त का रंग क्या कहलाएगा?

(*a*) लाल (*b*) अंधकार
(*c*) सफेद (*d*) पीला

3. यदि किसी कूटभाषा में 'आकाश' को 'समुद्र', 'समुद्र' को 'पानी', 'पानी' को 'हवा', 'हवा' को 'बादल' और 'बादल' को 'नदी' कहा जाता हो तो प्यास लगने पर इस कूटभाषा में पीने के लिए किस चीज की मांग करेंगे?
(*a*) आकाश (*b*) हवा
(*c*) पानी (*d*) समुद्र

4. यदि किसी कूटभाषा में 'पीला' का अर्थ 'लाल', 'सफेद' का अर्थ 'हरा', 'लाल' का अर्थ 'नारंगी', 'नीला' का अर्थ 'सफेद' और 'हरा' का अर्थ 'नीला' हो तो उस कूटभाषा में आकाश का रंग क्या है?
(*a*) सफेद (*b*) हरा
(*c*) नीला (*d*) पीला

5. यदि किसी कूटभाषा में 'घर' को 'झोपड़ी', 'झोपड़ी' को 'नहर', 'नहर' को 'स्कूल', 'स्कूल' को 'मैदान', 'मैदान' को 'सुराही' और 'सुराही' को 'तार' कहा जाए तो इस कूटभाषा में छात्रों के पढ़ने की जगह को क्या कहेंगे?
(*a*) मैदान (*b*) सुराही
(*c*) झोपड़ी (*d*) स्कूल

6. यदि किसी कूटभाषा में 'बिल्ली' को 'घोड़ा', 'घोड़ा' को 'चूहा', 'कुत्ता' को 'खरगोश', 'खरगोश' को 'बिल्ली', 'चूहा' को 'कुत्ता' और 'शेर' को 'चींटी' कहा जाए तो इस कूटभाषा मे प्रयुक्त कूटों के आधार पर भौंकने वाले पशु को क्या कहेंगे?
(*a*) कुत्ता (*b*) बिल्ली
(*c*) शेर (*d*) खरगोश

7. यदि 'भूमि' को 'झील', 'झील' को 'पत्थर', 'पत्थर' को 'भारी', 'भारी' को 'स्टेडियम', 'स्टेडियम' को 'महासागर', 'महासागर' को 'वर्षा' और 'वर्षा' को 'आग' कहा जाए तो क्रिकेट के टेस्ट मैच खेले जाने वाले स्थान क्या कहलाते हैं?
(*a*) भारी (*b*) महासागर
(*c*) पत्थर (*d*) भूमि

8. यदि किसी कूटभाषा में 'चिड़िया' को 'राजा', 'राजा' को 'फूल', 'फूल' को 'घन', 'घन' को 'मेज', 'मेज' को 'मनुष्य' और 'मनुष्य' को 'चिड़िया' कहा जाए तो इस कूटभाषा में 'गुलाब' क्या है?
(*a*) मेज (*b*) फूल
(*c*) घन (*d*) मनुष्य

9. यदि किसी कूटभाषा में 'पानी' को 'पत्थर', 'पत्थर' को 'तेल', 'तेल' को 'हवा', 'हवा' को 'लकड़ी', 'लकड़ी' को 'गैस' और 'गैस' को 'द्रव' कहा जाए तो इस कूटभाषा में फर्नीचर किस चीज से बनता है?
(*a*) गैस (*b*) हवा
(*c*) तेल (*d*) द्रव

10. यदि किसी कूटभाषा में 'पिंजड़ा' को 'रॉकेट', 'रॉकेट' को 'फंदा', 'फंदा' को 'ग्रह', 'ग्रह' को 'हवाई जहाज', 'हवाई जहाज' को 'साइकिल' और 'साइकिल' को 'कार' कहा जाए तो इस कूटभाषा में पृथ्वी को क्या कहेंगे?
(*a*) साइकिल (*b*) रॉकेट
(*c*) ग्रह (*d*) हवाई जहाज

उत्तरमाला

1	2	3	4	5	6	7	8	9	10
(*c*)	(*c*)	(*b*)	(*a*)	(*a*)	(*d*)	(*b*)	(*c*)	(*a*)	(*d*)

व्याख्यात्मक उत्तर

1. दूध का रंग 'सफेद' होता है और इस कूटभाषा में 'सफेद' को 'आकाश' कहते हैं।

2. रक्त का रंग 'लाल' होता है और इस कूटभाषा में 'लाल' को 'सफेद' कहते हैं।

3. प्यास लगने पर हम 'पानी' पीते हैं और इस कूटभाषा में 'पानी' को 'हवा' कहते हैं।

4. आकाश का रंग 'नीला' होता है और नीला का अर्थ 'सफेद' है।

5. छात्र 'स्कूल' में पढ़ते हैं और 'स्कूल' को इस कूटभाषा में 'मैदान' कहा जाता है।

6. भौंकने वाला पशु 'कुत्ता' है और 'कुत्ता' को इस कूटभाषा में 'खरगोश' कहते हैं।

5

कथन विश्लेषण (Statement Analysis)

तर्कबुद्धि परीक्षण से संबंधित इस प्रकार के प्रश्नों में कुछ कथन दिए जाते हैं। इन कथनों में कतिपय तथ्यों को अलग-अलग रूपों में तोड़-मरोड़ कर प्रस्तुत किया जाता है। ऐसे प्रश्नों को हल करने के लिए अभ्यर्थियों से यह अपेक्षा की जाती है कि वे दिए गए कथनों का विश्लेषण करें, दिए गए तथ्यों को सुव्यवस्थित और वर्गीकृत करें तथा तत्पश्चात् दिए गए कथनों से संबंधित प्रश्नों के उत्तर दें।

अभ्यास

1. A, B, C, D और E पांच मित्र हैं जिनमें से A का वजन B से अधिक है, C का वजन D से कम है, B का वजन D से कम है किंतु E से अधिक है। इनमें से किसका वजन सबसे अधिक है?

(*a*) B (*b*) C
(*c*) A (*d*) कहा नहीं जा सकता

2. विपुल, हंस से लंबा है। हंस, आनंद से लंबा है। आलोक, अशोक से लंबा है। अशोक, हंस से लंबा है। इन पांचों मित्रों से कौन सबसे अधिक लंबा है?

(*a*) विपुल (*b*) आलोक
(*c*) अशोक (*d*) कहा नहीं जा सकता

3. प्रमोद, गोपाल से लंबा है। गोपाल, मधु से कम लंबा है। यह जानने के लिए कि इनमें सबसे अधिक लंबा कौन है, निम्नलिखित में से कौन-सी अतिरिक्त जानकारी आवश्यक है?

(*a*) मधु, गोपाल से लंबी है
(*b*) मधु, प्रमोद के भाई से कम लंबी है
(*c*) प्रमोद, मधु से लंबा है
(*d*) प्रमोद, मधु के भाई से लंबा है

4. विक्रम की लंबाई राजन से अधिक किंतु ऐनी से कम है। जमाल, ऐनी से अधिक लंबा है। सीता, विक्रम से अधिक लंबी है। राजन, सीता से कम लंबा है। इस समूह में सबसे कम लंबाई किसकी है?

(*a*) सीता
(*b*) राजन
(*c*) विक्रम
(*d*) कहा नहीं जा सकता

5. प्रमोद आयु में जयेश और सुधीर से बड़ा है। विकास, अनिल से छोटा है। इनमें किसकी आयु सब से अधिक है, यह जानने के लिए निम्नलिखित में से कौन-सी अतिरिक्त जानकारी अपेक्षित है?

(*a*) सुधीर, जयेश से बड़ा है
(*b*) अनिल, जयेश से बड़ा है
(*c*) विकास, प्रमोद से बड़ा है
(*d*) विकास, प्रमोद से छोटा है

निर्देश (प्र.सं. 6 और 7): *(A) गोपाल की लंबाई अशोक से कम किंतु केशव से अधिक है; (B) नवीन की लंबाई केशव से कम है; (C) जयेश की लंबाई नवीन से अधिक है; (D) अशोक की लंबाई जयेश से अधिक है।*

6. इनमें सबसे अधिक लंबा कौन है?

(*a*) गोपाल (*b*) अशोक
(*c*) जयेश (*d*) नवीन

7. उपर्युक्त प्रश्न का उत्तर देने के लिए निम्नलिखित में से कौन-सी सूचना आवश्यक नहीं है?

(*a*) A (*b*) B
(*c*) C (*d*) D

निर्देश (प्र.सं. 8–10): *नीचे उल्लिखित कथन को ध्यानपूर्वक पढ़ें और पूछे गए प्रश्नों के उत्तर दें:*

एक समूह में A, B, C, D और E पांच व्यक्ति हैं। इनमें से दो पुरुष हैं। केवल तीन व्यक्ति तैरना जानते हैं जिनमें एक पुरुष है। इस समूह में एक विवाहित जोड़ा भी है जिसमें पति को तैरना आता है। A, D की छोटी बहन है और B, E का पति है। C तैराकी का चैम्पियन है।

8. समूह में अविवाहित पुरुष कौन है?

(*a*) C (*b*) B
(*c*) A (*d*) D

9. निम्नलिखित में से कौन–सी दो महिलाएं तैरना जानती हैं?

(*a*) A और C (*b*) C और D
(*c*) D और E (*d*) A और E

10. निम्नलिखित में से किन दो व्यक्तियों को तैरना नहीं आता?

(*a*) B और D (*b*) D और E
(*c*) A और E (*d*) A और D

उत्तरमाला

1	2	3	4	5	6	7	8	9	10
(*d*)	(*d*)	(*c*)	(*b*)	(*c*)	(*b*)	(*c*)	(*d*)	(*a*)	(*b*)

व्याख्यात्मक उत्तर

1. वजन के घटते क्रम में इन मित्रों को निम्नवत् श्रेणीबद्ध किया जा सकता है : A/D, B/C, E या A/D, B, C/E अत: इन मित्रों में से A या D का वजन सबसे अधिक है।

2. लंबाई के घटते क्रम में इन व्यक्तियों के नाम हैं: विपुल/आलोक, अशोक, हंस, आनंद। अत: विपुल या आलोक में से कोई एक सबसे अधिक लंबा है।

4. लंबाई के घटते क्रम में इन व्यक्तियों को निम्नवत् विन्यस्त किया जा सकता है :
जमाल/सीमा, ऐनी, विक्रम, राजन *या*
जमाल, सीता/ऐनी, विक्रम, राजन

6. लंबाई के घटते क्रम में इन व्यक्तियों को निम्नवत् विन्यस्त किया जा सकता है :
अशोक, गोपाल/जयेश, केशव, नवीन *या*
अशोक, गोपाल, केशव/जयेश, नवीन

प्रश्न संख्या 8 से 10 तक के प्रश्नों के उत्तर के लिए सूचना चार्ट नीचे दिया गया है :

A. महिला (D की छोटी बहन) : तैराकी जानती है।
B. पुरुष (E का पति) : तैराकी जानता है।
C. महिला : तैराकी की चैम्पियन
D. पुरुष (A का भाई)
E. महिला (B की पत्नी)

विवाहित जोड़े B और E में से पति (B) तैराकी जानता है। C तैराकी की एक चैम्पियन है। तीन व्यक्ति तैरना जानते हैं जिनमें केवल B ही पुरुष है। अत: तैराकी जानने वाली दो महिलाएं C और A (D की छोटी बहन) हैं। पांच व्यक्तियों के इस समूह में दो पुरुष हैं जिनमें एक B है और दूसरा D होगा।

6

स्थान व्यवस्थीकरण
(Place Arrangement)

स्थान व्यवस्थीकरण का सामान्य अर्थ है दी गई सूचनाओं के आधार पर व्यक्तियों या वस्तुओं का स्थान-क्रम निर्धारित करना। इसके लिए आवश्यक है कि स्थान-क्रम को अच्छी तरह समझा जाए और तत्पश्चात् दिए गए प्रश्नों को उपलब्ध कराई गई सूचना के आधार पर हल करने का प्रयास किया जाए।

अभ्यास

निर्देश (प्र.सं. 1–6): *निम्नलिखित प्रश्नों में व्यवस्थीकरण के पैटर्न को समझें और तत्पश्चात् दिए गए विकल्पों में से सही उत्तर का चयन करें:*

1. मिनी, रजनी के दाएं और अनंता के बाएं बैठी है। सत्या, मिनी के दाएं बैठी है किंतु वह जया के बाएं है। यदि सभी लड़कियां उत्तर दिशा की ओर मुंह किए बैठी हों तो इनमें से सबसे बाएं छोर पर कौन बैठी है?

(*a*) जया (*b*) मिनी
(*c*) रजनी (*d*) सत्या

2. A, B, C, D और E एक दूसरे के पीछे दौड़ रहे हैं। C, E के निकट नहीं है और A, D के निकट नहीं है। B, A के पीछे है और E, D के निकट नहीं है। इनके बीच में कौन व्यक्ति है?

(*a*) B (*b*) E
(*c*) A (*d*) कहा नहीं जा सकता

3. O, P, Q, R, S और T एक बेंच पर अपनी लंबाई के घटते क्रम में खड़े हैं। P, O से अधिक लंबा है किंतु S से उसकी लंबाई कम है। केवल S ही T से अधिक लंबा है। R, P से कम लंबा है किंतु वह Q से अधिक लंबा है। इनमें किसकी लंबाई सबसे कम है?

(*a*) O (*b*) Q
(*c*) P (*d*) कहा नहीं जा सकता

4. छह मित्र एक गोल घेरे में बैठकर ताश खेल रहे हैं। केनी, डैनी की बायीं ओर बैठा है। माइकल, बॉब और जॉन के बीच बैठा है। रॉजर, केनी और बॉब के बीच बैठा है। माइकल की दाहिनी ओर कौन बैठा है?

(*a*) डैनी (*b*) जॉन
(*c*) केनी (*d*) बॉब

5. 10 पुस्तकों के एक ढेर में 3 पुस्तकें इतिहास की, 3 हिंदी की, 2 गणित की और 2 अंग्रेजी की पुस्तकें हैं। यदि ऊपर से देखा जाए तो इतिहास और गणित की एक-एक पुस्तकों के बीच अंग्रेजी की एक पुस्तक है, गणित और अंग्रेजी की एक-एक पुस्तकों के बीच इतिहास की एक पुस्तक है, अंग्रेजी और गणित की एक-एक पुस्तकों के बीच एक हिंदी की पुस्तक है, हिंदी की दो पुस्तकों के बीच गणित की एक पुस्तक है तथा गणित और इतिहास की एक-एक पुस्तकों के बीच हिंदी की दो पुस्तकें हैं। इस ढेर में किस विषय की पुस्तक ऊपर से छठे स्थान पर है?

(*a*) अंग्रेजी (*b*) हिंदी
(*c*) इतिहास (*d*) गणित

6. छह मित्र A, B, C, D, E और F एक गोल घेरे में खड़े हैं। B, F और C के बीच में है, A, E और D के बीच में है, F, D की बायीं ओर है। A और F के बीच कौन है?

(*a*) C (*b*) B
(*c*) D (*d*) E

निर्देश (प्र.सं. 7 और 8): *निम्नलिखित कथनों को सावधानी पूर्वक पढ़ें और पूछे गए प्रश्नों के उत्तर दें :*

एक शेल्फ में पांच कमीजें एक ढेर में एक के ऊपर एक रखी हुई हैं। इस ढेर में लाल कमीज नीली कमीज के ऊपर रखी गई है और हरे रंग की कमीज नारंगी रंग की कमीज के नीचे रखी गई है। नीली कमीज नारंगी रंग की कमीज के ऊपर तथा सफेद कमीज हरी कमीज के नीचे रखी गई है।

7. लाल और नारंगी रंग की कमीजों के बीच रखी कमीज किस रंग की है?

(*a*) सफेद रंग की (*b*) हरे रंग की

(*c*) नीले रंग की (*d*) आंकड़े अपर्याप्त हैं

8. सबसे नीचे किस रंग की कमीज है?

(*a*) लाल

(*b*) सफेद

(*c*) नारंगी

(*d*) कहा नहीं जा सकता

उत्तरमाला

1	2	3	4	5	6	7	8
(*c*)	(*a*)	(*d*)	(*d*)	(*b*)	(*c*)	(*c*)	(*b*)

व्याख्यात्मक उत्तर

2. दौड़ते समय ये व्यक्ति निम्नलिखित क्रम में एक दूसरे के पीछे होंगे :

E		E
A		A
B	या	B
C		D
D		C

4. इन छह मित्रों के बैठने का निम्नलिखित क्रम है :

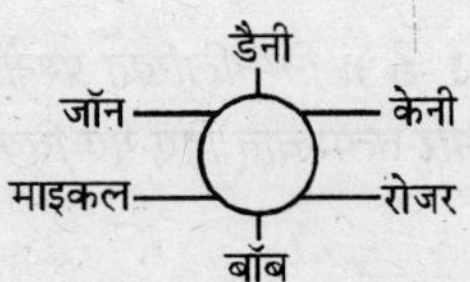

6. ये मित्र निम्नलिखित क्रम में एक दूसरे की बगल में खड़े हैं

D F
A B
E C

7

दिशा ज्ञान परीक्षण
(Direction Sense)

इस प्रकार के प्रश्न अभ्यर्थियों की सही दिशा-निर्देशों को समझने की योग्यता की जांच करने हेतु पूछे जाते हैं। ऐसे प्रश्न दिशा-चार्ट पर आधारित होते हैं :

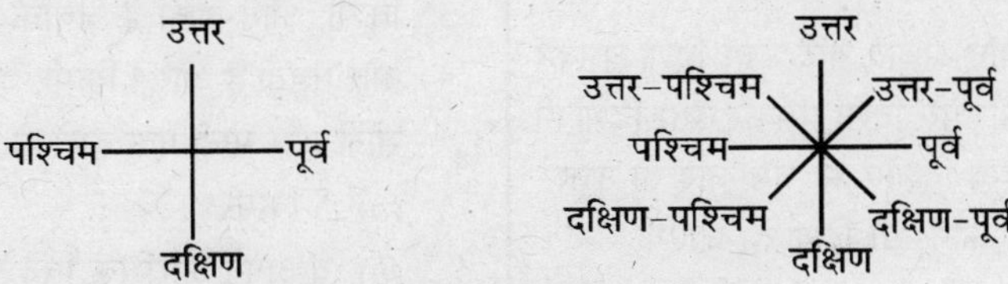

विभिन्न दिशाओं का बोध बाएं या दाएं मोड़ या कोणीय मोड़ों द्वारा निर्देशित होता है।

अभ्यास

निर्देश : *नीचे के प्रत्येक प्रश्न में सही दिशा/ दूरी दर्शाने के लिए दिए गए विकल्पों से सही उत्तर का चयन करें।*

1. एक व्यक्ति पश्चिम दिशा में अपनी गाड़ी चला रहा है। वह दक्षिण दिशा में चले इसके लिए उसे निम्नलिखित में से कौन से मोड़ मुड़ने चाहिए?

(*a*) बायीं ओर, दायीं ओर, दायीं ओर
(*b*) दायीं ओर, दायीं ओर, बायीं ओर
(*c*) बायीं ओर, बायीं ओर, बायीं ओर
(*d*) दायीं ओर, दायीं ओर, दायीं ओर

2. ऋचा अपनी गाड़ी से दक्षिण दिशा में 8 किमी आगे चलकर बायीं ओर मुड़ जाती है और 5 किमी. आगे चलती है। वहां वह एक बार फिर से बायीं ओर मुड़कर 8 किमी. आगे चलती है। अब वह अपने शुरू के स्थान से कितनी दूरी पर है?

(*a*) 3 किमी. (*b*) 5 किमी.
(*c*) 8 किमी. (*d*) 13 किमी.

3. देबू पहले पूर्व की ओर और तब उत्तर की ओर चलता है तथा वहां वह 45° दायें मुड़कर कुछ देर आगे चलता है और अंतत: बायीं ओर मुड़ जाता है। अब वह किस दिशा में चल रहा है?

(*a*) उत्तर (*b*) पूर्व
(*c*) दक्षिण-पूर्व (*d*) उत्तर-पश्चिम

4. मैं अपने घर से उत्तर दिशा में चला और तब बायीं ओर मुड़ गया। अब कुछ देर तक आगे चलने के बाद मैं फिर से बायीं ओर मुड़ा और तब दायीं ओर मुड़ गया। बाद में आगे चलते हुए मैं बायीं ओर और एक बार फिर से बायीं ओर मुड़ा। बताइए कि अब मैं किस दिशा में चल रहा हूँ?

(*a*) उत्तर (*b*) दक्षिण
(*c*) पूर्व (*d*) पश्चिम

5. राज पश्चिम दिशा में चल रहा है। वह आगे चलते हुए अपने दाएं, फिर दाएं और तब बाएं, हर बार 45° के कोण पर मुड़ा। बताइए कि अब वह किस दिशा में चल रहा है?

(*a*) उत्तर-पूर्व (*b*) दक्षिण-पूर्व
(*c*) पूर्व (*d*) पश्चिम

6. एक महिला उत्तर दिशा में 12 किमी. चलती है, तब वह दक्षिण दिशा में 6 किमी. चलती है और तत्पश्चात् पूर्व

दिशा में 8 किमी चलती है। इस समय वह अपने आरंभिक बिंदु से कितनी दूरी पर है और किस दिशा में चल रही है?

(*a*) 5 किमी., उत्तर-पूर्व (*b*) 5 किमी., पूर्व
(*c*) 10 किमी., उत्तर-पूर्व (*d*) 10 किमी., पश्चिम

7. रवि अपनी गाड़ी से पश्चिम दिशा में 12 किमी. जाता है। वहां वह दक्षिण दिशा में मुड़कर 3 किमी. आगे की यात्रा करता है, जहां वह पूर्व दिशा में मुड़कर 8 किमी. की यात्रा करता है। बताइए कि इस समय वह अपने आरंभिक बिंदु से कितनी दूरी पर है?

(*a*) 3 किमी. (*b*) 5 किमी.
(*c*) 7 किमी. (*d*) 11 किमी.

8. यदि सभी दिशाएं घूम जाएं अर्थात् यदि उत्तर दिशा घूमकर पश्चिम दिशा हो जाए और पूर्व दिशा घूमकर उत्तर दिशा हो जाए तथा इसी प्रकार अन्य दिशाएं भी घूम जाएं तो उत्तर-पश्चिम दिशा बदल कर कौन-सी दिशा हो जाएगी?

(*a*) दक्षिण-पश्चिम (*b*) उत्तर-पूर्व
(*c*) पूर्व-उत्तर (*d*) पूर्व-पश्चिम

9. A और B किसी एक बिंदु से एक साथ चलना आरंभ करते हैं। वे उत्तर दिशा में 10 किमी. जाते हैं। वहां A बायीं ओर मुड़ कर 5 किमी. आगे जाता है जबकि B दायीं ओर मुड़कर 3 किमी. आगे जाता है जहां से A एक बार फिर से बायीं ओर मुड़कर 15 किमी. आगे जाता है और B दायीं ओर मुड़कर 15 किमी. आगे जाता है। बताइए कि अब A और B एक दूसरे से कितनी दूरी पर हैं?

(*a*) 18 किमी. (*b*) 10 किमी.
(*c*) 5 किमी. (*d*) 8 किमी.

10. तरुण पूर्व दिशा में चल रहा है। यदि वह उत्तर दिशा में चलना चाहता है तो उसे निम्नलिखित से में कौन से मोड़ नहीं मुड़ने चाहिए?

(*a*) दायां, दायां, बायां, दायां, दायां
(*b*) दायां, दायां, बायां, बायां, बायां,
(*c*) दायां, दायां, दायां
(*d*) दायां, बायां, दायां, बायां

11. सोनी और मोनी किसी एक स्थान से चलना शुरू करती हैं। सोनी पश्चिम दिशा में और मोनी दक्षिण दिशा में चलती है। 20 किमी. आगे जाने के बाद सोनी बायीं ओर मुड़ जाती है और 15 किमी. आगे बढ़ती है। मोनी 10 किमी. आगे जाने के बाद बायीं ओर मुड़ती है और तब 5 किमी. आगे जाती है। इसी समय सोनी अपने स्थान से बायीं ओर मुड़कर 25 किमी. आगे जाती है जबकि मोनी अपने स्थान से दाहिनी ओर मुड़ती है और 5 किमी. आगे जाती है। बताइए कि यहां सोनी और मोनी एक दूसरे से कितनी दूरी पर हैं।

(*a*) 5 किमी.
(*b*) वे अपने आरंभिक बिंदु पर वापस पहुंच गए हैं
(*c*) वे अपनी यात्रा समाप्ति पर एक ही स्थान पर पहुंचती हैं
(*d*) दी गई सूचना अपर्याप्त है

12. सीता के घर का मुख्य दरवाजा दक्षिण दिशा में खुलता है। वह अपने घर से निकलकर सामने की दिशा में 10 मीटर जाती है, वहां से बायीं ओर मुड़कर वह 5 मीटर आगे जाती है और तब फिर से बायें मुड़कर 15 मीटर आगे जाती है और तब एक बार फिर से बायें मुड़कर 10 मीटर आगे जाती है। अंततः वह दायें मुड़ती है और 5 मीटर आगे जाकर अपने मित्र के घर पहुंचती है। सीता के मित्र के घर का मुख्य दरवाजा किस दिशा में खुलता है?

(*a*) उत्तर (*b*) दक्षिण
(*c*) पश्चिम (*d*) पूर्व

उत्तरमाला

1	2	3	4	5	6	7	8	9	10
(*d*)	(*b*)	(*d*)	(*c*)	(*a*)	(*c*)	(*b*)	(*a*)	(*d*)	(*d*)
11	**12**								
(*c*)	(*b*)								

व्याख्यात्मक उत्तर

1.

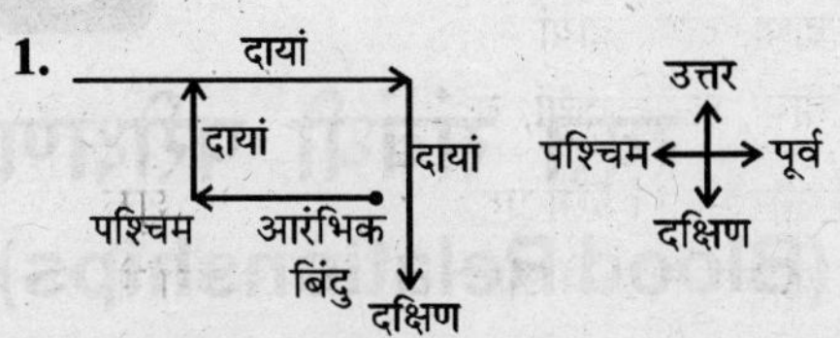

2.

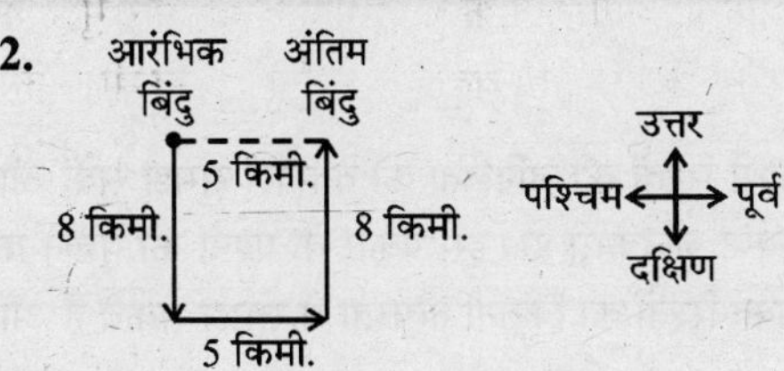

3.

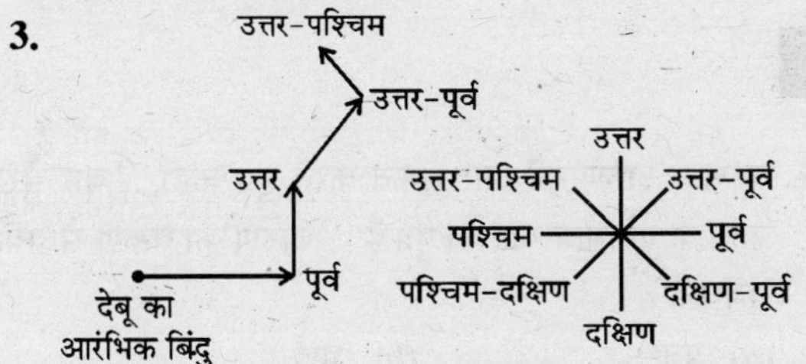

4.

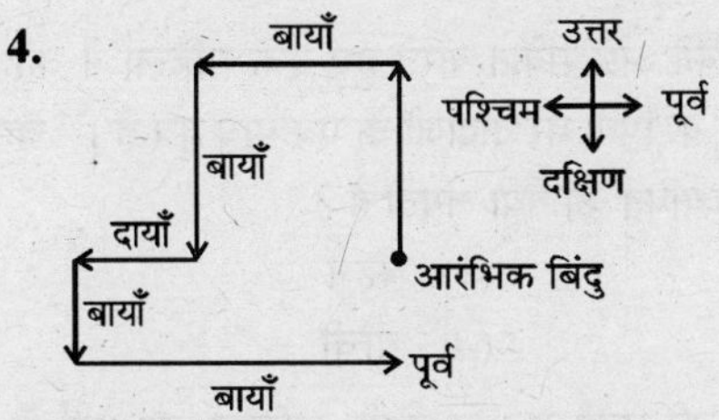

7. $ab = \sqrt{bc^2 + ca^2}$

$ab = \sqrt{3^2 + 4^2} = \sqrt{9+16} = \sqrt{25} = 5$

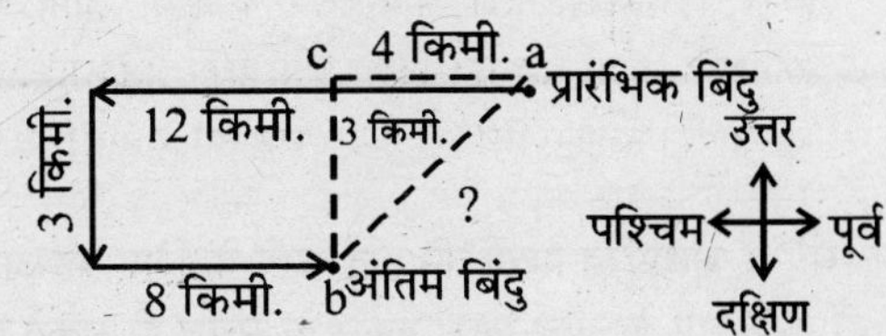

9.

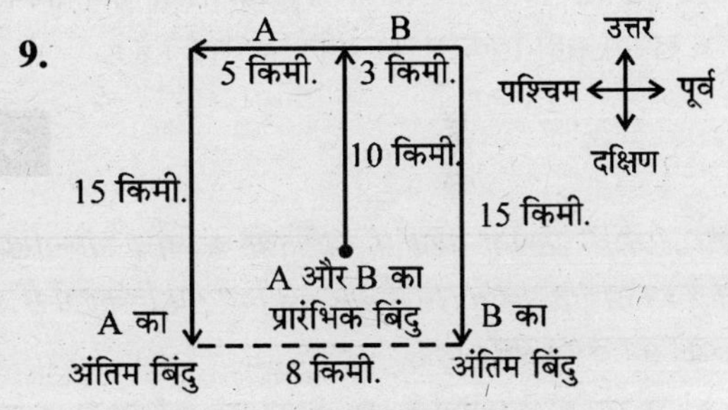

12.

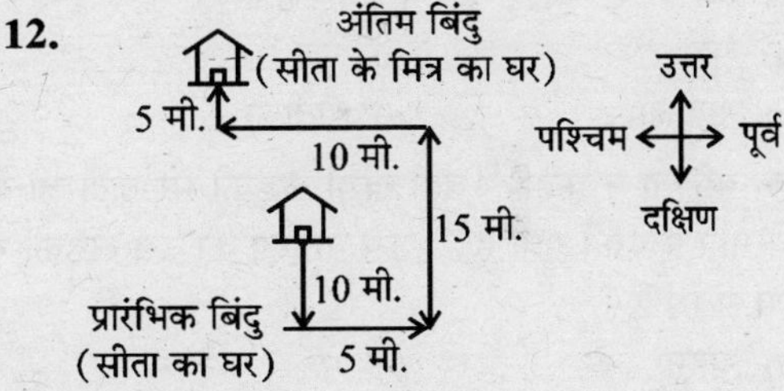

8

रक्त संबंधी परीक्षण
(Blood Relationships)

रक्त संबंधों पर आधारित प्रश्नों को हल करने के लिए यह आवश्यक है कि परीक्षार्थी रिश्तों की जटिलता को तत्काल समझ सकें और किन्हीं दो व्यक्तियों के बीच किस प्रकार के संबंध हो सकते हैं, इस बारे में उन्हें स्पष्ट जानकारी हो। इस प्रकार के प्रश्नों को पूछने का अभिप्राय मुख्यत: यह सुनिश्चित करना है कि परीक्षार्थी कतिपय जटिल भाषा में व्यक्त रिश्तों को कितनी तत्परता से समझ सकते हैं और उत्तर के रूप में सही विकल्प का चयन कर सकते हैं।

अभ्यास

निर्देश: *नीचे के प्रत्येक प्रश्न में व्यक्तियों के बीच उल्लिखित संबंधों को सावधानीपूर्वक समझें और तब दिए गए विकल्पों में से सही उत्तर का चयन करें:*

1. A, B और C का पिता है। B, A का पुत्र है किंतु C, A का पुत्र नहीं है। C का A से क्या संबंध है?

(*a*) पुत्री (*b*) पुत्र
(*c*) भतीजी (*d*) भतीजा

2. एक महिला ने कहा, ''वहां खड़ी लड़की मेरे दादा जी के एकमात्र पुत्र की पुत्री है''। उस महिला का उस लड़की से क्या संबंध है?

(*a*) बहन (*b*) मां
(*c*) चाची (*d*) भतीजा

3. अजय, विजय का भाई है। शुभा, अजय की बहन है। संजय, राहुल का भाई है और मेहुल विजय की पुत्री है। संजय का चाचा कौन है?

(*a*) राहुल (*b*) अजय
(*c*) मेहुल (*d*) दी गई सूचना अपर्याप्त है

4. आदित्य, रवि का भाई है। भरत, जयंत के पिता हैं। ईला, रवि की मां है। आदित्य और जयंत आपस में भाई हैं। ईला का भरत से क्या संबंध है?

(*a*) बहन (*b*) मां
(*c*) पुत्री (*d*) पत्नी

5. वरुण ने अरुण की ओर संकेत करते हुए कहा, ''वह मेरी बहन के एकमात्र भाई का पुत्र है।'' अरुण का वरूण से क्या संबंध है?

(*a*) पुत्र (*b*) भाई
(*c*) भतीजा (*d*) दी गई सूचना अपर्याप्त है

6. एक व्यक्ति की ओर संकेत करते हुए एक महिला ने कहा ''उसके भाई के पिता मेरे दादाजी के एकमात्र पुत्र हैं।'' वह महिला उस व्यक्ति की क्या लगती है?

(*a*) मां (*b*) बहन
(*c*) पुत्री (*d*) चाची

7. विद्या, गोपी की पत्नी है और गोपी, अखिल का भाई है। अखिल, विजय का चाचा है। विजय, विद्या का कौन है?

(*a*) पुत्र (*b*) भतीजा
(*c*) देवर (*d*) भाई

8. यदि अमित के पिता बिल्लू के पिता के एकमात्र पुत्र हैं और बिल्लू का कोई भी भाई नहीं है और न ही उसकी कोई पुत्री है तो अमित और बिल्लू के बीच क्या संबंध है?

(*a*) चाचा-भतीजा (*b*) पिता-पुत्री
(*c*) पिता-पुत्र (*d*) चचेरा भाई

9. A, B की बहन है। B, C का पुत्र है तथा E, D की पुत्री और A की बहन है। D, C का कौन है?

(*a*) भाई (*b*) पति
(*c*) पत्नी (*d*) दी गई सूचना अपर्याप्त है

10. यदि M + N का अर्थ है कि 'M', 'N' का भाई है, M – N का अर्थ है कि 'M', 'N' की बहन है, M × N का अर्थ है कि 'M', 'N' की मां है और M ÷ N का अर्थ है कि 'M', 'N' का पिता है, तो निम्नलिखित में से किसका अर्थ यह होगा कि E, F की बुआ है ?

(*a*) E – G ÷ F (*b*) E + G × F
(*c*) E × F – G (*d*) F × G + E

उत्तरमाला

1	2	3	4	5	6	7	8	9	10
(*a*)	(*a*)	(*d*)	(*d*)	(*a*)	(*b*)	(*b*)	(*c*)	(*d*)	(*a*)

व्याख्यात्मक उत्तर

1. पिता
A
B पुत्र   C पुत्री

C, A का पुत्र नहीं है किंतु A, C का पिता है। अत: C, A की पुत्री है।

2. दादा
पिता (एकमात्र पुत्र)
पुत्री (खड़ी हुई लड़की) ⟶ महिला

उस महिला के दादा का पुत्र उसके पिता हैं तथा पिता की पुत्री निश्चित ही उस महिला की बहन होगी।

3. 1. शुभा ⟶ अजय ⟶ विजय ↓ मेहुल (पुत्री)

2. संजय ⟶ राहुल (भाई)

यहां दो संबंध-समुच्चयों का उल्लेख किया गया है। दी गई सूचना अपर्याप्त है और इन दो भिन्न संबंध-समुच्चयों के बीच कोई संबंध स्थापित नहीं किया जा सकता।

5. वरुण ⟶ (एकमात्र भाई) बहन
(पिता) ↓
अरुण (पुत्र)

वरुण की बहन का एकमात्र भाई स्वयं वरुण है और उसका पुत्र अरुण है।

8. प्रश्न पर आधारित संबंध-चार्ट है :

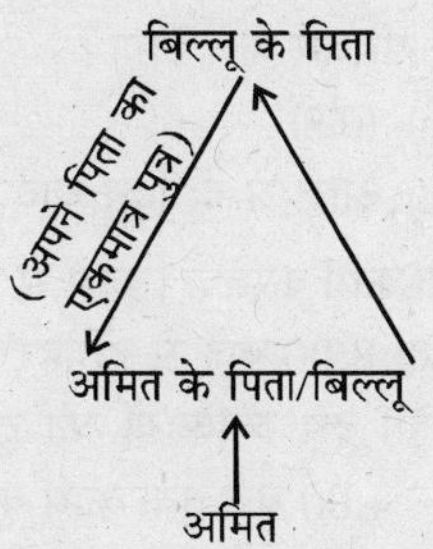

अमित के पिता बिल्लू के पिता के एकमात्र पुत्र हैं, और बिल्लू अपने पिता का एकमात्र पुत्र है (बिल्लू का कोई भाई नहीं है)। इससे यह स्पष्ट होता है कि बिल्लू ही अमित का पिता है। चूंकि बिल्लू की कोई पुत्री नहीं है, अत: अमित ही उसका एकमात्र पुत्र है।

9.

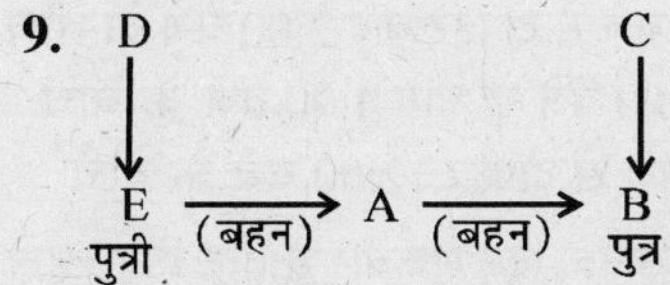

D और C के बीच संबंध नहीं बताया गया है, अत: इनके बीच कोई संबंध नहीं बताया जा सकता है।

10. E – G का अर्थ है 'E, G की बहन है' और G ÷ F का अर्थ है कि 'G, F का पिता है।'

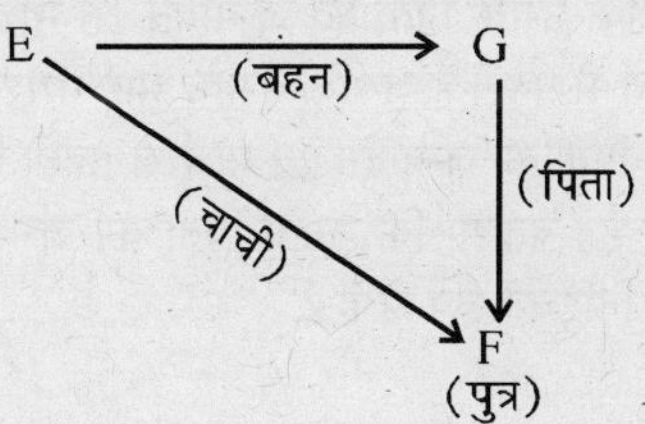

9

कैलेंडर, घड़ी, समय और दूरी
(Calendar, Clock, Time and Distance)

इस प्रकार की गणितीय तर्क बुद्धि परीक्षा घड़ी या कैलेंडर द्वारा समय के परिकलन तथा गतिमान वस्तु की चाल या उसके द्वारा तय की गई दूरी के परिकलन के संबंध में अभ्यर्थियों की योग्यता की जांच करने के लिए आयोजित की जाती है।

अभ्यास

1. यदि परसों बृहस्पतिवार था तो रविवार कब होगा?

(*a*) कल (*b*) परसों

(*c*) आज (*d*) आज से दो दिन बाद

2. किसी कार्यालय में बीस व्यक्ति कार्य करते हैं। इनमें से पांच व्यक्तियों का पहला समूह प्रात: 8:00 बजे से दोपहर बाद 2:00 बजे तक काम करता है। दस व्यक्तियों का दूसरा समूह प्रात: 10:00 बजे से शाम 4:00 बजे तक काम करता है तथा पांच व्यक्तियों का तीसरा समूह दोपहर 12:00 बजे से संध्या 6:00 बजे तक काम करता है। इस कार्यालय में तीन कंप्यूटर हैं जिन्हें सभी कर्मचारी बार-बार प्रयोग में लाते हैं। बताइए कि निम्नलिखित में से किस समय के दौरान कंप्यूटर पर सर्वाधिक काम होगा?

(*a*) दोपहर बाद 1:00 बजे से 3:00 बजे के बीच

(*b*) दोपहर 12:00 बजे से दोपहर बाद 2:00 बजे के बीच

(*c*) दोपहर बाद 2:00 बजे से शाम 4:00 बजे के बीच

(*d*) प्रात: 10:00 बजे से दोपहर 12:00 बजे के बीच

3. यदि किसी माह का सातवां दिन शुक्रवार से तीन दिन पहले का दिन हो तो उस माह का उन्नीसवां दिन सप्ताह का कौन-सा दिन होगा?

(*a*) रविवार (*b*) सोमवार

(*c*) बुधवार (*d*) शुक्रवार

4. राधा को याद है कि उसके पिता का जन्मदिन 16 मार्च के बाद किंतु 21 मार्च से पहले है जबकि उसके भाई मंगेश को याद है कि उनके पिता का जन्मदिन 22 मार्च से पहले किंतु 19 मार्च के बाद है। बताइए कि उनके पिता का जन्मदिन किस तारीख को निश्चित रूप से है?

(*a*) 19 मार्च (*b*) 20 मार्च

(*c*) 21 मार्च (*d*) कहा नहीं जा सकता

5. एक व्यक्ति आयु में अपनी पत्नी से 3 वर्ष बड़ा है और उसकी आयु उसके पुत्र की आयु के 4 गुने के बराबर है। यदि आज से 3 वर्ष बाद पुत्र की आयु 15 वर्ष हो तो उसकी मां की वर्तमान आयु क्या है?

(*a*) 60 वर्ष (*b*) 51 वर्ष

(*c*) 48 वर्ष (*d*) 45 वर्ष

6. एक घड़ी इस प्रकार रखी गई है कि दोपहर ठीक 12.00 बजे इसकी मिनट की सूई उत्तर-पूर्व दिशा को सूचित करती है। दोपहर बाद 1.30 बजे इस घड़ी की घंटे की सूई किस दिशा को सूचित करेगी?

(*a*) पूर्व (*b*) पश्चिम

(*c*) उत्तर (*d*) दक्षिण

7. दो भाइयों को एक ही दिन घर वापस लौटना था। रजत पूर्व निर्धारित दिन से 3 दिन पहले घर लौटा जबकि रोहित निर्धारित दिन से चार दिन बाद घर लौटा। यदि रजत बृहस्पतिवार को घर लौटा हो तो उनके घर लौटने का पूर्व-निर्धारित दिन क्या था तथा रोहित किस दिन घर लौटा?

(*a*) बुधवार, रविवार (*b*) बृहस्पतिवार, सोमवार

(*c*) रविवार, बृहस्पतिवार (*d*) सोमवार, शुक्रवार

निर्देश (प्र.सं. 8–10): *निम्नलिखित सूचना को ध्यानपूर्वक पढ़ें और नीचे पूछे गए प्रश्नों के उत्तर दें :*

(*i*) एक सिटी बस कंपनी M, N, O, P, Q, R और S सात बसें चलाती है जिनमें से प्रत्येक बस शहर के दर्शनीय स्थलों के टूर पर प्रतिदिन एक बार 4 घंटे के लिए रवाना होती है।

(ii) सोमवार से शुक्रवार तक पहली बस ठीक आठ बजे रवाना होती है जिसके बाद की बसें बारी-बारी से 45 मिनट, जिसके बाद 30 मिनट और फिर 45 मिनट, जिसके बाद 35 मिनट और फिर 45 मिनट और उसके बाद 40 मिनट के अंतराल पर रवाना होती हैं।

(iii) शनिवार और रविवार को पहली बस प्रात: 7:30 बजे रवाना होती है और उसके बाद की बसें बारी-बारी से एक-एक घंटे के अंतर पर रवाना होती हैं।

(iv) बस 'Q' बस 'M' के ठीक बाद रवाना होती है जिसके ठीक बाद बस 'S' रवाना होती है।

(v) बस 'O' अंतिम बस है जिसके बाद और कोई बस नहीं जाती।

(vi) बस 'R' बस 'M' से ठीक पहले रवाना होती है किंतु यह बस 'P' के ठीक बाद नहीं जाती।

8. शनिवार को बस 'M' कितने बजे रवाना होती है ?

(a) प्रात: 10 बजे *(b)* प्रात: 9:45 बजे
(c) प्रात: 10:30 बजे *(d)* सूचना अपर्याप्त है

9. रविवार को बस 'P' द्वारा अपना टूर पूरा कर लेने के बाद निम्नलिखित में से कौन-सी बस रवाना होती है ?

(a) Q *(b)* S
(c) O *(d)* सूचना अपर्याप्त है

10. यदि शनिवार-रविवार को बस 'M' के रवाना होने के बाद दूसरी बसों के रवाना होने के समय-अंतराल में 30 मिनट की वृद्धि कर दी जाए, तो बस 'O' का टूर कितने बजे पूरा होगा ?

(a) दोपहर बाद 3:00 बजे
(b) दोपहर बाद 2:00 बजे
(c) शाम 6:00 बजे
(d) शाम 7:00 बजे

उत्तरमाला

1	2	3	4	5	6	7	8	9	10
(a)	*(b)*	*(a)*	*(b)*	*(d)*	*(a)*	*(c)*	*(c)*	*(a)*	*(d)*

व्याख्यात्मक उत्तर

1. बृहस्पतिवार —बीता परसों
शुक्रवार —बीता कल
शनिवार —आज
रविवार — आने वाला कल

4. पिता का जन्मदिन

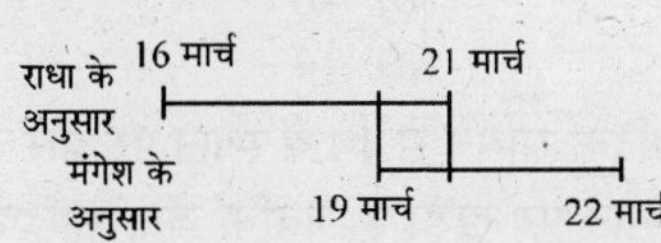

∴ अत: उनके पिता का जन्मदिन 20 मार्च को है।

6.

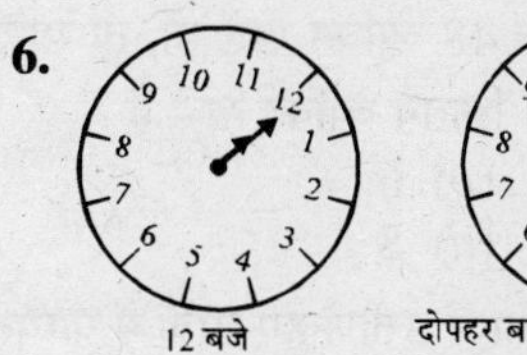
12 बजे

दोपहर बाद 1.30 बजे घंटे की सूई पूर्व दिशा की ओर सूचित करेगी

8-10.

बसों के रवाना होने का क्रम	सोमवार से शुक्रवार तक रवानगी का समय	शनिवार और रविवार को रवानगी का समय
P	प्रात: 8:00 बजे	प्रात: 7:30 बजे
N	प्रात: 8:45 बजे	प्रात: 8:30 बजे
R	प्रात: 9:15 बजे	प्रात: 9:30 बजे
M	प्रात: 10 बजे	प्रात: 10:30 बजे
Q	प्रात: 10:35	प्रात: 11:30 बजे
S	प्रात: 11:20 बजे	दोपहर बाद 12:30 बजे
O	दोपहर 12 बजे	दोपहर बाद 1:30 बजे

10. बस M प्रात: 10:30 बजे रवाना होती है। यदि 1 घंटे के समय अंतराल में 30 मिनट की वृद्धि कर दी जाए तो बस Q दोपहर 12:00 बजे रवाना होगी, बस S दोपहर बाद 1:30 बजे और बस O दोपहर बाद 3:00 बजे रवाना होगी। बस O अपना चार घंटे का टूर शाम 7:00 बजे पूरा करेगी।

10

श्रेणी एवं क्रम (Rows and Ranks)

इस प्रकार के प्रश्न किसी पंक्ति या लाइन में व्यवस्थित वस्तुओं की संख्या या कुछ छात्रों की एक कक्षा में किसी छात्र के क्रम-स्थान (कोटि) या कक्षा में छात्रों की कुल संख्या ज्ञात करने के लिए कतिपय सरल गणितीय परिकलनों पर आधारित होते हैं।

अभ्यास

1. पेड़ों की एक पंक्ति में कोई एक पेड़ पंक्ति के दोनों छोरों से पांचवें स्थान पर है। इस पंक्ति में कुल कितने पेड़ हैं?

(*a*) 11 (*b*) 8
(*c*) 10 (*d*) 9

2. 53 छात्रों की एक कक्षा में जया का योग्यता-क्रम में 5 वां स्थान है। कक्षा में योग्यता-क्रम में नीचे से उसका क्रम-स्थान क्या है?

(*a*) 49 वां (*b*) 48 वां
(*c*) 47 वां (*d*) 50 वां

3. पैंसठ छात्रों की एक कक्षा में योग्यता-क्रम में मोहन का क्रम स्थान इक्कीसवां है। यदि योग्यता-क्रम में सबसे नीचे के छात्र का क्रम-स्थान 1 माना जाए तो योग्यता-क्रम में नीचे से मोहन का क्रम-स्थान क्या होगा?

(*a*) 44 वां (*b*) 45 वां
(*c*) 46 वां (*d*) दी गई सूचना अपर्याप्त है

4. लड़कों की एक पंक्ति में राहुल दाहिने से 12 वें स्थान पर और बाएं से चौथे स्थान पर खड़ा है। इस पंक्ति में और कितने लड़कों को शामिल करने पर पंक्ति में लड़कों की कुल संख्या 28 हो जाएगी?

(*a*) 12 (*b*) 14
(*c*) 20 (*d*) 13

5. लड़कों की एक पंक्ति में राजन दाहिने से दसवें स्थान पर है और सूरज बाएं से दसवें स्थान पर है। यदि राजन और सूरज आपस में अपना स्थान बदल लें तो सूरज बाएं से सताइसवें स्थान पर आ जाएगा। राजन अब पंक्ति में दाहिने से कितने स्थान पर खड़ा है?

(*a*) दसवें (*b*) छब्बीसवें
(*c*) उन्तीसवें (*d*) सताइसवें

6. 41 छात्रों की एक कक्षा में महेश और सुरेश योग्यता-क्रम में ऊपर से क्रमश: 11 वें और 12 वें स्थान पर हैं। योग्यता-क्रम में नीचे से इनका क्रम-स्थान क्या है?

(*a*) 32 वां और 33 वां (*b*) 29 वां और 30 वां
(*c*) 30 वां और 31 वां (*d*) 31 वां और 30 वां

7. किसी कक्षा में उमा योग्यता-क्रम में ऊपर से 8 वें और नीचे से 37 वें स्थान पर है। इस कक्षा में कुल कितने छात्र हैं?

(*a*) 47 (*b*) 46
(*c*) 45 (*d*) 44

8. एक पंक्ति में सादिक सामने से 14 वें स्थान पर और जोसफ अंत से 17 वें स्थान पर खड़ा है जबकि जेन, सादिक और जोसफ के बीच खड़ा है। यदि सादिक, जोसफ से आगे खड़ा है और पंक्ति में कुल 48 व्यक्ति खड़ें हो, तो सादिक और जेन के बीच पंक्ति में कितने व्यक्ति खड़े हैं?

(*a*) 5 (*b*) 6
(*c*) 7 (*d*) 8

9. किसी कक्षा में वार्षिक परीक्षा में उत्तीर्ण हुए छात्रों में योग्यता-क्रम में रोहन नीचे से सताइसवें स्थान पर और ऊपर से ग्यारहवें स्थान पर आया। यदि वार्षिक परीक्षा में इस कक्षा के 12 छात्र अनुत्तीर्ण घोषित किए गए हों तो परीक्षा में इस कक्षा के कितने छात्र शामिल हुए थे?

(*a*) 48 (*b*) 49
(*c*) 50 (*d*) कहा नहीं जा सकता

10. कुछ लड़के एक पंक्ति में बैठे हैं। P पंक्ति में बाएं से चौदहवें स्थान पर और Q दाहिने से सातवें स्थान पर बैठा है। यदि P और Q के बीच चार लड़के बैठे हों, तो इस पंक्ति में कुल कितने लड़के हैं ?
(*a*) 19 (*b*) 21
(*c*) 25 (*d*) 23

निर्देश (प्र.सं. 11 से 15): *प्रत्येक दिए गए विकल्पों से उस एक शब्द का चयन करें जिसे प्रश्न में दिए गए शब्द के अक्षरों का प्रयोग करके लिखा नहीं जा सकता।*

11. ROTATION
(*a*) TORN (*b*) NOTE
(*c*) TART (*d*) RAIN

12. INSUFFICIENT
(*a*) ENTICE (*b*) SCENT
(*c*) SUFFICE (*d*) THENCE

13. CATASTROPHE
(*a*) TASTE (*b*) CHEAP
(*c*) POUCH (*d*) STARE

14. MASTERPIECE
(*a*) MINCE (*b*) TRAMP
(*c*) PESTER (*d*) SPRITE

15. PROGNOSTICATION
(*a*) RONTGEN (*b*) SPITOON
(*c*) ROGATION (*d*) START

निर्देश (प्र.सं. 16 से 20): *यहाँ प्रत्येक प्रश्न में दिए गए विकल्पों से उस एक शब्द का चयन करें जिसे प्रश्न के आरंभ में दिए गए शब्द के अक्षरों का प्रयोग करके लिखा जा सकता है।*

16. INVESTIGATE
(*a*) INVERT (*b*) GLIDE
(*c*) STING (*d*) ACTED

17. ADVENTURE
(*a*) AWARE (*b*) EVENT
(*c*) TRUCE (*d*) DRIED

18. THANKSGIVING
(*a*) AVENGE (*b*) HAUNTS
(*c*) GRAINS (*d*) SAVING

19. BLANDISHMENT
(*a*) BOARD (*b*) METAL
(*c*) SHAPE (*d*) CRASH

20. UNDISCHARGED
(*a*) CHANGED (*b*) DISARMED
(*c*) GROUNDED (*d*) SHARPEN

उत्तरमाला

1	2	3	4	5	6	7	8	9	10
(*d*)	(*a*)	(*b*)	(*d*)	(*d*)	(*d*)	(*d*)	(*d*)	(*b*)	(*c*)
11	**12**	**13**	**14**	**15**	**16**	**17**	**18**	**19**	**20**
(*b*)	(*d*)	(*c*)	(*a*)	(*a*)	(*c*)	(*b*)	(*d*)	(*b*)	(*a*)

व्याख्यात्मक उत्तर

1. पेड़
5वां

पंक्ति में पेड़ों की कुल संख्या
$= (5 + 5) - 1 = 9$

2.
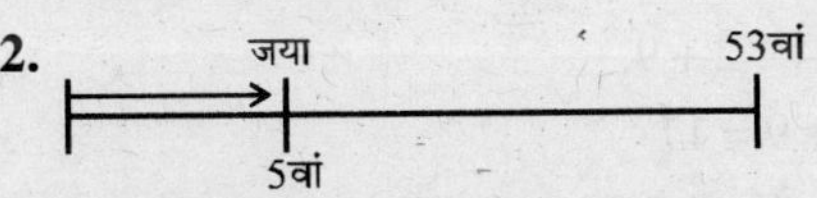

योग्यता-क्रम में नीचे से जया का स्थान
$= (53 - 5) + 1 = 49$ वां

7. उमा
8वां 37वां

कक्षा में छात्रों की कुल संख्या
$= (8 + 37) - 1 = 44$

10.
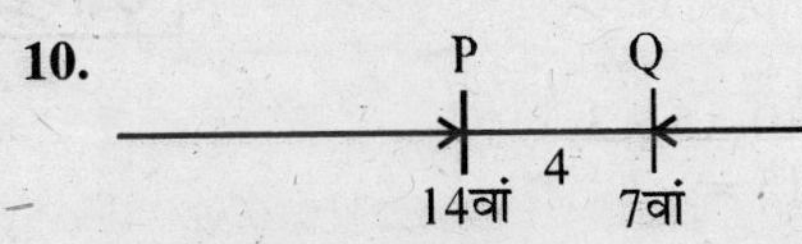

पंक्ति में लड़कों की संख्या
$= (14 + 4 + 7) = 25$

11

प्रतीक (चिह्न) प्रतिस्थापन
(Symbol Substitution)

इस प्रकार के प्रश्नों को हल करना अत्यधिक सरल है। ऐसे प्रश्नों को हल करने की एकमात्र अपेक्षा यह है कि उम्मीदवार दिए गए प्रतीकों या चिह्नों को प्रतिस्थापित करने और परिकलन की विद्या में पारंगत हों और अत्यधिक त्वरित गति से दिए गए प्रश्नों का हल ज्ञात कर सके। इस श्रेणी में पूछे गए कुछ सामान्य प्रकार के प्रश्न नीचे हल किए गए हैं।

अभ्यास

1. यदि "+" का अर्थ "–" हो; "–" का अर्थ "×" हो; "×" का अर्थ "÷" हो और "÷" का अर्थ "+" हो, तो

$15 \times 5 \div 10 + 5 - 3 = ?$

(*a*) 9.5 (*b*) 0
(*c*) – 2 (*d*) 24

2. यदि "+" का अर्थ "–" हो; "–" का अर्थ "×" हो; "×" का अर्थ "÷" हो; और "÷" का अर्थ "+" हो, तो

$15 \times 3 \div 15 + 5 - 2 = ?$

(*a*) 0 (*b*) 10
(*c*) 20 (*d*) 6

3. यदि "+" का अर्थ "÷" हो; "×" का अर्थ "–" हो; "÷" का अर्थ "+" हो और "–" का अर्थ "×" हो, तो

$16 \div 8 \times 6 - 2 + 12 = ?$

(*a*) 22 (*b*) 24
(*c*) 23 (*d*) 20

4. यदि "+" का अर्थ "×" हो; "–" का अर्थ "÷" हो; "×" का अर्थ "–" हो और "÷" का अर्थ "+" हो, तो

$5 + 8 - 4 \times 2 \div 9 = ?$

(*a*) 15 (*b*) 13
(*c*) 17 (*d*) 11

5. यदि × का आशय जोड़ की संक्रिया से हो, ÷ का आशय घटाव की संक्रिया से हो, + का आशय गुणा की संक्रिया से हो और – का आशय भाग की संक्रिया से हो तो $(20 \times 6 \div 6 \times 4)$ निम्नलिखित में से किसके बराबर है ?

(*a*) 5 (*b*) 24
(*c*) 25 (*d*) 80

उत्तरमाला

1	2	3	4	5
(*c*)	(*b*)	(*c*)	(*c*)	(*b*)

व्याख्यात्मक उत्तर

1. $15 \div 5 + 10 - 5 \times 3$
$3 + 10 - 15 = -2$

3. $16 + 8 - 6 \times 2 \div 12$
$16 + 8 - 1 = 23$

4. $5 \times 8 \div 4 - 2 + 9$,
$10 - 2 + 9 = 17$

5. $20 + 6 - 6 + 4 = 24$

12

कृत्रिम मान और लुप्त संख्याएँ
(Artificial Values and Missing Numbers)

इस प्रकार के प्रश्नों को हल करने के लिए संख्या संबंधी प्रश्नों को हल करने में निपुणता और गणितीय कौशल का होना अपेक्षित है। उत्तर प्राप्त करने के लिए अभ्यर्थियों के लिए यह अपेक्षित है कि वे अंकगणितीय चिह्नों या प्रतीकों के सही संयोजन का चयन करें जिसे दिए गए प्रश्नों में प्रश्न चिह्न के स्थान पर प्रतिस्थापित किया जा सके।

अभ्यास

निर्देश : *नीचे दिए गए प्रत्येक प्रश्न में बताएँ कि प्रश्न चिह्न (?) के स्थान पर कौन-सी संख्या रखी जा सकती है?*

1. 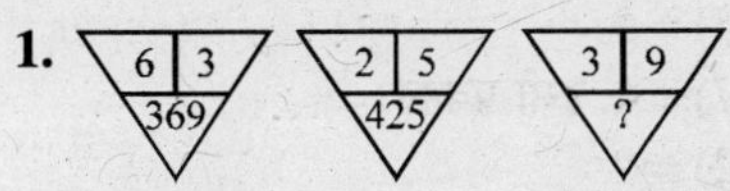

(*a*) 693 (*b*) 939
(*c*) 981 (*d*) 993

2. 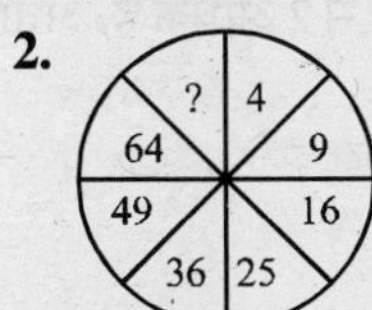

(*a*) 68 (*b*) 100
(*c*) 72 (*d*) 81

3. 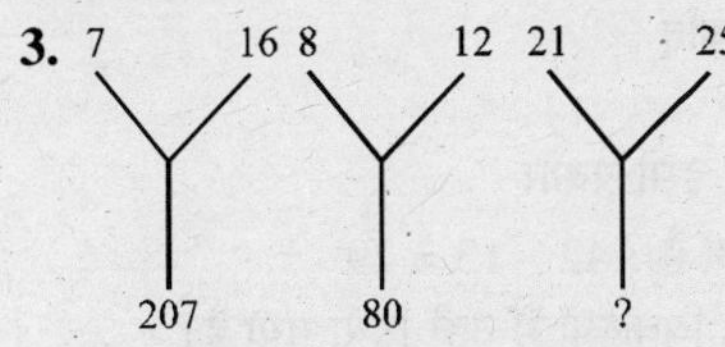

(*a*) 425 (*b*) 184
(*c*) 241 (*d*) 210

4. 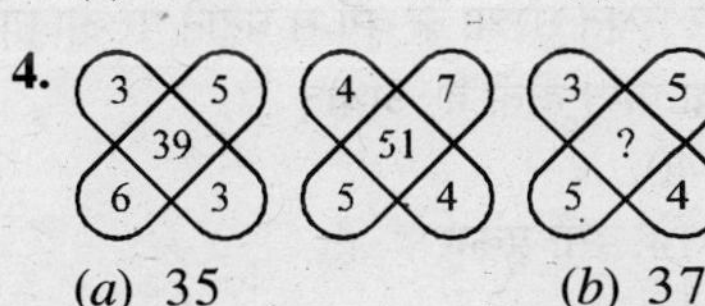

(*a*) 35 (*b*) 37
(*c*) 45 (*d*) 48

5. 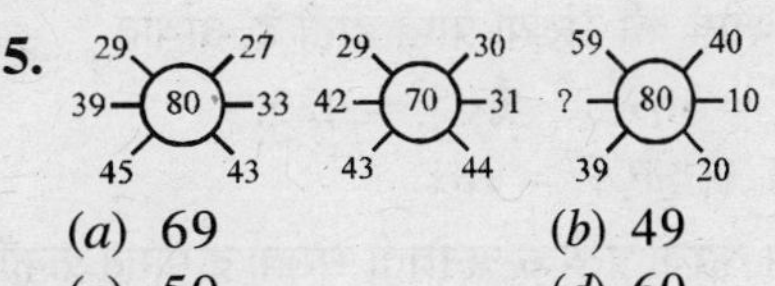

(*a*) 69 (*b*) 49
(*c*) 50 (*d*) 60

6. 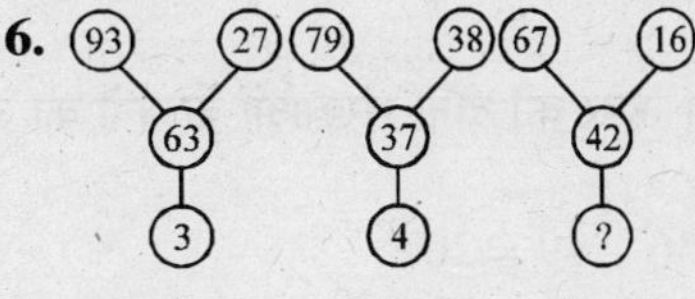

(*a*) 5 (*b*) 6
(*c*) 8 (*d*) 9

7. 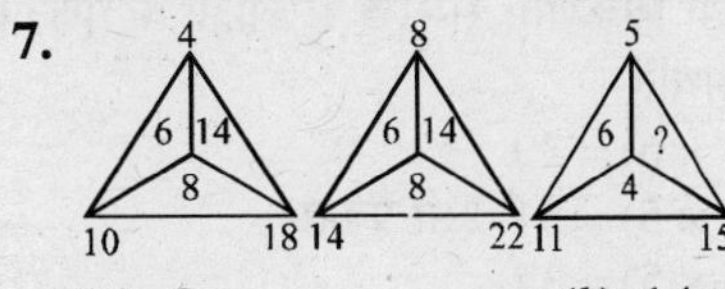

(*a*) 8 (*b*) 14
(*c*) 10 (*d*) 6

8.

7
286 16
142 34
?

(*a*) 70 (*b*) 68
(*c*) 56 (*d*) 92

9.

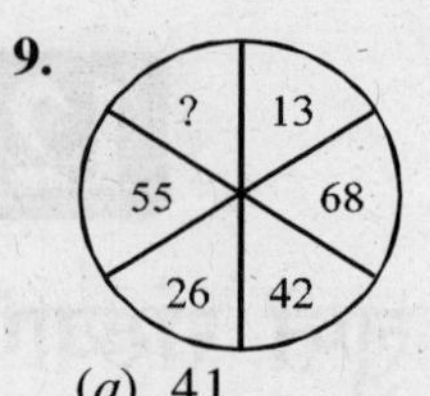

(*a*) 41 (*b*) 37
(*c*) 29 (*d*) 25

10.

7 / 2 7 / 40 5 / 8 3 / 14 9 / 7 6 / ?

(*a*) 72 (*b*) 68
(*c*) 82 (*d*) 96

उत्तरमाला

1	2	3	4	5	6	7	8	9	10
(*c*)	(*d*)	(*b*)	(*b*)	(*a*)	(*d*)	(*c*)	(*a*)	(*c*)	(*b*)

व्याख्यात्मक उत्तर

1. उलटे बने त्रिभुज के ऊपरी भाग के दोनों खानों में दी गई संख्याओं के वर्ग को एक दूसरे की बगल में रखने पर त्रिभुज के निचले शीर्ष की संख्या प्राप्त होती है, अर्थात्
6^2 और $3^2 = 369$, 2^2 और $5^2 = 425$,
इसी प्रकार 3^2 और $9^2 = 981$.

2. 4 से आरंभ करके प्रत्येक अनुवर्ती संख्या क्रमागत प्राकृतिक संख्या का वर्ग है। अर्थात् $2^2 = 4, 3^2 = 9, 4^2 = 16, \ldots 9^2 = 81$

3. नीचे की संख्या ऊपर की दोनों संख्याओं के वर्गों का अंतर है, अर्थात्
$16^2 - 7^2 = 256 - 49 = 207$
$12^2 - 8^2 = 144 - 64 = 80$, इसी प्रकार
$25^2 - 21^2 = 625 - 441 = 184$

4. बीच की संख्या विकर्णत: सम्मुख संख्याओं के गुणनफलों का योग है, अर्थात्
$(3 \times 3) + (5 \times 6) = 39$
$(4 \times 4) + (7 \times 5) = 51$, इसी प्रकार
$(3 \times 4) + (5 \times 5) = 37$

5. किसी भी एक आकृति में सरेखीय तीनों संख्याओं का योगफल समान है, अर्थात्
$29 + 80 + 43$ या $39 + 80 + 33$
या $45 + 80 + 27 = 152$
$29 + 70 + 44$ या $42 + 70 + 31$
या $43 + 70 + 30 = 143$, इसी प्रकार
$59 + 80 + 20$ या $39 + 80 + 40 = 159$.
अत: लुप्त संख्या है :
$159 - (80 + 10) = 69$

6. प्रत्येक आकृति में दाहिने और बीच के घेरों की संख्याओं के योगफल को बायीं ओर के घेरे की संख्या से घटाने पर आकृति में सबसे नीचे के घेरे की संख्या प्राप्त होती है, अर्थात्
$93 - (27 + 63) = 3$
$79 - (38 + 37) = 4$, इसी प्रकार
$67 - (16 + 42) = 9$

8. दी गई आकृति में 7 की संख्या से आरंभ करके दक्षिणावर्त अगली संख्या पहली संख्या के दोगुने से 2 अधिक है, अर्थात्
$(7 \times 2) + 2 = 16$
$(16 \times 2) + 2 = 34 \ldots$, इसी प्रकार
$(34 \times 2) + 2 = 70$
$(70 \times 2) + 2 = 142$
$(142 \times 2) + 2 = 286$

9. दी गई आकृति में सम्मुख त्रिज्यखंडों में दी गई संख्याओं का अंतर 13 है, अर्थात्
$26 - 13 = 13$
$68 - 55 = 13$, इसी प्रकार
अत: लुप्त संख्या है : $42 - 13 = 29$
($42 + 13 = 55$ विकल्पों में नहीं दिया गया है)

10. प्रत्येक आकृति में मध्यस्थ ग्रिड रेखा में दी गई संख्याओं के योगफल को ऊपर स्थित संख्या के वर्ग से घटाने पर आकृति में नीचे की संख्या प्राप्त होती है, अर्थात्
$7^2 - (2 + 7) = 40$
$5^2 - (8 + 3) = 14$, इसी प्रकार
$9^2 - (7 + 6) = 68$

13

अंग्रेजी वर्णक्रम पर आधारित प्रश्न
(Problems Based on English Alphabet)

अंग्रेजी वर्णमाला पर आधारित प्रश्नों को हल करना अत्यधिक सरल है। इस प्रकार के प्रश्न वर्णमाला के सीधे क्रम में और साथ ही उलटे क्रम में भी दी गई शृंखलाओं पर आधारित होते हैं। शृंखला Z पर पहुँचने के बाद A से पुन: आरंभ होती है और उलटे क्रम में A पर पहुँचने के बाद Z से पुन: आरंभ होती है। इस शृंखला में A E I O U स्वर और शेष अक्षर व्यंजन कहलाते हैं।

अभ्यास

निर्देश: *निम्नलिखित प्रश्न वर्णमाला के सीधे या उलटे क्रम में लिखी गई शृंखला पर तथा दिए गए शब्द में अक्षरों के स्थान परिवर्तन पर आधारित हैं।*

1. वर्णमाला के सीधे क्रम में लिखी गई शृंखला में बाएँ छोर से छठे अक्षर के ठीक पहले कौन-सा अक्षर होता है?
(*a*) U (*b*) E
(*c*) F (*d*) V

2. यदि अंग्रेजी वर्णमाला में प्रथम अर्द्धांश के अक्षरों को उलटे क्रम में लिखा जाए तो दायीं ओर से नौंवें अक्षर की बायीं ओर का नौंवाँ अक्षर कौन-सा होगा?
(*a*) I (*b*) D
(*c*) F (*d*) E

3. यदि अंग्रेजी वर्णमाला को उलटे क्रम में लिखा जाए, तो दायीं और से सातवें अक्षर की बायीं ओर का आठवाँ अक्षर कौन-सा होगा?
(*a*) O (*b*) P
(*c*) N (*d*) Q

4. यदि अंग्रेजी वर्णमाला को उलटे क्रम में लिखा जाए तो P के दाएँ से छठा अक्षर कौन-सा होगा?
(*a*) J (*b*) W
(*c*) K (*d*) V

5. यदि अंग्रेजी वर्णमाला को दो बराबर हिस्सों में बाँट दिया जाए जिनमें पहले अर्द्धांश में A से M तक के और दूसरे अर्द्धांश में N से Z तक के अक्षर निहित हों, तो बाद वाले अर्द्धांश का कौन-सा अक्षर पहले वाले अर्द्धांश के J अक्षर के संगत होगा?
(*a*) W (*b*) Q
(*c*) V (*d*) R

उत्तरमाला

1	2	3	4	5
(*b*)	(*d*)	(*a*)	(*a*)	(*a*)

व्याख्यात्मक उत्तर

1. A ... E F ... Z (छठा)

बाएँ से छठा अक्षर 'F' है और 'F' से ठीक पहले का अक्षर 'E' है।

2. MLKJIGHFEDCBANOPQRSTUVWXYZ (नौंवाँ ... नौंवाँ)

5. A B C D E F G H I J K L M
N O P Q R S T U V W X Y Z

14

वेन आरेख विश्लेषण
(Venn Diagram Analysis)

आरेख विश्लेषण

इस प्रकार के परीक्षण में आरेखों द्वारा निरूपित दो या दो से अधिक वस्तुओं या तथ्यों या मदों के बीच संबंध स्थापित करना होता है। आरेखों द्वारा निरूपित मदें कोई पृथक वस्तु या प्राणी या व्यक्तियों का कोई विशिष्ट दल/वर्ग आदि हो सकती हैं।

अभ्यास

1. निम्नलिखित आरेख में कौन-सी संख्या केवल दो ज्यामितीय आकृतियों में उभयनिष्ठ है?

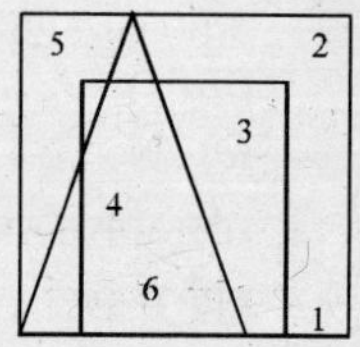

(*a*) 4 (*b*) 3
(*c*) 5 (*d*) 2

निर्देश (प्रश्न 2 और 3) : *नीचे के आरेख में आयत हिंदी के उद्घोषकों को निरूपित करता है, वृत्त अंग्रेजी भाषा के उद्घोषकों को निरूपित करता है, वर्ग फ्रांसीसी भाषा के उद्घोषकों को निरूपित करता है और त्रिभुज जर्मन भाषा के उद्घोषकों को निरूपित करता है।*

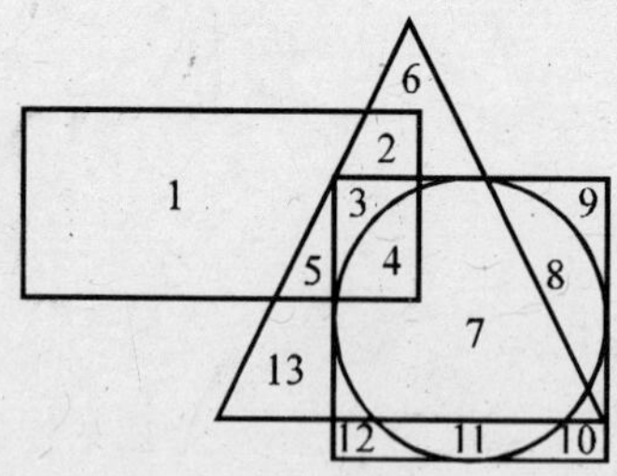

2. कौन-सा क्षेत्र उन उद्घोषकों को निरूपित करता है जो हिंदी, फ्रांसीसी और जर्मन भाषाओं में कार्यक्रम प्रस्तुत कर सकते हैं?

(*a*) 1 (*b*) 2
(*c*) 3 (*d*) 4

3 कौन-सा क्षेत्र उन उद्घोषकों को निरूपित करता है जो केवल फ्रांसीसी और अंग्रेजी भाषा में कार्यक्रम प्रस्तुत कर सकते हैं?

(*a*) 7 (*b*) 9
(*c*) 11 (*d*) 13

निर्देश (प्रश्न 4 और 5) : *नीचे दिए गए आरेख के आधार पर प्रश्न संख्या 4 और 5 के उत्तर दें :*

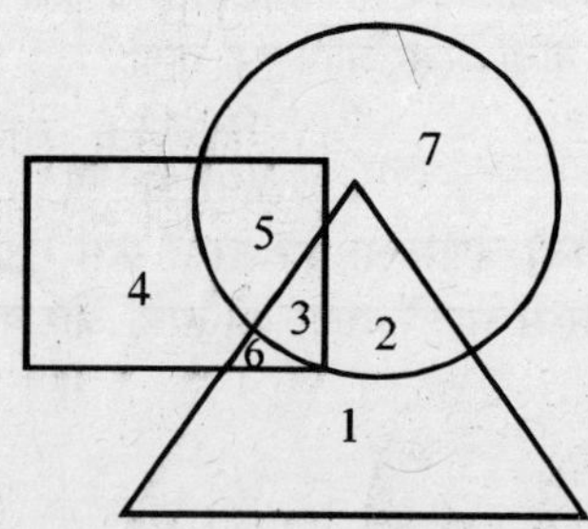

4. कौन-सी संख्या सभी ज्यामितीय आकृतियों में अंतर्निहित है?

(*a*) 5 (*b*) 6
(*c*) 2 (*d*) 3

5. संख्या 6 निम्नलिखित में से किसमें अंतर्निहित है?

(*a*) आयत और त्रिभुज (*b*) वृत्त और त्रिभुज
(*c*) आयत और वृत्त (*d*) केवल आयत

उत्तरमाला

1	2	3	4	5
(*b*)	(*c*)	(*c*)	(*d*)	(*a*)

व्याख्यात्मक उत्तर

प्रश्न 2 और 3 के लिए

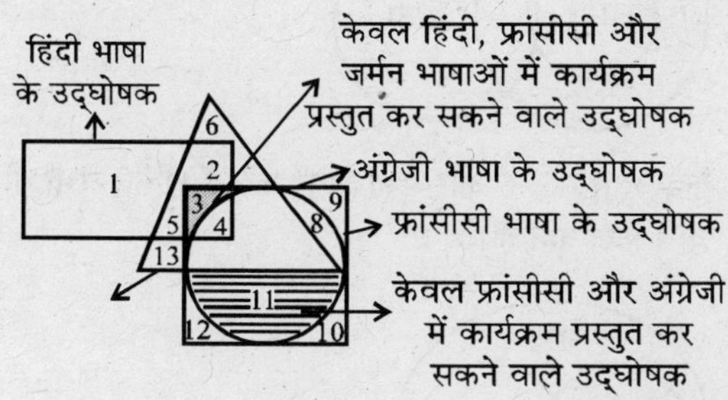

प्रश्न 4 और 5 के लिए

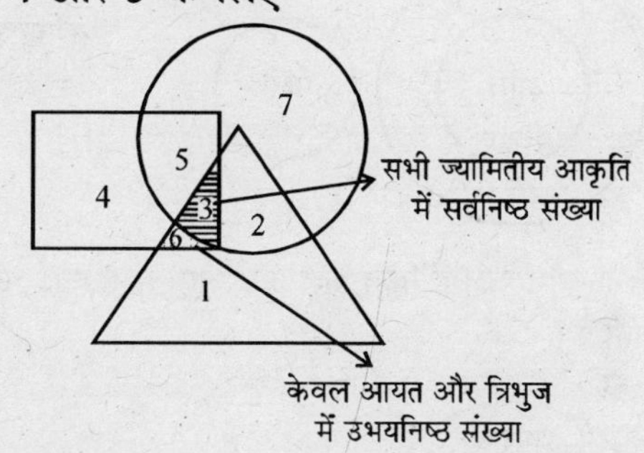

कथन एवं वेन आरेख

इस प्रकार के प्रश्नों में विकल्प के रूप में पाँच भिन्न-भिन्न आकृतियों का समुच्चय दिया जाता है। प्रत्येक आकृति संबंधित शब्दों के कुछ समूहों का एक तार्किक पैटर्न निरूपित करती है जिनमें प्रत्येक शब्द एक वर्ग को निरूपित करता है।

अभ्यास

निर्देश : *नीचे दिए गए पाँच तर्क आरेखों में से उस आरेख (आकृति) का चयन करें जो प्रश्न में दिए गए तीनों वर्गों के बीच संबंध को सर्वाधिक सुस्पष्ट रूप में प्रदर्शित करता है।*

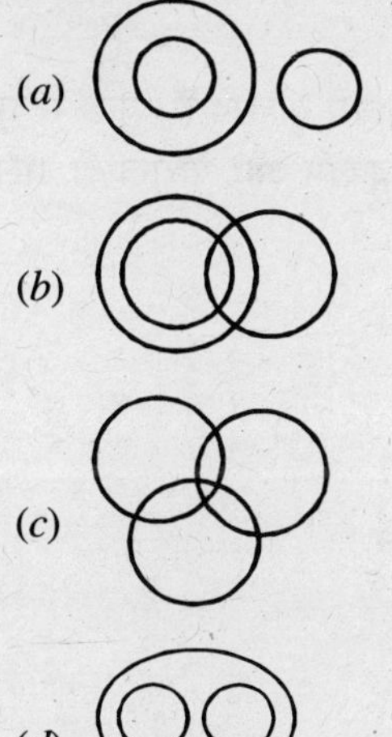

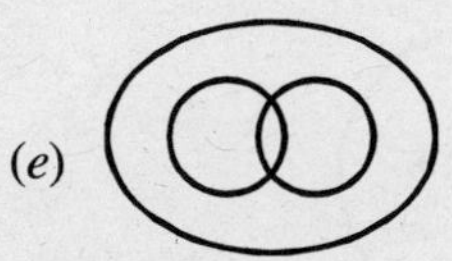

1. पक्षी, फल, आम

2. अपराधी, वकील, डकैत

3. तैराक, कुँआरा, पुरुष

4. स्मार्ट, इंजीनियर, महिला

5. सब्जियाँ, आलू, बैंगन

6. अंगूर, मीठा, फल

7. डॉक्टर, वास्तुकार, मनुष्य

8. विद्वान, व्यक्ति, भारतीय

9. बच्चे, शरारती, अध्ययनशील

10. कलम, पेंसिल, स्टेशनरी

उत्तरमाला

1	2	3	4	5	6	7	8	9	10
(*a*)	(*a*)	(*b*)	(*c*)	(*d*)	(*b*)	(*d*)	(*e*)	(*c*)	(*d*)

व्याख्यात्मक उत्तर

1.

फल
आम
पक्षी

सभी आम फल हैं किंतु फल और आम में से कोई भी पक्षी नहीं है।

2.

अपराधी
डकैत
वकील

सभी डकैत अपराधी हैं किंतु अपराधी और डकैत में से कोई भी वकील नहीं हो सकता।

3.

पुरुष
कुआँरा
तैराक

सभी कुँआरे पुरुष होते हैं तथा कुछ पुरुष और कुँआरे तैराक हो सकते हैं।

6.

फल
अंगूर
मीठा

कुछ अंगूर मीठे हैं और सभी अंगूर फल हैं। किंतु सभी मीठी चीजें फल नहीं हैं।

8.

व्यक्ति
विद्वान
भारतीय

कुछ भारतीय विद्वान हो सकते हैं और कुछ विद्वान भारतीय हो सकते हैं। विद्वान और भारतीय दोनों ही व्यक्ति की श्रेणी में आते हैं।

10.

स्टेशनरी
कलम
पेंसिल

कलम और पेंसिल दोनों स्टेशनरी की मदें हैं। कुछ स्टेशनरी कलम और पेंसिल हैं किंतु कलम और पेंसिल दो अलग–अलग वर्ग हैं।

अभाषिक (NON-VERBAL)

1

शृंखला (Series)

इस प्रकार की अभाषिक शृंखला (Non-Verbal Series) में, जो सर्वाधिक सामान्य प्रकार की शृंखला होती है, चार या पांच आनुक्रमिक प्रश्न आकृतियां एक निश्चित अनुक्रम निर्मित करते हैं और अभ्यर्थियों को दी गई उत्तर आकृतियों के सेट से उस एक आकृति का चयन करना होता है जिससे प्रश्न आकृतियों के समुच्चय की शृंखला सतत् हो जाए।

अभ्यास

निर्देश : *नीचे के प्रत्येक प्रश्न में आकृतियों के दो समुच्चय दिए गए हैं जिनमें से एक समुच्चय को* **प्रश्न आकृतियों** *का समुच्चय और दूसरे समुच्चय को* **उत्तर आकृतियों** *का समुच्चय कहा गया है। प्रश्न आकृतियों के समुच्चय से किसी न किसी प्रकार से एक शृंखला बनती है। उत्तर आकृतियों के समुच्चय से उस एक आकृति का चयन करें जिससे प्रश्न आकृतियों के समुच्चय की शृंखला संतत हो जाए।*

1. प्रश्न आकृतियां

उत्तर आकृतियां

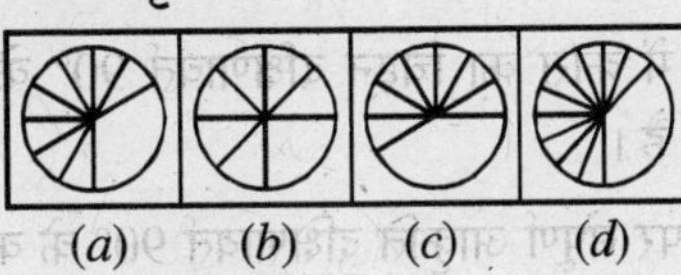

(a) (b) (c) (d)

2. प्रश्न आकृतियां

उत्तर आकृतियां

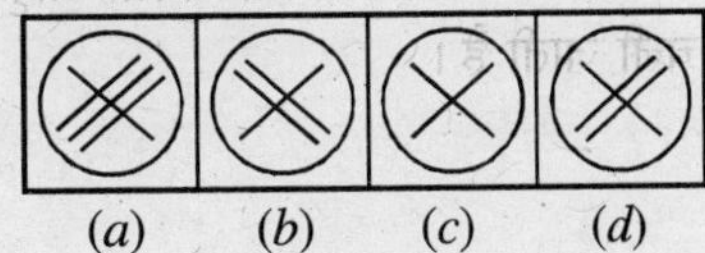

(a) (b) (c) (d)

3. प्रश्न आकृतियां

उत्तर आकृतियां

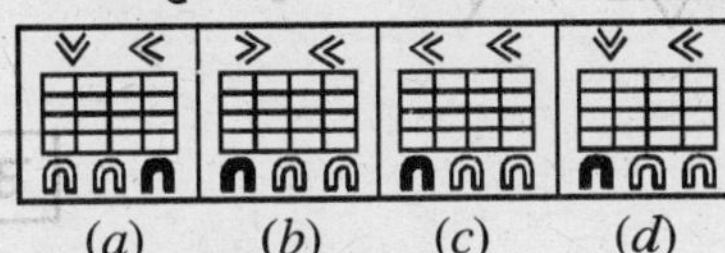

(a) (b) (c) (d)

4. प्रश्न आकृतियां

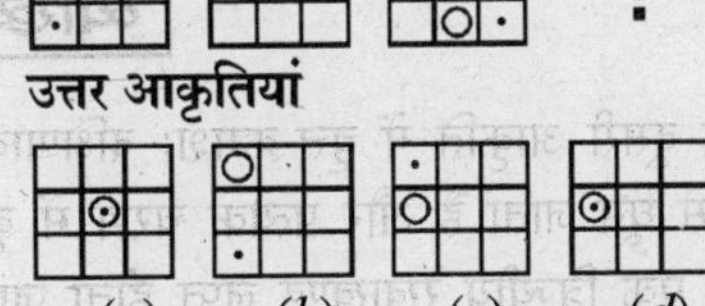

(a) (b) (c) (d)

5. प्रश्न आकृतियां

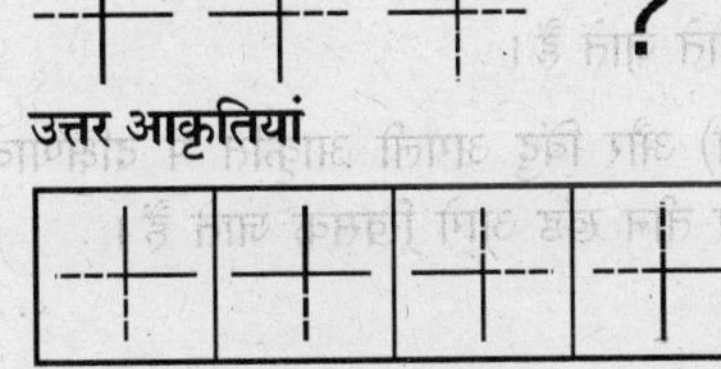

(a) (b) (c) (d)

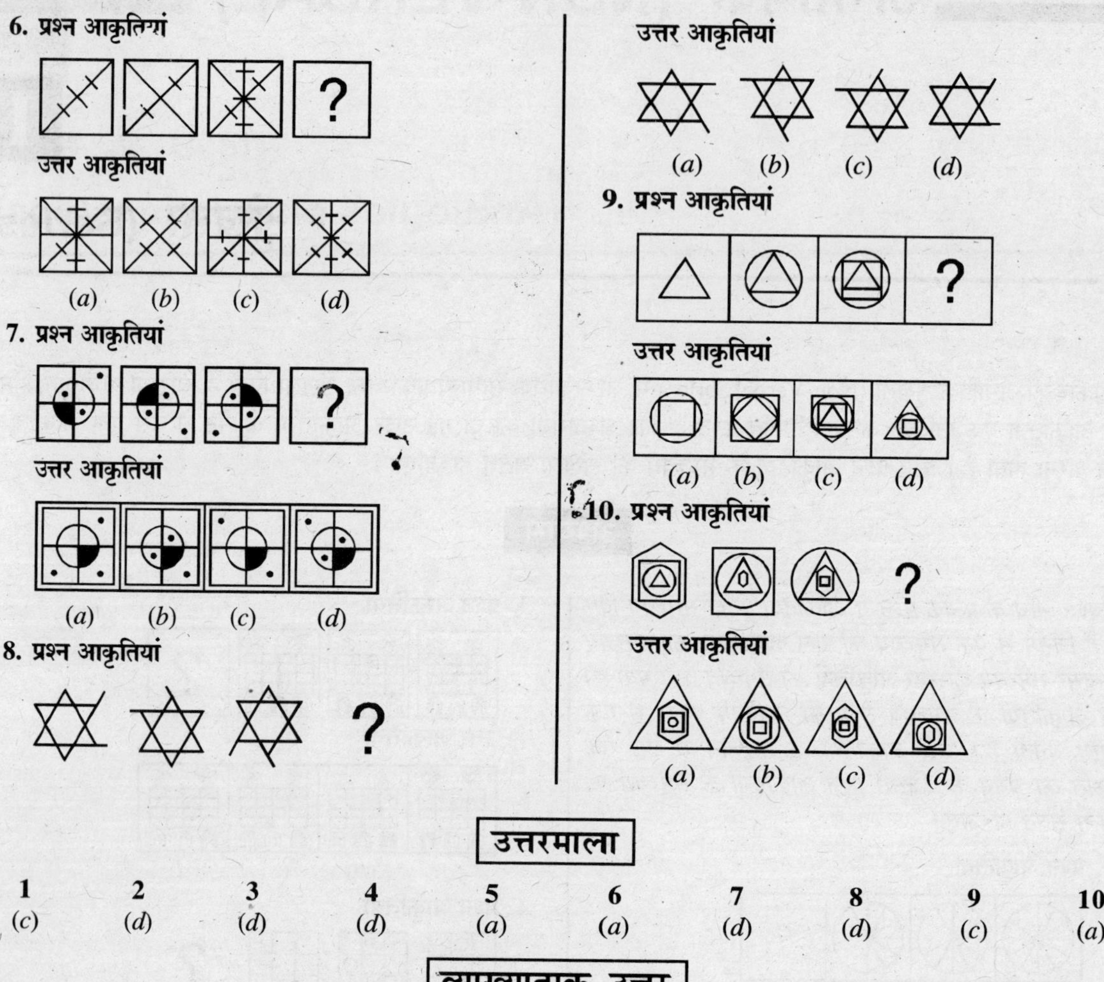

उत्तरमाला

1	2	3	4	5	6	7	8	9	10
(*c*)	(*d*)	(*d*)	(*d*)	(*a*)	(*a*)	(*d*)	(*d*)	(*c*)	(*a*)

व्याख्यात्मक उत्तर

1. एक आकृति से दूसरी आकृति में वृत्त क्रमशः दक्षिणावर्त 30° के कोण से घूम जाता है और प्रत्येक चरण में वृत्त के भीतर स्थित एक त्रिज्यीय रेखाखण्ड लुप्त होता जाता है।

2. तिरछे या विकर्णी रेखाखण्ड एक-एक करके एक निश्चित क्रम में लुप्त होते जाते हैं।

4. वृत्त (गोल घेरा) और बिंदु अगली आकृति में दक्षिणावर्त क्रमशः दो और तीन खंड आगे खिसक जाते हैं।

5. प्रत्येक चरण में क्रॉस का चिह्न दक्षिणावर्त 90° के कोण से घूम जाता है।

7. प्रत्येक चरण पर संपूर्ण आकृति दक्षिणावर्त 90° के कोण से घूम जाती है।

9. प्रत्येक चरण पर पूर्ववर्ती आकृति-समुच्चय में एक नई आकृति जुड़ती जाती है।

10. पहली आकृति में सबसे बाहरी संरचना अगली आकृति में सबसे भीतर चली जाती है।

2

सादृश्य या संबंध
(Analogies or Relationships)

अभाषिक सादृश्य के प्रश्नों में दो प्रकार की आकृतियां दी जाती हैं जो (i) प्रश्न आकृतियां और (ii) उत्तर आकृतियां कहलाती हैं। प्रश्न आकृतियां दो भागों में विभाजित होती हैं। प्रश्न आकृतियों के नीचे उत्तर आकृतियां दी जाती है।

अभ्यास

निर्देश : *प्रश्न आकृतियों में :: चिह्न के बाएं दी गई दो आकृतियों में से दूसरी आकृति का पहली आकृति के साथ एक विशेष संबंध है। :: चिह्न की दाईं ओर की दो आकृतियों के बीच भी ऐसा ही संबंध है। दिए गए विकल्पों से उस आकृति का चयन करें जिसे प्रश्न आकृतियों में प्रश्न चिह्न के स्थान पर रखा जा सकता है और जिसका :: चिह्न की दाईं ओर की पहली आकृति के साथ ठीक वैसा ही संबंध है जैसा कि :: चिह्न की बाईं ओर की दो आकृतियों के बीच है।*

1. प्रश्न आकृतियां

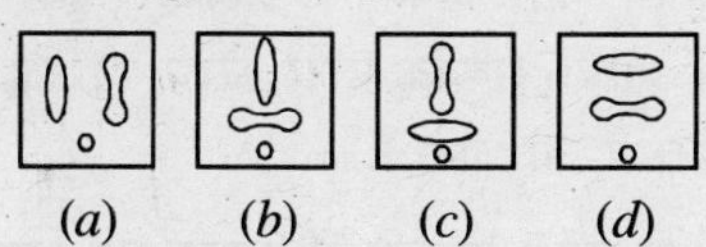

उत्तर आकृतियां

(a) (b) (c) (d)

2. प्रश्न आकृतियां

उत्तर आकृतियां

(a) (b) (c) (d)

3. प्रश्न आकृतियां

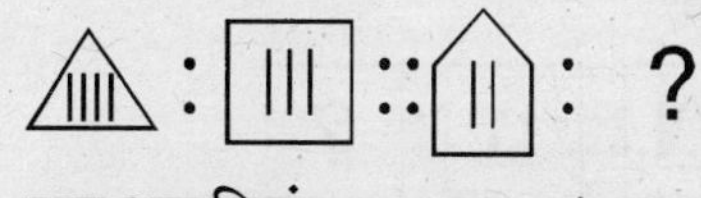

उत्तर आकृतियां

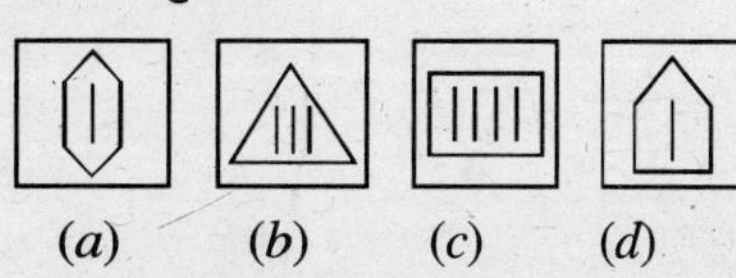

(a) (b) (c) (d)

4. प्रश्न आकृतियां

उत्तर आकृतियां

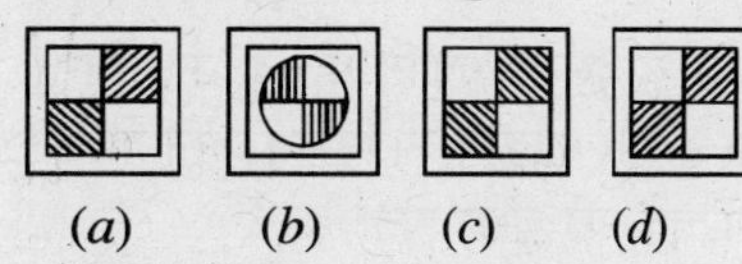

(a) (b) (c) (d)

5. प्रश्न आकृतियां

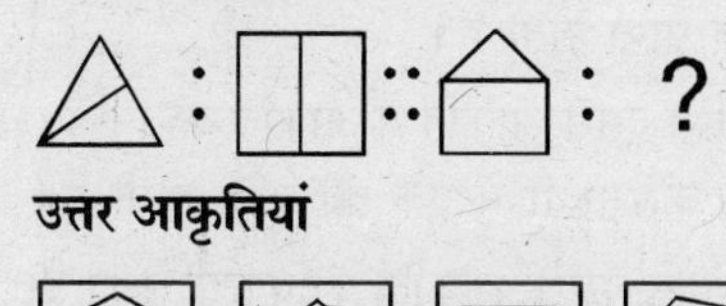

उत्तर आकृतियां

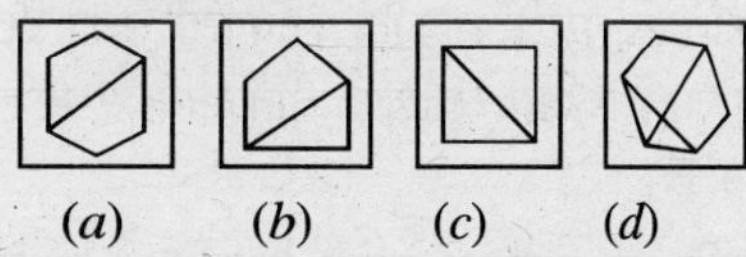

(a) (b) (c) (d)

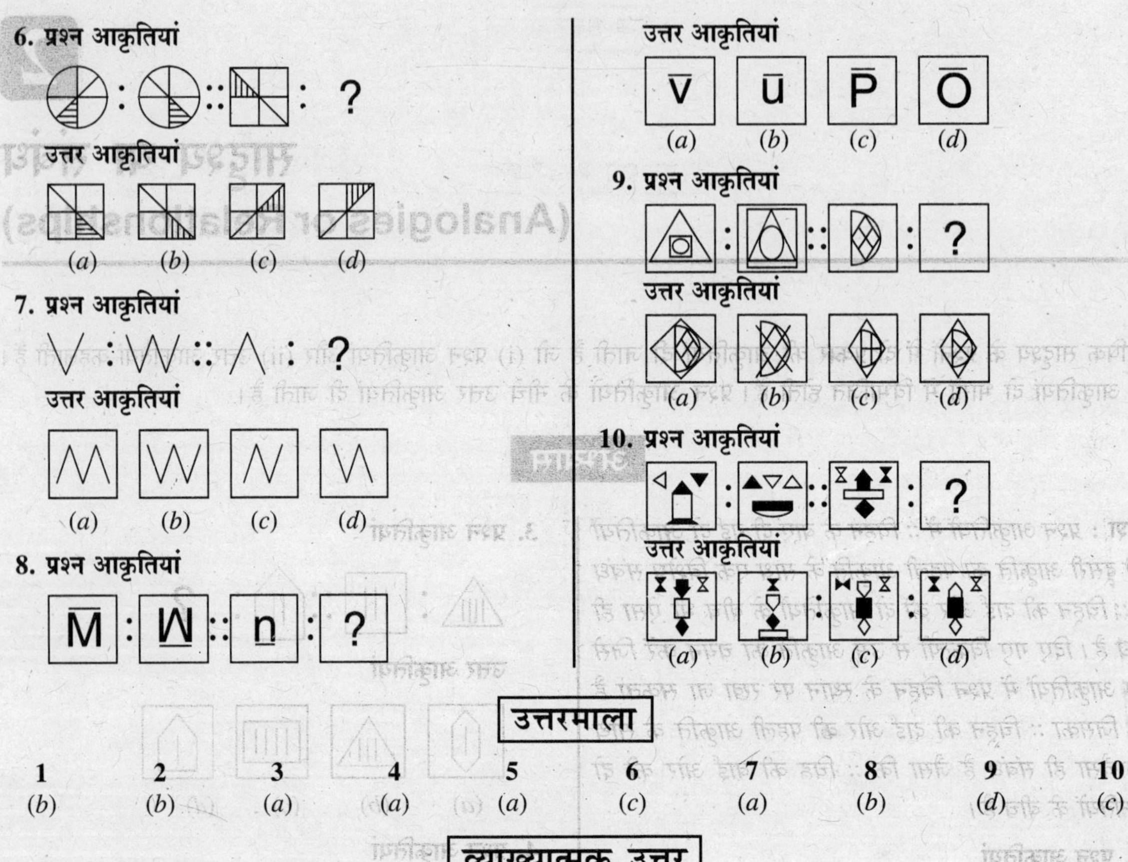

उत्तरमाला

1	2	3	4	5	6	7	8	9	10
(b)	(b)	(a)	(a)	(a)	(c)	(a)	(b)	(d)	(c)

व्याख्यात्मक उत्तर

2. दूसरी आकृति में ऊपर के दो अवयव अपना स्थान बदल कर एक दूसरे के स्थान पर आ जाते हैं और वृत्त के भीतर का छायांकित भाग छायारहित हो जाता है।

3. पहली आकृति से दूसरी आकृति में एक ऊर्ध्वाधरतः रेखा कम हो जाती है और आकृति को निर्मित करने वाली रेखाओं की संख्या में एक की वृद्धि होती है।

4. पहली आकृति को वामावर्त 90° के कोण से घुमाने पर दूसरी आकृति प्राप्त होती है।

5. पहली आकृति से दूसरी आकृति में आकृति को निर्मित करने वाली रेखाओं की संख्या में एक की वृद्धि होती है।

6. पहली आकृति से दूसरी आकृति में विकर्णी रेखा 90° के कोण से घूम जाती है और रेखाखण्ड क्षैतिजतया सम्मुख खण्ड में चले जाते हैं।

7. पहली आकृति का डिजाइन दूसरी आकृति में दोगुना हो जाता है।

8. पहली आकृति का डिज़ाइन दूसरी आकृति में ऊर्ध्वाधरतः उलट जाता है।

9. बीच के और सबसे भीतरी अवयव के आकार में वृद्धि होती है और सबसे बाहरी अवयव छोटा होकर दो बढ़े हुए अवयवों के बीच में आ जाता है।

10. पहली आकृति से दूसरी आकृति में ऊपरी बाईं ओर का अवयव 90° के कोण से घूम जाता है और ऊपरी दाईं ओर का अवयव ऊर्ध्वाधरतः उलट जाता है। ऊर्ध्वाधर डिजाइन का ऊपरी भाग ऊर्ध्वाधरतः उलट जाता है और अलग हो जाता है, बीच का हिस्सा छोटा/बड़ा हो जाता है और 90° के कोण से घूम जाता है तथा निचला हिस्सा ऊर्ध्वाधरतः उलट जाता है। उपर्युक्त सभी परिवर्तनों के अतिरिक्त एक आकृति से दूसरी आकृति में छायांकित भाग छाया रहित हो जाता है और छाया रहित भाग छायांकित हो जाता है।

3

विजातीय का चयन
(Odd-One Out)

अभाषिक वर्गीकरण संबंधी तर्कबुद्धि परीक्षण विषयक प्रश्नों में आकृतियों का एक समूह दिया जाता है तथा अभ्यर्थियों से यह अपेक्षा की जाती है कि वे दी गई आकृतियों को उनके विशिष्ट गुणों या विशेषताओं के आधार पर अलग-अलग समूहों या वर्गों में वर्गीकृत करें। आकृतियों या मदों को उनकी बनावट, आकार, प्रतिरूप, संरचना, प्रकार, क्रम, रूप-रंग, कोटि, शैली, संघटक अवयवों और अन्य प्रकार की विशेषताओं में समानता के आधार पर समूहों या वर्गों में वर्गीकृत करना होता है और तत्पश्चात् उस समूह से भिन्न अर्थात् विजातीय आकृति की पहचान करनी होती है।

अभ्यास

निर्देश: *नीचे के प्रत्येक प्रश्न में एक आकृति को छोड़कर अन्य सभी आकृतियाँ किसी-न-किसी रूप में आपस में संबंधित हैं और इस कारण वे एक समूह बनाती हैं। प्रत्येक प्रश्न में उस एक भिन्न आकृति का चयन करें जो अन्यों से संबंधित नहीं है अर्थात् जो भिन्न अथवा विजातीय है।*

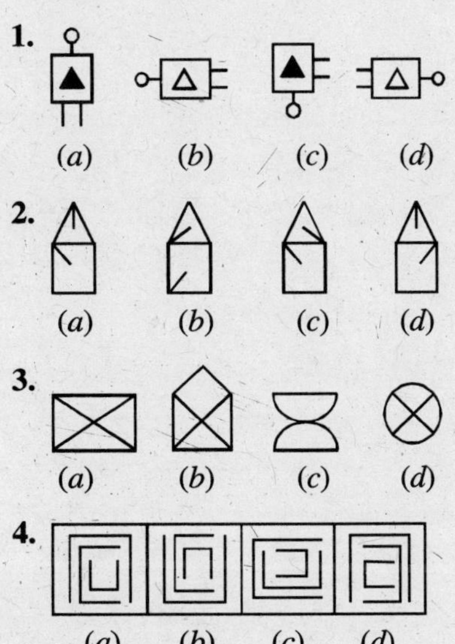

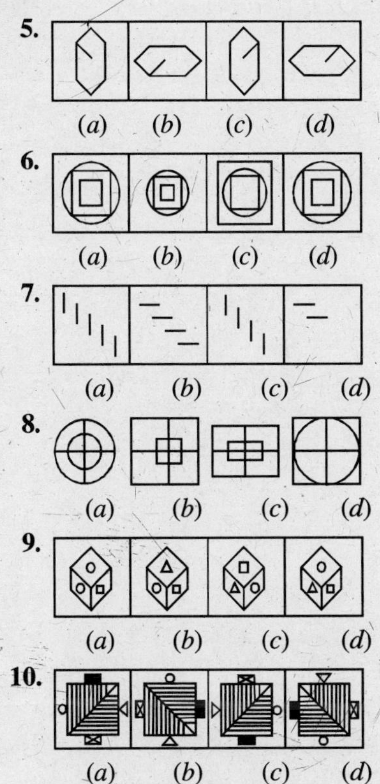

उत्तरमाला

1	2	3	4	5	6	7	8	9	10
(*c*)	(*c*)	(*c*)	(*d*)	(*c*)	(*c*)	(*a*)	(*d*)	(*a*)	(*c*)

व्याख्यात्मक उत्तर

1. अन्य सभी आकृतियों में वृत्त युक्त रेखा और दो रेखाखंड वर्ग की सम्मुख भुजाओं पर अवस्थित हैं।

3. शेष सभी आकृतियाँ चार भागों में विभक्त हैं।

6. शेष सभी आकृतियों में बीच का और मध्यस्थ अवयव एक से हैं।

7. केवल इसी आकृति में रेखाखंडों की संख्या विषम है।

8. केवल इसी आकृति में दो अलग-अलग आकृतियाँ हैं जो दो समान भागों में विभाजित हैं।

9. केवल इसी आकृति में दो सदृश अवयव (वृत्त) निहित हैं।

10. शेष सभी आकृतियों को घुमाकर एक-दूसरी आकृतियाँ प्राप्त की जा सकती हैं।

4

आरेखों पर आधारित प्रश्न
(Diagrammatic Puzzles)

इस प्रकार के प्रश्नों में किसी दी गई जटिल आकृति में निहित ज्यामितीय आकृतियों की संख्या ज्ञात करनी होती है। अभ्यर्थियों के लिए यह अनिवार्य है कि वे प्रश्न आकृति का अत्यंत सावधानीपूर्वक प्रेक्षण करें और तत्पश्चात् उसमें निहित ज्यामितीय आकृतियों को गिनें।

अभ्यास

1. नीचे दी गई आकृति में कुल कितने त्रिभुज हैं?

(*a*) 24 (*b*) 27
(*c*) 25 (*d*) 26

2. इस आकृति में कुल कितने त्रिभुज हैं?

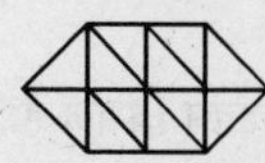

(*a*) 16 (*b*) 17
(*c*) 18 (*d*) 19

3. इस आकृति में कुल कितने वर्ग छिपे हैं?

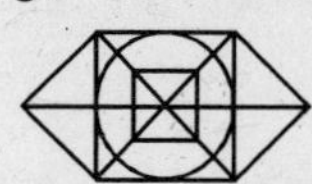

(*a*) 7 (*b*) 8
(*c*) 9 (*d*) 10

4. इस आकृति में निहित त्रिभुजों की संख्या कितनी है?

(*a*) 19 (*b*) 16
(*c*) 21 (*d*) 15

5. इस आकृति में वृत्तों की कुल कितनी संख्या है?

(*a*) 6 (*b*) 5
(*c*) 2 (*d*) 3

6. नीचे की आकृति में कुल कितने त्रिभुज निहित हैं?

(*a*) 7 (*b*) 8
(*c*) 9 (*d*) 10

7. नीचे की आकृति में कुल कितने वर्ग हैं?

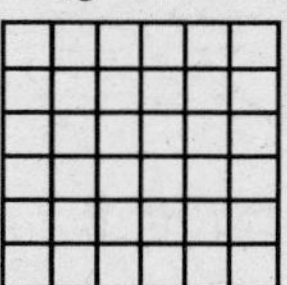

(*a*) 36 (*b*) 60
(*c*) 77 (*d*) 91

8. नीचे दी गई आकृति में अधिकतम कुल कितने वर्ग हैं?

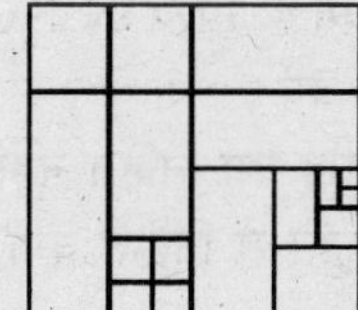

(*a*) 14 (*b*) 15
(*c*) 16 (*d*) 17

9. नीचे दी गई आकृति में कुल कितने वृत निहित हैं?

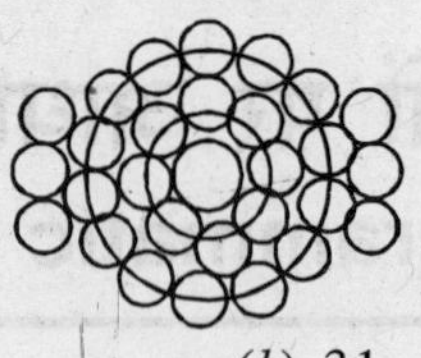

(*a*) 29 (*b*) 31
(*c*) 30 (*d*) 28

10. नीचे दी गई आकृति में कुल कितने त्रिभुज निहित हैं?

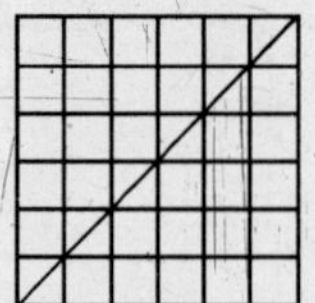

(*a*) 42
(*b*) 41
(*c*) 40
(*d*) 39

उत्तरमाला

1	2	3	4	5	6	7	8	9	10
(*b*)	(*a*)	(*d*)	(*b*)	(*a*)	(*b*)	(*d*)	(*a*)	(*b*)	(*a*)

व्याख्यात्मक उत्तर

2.

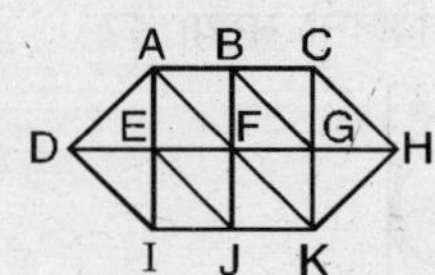

आकृति में सर्वाधिक सरलतापूर्वक दृष्टिगोचर होनेवाले त्रिभुज हैं: ADE, DEI, AEF, ABF, EIJ, EFJ, BFG, BCG, FJK, FGK, CGH और GHK, अर्थात् 12 त्रिभुज।
समद्विभाजित त्रिभुज हैं: ADI और CHK अर्थात् 2 त्रिभुज।
AIK और ACK अन्य त्रिभुज हैं, अर्थात 2 त्रिभुज।
अतः आकृति में निहित त्रिभुजों की कुल संख्या
= 12 + 2 + 2 = 16

3.

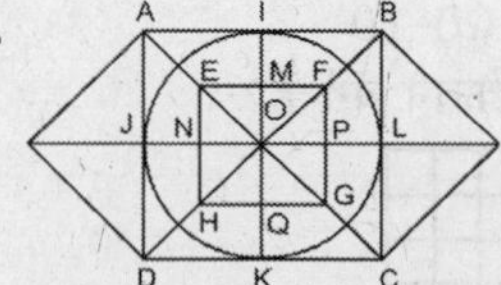

आकृति में निहित मुख्य वर्ग हैं : ABCD और EFGH, अर्थात् 2 वर्ग।
सरलतम बाह्य वर्ग हैं। AIOJ, IBLO, JOKD, और OLCK, अर्थात् 4 वर्ग।
सरलतम आंतरिक वर्ग हैं: EMON, NOQH, MFPO और OPGQ, अर्थात् 4 वर्ग।
आकृति में अन्य कोई वर्ग निहित नहीं हैं।
अतः उपर्युक्त आकृति में निहित वर्गों की कुल संख्या
= 2 + 4 + 4 = 10

5.

आकृति में दो मुख्य वृत्त हैं और चार छोटे वृत्त हैं और ये सभी एक-दूसरे को प्रतिच्छेदित कर रहे हैं।
∴ आकृति में निहित कुल वृत्त
= 2 + 4 = 6.

6. आकृति में निहित सरलतम त्रिभुज हैं: ABC, BDE, BEG, BGC, CGF और GFE, अर्थात् 6 त्रिभुज
समद्विभाजित त्रिभुज हैं: BCE और CEF, अर्थात् 2 त्रिभुज।
अतः आकृति में निहित त्रिभुजों की कुल संख्या
= 6 + 2 = 8.

9.

आकृति में 3 संकेंद्रिक वृत्त हैं, बीच के वृत्त की परिधि पर 8 छोटे वृत्त हैं, बाहरी वृत्त की परिधि पर 14 छोटे वृत्त हैं तथा सबसे बाहरी संकेंद्रिक वृत्त से बाहर उसकी दोनों ओर तीन-तीन वृत्त अर्थात् कुल 6 वृत्त हैं।
अतः वृत्तों की कुल संख्या
= 3 + 8 + 14 + 6 = 31.

कम्प्यूटर ज्ञान (Knowledge of Computer)

स्मरणीय तथ्य (Facts to Remember)

- चार्ल्स बैबेज (Charles Babbage) को कम्प्यूटर के क्षेत्र में उनके योगदान के लिए 'आधुनिक कम्प्यूटर' विज्ञान का जनक (Father of Modern Computers) कहा जाता है।
- आधुनिक कम्प्यूटर के विकास में सर्वाधिक योगदान अमेरिका के डॉ. वान न्यूमेन (Van Neumann) का है। इन्हें डाटा और अनुदेश (Instructions) दोनों को बाइनरी प्रणाली (0 और 1) में संग्रहीत करने का श्रेय दिया जाता है।
- 1947 में बेल लैबोरेटरीज के जॉन वारडीन विलियम शाकले तथा वाल्टर ब्रेटन (Bardeen Shockley and Brattain) ने ट्रांजिस्टर का आविष्कार किया था।
- अर्द्धचालक (Semi Conductor) पदार्थ सिलिकन (Si) या जर्मेनियम (Ge) का बना ट्रांजिस्टर एक तीव्र स्विचिंग डिवाइस है।
- इंटीग्रेटेड सर्किट (IC) का विकास 1958 में जैक किल्वी (Jack Kilby) तथा रॉबर्ट नोयी (Robert Noyce) द्वारा किया गया।
- सिलिकन की सतह पर बने इस प्रौद्योगिकी को माइक्रो इलेक्ट्रॉनिक्स (Micro Electronics) का नाम दिया गया।
- कम्प्यूटर निर्माण उद्योग में अग्रणी होने के कारण भारत का बंगलौर शहर सिलिकॉन वैली (Silicon Valley) के नाम से जाना जाता है।
- ब्लूटूथ (Bluetooth) एक औद्योगिक मानक है जिसकी सहायता से रेडियो तरंगों द्वारा कम दूरी पर बेतार (Wireless) तकनीक द्वारा कम्प्यूटर को नेट से जोड़ा जाता है।
- विश्व का सबसे तेज सुपर कम्प्यूटर आईबीएम (IBM) का ब्लू जीन (Blue Gene) है।
- भारत का सबसे तेज सुपर कम्प्यूटर 'एका' (EKA) है। यह टाटा समूह की सी आर एल (CRL–Computer Research Lab) पुणे द्वारा विकसित किया गया है।
- यूपीसी (UPC–Universal Product Code) जिसका प्रयोग अमेरिका के सुपर स्टोर में उत्पादों पर नजर रखने के लिए किया गया, सर्वाधिक प्रयोग में आने वाला बार कोड है।
- माइकर कोड में 0 से 9 तक संख्याओं और चार चिह्नों का प्रयोग किया जाता है।
- लेजर (LASER–Light Amplification by Stimulated Emission of Radiation) का संक्षिप्त रूप है। इसका आविष्कार थियोडोर मेमैन ने किया था।
- फोरट्रान (FORTRAN) पहली उच्चस्तरीय भाषा (HLL) मानी जाती है। जिसका विकास 1957 में आईबीएम कम्पनी के जॉन बेकस (John Backus) ने किया था।
- यूनिक्स (Unix) ऑपरेटिंग सिस्टम सी भाषा (C-Language) में लिखा गया पहला महत्वपूर्ण प्रोग्राम है।
- पहला कम्प्यूटर नेटवर्क 1981 में तैयार किया गया जिसे ईथरनेट (Ethernet) कहा गया।
- इंटरनेट का आरंभ 1969 में अमेरिकी रक्षा विभाग द्वारा अर्पानेट (ARPANET–Advanced Research Project Agency Net) द्वारा किया गया।
- मोजेक (MOSAIC) इंटरनेट का पहला सफल सॉफ्टवेयर है।
- भारत में इंटरनेट सेवा का प्रारंभ 15 अगस्त 1995 को हुआ।

- भारत में इंटरनेट उपलब्ध कराने वाली पहली कंपनी विदेश संचार निगम लिमिटेड (VSNL) है।
- भारत में इंटरनेट सेवा प्रारंभ करने वाली निजी क्षेत्र की पहली कंपनी सत्यम इंफो (Satyam Infoway) है।
- भारत की नई इंटरनेट नीति का नाम डाटा इन इंटरनेट डोमेन है।
- एमटीएनएल (MTNL) की ब्रॉडबैंड सेवा का नाम ट्राई बैंड है।
- बीएसएनएल (BSNL) की ब्रॉडबैंड सेवा का नाम डाटा वन है।
- ई-मेल का आविष्कार अमेरिका के वैज्ञानिक आर. टोमलिंसन (R. Tomlinson) ने 1971 में किया था।
- कम्प्यूटर को हिन्दी में 'संगणक' कहा जाता है।
- आधुनिक कम्प्यूटर की खोज सर्वप्रथम 1946 ई. में की गई थी।
- कम्प्यूटर के क्षेत्र में महान क्रांति 1960 ई. में आई।
- विश्व में सर्वाधिक इंटरनेट उपयोग करने वाले देशों में संयुक्त राष्ट्र अमेरिका का प्रथम स्थान है।
- 2 दिसम्बर कम्प्यूटर साक्षरता दिवस (Computer Literacy Day) के रूप में मनाया जाता है।
- भारत में नई कम्प्यूटर नीति की घोषणा नवम्बर 1984 में की गई थी।
- भारत में निर्मित प्रथम कम्प्यूटर सिद्धार्थ है। इसका निर्माण इलेक्ट्रॉनिक कार्पोरेशन ऑफ इंडिया के द्वारा किया गया था।
- भारत में कम्प्यूटर का प्रथम प्रयोग 16 अगस्त, 1986 को बेंगलूर के प्रधान डाकघर में किया गया था।
- भारत का प्रथम कम्प्यूटरीकृत डाकघर नई दिल्ली का प्रधान डाकघर है।
- भारत का प्रथम प्रदूषण रहित कम्प्यूटरीकृत पेट्रोल पम्प मुंबई में है।
- निजी क्षेत्र के अंतर्गत स्थापित होने वाला भारत का प्रथम कम्प्यूटर विश्वविद्यालय राजीव गाँधी कम्प्यूटर विश्वविद्यालय है।
- भारत में प्रथम कम्प्यूटर आरक्षण पद्धति नई दिल्ली में लागू की गई थी।
- द हिन्दू इंटरनेट पर उपलब्ध होने वाली प्रथम भारतीय समाचार-पत्र है।
- इंडिया टुडे इंटरनेट पर उपलब्ध होने वाली प्रथम भारतीय पत्रिका है।
- भारतीय जनता पार्टी भारत की पहली ऐसी राजनीतिक पार्टी है जिसने इंटरनेट पर अपना वेबसाइट बनाया।
- कम्प्यूटर मुख्यतः तीन प्रकार के होते हैं—डिजिटल, एनालॉग और हाइब्रिड।
- वह कम्प्यूटर जो गणितीय गणना करता है, डिजिटल कम्प्यूटर कहलाता है।
- वह कम्प्यूटर जो आकलन के सिद्धांत के अनुसार गणना करता है, एनालॉग कम्प्यूटर कहलाता है।
- एनालॉग एवं डिजिटल कम्प्यूटर को हाईब्रिड कम्प्यूटर कहते हैं।
- मध्यम आकार के कम्प्यूटर को मिनी कम्प्यूटर कहते हैं।
- छोटे आकार के कम्प्यूटर को माइक्रो कम्प्यूटर कहते हैं।
- एक सुपर कम्प्यूटर में करीब 40,000 माइक्रो कम्प्यूटर जितनी परिकलन क्षमता होती है। इसकी गति को मेगाफ्लॉप में मापा जाता है।
- विश्व का प्रथम सुपर कम्प्यूटर 'क्रे के 1-एस.' (Cray K-1S) था, जो 1979 में बनकर तैयार हुआ था। इसे अमेरिका की क्रे के रिसर्च कंपनी के द्वारा बनाया गया था।
- विश्व के प्रथम इलेक्ट्रॉनिक डिजिटल कम्प्यूटर का नाम एनियक (ENIAC) है।
- विश्व का प्रथम सबसे बड़ा कम्प्यूटर नेटवर्क Internet है।
- 1 किलोबाइट (KB) 1024 बाइट के बराबर होता है।
- 1 MB या मेगाबाइट (Mega Bite) 1024 KB (अर्थात् 1 MB =k 1024 KB) बराबर होता है।
- 1 GB या गीगाबाइट 1024 MB के बराबर होता है।
- सूचना के आगमन एवं कार्यक्रम की खोज करने के लिए SNOBOL नामक विशिष्ट भाषा का प्रयोग होता है।
- मानव मस्तिष्क और कम्प्यूटर में सबसे बड़ा अंतर यह है कि कम्प्यूटर की स्वयं की सोचने की क्षमता नहीं होती।
- फ्लॉपी डिस्क का आविष्कार IBM के वैज्ञानिक एलान शुगार्ट (Alan Shugart) ने 1971 में किया।

- मॉनीटर का आकार मॉनीटर के विकर्ण (Diagonal) की लम्बाई में मापा जाता है।
- प्रथम व्यावसायिक इंटीग्रेटेड चिप का निर्माण फेयर चाइल्ड सेमीकण्डक्टर कॉरपोरेशन (Fair Child Semiconductor Corporation) ने 1961 में किया।
- कैलकुलेटर तथा कम्प्यूटर में अंतर यह है कि कम्प्यूटर को एक साथ कई निर्देश या समूह दिया जा सकता है तथा यह एक साथ कई कार्य कर सकता है। इसके विपरीत कैलकुलेटर को एक साथ एक ही निर्देश दिया जा सकता है।
- सीडीएमए (CDMA–Code Division Multiple Access) मोबाइल नेटवर्क स्थापित करने की व्यवस्था है।
- जीएसएम (GSM–Global System For Mobile Communication) मोबाइल फोन के लिए प्रयुक्त लोकप्रिय मानक है।
- मोटोरोला (Motorola) के डॉ. मार्टिन कूपर (Dr. Martin Cooper) ने मोबाइल फोन का आविष्कार किया।
- बॉब नोयी (Bob Noyee) तथा गार्डन मूरे (Gordon Moore) ने सम्मिलित रूप से इंटेल (Intel) नामक कंपनी की स्थापना की।
- डिजिटल कॉम्पैक्ट डिस्क (DCD) का आविष्कार 1965 में जेम्स रसेल (James Russell) ने किया।
- की-बोर्ड की संरचना के निर्माण का श्रेय क्रिस्टोफर लाथम सोल्स (Christopher Latham Sholes) को जाता है।
- पॉप अप (Pop-up) वेब ब्राउजिंग के दौरान स्वयं खुलने वाला विज्ञापन का नाम विंडो है।
- Beta Release किसी सॉफ्टवेयर या तकनीक की उपयोगिता को परखने के लिए निर्माण के दौरान उसे बाजार में जारी करने को कहा जाता है।
- डॉ. डगलस इंजेलबार्ट (Dr. Douglas Engelbart) ने 1964 में माउस का आविष्कार किया।
- प्रथम वेबसाइट के निर्माण का श्रेय टिम बर्नस ली (Tim Berners Lee) 1989 की है। इन्हें World Wide Web का संस्थापक कहा जाता है।
- बिल गेट्स (Bill Gates) तथा पॉल एलेन (Paul Allen) ने मिलकर 1975 में माइक्रोसॉफ्ट कॉरपोरेशन की स्थापना की।
- बिल गेट्स की प्रसिद्ध पुस्तक "The Road Ahead; 1995" में लिखी गई। वर्तमान में वे "Bill and Melinda Gates Foundation" द्वारा सामाजिक कार्यों में लगे हैं।
- भारत के सबीर भाटिया (Sabeer Bhatia) ने फ्री ई-मेल सेवा हॉटमेल (Hotmail) को जन्म दिया।
- ब्लू टूथ एक बेतार तकनीक (Wireless Technology) है जिसके द्वारा मोबाइल फोन के जरिये कम दूरी में कम्प्यूटर और विभिन्न उपकरणों को जोड़ा जाता है।
- बैंकों में एटीएम (Automatic Teller Machine) वैन (WAN) का एक उदाहरण है।
- Wifi का अर्थ है Wireless Fidelity इसका बेतार तकनीक द्वारा कम्प्यूटर के दो उपकरणों के बीच संम्बन्ध स्थापित करने के लिए किया जाता है।
- WAP (Wireless Access Point) एक युक्ति है जो विभिन्न संचार माध्यमों को जोड़कर एक बेतार नेटवर्क बनाता है।
- कम्प्यूटर के Standby Mode में मॉनीटर तथा हार्ड डिस्क ऑफ हो जाता है ताकि कम ऊर्जा खपत हो। किसी भी बटन को दबाने या माउस क्लिक करने से कम्प्यूटर Standby Mode से बाहर आ जाता है।
- ऑप्टिकल माउस (Optical Mouse) में माउस पैड की जरूरत नहीं पड़ती क्योंकि इसमें कोई घूमने वाला भाग नहीं होता।
- Hyper Text एक डॉक्यूमेंट है जो उस वेब पेज को दूसरे डॉक्यूमेंट के साथ जोड़ता है।
- Blog शब्द Weblog से बना है। Blog किसी व्यक्ति द्वारा निर्मित वेब साइट है जहाँ वह अपने विचार, अनुभव या जानकारी रख सकता है। इस वेब साइट को पढ़ने वाले अन्य व्यक्ति भी इस विषय पर अपनी टिप्पणी दे सकते हैं।
- एलन टूरिंग (Alan Turing) को आधुनिक कम्प्यूटर विज्ञान का जनक माना जाता है।
- माया (Maya) एक शक्तिशाली त्रिआयामी सॉफ्टवेयर है जिसका प्रयोग चलचित्रों और वीडियो गेम में विशेष प्रभाव डालने के लिए किया जाता है।

- माया II (Maya II) एक DNA कम्प्यूटर है जिसमें सिलिकॉन चिप की जगह DNA धागे का प्रयोग किया गया है।
- विलियन हिगिनबॉथम (William Higgin Botham) ने 1958 में कम्प्यूटर के प्रथम वीडियो गेम का निर्माण किया।
- बंगलौर स्थित इंफोसिस टेक्नोलॉजी (Infosys Technology) का प्रारंभ एन. नारायणमूर्ति द्वारा 1981 में किया गया।
- इंटरनेट पर मुफ्त में उपलब्ध विश्व के सबसे बड़े इनसाइक्लोपीडिया वाइकीपेडिया (Wikipedia) की स्थापना जिमी वेल्स (Jimmy Wales) ने किया।
- डेस्कटॉप पब्लिशिंग (DTP) का विकास मैकिन्टोस (Macintosh) कंपनी द्वारा किया गया।
- ब्रिटेन के एलान टूरिंग (Alan Turing) ने सर्वप्रथम कृत्रिम बुद्धिमता (Artificial Intelligence) की विचारधारा रखी, पर इस क्षेत्र में अपने योगदान के कारण जॉन मैकार्थी (John Mc Carthy) को कृत्रिम बुद्धिमत्ता का जनक (Father of Artificial Intelligence) कहा जाता है।
- हैकर (Hacker) वह व्यक्ति है जो इंटरनेट पर इलेक्ट्रॉनिक सुरक्षा व्यवस्था को भेदकर मनोरंजन या उत्सुकतावश गुप्त सूचनाएँ प्राप्त करता है।
- एक्स्ट्रानेट (Extranet) एक व्यक्तिगत नेटवर्क है जो व्यवसाय के लिए इंटरनेट तकनीक और सार्वजनिक संचार व्यवस्था का प्रयोग करता है।
- होम थियेटर एक पर्सनल कम्प्यूटर है जिसका प्रयोग मनोरंजन के लिए किया जाता है।
- कम्प्यूटर प्लेटफार्म का तात्पर्य कम्प्यूटर में प्रयुक्त ऑपरेटिंग सिस्टम से है जो अन्य प्रोग्रामों के क्रियान्वयन के लिए आधार तैयार करता है। एक प्लेटफार्म में चलने वाले प्रोग्राम सामान्यतः दूसरे प्लेटफार्म में नहीं चलते हैं।
- अमेरिका के विंटेन कर्फ (Vinten Cerf) को इंटरनेट का जन्मदाता (Father of the Internet) कहा जाता है।
- नेटीकेट (Netiquette-Net + etiquette) इंटरनेट प्रयोग के समय किए जाने वाले अपेक्षित व्यवहारों और नियमों का समूह है।
- इंटरनेट का संचालन किसी संस्था या सरकार या प्रशासन के नियंत्रण से मुक्त है।
- जीपीआरएस (GPRS–General Pocket Radio Service) वायरलेस द्वारा मोबाइल फोन से इंटरनेट सुविधा के प्रयोग की तकनीक है।
- हाइपर टेक्स्ट (Hyper Text) एक व्यवस्था है जिसके तहत टेक्स्ट, रेखाचित्र व प्रोग्राम आदि को आपस में लिंक किया जा सकता है। इसका विकास टेड नेल्सन (Ted Nelson) ने 1960 में किया।
- WAP-Wireless Application Protocol मोबाइल फोन द्वारा इंटरनेट के इस्तेमाल के दौरान प्रयोग किए जाने वाले नियमों का समूह है।
- इंटरनेट फोन कम्प्यूटर और इंटरनेट का प्रयोग कर टेलीफोन कॉल स्थापित करने की प्रक्रिया है।
- इंटरनेट तथा कम्प्यूटर का प्रयोग कर किए गए अवैध कार्य, जैसे—सुरक्षित फाइलों को देखना और नष्ट करना, वेब पेज में परिवर्तित करना, क्रेडिट कार्ड का गलत इस्तेमाल करना, वायरस जारी करना आदि साइबर क्राइम (Cyber Crime) कहलाता है।
- इकॉन (ICANN-Internet Corporation for Assigned Names and Numbers) इंटरनेट पर प्रत्येक कम्प्यूटर के लिए एक विशेष पता देने के उद्देश्य से 1998 में गठित एक अंतर्राष्ट्रीय संगठन है।
- USENET सभी विश्वविद्यालयों को एक साथ जोड़ने की प्रणाली है।
- जब किसी नेटवर्क का इंटरनेट धारक अन्य नेटवर्क के साथ जुड़ता है, तो उसे गेटवे (Gateway) कहते हैं।
- इन्टेल का आधुनिकतम माइक्रोप्रोसेसर (Core 2 Duo) है।
- पर्सनल कम्प्यूटर पर सर्वप्रथम पुस्तक टेड नेल्सन ने लिखा।
- कम्प्यूटर पर लिखी गई पुस्तक 'द सोल ऑफ न्यू मशीन' (लेखक—टैसी किडर) को 'पुलित्जर पुरस्कार' प्रदान किया गया।
- कम्प्यूटर की प्रथम पत्रिका कम्प्यूटर एंड ऑटोमेशन है।
- प्रथम घरेलू कम्प्यूटर कोमोडोर VIC/20 है।
- वैज्ञानिकों के अनुसार भारतीय भाषा संस्कृत को कम्प्यूटरीकृत करना सबसे आसान है।

- ☞ कम्प्यूटर में प्रोग्राम की सूची को मेन्यू (Menu) कहा जाता है।
- ☞ डेटा प्रोसेसिंग का अर्थ है—वाणिज्यिक उपयोग के लिए जानकारी तैयार करना।
- ☞ रिकॉर्ड्स का संग्रह फाइल (File) कहलाता है।
- ☞ डिजिटल कम्प्यूटर की कार्यपद्धति गणना और सिद्धांत पर आधारित है।
- ☞ विश्व का प्रथम व्यावहारिक डिजिटल कम्प्यूटर यूनिवेक (UNIVAC) था।
- ☞ कम्प्यूटर प्रोग्रामन हेतु विकसित की गई भाषा का नाम फोरट्रॉन है।
- ☞ हिन्दी कमाण्ड स्वीकार करने वाली कम्प्यूटर की भाषा का नाम प्रदेश है।
- ☞ कोबोल उच्च स्तरीय भाषा (HLL) अंग्रेजी भाषा के समान है।
- ☞ कोबोल भाषा में सर्वाधिक उपयुक्त डॉक्यूमेंटेशन संभव है।
- ☞ जो अनुवादक की असेम्बली भाषा को मशीनी कोड में बदलता है, असेम्बलर (Assembler) कहलाता है।
- ☞ अनुवाद प्रोग्राम जो उच्चस्तरीय भाषा का निम्नस्तरीय भाषा में अनुवाद करता है कम्पाइलर कहलाता है।
- ☞ बेसिक (BASIC) भाषा को फोरट्रॉन, एलगोल, पास्कल आदि को सिखाने के लिए 'नींव का पत्थर' कहा जाता है।
- ☞ माइक्रोप्रोसेसर चतुर्थ पीढ़ी के कम्प्यूटर हैं।
- ☞ प्रोलॉग (PROLOG) पंचम पीढ़ी के कम्प्यूटर की भाषा है।
- ☞ इन्टीग्रेटेड सर्किट चिप का विकास जे. एस. किल्बी ने किया।
- ☞ इन्टीग्रेटेड सर्किट चिप (Chip) पर सिलिकॉन (Silicon) की परत होती है।
- ☞ कम्प्यूटर अशुद्धि को बग (Bug) कहा जाता है।
- ☞ वर्ष 1988 ई. में C-DAC (Centre for Development & Advanced Computing) की स्थापना पुणे में की गई।
- ☞ पुणे के सी-डैक (C-DAC) के वैज्ञानिक ने 28 मार्च, 1998 को प्रति सेकेण्ड एक खरब गणना करने की क्षमता से युक्त कम्प्यूटर परम-10000 का निर्माण किया। इनके विकास का मुख्य श्रेय C-DAC के कार्यकारी निदेशक डॉ. विजय पी. भास्कर को जाता है।
- ☞ भारत में सर्वप्रथम नेशनल एयरोनॉटिक्स लेबोरेटरीज (बंगलौर) ने फ्लो सॉल्वर (FLOSOLVER) नामक सुपर कम्प्यूटर विकसित करने में सफलता पाई थी।
- ☞ कम्प्यूटर पर परमाणु परीक्षणों को सब-क्रिटिकल परीक्षण (Subcritical Test) कहा जाता है।
- ☞ IBM (International Business Machine) अमेरिका की एक कम्प्यूटर कंपनी है।
- ☞ कम्प्यूटर वायरस एक मानव निर्मित डिजिटल परजीवी है, जो फाइल संक्रामक के नाम से भी जाना जाता है।
- ☞ वाई-टू के (Y-2K) संकट अर्थात् इयर टू थाउजेंड (Year Two Thousand) तारीखों से संबंधित कम्प्यूटर समस्या थी। Y-2K संकट को मिलियन बग भी कहा गया।
- ☞ मॉडेम कम्प्यूटरों को आपस में जोड़ने का उपकरण है, जो टेलीफोन लाइन पर काम करता है।
- ☞ इंटरनेट से जुड़ा वह कम्प्यूटर जहाँ विशेष प्रकार की सूचनाएँ उपलब्ध हों, साइट (Site) कहलाता है।
- ☞ पास या दूर के किसी कम्प्यूटर या नेटवर्क से सूचनाएँ मॉडेम की मदद से अपने कम्प्यूटर में लाने की प्रक्रिया को डाउनलोड (Download) कहते हैं।
- ☞ पास या दूर के किसी कम्प्यूटर को अपने कम्प्यूटर से सूचनाएँ भेजना अपलोड (Upload) कहलाता है।
- ☞ किसी कम्प्यूटर या उसके हार्ड डिस्क या किसी चलते हुए कार्यक्रम (Program) का अचानक खराब हो जाना क्रैश (Crash) कहलाता है।
- ☞ भारत में कम्प्यूटर का विकास 1955 से आरंभ हुआ।
- ☞ भारत में प्रथम कम्प्यूटेरियम (कम्प्यूटर मंडल) कर्नाटक के बंगलुरू में स्थापित किया गया है।
- ☞ केरल के तिरुअनन्तपुरम जिले का वेल्लनाड़ गाँव भारत का पहला पूर्णरूपेण कम्प्यूटरीकृत गाँव है।
- ☞ पर्सनल कम्प्यूटर (P.C.) होम कम्प्यूटर, इलेक्ट्रॉनिक डायरी, लैपटॉप आदि माइक्रो कम्प्यूटर के उदाहरण हैं।
- ☞ माइक्रो कम्प्यूटरी में प्रचलित कुछ प्रचालन प्रणाली (Operating System) हैं—CP/M, Mac (Apple), DOS, Pro DOS, MS/DOS/PC.DOS, DENIX, UNIX, WINDOWS, LINUX आदि।
- ☞ CPU की गति को क्लॉक स्पीड (Clock Speed) कहते हैं।

- कम्प्यूटर प्रयोगकर्ता द्वारा कम्प्यूटर को दिया गया निर्देश कमांड (Command) कहलाता है।
- दुनिया के विभिन्न स्थानों पर स्थापित टेलीफोन लाइनों अथवा उपग्रहों की सहायता से एक-दूसरे के साथ जुड़े कम्प्यूटरों का नेटवर्क 'इंटरनेट' (Internet) कहलाता है।
- ई-मेल यानी इलेक्ट्रॉनिक मेल आज सम्पर्क (पत्राचार आदि) का एक सुगम एवं महत्वपूर्ण साधन है जिसके अन्तर्गत एक सेन्ट्रल सर्वर (Computer) द्वारा हम किसी को भी कोई संदेश (मेल) भेज सकते हैं।
- ऑक्सीजन परियोजना की जॉन रॉ नामक एक कम्प्यूटर चिप को भारतीय मूल के वैज्ञानिक अनंत अग्रवाल ने विकसित किया है।
- दूर लेखन (Tele-Writing) विज्ञान की एक नई उपलब्धि है, जिसके द्वारा अब दूरस्थ पन्नों पर हस्ताक्षर करना संभव हो गया है। बुकर पुरस्कार विजेता कनाडा की लेखिका मार्गेरेट एटवुड ने इस रिमोट कन्ट्रोल्ड कलम को 'लौंग पेन' नाम दिया है। उन्होंने लघुकहानी संग्रह 'द टेट' पर हस्ताक्षर कर लौंग पेन का पहली बार सार्वजनिक प्रदर्शन किया।
- चेन्नई में इलेक्ट्रॉनिक उपकरणों एवं यंत्रों के मूल्यांकन के लिए इलेक्ट्रॉमैग्नेटिक इन्टरफेरेन्स (EMI) तथा इलेक्ट्रॉमैग्नेटिक कम्पैटिबिलिटी (EMC) नामक एक राष्ट्रीय सुविधा स्थापित की गई है। इसे 15 जुलाई 2005 को राष्ट्र को समर्पित की गई।

संक्षिप्ताक्षर (Abbreviations)

- **ALGOL** : Algorithmic Language
- **ALU** : Arithmetic Logic Unit
- **ARPA** : Advanced Research Pgency
- **ASCII** : American Standard Code for Information Interchange
- **ABC** : Atanasoff-Berry Computer
- **AGP** : Accelerated Graphics Port
- **AI** : Artificial Intelligence
- **AMD** : Advanced Micro Devices
- **ANSI** : American national Standards Institute
- **ASIC** : Application Specific Integration Circuit
- **BASIC** : Beginer's All Purpose Symbolic Instruction Code
- **BCD** : Binary Coded Decimal Code
- **BIOS** : Basic Input-Output System
- **BEMA** : Business Equipment Manufacturers Association
- **BCR** : Bar Code Reader
- **BPI** : Bytes Per Inch
- **BPS** : Bits Per Second
- **CAD** : Computer Aided Design
- **CAM** : Computer Aided Manufacturing
- **CD** : Compact Disk
- **C-DAC** : Centre for Development of Advanced Computing
- **CDMA** : Code Division Multiple Access
- **C-DOT** : Centre for Development of Telematics
- **CD-ROM** : Compact Disk–Read Only Memory
- **COBOL** : Common Business Oriented Language
- **COMAL** : Common Algorithmic Language
- **CPU** : Central Processing Unit
- **CAL** : Computer Aided Learning
- **CD-R** : Compact Disk-Recordable
- **CD-R/W** : Compact Disk-Read/Write
- **CLASS** : Computer Literacy And Studies in School
- **CMOS** : Complementry Metal Oxide Semiconductor
- **CPI** : Character Per Inch
- **CRS** : Computerised Reservation System
- **CU** : Control Unit
- **DOS** : Disk Operating System
- **DTP** : Desk Top Publishing
- **DTS** : Digital Theatre System
- **D/A** : Digital-to-Analog

- **DBMS** : Data Base Management System
- **DDS** : Digital Data Storage
- **DPI** : Dots Per Inch
- **DRDO** : Defence Research and Development Organisation
- **DSDD** : Double Sided Double Density
- **DTR** : Data Terminal Ready
- **DVD** : Digital Video/Versatile Disk
- **EBCDIC** : Extended Binary Coded Decimal Interchange Code
- **E-Business** : Electronic Business
- **E-Commerce** : Electronic Commerce
- **E-mail** : Electronic Mail
- **EDP** : Electronic Data Processing
- **EEPROM** : Electrically Erasable Programmable Read Only Memory
- **ENIAC** : Electronic Numerical Integrator and Calculator
- **EPROM** : Erasable Programmable Read Only Memory
- **ERNET** : Education and Research Network
- **FORTRAN** : Formula Translation
- **FAX** : Far Away Xerox
- **FAT** : File Allocation Table
- **FD** : Floppy Disk
- **FDM** : Frequency Division Multiplexing
- **FET** : Field Effect Transistor
- **FLOP** : Floating Point Operation
- **FSK** : Frequency Shift Keying
- **FTP** : File Transfer Protocol
- **GIAS** : Gateway Internet Access Service
- **GB** : Giga Bytes
- **GIGO** : Garbage In-Garbage-Out
- **GIS** : Geographical Information System
- **GPL** : General Public License
- **GPS** : Global Positioning System
- **GUI** : Graphical User Interface
- **HLL** : High Level Language
- **HTML** : Hyper Text Markup Language
- **HTTP** : Hyper Text Transfer Protocol
- **HP** : Hewlett Packard
- **IBM** : International Business Machines
- **I/O** : Input-Output
- **IRC** : Internet Relay Chat
- **ISDN** : Integrated Services Digital Network
- **ISO** : International Standards Organisation
- **ISP** : Internet Service Provider
- **IT** : Information Technology
- **JPEG** : Joint Photographic Expert Group
- **JRE** : Java Runtime Engine
- **JSP** : Java Server Pages
- **KB** : Kilo Bytes
- **Kb** : Kilo bits
- **KIPS** : Knowledge Information Processing System
- **LAN** : Local Area Network
- **LCD** : Liquid Crystal Display
- **LDU** : Liquid Display Unit
- **LLL** : Low Level Language
- **LASER** : Light Amplification for Stimulated Emission of Radiation
- **LD** : Laser Diode
- **LED** : Light Emitting Diode
- **LISP** : List Processing
- **LSD** : Least Significant Digit
- **LSI** : Large Scale Integration
- **MAN** : Metropolitan Area Network
- **MICR** : Magnetic Ink Character Recognition
- **MIPS** : Millions Instructions Per Second
- **MOPS** : Millions of Operations Per Second
- **MODEM** : Modulator-Demodulator
- **MB** : Mega Bytes
- **MHz** : Mega Hertz
- **MIDI** : Musical Instrument Digital Interface

- **MOS** : Metal Oxide Semiconductor
- **MPEG** : Moving Pictures Expert Group
- **MP-3** : MPEG-1 Audio Layer 3
- **MS** : Microsoft
- **MSI** : Medium Scale Integration
- **MTBF** : Mean Time Between Failure
- **NICNET** : National Information Centre Network
- **NIU** : Network Interface Unit
- **NTSC** : National Television Standards Committee
- **OCR** : Optical Character Recognition
- **OMR** : Optical Mark Reader
- **OOP** : Object Oriented Programming
- **OS** : Operating System
- **OSS** : Open Source Software
- **PROM** : Programmable Read Only Memory
- **PSPDN** : Pocket Switched Public Data Network
- **PSTN** : Public Switched Telephone Network
- **PAL** : Phase Alternation Line
- **PC** : Personal Computer
- **PCB** : Printed Circuit Board
- **PCI** : Peripheral Component Interconnect
- **PDA** : Personal Digital Assistant
- **PDF** : Portable Document Format
- **PL/1** : Programming Language/1
- **PM** : Phase Modulation
- **POST** : Power On Self Test
- **PPM** : Pages Per Minute
- **PROLOG** : Programming in Logic
- **RABMN** : Remote Area Business Message Network
- **RAM** : Random Access Memory
- **ROM** : Read Only Memory
- **RGB** : Red, Green, Blue
- **RPG** : Report Program Generator
- **RS-232** : Recommended Standard 2-3-2
- **SCSI** : Small Computer System Interface
- **SEQUEL** : Structured English Query Language
- **SIMM** : Single In-Line Memory Module
- **SNOBOL** : String Oriented Symbolic Language
- **SSI** : Small Scale Integration
- **SVGA** : Super Video Graphics Array
- **TCP** : Transmission Control Protocol
- **TB** : Tera Byte
- **TDM** : Time Division Multiplexing
- **UPS** : Uninterruptable Power Supply
- **ULSI** : Ultra Large Scale Integration
- **UNIVAC** : Universal Automatic Computer
- **UPC** : Universal Product Code
- **URL** : Uniform Resource Locater
- **USB** : Universal Serial Bus
- **UVEPROM** : Ultra Violet Erasable Programmable Read Only Memory
- **VDU** : Video Display Unit
- **VLSI** : Very Large Scale Integration
- **VAN** : Value Aided Network
- **VCR** : Video Cassette Recorder
- **VGA** : Video Graphics Array
- **VIRUS** : Vital Resources Under Seize
- **VSAT** : Very Small Aperture Terminal
- **VSNL** : Videsh Sanchar Nigam Limited
- **WAN** : Wide Area Network
- **WAP** : Wireless Application Protocol
- **WWW** : World Wide Web
- **WMAX** : World Wide Interoperability for Microwave Access
- **WLL** : Wireless Local Loop
- **WMP** : Windows Media Player
- **WORM** : Write Once-Read Many
- **XML** : Extensible Markup Language
- **XMS** : Extended Memory Specification
- **2G** : Second Generation Wireless Networking
- **3G** : Third Generation Wireless Networking Technology

माइक्रोसॉफ्ट ऑफिस–स्टैंडर्ड टूलबार

टूल्स का नाम	की-बोर्ड ऑपरेशन	विवरण
New Blank Document	Ctrl + N	एक नई फाइल या टेम्पलेट आधारित फाइल बनाता है।
Open (File menu)	Ctrl + O	चयनित (selected) फाइल को खोलता है।
Save (File menu)	Ctrl + S	सक्रिय फाइल को इसके वर्तमान फाइल नाम, स्थान तथा स्वरूप (Format) के साथ सेव (Save) है।
Mail Recipient		दस्तावेज को (Content of Document) को ई-मेल संदेश के ढाँचे (Body) के रूप में भेजता है।
Print (File menu)	Ctrl + P	सक्रिय फाइल या चयन करने के लिए फाइल मेन्यू में प्रिंट करता है। प्रिंट विकल्प का चयन करने के लिए फाइल मेन्यू में प्रिंट विकल्प पर क्लिक करते हैं।
Print Preview (File Menu)	Ctrl + F2	जब हम फाइल प्रिंट करने में हों तो यह कैसा दिखेगा यह बताता है।
Spelling and Grammar (Tools menu)	F7	सक्रिय दस्तावेज में वर्तनी तथा व्याकरण जाँच तथा लेखन शैली त्रुटियाँ बताता है। उन्हें ठीक करने के लिए सुझाव देता है।
Cut (Edit Menu)	Ctrl + X	सक्रिय दस्तावेज से चयनित चित्र या टेक्स्ट को हटाकर क्लिपबोर्ड में रखता है।
Copy (Edit Menu)	Ctrl + C	क्लिपबोर्ड में चयनित चित्र या टेक्स्ट की प्रतिलिपि (Copy) बनाकर रखता है।
Paste (Edit Menu)	Ctrl + V	क्लिपबोर्ड के सामग्री को प्रविष्टि बिन्दु (Insertion Point) पर पेस्ट करता है।
Undo (Edit Menu)	Ctrl + Z	अंतिम आदेश को विफल करता है तथा अंतिम में टाइप किए गए टेक्स्ट को हटा देता है।
Redo (Edit menu)	Ctrl + Y	Undo आदेश के क्रिया (action) को विफल करता है।
Hyperlink	Ctrl + K	नए हाइपरलिंक को डालता है या चयनित हाइपरलिंक को एडिट (Edit) करता है।
Tables and Borders		टेबल और बॉर्डर (Tables and Borders) टूलबार प्रदर्शित करता है।
Insert Table		टेबल बनाता है।
Insert Excel Worksheet		दस्तावेज में एक्सल स्प्रेडशीट जोड़ता है।
Zoom		सक्रिय दस्तावेज के प्रदर्शन (Display) को 10% से 400% तक बढ़ा-घटा सकता है।
Office Assistant	F1	यह हेल्प टॉपिक और युक्तियाँ (Help Topic and Tips) प्रदान करता है जिसकी सहायता से हम अपने कार्य को पूरा करते हैं।

माइक्रोसॉफ्ट ऑफिस–फॉर्मेटिंग टूलबार

टूल्स का नाम	की-बोर्ड ऑपरेशन	विवरण
Style	Ctrl + Shift + S	चयनित टेक्स्ट की शैली (Style) में परिवर्तन कर उसे अपने अनुरूप शैली में ढालना संभव करता है।
Font	Ctrl + Shift + F	चयनित टेक्स्ट के लिखावट (Font) में परिवर्तन करता है।
Font size	Ctrl + Shift + P	चयनित टेक्स्ट के फॉन्ट के आकार में परिवर्तन करना संभव करता है।
Bold	Ctrl + B	चयनित टेक्स्ट को बोल्ड अर्थात् थोड़ा मोटे अक्षरों में परिवर्तित करता है।
Italic	Ctrl + I	चयनित टेक्स्ट को तिरछे टाइप (Italics) में परिवर्तित करता है।
Underline	Ctrl + U	चयनित टेक्स्ट को लगातार अंडरलाइन करता है।
Align Left	Ctrl + L	टेक्स्ट या पैराग्राफ को बाएं हाशिये (Margin) से भरता है या लिखना शुरू करता है।
Centre	Ctrl + E	टेक्स्ट या पैराग्राफ को दायें तथा बायें हाशिये के बीच रखता है।
Align Right	Ctrl + R	टेक्स्ट या पैराग्राफ को दायें हाशिये से भरता है या लिखना शुरू करता है।
Justify	Ctrl + J	टेक्स्ट को बायें तथा दाहिने हाशिये के बीच हर शब्दों के बीच की जगह को बढ़ा या घटाकर समान रूप से फैलाता है।
Numbering		वर्तमान डिफाल्ट के आधार पर संख्यात्मक लिस्ट बनाता है अर्थात् हर पंक्ति या पैराग्राफ को श्रेणीबद्ध संख्या देता है। जैसे-1, 2, 3 आदि।
Bullets		वर्तमान डिफाल्ट बुलेट के आधार पर बुलेटेड सूची बनाता है।
Decrease Indents		यह बायें हाशिये (Left Margin) को घटाता है।
Increase Indents		यह बायें हाशिये को बढ़ाता है।
Outside Borders		चयनित टेक्स्ट, पैराग्राफ, चित्र या दूसरे वस्तु के चारों ओर बॉर्डर बनाता या हटाता है।
Highlight		चयनित टेक्स्ट के टुकड़े को अपने अनुरूप चुने हुए रंग से हाइलाइट करता है।
Font Colour		टेक्स्ट के लिखावट के रंग को परिवर्तित करना संभव करता है।

महत्वपूर्ण वस्तुनिष्ठ प्रश्नोत्तर
(Important Multiple Choice Questions)

1. किसी डॉक्यूमेंट से कोई वाक्य डिलीट करने के लिए आप किसका प्रयोग करेंगे?
A. हाइलाइट एंड कॉपी B. कट एंड पेस्ट
C. कॉपी एंड पेस्ट D. हाइलाइट एंड डिलीट
E. सिलेक्ट एंड पेस्ट

2. कंप्यूटर टर्न ऑफ करने पर कौन-सा कन्टेन्ट खत्म हो जाता है?
A. स्टोरेज B. इनपुट
C. आउटपुट D. मेमरी
E. इनमें से कोई नहीं

3. वर्ड में जब पैराग्राफ को इन्डेन्ट किया जाता है तो–
A. टेक्स्ट मार्जिन के संबंध में अंदर सरक जाता है
B. पेज पर मार्जिन बदल जाते हैं
C. टेक्स्ट एक पंक्ति ऊपर चला जाता है
D. टेक्स्ट एक पंक्ति नीचे चला जाता है
E. इनमें से कोई नहीं

4. किस खास विशेषता के माध्यम से एक्सेल डाटा से परिणामों की डायनामिकली गणना कर पाता है?
A. गोटू B. टेबल
C. चार्ट D. डायग्राम
E. फार्मूला एवं फंक्शन

5. निम्नलिखित में से कौन-सा एक स्टोरेज माध्यम नहीं है?
A. हार्ड डिस्क B. फ्लैश ड्राइव
C. DVD D. CD
E. मॉनिटर

6. कूकी–
A. यूजर की वेब ऐक्टिविटी संबंधी इनफॉर्मेशन स्टोर करती है
B. यूजर द्वारा विकसित साफ्टवेयर स्टोर करती है
C. यूजर का पासवर्ड स्टोर करती है
D. यूजर द्वारा प्रयुक्त कमांड स्टोर करती है
E. इनमें से कोई नहीं

7. वर्ड में आप .... एक पेज ब्रेक फोर्स कर सकते हैं।
A. कर्सर को उचित स्थान पर रखकर और F1 की प्रेस कर
B. कर्सर को उचित स्थान पर रखकर और Ctrl + Enter प्रेस कर
C. इनसर्ट/सेक्शन ब्रेक का प्रयोग कर
D. आपके डॉक्यूमेंट का फॉन्ट साइज चेंज कर
E. इनमें से कोई नहीं

8. कंप्यूटर का कौन-सा भाग कंप्यूटर प्रोग्राम के अनुदेशों को निष्पादित करने में सीधे सम्मिलित होता है?
A. स्कैनर
B. मुख्य स्टोरेज
C. सेकेंडरी स्टोरेज
D. प्रिंटर
E. प्रोसैसर

9. पेज पर कितने मार्जिन होते हैं?
A. दो (हेडर एवं फुटर)
B. चार (टॉप, बॉटम, राइट, लेफ्ट)
C. दो (लैंडस्केप एवं पोर्टेट)
D. दो (टॉप एवं बॉटम)
E. इनमें से कोई नहीं

10. वर्ड डॉक्यूमेंट में एक पैराग्राफ को एक स्थान से दूसरे में ले जाने के लिए निम्नलिखित में से किसका प्रयोग किया जाना चाहिए?
A. कॉपी एंड पेस्ट
B. कट एंड पेस्ट
C. डिलीट एण्ड रिटाइप
D. फाइंड एंड रिप्लेस
E. इनमें से कोई नहीं

11. वेबसाइट .... का कलेक्शन है।
A. ग्राफिक्स B. प्रोग्राम्स
C. अल्गोरिथ्म्स D. वेब पेजेज
E. चार्ट

12. सिस्टम यूनिट–
A. इनपुट और आउटपुट डिवाइस कोऑर्डिनेट करता है।
B. कंटेनर है जिसमें इलेक्ट्रॉनिक कंपोनेंट्स रखे होते हैं।
C. हार्डवेयर और सॉफ्टवेयर का कांबिनेशन है।
D. डाटा कंट्रोल और मैनिप्यूलेट करता है।
E. अरिथमैटिक ऑपरेशन्स करता है।

13. मदरबोर्ड का दूसरा नाम है ....।
A. माउस B. कंप्यूटर बोर्ड
C. सिस्टम डिवाइस D. सेंट्रल बोर्ड
E. सिस्टम बोर्ड

14. एक्सेल में, यह एक प्रीरिकार्डिड फार्मूला है जो जटिल गणनाओं के लिए शार्टकट प्रदान करता है।
A. वैल्यू B. डाटा सीरिज
C. फंक्शन D. फील्ड
E. इनमें से कोई नहीं

15. कंप्यूटर में क्या अवश्य होना चाहिए कि 'बूट' हो सके?
A. कम्पाइलर B. लोडर
C. ऑपरेटिंग सिस्टम D. एसेम्बलर
E. इनमें से कोई नहीं

16. यदि ई-मेल का प्रेषक टेक्स्ट संदेश को बोल्ड, इटैलिक आदि के साथ फार्मेट करना चाहे तो उसे निम्न में से किसका प्रयोग करना चाहिए?
A. रिच सिग्नेचर B. रिच टेक्स्ट
C. रिच फार्मेट D. प्लेन फार्मेट
E. प्लेन टेक्स्ट

17. डॉक्यूमेंट में शब्द को ढूंढने और सही करने के लिए प्रयोक्ता .... कमांडों का प्रयोग कर सकता है।
A. प्रिंट एवं प्रिंट प्रिव्यू B. हेडर एवं फुटर
C. फाइंड एवं रिप्लेस D. स्पेलिंग एवं ग्रामर
E. कॉपी एवं पेस्ट

18. वर्ड में किसी शब्द को .... क्लिक किया जाए तो यह सिलेक्ट हो जाता है।
A. एक बार B. दो बार
C. तीन बार D. चार बार
E. इनमें से कोई नहीं

19. जब कंप्यूटर ऑन हो, तो बूटिंग प्रक्रिया .... करती है।
A. इंटिग्रिटी टेस्ट B. पावर-ऑन सेल्फ-टेस्ट
C. करेक्ट फंक्शनिंग टेस्ट D. रिलायबिलिटी टेस्ट
E. शट-डाउन

20. एक्सेल दस्तावेज .... नामक फाइल के रूप में स्टोर किए जाते हैं।
A. वर्कफोर्स B. वर्कशीट्स
C. वर्कटेबल्स D. वर्कग्रुप्स
E. वर्कबुक्स

21. वेब पेज को रीलोड करने के लिए .... बटन दबाइए।
A. री-डू B. री-लोड
C. री-स्टोर D. कंट्रोल
E. रिफ्रेश

22. वर्कशीट का बेसिक यूनिट जिसमें आप एक्सेल में डाटा एंटर करते हैं, उसे .... कहते हैं।
A. टैब B. सेल
C. बॉक्स D. रेंज
E. इनमें से कोई नहीं

23. एसेंब्लर के बारे में निम्नलिखित में से क्या सत्य नहीं है?
A. एसेंब्ली लैंग्वेज के इंस्ट्रक्शन्स को मशीन लैंग्वेज में ट्रांसलेट करता है
B. यह C प्रोग्राम को ट्रांसलेट नहीं करता है
C. यह प्रोग्राम एक्जीक्यूशन में शामिल होता है
D. एक ट्रांसलेट प्रोग्राम है
E. यह BASIC प्रोग्राम को ट्रांसलेट नहीं करता है

24. जब कंप्यूटर मशीन के इन्स्ट्रक्शनों को एक्जीक्यूट करता है, तो इन्स्ट्रक्शन फेज के बाद एक्जीक्यूशन फेज को. .... कहते हैं।
A. प्रोग्राम साइकल B. मशीन इन्स्ट्रक्शन
C. एक्जीक्यूशन साइकल D. टास्क साइकल
E. मशीन साइकल

25. निम्नलिखित में से कौन-सा हार्डवेयर है, सॉफ्टवेयर नहीं?
A. एक्सेल B. प्रिंटर ड्राइवर
C. ऑपरेटिंग सिस्टम D. पावर प्वाइंट
E. CPU

26. ई-मेल एड्रेस में क्या शामिल होता है?
A. डोमेन नाम और उसके प्रयोक्ता का नाम
B. प्रयोक्ता का नाम और उसके बाद डोमेन नाम
C. प्रयोक्ता का नाम और उसके बाद डाक पता
D. प्रयोक्ता का नाम और उसके बाद गली का पता
E. इनमें से कोई नहीं

27. COBOL में CO किसको इंगित करता है?
A. Common Object
B. Common
C. Common Operating
D. Computer Oriented
E. None of these

28. .... कंप्यूटर का वह भाग है जो गणित संबंधी गणनाएं करता है।
A. OS B. ALU
C. CPU D. मेमरी
E. प्रिंटर

29. वर्ड में कॉलम डाटा बनाने के लिए आपको क्या करना होगा?
A. जब तक कर्सर इच्छित स्थान पर न पहुंच जाए, लगातार टैब दबाएं
B. टैब सैट करें या टेबल मेनू का प्रयोग करें
C. आपको एक्सेल प्रयोग करना होगा
D. जब तक कर्सर इच्छित स्थान पर न पहुँच जाए, तब तक स्पेस बार दबाएं
E. इनमें से कोई नहीं

30. इंटरनेट पर वस्तुओं के व्यापार की प्रक्रिया को कहते .... है।
A. ई-सेलिंग-एन-बाइंग B. ई-ट्रेडिंग
C. ई-फाइनेंस D. ई-सेल्जमैनशिप
E. ई-कॉमर्स

31. माउस के दाएं बटन पर क्लिक करने से क्या दिखाई देता है?
A. वही होता है जो बाईं तरफ क्लिक करने पर होता है
B. एक विशेष मेनू
C. कुछ नहीं होता है
D. माउस पर दाईं तरफ क्लिक हो सकता है
E. कंप्यूटर स्लीप मोड में चला जाता है

32. एक्सेल की एक रो में इन्सर्शन पाइंट को पहले सेल में मूव करने के लिए .... कुंजी प्रेस करें।
A. पेज अप B. पेज डाउन
C. होम D. टैब
E. इनमें से कोई नहीं

33. डॉक्यूमेंट के टेक्स्ट को बाएं और दाएं दोनों हाशियों (मार्जिन) पर कौन-सी जस्टीफिकेशन एलाइन करती है?
A. राइट B. जस्टीफाई
C. दोनों साइड D. बैलेंस्ड
E. इनमें से कोई नहीं

34. एक्सेल में दो सेलों को एक सेल में मिलाने के परिचालन को .... कहते हैं।
A. जॉइन सेल्स B. मर्ज सेल्स
C. मर्ज टेबल D. जॉइन टेबल
E. इनमें से कोई नहीं

35. पावर पाइंट में हेडर एवं फुटर बटन किस ग्रुप में इन्सर्ट टैब में ढूंढे जा सकते हैं?
A. इलस्ट्रेशन्स ग्रुप B. ऑब्जेक्ट ग्रुप
C. टेक्स्ट ग्रुप D. टेबल्स ग्रुप
E. इनमें से कोई नहीं

36. जो भाषा कंप्यूटर में प्रयोग होती है और मनुष्यों की भाषा के समान होती है और समझने में आसान होती है, उसे .... कहते हैं।
A. सोर्स कोड B. मशीन की भाषा
C. उच्च स्तरीय भाषा D. ऑब्जेक्ट कोड
E. एसेम्बली भाषा

37. वर्ड में रिप्लेस ऑप्शन .... पर उपलब्ध है।
A. फाइल मेनू B. व्यू मेनू
C. एडिट मेनू D. फार्मेट मेनू
E. इनमें से कोई नहीं

38. कंप्यूटर प्रोग्रामर–
A. कंप्यूटर के लिए सारा थिंकिंग करता है
B. इनपुट डाटा तेजी से एंटर कर सकता है
C. सभी प्रकार के कंप्यूटर इक्विपमेंट ऑपरेट कर सकता है
D. केवल फ्लो चार्ट ड्रा कर सकता है
E. उपयोगी व्यक्ति नहीं है

39. इंटरनेट पर सर्वर से सूचना प्राप्त करने के कंप्यूटर के प्रोसैस का अर्थ निम्न में से कौन-सा है?

A. गैदरिंग B. अपलोडिंग
C. इनपुटिंग D. आउटपुटिंग
E. डाउनलोडिंग

40. एप्लेट्स जैसे विशेष प्रोग्राम क्रिएट करने में निम्नलिखित में से प्रोग्रामिंग भाषा है–

A. जावा B. केबल
C. डोमेन नेम D. नेट
E. COBOL

41. निम्न में से कौन-सा कम्प्यूटर फाइलों के बारे में सत्य नहीं है?

A. वे स्टोरेज माध्यम पर सेव किया गया डाटा का संग्रह है
B. प्रत्येक फाइल का एक फाइलनाम होता है
C. प्रयोक्ता फाइल एक्सटेंशन उस कम्प्यूटर को दिखाने के लिए स्थापित करता है जिस पर फाइल बनाई गई हो
D. सभी फाइलों में डाटा होता है
E. इनमें से कोई नहीं

42. निम्न में से कौन-सा हार्डवेयर का उदाहरण नहीं है?

A. WORD B. प्रिंटर
C. मॉनिटर D. माउस
E. स्कैनर

43. निम्न में से सेकेंडरी मेमरी डिवाइस कौन-सी है?

A. कीबोर्ड B. डिस्क
C. ALU D. माउस
E. प्रिंटर

44. सेल में एक फार्मूले का परिणाम है–

A. लेबल B. वैल्यू
C. रेंज D. डिसप्लेड वैल्यू
E. इनमें से कोई नहीं

45. निम्न में से कौन-सा एक स्टोरेज माध्यम नहीं है?

A. हार्ड डिस्क B. फ्लैश ड्राइव
C. DVD D. CD
E. मॉनिटर

46. बेमेल का पता लगाइए–

A. माइक्रो कम्प्यूटर
B. मिनी कम्प्यूटर
C. सुर कम्प्यूटर
D. नोटबुक कम्प्यूटर
E. डिजिटल कम्प्यूटर

47. ALU ______ आपरेशन करता है।

A. लॉजिक B. ASCII
C. एल्गोरिद्म आधारित D. लॉगरिद्म आधारित
E. फाइनल

48. ______ कम्प्यूटर का वह भाग है जो गणित संबंधी गणनाएं करता है।

A. OS B. ALU
C. CPU D. मेमरी
E. प्रिंटर

49. इन्स्ट्रक्शन साइकल में होने वाली घटनाओं के क्रम में पहला साइकल कौन-सा है?

A. स्टोर साइकल B. एक्जीक्यूट साइकल
C. फेच साइकल D. डीकोड साइकल
E. कोड साइकल

50. प्रिंटर और प्लॉटर जैसी पैरिफेरल डिवाइस को ______ माना जाता है?

A. हार्डवेयर B. सॉफ्टवेयर
C. डाटा D. सूचना
E. इनमें से कोई नहीं

51. निम्न में से किस एक्सेल चार्ट में प्रत्येक वेरिएबल के लिए केवल एक वैल्यू रिप्रेजेंट करता है?

A. फंक्शन B. लाइन
C. पाई D. बार
E. इनमें से कोई नहीं

52. प्रिंट आउट लेने से पहले डाक्यूमेंट को देखने के लिए ______ का प्रयोग करें।

A. इन्सर्ट टेबल B. पेस्ट
C. फार्मेट पेंटर D. कट
E. प्रिंट रिव्यू

53. ALU _____ में रखे डाटा और इन्स्ट्रक्शनों पर काम करता है?

A. नोटबुक B. रजिस्टरों
C. कॉपी पेड D. I / O डिवाइसों
E. इनमें से कोई नहीं

54. डाटा को डॉक्यूमेंट के एक भाग से दूसरे भाग में मूव करने के लिए _____ का प्रयोग किया जाता है।

A. कट एंड पेस्ट B. कॉपी एंड पेस्ट
C. कट एंड डिलीट D. कॉपी एंड अनडू
E. कट एंड इन्सर्ट

55. एक्सेल में प्रीप्रोगाम्ड फार्मूले का एक अन्य नाम है _____

A. रेंज B. ग्राफ
C. फंक्शन D. सेल
E. इनमें से कोई नहीं

56. डॉक्यूमेंट को पहली बार सेव करने के लिए _____ ऑप्शन का प्रयोग किया जाता है।

A. सेव ऐज B. सेव फर्स्ट
C. सेव ऑन D. कॉपी
E. पेस्ट

57. वह कौन-सी डिवाइस है जो कम्प्यूटर के लिए इमेज को कोड में बदल देती है?

A. माउस B. प्रिंटर
C. जॉयस्टिक D. की-बोर्ड
E. स्कैनर

58. वर्ड 2000 में प्रयोग होने वाले ग्राफिक्स के दो बुनियादी प्रकार कौन-से हैं?

A. ऑटोशेप्स और क्लिप आर्ट
B. हेडर एवं फुटर
C. ड्राइंग आब्जेक्ट एवं पिक्चर्स
D. स्पेलिंग एवं ग्रामर
E. वर्ड काउंट

59. डॉक्यूमेंट में शब्द ढूंढने और सही करने के लिए प्रयोक्ता _____ कमांडों का प्रयोग कर सकता है।

A. प्रिंट एवं प्रिंट प्रिव्यू B. हेडर एवं फुटर
C. फाइंड एवं रिप्लेस D. स्पेलिंग एवं ग्रामर
E. कॉपी एवं पेस्ट

60. डॉक्यूमेंट बनाने के लिए बेसिक HTML का प्रयोग करने का क्या लाभ है?

A. HTML प्रयोग करने में बहुत आसान है
B. सभी वर्ड प्रोसैसर डॉक्यूमेंट को डिसप्ले कर सकते हैं
C. सभी प्रोग्राम डॉक्युमेंट को डिसप्ले कर सकते हैं
D. सभी ब्राउजर डॉक्युमेंट को डिसप्ले कर सकते हैं
E. इनमें से कोई नहीं

61. CPU निम्न में से कौन-सा कार्य नहीं करता है?

A. डाटा का ग्राफिकल डिसप्ले
B. गणितीय गणनाएं
C. मेमरी प्रबंध
D. इनपुट व आउटपुट प्रबंध
E. इनमें से कोई नहीं

62. दाएं मार्जिन का ट्रैक रखने वाली विशेषता _____ कहलाती है।

A. फाइंड एंड रिप्लेस B. वर्ड रैप
C. राइट जस्टीफाइड D. लेफ्ट जस्टीफाइड
E. रैग्ड राइट

63. कीबोर्ड शॉर्टकट का प्रयोग _____ को मूव करने के लिए होता है।

A. आई बीम B. इन्सर्शन पाइंट
C. स्क्रोल बार D. माउस
E. इनमें से कोई नहीं

64. वर्ड में मार्जिन निर्दिष्ट करने के लिए प्रयोक्ता को _____ मेनू से पेज सेट अप ऑप्शन सिलेक्ट करना होगा।

A. एडिट B. टेबल
C. ऑटोकरेक्ट D. फाइल
E. फार्मेट

65. उस पैकेज का नाम क्या है जो रो व कॉलम में एरेंज किए डाटा को क्रिएट, मैनिपुलेट और एनालाइज करने में मदद करता है?

A. एप्लिकेशन पैकेज
B. वर्ड प्रोसैसिंग पैकेज
C. आउटलाइनिंग पैकेज
D. आउटलाइन प्रोसैसर
E. स्प्रैडशीट पैकेज

66. इलेक्ट्रॉनिक स्प्रेडशीट में क्या सम्मिलित होता है? (सबसे उचित उत्तर चुनिए)

A. रो B. कॉलम
C. सेल D. ये सभी
E. इनमें से कोई नहीं

67. ROM निम्न में किसका उदाहरण है?

A. वोलेटाइल मेमरी B. कैश मेमरी
C. नॉनवोलेटाइल मेमरी D. वर्चुअल मेमरी
E. इनमें से कोई नहीं

68. डॉक्यूमेंट की शीर्षक, पेज नंबर जैसी सूचना को डिसप्ले करने के लिए निम्न में से किस ऑप्शन का प्रयोग किया जाता है?

A. इन्सर्ट टेबल B. ऑटो करेक्ट
C. थिसारस D. स्पेलिंग एवं ग्रामर
E. हेडर एवं फुटर

69. कम्प्यूटर का कौन-सा भाग प्रयोक्ता के कार्य को डिसप्ले कर सकता है?

A. माउस B. कीबोर्ड
C. डिस्क ड्राइव D. मॉनिटर
E. इनमें से कोई नहीं

70. जब कम्प्यूटर कोई रिपोर्ट प्रिंट करता है, तो इस आउटपुट को ______ कहते हैं।

A. प्रोग्राम B. सॉफ्ट कॉपी
C. हार्ड कॉपी D. एक्जीक्यूशन
E. इनमें से कोई नहीं

71. प्रोसैसर एक ______ चिप है जो कंप्यूटर सिस्टम में मदरबोर्ड में प्लग किया हुआ होता है।

A. LSI B. VLSI
C. ULSI D. XLSI
E. WLSI

72. उस रजिस्टर को क्या कहते हैं जो एक्जीक्यूट किए जाने वाले अगले इन्स्ट्रक्शन का ट्रैक रखता है?

A. डाटा रजिस्टर
B. इन्स्ट्रक्शन रजिस्टर
C. एक्शन रजिस्टर
D. प्रोग्राम काउंटर
E. एक्युमुलेटर

73. कम्प्यूटर का माइक्रोप्रोसैसर

A. मशीन की भाषा नहीं समझता है
B. मशीन की भाषा और उच्च स्तरीय भाषा समझता है
C. केवल मशीन की भाषा समझता है
D. केवल उच्च स्तरीय भाषा समझता है
E. केवल एसेम्बली भाषा समझता है

74. स्क्रीन पर चुनाव करने के सेट को क्या कहते हैं?

A. मेनू B. रिवर्स वीडियो
C. एक्शन प्लान D. एडिटर
E. टेम्पलेट

75. PROM का पूर्ण रूप क्या है?

A. Programmable Read-Only Memory
B. Progressive Read-Only Memory
C. Periodic Read-Only Memory
D. Perfect Read-Only Memory
E. Program Read-Only Memory

76. यदि ई-मेल का प्रेषक टेक्स्ट संदेश को बोल्ड, इटैलिक आदि के साथ फार्मेट करना चाहे तो उसे निम्न में किसका प्रयोग करना चाहिए?

A. रिच सिग्नेचर B. रिच टेक्स्ट
C. रिच फार्मेट D. प्लेन फार्मेट
E. प्लेन टेक्स्ट

77. निम्न में से कौन-सा शब्द इंटरनेट से संबंधित नहीं है?

A. लिंक B. फंक्शन कुंजी
C. ब्राउजर D. सर्च इंजिन
E. हाइपरलिंक

78. डॉक्यूमेंट के टेक्स्ट को बाएं और दाएं दोनों हाशियों (मार्जिन) पर कौन-सी जस्टीफिकेशन एलाइन करती है?

A. राइट B. जस्टीफाई
C. दोनों साइड D. बैलेंस्ड
E. इनमें से कोई नहीं

79. LSI का पूर्ण रूप क्या है?

A. Low-Scale Internet
B. Large-Scale Internet
C. Low-Scale Integration
D. Large-Scale Integration
E. Local-Scale Integration

80. किसी टेक्स्ट को उसके मूल स्थान से डिलीट किए बिना दूसरे स्थान पर ले जाना _____ कहलाता है।
A. स्क्रोलिंग B. सर्चिंग
C. मूविंग D. कॉपिंग
E. हाल्टिंग

81. ऐक्सेल में, निम्न में से कौन-सा एक्टिव सेल भी है?
A. करंट सेल B. फार्मूला
C. रेंज D. सेल एड्रेस
E. इनमें से कोई नहीं

82. ई-मेल एड्रेस में क्या शामिल होता है?
A. डोमेन नाम और उसके बाद प्रयोक्ता का नाम
B. प्रयोक्ता का नाम और उसके बाद डोमेन नाम
C. प्रयोक्ता का नाम और उसके बाद डाक पता
D. प्रयोक्ता का नाम और उसके बाद गली का पता
E. इनमें से कोई नहीं

83. सामान्यता उस गुप्त कोड को क्या कहते हैं जो कुछ प्रोग्रामों में प्रवेश पर रोक लगाता है?
A. एक्सेस-कोड
B. पासपोर्ट
C. एंट्री-कोड
D. पासवर्ड
E. कीवर्ड

84. मेन का वह कौन-सा टाइप है जो आगे के सब-चॉइस दिखाता है?
A. रिवर्स B. टेम्पलेट
C. स्क्रॉल्ड D. रैप्ड
E. पुल डाउन

85. जब किसी अनजान प्रेषक से कोई ई-मेल मिले तो निम्न में से क्या करना सुरक्षित होता है?
A. प्रेषक के बारे में जानने के लिए इसे खोलो और उत्तर दो
B. खोलने के बाद उसे डिलीट करो
C. बिना खोले इसे डिलीट करो
D. खोलो और अंदाजा लगाने की कोशिश करो कि प्रेषक कौन हो सकता है
E. इनमें से कोई नहीं

86. मदरबोर्ड का दूसरा नाम है _____
A. माउस B. कम्प्यूटर बोर्ड
C. सिस्टम डिवाइस D. सेंट्रल बोर्ड
E. सिस्टम बोर्ड

87. वह कौन-सी विशेषता है जिससे स्क्रीन पर डाक्यूमेंट के किसी भाग को देखा जा सकता है?
A. सर्चिंग B. पेस्टिंग
C. स्क्रॉलिंग D. एडिटिंग
E. कॉपिंग

88. किस खास विशेषता के माध्यम से एक्सेल डाटा से परिणामों की डायनामिकली गणना कर पाता है?
A. गोटू B. टेबल
C. चार्ट D. डायग्राम
E. फार्मूला एवं फंक्शन

89. हार्ड डिस्क किस प्रकार की स्टोरेज है?
A. नॉन-पर्मानेंट B. वोलेटाइल
C. टेम्परेरी D. नॉन-वोलेटाइल
E. इनमें से कोई नहीं

90. निम्न में से कौन-सा हार्डवयर है सॉफ्टवेयर नहीं है?
A. एक्सेल B. प्रिंटर ड्राइवर
C. ऑपरेटिंग सिस्टम D. पावर पाइंट
E. माउस

91. _____ से प्रयोक्ता फाइलों को किसी ऑनलाइन साइट पर अपलोड कर सकते हैं ताकि उन्हें किसी दूसरी लोकेशन से देखा और एडिट किया जा सके।
A. जनरल-परपज एप्लिकेशन
B. माइक्रोसॉफ्ट आउटलुक
C. वेब-होस्टिड प्रौद्योगिकी
D. ऑफिस लाइव
E. इनमें से कोई नहीं

92. कौन-सी विशेषता टॉप और बॉटम मार्जिन को एड्जेस्ट करती है ताकि छपे हुए पृष्ठ पर टेक्स्ट वर्टिकली सेंटर में हो?
A. वर्टिकल जस्टीफाइंग B. वर्टिकल एड्जेस्टिंग
C. ड्यूल सेंट्रिंग D. हॉरिजॉन्टल सेंट्रिंग
E. वर्टिकल सेंट्रिंग

93. इनमें से कौन-सा इंटरनेट पर व्यक्तिगत सम्प्रेषण का साधन **नहीं** है?

A. चैट
B. इन्स्टैंट मैसेजिंग
C. इन्स्टानोट्स
D. इलेक्ट्रॉनिक मेल
E. इनमें से कोई नहीं

94. टेक्स्ट डॉक्यूमेंट को बनाने, एडिट करने, फार्मेट करने, स्टोर करने, रिट्रीव और प्रिंट करने के लिए कुल मिलाकर एक शब्द कौन-सा है?

A. वर्ड प्रोसैसिंग
B. स्प्रैडशीट डिजाइन
C. वेब डिज़ाइन
D. डाटाबेस प्रबंधन
E. प्रेजेंटेशन जेनरेशन

95. चौथी पीढ़ी की मोबाइल प्रौद्योगिकी बढ़ी हुई क्षमताएं प्रदान करती है जिसमें फुल मोशन वीडियो, हाईस्पीड इंटरनेट एक्सेस और वीडियो कान्फ्रेंसिंग सहित _______ डाटा दोनों को ट्रांसफर किया जा सकता है।

A. वीडियो डाटा और इनफॉरमेशन
B. वॉइस एवं नॉन वॉइस
C. म्यूजिक एवं वीडियो
D. वीडियो एवं ऑडियो
E. इनमें से कोई नहीं

96. _______ सर्विस अटैक के डिनायल का एक रूप है जिसमें एक हॉस्टाइल क्लाइंट नकली IP एड्रेसों का प्रयोग करके सर्वर पर हरेक पोर्ट को बार-बार SYN पैकेट भेजता है।

A. साइबरगेमिंग क्राइम
B. मेमरी सेविंग
C. सिन फ्लडिंग
D. सॉफ्टवेयर पाइरेसी
E. इनमें से कोई नहीं

97. इनमें से कौन-सा पाइंट-एंड-ड्रॉ डिवाइस है?

A. माउस
B. स्कैनर
C. प्रिंटर
D. CD-ROM
E. की बोर्ड

98. इंटरसेक्टिंग कॉलम और रो का अक्षर और अंक _______ होता है।

A. सेल लोकेशन
B. सेल पोजीशन
C. सेल एड्रेस
D. सेल कोऑर्डिनेट्स
E. सेल कन्टेन्ट्स

99. नियमों के उस सेट को _______ कहते हैं जो कंप्यूटर को बताता है कि क्या आपरेशन करना है?

A. प्रोसीजरल लैंग्वेज
B. स्ट्रक्चर्स
C. नैचरल लैंग्वेज
D. कमांड लैंग्वेज
E. प्रोग्रामिंग लैंग्वेज

100. प्रोग्राम के टेस्ट रिजल्ट और प्रिंटआउट के साथ-साथ प्रोग्रामिंग चक्र और प्रोग्राम का विस्तृत लिखित विवरण _______ कहलाता है।

A. डॉक्यूमेंटेशन
B. आउटपुट
C. रिपोर्टिंग
D. स्पेक शीट्स
E. डाइरेक्टरी

101. उन फार्मों को क्या कहते हैं जिनका प्रयोग बिजनेस डाटा को रोज और कॉलमों में व्यवस्थित करने के लिए किया जाता है?

A. ट्रांजेक्शन शीट्स
B. रजिस्टर
C. बिजनेस फार्म
D. शीट स्प्रेड्स
E. स्प्रैडशीट्स

102. पावर पाइंट में हेडर एवं फुटर बटन किस ग्रुप में इन्सर्ट टैब में ढूंढे जा सकते हैं?

A. इलस्ट्रेशन्स ग्रुप
B. ऑब्जेक्ट ग्रुप
C. टेक्स्ट ग्रुप
D. टेबल्स ग्रुप
E. इनमें से कोई नहीं

103. _______ प्रोग्रामों का एक सेट है जो कंप्यूटर के संसाधनों को प्रबंधित करने के लिए डिजाइन किया गया है और जिसमें कंप्यूटर शुरू करना, प्रोग्रामों को मैनेज करना, मेमरी को मैनेज करना और इनपुट तथा आउटपुट डिवाइसों के बीच के कार्यों का समन्वय करना शामिल है।

A. एप्लिकेशन सूट
B. कम्पाइलर
C. इनपुट/आउटपुट सिस्टम
D. इंटरफेस
E. ऑपरेटिंग सिस्टम (OS)

104. स्लाइड प्रेजेंटेशन की एक टिपिकल स्लाइड में _______ शामिल **नहीं** होगा।

A. फोटो इमेज, चार्ट और ग्राफ
B. ग्राफ और क्लिप आर्ट
C. क्लिप आर्ट और ऑडियो क्लिप
D. फुल-मोशन वीडियो
E. कन्टेन्ट टेम्पलेट

105. उस PC प्रोडक्टिविटी टूल को _______ कहते हैं जो रोज़ और कॉलमों में व्यवस्थित डाटा का मैनिपुलेट करता है।

A. स्प्रैडशीट
B. वर्ड प्रौसैसिंग डाकुमेंट
C. प्रेजेंटेशन मकैनिज्म
D. डाटाबेस रिकार्ड मैनेजर
E. EDI क्रिएटर

106. पेरेंथेसिस की एबसेन्स में ओपरेशन का क्रम है—

A. एक्स्पोनेंशिएशन, एडिशन और सबट्रेक्शन, मल्टीप्लिकेशन और डिविजन
B. एडिशन और सबट्रेक्शन, मल्टीप्लिकेशन और डिविजन, एक्स्पोनेंशिएशन
C. मल्टीप्लिकेशन और डिविजन, एक्स्पोनेंशिएशन, एडिशन और सबट्रेक्शन
D. एक्स्पोनेंशिएशन, मल्टीप्लिकेशन और डिविजन, एडिशन और सबट्रेक्शन
E. एडिशन और सबट्रेक्शन, एक्स्पोनेंशियशन, मल्टीप्लिकेशन और डिविजन

107. पेस्ट स्पैशल ऑप्शन ढूंढने के लिए, पावर पाइंट के _______ टैब पर क्लिपबोर्ड समूह का प्रयोग किया जाता है।

A. डिजाइन
B. स्लाइड शो
C. पेज लेआउट
D. इनसर्ट
E. होम

108. _______ प्रोग्राम वह होता है जो चलने के लिए तैयार होता है और इसमें किसी तरह आल्टरेशन **नहीं** करना होता है।

A. इंटरप्रीटर
B. हाई-लेवल
C. कम्पाइलर
D. COBOL
E. एक्जेक्यूटेबल

109. जिन फोल्डरों में टेम्परेरी इंटरनेट फाइलें रहती हैं, आमतौर पर उनमें डाउनलोड की गई _______ आप द्वारा विजिट की गई कुछ वेबसाइटों द्वारा आपके कंप्यूटर की हार्ड डिस्क पर राइट की जाती है।

A. एनॉनिमस फाइलें
B. बिहेवियर फाइलें
C. बैनर एड्स
D. लार्ज फाइलें
E. कुकीज़

110. रेवन्यूस, प्रोफिट और ग्रोस मार्जिन को पढ़ने के लिए फ्रेज, रेवन्यूस, प्रोफिट, ग्रोस मार्जिन के बदलने का सबसे आसान तरीका क्या है?

A. इनसर्ट मोड यूज करिए, कर्सर को ग्रोस में g से पहले पोजिशन करिए फिर स्पेस के बाद वर्ड टाइप कीजिए।
B. इनसर्ट मोड यूज कीजिए, ग्रोस में g के बाद कर्सर पोजिशन कीजिए और फिर स्पेस के बाद वर्ड टाईप कीजिए
C. ओवरटाइप मोड यूज कीजिए, ग्रोस में g से पहले कर्सर पोजिशन कीजिए और स्पेस के बाद वर्ड टाइप कीजिए
D. ओवरटाइप मोड यूज कीजिए, ग्रोस में g के बाद कर्सर पोजिशन कीजिए फिर स्पेस के बाद वर्ड टाइप कीजिए
E. इनमें से कोई नहीं

111. प्रोग्राम, या तो टॉक या म्यूजिक, जो इन्टरनेट पर ऑटोमैटिक डाउनलोड के लिए डिजिटल फार्मेट में उपलब्ध करायां जाता है, उसे कहते हैं—

A. wiki
B. ब्रोडकास्ट
C. वोडकास्ट
D. ब्लाग
E. पॉडकास्ट

112. थम्बनेल के रूप में कौन-सा पावर पाइंट व्यू प्रेजेंटेशन की प्रत्येक स्लाइड डिस्प्ले करता है और स्लाइड्स रिएरेंज करने के लिए उपयोगी है?

A. स्लाइड सोर्टर
B. स्लाइड शो
C. स्लाइड मास्टर
D. नोट्स पेज
E. स्लाइड डिजाइन

113. एक PC यूनिट के मदरबोर्ड पर विभिन्न घटक समानांतर इलेक्ट्रिकल कंडक्टिंग लाइनों के सेटों से आपस में जुड़े रहते हैं। इस लाइनों को क्या कहते हैं?

A. कन्डक्टर्स
B. बसेस
C. कनेक्टर्स
D. कन्सीक्यूटिव्स
E. इनमें से कोई नहीं

114. उन एप्लिकेशनों को क्या नाम दिया जाता है जिनमें टेक्स्ट, ध्वनि, ग्राफिक्स, मोशन वीडियो और/या एनिमेशन का मिश्रण होता है?

A. मोशनवेयर
B. एनिग्राफिक्स
C. वीडियोस्केप्स
D. मल्टीमीडिया
E. मैक्सोमीडिया

115. USB कम्यूनिकेशन डिवाइस जो नोटबुक यूजरों के लिए सेक्युअर वायरलेस कम्यूनिकेशन के लिए डाटा एन्क्रिप्शन सपोर्ट करता है उसे _______ कहते हैं।

A. USB वायरलेस नेटवर्क एडेप्टर
B. वायरलेस स्विच
C. वायरलेस हब
D. रूटर
E. इनमें से कोई नहीं

116. जिस तरह लोग मैथेमेटिकली सोचते हैं उसे _______ लैंग्वेज रिफ्लेक्ट करती है।

A. क्रास-प्लैटफार्म प्रोग्रामिंग
B. 3GL बिजनेस प्रोग्रामिंग
C. इवेन्ट-ड्रिवन प्रोग्रामिंग
D. फंक्शनल
E. इनमें से कोई नहीं

117. जब डॉक्यूमेंट में टेक्स्ट एंटर करते हैं, तो एंटर कुंजी सामान्यतया _______ के अंत में दबाई जाती है।

A. लाइन
B. वाक्य
C. पैराग्राफ
D. शब्द
E. फाइल

118. जब कंप्यूटरों का प्रयोग करते हुए इंटरनेट पर दो लोगों के बीच रीयल-टाइम टेलिफोन कॉल की जाती है तो उसे _______ कहते हैं।

A. चैट सैशन
B. ईमेल
C. इन्स्टैंट मैसेज
D. इंटरनेट टेलिफोनी
E. इनमें से कोई नहीं

119. किसी विंडो की साइजिंग में पहला कदम निम्न में से कौन-सा है?

A. टाइटल बार पर पाइंट करें
B. टूलबार को डिसप्ले करने के लिए व्यू मेनू को पुल डाउन करें
C. किसी कोने या बार्डर में पाइंट करें
D. व्यू मेनू को पुल डाउन करें और बड़े आइकॉन में बदलें
E. इनमें से कोई नहीं

120. जो व्यक्ति कंप्यूटर इनपुट के लिए अपने हाथों का प्रयोग **नहीं** कर पाते उनकी सहायता निम्न में से कौन सा सॉफ्टवेयर कर सकता है?

A. वीडियो कॉन्फ्रेंसिंग
B. स्पीच रिकॉग्नीशन
C. ऑडियो डिजिटाइजर
D. सिंथेसाइजर
E. इनमें से कोई नहीं

121. किसी डॉक्यूमेंट की _____ का अर्थ है कि फाइल किसी दूसरे कंप्यूटर से आपके कंप्यूटर में ट्रांसफर हो जाती है।

A. अपलोडिंग
B. रीयली सिंपल सिंडीकेशन (RSS)
C. एक्सेसिंग
D. डाउनलोडिंग
E. अपग्रेडिंग

122. CPU वर्तमान में जिन प्रोग्रामों और डाटा को प्रोसैस कर रहा होता है उन्हें स्टोर करने के लिए किस कंप्यूटर मेमरी का प्रयोग किया जाता है?

A. मास मेमरी
B. इंटरनल मेमरी
C. नॉन-वोलेटाइल मेमरी
D. PROM
E. इनमें से कोई नहीं

123. जो कंप्यूटर प्रोसैसों को नियंत्रित करते हैं वे डाटा को निरंतर _______ में स्वीकार करते हैं।

A. डाटा ट्रैफिक पैटर्न
B. डाटा हाईवे
C. इनफाइनाइट लूप
D. फीड बैक लूप
E. स्लॉट

124. किसी खास डिजाइन की विशेषताओं के सेट निम्न में से कौन-सा है?

A. कीफेस
B. फॉरमेशन
C. कैलीग्राफ
D. स्टेंसिल
E. टाइपफेस

125. पब्लिक और प्राइवेट एंटरप्राइज सारे कंप्यूटर प्लेटफार्मों और इंटरनेट पर एक-दूसरे से और उद्योग के विश्लेषकों के साथ पब्लिश और शेयर करने के लिए _______ का प्रयोग करते हैं।

A. एक्सटेंसिबल मार्कअप लैंग्वेज (EML)
B. एक्सटेंसिबल बिजनेस रिपोर्टिंग लैंग्वेज (XBRL)
C. एंटरप्राइज एप्लिकेशन इंटीग्रेशन (EAI)
D. सेल्ज फोर्स ऑटोमेशन (SFA) सॉफ्टवेयर
E. इनमें से कोई नहीं

126. गणना और तुलना के लिए कंप्यूटर के किस भाग का प्रयोग किया जाता है?

A. ALU B. कंट्रोल यूनिट
C. डिस्क यूनिट D. मोडम
E. इनमें से कोई नहीं

127. इंटरनेट एक्सेस के जिस तरीके में एक फोन लाइन की जरूरत होती है, लेकिन डायल अप से तेज एक्सेस स्पीड मिलती है उसे ______ कनैक्शन कहते हैं।

A. केबल एक्सेस
B. सैटेलाइट एक्सेस
C. फाइबर-ऑप्टिक सेवा
D. डिजिटल सब्सक्राइबर लाइन (DSL)
E. मोडम

128. ______ साफ्टवेयर ऑपरेटिंग सिस्टम, एप्लिकेशनों, फाइलों और डाटा सहित सारी हार्ड डिस्क की मिरर इमेज बनाता है।

A. ऑपरेटिंग सिस्टम B. बैकअप सॉफ्टवेयर
C. युटिलिटि प्रोग्राम D. ड्राइवर इमेजिंग
E. इनमें से कोई नहीं

129. URL क्या होता है?

A. कंप्यूटर सॉफ्टवेयर प्रोग्राम
B. प्रोग्रामिंग ऑब्जेक्ट का एक प्रकार
C. वर्ल्ड वाइड वेब पर डॉक्यूमेंट या "पेज" का एड्रेस
D. Unlimited Resources for Learning का संक्षिप्ताक्षर
E. हार्डवेयर का एक टुकड़ा

130. पुल डाउन मेनू में फेडिड (डिम हुई) कमांड का क्या महत्व है?

A. कमांड वर्तमान में एक्सेसिबल नहीं है
B. यदि कमांड को सिलेक्ट किया जाए तो डायलॉग बॉक्स सामने आता है
C. यदि कमांड को सिलेक्ट किया जाए तो हेल्प विंडो सामने आती है
D. इस कमांड विशेष के लिए कोई समकक्ष की-स्ट्रोक नहीं है
E. इनमें से कोई नहीं

131. आपके बिजनेस ने एक अन्य कंपनी के साथ एक कॉन्ट्रैक्ट किया है कि वे आपकी कंपनी के लिए इंटरनेट पर होस्ट रखेंगे और एप्लिकेशन रन करेंगे। आपके बिजनेस को यह सेवा देने वाली कंपनी ______ कहलाती है।

A. इंटरनेट सेवा प्रदाता
B. इंटरनेट एक्सेस प्रदाता
C. एप्लिकेशन सेवा प्रदाता
D. एप्लिकेशन एक्सेस प्रदाता
E. आउटसोर्स एजेंसी

132. ______ से आप अपनी ईमेल कहीं से भी एक्सेस कर सकते हैं।

A. फोरम B. वेबमेल इंटरफेस
C. मैसेज बोर्ड D. वेबलॉग
E. इनमें से कोई नहीं

133. Linkedin में निम्न में से क्या पाया जाता है?

A. गेम्स B. कनेक्शन
C. चैट D. एप्लिकेशन
E. इनमें से कोई नहीं

134. ______ एक ऐसी तकनीक है जिसका प्रयोग सिंगल लाइन पर एक से अधिक कॉल भेजने के लिए किया जाता है।

A. डिजिटल ट्रांसमिशन B. इन्फ्रारेड ट्रांसमिशन
C. डिजिटाइजिंग D. स्ट्रीमिंग
E. मल्टीप्लेक्सिंग

135. सर्च कम्पैनियन–

A. विनिर्दिष्ट फ्रेज वाली सभी फाइलों को लोकेट कर सकता है
B. अपनी सर्च को फोल्डरों के विनिर्दिष्ट सेट तक सीमित कर सकता है
C. विनिर्दिष्ट फ्रेज वाली सभी फाइलों को लोकेट कर सकता है और अपनी सर्च को फोल्डरों के विनिर्दिष्ट सेट तक सीमित कर सकता है
D. विनिर्दिष्ट फ्रेज वाली सभी फाइलों को लोकेट और इसकी सर्च को फोल्डरों के विनिर्दिष्ट सेट तक सीमित नहीं कर सकता है
E. इनमें से कोई नहीं

136. निम्न में से कौन-सा ईमेल का भाग **नहीं** हो सकता है?
A. Period (.) B. At sign (@)
C. Space ( ) D. Underscore (_)
E. इनमें से कोई नहीं

137. URL में निम्न में से कौन-सा अवश्य होना चाहिए?
A. प्रोटोकॉल आइडेंटिफायर
B. अक्षर www.
C. विशिष्ट रजिस्टर्ड डोमेन नाम
D. www. और विशिष्ट रजिस्टर्ड डोमेन नाम
E. प्रोटोकॉल आइडेंटिफायर, www. और विशिष्ट रजिस्टर्ड डोमेन नाम

138. निम्न में से कौन-सा इनफारमेशन सिस्टम मैनुफैक्चरिंग प्रोसैसों को अधिक दक्ष और ऊंची क्वालिटी का बनाने पर फोकस करता है?
A. कम्प्यूटर-एडिड मैनुफैक्चरिंग
B. कम्प्यूटर-इंटीग्रेटिड मैनुफैक्चरिंग
C. कम्प्यूटर-एडिड सॉफ्टवेयर इंजीनियरिंग
D. कम्प्यूटर-एडिड सिस्टम इंजीनियरिंग
E. इनमें से कोई नहीं

139. गलती एक एल्गोरिद्म है जिससे गलत परिणाम निकलते हैं, इसे _____ कहते हैं।
A. लॉजिकल एरर B. सिंटैक्स एरर
C. प्रोसीजरल एरर D. कम्पाइलर एरर
E. मशीन एरर

140. कनेक्टर पर भिन्न कनफिगरेशन में कनेक्शन को बदलने वाली डिवाइस है _____
A. कन्वर्टर B. कम्पोनैंट
C. अटैचमेंट D. अडैप्टर
E. वोल्टमीटर

141. सिलेक्टेड टेक्स्ट का सभी कैपिटल लेटर्स में चेंज करने के लिए, चेंज केस बटन क्लिक कर फिर _____ क्लिक करें।
A. UPPERCASE
B. UPPER ALL
C. CAPS LOCK
D. लॉक अपर
E. लार्ज साइज

142. उस व्यक्ति को क्या कहते हैं जो अपनी विशेषज्ञता का प्रयोग गैर-कानूनी ढंग से जानकारी लेने के लिए या नुकसान पहुंचाने के लिए दूसरे लोगों के कम्प्यूटरों को एक्सेस करता है?
A. हैकर B. एनालिस्ट
C. इन्स्टेंट मैसेंजर D. प्रोग्रामर
E. स्पैमर

143. जो डिवाइस केबल का प्रयोग किए बिना नेटवर्क से कनेक्ट हो जाती है उसे _____ कहते हैं।
A. डिस्ट्रीब्यूटिड B. फ्री
C. सेंट्रलाइज्ड D. ओपन सोर्स
E. इनमें से कोई नहीं

144. रियूजेबल ऑप्टिकल स्टोरेज का विशिष्ट एक्रोनिम _____ होगा।
A. CD B. DVD
C. ROM D. RW
E. ROS

145. सर्वाधिक सामान्य प्रकार के स्टोरेज डिवाइस हैं _____
A. परसिस्टेंट B. ऑप्टिकल
C. मैग्नेटिक D. फ्लैश
E. स्टील

146. कम्प्यूटर से पढ़े जाने वाले अलग-अलग लंबाई-चौड़ाई की लाइनों वाले कोड को क्या कहते हैं?
A. ASCII कोड B. मैग्नेटिक टेप
C. OCR स्कैनर D. बार कोड
E. इनमें से कोई नहीं

147. वेबसाइट का मुख्य पेज इसका _____ कहलाता है।
A. होम पेज B. ब्राउजर पेज
C. सर्च पेज D. बुकमार्क
E. इनमें से कोई नहीं

148. पार्ट नंबर, पार्ट डिस्क्रिप्शन और आर्डर किए गए पार्ट्स _____ का उदाहरण हैं।
A. कंट्रोल
B. आउटपुट
C. प्रोसेसिंग
D. फीड बैक
E. इनपुट

149. ओब्जेक्ट की प्रोपर्टीज एक्सेस करने के लिए, प्रयुक्त माउस टेकनीक है ____

A. ड्रैगिंग
B. ड्रापिंग
C. राइट-क्लिकिंग
D. शिफ्ट-क्लिकिंग
E. इनमें से कोई नहीं

150. डाटा स्टोर करने और परिकलन के लिए कम्प्यूटर ______ नम्बर सिस्टम का उपयोग करते हैं।

A. बाइनरी
B. ओक्टल
C. डेसिमल
D. हेक्साडेसिमल
E. इनमें से कोई नहीं

151. ____ व्यक्ति द्वारा की गई ऐसी कोशिश होती है कि वह अपनी गलत पहचान बताकर आपसे गोपनीय सूचना प्राप्त कर ले।

A. फिशिंग ट्रिप्स
B. कम्प्यूटर वायरस
C. स्पाईवेयर स्कैम
D. वाइरस
E. फिशिंग स्कैम

152. कॉपीराइट युक्त फाइलों को अपने मित्रों के साथ शेयर करना अनैतिक क्यों है?

A. यह अनैतिक नहीं है, क्योंकि यह वैध है
B. यह अनैतिक है क्योंकि फाइलें मुफ्त दी जा रही हैं
C. कॉपीराइट युक्त फाइलों को बिना अनुमति के शेयर करने से कॉपीराइट कानून भंग होता है
D. यह अनैतिक नहीं है क्योंकि फाइलें मुफ्त दी जा रही हैं
E. यह अनैतिक नहीं है—कम्प्यूटर को कोई भी एक्सेस कर सकता है

153. समग्र डाक्यूमेंट सिलेक्ट करने के लिए निम्नलिखित में किसे प्रयुक्त किया जा सकता है?

A. CTRL+A
B. ALT+F5
C. SHIFT+A
D. CTRL+K
E. CTRL+H

154. टेबल के कंटेंट्स को कॉलम की चौड़ाई में ऑटोमैटिकली फिट करने के लिए वर्ड को इंस्ट्रक्ट करने हेतु ______ बटन क्लिक कर ऑटो फिट कंटेंट्स को पॉइंट कीजिए।

A. फिट टु फॉर्म
B. फार्मेट
C. ऑटोसाइज
D. कंटेंट्स
E. ऑटोफिट

155. मल्टीपल प्रोसेसरों द्वारा दो या अधिक प्रोग्रामों का साथ-साथ प्रोसेसिंग है _____

A. मल्टीप्रोग्रामिंग
B. मल्टीटास्किंग
C. टाइम शेयरिंग
D. मल्टीप्रोसेसिंग
E. इनमें से कोई नहीं

156. डिस्क कंटेंट जो मैन्युफेक्चर के समय रिकार्ड किया जाता है और जिसे यूजर द्वारा चेंज या इरेज नहीं किया जा सकता है, वह _____ है।

A. मेमोरी-ओन्ली
B. राइट-ओन्ली
C. वन्स-ओन्ली
D. रन-ओन्ली
E. रीड-ओन्ली

157. आपके कम्प्यूटर में बनी स्थायी मेमोरी को क्या कहते हैं?

A. RAM
B. फ्लॉपी
C. CPU
D. CD-ROM
E. ROM

158. एक्सेल में डिफाल्ट व्यू ____ व्यू होता है।

A. वर्क
B. ऑटो
C. नोर्मल
D. रोमन
E. इनमें से कोई नहीं

159. एक्सेल में ऐक्टिव सेल के कंटेंट्स को कौन डिस्प्ले करता है?

A. नेम बॉक्स
B. रो हेडिंग्स
C. फॉर्मूला बार
D. टास्कपेन
E. इनमें से कोई नहीं

160. वर्ड में आप ____ एक पेज ब्रेक फोर्स कर सकते हैं।

A. कर्सर को उचित स्थान पर रखकर और F1 को प्रेस कर
B. कर्सर को उचित स्थान पर रखकर और Ctrl+Enter प्रेस कर
C. इनसर्ट/सेक्शन ब्रेक का प्रयोग कर
D. आपके डॉक्यूमेंट का फॉन्ट साइज चेंज कर
E. इनमें से कोई नहीं

161. किसी फर्म के सभी ट्रांजेक्शनों की एक ही बार में ग्रुपिंग और प्रोसेसिंग करने को क्या कहते हैं?

A. डाटाबेस प्रबंध प्रणाली
B. बैच प्रोसेसिंग
C. रीअल टाइम सिस्टम
D. ऑन लाइन सिस्टम
E. इनमें से कोई नहीं

162. हेल्प मेनु किस बटन पर उपलब्ध है?
A. एंड
B. स्टार्ट
C. टर्नऑफ
D. रिस्टार्ट
E. रिबूट

163. आप अपनी पर्सनल फाइल्स/फोल्डर्स _____ में रख सकते हैं।
A. माई फोल्डर
B. माई डॉक्यूमेंट्स
C. माई फाइल्स
D. माई टेक्स्ट
E. इनमें से कोई नहीं

164. बहुत से PCs, वर्कस्टेशन्स और अन्य कम्प्यूटरों के लिए डाटा और प्रोग्राम्स के कलेक्शन होल्ड करने वाला सेंट्रल कम्प्यूटर _____ कहलाता है।
A. सुपरकम्प्यूटर
B. मिनी कम्प्यूटर
C. लैपटॉप
D. सर्वर
E. इनमें से कोई नहीं

165. जब आप इसमें सेव करते हैं, तो डाटा कम्प्यूटर बंद करने के बाद भी यथावत् रहता है।
A. RAM
B. मदर बोर्ड
C. सेकेंडरी स्टोरेज डिवाइस
D. प्राइमरी स्टोरेज डिवाइस
E. इनमें से कोई नहीं

166. _____ फोल्डर ऐसे संदेशों की प्रति रख लेता है जिसमें आपने शुरू किया हो पर वह अभी भेजने को तैयार न हो।
A. ड्राफ्ट
B. आउटबॉक्स
C. एड्रेस बुक
D. सेंट आइटम
E. इनबॉक्स

167. आप अधिक जानकारी देकर सर्च को _____ कर सकते हैं ताकि सर्च इंजन छोटे, अधिक उपयोगी परिणाम समूहों का प्रयोग कर सकता है।
A. रिफाइन
B. एक्सपैंड
C. लोड
D. क्वैरी
E. स्लोडाउन

168. कम्प्यूटर बंद होने पर ___ के कंटेंट्स निकल जाते हैं।
A. स्टोरेज
B. इनपुट
C. आउटपुट
D. मेमोरी
E. इनमें से कोई नहीं

169. _____ से आप एक ही ब्राउजर विंडो में एक साथ बहुत से वेब पेज खुले रख सकते हैं।
A. टैब बॉक्स
B. पॉप-अप हेल्पर
C. टैब रो
D. एड्रैस बार
E. इस्केप कुंजी

170. DVD _____ का एक उदाहरण है।
A. हार्ड डिस्क
B. ऑप्टिकल डिस्क
C. आउटपुट डिवाइस
D. सॉलिड-स्टेट स्टोरेज डिवाइस
E. इनमें से कोई नहीं

171. वर्कशीट का बेसिक यूनिट जिसमें आप एक्सेल में डाटा एंटर करते हैं उसे _____ कहते हैं।
A. टैब
B. सेल
C. बॉक्स
D. रेंज
E. इनमें से कोई नहीं

172. डिस्क को ट्रैकों और सेक्टरों में बांटने वाली प्रक्रिया _____ कहलाती है।
A. ट्रैकिंग
B. फारमैटिंग
C. क्रैशिंग
D. एलॉटिंग
E. इनमें से कोई नहीं

173. विशेष प्रकार के संगीत उपकरणों को साउंड कार्डो से कौन-सा पोर्ट जोड़ता है?
A. BUS
B. CPU
C. USB
D. MIDI
E. MINI

174. किसी कम्प्यूटर से इंटरनेट पर फाइलों को आपके कम्प्यूटर पर ट्रांसफर करने की प्रक्रिया को ____ कहते हैं।
A. डाउनलोडिंग
B. अपलोडिंग
C. FTP
D. JPEG
E. डाउनसाइजिंग

175. एक्सेल में _____ यूजरों को उन वर्कबुक्स को कॉपीज साथ लाने देता है जिन पर अन्य यूजरों ने स्वतंत्र रूप से कार्य किया है।
A. कापिइंग B. मर्जिंग
C. पेस्टिंग D. कंपाइलिंग
E. इनमें से कोई नहीं

176. यदि आप किसी दूसरे स्थान से इंटरनेट के जरिए अपने कम्प्यूटर से कनेक्ट करना चाहें तो आप ___ का प्रयोग कर सकते हैं।
A. ई-मेल B. FTP
C. इन्स्टेंट मैसेज D. टेलनेट
E. इनमें से कोई नहीं

177. वेब पेज को रीलोड करने के लिए _____ बटन दबाइए।
A. री-डू B. री-लोड
C. री-स्टोर D. कंट्रोल
E. रिफ्रेश

178. मोबाइल कॉमर्स सबसे अच्छे ढंग से कैसे वर्णित होता है?
A. विपणन में कियॉस्क का प्रयोग
B. उत्पादों को लाना–ले जाना
C. वायरलेस हैंडहेल्ड उपकरणों के जरिए वस्तु/सेवा का क्रय/विक्रय
D. विपणन में नोटबुक PC का प्रयोग
E. इनमें से कोई नहीं

179. वीडियो प्रोसेसरों में _____ और _____ होते हैं, जो इमेजिस को स्टोर व प्रोसेस करते हैं।
A. CPU व VGA
B. CPU व मेमोरी
C. VGA व मेमोरी
D. VGI व DVI
E. इनमें से कोई नहीं

180. _____ वे वर्ड्स हैं जिसे प्रोग्रामिंग लैंग्वेज ने अपने स्वयं के उपयोग हेतु अलग रखा है।
A. कंट्रोल वर्ड्स B. कंट्रोल स्ट्रक्चर्स
C. रिजर्व्ड वर्ड्स D. रिजर्व्ड कीस
E. इनमें से कोई नहीं

181. सेकंडरी स्टोरेज मीडिया से हार्ड डिस्क में सॉफ्टवेयर कॉपी करने की प्रक्रिया क्या कहलाती है?
A. कनफिग्युरेशन B. डाउनलोड
C. स्टोरेज D. अपलोड
E. इनस्टालेशन

182. यह ट्रांजेक्शन प्रोसेसिंग चक्र में पहला कदम ऑप्टिकल स्कैनिंग या इलेक्ट्रॉनिक कामर्स वेबसाइट जैसे विभिन्न माध्यमों से बिजनेस कैप्चर करता है।
A. डॉक्युमेंट एवं रिपोर्ट जेनरेशन
B. डाटाबेस मेनटेनेंस
C. ट्रांजेक्शन प्रोसेसिंग स्टार्ट-अप
D. डाटा एंट्री
E. इनमें से कोई नहीं

183. जब प्वाइंटर _____ पर रखा होता है, तो यह हाथ के आकार का होता है।
A. व्याकरण की गलती B. फॉर्मेटिंग की गलती
C. स्क्रीन टिप D. वर्तनी की गलती
E. हाइपरलिंक

184. कम्प्यूटर संक्षेप KB का सामान्यतः पूरा रूप क्या होता है?
A. Key Block B. Kernel Boot
C. Key Byte D. Kit Bit
E. Kilo Byte

185. स्टोरेज मीडिया के रूप में CD-ROM का लाभ निम्न में से कौन-सा है?
A. CD-ROM विशाल मात्रा में डाटा व सूचना को स्टोर करने का सस्ता वाला तरीका है
B. CD-ROM डिस्क डाटा और सूचना को मैग्नेटिक डिस्क की तुलना में जल्दी रिट्रीव करती है
C. CD-ROM मैग्नेटिक मीडिया की तुलना में कम त्रुटियां करता है
D. उपरोक्त सभी
E. इनमें से कोई नहीं

186. _____ एक विशेष विजुअल और ऑडियो इफेक्ट है जो पावरपाइंट में टेक्स्ट या कंटेंट को अप्लाई किया जाता है?
A. एनिमेशन B. फ्लैश
C. वाइप D. डिजोल्व
E. इनमें से कोई नहीं

187. डाटा/जानकारी को स्टोर करने के लिए निम्न में से कौन-सी स्टोरेज डिवाइस कड़ी स्थाई रूप से स्थापित मैग्नैटिक डिस्कों का प्रयोग करती है?

A. फ्लॉपी डिस्केट
B. हार्ड डिस्क
C. पर्मानेंट डिस्क
D. ऑप्टिकल डिस्क
E. इनमें से कोई नहीं

188. हार्डवेयर के उस टुकड़े को क्या कहते हैं जो आपके कम्प्यूटर के डिजिटल सिग्नल को एनालॉग सिग्नल में बदलता है और टेलिफोन लाइनों के जरिए यात्रा कर सकता है?

A. रेड वायर
B. ब्लू कॉर्ड
C. टॉवर
D. मोडम
E. इनमें से कोई नहीं

189. _____ बनाने के लिए पर्सनल कम्प्यूटर्स कनेक्ट किए जा सकते हैं।

A. सर्वर
B. सुपरकम्प्यूटर
C. नेटवर्क
D. एंटरप्राइज
E. इनमें से कोई नहीं

190. ____ शब्द का प्रयोग तब होता है जब सर्च इंजन खोज के मानदंड से मैच करके वेब पेज को वापस करता है।

A. ब्लॉग
B. हिट
C. लिंक
D. व्यू
E. सक्सेस

191. बाई डिफॉल्ट डॉक्यूमेंट................मोड में प्रिंट होता है।

A. लैंडस्केप
B. पोर्ट्रेट
C. पेज सेटअप
D. प्रिंट व्यू
E. इनमें से कोई नहीं

192. वर्ड प्रोसेसिंग प्रोग्रामों से किस प्रकार की फाइल बनाई जा सकती है?

A. डाटाबेस फाइल
B. स्टोरेज फाइल
C. वर्कशीट फाइल
D. डॉक्यूमेंट फाइल
E. इनमें से कोई नहीं

193. प्रयोक्ता डॉक्यूमेंट को जो नाम देता है उसे क्या कहते हैं?

A. फाइलनेम
B. प्रोग्राम
C. रिकॉर्ड
D. डाटा
E. इनमें से कोई नहीं

194. मौजूदा डॉक्यूमेंट को भिन्न नाम से सेव करना हो तो क्या करना होगा?

A. डॉक्यूमेंट को फिर से टाइप करें और भिन्न नाम दें
B. सेव ऐज कमांड का प्रयोग करें
C. मूल डॉक्यूमेंट को नए डॉक्यूमेंट में कॉपी व पेस्ट करें और फिर सेव करें
D. डॉक्यूमेंट को भिन्न लोकेशन पर कॉपी करने के लिए विंडोज एक्सप्लोरर का प्रयोग करें और फिर इसे रीनेम करें
E. इनमें से कोई नहीं

195. जब आपको कोई पाठ (Text) एक पृष्ठ से अलग पृष्ठ पर ले जाना हो, तब सबसे अच्छा तरीका है............

A. ड्रैग और ड्रॉप करें
B. कट और पेस्ट करें
C. डिलीट और री टाइप करें
D. फाइंड और रिप्लेस करें
E. इनमें से कोई नहीं

196. सेविंग यह .... की प्रक्रिया है।

A. मेमोरी से स्टोरेज माध्यम तक दस्तावेज कॉपी करना
B. दस्तावेज की वर्तमान स्थिति में बदलाव लाना
C. दस्तावेज का चेहरा अथवा समग्र स्वरूप को बदल देना
D. कुंजी पटल के प्रयोग से पाठ/टैक्स्ट को दर्ज करके दस्तावेज विकसित करना
E. इनमें से कोई नहीं

197. डायरेक्टरी में डायरेक्टरी को .... कहा जाता है।

A. मिनि डायरेक्टरी
B. जूनियर डायरेक्टरी
C. पार्ट डायरेक्टरी
D. सब डायरेक्टरी
E. इनमें से कोई नहीं

198. जूम आज्ञा/कमांड चयनित किए जाने से............

A. अलग दर्शन (व्यू) में दस्तावेज की कॉपी खोलता है
B. प्रदर्शित दस्तावेज की कॉपी प्रिंट करता है
C. प्रदर्शित दस्तावेज के विस्तारण में बदलाव लाता है
D. प्रदर्शित दस्तावेज की कापी सेव करता है
E. इनमें से कोई नहीं

199. यदि पहले सेव किया गया फाइल एडिट किया जाए, तब.............

A. परिवर्तन को स्टोर करने हेतु फाइल फिर से सेव करना जरूरी है

B. परिवर्तन अपने आप फाइल में सेव किए जाएंगे

C. एक पेज से ज्यादा लंबाई हो जाने पर ही फाइल सेव करनी होगी

D. इसका नाम बदलना होगा

E. इनमें से कोई नहीं

200. बजट सृजित किए जाने हेतु इस्तेमाल किए जानेवाले सॉफ्टवेयर को .... कहा जाता है।

A. वर्ड प्रोसेसिंग सॉफ्टवेयर B. ग्राफिक सॉफ्टवेयर

C. यूटिलिटी सॉफ्टवेयर D. स्प्रेडशीट सॉफ्टवेयर

E. इनमें से कोई नहीं

201. सेल में दर्ज किए गए अंकों और सूत्रों/फार्मूलों को .... कहा जाता है।

A. लेबल्स

B. आंकिक प्रविष्टियां/न्यूमरिक एंट्रीज

C. इंटरसेक्शन/छेदन

D. टेक्स्ट/पाठ

E. इनमें से कोई नहीं

202. माइक्रोसॉफ्ट ऑफिस यह .... का उदाहरण है।

A. क्लोज-सोर्स सॉफ्टवेयर

B. ओपन-सोर्स सॉफ्टवेयर

C. क्षितिज समानांतर मार्केट सॉफ्टवेयर

D. वर्टिकल मार्केट सॉफ्टवेयर

E. इनमें से कोई नहीं

203. आप...............का प्रयोग चयनित पाठ/टैक्स्ट को कापी करने और .... दस्तावेज में पेस्ट करने हेतु होता है।

A. Ctrl + C, Ctrl + V B. Ctrl + C, Ctrl + P

C. Ctrl + S, Ctrl + S D. Ctrl + D, Ctrl + A

E. इनमें से कोई नहीं

204. माइक्रोसॉफ्ट ऑफिस है-

A. डेस्कटॉप अनुप्रयोग B. ऑपरेटिंग सिस्टम

C. विंडो कमांड D. वेब डिजाइनिंग

E. इनमें से कोई नहीं

205. माइक्रोसॉफ्ट ऑफिस बनाया गया है-

A. माइक्रोसॉफ्ट Windows ऑपरेटिंग सिस्टम

B. मैक ओएस एक्स ऑपरेटिंग सिस्टम

C. A और B दोनों सही हैं

D. एंटी वायरस

E. इनमें से कोई नहीं

206. माइक्रोसॉफ्ट Word, माइक्रोसॉफ्ट Excel और माइक्रोसॉफ्ट Power Point हिस्सा हैं-

A. माइक्रोसॉफ्ट ऑफिस सूट

B. माइक्रोसॉफ्ट Windows

C. मैक ओएस एक्स

D. एडोब

E. इनमें से कोई नहीं

207. इस संस्करण के लिए पहले माइक्रोसॉफ्ट ऑफिस जारी किया गया था-

A. विंडोज ऑपरेटिंग सिस्टम

B. Apple Macintosh OS

C. Unix

D. Adobe

E. इनमें से कोई नहीं

208. MS ऑफिस का पहला संस्करण किस माइक्रोसॉफ्ट Windows ऑपरेटिंग सिस्टम के लिए है।

A. माइक्रोसॉफ्ट ऑफिस 3.0

B. माइक्रोसॉफ्ट ऑफिस 2003

C. माइक्रोसॉफ्ट ऑफिस 2007

D. माइक्रोसॉफ्ट XP

E. इनमें से कोई नहीं

209. प्रिन्ट के लिए कौन-सा मेनू सिलेक्ट किया जाता है—

A. Edit

B. Special

C. File

D. Tools

E. इनमें से कोई नहीं

210. माइक्रोसॉफ्ट वर्ड में शब्द संसाधक का प्रारूप है-

A. .doc B. .pdf

C. .txt D. .ttf

E. इनमें से कोई नहीं

उत्तरमाला

1	2	3	4	5	6	7	8	9	10
D	D	A	E	E	A	B	E	C	B
11	**12**	**13**	**14**	**15**	**16**	**17**	**18**	**19**	**20**
D	B	E	C	C	B	D	B	B	B
21	**22**	**23**	**24**	**25**	**26**	**27**	**28**	**29**	**30**
E	B	B	E	E	B	E	B	B	E
31	**32**	**33**	**34**	**35**	**36**	**37**	**38**	**39**	**40**
B	C	B	B	C	C	C	A	E	A
41	**42**	**43**	**44**	**45**	**46**	**47**	**48**	**49**	**50**
C	A	B	B	E	C	A	B	C	A
51	**52**	**53**	**54**	**55**	**56**	**57**	**58**	**59**	**60**
C	E	B	A	C	A	E	A	D	A
61	**62**	**63**	**64**	**65**	**66**	**67**	**68**	**69**	**70**
A	C	B	D	E	D	C	E	D	C
71	**72**	**73**	**74**	**75**	**76**	**77**	**78**	**79**	**80**
B	D	C	A	C	B	B	B	D	D
81	**82**	**83**	**84**	**85**	**86**	**87**	**88**	**89**	**90**
B	B	D	E	C	E	C	E	D	E
91	**92**	**93**	**94**	**95**	**96**	**97**	**98**	**99**	**100**
C	E	C	A	B	C	A	C	E	A
101	**102**	**103**	**104**	**105**	**106**	**107**	**108**	**109**	**110**
E	C	E	E	A	D	E	B	E	A
111	**112**	**113**	**114**	**115**	**116**	**117**	**118**	**119**	**120**
E	A	B	D	A	D	C	D	C	B
121	**122**	**123**	**124**	**125**	**126**	**127**	**128**	**129**	**130**
D	B	D	E	B	A	D	B	C	A
131	**132**	**133**	**134**	**135**	**136**	**137**	**138**	**139**	**140**
E	B	B	E	C	C	C	B	A	A
141	**142**	**143**	**144**	**145**	**146**	**147**	**148**	**149**	**150**
A	A	E	B	C	D	A	E	C	A
151	**152**	**153**	**154**	**155**	**156**	**157**	**158**	**159**	**160**
A	C	A	A	D	E	E	C	C	B
161	**162**	**163**	**164**	**165**	**166**	**167**	**168**	**169**	**170**
C	B	B	D	D	A	A	B	C	B
171	**172**	**173**	**174**	**175**	**176**	**177**	**178**	**179**	**180**
B	B	C	A	B	D	E	C	C	C
181	**182**	**183**	**184**	**185**	**186**	**187**	**188**	**189**	**190**
E	D	C	E	D	A	B	D	C	C
191	**192**	**193**	**194**	**195**	**196**	**197**	**198**	**199**	**200**
B	D	A	B	B	A	D	C	A	D
201	**202**	**203**	**204**	**205**	**206**	**207**	**208**	**209**	**210**
B	C	A	A	C	A	B	A	E	A

●●●

पुस्तकालय ज्ञान
(Library Knowledge)

पुस्तकालय एवं सूचना विज्ञान

पुस्तकालय का अर्थ

शिक्षा एवं सभ्यता के प्रसार के साथ-साथ पुस्तकालय की परिभाषा एवं उपयोगिता का भी विस्तार होता गया। आधुनिक युग में पुस्तकालय के कर्त्तव्य और उद्देश्य काफी बदल गये हैं। आज का पुस्तकालय संचित पुस्तकों का मात्र कोश-गृह ही नहीं, बल्कि यह सामाजिक जीवन के साथ हर सम्भव संबंध स्थापित करने वाला बहुसूत्री संस्थान है, जो नयी आवश्यकताओं को अपने साधनों द्वारा पूर्ण करने की युक्ति एवं सामग्रियों से सम्पन्न होता है।

आधुनिक पुस्तकालय का कार्य मात्र पाठकों को इच्छित पुस्तकें देना ही नहीं है, बल्कि समाज के व्यक्ति-व्यक्ति में ज्ञान-प्राप्ति की आकांक्षा पैदा करना और विभिन्न कार्यक्रमों द्वारा उसकी पूर्ति करना है। आधुनिक पुस्तकालय एक शैक्षणिक और सामाजिक केन्द्र हो गया है। ऐसे पुस्तकालयों को सार्वजनिक पुस्तकालयों की संज्ञा दी गयी है।

संयुक्त राष्ट्र संघ के शैक्षणिक, वैज्ञानिक और सांस्कृतिक संगठन (UNESCO) के घोषणापत्र के अनुसार आधुनिक सार्वजनिक पुस्तकालय की परिभाषा इस प्रकार की जा सकती हैः-

(क) सार्वजनिक पुस्तकालय जनता का, जनता के लिए, जनता द्वारा संचालित होने वाला ज्ञान-भंडार है।

(ख) सार्वजनिक पुस्तकालय एक ऐसा निबंध विश्वविद्यालय है, जहाँ जनता बिना किसी प्रतिबंध के ज्ञान प्राप्त करती है।

(ग) सार्वजनिक पुस्तकालय की सेवाएँ समाज का हर व्यक्ति बिना किसी प्रतिबंध के समान रूप से प्राप्त कर सकता है।

हमारे देश में अभी तक सार्वजनिक पुस्तकालय का अर्थ एवं प्रयोग बड़ा ही अस्पष्ट है। इसका प्रयोग ऐसे पुस्तकालय के संकेत देने के लिए होता है, जो अपने सामान्य सदस्यों को निर्धारित शुल्क अदा करने पर अपनी सामग्रियों का उपयोग करने की अनुमति देता है।

अन्तर्राष्ट्रीय रूप से स्वीकृत पुस्तकालय की परिभाषा के अनुसार सार्वजनिक या लोक पुस्तकालय वह है–

1. जिसे अधिकांश आर्थिक समर्थन सार्वजनिक कोष (सरकारी कोष) से मिलता है।
2. जो पाठकों के लिए निःशुल्क तथा जाति, धर्म, योनि आदि का बिना अंतर किए, पूर्णरूप से सार्वजनिक उपयोग के लिए खुला रहता है।
3. जो अनन्त स्वशिक्षा का माध्यम प्रस्तुत करने वाला सहायक शैक्षिक संस्थान समझा जाता है।
4. जो मुक्त रूप से बिना किसी पक्षपात और पूर्वाग्रह के पाठकों की बहुविध रुचियों को परितुष्ट करने वाला एवं विविध विषयों की विश्वसनीय जानकारी देने वाली शिक्षा-सम्बंधी सामग्रियों से सम्पन्न हों।

स्वतंत्रता-प्राप्ति के बाद भारत में ऐसे सार्वजनिक पुस्तकालयों की आवश्यकता तीव्रता से महसूस की जाने लगी है। ध्यान देने योग्य है कि सभी राष्ट्रीय नेता एकमत हैं कि पुस्तक पढ़ने की सुविधाएं सभी नागरिकों की साधन-सीमा के अन्तर्गत अवश्य पहुंचायी जानी चाहिए। लोकतंत्र में सभी को अपनी सत्ता का उपयोग करने का अधिकार है और बुद्धिमता से इसका उपयोग करने के लिए आवश्यक है कि प्रत्येक व्यक्ति को समुचित जानकार तथा चतुर होना चाहिए ताकि वह गलत और सही का निर्णय कर सके। पुस्तकों का अध्ययन मस्तिष्क के वातायन खोल देता है और पाठकों को समग्रता में समस्याओं को देखने तथा दृढ़ता से उन पर विचार करने की क्षमता प्रदान करता है। आज के राजनीतिज्ञ अच्छी तरह जानते हैं कि सरकारी नीतियों की विशेषताओं के विवेचन पर आधृत जनता का समर्थन, कानून के मजबूत पंजों से प्राप्त किये गये समर्थन की अपेक्षा अधिक स्थायी होता है। साक्षरता प्राप्ति इस समुचित जानकारी से युक्त समर्थन के पूर्व की आवश्यकता है। अतः इसमें कोई आश्चर्य नहीं कि हमारी लोकप्रिय सरकार की पुनर्निर्माण संबंधी योजनाओं में निरक्षरता के उन्मूलन की समस्या प्रमुखता से उपस्थित हुई है। निरक्षरता भारत के पुनर्निर्माण में बहुत बड़ा बाधक तत्व है। हमारे देश की कुल जनसंख्या का लगभग 102 करोड़ है, जिसका लगभग 35 प्रतिशत अशिक्षित है। राष्ट्र के पुनर्निर्माण के लिए उन्हें साक्षर बनाना अनिवार्य है। पुस्तकालय

साक्षरता प्रसार में महत्वपूर्ण योगदान देता है। कुछ लोगों की धारणा है कि पुस्तकालय केवल शिक्षितों के बीच ही प्रभावशाली सिद्ध हो सकता है। अतः बहुजन के अध्ययन और लेखन की क्षमता के अभाव में पुस्तकालयों की स्थापना तो अन्धों के नगर में रोशनी लाने के समान होगी। यह कथन पूर्णतः भ्रामक है। यह भी प्रायः कहा जाता है कि साक्षरता लाभ्रप्रद्र पेशे की प्रासंगिक उपज है, लोगों को जब तक यह विश्वास नहीं हो जाता कि विज्ञान विकास का नया द्वार खोलेगा, तब तक वे पढ़ने लिखने की तरफ पूरी रुचि लेने के लिए प्रेरित नहीं किए जा सकते। इसके विपरीत पुस्तकालय के समर्थकों तथा प्रचारकों का कथन है कि पुस्तकालय लोगों में ज्ञान-प्राप्ति की आकांक्षा पैदा करता है। आधुनिक पुस्तकालयों के साधन पुस्तकों तक ही सीमित नहीं है। अब इसके साधनों के रूप में चलचित्र, तस्वीर, रेडियो, टेलीविजन, कम्प्यूटर, फोटो कॉपिंग मशीन आदि उपलब्ध हैं। इन वैज्ञानिक सामग्रियों से अशिक्षित दिमाग पर भी गम्भीर प्रभाव पड़ता है। इनके द्वारा आज यह सम्भव हो गया है कि अशिक्षित जनसमुदाय के आगे सभ्यता के विकास रूपों के प्रेरणादायक दृश्य सुविधापूर्वक प्रदर्शित किये जा सकें। इन प्रदर्शनों से जब वे महसूस करेंगे कि यह चित्रगत या दृश्यगतय विस्तार उस आश्चर्यजनक प्रगति का एक अंश मात्र है, जो पुस्तकों के अक्षरों में निहित है, तो वे सचमुच पुस्तकीय- संदेशों के संचय के लिये प्रेरित होंगे। अतः यह तथ्य ग्रहण किया जा सकता है कि निरक्षरता निवारण अभियान में पुस्तकालय एक महत्वपूर्ण भूमिका अदा करता है और यह आवश्यक नहीं कि पहले से साक्षर लोगों के बीच ही पुस्तकालय का प्रसार हो सकता है।

पुस्तकालय विज्ञान के नियम

परिचय : पुस्तकालय विज्ञान के नियमों का प्रस्तुतीकरण डॉ. रंगनाथन ने किया था। इन्हें मौलिक नियम भी कहा जाता है। ऐसे नियम पांच प्रकार के हैं। ये संपूर्ण पुस्तकालय विज्ञान को नियंत्रित करते हैं। पुस्तकालयों के कार्य-संचालन के दौरान उत्पन्न होने वाली किसी भी समस्या के समाधान में वे सहायक होते हैं। किसी विशेष स्थिति में क्या सही है और क्या गलत इस निर्णय में वे पुस्तकालयकर्मियों का मार्गदर्शन करते हैं।

पुस्तकालय विज्ञान के नियमों का प्रतिपादन 1928 में हुआ था और इन नियमों और इनके निहितार्थों का रंगनाथन ने विस्तृत विवरण देते हुए 1931 में एक पुस्तक के रूप में प्रस्तुत किया। ये नियम निम्नलिखित हैं :

प्रथम नियम : पुस्तकें उपयोग के लिए होती हैं।
द्वितीय नियम : प्रत्येक पाठक की (मनपंसद) पुस्तक।
तृतीय नियम : प्रत्येक पुस्तक का अपना पाठक होता है।
चतुर्थ नियम : पाठक/सेवाकर्मी का समय बचाएं।
पंचम नियम : पुस्तकालय एक विकासमान जीव है।

प्रथम नियम : पुस्तकें उपयोग के लिए होती हैं :

पुस्तकों के संबंध में मूल बात यह है कि वे उपयोग के लिए होती हैं। 15वीं और 16वीं शताब्दियों में पुस्तकें ताकों पर रखी रहती थीं। उन्हें पीतल की चौखटों में भरकर ताकों पर रख दिया जाता था। उन दिनों पुस्तकालय सिर्फ परिरक्षण के लिए किए गए संघटन माने जाते थे और उनके उपयोग को बढ़ावा देने के लिए कुछ नहीं किया जाता था।

पुस्तकालयकर्मियों को अपना वह उदात्त उद्देश्य कभी नहीं भूलना चाहिए जिसके लिए उन्हें उच्च स्तरीय शिक्षा, प्रशिक्षण परिलब्धियाँ और हैसियत प्राप्त हुई हैं। उन्हें इस बात का ध्यान रखना चाहिए कि पाठक पुस्तकों का अधिकतम उपयोग कर सकें। उन्हें पुस्तकालय को हर दृष्टि से अद्यतन बनाए रखना चाहिए। उनका यह परम कर्त्तव्य है कि वे पाठकों को प्रमुदित रखें और यह समझें कि पाठक पुस्तकालय में सिर्फ पुस्तकें पढ़ने के लिए नहीं अपितु पुस्तकालयक्ष और उसके कर्मचारियों से मिलने के लिए भी आते हैं।

द्वितीय नियम : प्रत्येक पाठक की (मनपंसद) पुस्तक : प्राचीन काल का नियम 'पुस्तकें परिरक्षण के लिए है की अवधारणा को प्रतिस्थापित करता है। इसी प्रकार द्वितीय नियम उपभोक्ताओं का पक्ष लेता है। यह इस बात पर बल देता है कि प्रत्येक पाठक को उसकी पंसद की पुस्तक मिलनी चाहिए।

तृतीय नियम : प्रत्येक पुस्तक का अपना पाठक होता है। यह नियम बतलाता है कि प्रत्येक पुस्तक का उपयुक्त पाठक खोजना चाहिए।

भारत में पुस्तकालय और सूचना विज्ञान शिक्षा

इतिहास : विश्व में प्रथम पुस्तकालय स्कूल का आरंभ अमेरिका में मेल्विल डीवे ने 1887 में किया। उसके बाद उसके एक शिष्य डब्ल्यू.य. बोर्डन ने राज्य पुस्तकालय प्रणाली में व्यवस्थापित पुस्तकालयों में नियुक्तियों के लिए काडर बनाने हेतु भारत के बड़ौदा में पुस्तकालय दक्षता में प्रशिक्षण का कार्य 1911 में शुरू किया। 1913 में शहरी पुस्तकालयों में कार्यरत पुस्तकालयाध्यक्षों के लिए दूसरा प्रशिक्षण वर्ग आरंभ किया गया। बोर्डन के भारत

से विदा होने के बाद भी ये प्रशिक्षण वर्ग चलते रहे। तथापि जैसाकि कुछ प्रतिवेदनों से पता चलता है, सेवाकाल में प्रशिक्षण की व्यवस्था कोलकाता में इंपिरियल लायब्रेरी (अब राष्ट्रीय पुस्तकालय) के प्रथम पुस्तकालयध्यक्ष जॉन मैक्फारलेन (1901-1906) द्वारा शुरू की गई। बाद के वर्षों में अन्य पुस्तकालयों से सेवाकर्मियों, यहाँ तक कि गैर पुस्तकालयाध्यक्षों से इन पुस्तकों तथा अन्य प्रलेखों के लेन-देन से संबद्ध व्यक्तियों के लिए प्रशिक्षण के कार्यक्रम आरंभ किए गए।

एक अधिक सुव्यवस्थित प्रशिक्षण कार्यक्रम असाडॉन डिकेन्सन नामक एक अन्य अमेरिकी पुस्तकालयाध्यक्ष ने पंजाब विश्वविद्यालय, लाहौर (अब पाकिस्तान) में शुरू किया। यह भारत में पहला विश्वविद्यालय पाठ्यक्रम था। डिकेन्सन ने 'द पंजाब लायब्रेरी प्राइमर नामक एक नियम पुस्तिका भी विद्यार्थियों के उपयोग के लिए तैयार की थी।

पुस्तकालयों और सूचना विज्ञान पर यू.जी.सी. पैनल (1979) दिल्ली के विश्वविद्यालय विभाग ने विश्वविद्यालय अनुदान आयोग की वित्तीय सहायता से निम्नलिखित विषयों पर 1973 और 1977 में दो संगोष्ठियां आयोजित कीं।

1. पुस्तकालय विज्ञान में अध्यापन और मूल्यांकन की विधियों पर अखिल भारतीय कार्यशाला, 15-30 मई, 1973।
2. भारत में पुस्तकालय और सूचना विज्ञान शिक्षा पर अखिल भारतीय संगोष्ठी, 3-8 अक्टूबर, 1977।

इन कार्यक्रमों की अनुशंसाओं तथा विभिन्न विषयों के लिए प्रस्तावित पाठ्यक्रमों पर यूजीसी के पुस्तकालय और सूचना विज्ञान संबंधी पैनल ने व्यापक विचार-विमर्श किया।

कोर्सेज़

सर्टिफिकेट कोर्स : सी.एल.सी. कोर्सेज नामांकन के लिए एस. एस.सी. न्यूनतम अर्हता होनी चाहिए।

डिग्री कोर्स : स्नातक डिग्री अथवा इसकी समकक्ष योग्यता। फिर भी स्नातकोत्तरों को वरीयता देय।

निम्नलिखित वरीयता का पालन किया जाएगा।

(अ) प्रथम श्रेणी में मास्टर डिग्री धारक
(ब) प्रथम श्रेणी में डिग्री धारक
(स) द्वितीय श्रेणी में मास्टर डिग्री धारक
(द) द्वितीय श्रेणी में डिग्री धारक

स्नातकोत्तर कोर्स

कार्यरत पुस्तकाध्यक्षों की मांग के मद्देनजर अधिकतम 50 प्रतिशत सीटें उनके लिए आरक्षित होंगी।

कार्यरत पुस्तकाध्यक्षों का चयन (अ) अनुभव, (ब) योग्यता और (स) अन्तर्वीक्षा पर हो।

नए लोगों का चयन (अ) योग्यता, (ब) नामांकन जांच, और (स) अन्तर्वीक्षा पर हो।

लगभग 5 प्रतिशत सीटें बी.एल.आई.एस.सी और एम.एल. आई.एस.सी. दोनों स्तरों पर बैठे प्रत्याशियों के लिए रखी जाएं जो विश्वविद्यालय के इलाके से बाहर के हैं।

विश्वविद्यालय अनुदान आयोग पुनरीक्षण समिति द्वारा अनुशंसित कर्मियों-छात्रों के अनुपात (1:10 बी.एल.आई.एस.सी. और 1:5 एम.एल.आई.एस.सी. के स्तर पर) का पालन ईमानदारी से किया जाए।

नियोजन की वर्तमान स्थिति को ध्यान में रखते हुए विभिन्न कोर्सेज़ के लिए निम्नलिखित नामांकन संख्या अनुशंसित की जाती है।

बैचलर ऑफ लायब्रेरी एंड इन्फॉर्मेशन साइंस : 20 - 30
मास्टर ऑफ लायब्रेरी एंड इन्फॉर्मेशन साइंस : 5 - 10
एम.फिल : 5

शिक्षा का माध्यम

सी.आई.एस.सी : अंग्रेजी अथवा क्षेत्रीय भाषा +2, +3
बी.एल.आई.एस.सी.स्तर : अंग्रेजी को तरजीह दी जाए।
एम.एल.आई.एस.सी. एम.फिल : सिर्फ अंग्रेजी।

वित्त-प्रबंधन

अनावर्ती व्यय : नए विभाग की योजना बनाते समय अथवा मौजूदा विभाग की स्थिति में सुधार लाने के लिए निम्नलिखित अनावर्ती व्यय का प्रावधान किया जाना चाहिए।

(अ) विभाग का पुस्तकालय 65,000 रुपए
(ब) कार्यशाला प्रयोगशाला 25,000 रुपए

आवर्ती व्यय : वेतन, आकस्मिक व्यय, कार्यकाल/पुस्तकालय के उपकरण, इत्यादि सामान्य मदों के लिए प्रावधान के अतिरिक्त पुस्तकालय और सूचना विज्ञान किसी विभाग के आय-व्यय में निम्नांकित उद्देश्यों के लिए व्यय का प्रावधान शामिल किया जाना चाहिए।

संस्थापन एवं संपोषण

(अ) **विभाग का पुस्तकालय :** 25,000 रुपए

(ब) **कार्यशाला/प्रयोगशाला :** 60,000 रुपए

(स) **तदर्थ अनुदान :** वर्गीकरण अनुसूचियाँ, सूचीपत्र संकेतकियाँ, विषय शीर्षक जैसे संदर्भ उपकरणों, नियमावलियों के लिए संस्करण प्राप्त करने के लिए तदर्थ अनुदानों का परिकलन विभाग की वास्तविक आवश्यकताओं के आधार पर किया जाना चाहिए। (यूजीसी पैनल, 1982)

यूजीसी पाठ्यक्रम विकास समिति (भारत) (1992)

पुस्तकालय और सूचना विज्ञान पर गठित यूजीसी की पाठ्यक्रम विकास समिति ने अपने प्रतिवेदन में बैचलर ऑफ लायब्रेरी एंड इन्फार्मेशन साइंस और मास्टर ऑफ लायब्रेरी एंड इन्फार्मेशन साइंस पर पाठ्य-पत्रों की अलग-अलग योजनाएं प्रस्तुत की हैं:

(अ) बैचलर ऑफ लायब्रेरी एंड इन्फार्मेशन साइंस

1. पुस्तकालय और सूचना समाज
2. पुस्तकालय और सूचना प्रबंधन
3. पुस्तकालय वर्गीकरण सिद्धांत और व्यवहार
4. पुस्तकालय सूचीपत्र निर्माण और विषय सूचीकरण-सिद्धांत और व्यवहार।

(ब) मास्टर ऑफ लायब्रेरी एंड इन्फार्मेशन साइंस

1. **सूचना और संचार** : उद्भव और विकास
2. **पुस्तकालय और सूचना प्रबंधन** : स्रोत और सेवाएं
3. कंप्यूटर प्रौद्योगिकी, पुस्तकालय स्वचालन और सूचना प्रणालियाँ
4. सूंचना संसाधन और पुनर्प्राप्ति
5. शोध विधि-तंत्र और सूचना विज्ञान

वैकल्पिक विषय

उपर्युक्त पाठ्य-पत्रों के अतिरिक्त बैचलर ऑफ लायब्रेरी एंड इन्फार्मेशन स्तर पर निम्नलिखित वैकल्पिक विषयों का सुझाव दिया गया :

1. विद्यालय और बाल-पुस्तकालय
2. विश्वविद्यालय और महाविद्यालय के पुस्तकालय
3. लोक पुस्तकालय प्रणाली
4. सरकारी विभागीय पुस्तकालय
5. शोध और विकास पुस्तकालय
6. अभिलेखागार पुस्तकाध्यक्षता
7. अभियांत्रिकी और प्रौद्योगिकी पुस्तकालय और सूचना प्रणाली
8. चिकित्सीय पुस्तकाध्यक्षता
9. कृषि पुस्तकालय और सूचना प्रणाली
10. विधि पुस्तकालय
11. संगीत पुस्तकालय
12. औद्योगिक पुस्तकालय और सूचना प्रणाली
13. पांडुलिपि विज्ञान
14. स्थानीय अध्ययन पुस्तकाध्यक्षता
15. पुस्तकालय के भवन, साज-समान और उपस्कर
16. पुस्तकेतर सामग्रियाँ

मास्टर ऑफ लायब्रेरी एंड इन्फार्मेशन स्तर पर निम्नलिखित वैकल्पिक विषय सुझाए गए :

1. तुलनात्मक और अंतर्राष्ट्रीय पुस्तकाध्यक्षता
2. उच्च शिक्षा और शैक्षिक पुस्तकालय प्रणाली
3. संचार, जनमाध्यम और लोक पुस्तकालय
4. ग्रंथावली विषयक नियंत्रण
5. पुस्तकालय और सूचना विज्ञान की तकनीकी

यूजीसी आदर्श पाठ्यक्रम (2005)

विश्वविद्यालय अनुदान आयोग ने विषय पैनल की अनुशांसाओं के आलोक में 1998 में पाठ्यक्रम विकास समिति का गठन किया। डॉ. सी. आर. कारिसिद्दप्पा उस समिति के 'केन्द्र बिन्दु (संयोजक) थे। इस समिति ने मास्टर ऑफ लायब्रेरी एंड इन्फार्मेशन साइंस के लिए एक समेकित दो वर्षीय (= 4 सिमेस्टर यानी छमाही सत्र) कार्यक्रम की संस्तुति की।

पाठ्य-पत्रों की योजना इस प्रकार है :

1. पुस्तकालय और सूचना विज्ञान के आधार।
2. ज्ञान संघटन, सूचना संसाधन और पुनर्प्राप्ति (टी.)।
3. ज्ञान संघटन, सूचना संसाधन और पुनर्प्राप्ति (पी.)।
4. सूचना प्रविधि : बुनियादी बातें।
5. पुस्तकालय और सूचना केंद्रों का प्रबंधन।
6. सूचना-स्रोत और सेवाएं (टी)।
7. सूचना स्रोत और सेवाएं (पी)।
8. पुस्तकालय और उसके उपभोक्ता।
9. सूचना विज्ञान के मूल सिद्धांत।
10. सूचना-विश्लेषण, पुनर्सवेष्टन (रीपैकेजिंग), संपिंडन।

11. सूचना की पुनर्प्राप्ति।
12. सूचना प्रौद्योगिकी के अनुप्रयोग (टी)।
13. सूचना प्रौद्योगिकी के अनुप्रयोग (टी)।
14. शोध विधियां और सांख्यिकीय प्रविष्टियां।
15. विकल्प।
16. शोध प्रबंध। परियोजना कार्य।

सार्वजनिक पुस्तकालय

एल.आर. मेकॉल्विन के अनुसारः "सार्वजनिक पुस्तकालय वे पुस्तकालय हैं, जिनके द्वार क्षेत्र विशेष में रहने वाले (समय-समय पर अन्य की भी) समस्त व्यक्तियों को निःशुल्क सेवा उपलब्ध हो तथा जिसके पास व्यक्तियों एवं जन समुदायों के विभिन्न व्यापक हितों को यथा-सम्भव पूर्ण करने के लिए विशुद्ध पुस्तक संग्रह हो, जिसे वे प्रत्येक व्यक्ति को बिना किसी धार्मिक, राजनैतिक एवं अन्य भेदभाव के निःशुल्क उपलब्ध करा सकें।

पुस्तकालय सलाहकार समिति ने अपने प्रतिवेदन में सार्वजनिक पुस्तकालय की अन्तर्राष्ट्रीय स्तर पर स्वीकृत परिभाषाओं की चर्चा करते हुए लिखा है कि सार्वजनिक पुस्तकालय वे हैं–

1. "जो अधिकांशतः लोक वित्त से संचालित होते हैं ;
2. जो पाठकों से कोई शुल्क प्राप्त नहीं करता है, तब भी बिना जाति, मत अथवा लिंग-भेद के समस्त जनता के पूर्ण उपयोग के लिए खुला रहता है;
3. जो एक सहायक शैक्षणिक संस्था के रूप में वांछनीय रहता है और स्व-शिक्षा का असीम साधन बनता है; तथा
4. जो अध्ययन सामग्री को संग्रहीत रखते हुए निर्बाध रूप से बिना पक्षपात के अथवा अपकार के अधिक से अधिक विभिन्न विषयों पर पाठकों की रुचियों को सन्तुष्ट कर विश्वसनीय सूचना प्रदान करता है।

सी.जी. विश्वनाथन के मतानुसार सार्वजनिक पुस्तकालय की विश्व-सम्मत परिभाषा निम्नानुसार है–

"वे पुस्तकालय जिनका प्रबन्ध स्थानीय प्रशासन द्वारा पूर्णतः अथवा अधिकांशतः अपने ही व्यय से हो, उसका शासन अथवा संगठन प्राधिकारी एवं समिति द्वारा हो उसकी सेवा अपने क्षेत्र के सभी नागरिकों को बिना रंग, जाति व अन्य किसी भेद-भाव के निःशुल्क प्राप्त हो।

सार्वजनिक पुस्तकालय के उद्देश्य

सार्वजनिक पुस्तकालय का उद्देश्य है जन समुदाय को प्रबुद्ध नागरिक बनने के लिए प्रेरित करना, उसकी उन्नति के लिए पाठ्य-सामग्री संग्रहीत करना तथा उसके संरक्षण और वितरण की व्यवस्था करना। स्पष्ट है कि प्रजातन्त्र को सुदृढ़ बनाने के लिए एक सफल पुस्तकालय प्रणाली अत्यन्त आवश्यक है। पुस्तकालय जनता को नवीनतम सूचनाएं प्रदान कर, स्वस्थ जनमत निर्माण में योग देते हैं तथा पाठकों में अध्ययन के प्रति रुचि उत्पन्न करते हैं।

यूनेस्को (UNESCO) द्वारा सन् 1949 में पहला सार्वजनिक पुस्तकालय घोषणा-पत्र (First Public Library Manifesto) प्रकाशित किया गया जिसमें उसके निम्नलिखित उद्देश्य बताए गए हैं–

1. पाठकों की माँग के अनुसार पुस्तकें, पत्र-पत्रिकाएं, समाचार-पत्र, मानचित्र, संगीत, रिकार्डस आदि सामग्री संग्रहीत करें और गीत उपयोग के लिए हर सुविधा प्रदान करे।
2. ज्ञान के क्षेत्र में होने वाले आविष्कार, अन्वेषण, अनुंसधान तथा विकास से सम्बन्धित उपयोगी और अद्यतन सामग्री का संकलन करे और उनके माध्यम से अर्जित तथा भविष्य में अर्जित किए जाने वाले ज्ञान में समन्वय स्थापित करे।
3. बालक, युवा, वृद्ध, नर-नारी सभी को स्वतः शिक्षा प्राप्त करने के लिए प्रोत्साहित करे और उसे निरन्तर बनाए रखने के अवसर प्रदान करें।
4. वैयक्तिक सूचना, मनोरंजन के लिए अवकाश के क्षणों का सदुपयोग करने का अवसर प्रदान करे।
5. ज्ञान के विकास और अनुसंधान कार्य में संलग्न, पाठकों को निरन्तर सहयोग प्रदान करे।
6. अपने प्रतिदिन के कार्यों में अधिकतम कुशलता और निपुणता को प्रमाणित करे।
7. सृजनात्मक शक्ति के विकास में सहायता कर सके तथा देशवासियों के मस्तिष्क में अपनी सभ्यता, संस्कृति, कला और साहित्य के प्रति प्रेम उत्पन्न कर सकें।
8. अपने राष्ट्र एवं विश्व के लिए योग्य नागरिक बनने में प्रत्येक व्यक्ति की सहायता कर सके।
9. प्रत्येक सार्वजनिक समस्या के प्रति विचार स्वातन्त्रय और व्यवहारिक समीक्षात्मक ढंग अपनाने के लिए उपयुक्त वातावरण का निर्माण कर सके।

सार्वजनिक पुस्तकालय में कर्मचारियों का महत्त्व

पुस्तकालय सेवा का एक महत्त्वपूर्ण एवं अनिवार्य अंग है– कर्मचारी। श्रेष्ठ पुस्तकों के संग्रह तथा आकर्षक एवं विशाल

भवन मात्र से ही अच्छे पुस्तकालय का निर्माण नहीं होता। पुस्तकें निर्जीव सत्ता है वह अपने में निहित ज्ञान की चर्चा स्वयं नहीं कर सकती। इनमें निहितज्ञान को उद्घाटित कर उनमें प्राण संचार का कार्य पुस्तकालय कर्मचारी द्वारा ही सम्भव है। कर्मचारी ही पाठकों को पुस्तकों में उल्लिखित ज्ञान, उनके लेखक व आख्या से परिचित कराता है। इस प्रकार कर्मचारी पुस्तक एवं पाठक के मध्य सम्पर्क स्थापित कर पुस्तकालय सेवा के उद्देश्य की पूर्ति करता है। उसके द्वारा पाठकों की आवश्यकतानुसार अध्ययन सामग्री का संकलन किया जाता है तथा उन्हें इस प्रकार व्यवस्थित किया जाता है कि पाठक अपनी वांछित सूचना एवं पुस्तक सरलता से प्राप्त कर लेता है। उसके द्वारा ही पुस्तकालय के उपयोग एवं अध्ययन सम्बन्धी समस्याओं का समाधान व्यक्तिगत रूप से किया जाता है। अतः पुस्तकालय के संगठन एवं संचालन में कर्मचारी की महत्त्वपूर्ण भूमिका होती हैं। कर्मचारियों की कर्त्तव्यनिष्ठा व कर्मठता पुस्तकालय सेवा को पाठकों के अनुकूल, लोकप्रिय तथा सफल बनाती है।

कर्मचारियों का वर्गीकरण

पुस्तकालय संगठन एवं व्यवस्था भली-भांति बनी रहे और कर्मचारियों का उत्तरदायित्व निर्धारित किया जा सके इसके लिए आवश्यक है कि कर्मचारियों का संगठन श्रेणीबद्ध क्रम (Hierarehical Order) में किया जाए। सामान्यतः पुस्तकालय कर्मचारियों को दो प्रमुख वर्गों में विभाजित किया जा सकता है–

1. प्रशिक्षित कर्मचारी (Professional)
2. अप्रशिक्षित कर्मचारी (Non-Professional)

1. **प्रशिक्षित कर्मचारी :** वह व्यक्ति जो पुस्तकालय विज्ञान में प्रशिक्षण प्राप्त कर उपाधि प्राप्त हो। यदि व्यक्ति ने स्नातक स्तर पर प्रशिक्षण प्राप्त किया है तो उसे तकनीकी कार्य सौंपा जा सकता है तथा यदि उसने प्रमाण-पत्र स्तर का प्रशिक्षण प्राप्त किया है तो उसे तकनीकी कार्यों में प्रशिक्षिण कर्मचारियों की सहायता करने और पुस्तकालय के नित्य कार्यों को सम्पन्न करने का भार सौंपा जा सकता है। पुस्तकालय के कार्यों एवं सेवाओं के सुचारु एवं सफल संगठन व संचालन के लिए योग्य तथा प्रशिक्षित कर्मचारी आवश्यक है। श्री क्लारा डब्ल्यू हरबर्ट (Clara W. Herbert) ने पुस्तकालय सेवा में योग्य एवं प्रशिक्षित कर्मचारियों के योगदान को अत्यावश्यक बताते हुए कहा कि "कोई भी पुस्तकालय पर्याप्त संख्या में योग्य कर्मचारियों व अभाव में सफल पुस्तकालय सेवा प्रदान नहीं कर सकता। पुस्तकालय पाठकों के लिए पूर्वाग्रह विहीन तथा निष्पक्ष सूचना केन्द्र के रूप में तभी कार्य कर सकता है जब अत्यन्त योग्य तथा ईमानदार कर्मचारी पुस्तकालय में नियुक्त हों। सार्वजनिक सेवा के कार्य में रत किसी भी संख्या के लिए प्रशिक्षित कर्मचारियों का चयन तथा संगठन ऐसी बाते हैं जिनको ध्यान में रखना अत्यन्त आवश्यक है।

2. **अप्रशिक्षित कर्मचारी :** प्रशासनिक कार्यों में पुस्तकालयाध्यक्ष एवं अन्य तकनीकी कर्मचारियों को सहयोग प्रदान करने वाला कर्मचारी-वर्ग यथा लिपिक वर्गीय कर्मचारी, दफ्तरी, फराश, चौकीदार, भृत्य इस श्रेणी में आता है। पुस्तकालयों की आवश्यकतानुसार विभिन्न पदों के लिए शैक्षणिक व व्यावसायिक योग्यताओं तथा अनुभव का निर्धारण सम्बन्धित पद के आधार पर किया जा सकता है।

कर्मचारियों की संख्या

एक पुस्तकालय के सफल संगठन एवं सुचारु संचालन के लिए कितने कर्मचारी आवश्यक है यह विवदास्पद विषय है। प्रशासन कम से कम व्यक्तियों द्वारा कार्य सम्पादित करवाना चाहता है जबकि पुस्तकालय में अधिक व्यक्तियों की आवश्यकता होती है। किसी पुस्तकालय में कुल कितने कर्मचारी हों, इसके निर्धारण के लिए समय-समय पर विद्वानों, संघों तथा समितियों ने विभिन्न सिद्धान्तों का प्रतिपादन किया है–

डॉ. रंगनाथन का संख्या निर्धारण हेतु सूत्र

एक पुस्तकालय में कर्मचारियों की संख्या को निर्धारित करने के लिए डॉ. रंगनाथन ने विभिन्न तत्त्वों पर विचार करने के उपरान्त एक सूत्र का निर्माण किया जो निम्न प्रकार है–

विभिन्न विभागों के लिए कर्मचारियों का सिद्धान्तः

A	B
SB = A/6000	(संप्राप्ति विभाग के लिएः प्रति 6000 पुस्तकों के परिग्रहण के लिए एक व्यक्ति)
SC = G/1,500	(परिसंचरण विभागार्थः प्रति 1500 घण्टे कार्यकाल के लिए एक व्यक्ति)

SL = HW/1,500 पुस्तकालयाध्क्ष और उसका सहायकः वर्ष के प्रति 1500 कार्य घण्टों के लिए एक व्यक्ति

SM = A/3000 (अनुरक्षण विभागः 3000 पुस्तकों की व्यवस्था एवं मरम्मत हेतु-एक व्यक्ति)

SP = P/500 (सामयिक विभागः प्रति 500 सामयिकी की अवाप्ति तथा अभिलेखनार्थ एक व्यक्ति)

SR = (R/50)W/250 (सन्दर्भ विभागः प्रतिदिन प्रति 50 पाठकों पर एक व्यक्ति)

ST = (A + 40)D/200 (तकनीकी विभागः प्रतिदिन औसतन प्रति 8 पुस्तकों या लेखों का वर्गीकरण, सूचीकरण और प्रलेखन करने हेतु एक व्यक्ति)

व्यावसायिक कर्मचारियों की संख्या निर्धारणार्थ सूत्र–
SB + SC + SL + SM + SP + SR + ST

अव्यावसायिक कर्मचारियों के लिए सूत्र–
= [3(A + 20D) + 2(G + 3P) + 2W(H + 6)] [{R/50}]/ 3,000 B/30,000 + (S/100)

अप्रशिक्षित कर्मचारियों के लिए सूत्र–
SB/4 + SC/2 + SL + SM/4 + SP/2 + SR/8 + A/20,000 + D 500 + B/60,000 + (S/100)/4 + V/30,000
= {27A + 2(B + 120D) + 40(G + 3P) + 30,000 (S/100) + 4V + 2W (40A + 3) (R/50)} 12,000

यहाँ प्रयुक्त वर्णक्षिरों का अर्थ है–

A = प्रतिवर्ष परिग्रहित पुस्तकों की संख्या,
B = वार्षिक बजट रुपयों में,
D = प्रलेखित सामयिकियों की संख्या
G = प्रतिवर्ष मुख्य द्वार घण्टों की संख्या (1 मुख्य द्वार घण्टा = 1 परिसंचरण घन्टा जिसके लिए परिसंचरण केन्द्र खुला रहे।)
H = प्रतिदिन पुस्तकालय कार्यकाल,
P = नवीनतम सामयिकियों की संख्या,
R = प्रतिदिन पाठकों की संख्या,
S = पाठकों के बैठने की संख्या,
V = पुस्तकालय में पुस्तकों की संख्या
W = प्रतिवर्ष कार्य के दिनों की संख्या,
SB = संप्राप्ति विभाग में कर्मचारियों की संख्या (इसमें पुस्तक चयन तथा आदेशन सम्मिलित है)
SC = परिसंचरण विभाग में कर्मचारियों की संख्या,
SL = पुस्तकालयाध्यक्ष और उसके सहायकों की संख्या,
SM = अनुरक्षण विभाग में कर्मचारियों की संख्या,
SP = सामयिकी विभाग में कर्मचारियों की संख्या,
SR = संदर्भ विभाग में कर्मचारियों की संख्या,
ST = तकनीकी विभाग अर्थात् वर्गीकरण और सूचीकरण विभाग में कर्मचारियों की संख्या।

विद्यालय पुस्तकालय

विद्यालय पुस्तकालय का महत्त्व (Importance of School Library)

पुस्तकालय विद्यालय का हृदय है। छात्र यहाँ विभिन्न अनुभव, समस्याएँ तथा प्रश्न लेकर उपस्थित होते हैं और उन पर विचार-विमर्श करते हैं। दूसरों के अनुभवों तथा संग्रहीत ज्ञान द्वारा जो पुस्तकालय में सुसज्जित, व्यवस्थित और प्रदर्शित रहता है, के माध्यम से नवीन ज्ञान अर्जित करते हैं।

विद्यालय रूपी ज्ञान के मन्दिर में छात्र वर्ग अपनी बौद्धिक रुचियों, अभिरुचियों में क्षमताओं को यथार्थ रूप प्रदान करते हैं, जिसके आधार पर वे नवीन सामाजिक व शैक्षिक मूल्यों की प्राप्ति करने का प्रयास करते हैं। छात्रों के इन प्रयासों को वास्तविकता प्रदान की जाती है उनके विद्यालय के अंग पुस्तकालय द्वारा। यही कारण है कि पुस्तकालय को विद्यालय की शैक्षिक प्रयोगशाला कहा जाता है। यहाँ अध्यापक वर्ग तथा छात्र वर्ग दोनों ही ज्ञानार्जन करते हुए बौद्धिक क्षमताओं को साकार कर व्यावहारिक व नवीन ज्ञान की प्राप्ति करते हैं। अतः शैक्षिक उद्देश्यों की प्राप्ति हेतु पुस्तकालय प्रत्येक विद्यालय का एक महत्त्वपूर्ण एवं नितान्त आवश्यक अंग है।

विद्यालयों का स्वरूप चाहे कितना ही सुन्दर क्यों न हो उनमें शैक्षिक प्राण का वास्तविक संचार पुस्तकालयों द्वारा किया जा सकता है। छात्रों के अपरिपक्व मस्तिष्क को मानसिक खुराक प्रदान करने का यह एक महत्त्वपूर्ण साधन है। इसे आज सर्वत्र शिक्षा देने के एक सशक्त साधन के रूप में स्वीकार किया जाता है। इसी आधार पर कहा जाता है कि पुस्तकालय विद्यालय का अनिवार्य अंग है।

पुस्तकालयों के माध्यम से ही छात्र स्थानीय, राष्ट्रीय व अन्तर्राष्ट्रीय ख्याति प्राप्त विद्वानों व विचारकों के नवीन विचारों,

उनके ज्ञान तथा अनुभवों के सम्पर्क में आते हैं। अतः पुस्तकालयों का उपयोग करते हुए छात्र वर्ग अपनी शैक्षिक रुचियों व आवश्यकताओं की पूर्ति करते हुए स्वाध्याय की ओर स्वतः प्रेरित होता है।

आज के प्रतियोगिता के युग में छात्र मात्र सामान्य-ज्ञान अर्जित करके समाज में उचित स्थान प्राप्त नहीं कर सकता, इसके लिए उसे अपनी प्रतिभा को समुचित रूप में विकसित करने की आवश्यकता होती हैं। अतः गुणात्मक उन्नति व प्रगति के लिए पुस्तकालय एक सशक्त माध्यम माना जाता है। यह कहना अतिशयोक्ति नहीं कि किसी भी विद्यालय के छात्रों के शैक्षिक ज्ञान व स्तर का मापदण्ड उसका पुस्तकालय होता है।

विद्यालय पुस्तकालय के कार्य (Functions of School Library)

विद्यालय पुस्तकालय का प्रमुख कार्य विद्यालय के समस्त शैक्षणिक कार्यों के मध्य समन्वय स्थापित करते हुए उसके उद्देश्यों को प्राप्त करना है। इसके अतिरिक्त भी पुस्तकालय के द्वारा शैक्षिणिक लक्ष्यों की पूर्ति के लिए निम्नलिखित कार्य किए जाते हैं, जिससे वे विद्यालय में अपने महत्त्वपूर्ण स्थान के औचित्य को सिद्ध कर सके–

1. **स्वाध्याय में सहायक :** विद्यालय पुस्तकालय का प्रमुख कार्य छात्रों में स्वतः अध्ययन की प्रवृत्ति को जागृत करना है। छात्र कक्षा में जब कुछ अध्ययन करता है और बाद में उसी विषय को पुस्तकालय में जाकर अन्य पुस्तकों की सहायता से अपने ज्ञान को सशक्त बनाता है, जैसे किसी शब्द का अर्थ देखना है, यदि कक्षा में उसे उसका एक ही अर्थ बताया गया हो तो छात्र पुस्तकालय में जाकर उसी शब्द के अनेक अर्थ विभिन्न पुस्तकों के अवलोकन द्वारा प्राप्त कर सकता है इससे छात्रों में स्वतः अध्ययन की प्रवृत्ति की आदत विकसित होती है।
2. **सूचना में वृद्धि :** पुस्तकालय छात्रों में विभिन्न प्रकार की सूचना को विभिन्न पुस्तकों के माध्यम द्वारा प्रदान करता है। इससे छात्र को अनेक प्रकार की एवं विभिन्न क्षेत्रों की जानकारी प्राप्त होती है।
3. **प्रेरणाप्रद पुस्तकें प्राप्त होने का स्थान :** जब पुस्तकालय में विभिन्न प्रकार की पुस्तकें उपलब्ध होती हैं तो उनमें कुछ पुस्तकें ऐसी भी होती हैं, जिनको पढ़कर छात्र उनसे कुछ प्रेरणा प्राप्त करता है तथा अपने को भी उसके अनुरूप ढालने का प्रयत्न करता है। इस प्रकार की पुस्तकों को उचित पाठक को प्रदान कर उस पाठक की जिज्ञासा को शान्त किया जाता है तथा उसे ऐसी पुस्तकों से बचाया जा सकता है जिनके अध्ययन से उसके जीवन के रास्ते ही बदल सकते हों।
4. **सहगामी क्रियाओं में भाग लेने के लिए प्रेरित करना :** पुस्तकालय पाठ्य-सामग्री के माध्यम से छात्रों में विद्यालय में होने वाली विभिन्न सहगामी क्रियाओं यथा-नाटक, वाद-विवाद प्रतियोगिताएँ, खेलकूद इत्यादि में भाग लेने के लिए प्रेरित करता है क्योंकि पुस्तकालय में महान् व्यक्तियों की जीवनी, आत्म-कथाएँ, अन्य प्रेरणास्प्रद पाठ्य-सामग्री का समावेश होता है जो छात्रों की उनकी रुचि के अनुसार विभिन्न गतिविधियों में भाग लेने हेतु प्रेरणा प्रदान करते हैं।
5. **मौन पाठ का अभ्यास :** पुस्तकालय में बहुत सारे छात्र एक साथ बैठकर अध्ययन करते हैं तो उनमे शान्ति से बैठकर अध्ययन करने की आदत विकसित होती है, जिससे छात्र का अधिक शैक्षिक विकास होता है।
6. **पुस्तकों के उचित ढंग से उपयोग करने का प्रशिक्षण :** पुस्तकालय की पुस्तकों का छात्रों द्वारा उपयोग उचित ढंग से किस प्रकार किया जाए, इसके लिए कर्मचारियों द्वारा उन्हें प्रशिक्षित किया जाता है। कुछ पुस्तकें प्रस्तुतीकरण में उपयोग की जटिलता लिए हुए होती हैं। अतः कर्मचारी छात्रों को उस पुस्तक से सूचना किस प्रकार प्राप्त की जाए इसके सम्बन्ध में जानकारी प्रदान करते हैं जिससे वे धीरे-धीरे पुस्तकों के उपयोग में समर्थ होने लगते हैं। पुस्तकों एवं पुस्तकालय के उपयोग के लिए नियमों का निर्माण किया जाता है, जिससे छात्र उन नियमों के अधीन पुस्तकों एवं पुस्तकालय के उपयोग को सीखता है।
7. **नैतिक-शिक्षण :** पुस्तकालय द्वारा पाठ्य सामग्री के माध्यम से छात्र में नैतिकता के विकास का कार्य तो किया जाता है, साथ ही उनमें ऐसी आदतों को भी विकसित किया जाता है जो सामाजिक दृष्टि से उचित होती है, जैसे पुस्तकों को गन्दा न किया जाए, उनके पृष्ठों को फाड़ा न जाए, पुस्तकालय की पुस्तक को चुराया न जाए, पुस्तकालय से ली जाने वाली पुस्तक को पुनः समय पर लौटा दिया जाए जिससे अन्य पाठकों को कठिनाई न हो आदि।

8. **पुस्तकालय उपयोग का प्रशिक्षण :** पुस्तकालय में संगृहीत पाठ्य-सामग्री का उपयोग किस प्रकार किया जाए अर्थात् सूची का किस प्रकार उपयोग कर सामग्री प्राप्त की जा सकती है; पुस्तकालय से घर ले जाने के लिए पाठ्य सामग्री किस प्रकार प्राप्त की जाती है, विभिन्न सन्दर्भ ग्रन्थों का उपयोग किस प्रकार किया जाता है– आदि का प्रशिक्षण विद्यालय पुस्तकालय द्वारा प्रदान किया जाता है, जिससे छात्र भविष्य में अन्य पुस्तकालयों का उपयोग सरलता एवं सुगमता से करने में सक्षम होते हैं।

सूचीकरण (Cataloguing)

चार्ल्स एमी कटर ने अपनी पुस्तक 'रूल्स फॉर ए डिक्शनरी कैटलॉग (Rules for a Dictionary Catalogue) में पुस्तकालय सूची की परिभाषा निम्न प्रकार दी है–

"पुस्तकालय सूची पुस्तकों की एक तालिका है जो किसी सुनिश्चित योजना के अनुसार व्यवस्थित होती है। वाङ्मय सूची और पुस्तकालय सूची में यह भेद है कि यह किसी पुस्तकालय अथवा किसी संग्रह की पुस्तकों की सूची होती है।

इसी परिभाषा से कुछ मिलती-जुलती परिभाषा जैम्स डफ्फ ब्राउन ने अपनी पुस्तक 'मैन्युअल ऑफ लाइब्रेरी इकॉनॉमी (Manual of Library Economy) में प्रदान की है। उनके अनुसार–

"ग्रन्थों तथा उनमें वर्णित विषय-सामग्री खोजने के लिए सूची एक व्याख्यात्मक तर्कसंगत सुव्यवस्थित तालिका तथा कुंजी है और यह किसी विशिष्ट पुस्तकालय में संग्रहीत ग्रन्थों तक ही सीमित रहती है।

डॉ. एस.आर. रंगनाथन सूची को एक उपकरण मानते हैं। उपकरण जितना सक्षम होता है, उतना ही श्रेष्ठ माना जाता है। आपने अपनी पुस्तक लाइब्रेरी कैटालॉगः फण्डामैन्टल्स एंड प्रासीजर्स (Library Catalogue: Fundamentals and Procedures) में सूची की निम्नांकित परिभाषा दी है–

"पुस्तकालय सूची एक उपकरण है जो पाठकों को पुस्तकालय में संग्रहीत पाठ्य-सामग्री के सम्बन्ध में सूचना प्रदान करता है। यह दो भागों में विभाजित रहता है–विषयानुसार तथा ग्रन्थाकारानुसार यह पाठ्य-सामग्री के सिद्धान्त के विन्यासन तथा क्रम (जिसके अनुसार वह निधानियों पर रखी जाती है) के सम्बन्ध में भी सूचना प्रदान करता है। यह पाठक को उसका वांछित ग्रन्थ बिना समय नष्ट किये हुए प्राप्त कराने में सहायक है। यह पाठक तथा कर्मचारी का समय बताता है।

डॉ. रंगनाथन द्वारा प्रदत्त यह परिभाषा अनुवर्ग सूची (Classified Catalogue) की है न कि पुस्तकालय सूची मात्र की।

उपर्युक्त परिभाषाओं से यह स्पष्ट है कि सूची पुस्तकालय में संग्रहीत पाठ्य सामग्री की सुनिश्चित योजनाबद्ध रूप में सूची है। इसमें समस्त पाठ्य-सामग्री के सम्बन्ध में सम्पूर्ण वाङ्मय सूचना (Bibliographical Information) अंकित रहती है। साथ ही प्रत्येक पुस्तक एवं अन्य पाठ्य-सामग्री का निधानियों पर स्थान निर्धारण का भी ज्ञान प्रदान करती है, जिससे पाठ्य-सामग्री शीघ्रातिशीघ्र प्राप्त की जा सकती है।

उद्देश्य (Purpose)

पुस्तकालय सूची का प्रमुख उद्देश्य है–पुस्तकालय के उपयोगकर्त्ताओं को पाठ्य-सामग्री के सम्बन्ध में सही निर्देश प्रदान करना जिससे प्रत्येक व्यक्ति को उसकी अभीष्ट पाठ्य-सामग्री प्राप्त हो सकें और उसका समय बच सके। प्रत्येक सामग्री की आंतरिक विशेषताओं को पाठक जान सके और उनका उपयोग कर सके।

चार्ल्स एमी कटर (Charles Ammi Cutter) ने 1876 ई. में पुस्तकालय सूची के उद्देश्यों का वर्णन अपनी पुस्तक 'रूल्स फॉर डिक्शनरी कोटालॉग (Rules for Dictionary Catalogue में अत्यंत सरल तथा स्पष्ट रूप में किया है।

उनके अनुसार–

(अ) किसी व्यक्ति को अभीष्ट पुस्तक प्राप्त करने में सामर्थ्यवान बनाना यदि उसको पुस्तक का
   (i) लेखक अथवा
   (ii) आख्या अथवा
   (iii) विषय ज्ञात है।

(ब) यह प्रदर्शित करना कि पुस्तकालय में–
   (i) एक विशिष्ट लेखक द्वारा रचित,
   (ii) एक विशिष्ट विषय से सम्बन्धित, तथा
   (iii) एक विशिष्ट प्रकार के साहित्य पर रचित कौन-कौन सी पुस्तकें उपलब्ध है।

(स) पुस्तक चयन करने में सहायता प्रदान करना जहाँ तक पुस्तक के
   (i) संस्करण और
   (ii) लक्षण का प्रश्न है।

डॉ. एस.आर. रंगनाथन (Dr. S.R. Ranganathan) के अनुसार सूची का निर्माण इस प्रकार किया जाए कि उनके द्वारा निम्नलिखित उद्देश्यों की पूर्ति हो सके।

1. प्रत्येक पाठक को उसका अभीष्ट ग्रन्थ प्राप्त हो जाय,
2. प्रत्येक ग्रन्थ को उसका उपयुक्त पाठ्य प्राप्त हो जाय,
3. पाठक के समय को नष्ट होने से बचाया जाय तथा इस हेतु
4. कर्मचारियों को समय नष्ट होने से बचाया जाय

यह पुस्तकालय विज्ञान के पाँच सूत्रों के आधार पर निरूपित है। ये नियम कटर द्वारा प्रतिपादित उद्देश्यों की भाँति विशिष्ट नियम नहीं अपितु सामान्य है।

कु. आई. जी. मज (I. G. Mudge) ने सूची का उद्देश्य एक ऐसे उपकरण का निर्माण करना बताया है जो पाठक को चार विभिन्न विषय बिन्दुओ के सम्बन्ध में सही सूचना प्रदान करता है–

1. क्या पुस्तकालय में कोई विशिष्ट पुस्तक उपलब्ध है, जिसके सम्बन्ध में पाठक को किसी भी ऐसे शीर्षक के बारे में सही सूचना प्राप्त है जिसके अन्तर्गत एक आधुनिक सूची संहिता उसको प्रविष्ट करेगी।
2. उस पुस्तक के समस्त वाङ्मयी तथ्यों का सम्पूर्ण विवरण जिसकी आवश्यकता एक सामान्य पाठक को होती है न कि पुस्तक-प्रेमी को।
3. पुस्तकालय में उपलब्ध्ता किसी विशिष्ट लेखक द्वारा रचित पुस्तकों, पुस्तिकाओं तथा अन्य पृथक्-पृथक् रूप में प्रकाशित पाठ्य-सामग्री की सम्पूर्ण सूची।
4. पुस्तकालय में उपलब्ध किसी विशिष्ट विषय पर रचित पृथक-पृथक रूप में प्रकाशित कृतियों की सम्पूर्ण सूची।

उपर्युक्त विवरण के आधार पर सूची के उद्देश्य की व्याख्या निम्न प्रकार की जा सकती है–

1. पुस्तकालय की सम्पूर्ण पाठ्य-सामग्री अथवा उसके किसी एक अंश के सम्बन्ध में उपयोगकर्त्ताओं को पूरी सूचना प्राप्त करना।
2. उपयोगकत्ताओं की विभिन्न अभिगमों के अन्तर्गत यह सूचना प्रस्तुत करना कि अभीष्ट पुस्तक अथवा वांछित पाठ्य-सामग्री पुस्तकालय में उपलब्ध है या नहीं। यदि उपलब्ध है तो कहाँ रखी है।
3. पुस्तकालय में उपलब्ध पाठ्य-सामग्री की विषयवार वस्तुस्थिति का ज्ञान करना।

प्रविष्टियों के प्रकार (Kinds of Entries)

पुस्तकालय सूची पुस्तकालय में उपलब्ध सामग्री का अभिलेख है। इसका निर्माण पाठकों की आवश्यकता की पूर्ति के लिए किया जाता है जिसमें अनेक एकांश अभिलेख (Unit Records) सम्मिलित होते हैं। ये एकांश अभिलेख प्रविष्टियाँ कहलाती हैं। प्रत्येक प्रविष्टि एक विशेष अभिगम पूर्ति के लिए निर्मित की जाती है। सूची की उपयोगिता तथा कार्यक्षमता इन्हीं प्रविष्टियों की उपयोगिता एवं कार्यक्षमता पर ही निर्भर है–

आजकल पुस्तकालयों में मुख्य रूप से दो प्रकार की पुस्तकालय सूचियों का निर्माण किया जाता है–

1. अनुवर्ग सूची (Classified Catalogue)
2. अनुवर्ण सूची (Dictionary Catalogue)

सूची के प्रकार (Kinds of Catalogue)

पाठकों की विभिन्न अभिगम पूर्ति के लिए गत डेढ़ सौ वर्षों से समय-समय पर अनेक प्रकार की सूचियों का निर्माण और विकास होता रहा है।

पुस्तकालय सूची की प्रविष्टियों के निर्माण एवं व्यवस्थापन का क्रम इन्हीं पर आधारित होता है, अतः इन्हें सूची के प्रकार अथवा सूची के आन्तरिक स्वरूप भी कहा जाता है। उपभोक्ता की सेवा की अवधारणा में होने वाले परिवर्तन के अनुरूप ही सूची के आन्तरिक स्वरूप में भी परिवर्तन हुए हैं।

सूची के आन्तरिक स्वरूप के आधार पर उनके मुख्य प्रकारों को निम्नानुसार वर्गीकृत किया गया है–

1. **आनुवर्णिक सूची (Alphabetical Catalogue)**
   (*i*) लेखक सूची (Author Catalogue)
   (*ii*) नाम सूची (Name Catalogue)
   (*iii*) लेखक आख्या सूची (Author Title Catalogue)
   (*iv*) आख्या सूची (Title Catalogue)
   (*v*) आनुवर्णिक विषय सूची (Alphabetical Subject Catalogue)
   (*vi*) विभाजित सूची (Divided Catalogue)
   (*vii*) शब्दकोशीय सूची (Dictionary Catalogue)
2. **अनुवर्ग अथवा वर्गित सूची (Classified or Closed Catalogue)**
   (*i*) विशुद्ध अनुवर्ग सूची (Pure Classified Catalogue)
   (*ii*) मिश्रित अनुवर्ग सूची (Mixed Classified Catalogue)
3. **आनुवर्णिक-वर्गित सूची (Alphabetico-Clossed Catalogue)**

वर्गीकरण (Classification)

पुस्तकालय वर्गीकरण को पुस्तकालय विज्ञान के विभिन्न विज्ञानों से निम्न प्रकार परिभाषित किया गया है–

हैनरी ई. ब्लिसः ''पुस्तकों का वर्गीकरण ज्ञान का संरचनात्मक संगठन है...यह विभिन्न उपयोगों एवं सम्भावित आवश्यकताओं के लिए पुस्तकों को एकत्रित एवं पुनः एकत्रित करने की क्रिया है।

जे.एस.मिल्स : ''पुस्तक वर्गीकरण ''साहित्य में ज्ञान की खोज के लिये समय बचाने की यांत्रिक क्रिया है।

डॉ. एस.आर. रंगनाथन : ''पुस्तकालय वर्गीकरण किसी पुस्तक के विशिष्ट विषय के नाम को क्रमिक संख्याओं की अधिमान्य कृत्रिम भाषा में अनुवाद करना और पुनः पुस्तक की विषय-वस्तु के अतिरिक्त कुछ अंशों का प्रतिनिधित्व करने वाली क्रमिक संख्याओं द्वारा उसी विषय से सम्बन्धित असंख्य पुस्तकों को एक इकाई के रूप में पृथक करना है।

डब्ल्यू.सी.बी. सेयर्स : पुस्तक वर्गीकरण ''पुस्तकों को निधानियों (Shelves) पर व्यवस्थित करना अथवा पुस्तकों को पाठकों के लिए अत्यधिक उपयोगी बनाना है।

पुस्तकालय में अध्ययन सामग्री का संग्रह उपयोगकर्त्ताओं के लिए किया जाता है। इसलिए उनका यह संग्रह इस प्रकार व्यवस्थित होना चाहिए कि जिससे पुस्तकालय सेवा अधिक से अधिक तत्परता एवं प्रभावशाली ढ़ंग से प्रदान की जा सके। सेवा में तत्परता एवं प्रभावशीलता वर्गीकरण से ही सम्भव है।

पुस्तकालय में वर्गीकरण की आवश्यकता निम्न कारणों से होती है–

1. **पाठ्य सामग्री के व्यवस्थापनार्थ :** पुस्तकालय प्रगतिशील संस्था है। पुस्तकालय के संग्रह में निरंतर वृद्धि होती है। अतः पाठ्य सामग्री को उसके उपयोगार्थ व्यवस्थित रूप प्रदान करने के लिए वर्गीकरण की आवश्यकता होती है। जिससे व्यवस्थित पुस्तकालय का निर्माण होता है।
2. **उद्देश्यों की पूर्ति हेतु :** पुस्तकालय का प्रमुख उद्देश्य है–जन-समुदाय को प्रबुद्ध नागरिक बनने के लिए प्रेरित करना, उनकी उन्नति के लिए पाठ्य-सामग्री संग्रहीत करना तथा उसके संरक्षण एवं वितरण की व्यवस्था करना आदि। इन उद्देश्यों की पूर्ति वर्गीकरण द्वारा ही संभव है।
3. **समान एवं असमान वर्गों के निर्माण हेतु :** वर्गीकरण वह प्रक्रिया है जिसमें पदार्थ को समानता एवं असमानता के आधार पर विभक्त किया जाता है। अतः वर्गीकरण के द्वारा ही पुस्तकालय की समस्त पाठ्य-सामग्री को समान एवं असमान वर्गों में विभाजित कर उसके उपभोग में गतिशीलता प्रदान की जाती है।
4. **व्यक्तिगत स्वरूप व बोधांक प्रदान करने हेतु :** प्रत्येक पुस्तक को व्यक्तिगत स्वरूप व बोधांक (Call Number) वर्गीकरण द्वारा ही प्रदान किया जाता है जिसकी सहायता से किसी भी पुस्तक को अविलम्ब खोज निकालना संभव होता है।
5. **उपयोग में वृद्धि :** वर्गीकरण पाठ्य-सामग्री को समानता एवं असमानता के आधार पर विषयानुसार निधानियों और सूची में व्यवस्थित कर देता है। इस प्रकार पुस्तकालय में उपलब्ध पाठ्य-सामग्री का उपयोग जन-साधारण, विशेषज्ञों एवं विद्वानों द्वारा सुगमतापूर्वक किया जा सकता है।
6. **सहायक क्रम में विन्यासित करने के लिए :** डॉ.रंगनाथन के अनुसार पुस्तकालय वर्गीकरण का उद्देश्य है, ''पुस्तकों को सहायक क्रम में विन्यासित करना। अतः वर्गीकरण द्वारा पाठ्य-सामग्री को एक ऐसे सहायक क्रम में व्यवस्थित कर दिया जाता है जिससे उपयोगकर्त्ताओं एवं कर्मचारियों को उसके उपयोग, आदान-प्रदान और रख-रखाव में सुविधा होती है।
7. **समय की बचत के लिए :** वर्गीकरण द्वारा पाठ्य-सामग्री को एक व्यवस्थित क्रम प्रदान कर दिया जाता है जिससे उसका उपयोग, आदान-प्रदान, रख-रखाव आदि सुगमता पूर्वक सम्पन्न होता है। इस प्रकार पाठक एवं कर्मचारी के समय की बचत होती है।

वर्गीकरण का उद्देश्य

वर्गीकरण का मुख्य उद्देश्य पुस्तकों को सहायक क्रम में व्यवस्थित करना है। तथापि विभिन्न विद्वानों ने वर्गीकरण के विभिन्न उद्देश्यों का उल्लेख किया है–

डॉ. रंगनाथन (S.R. Ranganathan) के शब्दों में पुस्तकालय वर्गीकरण का उद्देश्य है, ''.....पाठ्य-सामग्री को सहायक क्रम में विन्यासित करना अथवा वस्तुतः सहायक क्रम में पाठ्य-सामग्री के विन्यासन को यंत्रीकृत कर देना। जिससे–

(अ) ग्रंथालय में उपलब्ध किसी पुस्तक की पाठक द्वारा मांग होने पर उसका अतिशीघ्र स्थान निर्धारित किया जा सके।

(ब) पाठकों द्वारा लौटायी गयी पुस्तकों को पूर्व निर्धारित यथा स्थान पर पुनः रखा जा सके।

(स) नवीन पुस्तक की प्राप्ति पर उसे सम्बन्धित विषय की अन्य पुस्तकों में निर्धारित स्थान प्रदान किया जा सके।

ए.ई. सेवेज (A.E. Savage) के मतानुसार, "पाठक और पुस्तकालयध्यक्षों के लिए सुविधाजनक क्रमबद्ध रूप से पुस्तकों की व्यवस्था करना ही पुस्तकालय वर्गीकरण का मुख्य उद्देश्य है।

डॉ. रिचर्डसन (Dr. E.C. Richardson) का मत है कि पुस्तकों का संग्रह उपयोग के लिए किया जाता है और उपयोग हेतु ही उनकी व्यवस्था की जाती है; तथा ग्रंथालय वर्गीकरण का उद्देश्य ही उपयोग को गतिशील बनाना है।

एक विधि के रूप में वर्गीकरण का सर्व प्रमुख उद्देश्य समय की बात बचत करना और पाठक को उसकी वांछित पाठ्य-सामग्री प्रदान करता है।

वर्गीकरण के कार्य

सेयर्स (W.C.B. Sayers) के अनुसार : "वर्गीकरण के अभाव में कोई भी पुस्तकालयाध्यक्ष व्यवस्थित ग्रंथालय की रचना नहीं कर सकता। किसी भी ग्रंथालय में समुचित वर्गीकरण के बिना मुक्त-प्रवेश व्यवस्था असम्भव है। समुचित पुस्तकों की अवर्गीकृत व्यवस्था में पाठक पथभ्रष्ट हो सकता है तथा वर्गीकरण के अभाव में निष्फल परिणाम निकलते हैं। उन्होंने बताया कि वर्गीकरण मुख्यतः निम्नलिखित कार्य करता है–

(अ) समान विषयों की पुस्तकें एक स्थान पर एकत्रित करता है।

(ब) पुस्तकों को ढूंढ़ने में समय की बचत करता है।

(स) पुस्तक संग्रह की समृद्धता एवं निर्बलता का रहस्योद्घाटन करता है।

(द) सुव्यवस्थित, व्यापक एवं एक-रूप पुस्तक चयन में सहायता प्रदान करना।

डॉ. कीले (Dr. G.O. Kelley) के अनुसार ग्रंथालय में वैज्ञानिक वर्गीकरण द्वारा निम्नलिखित कार्य किए जाते हैं–

(अ) पुस्तकों को ऐसे क्रमबद्ध रूप में व्यवस्थित कर देता है, जिससे पाठकों तथा पुस्तकालयाध्यक्षों को समय की बचत हो एवं पुस्तकों के आदान-प्रदान में सुविधा हो।

(ब) निधानियों पर पुस्तकों को पुनः अपने निर्धारित स्थान तक पहुंचने की क्रिया में कोई कठिनाई न हो।

(स) पुस्तकों के चयन एवं संकलन में सरलता होती है।

(द) इसके द्वारा पुस्तकों के संग्रह को उत्तम ढंग से प्रदर्शित किया जा सकता है।

संक्षेप में पुस्तकालय वर्गीकरण के प्रमुख कार्य निम्नलिखित हैं–

1. पुस्तकें तथा अन्य पाठ्य-सामग्री सहायक एवं सुविधाजनक क्रमबद्ध अवस्था में निधानियों पर व्यवस्थित हो जाती है, जिससे पाठकों और अनुसंधान में व्यस्त अनुसंधानकर्त्ता को सहायता प्रदान होती है।
2. निधानियों से पुस्तकों को प्राप्त करना तथा फिर निधानियों पर पुस्तकों को पुनः यथास्थान व्यवस्थित करने में वर्गीकरण सहायक होता है। निधानियों के क्रम को निरंतर सुव्यवस्थित रखने में भी समय की बचत होती है।
3. वांछित पुस्तकों को खोजने में समय की बचत होती है।
4. वर्गीकरण के आधार पर पुस्तकालय के संकलन की स्थिति का अनुमान लगाया जा सकता है और सभी विषयों का समान रूप से प्रतिनिधि संकलन करने में भी सहायता प्राप्त होती है।
5. वर्गीकरण के आधार पर पुस्तकालय में संकलित सम्पूर्ण ज्ञान का संप्रेषण (Communication) और प्रदर्शन (Display) सूची के माध्यम से किया जाता है। साथ ही ज्ञान के भिन्न-भिन्न वर्गों तथा विषयों के आपसी महत्व उनकी सीमा, उनके अनेककानेक मुख्य पक्षों तथा क्रम इत्यादि का विवरण भी वर्गीकरण की सहायता से ही सूची के माध्यम से प्रस्तुत किया जाता है।
6. वर्गीकरण द्वारा पुस्तकालय के संकलन का प्रदर्शन एवं पुस्तकों का आदान-प्रदान सरल हो जाता है।
7. वर्गीकरण पुस्तकों के वार्षिक सत्यापन (Annual Verification) निधान सूची (Shelf List) द्वारा सम्पन्न करने में सुविधा प्रदान करता है।
8. सूची (Catalogue) एवं वाङ्मय सूची (Bibliography) के निर्माण में यह सहायक है।
9. सूचीकरण (Cataloguing) की दृष्टि से भी पुस्तकालय वर्गीकरण का अत्यधिक महत्व है, जिसे क्रियाशील बनाने में इसका ही एकमात्र योगदान रहता है। पुस्तकों का विश्लेषण करने में तथा वर्गीकृत संलेखों को सूची के अन्तर्गत प्रस्तुत करने में इसमें सुविधा मिलती है, इन विधियों से पाठकों की विविध प्रकार की पुस्तकों से अवगत होने तथा उनका उपयोग करने का अवसर प्राप्त होता है।

पुस्तकालय वर्गीकरण की महत्ता का उल्लेख करते हुए सेयर्स (W.C.B. Sayers) महोदय ने पुस्तकों को पुस्तकालयों की आधारशिला और वर्गीकरण की पुस्तकालयीनता की आधारशिला माना है। इससे प्रकट होता है कि वर्गीकरण के अभाव में न तो पुस्तकालय के उद्देश्य की पूर्ति ही संभव है और न ही डॉ. रंगनाथन द्वारा प्रतिपादित-पुस्तकालय विज्ञान के प्रथम चार सूत्रों का ही निर्वाह हो सकता है। यथा–

1. प्रलेख उपयोगार्थ है
2. प्रत्येक पाठक का प्रलेख
3. प्रत्येक प्रलेख का पाठक
4. पाठक एवं कर्मचारी के समय की बचत

अंकन (Notation)

पुस्तकालय विज्ञान के विभिन्न विद्वानों ने अंकन की अनेक परिभाषाएं दी हैं। इनमें से कुछ प्रमुख परिभाषाएं निम्न प्रकार हैं-

एच.ई. ब्लिसः "अंकन किसी क्रम-व्यवस्था में चिह्नों अथवा प्रतीकों की एक विधि है, जिससे पदों अथवा किसी माला के प्रतिनिधियों अथवा वस्तुओं के व्यवस्थाक्रम को निदित किया जाता है।

डॉ. रंगनाथनः "किसी वर्गीकरण पद्धति में वर्गों को प्रस्तुत करने के लिए प्रयुक्त क्रमिक अंकों की विधि को अंकन कहते हैं।

उपरोक्त परिभाषाओं से यह स्पष्ट होता है कि अंकन वर्गीकरण की एक कृत्रिम भाषा है, जिस पर वर्गीकरण पद्धति का सम्पूर्ण व्यावहारिक पक्ष आधारित है। अंकन के द्वारा ही वर्गीकरण में गतिशीलता आती है और इसका उपयोग सम्भव है।

अंकन के प्रकार

अंकन दो प्रकार के होते हैं :

1. **शुद्ध अंकन (Pure Notation) :** वह अंकन जिसका निर्माण केवल एक ही प्रकार के प्रतीकों अथवा चिह्नों से होता है।

   शुद्ध अंकन का सर्वोत्तम उदाहरण मेल्विल ड्यूई (Meslvil Dewey) की दशमलव वर्गीकरण पद्धति है। इसमें शुद्ध अंकन का उपयोग सर्वप्रथम किया गया था। इस प्रणाली में अरेबिक अंकों (Arabic Numerals) का ही उपयोग किया गया है। कटर (C.A. Cutter) का एक्सपैन्सिव क्लासीफिकेशन भी एक दृष्टि से शुद्ध अंकन माना जाता है।

2. **मिश्रित अंकन (Mixed Notation) :** मिश्रित अंकन से तात्पर्य उस अंकन से है जिसका निर्माण दो या दो से अधिक प्रतीकों अथवा चिह्नों से होता है।

   मिश्रित अंकन का उपयोग सर्वप्रथम रिचर्डसन (E.C. Richardson) महोदय ने अपनी प्रणाली प्रिन्सटन स्कीम (Princeton Scheme) में किया है और इसकी उपयोगिता को बढ़ाया जिसके अन्तर्गत संख्याओं और अक्षर दोनों का उपयोग है।

   लाइब्रेरी ऑफ कांग्रेस (Library of Congress), जे.डी. ब्राउन की सब्जेक्ट क्लासीफिकेशन (Subject Classification), डॉ. रंगनाथन की कोलन क्लासीफिकेशन (Colon Classification), ब्लिस की बिब्लियोग्राफिक क्लासीफिकेशन (Bibliographic Classification), ब्रिटिश म्यूजियम (British Museum) पद्धति आदि मिश्रित अंकन के उदाहरण हैं। इन सभी पद्धतियों में अंकनों के लिए अक्षरों एवं अकों का उपयोग किया गया है।

पुस्तकालय वर्गीकरण की प्रमुख पद्धतियाँ

पुस्तकों एवं अन्य पाठ्य-सामग्री को सहायक क्रम में व्यवस्थित करने के लिए उनको वर्गीकृत करने का प्रयास अति प्राचीनकाल से किया जाता रहा है, तथा समय-समय पर पुस्तक वर्गीकरण की विभिन्न पद्धतियों की रचना की जाती रही हैं। उनमें से कुछ प्रसिद्ध एवं महत्वपूर्ण पद्धतियाँ हैं–

1. दशमलव वर्गीकरण	(Decimal Classification. DC) मैल्विल ड्यूई (1876);
2. विस्तारशील वर्गीकरण	(Expensive Classification EC) चार्ल्स ऐमी कटर (1891)
3. लाइब्रेरी ऑफ कांग्रेस	(Library of Congress. EC) लाइब्रेरी ऑफ कांग्रेस (1904)
4. सर्वोत्तम दशमलव वर्गीकरण	(Universal Decimal Classification. UDC) इन्स्टिट्यूट इन्टरनैशनल डी बिब्लिआग्राफि (1905)
5. विषय वर्गीकरण	(Subject Classification. SC) जेम्स डफ ब्राउन (1906)
6. द्वि-बिन्दु वर्गीकरण	(Colon Classification. CC) एस.आर. रंगनाथन (1933)
7. वाङ्मय वर्गीकरण	(Bibliographic Classification. BC) हेनरी एब्लिन ब्लिस (1935)

पूर्वोक्त पद्धतियों में से दशमलव वर्गीकरण (DC), एक्सपैन्सिव क्लासीफिकेशन (EC), लाइब्रेरी ऑफ कांग्रेस (LC), सबजेक्ट क्लासीफिकेशन (SC) तथा बिब्लियोग्राफिक क्लासीफिकेशन (BC) परम्परागत पद्धतियों की श्रेणी में आती है, जिनमें वर्गों की व्यवस्था में आधारभूत आन्तरिक परम्पराक्रम को ही अधिक महत्व प्रदान किया गया है। यूनिवर्सल डेसिमल क्लासीफिकेशन (UDC) और कोलन क्लासीफिकेशन (CC) को दूसरी श्रेणी में रखा गया है। इनमें पक्षात्मक आकार को अधिक उपयोगी माना गया है।

द्वि-बिन्दु वर्गीकरण की रूपरेखा

डॉ. शियाली रामामृता रंगनाथन द्वारा रचित द्वि-बिन्दु वर्गीकरण पद्धति भारत की एकमात्र वर्गीकरण पद्धति है। इसकी रचना का आधार सैद्धान्तिक है, अतः यह वैज्ञानिक पद्धति है। इसमें विषयों की वर्ग संख्या बनी बनाई नहीं है, वरन् पुस्तक के विषय का विश्लेषण करने के पश्चात् अंकन को जोड़कर वर्ग संख्या की रचना की जाती है। अतः यह पद्धति विश्लेशण-संश्लेषणात्मक पद्धति (Analytico-Synthetic Schmen) है। पद्धति में पुस्तक संख्या (Book Number) और संग्रहांक (Collection Number) के निर्माण का भी प्रावधान है।

अनेक प्रयोगों तथा परीक्षणों के पश्चात् इसका प्रथम संस्करण 1933 में प्रकाशित हुआ। उस समय इसमें विषय के विभिन्न पक्षों को जोड़ने के लिए कोलन (:) Colon चिह्न का उपयोग संयोजक चिह्न (Connecting Digit) के रूप में किये जाने के कारण ही इसका नाम कोलन क्लासीफिकेशन (Colon Classification) पड़ा। इसके प्रत्येक वर्ग के लिए अलग-अलग पक्षसूत्र (Facet Formula) प्रदान किया गया है। तीसरे संस्करण तक इसमें कोई परिवर्तन नहीं किया गया। डॉ. रंगनाथन ने इसके तीसरे संस्करण (1950) तक इस पद्धति को अपरिवर्तनीय पक्षात्मक वर्गीकरण (Rigidly Faceted Classification) माना है। क्योंकि सर्वप्रथम तो सर्वथा पक्षसूत्र (Facet Formula) निर्धारित था, दूसरे एक ही संयोजी चिह्न (Connecting Symbol) का उपयोग समस्त पक्षों के लिए किया जाता था जो अनेकों बार समस्या उत्पन्न कर देता था। इसलिए इसकों फिर से संशोधित एवं परिवर्धित किया गया तथा चौथे संस्करण (1952) में यह एक नये रूप में सामने आया, पूर्व संस्करणों से यह संस्करण 'पांच मूलभूत श्रेणियों, (Five Fundamental Categories) पर आधारित हो गया और इसमें प्रत्येक पक्ष को विशिष्ट संयोजी चिह्न (Connecting Symbol) द्वारा व्यक्त करने की विधि को नियमबद्ध किया गया पूर्व में एक संयोजी चिह्न (Connecting Symbol) का उपयोग किया जाता था, परन्तु इस संस्करण में प्रयुक्त संयोजी चिह्नों (Connecting Symbol) की संख्या चार हो गयी जो निम्न प्रकार है– Comma (,) का उपयोग व्यक्तित्व (Personality) के लिए, पदार्थ (Matter) के लिए Semicolon (;) का उपयोग, कोलन (Colon) चिह्न (:) का उपयोग ऊर्जा (Energy) के लिए किया गया तो स्थान (Space) एवं समय (Time) के लिए Dot (.) चिह्न प्रयुक्त किया गया। स्थान (Space) एवं समय (Time) के लिए एक की संयोजक चिह्न (Connecting Symbol) का उपयोग 1961 तक प्रचलित रहा, तत्पश्चात् समय पक्ष (Time Facet) के लिए Dot के स्थान पर एक उद्धरण चिह्न (Single inverted Comma) (,) प्रयुक्त किया गया।

1963 तक इस पद्धति के छः संस्करण प्रकाशित हो चुके थे। मृत्यु से पूर्व डॉ. रंगनाथन अपनी इस पद्धति के सातवें संशोधित, परिमार्जित एवं पूर्णतः विकसित संस्करण को तैयार करने का कार्य करते रहे, परन्तु सातवां संस्करण अभी तक प्रकाश में नहीं आ पाया है। वर्तमान पुनर्मुद्रित (Re-printed) छठा संस्करण अग्रलिखित भागों में विभक्त हैं:-

1. **प्रथम भाग** – इसमें मुख्य वर्गों से सम्बन्धित वर्गीकरण के नियम, युक्तियाँ (Devices) एवं अनेक शब्दों के अनेक शब्दों के अर्थ प्रस्तुत किये गये हैं।
2. **द्वितीय भाग** – पद्धति में व्यवस्थित विषयों की मुख्य अनुसूचियाँ (Schedules), विभाजन के सामान्य एक (Common Isolates,) भौगोलिक विभाजन (Geographical Division) भाषा विभाजन (Language Division) एवं काल विभाजन (Time Division) के अंकन प्रस्तुत किये गये हैं। इसके अतिरिक्त अनुवांणिक क्रम (Alphabetical Order) में व्यवस्थित संक्षिप्त अनुक्रमणिका (Index) भी प्रदान की गयी है।
3. **तृतीय भाग** – इसके अन्तर्गत आद्यय ग्रन्थ (Classical) एवं धार्मिक ग्रन्थों (Sacred Books) की अनुसूचियाँ (Schedules) विशिष्ट नामों सहित प्रदान की गयी है। जिनके वर्गांकों को भी पूर्व निर्मित अवस्था में प्रस्तुत किया गया है।

क्षेत्र (Zone)	मुख्य वर्ग (Main Classes)	अंकन (Notation)
प्रथम क्षेत्र (First Zone)	सामान्ध उपगम मुख्य वर्ग (Generalia Approach Main Classes) सामान्य मुख्य वर्ग (Generalia main Class)	रोमन वर्णमाला के छोटे वर्ण (Roman Small Alphabets)
द्वितीय क्षेत्र (Second Zone)	आधुनिक मान्यता प्राप्त मुख्य वर्ग (Recently Recognised Main Classes)	अरेबिक न्यूमर्ल्स (Arabic Numerals)
तृतीय क्षेत्र (Third Zone)	परम्परागत मुख्य वर्ग (Proper Main Classes)	रोमन वर्णमाला के बड़े वर्ण (Roman Capital Alphabets)
चतुर्थ क्षेत्र (Fourth Zone)	नवनिर्मित विधि विधाएँ एवं तकनीकी (Newly emerging methodologies and techniques)	वेष्ठित अंकन (Packeted Notation)

मुख्य वर्ग (Main Classes)

अन्य समस्त वर्गीकरण पद्धतियों की अपेक्षा इस पद्धति में मुख्य वर्गो (Main Classes) की संख्या अधिक है। डॉ. रंगनाथन ने मुख्य वर्गों को चार क्षेत्रों (Zones) में विभाजित किया है। चारों क्षेत्रों में समाविष्ट मुख्य वर्गों के संकेत चिह्न भी निर्धारित किये गये हैं। सन् 1963 में पुनः कुछ-कुछ मुख्य वर्गों को इसमें समाविष्ट किया गया है। मुख्य वर्गों को निम्नलिखित सारणी द्वारा स्पष्ट किया जा सकता है–

इस पद्धति में मुख्य वर्ग अमूर्तता (Abstract) में मूर्तता (Concrete) की ओर व्यवस्थित है। चारों क्षेत्रों (Zone) में विषयों का विभाजन निम्नक्रम में हैं–

प्रथम क्षेत्र (First Zone)

वाङ्मय सूची	Bibliography	a
विश्वकोश	Encyclopaedia	k
सामयिकी	Periodical	m
वार्षिकी	Serial	n
जीवनी	Biography	w
विविध संग्रह	Miscellaneous Collection	x

द्वितीय क्षेत्र (Second Zone)

सार्वभौम ज्ञान जगत	Universe of knowledge	1
पुस्तकालय विज्ञान	Library Science	2
पुस्तक विज्ञान	Book Science	3
पत्रकारिता	Journalism	4

तृतीय क्षेत्र (Third Zone)

प्राकृतिक विज्ञान	Natural Science	A
गणित विज्ञान	Mathematical Science	AZ
गणित	Mathematics	B
भौतिकीय विज्ञान	Physical Science	BZ
भौतिकी	Physics	C
अभियांत्रिकी	Engineering	D
रसायन विज्ञान	Chemistry	E
प्रौद्योगिकी	Technology	F
जीव विज्ञान	Biology	G
भू-विज्ञान	Geology	H
खनिज विज्ञान	Mining	HK
वनस्पति विज्ञान	Botany	I
कृषि विज्ञान	Agriculture	J
प्राणी विज्ञान	Zoology	K
पशुपालन	Animal Husbandry	Kx
चिकित्सा	Medicine	L
औषध विज्ञान	Pharmacognosy	Lx
उपयोगी कलाएँ	Useful Arts	M
मानविकी तथा सामाजिक शास्त्र	Humanities and Social Sciences	Mz
मानविकी	Humanities	ZA
आध्यात्मिक अनुभूति एवं बह्मविद्या	Spiritual Experience and mysticism	D
ललित कलाएँ	Fine Arts	N
साहित्य तथा भाषा	Literature and Language	NZ

साहित्य	Literature	O
भाषा विज्ञान	Linguistics	P
धर्मशास्त्र	Religion	Q
दर्शनशास्त्र	Philosophy	R
मनोविज्ञान	Psychology	S
सामाजिक शास्त्र	Social Science	SZ
शिक्षा	Education	T
भूगोल	Geography	U
इतिहास	History	V
राजनीति शास्त्र	Political Science	w
अर्थशास्त्र	Economics	X
समाजशास्त्र	Sociology	Y
सामाजिक कार्य	Social Work	Yz
विधि	Law	Z

चतुर्थ क्षेत्र (Fourth Zone)

मूल्यांकन शिल्प विधि	Criticism Technique	(:g)
सम्मेलन शिल्प विधि	Conference Technique	(P)
प्रशासनिक प्रतिवेदन	Administration Report	
शिल्प विधि	Technique	(R)

प्रत्येक मुख्य वर्ग के अन्तर्गत निम्नलिखित बातें प्रदान की गयी हैं–

1. मुख्य वर्ग का प्राकृतिक नाम व निर्धारित वर्गांक उदाहरणार्थ पुस्तकालय विज्ञान Library Science–2
2. **पक्षसूत्र (Facet Formula) :** इसके आधार पर इस बात की जानकारी हो जाती है कि किस मुख्य वर्ग में कौन-कौन पक्ष (Facets) प्रयुक्त किये जायेंगे।
   यथा 2[P]; [M]: [E] [2P]
   अर्थात् इसमें व्यक्तित्व (Personality), पदार्थ (Matter) व ऊर्जा (Energy) पक्षों का उपयोग किया जाएगा। चूंकि स्थान (Space) व समय (Time) पक्षों का किसी भी विषय से सम्बन्ध हो सकता है। अतः डॉ. रंगनाथन ने सभी वर्गों के साथ इनके उपयोग की स्वतंत्रता प्रदान की है। इसलिए उन्होंने पक्ष सूत्र में इनको अंकित करना अनिवार्य नहीं समझा है।
3. **पक्ष (Facets)**
4. **अनुसूचियाँ (Schedules) :** इनमें प्रत्येक विषय के वर्ग उपवर्ग आदि प्रदान किये गये हैं।

पाँच मूलभूत श्रेणियाँ (Five Fundamentals Categories)

पद्धति की अनुसूचियों के निर्माण का आधार पांच मूलभूत श्रेणियाँ हैं जो विभाजनों का एकमात्र दृष्टिकोण है। पद्धति में प्रयुक्त पांच प्रकार के पक्ष तथा उनके संयोजक चिह्न निम्न प्रकार हैं–

व्यक्तित्व (Personality);	पदार्थ (Matter) :	ऊर्जा (Energy)
,P	;M	:E
	स्थान (Space)	'काल (Time)
	'S	'T

प्रत्येक श्रेणी की अभिव्यक्ति एक पक्ष द्वारा की जाती है तथा विभिन्न विषयों के विस्तार का मूल आधार पांच श्रेणियाँ अथवा पांच पक्ष ही है। विषयों के विभाजन के लिए निश्चित पक्ष का मूल सम्बन्ध किसी मूल श्रेणी अवश्य होता है। उपरोक्त पक्षों में सबसे मूर्त (Concrete) तथा महत्व का पक्ष व्यक्तित्व (Personality) तथा सबसे कम मूर्त (Concrete) पक्ष काल (Time) है।

सामान्य एकल (Common Isolate)

सामान्य एकल ऐसी सूक्ष्म धारणा को कहते हैं, जो वर्गीकरण पद्धतियों में प्रत्येक स्थान पर एक ही अंक द्वारा तथा एक ही पद द्वारा, एक ही धारणा की अभिव्यक्ति के लिए उपयोग किये जाते हैं। इस पद्धति में प्रयुक्त सामान्य एकल निम्न प्रकार है–

1. पूर्ववर्ती सामान्य एकल (Anteriorising Common Isolate)–
   (a) पूर्ववर्ती सामान्य एकल (स्थान पक्ष से पूर्व प्रयुक्त) Anteriorising Common Isolate (Application only before Space Facet)
   (b) पूर्ववर्ती सामान्य एकल (स्थान पक्ष के पश्चात् प्रयुक्त) Anteriorising Common Isolate (Applicable Only after Space Facet)
   (c) पूर्ववर्ती सामान्य एकल (काल पक्ष के पश्चात प्रयुक्त) Anteriorising Common Isolate (Applicable only after Time Facet)
2. पूर्ववर्ती सामान्य एकल (Posteriorising Common Isolate)
   (a) पूर्ववर्ती ऊर्जा सामान्य एकल (Posteriorising Energy Common Isolate)

(b) पूर्ववर्ती पदार्थ सामान्य एकल (Posteriorising Matter Common Isolate)

(c) पूर्ववर्ती व्यक्तित्व सामान्य एकल (Posteriorising Personality Common Isolate)

3. काल एकल (Time Isolate)

4. स्थान एकल (Space Isolate)

5. भाषा एकल (Laguage Isolate)

विधियाँ (Devices)

वर्गों के विस्तृत विभाजन और सूक्ष्म वर्गीकरण के लिए इस पद्धति में निम्नलिखित विधियों का प्रावधान किया गया है–

1. भौगोलिक विधि (Geographical Device)

2. कालक्रम विधि (Chronological Device)

3. विषय विधि (Subject Device)

4. अध्यारोपण विधि (Superimposition Device)

5. वर्गाक्रम विधि (Alphabetical Device)

इन विधियों की सहायता से विषय के पांचों पक्षों के केन्द्र बिन्दुओं (Foci) को अधिक संतुष्ट (Sharpen) बनाने का कार्यक्रम किया जाता है। इन विधियों की सहायता से वर्गाकार (Classifier) नवीन विषयों का समावेशन बिना वर्गाचार्य (Classificationist) के निर्देश से कर सकता है।

कला सम्बन्ध (Phase Relation)

ज्ञान जगत के विभिन्न विषयों में पारस्परिक सम्बन्ध होते हैं। वे एक दूसरे को प्रभावित करते हैं तथा विभिन्न विषय के पक्षों के सम्पर्क में आने से नवीन विषय की रचना भी होती रहती है। परिमाणमतः डॉ. रंगनाथन के निम्न प्रकार के कला सम्बन्ध निर्धारित किये हैं–

1. अंतर-वर्ग कला सम्बन्ध (Intra-Class Phase Relation)

2. अंतर-पक्ष कला सम्बन्ध (Inter Facet Phase Relation)

3. अंतर-पंक्ति कला सम्बन्ध (Intra Array Phase Relation)

प्रत्येक प्रकार के कला सम्बन्धों में पुनः पांच प्रकार के सम्बन्ध निर्धारित किये गये हैं:

(i) सामान्य (General)

(ii) दृष्टिकोण (Bias)

(ii) तुलनात्मक (Comparision)

(iv) भेद (Difference)

(v) प्रभाव (Influence)

इन सम्बन्धों को स्पष्ट करने तथा आपस में जोड़ने के लिए इस पद्धति में शून्य (o) का उपयोग संयोगी चिह्न (Connecting Symbol) के रूप में किया जाता है।

अंकन (Natation)

इस पद्धति में प्रयुक्त अंकन मिश्रित अंकन है। इस पद्धति में प्रयुक्त अंकन अग्र प्रकार का है–

1. अरेबिक न्यूमर्ल्स (Arabic Numerals) 10

2. रोमन दीर्घ अक्षर (Roman Capitals) 26

3. रोमन लघु अक्षर (Roman Smalls) 23

i, l, o को छोड़कर

4. ग्रीक वर्णमाला अक्षर (Greek Alphabet) $\Delta - 1$

5. विराम चिह्न (Punctuation marks), वर्णाकृति (Arrow), योजक चिह्न (Hyphen), एवं कोष्ठक (Brackets)–
, ; : . ‘ ←→ – ( ).

अनुक्रमणिका (Index)

पद्धति के वर्तमान छठे संस्करण के द्वितीय में वर्गक्रम (Alphabetical Order) में व्यवस्थित अनुक्रमणिका प्रदान की गई है। भौगोलिक विभाजन, वनस्पति विज्ञान एवं प्राणी विज्ञान की अनुक्रमणिकाएं भी द्वितीय भाग में सम्बन्धित अनुसूची (Schedule) के साथ दी गई है। ये अनुक्रमणिकाएँ वर्णक्रम में व्यवस्थित हैं। मूल अनुक्रमणिका सापेक्षिक (Relative) न होकर विशिष्ट है। इसके अतिरिक्त तृतीय भाग में अभिजात वाङ्मय (Classics) एवं धार्मिक ग्रन्थों (Sacred Books) की अनुक्रमणिका में दी गई है।

द्वि-बिन्दु वर्गीकरण प्रणाली के प्रमुख लक्षण (Main Feature of Colon Classification)

डॉ. रंगनाथन द्वारा रचित द्वि-बिन्दु वर्गीकरण पद्धति का प्रथम संस्करण 1933 में प्रकाशित हुआ था। वर्तमान छठवाँ संस्करण 1963 में प्रकाशित हुआ, तत्पश्चात् 1974 तक इसी संस्करण को तीन बार पुनर्मुद्रित किया गया। अपनी मृत्यु पूर्व तक डॉ. रंगनाथन अपनी इस पद्धति को 7वें संशोधित, परिमार्जित एवं पूर्णतः विकसित संस्करण को तैयार करने का कार्य करते रहे, परन्तु 7 वाँ संस्करण अभी तक पूर्णरूपेण प्रकाश में नहीं आ पाया है। 1933 से इस पद्धति में निरन्तर परिवर्द्धन एवं

संशोधन होता रहा है और यह निरन्तर लोकप्रिय होती गयी है। डॉ. रंगनाथन द्वारा प्रतिपादित यह पद्धति सिद्धान्तों और सूत्रों पर आधारित है।

द्वि-बिन्दु वर्गीकरण पद्धति प्रचलित वर्गीकरण पद्धतियों में सर्वाधिक वैज्ञानिक एवं शास्त्री पद्धति मानी गयी है। इस पद्धति को प्रमुख लक्षण निम्नलिखित हैं–

1. यह पद्धति विश्लेषक संश्लेषणात्मक वर्गीकरण पद्धति (Analytico-synthetic Classification Scheme) है। इसमें तैयार वर्गांक प्रदान नहीं किये गये हैं, वरन् विभिन्न विभाजक गुणों के आधार पर विषय की विशिष्टताओं में अनुरूप वर्गांक के निर्माण के लिए अनुसूचियाँ दी गयी हैं, जिनका पक्षसूत्र (Facet Formula) के अनुसार उपयोग कर वर्गांक की रचना की जा सकती है।

2. यह पद्धति आकार में छोटी है।

3. पद्धति में सहविस्तृत वर्ग संख्या (Co-extensive Class number) प्रदान की जा सकती है।

4. प्रत्येक विषय विशिष्टता प्राप्त है।

5. वर्गों की पंक्तियों (Array) और श्रृंखलाओं (Chain) में अनन्त ग्राह्यता (Hospitality) है।

6. यह पद्धति पांच मूलभूत श्रेणियों (Five Fundamental Categories) के सिद्धान्त पर आधारित है।

7. प्रत्येक स्तर पर पक्ष विश्लेषण (Facet analysis) सम्बन्ध है।

8. इस पद्धति में विभिन्न विषयों में भिन्न-भिन्न प्रकार के सम्बन्ध दर्शाये जा सकते हैं।

9. संयुक्त विषयों के वर्गांको का निर्माण इस पद्धति द्वारा सम्भव है।

10. विशिष्ट अध्ययनों एवं प्रणालियों के लिए पद्धति में प्रावधान है।

11. सामान्य एकलों (Common isalates) की विस्तृत एवं सुव्यवस्थित तालिकाएं इसमें प्रदान की गई हैं।

12. पद्धति में निरन्तर शाश्वत सिद्धान्तों का उपयोग इसे नवीनतम बनाये रहता है।

13. विभिन्न विधियों (Devices) के उपयोग में किसी विषय और उनके विभिन्न पक्षों को स्पष्ट एवं सूक्ष्म वर्णांक किया जा सकता है।

14. किसी भी विषय और उससे सम्बन्धित अनुवाद, व्याख्या, समीक्षा आदि ग्रन्थों को एक ही स्थान पर क्रमशः व्यवस्थित किया जा सकता है।

15. स्मृति सहायक शब्दों (Memonics) का उपयोग करने के लिए इसमें अनेक विधियों का प्रावधान है।

16. मुख्य वर्गों तथा उनके विभाजनों में मिश्रित अंकन के उपयोग से क्षेत्र व्याख्या (Zone Analysis) संभव है।

17. इसमें पुस्तक अंक की रचना के लिए विशेष सूत्र एवं निर्माण के लिए सहायक सारणी दी गई है। पुस्तक अंक को वर्गांक का एक भाग माना है।

18. आद्याय ग्रन्थों (Classics) एवं धार्मिक ग्रन्थों (Sacred Books) के लिए पद्धति के तीसरे खंड में तैयार वर्गांक की सारणी प्रदान की गयी है, जो बहुत सहायक है।

19. पद्धति पक्षपात रहित एवं पूर्णतया तर्क पर आधारित है।

20. इस पद्धति में वर्गाकार को पूर्ण स्वायत्तता प्रदान की गई है।

पांच मूलभूत श्रेणियाँ (Five Fundamental Categories)

तात्पर्य– द्वि-बिन्दु वर्गीकरण पद्धति में मुख्य वर्गों का चयन वैज्ञानिक धरातल पर आधारित है। इसमें मुख्य वर्गों के विस्तार के लिए प्रावधान है। एक वर्गीकरण पद्धति मात्र मुख्य वर्गों तक ही सीमित नहीं होती वरन् वर्गीकरण की प्रक्रिया मुख्य वर्गों के निर्धारण के पश्चात् आरम्भ होती है। अतः मुख्य वर्गों का आन्तरिक विस्तार किन गुणों अथवा विशेषताओं के आधार पर किया जाए जिससे उन वर्गों के अन्तर्गत आने वाले समस्त आवश्यक तत्व सम्मिलित हो सकें। अनेक तत्व व गुण स्वयं में पूर्ण होने के पश्चात् भी किसी एक मुख्य वर्ग के अभिन्न अंग हो सकते हैं।

डॉ. रंगनाथन के अनुसार, वर्ग विभाजन की दृष्टि से प्रयुक्त समस्त विशेषताएं अथवा गुण किसी न किसी प्रकार से पांच मूलभूत श्रेणियों में से किसी एक अथवा अधिक की प्रत्यक्ष अथवा अप्रत्यक्ष रूप से अभिव्यक्ति है तथा प्रत्येक श्रेणी की अभिव्यक्ति एक पक्ष द्वारा की जाती है एवं विभिन्न वर्गों के विस्तार का मूल आधार पांच श्रेणियां अथवा पांच पक्ष ही है। कहने का तात्पर्य यह है कि किसी वर्ग का कोई भी पक्ष जिसे निश्चित किया जाता है, वह पांच मूलभूत श्रेणियों में से किसी एक की अभिव्यक्ति अवश्य करता है अर्थात् पक्ष मूल सम्बन्ध किसी न किसी मूल श्रेणी से अवश्य होता है।

पक्ष से तात्पर्य उस धारणा से है जिसके आधार पर मुख्य वर्ग के विभिन्न तत्वों का विभाजन उनकी अलग-अलग विशेषताओं की श्रृंखला के अनुसार किया जा सकता है।

डॉ. रंगनाथन द्वारा प्रतिपादित ये पाँच श्रेणियाँ अथवा पक्ष भारतीय दर्शन के स्वरूप है। उन्होंने वैदिक सूत्र 'देशः कालः पात्र-श्रद्वा-सम्पदस्तु के अनुसार इन श्रेणियों अथवा पक्षों को निम्न स्वरूप में विभाजित किया है–

व्यक्तित्व	(Personality)	[P]
पदार्थ	(Matter)	[M]
ऊर्जा	(Energy)	[E]
स्थान	(Space)	[S]
काल	(Time)	[T]

जिस प्रकार जीवन के लिए सभी पंचतत्व समान रूप से अनिवार्य है उसी प्रकार वर्गीकरण के लिए ये सभी समान रूप से महत्वपूर्ण है। इन पाँचों पक्षों को पाँच मूलभूत श्रेणियों का अवयव कहा जाता है तथा ये 'PMEST' के संक्षिप्त नाम से प्रचलित है।

इन पाँचों पक्षों को संयुक्त करने हेतु पाँच संयोजी चिह्नों का प्रवर्तन किया गया है जो निम्नांकित है–

पक्ष		संयोजी चिह्न
व्यक्तित्व (Personality)	।	विराम (Full stop)
पदार्थ (Matter)	;	अर्द्ध विराम (Semi Colon)
ऊर्जा (Energy)	:	द्वि-बिन्दु (Colon)
देश (Space)	•	बिन्दु (Dot)
काल (Time)	'....'	' एक उद्धरण चिह्न (Single inverted Comma)

यह पाँचों श्रेणियाँ अथवा पक्ष मूर्त्तता के ह्रास-क्रम (Decreasing Sequence of Concreteness) के अनुसार निम्न प्रकार व्यवस्थित किये जाते हैं।

व्यक्तित्व	पदार्थ	ऊर्जा	समय	काल
,[P]	;[M]	:[E]	[S]	'[T]

इनका उपयोग करते समय उक्त क्रम का पूर्ण ध्यान रखा जाता है। पक्षों के क्रम में परिवर्तन के कारण वर्गीकरण में दोष उत्पन्न हो जाता है। यही कारण है कि द्वि-बिन्दु वर्गीकरण को वैज्ञानिक पद्धति कहा जाता है।

इन पाँच श्रेणियों में से अंतिम दोनों समय एवं काल को सरलता से समझा जा सकता है। इसमें सबसे अधिक महत्वपूर्ण एवं मूर्त पक्ष व्यक्तित्व है तथा काल पक्ष को पहचानना सबसे सरल है क्योंकि यह स्वयं स्पष्ट होता है। देश पक्ष के द्वारा प्रायः भौगोलिक क्षेत्र को अभिव्यक्त किया जाता है अतः किसी भी वर्ग में इस पक्ष की उपस्थिति को भी सरलता से पहचाना जा सकता है। ऊर्जा पक्ष को निर्धारण में कुछ कठिनाई हो सकती है परन्तु सावधानी एवं विवेक से उसे निश्चित किया जा सकता है। वास्तव में जहाँ किसी न किसी प्रकार के कार्य अथवा क्रिया का होना पाया जाता है वहाँ ऊर्जा पक्ष होता है। पदार्थ पक्ष की अभिव्यक्ति किसी वस्तु अथवा द्रव्य या इसी के समान चीज में होती है। जिसको आसानी से पहचाना जा सकता है। व्यक्तित्व पक्ष को निश्चित करना सरल नहीं है। इसको पहचानना अन्य पक्षों की अपेक्षा कठिन है। किसी विषय में से काल, देश, ऊर्जा एवं पदार्थ की अभिव्यक्तियों को अलग कर देने के पश्चात् जो धारणा शेष बचती है वह प्रायः व्यक्तित्व होती है।

पामर (B.P. Palmer) एवं वेल्स (Wells) के अनुसार काल, देश, ऊर्जा और पदार्थ विज्ञान की मौलिक धारणाएँ हैं और शेष व्यक्तित्व के रूप में सम्पूर्णता में निहित होता है। व्यक्तित्व वह गुण है जो वस्तुओं के अनन्त प्रकारों में निहित होता है।

डॉ. रंगनाथन ने व्यक्तित्व को बहुत ही भ्रामक बताया है, जिसे निश्चित करना कठिन है। अतः उन्होंने इसे निर्धारण करने की विधि को 'शेष विधि (Method of Residues) कहा है।

द्वि-बिन्दु वर्गीकरण में, इन पाँच पक्षों के आधार पर ही मुख्य वर्ग की रचना की गयी है। अतः इनमें से प्रत्येक को भली भाँति समझ लेना है।

मानक उप-विभाजन : ड्यूई दशमलव वर्गीकरण (Standard Sub-divison: Dewey Decimal Classification)

किसी विषय से सम्बन्धित पुस्तक में किसी विशेष उद्देश्य की पूर्ति के लिए उनकी रचना तथा उनका प्रकाशन विभिन्न दृष्टिकोण से किया जाता है, यथा–कुछ सैद्धान्तिक पक्ष पर आधारित होते हैं, कुछ रूपरेखा एवं हस्तपुस्तिका के तौर पर तथा कुछ पुस्तकें निबन्धात्मक एवं ऐतिहासिक दृष्टिकोण से रची जाती है, कुछ विश्वकोश, शब्दकोश, अब्दकोश, संकलन आदि के रूप से प्रकाशित होती रहती है। इनका अपना महत्व है। इस दृष्टिकोण को अंकन के माध्यम से प्रस्तुत करने की व्यवस्था को रूप विभाजन कहते हैं। पहले ड्यूई दशमलव वर्गीकरण में रूप विभाजन को केवल नौ उप-विभागों (Sub-division) के द्वारा

व्यक्त किया गया था। इनका अंकन दो या अधिक अरेबिक न्यूमर्ल्स (Arabic Numerals) से बना हुआ है तथा अंकों का प्रारम्भ शून्य (0) अंक से किया गया है। सारणी में दिये गये कुछ मानक उप-विभाजन निम्नलिखित है–

–01 Philosophy and Theory
–02 Miscellaneous
–03 Dictionaries, Encyclopaedias, Concordences
–04 General Special
–05 Serial Publication
–06 Organisations
–07 Study and Teaching
–08 Collections
–09 Historical and Geographycal Treatment

सम्पूर्ण अनुसूची (Schedule) में ही भाव और तात्पर्य के रूप में इनका उपयोग कुछ अल्प परिवर्तन के साथ किया गया है। व्यावहारिक दृष्टि से इनका आवश्यकतानुसार उपयोग कहीं भी किसी भी वर्गांक के साथ युक्त किया जा सकता है। परन्तु बिना किसी उद्देश्य अथवा विचार के इनका उपयोग करना निषेध है।

मानक उप-विभाजन अंकों का उपयोग अकेले नहीं किया जा सकता, क्योंकि यह स्वयं में वर्गांक नहीं है। सदैव ही इनका उपयोग अनुसूची (Schedule) के मुख्य वर्गांक अथवा उनके उप-विभाजन अंक के साथ किया जाता है। इसीलिए प्रत्येक उप-विभाजन अंक के पूर्व डैश (Dash) का चिह्न सारणी में प्रयुक्त किया गया है जो इस बात का संकेत करता है कि इस अंक के पूर्व किसी अंक का उपयोग किया जाता है। मानक उप-विभाजन को वर्ग संख्या से संयुक्त करने से पूर्व डैश (-) को हटा दिया जाता है।

पद्धति में इनके उपयोग के लिए कुछ नियम प्रदान किये गये हैं–

1. प्रथमतः इनका उपयोग अकेले नहीं किया जा सकता, क्योंकि ये स्वयं में वर्गांक नहीं है। इनका उपयोग अनुसूची में प्रदत्त वर्गांक के साथ ही किया जाना चाहिए।
2. आवश्यकता होने पर ही इनका उपयोग किया जाना चाहिए।
3. द्वितीय खण्ड की अनुसूचियों में अनेक वर्ग संख्याओं के अन्तर्गत दिये गये विशेष निर्देशों के अनुसार ही इनका उपयोग किया जाना चाहिए। परन्तु यह विशेष निर्देश सभी स्थानों पर एकरूपता लिये हुए नहीं है।

डॉ. रंगनाथन द्वारा प्रतिपादित ग्रन्थांक पद्धति (Book Number Devised by Dr. Ranganathan)

एक ही समान वर्ग की अनेक पुस्तकों को विषय वर्गीकरण के आधार पर विशिष्टता अथवा भिन्नता प्रदान करना तथा उन्हें निधानियों पर सहायक क्रम में व्यवस्थित करना असम्भव है। इस समस्या के समाधान के लिए ग्रन्थांक की व्यवस्था की गई है। पुस्तकों को विषयानुसार वर्गीकृत करने के बाद कुछ निश्चित शीर्षकों के अन्तर्गत उन्हें व्यवस्थित करने के लिए ग्रन्थांक आवश्यक है। डॉ. रंगनाथन ने ग्रन्थांक की विवेचना करते हुए लिखा है कि–

''ग्रन्थ वर्गीकरण पद्धति में ग्रन्थांक की व्यवस्था की जानी चाहिए। जिससे विषयों के समान वर्ग प्रदान किये जाने वाले ग्रन्थों का वांछित व्यवस्थापन यांत्रिक रूप से किया जा सके।

पुस्तकों को विशिष्टता अथवा व्यक्तित्व अंक प्रदान करने की समस्या का समाधान ग्रन्थांक की सहायता से करने का प्रयास किया गया है, जो वास्तविक रूप से वर्गांक की क्षमता से बाहर की बात है।

डॉ. रंगनाथन ने समान वर्गांक को पृथकता एवं विशिष्टता प्रदान करने के लिए अपनी वर्गीकरण पद्धति 'द्वि-बिन्दु वर्गीकरण में एक 'पक्ष-सूत्र (Facet Formula) का प्रतिपादन किया है–

(L) (F) (Y) (A). (V) – (S); (C): (Cr)

उपरोक्त पक्ष सूत्र को निम्न प्रकार स्पष्ट किया जा सकता है–

(L) भाषा अंक (Language Number)
(F) रूप अंक (Form Number)
(Y) वर्ष अंक (Year Number)
(A) ग्रन्थांक का परिग्रहण भाग (Accession part of Book Number)
(V) खण्ड अंक (Volume Number)
(S) पूरक अंक (Supplement Number)
(C) प्रति अंक (Copy Number)
(Cr) समीक्षा अंक (Criticism Number)

ग्रन्थांक के निर्माण के लिए इस पद्धति में क्रमशः उपर्युक्त में से एक अथवा अधिक पक्षों को प्रयुक्त किया जाता है।

संदर्भ सेवाएं (Reference Services)

सन्दर्भ सेवा पुस्तकालय व सूचना विज्ञान के अन्तर्गत उसकी एक शाखा है। पुस्तकालय में साधारण पूछताछ से लेकर गहन

अध्ययन अथवा अनुसन्धान के लिए पाठकों द्वारा पुस्तकालय कर्मचारियों से ली जाने वाली व्यक्तिगत सहायता को 'सन्दर्भ सेवा कहते हैं। पुस्तकालयों मे वर्गीकरण और सूचीकरण आदि जैसी तकनीकी विधियों द्वारा पाठकों का सम्पर्क पुस्तकों से कराने में सहायता मिलती है। इनके द्वारा पाठकों का समय और श्रम भी बचता है इसमें सन्देह नहीं किन्तु ये विधियाँ यात्रिक हैं। इन्हें औसत स्तर के पाठक अपने काम में बिना किसी पुस्तकालय कर्मचारी के सहयोग से नहीं ला सकते। पुस्तकों के वर्गीकरण और व्यवस्था को समझने के लिए सूची के उपयोग की विधि बताने के लिए तथा अन्य विविध समस्याओं में सहायता करके पाठकों को उनके अध्ययन और अनुसंधान में पथ-प्रदर्शन करने के लिए कोई ऐसी विधि भी होनी चाहिए जो कि तकनीकी अथवा यान्त्रिक न होकर मानवीय हो और वह विधि है– 'सन्दर्भ सेवा ।

सन्दर्भ सेवा का प्रारम्भ पुस्तकालयों द्वारा न होकर पाठकों द्वारा किया गया। उन्नीसवीं शताब्दी के तीसरे चरण तक 'सन्दर्भ सेवा जैसी विचारधारा का विकास नहीं हुआ था। पाठकों और पाठ्य-सामग्री की बढ़ती हुई संख्या और उसके द्वारा प्रस्तुत समस्याओं के समाधान के लिए सर्वप्रथम 1876 ई. में सैम्पुल स्वेट ग्रीन (Sempul Swet Green) नामक अमेरिकी पुस्तकालयाध्यक्ष ने पुस्तकालय सम्मेलन में पुस्तकालयाध्यक्षों तथा पाठकों के बीच व्यक्तिगत सम्बन्धों की आवश्यकता पर बल दिया। तब से 'सन्दर्भ सेवा की विचारधारा तीव्र गति से विकसित हुई और आधुनिक युग में पुस्तकालय सेवा में पुस्तकालय की रीढ़ की हड्डी की भांति अनिवार्य सेवा हो गई।

"पुस्तकालय के भीतर किसी भी उद्देश्य के लिए सूचना की खोज में लगे व्यक्तियों को दी जाने वाली प्रत्यक्ष व्यक्तिगत सहायता, जितनी सरलतापूर्वक और जितना भी संभव हो, साथ ही पुस्तकालय के वे विविध क्रियाकलाप विशेषतया जो सूचना को यथाशक्ति, यथासम्भव, शीघ्रतिशीघ्र सरलतापूर्वक प्राप्त करने के उद्देश्य से दिए जाए, वे संदर्भ सेवा के अन्तर्गत आते हैं

यद्यपि यह परिभाषा भी अपूर्ण तथा दोषपूर्ण है फिर भी अधिकांश विदेशी विद्वानों को यह मान्य है। इसी प्रकार अमेरिकी लाइब्रेरी एसोसिएशन द्वारा संकलित पुस्तकालय शब्द संग्रह (Glossory of Library Terms) में सन्दर्भ सेवा की निम्नलिखित परिभाषा प्रदान की गई है–

"पुस्तकालय का वह पक्ष या पहलू जो अध्याय और पुस्तकालय साधनों के लिए उपयोग में तथा सूचना प्राप्त करने में पाठकों की सहायता से प्रत्यक्षतः सम्बन्धित है, संदर्भ कार्य कहलाता है।

सन्दर्भ सेवा के प्रकार

सन्दर्भ सेवा को दो भागों में विभाजित किया जाता है–

1. सन्दर्भ सेवा (Reference Service)
2. सन्दर्भ कार्य (Reference Work)

डॉ. रंगनाथन (Dr. Ranganathan) ने पाठकों और उनके द्वारा पूछे जाने वाले प्रश्नों के अन्तर को दृष्टि में रखते हुए सन्दर्भ सेवा के निम्नलिखित चार प्रकार बताए है–

1. आगन्तुक को दीक्षा (Initiation of the Freshman)
2. सामान्य पाठक को सामान्य सेवा (General Help to General Reader)
3. प्रस्तुत सन्दर्भ सेवा (Ready Reference Service)
4. दीर्घकालीन सन्दर्भ सेवा (Long Range Reference Service)

सन्दर्भ ग्रन्थों के प्रकार

सन्दर्भ ग्रन्थों का क्षेत्र पाठकों द्वारा विभिन्न विषयांग (Topics) पर मांगी गई सूचनाओं के अनुरूप ही व्यापक होता जा रहा है। आज विभिन्न प्रकार की आवश्यकताओं की पूर्ति के लिए अत्यधिक संख्या में सन्दर्भ ग्रन्थों की रचना हो रही है। ज्ञान एवं शोध के प्रसार के साथ-साथ इनकी संख्या में भी वृद्धि हो रही है। गेट्स (Gates) महोदय ने सन्दर्भ ग्रन्थों के दो प्रकार बताएं हैं–

(i) जिनमें आवश्यक सूचनाएं उपलब्ध हों : जैसे शब्दकोश (Dictionary)] विश्वकोश (Encyclopedia), हस्तपुस्तिकाएं (Handbooks), जीवनी कोश (Biographical Dictionary), भौगोलिक कोश (Gazetteer) आदि।

(ii) वह ग्रन्थ जो पाठक को सीधी सूचना प्रदान करने के स्थान पर उन्हें सूचना किस ग्रन्थ में उपलब्ध होगी की ओर दिशा निर्देश प्रदान करते हैं। जैसे,µअनुक्रमणिका (Index) वाङ्मय सूची (Bibliographies), सार सूची (Abstract) आदि।

उपरोक्त दोनों प्रकार के सन्दर्भ ग्रन्थों को उनके द्वारा पुनः दो भागों में विभक्त किया गया है–

(i) **सामान्य सन्दर्भ ग्रन्थ :** ये वे ग्रन्थ होते हैं, जो विषय विशेष से सम्बन्धित न होकर समस्त अथवा कुछ विषयों पर समान रूप से सूचना प्रदान करते हैं। इनका क्षेत्र व्यापक होता है। उदाहरणार्थ– Encyclopedia Britannica, अंग्रेजी- हिन्दी शब्दकोश आदि।

(ii) **विशिष्ट सन्दर्भ ग्रन्थ :** इन ग्रन्थों की रचना किसी विषय विशेष के सन्दर्भ में जानकारी प्रदान करने के लिए की जाती है। इनमें विभिन्न स्त्रोतों से विषय सम्बन्धी सूचना एकत्रित की जाती है, जिससे उपयोगकर्त्ता सुविधापूर्वक एवं शीघ्रता से उनका उपयोग कर सकें। इनका क्षेत्र सम्बन्धित विषय तक सीमित रहता है। उदाहरणार्थ– McGraw Hill Encyclopedia of Scinece and Technology अर्थशास्त्र शब्दकोश आदि।

संग्रहित सूचनाओं की विशेषताओं और विविधताओं के आधार पर सन्दर्भ ग्रन्थों को मुख्यतः निम्नलिखित प्रकारों में विभाजित किया जा सकता है–

1. **शब्दकोश (Dictionary) :** अकारादि क्रम में व्यवस्थित किसी भाषा के शब्दों का अर्थ अथवा विषय विशेष के शब्दार्थ बताने वाले ग्रन्थकोश को शब्दकोश कहते हैं। सर्न्दभ ग्रन्थों के इस प्रकार द्वारा किसी शब्द अथवा पद का अर्थ, परिभाषा, उच्चारण, घातु या मूल शब्द; क्रियाओं के विविध रूप, अक्षर विन्यास, पर्यायवाची और विलोम शब्द, परिभाषा, वर्तनी, नए शब्द और पुराने शब्दों के नए अर्थ, शब्द का इतिहास, उदाहरण के रूप में उद्धरण, मानक और उपयोग, संक्षेपण, संकेत चिह्न, समानार्थी देशी और विदेशी शब्द, पारिभाषिक रूप, मुहावरे, लोकोक्ति, समानार्थी विदेशी मुहावरे आदि से सम्बन्धित प्रश्नों के उत्तर प्रदान किए जाते हैं।
   - **Oxford English Dictionary.** Oxford, Clarendon Press, 1933. 12V.
   - **A.L.A. Glossary of Library Terms.** Chiago, ALA, 1943.

2. **विश्वकोश (Encyclopedia) :** जिसमें ज्ञान के प्रत्येक क्षेत्र से सम्बन्धित विषयों पर अथवा किसी विषय या क्षेत्र से सम्बद्ध सूचनाप्रद लेख साधारणतः अकारादि क्रम में व्यवस्थित रहते हैं और ये निम्न प्रकार को प्रश्नों के उत्तर प्राप्त करने में सहायक होते हैं–

   किसी भी विषय से सम्बन्धित सामान्य परिचय विषय क्या है, उसकी सीमा, अंग और उपांग, इतिहास आदि से सम्बन्धित प्रश्न। मुख्यतः दिवंगत विद्वानों और महापुरुषों के जीवन चरित्र सम्बन्धी प्रश्न। विषय, तथ्यों एवं आंकड़ो से सम्बन्धित प्रश्न।

   Encylopedia Britannica: A New Survey of University Knowledge. Ed. 15.

   Oxford Junior Encyclopedia, London Oxford University Press 1948 13.v.

3. **जीवनी कोश (Biographical Dictionary) :** इस प्रकार के सर्न्दभ ग्रन्थों में विशिष्ट व्यक्तियों की संक्षिप्त जीवनी उसके नाम के उच्चारण सहित दी जाती है। इसके द्वारा प्रतिष्ठित एवं प्रमुख व्यक्तियों के जीवन से सम्बन्धित विविध तथ्यों यथा-जन्म तिथि, वंश बाल्यकाल, शैक्षणिक जीवन, कार्य व्यावहारिक जीवन, कृतियों, मुख्य घटनाओं, अनुभवों, उपलब्धियां, वैवाहिक जीवन, पद, पता, पदवी, मृत्यु-तिथि आदि के उत्तर प्रदान किए जाते हैं।

   Indian Who's who, Ed.4. Delhi INFA Publications, 1972.

   International who's who, 1973-74 London, Europa Publications.

4. **भौगोलिक कोश (Geographical Dictionary of Gazetteer) :** यह भौगोलिक स्थानों, शहरों ग्रामों, नेदियों पहाड़ों आदि के नामों को अकारादि क्रम में व्यवस्थित कर सूचना प्रदान करने वाला संर्दभ ग्रन्थ है। इसके द्वारा पाठकों के भूगोल सम्बन्धी प्रश्नों का उत्तर दिया जाता है, यथा-शहरों, नगरों, पहाड़ों झीलों, नदियों, जंगलों आदि की स्थिति एवं उनका विवरण, किसी राष्ट्र, राज्य, शहर, नगर में विद्यमान विभिन्न स्थान, भवन, संस्था, जनजीवन, उपलब्ध सुविधाएं और आवागमन के साधन, जनसंख्या आदि, उदाहरणार्थ-आंगरा की स्थिति; दिल्ली और जयपुर के मध्य की दूरी, कनाडा की जनसंख्या आदि।

   Gazetteer of India. Delhi, Publication Division 4v.

   Webster's Geographical Dictionary. Springfield, Mass Marriam.

5. **मानचित्रावली (Atlas) :** मानचित्रावली मानचित्र, प्रतिचित्रों आदि के संकलित प्रस्तिका है। यह आवश्यक नहीं कि मानचित्रों व प्रतिचित्रों का विवरण दिया गया हो। यह स्वयं में स्वतंत्र रूप से भी प्रकाशित हो सकती है अथवा किसी अन्य पुस्तक के भाग के रूप में भी प्रकाशित हो सकती है। भोगोलिक स्थिति से सम्बन्धित प्रश्नों जैसे

किसी देश का क्षेत्र, नगर, नदी, पहाड़, झील, समुद्र, द्वीप, खाड़ी, रेगिस्तान, सड़के, रेल, अक्षांश एवं देशान्तर, जलवायु, वातारण आदि के उत्तर इसके द्वारा प्रदान किए जा सकते हैं। **भारत राष्ट्रीय एटलस-चटर्जी,** एस. पी., सम्पादकः कलकत्ता नेशनल एटलस ऑर्गेनाइजेशन।

Hammond's Complete world Atlas. New York Hammond.

6. **मानचित्र (Maps) :** चौरस वस्तु पर पृथ्वी के तल का चित्रण मानचित्र है। यह भी संदर्भ सेवा के लिए उपयोगी है।

India in Maps, Publication Division. **International Map of the world or millionth map.** London, British Ordinance Survey.

7. **मार्गदर्शिका (Guide Book) :** किसी शहर, देश अथवा क्षेत्र के लिए यात्रियों को, आवश्यक सूचना प्रदान कराने अथवा भवन व संग्रहालय आदि का विवरण देने के लिए निर्मित ग्रन्थ मार्गदर्शिका कहलाती है।

Murray's Guide or A Handbook for Travellers in India, Pakistan, Burma and Ceylon, London, Murrary.

8. **वार्षिकी (Year Book) :** यह वर्ष में केवल एक बार प्रकाशित होता है तथा सम्बन्धित वर्ष के विविध विषयों से सम्बन्धित प्रमुख सूचनाओं और तथ्यों को काल क्रमानुसार प्रस्तुत करता है।

India: A Reference Annual. India, Ministry of Information and Broadcasting, Publication Division.

9. **पंचाग (Almanac) :** यह ऐसा वार्षिक प्रकाशन है, जिसमें जंत्री तथा खगोलशास्त्रीय सूचनाएं दी जाती है। **राष्ट्रीय पंचांग,** कलकत्ता, रीजनल मीटियोरोलॉलिकल सेन्टर, नाटिकल ऑलमेनेक यूनिट।

Information Please Almancac, London, Whitaker.

10. **निर्देशिका (Directory) :** यह एक वर्णानुक्रम अथवा वर्गीकृत सूची है। इसमें किसी स्थान के निवासियों अथवा वहां की संस्थाओं या किसी व्यवसाय अथवा उद्योग से सम्बद्ध व्यक्तियों या संस्थाओं का नाम, स्थान और अन्य परिचायक विवरण अथवा किसी सेवा से सम्बद्ध सदस्यों के नाम और अन्य विवरण दिया रहता है।

International Libary Directiory. London, A. P. Wales Organisation.

11. **हस्तपुस्तिका (Hand Book) :** व्यापक सूची अथवा विशेष उद्देश्य से किसी एक या अधिक विषयों के विविध व महत्वपूर्ण तथ्यों व आंकड़ों का संकलन कर प्रकाशित पुस्तिका को जिससे शीध्र सूचना उपलब्ध हो सके, हस्तपुस्तिका कहते हैं

Book of Facts: A collection of Genuinely interesting facts about things around us. Bombay, Jai co.

Handbook of Special Librarianship and Information work, Ashworth, Wilfred, Ed. London ASLIB.

11. **वाङ्मय सूची (Bibliography) :** पुस्तकों का व्यवस्थित वर्णन, इतिहास, उनके लेखक, मुद्रण, प्रकाशन, संस्करण आदि और

किसी लेखक, मुद्रक अथवा देश या किसी विषय और उसके साहित्य को विवेचन करने वाली सूची।

Cumulative Book Index; a world list of books in English language. New York, Wilson.

British National Bibliography. London, **Council of British National Bibliography.** Weekly, monthly and annual.

B. **अनुक्रमणिका (Index) :** पुस्तक, लेख आदि के सम्बन्ध में सूचना प्राप्त करने के लिए सुव्यवस्थित अनुक्रमणिका संदर्भ सेवा के लिए अत्यन्त उपयोगी होती है।

India Press Indes. Delhi, Library Association.

14. **सार पत्रिकाएं (Abstract) :** यह एक सामयिक प्रकाशन है। इसके सामयिक अंकों में कथित विषय पर लेखों की सूची निकलती है और उसका प्रत्येक संलेख अंकित लेख के सारांश से युक्त रहता है। इसमें नवीन पुस्तकों के व्याख्यात्मक संलेख निम्नलिखित किए जा सकते हैं।

भारतीय शोध सार संग्रह, जयपुर, भारती मंदिर अनुसन्धान शाला।

Indian Library Science Abstracts (Q). Calcutta, IASLIC.

Library and Information Science Abstract (Q). London, ASLIB.

15. **क्रमिक प्रकाशन (Serials) :** यह एक सामयिक प्रकाशन है। इसका प्रत्येक खण्ड के सामयिक समुच्चय (cumulated) में निधारित वर्ष अथवा अन्य कालावधि

से सम्बद्ध प्रायः एक सम्पूर्ण खण्ड के रूप में प्रकाशन होता है। इसकी रचना विविध अंशदानों से नहीं होती है।

Ulrich's Periodical Directory. New York, R.R. Bowker.

Asian Recorder. New Delhi,

Reader's Digest. New York, Reader's Digest Association, Monthly.

16. **एकाधिकार पत्र (Patent) :** शासन और अन्वेषक के मध्य हुए अनुबन्ध का यह एक व्यक्तिगत प्रमाण-पत्र है। इस पत्र में वस्तु के निर्माण सम्बन्धी समस्त विवरण दिए जाते हैं और उनके अनुसार ही एकाधिकार प्राप्त व्यक्ति को सम्बन्धित वस्तु का निर्माण करना पड़ता है। यह साहित्य भी अध्ययन और अन्वेषण के कार्य में सन्दर्भात्मक महत्व रखता है।

    Official Gazettee of the United States Patent office.

17. **सूक्ष्म साहित्य (Micro-Documents):** ज्ञान-विज्ञान के संरक्षण और विकेन्द्रीकरण के लिए सूक्ष्म साहित्य का उद्‌भव एवं विकास हुआ है। इसके उपलब्ध होने से पुस्तकालयों में साहित्य के प्रवाह को संगठित करना सरल हो गया है। विश्वविद्यालय, शासकीय विभाग और उद्योग-पुस्तकालयों में सूक्ष्म साहित्य का विशेष स्थान है।

    Guides to Newer Educational Media: Films, Phonorecords, Radio, Slies, Television. Chicago, ALA.

    UNESCO Catalogue of Colour Reproductions of Painting Prior to 1800 and from 1800 to 1961. Paris.

18. **श्रव्य दृश्य साधन (Audio Visual Sources) :** जिन साधनों के द्वारा देखकर एवं सुनकर ज्ञान प्राप्त किया जाता है, उन्हें श्रव्य-दृश्य साधन कहते हैं। पुस्तकालय सन्दर्भ विभाग के लिए यह भी अनिवार्य साधन है। इस पर भी संदर्भ ग्रन्थ प्रकाशित हुए हैं, जिनका लाभ पुस्तकालय उठा सकते हैं।

    India, Education (Ministry of) Annoted catalogue of 16mm educational films in the Central Film Library. New Delhi.

19. **शासकीय प्रकाशन (Governmen Publication) :** शासन द्वारा अथवा उसके अधिकार से प्रकाशित ग्रन्थ इस श्रेणी में आते हैं। प्रामाणिकता, विश्वसनीयता, सस्तापन, शीघ्रता, गुण पठनीयता, विषय की व्यापकता आदि के कारण यह शोध एवं अध्ययन के लिए बहुत उपयोगी होते हैं।

    Kothari Commission Report on Education and National Development, 1964-66. Delhi Manager of Publications, 1966.

    Radhakrishnan Report of the University Education Commission. Delhi. Manager of Pulications, 1949, 2v.

20. **अस्थाई पाठ्य सामग्री (Fugitive Material) :** सन्दर्भ विभाग में पाठकों की सामयिक जिज्ञासाओं का समाधान करने के लिए अस्थायी महत्त्व की पाठ्य-सामग्री की आवश्यकता होती है। यह सामग्री समाचार-पत्रों की कतरने, मानक पुस्तिकाओं के विवरण-पत्र, विज्ञापन-पत्र आदि के रूप में होती है।

राष्ट्रीय वाङ्मय सूचियाँ (National Bibliographies)

इण्डियन नेशनल बिब्लियोग्राफी (Indian National Bibliography : INB)– INDIAN NATIONAL BIBLIOGRAPHY, quarterly, October 1957–December 1963; Monthly. January 1964 Central Reference Library, Calcutta, 1959–With Annual Cumulations.

भारतीय संविधान द्वारा मान्यता द्वारा मान्यता प्राप्त 13 भाषाओं एवं अंग्रेजी भाषा में प्रकाशित समस्त पुस्तकों को इसमें सूचीबद्ध किया जाता है। तथापि निम्नलिखित प्रकार की सामग्री इसमें सम्मिलित नहीं की जाती है–

(क) मानचित्र;
(ख) संगीतात्मक कृति;
(ग) आवधिक प्रकाशन;
(घ) पाठ्य पुस्तकों की कुंजियाँ; तथा
(ङ) अस्थाई मूल्य की सामग्री

विश्वकोश की परिभाषाएं

एच. जी. वैल्स के शब्दों में– "यह विचार और ज्ञान का एक सामान्य संक्षेप है, जो विशेषज्ञों के मध्य पारस्परिक सहमति बनाए रखने के लिए तथा शैक्षणिक विचारधारा के लिए माध्यम का कार्य करता है और इस प्रकार मानव जाति के बौद्धिक क्रियाकलापों के निमित्त एक मार्गदर्शन केन्द्र का रूप धारण करता है।"

ए. एल. ए. ग्लॉसरी ऑफ लाइब्रेरी टर्म्स ने विश्वकोश को निम्न प्रकार परिभाषित किया है– "विश्वकोश वह साहित्य है, जिसमें ज्ञान के प्रत्येक क्षेत्र से सम्बधित विषयों पर सूचना प्रदान करने वाले लेख साधारणतः अकारादि क्रम में व्यवस्थित रहते हैं अथवा किसी विशिष क्षेत्र या विषय से सम्बद्ध इसी प्रकार का साहित्य।"

गुण–

1. यह विश्व ज्ञान के विभिन्न क्षेत्रों से सम्बन्धित प्रामाणिक और अद्यतन (Up-to-date) सूचनाओं को प्रदान करने वाले सरल साधन हैं।
2. यह समस्त आवश्ययक सूचनाओं को व्यवस्थित और सार रूप में प्रस्तुत करते हैं।
3. इसमें विविध विषयों का इतिहास, वर्तमान स्थिति, विषय की संरचना, विवरण और व्याख्या, सम्बन्धित विद्वानों का संक्षिप्त जीवन चरित्र और विश्वकोष के मुद्रण कांल तक के महत्वपूर्ण आकड़े प्रदान किए जाते हैं।
4. विश्वकोशों में सूचनाएं दो प्रकार में संकलित रहती हैं–
   (अ) कुछ में लम्बे-लम्बे लेखों के द्वारा मुख्य विषयों का परिचय दिया जाता है सम्बन्धित अन्य विषय उसी में समाविष्ट रहते हैं तथा उनका स्थान ज्ञात करना अनुक्रमणिका द्वारा ही सम्भव होता है।
   (ब) कुछ विश्वकोशों में प्रमुख अथवा अप्रमुख दोनों प्रकार के विषय छोटे-बड़े लेखों के द्वारा अलग-अलग प्रस्तुत किए जाते हैं।
5. प्रत्येक प्रकाशित लेख के अन्त में विषय से सम्बन्धित समस्त पुस्तकों की एक सूची उपलब्ध की होने के कारण पाठक अधिक व्यापक या किसी विशेष पक्ष पर अधिक अध्ययन कर सकता है। इसमें दिया गया वाङ्मय साधारण पाठक एवं विशेषज्ञों दोनों के उपयोग की पुस्तकों की सूची प्रदान करती है।
6. ये कोश अध्ययन की रूचि, अधिक ज्ञान पिपासा को शान्त करने तथा वंछित सूचना को शीघ्र प्रदान करने में सहायक है।

विश्वकोश के प्रकार
(Kinds of Encyclopedia)

सामान्यतः विश्वकोश दो प्रकार के हैं–

1. सामान्य विश्वकोश (General Encyclopedia)
2. विषय विश्वकोश (Subject Encyclopedia)

भौतिक स्वरूप के आधार पर भी विश्वकोशों को दो प्रकारों में विभक्त किया जा सकता है–

1. एक खण्डीय (Single Volume)
2. बहु खण्डीय (Multi Volume)

सूचना विज्ञान

"सूचना का अर्थ, सूचित करना, कहना, बताई गयी बात, ज्ञान, ज्ञान की अनेक वांछित वस्तुएँ, समाचार आदि से है।"

"वक्तव्यों, तथ्यों अथवा संख्याओं की समपूर्णता को सूचना कहते हैं, जो बौद्धिक, तर्कपूर्ण, विचारधारा अथवा किसी अन्य मानसिक कार्य पद्धति के अनुसार धारणात्मक ढंग से आपस में एक दूसरे से सम्बद्ध होती है।

साधारण परिभाषा के अनुसार तथ्य संख्याओं से युक्त होता है और सूचना अक्षरों से युक्त होती है। तथ्य अव्यवस्थित तथ्यों के संकलनों की अभिव्यक्ति करता है, जबकि सूचना का अभिप्राय चयन, व्यवस्थापन तथा उन अव्यवस्थित तथ्यों की बौद्धिक व्याख्या से होता है। तथ्य उसका प्रतिनिधित्व करता है, जिसे क्रमिक रूप से अभिलिखित करते हैं, जबकि सूचना क्रमव्यवस्था को निर्धारित करती है, श्रेणीबद्धता को निश्चित करतीं है और विचारधाराओं का प्रतिनिधित्व करती है।

ज्ञान और सूचनाओं के संगठन एवं विकेन्द्रीकरण सम्बन्धी पुस्तकालय विज्ञान और प्रौद्योगिक सिद्धान्तों के समन्वित रूप को सूचना विज्ञान कहते हैं। यह विज्ञान आधुनिक सूचना सेवा का आधारभूत शास्त्र है।

परिभाषाएँ (Definitions)

"सूचना विज्ञान एक नवीन वैज्ञानिक विषय है, जो विज्ञान सूचना के प्रतिमान और सामान्य गुणों और साथ ही सभी संचार प्रक्रियाओं, जिसमें विज्ञान सूचना गतिविधियाँ सम्मिलित हैं, से सम्बन्ध रखता है।

"सूचना विज्ञान शोध का वह क्षेत्र है जो सूचना की विधियों एवं तकनीकों के वास्तविक अर्थ को रेखांकित करता है, साथ ही वह सूचना प्रवाह का अध्ययन करता है।

सूचना को निम्न भागों में विभाजित किया है–

1. **प्रत्यात्मक सूचना**–किसी समस्या के अस्थिर क्षेत्रों से उत्पन्न होने वाले विचार, सिद्धान्त, परिकल्पनाएँ आदि प्रत्यात्मक सूचना है।
2. **अनुभव सिद्ध सूचना**–यह सूचना प्रयोगशाला जनित साहित्यिक खोज अथवा शोध हेतु स्वयं के अनुभवों द्वारा प्राप्त आँकड़े होते हैं।

3. **कार्य विधिक सूचना**–इस सूचना में उस विधि को सम्मिलित किया जाता है जिसके द्वारा शोधकर्ता को और अधिक प्रभावी तरीके से कार्य करने योग्य बनाया जा सके। इस प्रकार की सूचना के अन्तर्गत आँकड़े प्राप्त किए जातो हैं तथा परीक्षण किए जाते हैं। यह पूर्णतया विधिवत् है तथा सम्पूर्ण सूचना वैज्ञानिक मनोवृत्ति द्वारा प्राप्त की जाती है।
4. **प्रेरक सूचना**–वह सूचना जो वातावरण द्वारा प्राप्त होती है, प्रेरक सूचना कहलाती है।
5. **नीति सम्बन्धी सूचना**–निर्णय निर्धारण प्रक्रिया से सम्बन्धित सूचना नीति सम्बन्धी सूचना होती है। इन सूचनाओं में संयुक्त गतिविधियों की परिभाषाएँ, उद्देश्य, जिम्मेदारियों का निर्धारण, कार्यों का विकेन्द्रीकरण आदि को सम्मिलित किया जाता है।

"सूचना विज्ञान एक वास्तविक विषय है, जो सूचना के गुण एवं व्यवहार की शोध करता है तथा सूचना की अधिकतम उपलब्धता एवं उपयोगिता हेतु सूचना संसाधित करने का माध्यम है। यह ज्ञान से सम्बन्धित है, जिसमें सूचना का उद्‌भव, संग्रह, संगठन पुनप्राप्ति, व्याख्या, प्रेषण, रूपान्तरण और उसका उपयोग सम्मिलित है। यह प्राकृतिक एवं कृत्रिम सूचना पद्धतियों में दर्शायी गई सूचना के शोध, दक्षतापूर्ण सूचना सम्प्रेषण में प्रयुक्त संकेतों के प्रयोग तथा सूचना संसाधन विधियों एवं तकनीकों जैसे–कम्यूटर और उसकी कार्यक्रम पद्धतियों का अध्ययन करता है।

अनुक्रमणिका (Indexing)

'इन्डेक्स शब्द लेटिन भाषा के इन्डीकेर शब्द से बना है जिसका अभिप्राय संकेत करना/निर्देश करना है। अनुक्रमाणिका किसी प्रलेख की वह सूचना है कि वह कहाँ से और किससे प्राप्त और ज्ञात हो सकती है, का संकेत करती है। अध्येयता की सुविधा की दृष्टि से किसी विषय से सम्बन्धित सूचना किस पुस्तक में कौन से पृष्ठ पर मिल सकती है, के बारे में सूचित करती है।

"किसी संकलन में निहित पदों अथवा उससे प्राप्त अवधारणाओं की वर्गीकृत क्रमबद्ध निर्देशिका को अनुक्रमणिका कहते हैं। इन पदों अथवा प्राप्त अवधारणाओं को ज्ञात अथवा निर्धारित खोजने योग्य क्रमानुसार संलेखों के द्वारा प्रस्तुत किया गया होता है। जैसे अनुवर्णिक कालक्रमानुसार अथवा संरचनात्मक क्रम।

किसी भी अनुक्रमणिका के संकलन, निर्माण तथा प्रस्तुतीकरण के लिए प्रविष्टियों को तैयार करने की प्रक्रिया को अनुक्रमणीकरण कहते हैं, जो एक ग्रंथात्मक प्रविधि है।

"अनुक्रमणीकरण एक मुख्य ग्रन्थपरक तकनीक है। साधारण अर्थ में किसी प्रलेख में व्यक्त विचारों का निर्धारित शीर्षक संग्रह में से चयनित शीर्षक अथवा शीर्षकों में निहित विचारों से मिलान किया जाना है। इस प्रक्रिया का अंतिम परिणाम अनुक्रमणिका तैयार होना है।

अनुक्रमणीकरण की आवश्यता

1. **प्राथमिक साहित्य का प्रकाशन**–वर्तमान में प्राथमिक स्रोत के रूप प्रकाशित प्रलेखों को महत्व अत्यधिक बढ़ गया है। मुद्रण के आविष्कार से सूचना अप्रत्याशित वृद्धि हुई और यह वृद्धि क्रम उत्तरोत्तर जारी है। लाखों पत्रिकाओं, शोध प्रतिवेदनों, शोध प्रबन्धों, मानकों, एकत्त्वों, संगोष्ठियों की कार्यवाहियों आदि प्राथमिक स्रोत द्वारा विशिष्ट ज्ञान को प्रकाशित किया जा रहा है।
2. **प्रकाशनों की भिन्नता**–वर्तमान में प्राथमिक स्रोत विभिन्न रूप में प्रकाशित हो रहे हैं जैसे, पुस्तकें, पत्रिकाएँ, तकनीकी प्रतिवेदन, सम्मेलन पेपर्स, सम्मेलन की कार्यवाही, एकस्व आदि। इन विभिन्न प्रकाशनों की जानकारी के लिए अनुक्रमणीकरण की आवश्यकता महसूस होने लगी है।
3. **भाषा अवरोध**–वर्तमान में 50 प्रतिशत से अधिक वैज्ञानिक एवं तकनीकी साहित्य अंग्रेजी भाषा के अतिरिक्त अन्य भाषा में प्रकाशित हो रहे हैं। अधिकांश वैज्ञानिक अंग्रेजी भाषा के ज्ञाता होते हैं। इसलिए अंग्रेजी के अतिरिक्त अन्य भाषाओं की सूचना सामग्री की जानकारी के लिए अनुक्रमणीकरण आवश्यक है।
4. **समय की बचत**–मूल प्रलेखों की सहायता से यह निर्णय करना कि उनमें कौन से प्रलेख पाठकों के लिए उपयुक्त होंगे, बहुत ही समय साध्य होता है लेकिन अनुक्रमणिका के द्वारा यह कार्य काफी कम समय में पूरा हो जाता है। डॉ. रंगनाथन के अनुसार यह अनुपात 1/500 होगा। इस प्रकार अनुक्रमणीकरण से समय व श्रम दोनों की बचत होती है।

अनुक्रमणीकरण के तरीके

अनुक्रमणीकरण की विभिन्न तकनीकों को मुख्य रूप से दो भागों में विभाजित किया जा सकता है–

1. पूर्व-समन्वय अनुक्रमणीकरण या परम्परागत विधियाँ और
2. पश्च-समन्वय अनुक्रमणीकरण या अपरम्परागत विधियाँ

वस्तुनिष्ठ प्रश्न

1. 'पुस्तकालय एवं सूचना पद्धति की राष्ट्रीय नीति' (1986) के चेयरमैन कौन थे?
A. डी.एन. बैनर्जी B. डी.पी. चट्टोपाध्याय
C. सैम पित्रोदा D. कल्पना दासगुप्ता

2. डिजिटल संदर्भ सेवा किसके द्वारा प्रदान की जा सकती है?
A. फैक्स
B. ऑपेक
C. आस्क योर लाइब्रेरियन
D. कन्सोर्शिया

3. संयुक्त विषय के विभिन्न घटकों में 'Things', Material' एवं 'Action' के महत्व का क्रम किसने बढ़ाया था?
A. जे. केसर B. ई.जे. कॉटस
C. जे.आर. शार्प D. जे.ई.एल. फराड्न

4. रिलेशनल डेटाबेस .... है।
A. एक कृति जिसका कुछ सम्बन्ध अन्य कृति से होता है।
B. दो विभावनाओं के बीच का सम्बन्ध दिखाने वाला प्रतीक
C. विभिन्न क्षेत्रों के रिकार्डों का सम्बन्ध जोड़ने वाला हस्तकौशल (Manipulation) कमांड (Command)
D. उपरोक्त सभी

5. शोधगंगा निम्न में से किसकी रिपोज़िटरी है?
A. ई–रिसोर्सिस B. ई–थीसिस
C. ई–जर्नल्स D. ई–बुक्स

6. 'RRRLF' किसके अन्तर्गत है?
A. मानव संसाधन विकास मंत्रालय
B. सूचना एवं प्रसारण मंत्रालय
C. संस्कृति मंत्रालय
D. विज्ञान एवं तकनीकी मंत्रालय

7. 'इन्टरनेट पब्लिक लाइब्रेरी' ....के द्वारा जारी की जाती है।
A. एम आई टी, मैस्च्युसैट्स
B. यूनिवर्सिटी ऑफ मिशिगन
C. यूनिवर्सिटी ऑफ अरिज़ोना
D. ड्रेक्सल यूनिवर्सिटी

8. सूचना समाज के महत्त्वपूर्ण संचालक तत्त्व क्या हैं?
(i) आर.टी.आई. (ii) आई.सी.टी.
(iii) इंटरनेट (iv) आई.टी.एक्ट
कूटः
A. (ii) एवं (i) सही हैं।
B. (ii) एवं (iv) सही हैं।
C. (i) एवं (iv) सही हैं।
D. (ii) एवं (iii) सही हैं।

9. कौन-से पुस्तकालय डिपोजिटरी लाइब्रेरी का कार्य करते हैं?
(i) दिल्ली सार्वजनिक पुस्तकालय
(ii) कानिमारा सार्वजनिक पुस्तकालय
(iii) ब्रिटिश काउंसिल पुस्तकालय
(iv) सैन्ट्रल रैफरेन्स पुस्तकालय
कूटः
A. (i), (iii), (iv) सही हैं।
B. (i) एवं (iii) सही हैं।
C. (i) एवं (ii) सही हैं।
D. (ii) एवं (iii) सही हैं।

10. निम्नलिखित में से कौन-कौन से समावेशित भौगोलिक स्रोत हैं?
(i) नक्शा (ii) एटलस
(iii) विश्वकोश (iv) वार्षिक पुस्तक
कूटः
A. (i), (ii) सही हैं।
B. (iii) एवं (iv) सही हैं।
C. (ii) एवं (iii) सही हैं।
D. (ii) एवं (iv) सही हैं।

11. 'कम्प्यूटर फाइल' के संगठन को प्रभावित करने वाले तत्त्व कौन-से हैं?
(i) प्राप्ति की गति (ii) संग्रह की जगह
(iii) निश्चित लंबाई क्षेत्र (iv) फाइल चंचलता
कूटः
A. (i), (ii) एवं (iii) सही हैं।
B. (i), (ii) एवं (iv) सही हैं।
C. (ii), (iii) एवं (iv) सही हैं।
D. (i), (iii) एवं (iv) सही हैं।

12. सूचना संचार प्रौद्योगिकी की महत्त्वपूर्ण समस्याएँ क्या हैं?
(i) सूचना अतिभार
(ii) सूचना असुरक्षा
(iii) नई प्रौद्योगिकी की कमी
(iv) संचार के ऊपर नियन्त्रण की कमी
कूटः
A. (ii) एवं (iv) सही हैं।
B. (i) एवं (iv) सही हैं।
C. (i), (ii) एवं (iv) सही हैं।
D. (i), (ii) एवं (iii) सही हैं।

13. निम्नलिखित में से कौन-कौन से 'ओपन सोर्स कॉन्टेन्ट मैनेजमेंट सिस्टम' हैं?
(i) ड्रूपल (ii) एटैक्स
(iii) जूमला (iv) ओपन सी एम एस
कूटः
A. (i), (ii) एवं (iv) सही हैं।
B. (i), (ii) एवं (iii) सही हैं।
C. (ii), (iii) एवं (iv) सही हैं।
D. (i), (iii) एवं (iv) सही हैं।

14. निम्नलिखित में से कौन-कौन सी उद्धरण की शैली नहीं है?
(i) एंग्लो अमेरिकन कैट लागिंग रूट्स
(ii) एम एल ए हैंडबुक फॉर राइटर्स रिसर्च पेपर्स
(iii) शिकागो मैनुअल ऑफ स्टाइल
(iv) लिटल साइंस बीग साइंस
कूट :
A. (i) एवं (ii) सही हैं।
B. (iii) एवं (iv) सही हैं।
C. (i) एवं (iv) सही हैं।
D. (ii) एवं (iii) सही हैं।

15. **अभिकथन (A) :** उपभोक्ता ई-जर्नल्स को अधिक मात्रा में प्राप्त कर सकते हैं।
कारण (R) : उपभोक्ता ई-जर्नल्स के उपयोग से परिचित नहीं हैं।
कूटः
A. (A) सही है, लेकिन (R) गलत है।
B. (A) और (R) दोनों सही हैं, लेकिन (R), (A) की सही व्याख्या नहीं है।
C. (A) गलत है, लेकिन (R) सही है।
D. (A) और (R) दोनों सही हैं एवं (R), (A) की सही व्याख्या है।

16. **अभिकथन (A) :** पुस्तक चयन विवेकपूर्ण करना चाहिए।
कारण (R) : संसाधन सहभागिता इस समय की जरूरत है।
कूटः
A. (A) एवं (R) दोनों सही हैं, लेकिन (R), (A) की सही व्याख्या नहीं है।
B. (A) गलत है, लेकिन (R) सही है।
C. (A) सही है, लेकिन (R) गलत है।
D. (A) एवं (R) दोनों गलत हैं।

17. **अभिकथन (A) :** पुस्तकालय में 'नाम अथोरिटी फाइल' का उपयोग होना चाहिए।
कारण (R) : एक लेखक की सभी कृतियाँ एक साथ होनी चाहिए।
कूटः
A. (A) सही है, लेकिन (R) गलत है।
B. (A) एवं (R) दोनों सही हैं एवं (R), (A) की सही व्याख्या है।
C. (A) गलत है, परन्तु (R) सही है।
D. (A) तथा (R) दोनों गलत हैं।

18. **अभिकथन (A) :** वर्गीकरण ऑनलाइन पुनःप्राप्ति (Retrieval) में महत्त्वपूर्ण भूमिका निभाता है।
कारण (R) : वर्गीकरण हस्तचालित पुस्तक प्रक्रिया में महत्त्वपूर्ण भूमिका निभाता था।
कूटः
A. (A) सही है, परंतु (R) गलत है।
B. (A) तथा (R) दोनों गलत हैं।
C. (A) तथा (R) दोनों सही हैं।
D. (A) गलत है, परन्तु (R) सही है।

19. **अभिकथन (A) :** पुस्तकालय को लगातार मूल्यांकन की आवश्यकता है।
कारण (R) : सार्वजनिक बजट पर आर्थिक दबाव है।
कूटः
A. (A) तथा (R) दोनों सही हैं।
B. (A) तथा (R) दोनों गलत हैं।
C. (A) सही है, परन्तु (R) गलत है।
D. (A) गलत है, परन्तु (R) सही है।

20. **अभिकथन (A) :** प्रणाली विश्लेषण, कार्य के प्रवाह को पहचानता है।
कारण (R) : यदि पुस्तकालय स्वचालित नहीं है तो प्रणाली विश्लेषण की आवश्यकता नहीं है।

कूटः

A. (A) गलत है, परन्तु (R) सही है।

B. (A) सही है, परन्तु (R) गलत है।

C. (A) तथा (R) दोनों गलत हैं।

D. (A) तथा (R) दोनों सही हैं।

21. निम्नलिखित मण्डलों को उनके कालक्रमानुसार पहचानिए:

(i) आइसलिक (IASLIC)

(ii) एसलिब (ASLIB)

(iii) ए एल ए (ALA)

(iv) एस एल ए (SLA)

कूटः

A. (iv) (ii) (iii) (i)
B. (ii) (iii) (iv) (i)
C. (iii) (iv) (ii) (i)
D. (i) (iv) (ii) (iii)

22. निम्नलिखित को भारत में विधिकरण के काल क्रमानुसार सूचित करें:

(i) फ्रीडम ऑफ इन्फॉर्मेशन एक्ट

(ii) राइट टू इन्फॉर्मेशन एक्ट

(iii) कॉपीराइट एक्ट (रिवाइज्ड)

(iv) इन्फॉर्मेशन टेक्नोलॉजी एक्ट

कूटः

A. (iv) (ii) (i) (iii)
B. (iii) (iv) (i) (ii)
C. (ii) (iii) (iv) (i)
D. (i) (iv) (ii) (iii)

23. निम्नलिखित को प्रकाशित क्रम अनुसार लिखें:

(i) सोशल साइंस साइटेशन इन्डेक्स

(ii) लिसा

(iii) लाइब्रेरी लिट्रेचर एवं इन्फॉर्मेशन साइंस

(iv) लाइब्रेरी जनरल

कूटः

A. (i) (iii) (iv) (ii)
B. (ii) (i) (iii) (iv)
C. (iv) (iii) (ii) (i)
D. (iii) (ii) (iv) (i)

24. निम्नलिखित को कालक्रमानुसार व्यवस्थित कीजिए:

(i) ब्रॉड सिस्टम ऑफ ऑर्डरिंग

(ii) क्लासिफिकेशन इन ऑन-लाइन सिस्टम

(iii) ऑटोमेटि कीवर्ड क्लासिफिकेशन

(iv) क्लासिफिकेशन रिसर्च ग्रुप

कूटः

A. (iv) (iii) (i) (ii)
B. (i) (ii) (iv) (iii)
C. (iii) (i) (ii) (iv)
D. (ii) (iv) (iii) (ii)

25. निम्नलिखित को कालक्रमानुसार व्यवस्थित कीजिए :

(i) ब्रेडफोर्ड लॉ

(ii) लोटका लॉ

(iii) स्टैटिस्टीकल बिब्लियोग्राफी

(iv) जिफ्स लॉ

कूटः

A. (i) (iii) (iv) (ii)
B. (i) (ii) (iv) (iii)
C. (iv) (iii) (i) (ii)
D. (iii) (ii) (iv) (i)

26. 'प्रीवेन्शन ऑफ कोलेरा इन इंडिया' से निम्नलिखित शब्द उद्भूत होते हैं। इनको संशोधित 'शृंखला निर्देशीकरण' के अनुसार क्रम में रखें:

(i) भारतवर्ष (ii) कोलेरा

(iii) बीमारी (iv) इलाज

(v) दवा

कूटः

A. (iii) (iv) (i) (ii) (v)
B. (ii) (i) (iii) (iv) (v)
C. (iv) (iii) (ii) (v) (i)
D. (i) (iii) (iv) (v) (ii)

27. निम्नलिखित को प्रथम प्रकाशित क्रम के अनुसार लिखें :

(i) एनसाइक्लोपीडिया ब्रिटेनिका

(ii) एनसाइक्लोपीडिया अमेरिकाना

(iii) एनसाइक्लोपीडिया ऑफ लाइब्रेरी एंड इन्फोरमेशन साइंस

(iv) मेग्राहिल एनसाइक्लोपीडिया ऑफ साइंस एंड टेक्नोलॉजी

कूटः

A. (iv) (iii) (i) (ii)
B. (i) (ii) (iv) (iii)
C. (iii) (i) (iv) (ii)
D. (ii) (iv) (i) (iii)

28. निम्नलिखित को उनके स्थापना वर्ष के अनुसार रखिए:

(i) एनआईसी (ii) डेसीडोक

(iii) नीस्कर (iv) नास्डॉक

कूटः

A.	(i)	(iii)	(ii)	(iv)
B.	(iii)	(i)	(iv)	(ii)
C.	(iv)	(i)	(iii)	(ii)
D.	(ii)	(iv)	(i)	(iii)

29. निम्नलिखित सार्वजनिक पुस्तकालय अधिनियमों का कालक्रमानुसार सही क्रम पहचानिए।

(i) उत्तर प्रदेश सार्वजनिक पुस्तकालय अधिनियम
(ii) अरुणाचल प्रदेश सार्वजनिक पुस्तकालय अधिनियम
(iii) उड़ीसा सार्वजनिक पुस्तकालय अधिनियम
(iv) गुजरात सार्वजनिक पुस्तकालय अधिनियम

कूटः

A.	(iv)	(iii)	(i)	(ii)
B.	(ii)	(iii)	(i)	(iv)
C.	(ii)	(i)	(iv)	(iii)
D.	(iii)	(ii)	(i)	(iv)

30. निम्नलिखित को सुमेलित कीजिएः

सूची-I	सूची-II
(a) एशियन रिकॉर्डर	(i) सामयिक के विशिष्ट खंड का स्थान
(b) यूनियन कैटलॉग ऑफ साइंटिफिक सिरियल्स	(ii) हरित क्रांति पर लेख
(c) बुक्स इन प्रीन्ट	(iii) देवानंद की मृत्यु सूचना
(d) सोशल साइंस इंडेक्स	(iv) पुस्तक की उपलब्धता

कूटः

	(a)	(b)	(c)	(d)
A.	(iv)	(iii)	(i)	(ii)
B.	(i)	(iv)	(ii)	(iii)
C.	(iii)	(i)	(iv)	(ii)
D.	(ii)	(iv)	(iii)	(i)

31. निम्नलिखित को सुमेलित कीजिएः

सूची-I	सूची-II
(a) उपभोक्ता संस्करण	(i) वाङ्मय सूची सेवा
(b) सूचना पुनःगठन	(ii) संदर्भ सेवा
(c) अनुवाद	(iii) डायजेस्ट सेवा
(d) निर्देशीकरण	(iv) सहायक सेवा

कूटः

	(a)	(b)	(c)	(d)
A.	(i)	(iv)	(iii)	(ii)
B.	(iii)	(ii)	(i)	(iv)
C.	(iv)	(i)	(ii)	(iii)
D.	(ii)	(iii)	(iv)	(i)

32. निम्नलिखित को सुमेलित कीजिएः

सूची-I	सूची-II
(a) पाठ्य निरूपण	(i) पास्कल
(b) कम्प्यूटर की भाषा	(ii) गोफर
(c) नेटवर्क उपकरण	(iii) बूलीअन ऑपरेटर्स
(d) शोध तकनीक	(iv) एएससीआई

कूटः

	(a)	(b)	(c)	(d)
A.	(iv)	(i)	(ii)	(iii)
B.	(i)	(iv)	(iii)	(ii)
C.	(iii)	(ii)	(iv)	(i)
D.	(ii)	(iv)	(iii)	(i)

33. निम्नलिखित को सुमेलित कीजिएः

सूची-I	सूची-II
(a) लॉ ऑफ पारसिमनी	(i) वर्गीकरण
(b) ओसमोसीस का सिद्धांत	(ii) एफ.डब्ल्यू. लेंकेस्टर
(c) कागजविहीन समाज	(iii) समग्र अर्थनीति
(d) अपुपा रीति	(iv) पुनः वर्गीकरण

कूटः

	(a)	(b)	(c)	(d)
A.	(ii)	(i)	(iv)	(iii)
B.	(iv)	(ii)	(i)	(iii)
C.	(iii)	(iv)	(ii)	(i)
D.	(i)	(iii)	(ii)	(iv)

34. निम्नलिखित को सुमेलित कीजिएः

सूची-I	सूची-II
(a) हब्स	(i) एक भौतिक युक्ति है, जो विशाल नेटवर्क के माध्यमों को और घटकों को जुड़ने के लिए उपयोग में आती है।
(b) रिपीटर्स	(ii) एक भौतिक स्तर युक्ति है, जो बहुत सारे कम्प्यूटर्स को समर्पित केबल के साथ जोड़ती है।
(c) बस टोपोलॉजी	(iii) विविध भागों के बीच डेटा को परिवर्तित करने के लिए बहुसेतु जाने जाते हैं।
(d) स्वीचस	(iv) एक सीधा रैखिक डेटा, हाईवे, एक नेटवर्क की इन्फॉर्मेशन को दूसरे नेटवर्क स्टेशन पर ले जाते हैं।

कूटः

	(a)	(b)	(c)	(d)
A.	(iii)	(iv)	(ii)	(i)
B.	(ii)	(i)	(iv)	(iii)
C.	(iv)	(i)	(iii)	(ii)
D.	(i)	(iii)	(ii)	(iv)

35. निम्नलिखित को सुमेलित कीजिएः

सूची-I	सूची-II
(a) आर आर आर एल एफ	(i) दिल्ली
(b) कोनिमारा पब्लिक लाइब्रेरी	(ii) पटना
(c) निस्कैर (NISCAIR)	(iii) कलकत्ता (कोलकाता)
(d) खुदाबक्स ओरिएन्टल पब्लिक लाइब्रेरी	(iv) चैन्नई

कूटः

	(a)	(b)	(c)	(d)
A.	(iv)	(iii)	(ii)	(i)
B.	(ii)	(iii)	(iv)	(i)
C.	(iii)	(iv)	(i)	(ii)
D.	(iv)	(i)	(ii)	(iii)

36. निम्नलिखित को सुमेलित कीजिए :

सूची-I	सूची-II
(a) सही मनुष्य सही पुस्तकालय	(i) वार्षिक वित्त विधान
(b) लेखाजोखा (बजट)	(ii) फैलाव
(c) जर्नल	(iii) टी क्यू एम
(d) उपभोक्ता की अपेक्षाएँ और दृष्टिबिंदु को पहचानना	(iv) आई एस एस एन

कूटः

	(a)	(b)	(c)	(d)
A.	(iii)	(i)	(ii)	(iv)
B.	(ii)	(i)	(iv)	(iii)
C.	(iv)	(ii)	(iii)	(i)
D.	(i)	(iii)	(iv)	(ii)

37. जुबिली (JUBILEE) परियोजना किससे संबंधित है?

A. इलेक्ट्रॉनिक सूचना सेवाओं के मूल्यांकन से
B. सार्वजनिक पुस्तकालय सर्वेक्षण से
C. पुस्तकालयों के प्रबंधन की रणनीति से
D. स्केल (Scale) विकास से

38. 'इन्फॉर्मेशन पावरः बिल्डिंग पार्टनरशिप फॉर लर्निंग' का प्रकाशक कौन है?

A. ए ए एस एल (AASL)
B. ए ई सी टी (AECT)
C. ए एल ए (ALA)
D. आई एल ए (ILA)

39. निम्नलिखित में से वर्ष 1974 में, जुर्कोवस्की ने सबसे पहले किस पद का प्रयोग किया?

A. डिजीटल साक्षरता   B. मीडिया साक्षरता
C. कम्प्यूटर साक्षरता   D. सूचना साक्षरता

40. इन्फ्रेन्स इंजन किस सूचना प्रणाली का हिस्सा है?

A. सूचना प्रबन्धन प्रणाली
B. निर्णय समर्थन प्रणाली
C. विशेषज्ञ प्रणाली
D. मुक्त प्रणाली

41. यूनाइटेड किंगडम में विश्वविद्यालयों एवं कॉलेजों को जोड़ने वाले सूचना नेटवर्क

A. जे ए एन ई टी (JANET)
B. एस ई आर सी एन ई टी (SERCNET)
C. ओ सी एल सी (OCLC)
D. बोनेट

42. इंटरनेट फिल्टरिंग है

A. सेंसरशिप का एक प्रकार
B. स्वीकार्य उपयोक्ता नीति
C. अनुपयुक्त सामग्री तक पहुँच
D. इंटरनेट सुविधा को अवरोधित करना

43. निम्नलिखित में से इंटरनेट पर बुलेटिन बोर्ड सेवा क्या है?

A. पिकासो   B. गूगल टॉक
C. ब्लॉग   D. ओवू

44. वाइरस एक सॉफ्टवेयर है जो

A. डाटा का प्रकलन कर सकता है।
B. स्वयं की प्रतिकृति कर सकता है।
C. कम्प्यूटर को हानि पहुँचा सकता है।
D. उपरोक्त सभी

45. निम्नलिखित में से किस प्रोटोकॉल को इंटरनेट पर फाइल अंतरण (ट्रांसफर) के लिए प्रयुक्त किया जाता है?

A. एफ टी पी (FTP)

B. एस एम टी पी (SMTP)
C. पी ओ पी (POP)
D. टी सी पी/आई पी (TCP/IP)

46. पूर्ण पाठ्य खोज की पुनःप्राप्ति पर ब्लेयर और मैरोन के मूल्यांकनपरक अध्ययन को कहा जाता है
A. स्मार्ट (SMART) पुनःप्राप्ति प्रयोग
B. मैडलर का मूल्यांकन अध्ययन
C. स्टेयर्स परियोजना
D. क्रेनफील्ड-II परियोजना

47. प्रसूचीकरण में वर्ग कोष्ठक [ ] का प्रयोग होता है
A. बाहर से ली गई सूचना को अनुलग्न करने के लिए।
B. मुद्रक/उत्पादक के विवरणों को अनुलग्न करने के लिए।
C. ग्रन्थमाला कथन को अनुलग्न करने के लिए।
D. सम्बद्ध सामग्री के कथन को अनुलग्न करने के लिए।

48. ए ए सी आर-II (आर) का कौन-सा भाग क्रमिक-प्रकाशनों से सम्बन्धित है?
A. भाग - A, अनुभाग - 3
B. भाग - B, अनुभाग - 3
C. भाग - A, अनुभाग - 12
D. भाग - B, अनुभाग - 12

49. जब दो या दो से अधिक मूल विषयों में समान संबंधपरक अभिगम, किसी विशिष्ट विषय को बनाते हैं, तो उस सम्बन्ध को कहा जाता है
A. स्पेसिएटर सम्बन्ध B. समन्वित सम्बन्ध
C. प्रावस्था सम्बन्ध D. पदानुक्रमिक सम्बन्ध

50. 'स्टॉपवर्ड' सूची की अवधारणा किस संदर्भ में प्रासंगिक है?
A. समरूप अनुक्रमणीकरण
B. उद्धरण अनुक्रमणीकरण
C. क्रमिक अनुक्रमणीकरण
D. मुख्य शब्द अनुक्रमणीकरण

51. लेखक नाम के साथ जोड़े गए, क्विक के रूप को कहा जाता है
A. वैडेक्स (WADEX)
B. क्वोक (KWOC)
C. क्वैक (KWAC)
D. क्विक (KWIC)

52. 'परिखंडीकरण' किससे संबंधित है?
A. संदर्भ सेवा
B. बाजार सर्वेक्षण रिपोर्ट
C. डाइजेस्ट सेवा
D. अनुक्रमणीकरण सेवा

53. स्टेट-ऑफ-दि-आर्ट रिपोर्ट सामान्यतया आलोकित करता है
A. सामान्य पक्ष B. तकनीकी पक्ष
C. प्रशासनिक पक्ष D. उपरोक्त सभी

54. संदर्भ सेवा के ''न्यूनतम, मध्य और अधिकतम सिद्धांत'' का प्रतिपादन किसने किया?
A. सी.एम. विंचैल B. जेम्स आई. वाइर
C. सेमुअल रॉथस्टीन D. डी.डब्ल्यू. लेविस

55. यद्यपि जीरोग्राफी फोटोकॉपी तैयार करने की विधि है परन्तु इसे कहा जाता है
A. डाइजोग्राफी B. थेरमोग्राफिक
C. इलैक्ट्रोफैक्स D. इलैक्ट्रोस्टैटिक

56. कोडन (CODEN) किससे सम्बन्धित है?
A. पुस्तकें B. ग्रन्थमाला
C. प्रतिवेदन D. ग्रे साहित्य

57. रोगेट का अंतर्राष्ट्रीय थिसॉरस है
A. शब्दों की वर्गीकृत सूची
B. पर्यायवाची शब्दों की पुस्तक
C. मानक पदों की सूची
D. वैज्ञानिक पदों की सूची

58. स्केल और प्रोजेक्शन के बारे में सूचना किसमें मिलती है?
A. विश्वकोशों में
B. हैंडबुक और नियमावलियों में
C. भौगोलिक स्रोत में
D. निर्देशिकाओं में

59. निम्नलिखित में से कौन किसी भी संदर्भ पुस्तक का लेखक नहीं है?
A. सी.एम. विंचेल B. विलियम ए. काट्ज़
C. लुइस शोर्स D. मौरिस बी. लाइन

60. निम्नलिखित में से विषम का चयन कीजिए:
A. ए एन एस आई (ANSI)
B. बी आई एस (BIS)
C. बी एस आई (BSI)
D. ई एस पी एन (ESPN)

61. निम्नलिखित में से कौन भाषा शब्द कोशों के शब्द निरूपण का भाग नहीं है?
A. ग्लॉस B. स्थानिक भाषा
C. व्युत्पत्ति D. व्याकरणिक सूचना

62. पुस्तकालय विज्ञान के द्वितीय सूत्र का उपसाध्य हैं:
A. सभी के लिए पुस्तकें
B. निःशुल्क पुस्तक सेवा
C. निःशुल्क पुस्तकालय सेवा
D. सभी जगह पुस्तकें

63. निम्नलिखित में से राष्ट्रीय सूचना नीति के लिए पूर्व-आवश्यक नहीं है?
A. वैज्ञानिक ढाँचा
B. राष्ट्रीय ग्रंथ सूची का उत्पादन
C. परामर्श एवं प्रशासनिक संस्था
D. सूचना संचार प्रौद्योगिकी अधोसंरचना सुविधाएँ

64. विश्व बौद्धिक सम्पदा संगठन किससे सम्बन्धित है?
A. यूनेस्को (UNESCO)
B. संयुक्त राष्ट्र
C. यू.एस. संगठन
D. अन्तर्राष्ट्रीय विधि संगठन

65. सूचना की समधिकता है
A. अनावश्यक और उसे विलोपित किया जाना चाहिए।
B. अनावश्यक परन्तु इसे छोड़ा नहीं जा सकता।
C. आवश्यक और कई बार उपयोगी है।
D. आवश्यक और सदैव अपेक्षित है।

66. पत्रिका प्रकाशनी के 'प्रभाव तत्त्व' को जानने के लिए आप किन स्रोतों का प्रयोग करेंगे?
(i) वेब ऑफ साइंस
(ii) साइंस डायरेक्ट
(iii) स्कोपस (SCOPUS)
(iv) एबैस्को (EBSCO)

कूटः
A. (i) और (iv) B. (ii) और (iii)
C. (i) और (iii) D. (iii) और (iv)

67. पुस्तकालय में रेडियो फ्रीक्वेंसी आईडेंटीफिकेशन (Radio Frequency Identification) का प्रयोग किया जाता है
(i) प्रलेखों के परिसंचरण के लिए
(ii) प्रलेखों के सूचीकरण के लिए
(iii) प्रलेखों की सुरक्षा के लिए
(iv) प्रलेखों के अर्जन के लिए

कूटः
A. (i) और (ii) सही हैं।
B. (ii) और (iv) सही हैं।
C. (ii) और (iii) सही हैं।
D. (i) और (iii) सही हैं।

68. बी आई ओ एस में सम्मिलित रहता है
(i) संचालन तंत्र प्रोग्राम
(ii) बूटस्ट्रेप प्रोग्राम
(iii) अनुप्रयोग तंत्र प्रोग्राम
(iv) 'करैक्टर' को कोड प्रोग्राम में परिवर्तित करना

कूटः
A. (i) और (ii) सही हैं।
B. (ii) और (iii) सही हैं।
C. (iii) और (iv) सही हैं।
D. (ii) और (iv) सही हैं।

69. साइंस साइटेशन इंडेक्स का प्रकाशन किसके द्वारा किया जाता है?
A. थॉमसन रूटर्स B. एच.डब्ल्यू. विलसन
C. ह्वाइटेकर D. आर.आर. बाउकर

70. सूचना अन्तरण चक्र में, इंटरनेट किस रूप में कार्य कर रहा है?
(i) प्राथमिक प्रकाशक
(ii) द्वितीयक प्रकाशक
(iii) तृतीयक प्रकाशक
(iv) प्राथमिक वितरक

कूटः
A. (i), (iii) और (iv) सही हैं।
B. (i), (ii) और (iv) सही हैं।
C. (ii), (iii) और (iv) सही हैं।
D. (i), (ii) और (iii) सही हैं।

71. अभिकथन (A) : आधुनिक एकीकृत पुस्तकालय प्रबंधन सॉफ्टवेयर वेब पर उपयोक्ता मैत्रीपूर्ण ग्राफिकल यूजर इंटरफेसेस (Graphical User Interfaces) को प्रस्तुत करते हैं।

तर्क (R) : आधुनिक एकीकृत पुस्तकालय प्रबंधन सॉफ्टवेयर के लगभग प्रत्येक मॉड्यूल इंटरनेट के माध्यम से अभिगम्य है।

कूटः

A. (A) और (R) दोनों सही हैं।
B. (A) सही है, किंतु (R) गलत है।
C. (A) और (R) दोनों गलत हैं।
D. (A) गलत है, किंतु (R) सही है।

72. अभिकथन (A) : निर्बाध प्रणालियों का अन्तर्योजन आईसीटी के घटकों के संयोजन की अनुमति देता है।

तर्क (R) : नेटवर्क प्रिंटर धीमा हो जाता है यदि ओ एस आई की सुसंगत हो।

कूटः

A. (A) और (R) दोनों सही हैं।
B. (A) और (R) दोनों गलत हैं।
C. (A) गलत है और (R) सही है।
D. (A) सही है और (R) गलत है।

73. अभिकथन (A) : कई पुस्तकालयों में कोई लिखित संग्रहण विकास नीति नहीं है फिर भी उनका पुस्तक संग्रह अच्छा है।

तर्क (R) : माँग आधारित संग्रहण अच्छे संग्रह के विकास में मजबूत भूमिका निभाता है।

कूटः

A. (A) सही है, परन्तु (R) गलत है।
B. (A) गलत है, परन्तु (R) सही है।
C. (A) और (R) दोनों सही हैं।
D. (A) और (R) दोनों गलत हैं।

74. अभिकथन (A) : ब्राउनी की आगम-निर्गम प्रणाली सरल है और इसमें कम समय लगता है।

तर्क (R) : निर्गम का स्थायी रिकार्ड उपलब्ध रहता है।

कूटः

A. (A) गलत है, परन्तु (R) सही है।
B. (A) सही है, परन्तु (R) गलत है।
C. (A) और (R) दोनों सही हैं।
D. (A) और (R) दोनों गलत हैं।

75. अभिकथन (A) : श्रवण सामग्रियों का शैक्षणिक पुस्तकालयों में कम उपयोग होता है।

तर्क (R) : लोग इन सामग्रियों को बौद्धिक रूप से कम महत्त्वपूर्ण समझते हैं और इसे मनोरंजन के लिए ही उपयोगी मानते हैं।

कूटः

A. (A) गलत है, परन्तु (R) सही है।
B. (A) सही है, परन्तु (R) गलत है।
C. (A) सही है और (R) आंशिक रूप से सही है।
D. (A) और (R) दोनों गलत हैं।

76. अभिकथन (A) : पुस्तकालयों में टी क्यू एम को लागू करना संभव नहीं है।

तर्क (R) : इसके लिए ग्राहक सन्तुष्टि हेतु मुक्त, सहकारी संस्कृति और कर्मचारियों की अनुक्रियाशीलता अपेक्षित है।

कूटः

A. (A) और (R) दोनों सही हैं।
B. (A) सही है परन्तु (R) गलत है।
C. (A) गलत है परन्तु (R) सही है।
D. (A) और (R) दोनों गलत हैं।

77. अभिकथन (A) : अनुक्रमणीकरण भाषा एक कृत्रिम भाषा है और यह नियंत्रित शब्दावली का उपयोग करती है।

तर्क (R) : नियंत्रित शब्दावली पदों के बीच और पदों में संबंध स्थापित करती है।

कूटः

A. (A) और (R) दोनों सही हैं।
B. (A) सही है और (R) गलत है।
C. (A) गलत है और (R) सही है।
D. (A) एवं (R) दोनों गलत हैं।

78. अभिकथन (A) : कोलन वर्गीकरण एक परिगणनात्मक वर्गीकरण प्रणाली है।

तर्क (R) : कोलन वर्गीकरण ने वर्गांकों के निर्माण के लिए वैश्लेषी-संश्लेषणात्मक, उपागम को अपनाया है।

कूटः

A. (A) गलत है और (R) सही है।
B. (A) सही है और (R) गलत है।
C. (A) एवं (R) दोनों सही हैं।
D. (A) एवं (R) दोनों गलत हैं।

79. **अभिकथन** (A) : इन्फ्लिबनेट (INFLIBNET) भारत में सब प्रकार के पुस्तकालयों को प्रलेख वितरण सेवा प्रदान करता है।

तर्क (R) : आधुनिक प्रौद्योगिकी ने वांछित प्रलेखों के इलेक्ट्रॉनिक संचरण को संभव बना दिया है।

कूटः

A. (A) और (R) दोनों सही हैं।
B. (A) गलत है और (R) सही है।
C. (A) और (R) दोनों गलत हैं।
D. (A) सही है और (R) सही है।

80. **अभिकथन** (A) : भारत में पुस्तकालय एवं सूचना विज्ञान शिक्षा (LIS) ने सुनहरे 100 वर्ष का काल पूरा कर लिया है, किन्तु इसने गुणवत्ता से समझौता किया है।

तर्क (R) : पुस्तकालय एवं सूचना विज्ञान (LIS) स्कूलों और मुक्त अधिगम प्रोग्रामों की अ-नियोजित प्रचुरता है।

कूटः

A. (A) और (R) दोनों सही हैं।
B. (A) और (R) दोनों गलत हैं।
C. (A) गलत है, (R) सही है।
D. (A) सही है, (R) गलत है।

81. **अभिकथन** (A) : भारत के सभी राज्यों में पुस्तकालय विधान की आवश्यकता है।

तर्क (R) : सार्वजनिक पुस्तकालय प्रणाली को स्वतन्त्र और राजनीतिक प्रभावमुक्त बनाने हेतु।

कूट :

A. (A) और (R) दोनों सही हैं।
B. (A) सही है, (R) गलत है।
C. (A) और (R) दोनों गलत हैं।
D. (A) गलत है (R) सही है।

82. **अभिकथन** (A) : यद्यपि सूचना को वस्तु समझा जाता है, पुस्तकालय वित्त की दृष्टि से सुदृढ़ नहीं है।

तर्क (R) : हर प्रकार के पुस्तकालय सूचना को वस्तु के रूप में बढ़ावा देने में असफल रहे हैं।

कूटः

A. (A) सही है, (R) गलत है।
B. (A) गलत है, (R) सही है।
C. (A) और (R) दोनों सही हैं।
D. (A) और (R) दोनों गलत हैं।

83. सुमेलित कीजिएः

सूची-I	**सूची-II**
(a) कोनेमारा पब्लिक लाइब्रेरी	(i) पटना
(b) खुदाबख्श ओरिएंटल पब्लिक लाइब्रेरी	(ii) कोलकाता
(c) एशियाटिक सोसायटी लाइब्रेरी	(iii) चेन्नई
(d) राष्ट्रीय ग्रंथालय (भारत)	(iv) मुम्बई

कूटः

	(a)	(b)	(c)	(d)
A.	(iv)	(ii)	(i)	(iii)
B.	(iv)	(i)	(ii)	(iii)
C.	(iii)	(ii)	(i)	(iv)
D.	(iii)	(i)	(iv)	(ii)

84. सुमेलित कीजिएः

सूची-I	**सूची-II**
(a) आइबिड	(i) देखिए
(b) लॉक सिट	(ii) पूर्व में उद्धृत
(c) ऑप सिट	(iii) पूर्वोक्त कृति
(d) वाइड	(iv) उद्धृत पूर्वाल्लिखित

कूटः

	(a)	(b)	(c)	(d)
A.	(i)	(ii)	(iii)	(iv)
B.	(ii)	(i)	(iv)	(iii)
C.	(iii)	(iv)	(ii)	(i)
D.	(iv)	(iii)	(i)	(ii)

85. सुमेलित कीजिएः

सूची-I	**सूची-II**
(a) कोल और ईल्स	(i) सांख्यिकीय ग्रंथसूची
(b) ह्यूम	(ii) विज्ञानमिति
(c) प्रिचार्ड	(iii) सांख्यिकीय विश्लेषण
(d) टी. ब्राउन	(iv) ग्रंथमिति

कूटः

	(a)	(b)	(c)	(d)
A.	(iv)	(iii)	(ii)	(i)
B.	(iii)	(i)	(iv)	(ii)
C.	(ii)	(iii)	(i)	(iv)
D.	(i)	(iii)	(iv)	(ii)

86. सुमेलित कीजिएः

सूची-I	सूची-II
(a) विद्यानिधि	(i) संस्थात्मक निक्षेपागार
(b) टी के डी एल	(ii) इलेक्ट्रॉनिक शोध प्रबंध एवं लघुशोध प्रबंध
(c) डी ओ ए जे	(iii) पत्रिकाओं का डिजिटल पुस्तकालय
(d) ई-प्रिंटस @ आई आई एस सी	(iv) डिजिटल अभिलेखागार

कूटः

	(a)	(b)	(c)	(d)
A.	(ii)	(iv)	(iii)	(i)
B.	(iii)	(ii)	(i)	(iv)
C.	(iv)	(iii)	(ii)	(i)
D.	(i)	(ii)	(iv)	(iii)

87. सुमेलित कीजिएः

सूची-I	सूची-II
(a) एच.टी.एम.एल. फाइल	(i) पाठ्य आरूप
(b) पी.डी.एफ. फाइल	(ii) फिल्म आरूप
(c) जे.पी.जी. फाइल	(iii) वेब आरूप
(d) ए.वी.आई. फाइल	(iv) इमेज़ आरूप

कूटः

	(a)	(b)	(c)	(d)
A.	(i)	(ii)	(iv)	(iii)
B.	(iii)	(i)	(iv)	(ii)
C.	(i)	(iv)	(ii)	(iii)
D.	(iv)	(iii)	(i)	(ii)

88. सुमेलित कीजिएः

सूची-I	सूची-II
(a) ड्रुपल	(i) एकीकृत पुस्तकालय प्रबन्धन सॉफ्टवेयर
(b) मूडल	(ii) डिजिटल पुस्तकालय सॉफ्टवेयर
(c) डी. स्पेस	(iii) अंतर्वस्तु प्रबन्धन सॉफ्टवेयर
(d) न्यू जेन लिब	(iv) अधिगम प्रबन्धन सॉफ्टवेयर

कूटः

	(a)	(b)	(c)	(d)
A.	(iv)	(iii)	(ii)	(i)
B.	(ii)	(i)	(iv)	(iii)
C.	(iii)	(iv)	(ii)	(i)
D.	(i)	(ii)	(iii)	(iv)

89. सुमेलित कीजिएः

सूची-I	सूची-II
(a) फेसबुक	(i) वीडियो नेटवर्किंग साइट
(b) रिसर्च गेट	(ii) सोशल नेटवर्किंग साइट
(c) ओवू	(iii) एकैडेमिक नेटवर्किंग साइट
(d) फ्लीकर	(iv) फोटो नेटवर्किंग साइट

कूटः

	(a)	(b)	(c)	(d)
A.	(i)	(iii)	(ii)	(iv)
B.	(iv)	(i)	(ii)	(iii)
C.	(ii)	(iii)	(i)	(iv)
D.	(iii)	(iv)	(i)	(ii)

90. सुमेलित कीजिएः

सूची-I	सूची-II
(a) आश्रित गतिविधियों का लघु सेट जो कि गतिविधि नेटवर्क के बड़े मार्ग को बनाता है।	(i) पर्ट (PERT)
(b) उपभोक्ताओं को उनकी आवश्यकताओं को पूरा करके प्रसन्न करना।	(ii) सी पी एम (CPM)
(c) लक्ष्य, अवधि, आश्रितता का वर्णन करने वाले नेटवर्कों का अन्तरसंयोजन।	(iii) डैलफी (Delphi)
(d) बेहतर भविष्यवाणियाँ, निर्णय और सलाह देना।	(iv) टी क्यू एम (TQM)

कूटः

	(a)	(b)	(c)	(d)
A.	(i)	(iii)	(ii)	(iv)
B.	(ii)	(iv)	(i)	(iii)
C.	(iii)	(iv)	(ii)	(i)
D.	(iv)	(ii)	(i)	(iii)

91. सुमेलित कीजिएः

सूची-I	सूची-II
(a) सी.ए. कटर	(i) चयनपरक सूची
(b) कैसर	(ii) वस्तु-भाग-सामग्री-क्रिया
(c) जे.आर. शार्प	(iii) मूर्त एवं प्रक्रिया
(d) डी.जे. कोट्स	(iv) संबंधात्मक प्रसूची

कूटः

	(a)	(b)	(c)	(d)
A.	(iv)	(i)	(ii)	(iii)
B.	(iv)	(iii)	(i)	(ii)
C.	(iii)	(iv)	(ii)	(i)
D.	(ii)	(iii)	(iv)	(i)

92. सुमेलित कीजिएः

सूची-I		सूची-II
(a) सूचना अधिकार अधिनियम के उपयोग की मार्गदर्शिका	(i)	प्रलेखन सेवा
(b) मल्टीमीडिया के उपयोग में अभिमुखीकरण	(ii)	रेफरल सेवा
(c) उपयोक्ता को सूचना स्रोतों की सूची प्रदान करना	(iii)	सूचना साक्षरता
(d) वांछित सूचना को खोजने के लिए उपयोक्ता को इन्फ्लिबनेट की ओर निर्देशित करना	(iv)	संदर्भ सेवा

कूटः

	(a)	(b)	(c)	(d)
A.	(iii)	(ii)	(i)	(iv)
B.	(iv)	(ii)	(iii)	(i)
C.	(ii)	(i)	(iv)	(iii)
D.	(iv)	(iii)	(i)	(ii)

93. सुमेलित कीजिएः

सूची-I		सूची-II
(a) वाइटेकर एल्मनैक	(i)	पब्लिशर्स वीकली का आरंभिक वर्ष
(b) अलरिच इन्टरनैशनल पीरियोडिकल डायरेक्टरी	(ii)	'लाइब्रेरी जर्नल' के खण्ड 50 की उपलब्धता
(c) नैशनल यूनियन कैटालॉग ऑफ साइंटिफिक सीरियल्स इन इंडिया	(iii)	न्यू इनसाइक्लोपीडिया ब्रिटेनिका के स्थगन का समाचार
(d) डेटा इंडिया	(iv)	खगोलीय सूचना

कूटः

	(a)	(b)	(c)	(d)
A.	(iv)	(i)	(ii)	(iii)
B.	(ii)	(iv)	(i)	(iii)
C.	(iii)	(ii)	(i)	(iv)
D.	(i)	(iv)	(ii)	(iii)

94. सुमेलित कीजिएः

सूची-I		सूची-II
(a) जे. थॉम्पसन	(i)	बेसिक स्टैट्सिटिक्स फॉर लाइब्रेरियंस
(b) एस. हलकेट एवं जे लेंग	(ii)	प्लानिंग ऑफ एकैडेमिक एंड रिसर्च बिल्डिंग्स
(c) विलियम ए. काट्ज	(iii)	डिक्शनरी ऑफ एनोनिमूस एंड सूडोनिमूस लिट्रेचर
(d) के.डी. मेटकाफ	(iv)	इंटरोडक्शन टू रेफरेन्स वर्क

कूटः

	(a)	(b)	(c)	(d)
A.	(i)	(ii)	(iv)	(iii)
B.	(i)	(iii)	(iv)	(ii)
C.	(ii)	(iv)	(i)	(iii)
D.	(iv)	(ii)	(iii)	(i)

95. निम्नलिखित में से ग्रन्थालय का एसेंशन रजिस्टर किसके लिए होता है?

A. पुस्तकों के पंजीकरण के लिए
B. पत्रिकाओं के पंजीकरण के लिए
C. एसेंशनिंग के लिए रजिस्टर
D. पुस्तकों के उसी क्रम में पंजीकरण के लिए जिस क्रम में वह प्राप्त हुई है

96. ग्रन्थालयों में निम्नलिखित में से किसकी वास्तविक उपलब्धता का पता लगाने के लिए स्टाक की जांच की जाती है?

A. पुस्तकों B. पुस्तकों और पत्रिकाओं
C. समस्त सामग्रियों D. केवल पठन सामग्री

97. निम्नलिखित में से कौन-सा दस्तावेज नहीं है?

A. पुस्तक
B. पत्रिका
C. अभिलेख
D. मशीन द्वारा पढ़े जा सकने वाली तालिका

98. निम्नलिखित में से कौन-सा पुस्तक के पीछे के भाग पर आमतौर पर अंकित लघु शीर्षक होता है?

A. वैकल्पिक शीर्षक B. कल्पनाशील शीर्षक
C. बाइन्डर का शीर्षक D. पुनर्सूचक शीर्षक

99. निम्नलिखित में से कौन-सा समिश्र विषय है?
A. चिकित्सा विज्ञान सम्बन्धी अध्ययन
B. पशुपालन सम्बन्धी अध्ययन
C. बाल चिकित्सा सम्बन्धी अध्ययन
D. वर्गीकरण और तालिकाबद्ध करने सम्बन्धी अध्ययन

100. निम्नलिखित में से एस डी आई का क्या अर्थ है?
A. सूचना का चुनिन्दा प्रचार
B. सूचना की वैज्ञानिक मांग
C. चुनिन्दा सूचना मांग
D. सूचना सम्बन्धी वैज्ञानिक प्रलेखन

101. निम्नलिखित में से कौन-सा चिह्न श्रेणी संख्या को स्पष्ट करने के लिए प्रारम्भिक वर्ण के रूप में उपयोग किया जाता है?
A. वर्णमाला चिह्न
B. वर्णअंकीय चिह्न
C. स्पष्ट करने सम्बन्धी चिह्न
D. प्रारम्भिक चिह्न

102. किसी पुस्तक को प्राप्त करने के पश्चात् उसे तालिकाबद्ध और वर्गीकरण करने के लिए निम्नलिखित में से किस शाखा में भेजा जाता है?
A. अधिग्रहण शाखा B. प्रोसेसिंग शाखा
C. प्रलेखन शाखा D. इनमें से कोई नहीं

103. पुस्तकों को जारी और वापस करने सम्बन्धी कार्य निम्नलिखित में से किसका है?
A. सन्दर्भ डेस्क B. वाद-विवाद शाखा
C. परिचालन फलक D. प्रोसेसिंग शाखा

104. एक समान वर्ग संख्या वाली पुस्तकों में से एक पुस्तक को निम्नलिखित में से किसके द्वारा अलग किया जा सकता है?
A. मांग संख्या
B. पुस्तक संख्या
C. पुस्तक पंजीकरण संख्या
D. वर्ष संख्या

105. निम्नलिखित में से कौन ग्रन्थालय में दस्तावेजों की व्यवस्था दर्शाती है?
A. शब्दकोष तालिका B. वर्णमाला तालिका
C. सैल्फ सूची D. लेखक तालिका

106. डुप्लीकेट माइक्रोफिल्म रोल्स को निम्नलिखित में से किस तापमान पर संरक्षित किया जाता है?
A. 27 डिग्री सेन्टीग्रेट तापमान से कम पर
B. कमरे के तापमान पर
C. कमरे में कहीं पर भी
D. सामान्य तापमान वाले प्रशीतन कक्ष में

107. जिल्द बांधने के लिए तैयार पुस्तकों को निम्नलिखित में से कहां भेजा जाता है?
A. जिल्दसाजी विभाग B. मुद्रण विभाग
C. मेज पर रख देना D. पुस्तक सेल्फ में

108. ग्रन्थालय निम्नलिखित में से किसका स्थान है?
A. पुस्तकों का B. फर्नीचर का
C. हार्डवेयर का D. खिलौनों का

109. ग्रन्थालय के स्टेकिंग एरिया को निम्नलिखित में से क्या कहा जाता है?
A. स्टेक्स B. पुस्तकों की दुकान
C. भंडारण D. संग्रहालय

110. जैसे ही पुस्तकों को तालिकाबद्ध और वर्गीकृत कर दिया जाता है तो उन पर निम्नलिखित में से क्या चिह्नित किया जाता है?
A. पुस्तक लेबल B. जैकेट कवर
C. पुस्तक कार्ड D. आवरण पृष्ठ

111. पुस्तक कॉर्नर निम्नलिखित में से कहां चिपकाए जाते हैं?
A. अग्रिम कार्ड बोर्ड के आन्तरिक भाग पर
B. पीछे के कार्ड बोर्ड के आन्तरिक भाग पर
C. पीछे की ओर
D. मुख पृष्ठ के शीर्ष पर

112. ग्रन्थालय स्टेक्स में पुस्तकें निम्नलिखित में से किस प्रकार रखी जाती हैं?
A. बाईं तरफ से दाहिनी ओर
B. दाहिनी तरफ से बाईं ओर
C. ऊपर से नीचे की ओर
D. नीचे से ऊपर की ओर

113. पुस्तकों को स्टेक्स पर रखते समय .....स्थान खाली रखा जाता है?
A. दाहिनी ओर
B. बाईं ओर

C. दो पुस्तकों के बीच में
D. दो रैकों के बीच में

114. वर्तमान समाचार पत्र निम्नलिखित में से कहां सजाए जाते हैं?
A. पढ़ने की मेज पर B. पेडिंग रैक्स पर
C. कोने में D. स्टेक्स पर

115. समाचार पत्रों पर ग्रन्थालय स्टाम्प निम्नलिखित में से कब लगाई जाती है?
A. सजाने से पहले B. सजाने के बाद
C. हटाने से पहले D. हटाने के बाद

116. समाचार पत्रों को जिल्दसाजी के लिए निम्नलिखित में से किस प्रकार तैयार किया जाता है?
A. नाम, तिथि और वर्षवार
B. सभी समाचार पत्रों को एक सैट में
C. किसी भी माह को ध्यान में न रखते हुए
D. किसी अन्य क्रम में

117. शेल्फ में से क्षतिग्रस्त पुस्तकों को .....हटाया जाता है।
A. नई पुस्तकें रखते समय
B. शेष पुस्तकों को रखते समय
C. वापिस की गई पुस्तकों को रखते समय
D. उपरोक्त सभी

118. नवीनतम पुस्तकों की जैकेट्स को निम्नलिखित में से कहां सजाया जाता है?
A. प्रदर्शन रैक पर B. सूचना पट्ट पर
C. पढ़ने की मेज पर D. परिचालन फलक पर

119. गलत तरीके से लगाई गई पुस्तकों में सुधार निम्नलिखित में से कब किया जाना चाहिए?
A. दैनिक आधार पर B. साप्ताहिक आधार पर
C. पाक्षिक आधार पर D. मासिक आधार पर

120. प्रेस क्लिपिंग्स को निम्नलिखित में से किस भाग पर दो बार पंच किया जाता है?
A. बाएं भाग के मार्जिन पर
B. दाएं भाग के मार्जिन पर
C. शीर्ष पर
D. नीचे की ओर

121. बड़े आकार की एटलसों को निम्नलिखित में से किस प्रकार शेल्फ पर सजाया जाता है?
A. पुस्तकों के समान B. वर्टिकल स्थिति में
C. होरीजोन्टल स्थिति में D. शेल्फ पर सीधे

122. पुस्तकों को शेल्फ पर सजाते समय उनके पीछे का भाग निम्नलिखित में से किस प्रकार रखा जाता है?
A. अग्र बार्डर लाइन के समानान्तर
B. पीछे की बार्डर लाइन के समानान्तर
C. पुस्तक के पीछे के भाग को ऊपर की ओर
D. पुस्तक के पीछे के भाग को नीचे की ओर

123. नई प्राप्त पुस्तकों को निम्नलिखित में से किस प्रकार व्यवस्थित किया जाता है?
A. वर्गीकृत तरीके से B. शीर्षक-वार से
C. विषय-वार से D. लेखक-वार से

124. दुर्लभ पुस्तकों और पांडुलिपियों को निम्नलिखित में से किस प्रकार शेल्फ में सजाया जाता है?
A. अलग-अलग
B. सामान्य पुस्तकों के साथ
C. सन्दर्भ पुस्तकों के साथ
D. चार्ट और नक्शों के साथ

125. निम्नलिखित में से किस राज्य में पुस्तकालय अधिनियम नहीं है?
A. मणीपुर B. गोवा
C. बिहार D. महाराष्ट्र

126. भारत सरकार द्वारा 1957 में नियुक्त पुस्तकालय सलाहकार समिति के अध्यक्ष कौन थे?
A. एस.आर. रंगानाथन B. के.पी. सिन्हा
C. बी.एस. केसवन D. एस. बशीरुद्दीन

127. पुस्तकालय विज्ञान में प्रथम व्यावसायिक पत्रिका किस वर्ष प्रारम्भ हुई थी?
A. 1841 B. 1876
C. 1901 D. 1911

128. निम्नलिखित में से वह कौन-सा सूत्र है जो आधुनिक पुस्तकालयों में सी.डी. रोम (CD-ROM) का प्रयोग अनिवार्य करता है?
A. द्वितीय सूत्र B. तृतीय सूत्र
C. चतुर्थ सूत्र D. पंचम सूत्र

129. लाइब्रेरी एसोसियेशन (लन्दन) की स्थापना किस वर्ष हुई थी?

A. 1876 B. 1933
C. 1977 D. 1910

130. राष्ट्रीय पुस्तकालय (कोलकाता) के प्रथम पुस्तकालयाध्यक्ष कौन थे?
A. बी.एस. केसवन
B. वाई.एम. मुले
C. एस.आर. रंगानाथन
D. के.एम. असादुल्लाह

131. कोलन वर्गीकरण का सर्वप्रथम प्रकाशन किस वर्ष हुआ था?
A. 1933 B. 1939
C. 1941 D. 1944

132. डी.डी.डी. की किस तालिका में प्रजातीय, संजातीय, राष्ट्रीय समूहों का प्रावधान है?
A. तालिका-2 B. तालिका-7
C. तालिका-3 D. तालिका-5

133. रिक्तांक (Empty Digit) की संकल्पना से क्या सुविधा होती है?
A. पंक्ति में अंतर्वेशन B. शृंखला में बहिर्वेशन
C. पंक्ति में बहिर्वेशन D. शृंखला में अंतर्वेशन

134. वर्ग संख्या 0111, 2J64, 51 में 'J64' किसको प्रस्तुत करता है?
A. व्यक्तित्व (Personality)
B. पदार्थ (Matter)
C. ऊर्जा (Energy)
D. समय (Time)

135. डी.डी.सी. के 19वें संस्करण में कितनी तालिकाएँ हैं?
A. चार B. छः
C. सात D. आठ

136. विलयन (Fusion) से क्या तात्पर्य है?
A. चिंतन की एक विधि
B. विषय निर्माण की विधि
C. अंकन पद्धति
D. पुस्तक चयन की विधि

137. प्रात्याहवान मूल्य के अभिनियम (Canon of Recall Value) को किसने विकसित किया?
A. चार्ल्स एमी कटर B. बी.एस. केसवन
C. जी. भट्टाचार्य D. एस.आर. रंगानाथन

138. ए.ए.सी.आर-II के अनुसार विश्वविद्यालय अनुदान आयोग (भारत) कैसे लिखा जाएगा?
A. भारत, विश्वविद्यालय अनुदान आयोग
B. भारत, शिक्षा मंत्रालय, विश्वविद्यालय अनुदान आयोग
C. भारत, विश्वविद्यालय (अनुदान आयोग)
D. विश्वविद्यालय अनुदान आयोग, भारत

139. जिस रचना के लेखक के नाम का पता नहीं है, उसे किस नाम से जाना जाता है?
A. छद् मनाम रचना
B. अनामक रचना
C. काल्पनिक रचना
D. उपरोक्त में से कोई नहीं

140. एन.टी. (NT) और बी.टी. (BT) पद का प्रयोग किसमें होता है?
A. शृंखला अनुक्रमणीकरण (Chain Indexing)
B. क्विक (Kwick)
C. थिसॉरस (Thesaurus)
D. पॉप्सी (POPSI)

141. परासरण का सिद्धान्त (Principle of Osmosis) का प्रतिपादन किसके द्वारा किया गया?
A. मेल्विल डेवी
B. एस.आर. रंगानाथन
C. सी.ए. कटर
D. डब्ल्यू.सी. बरविक सेयर्स

142. प्रकाशन पूर्व सूचीकरण (Pre Natal Cataloguing) का क्या तात्पर्य है?
A. चयनात्मक सूचीकरण
B. वर्णनात्मक सूचीकरण
C. प्रकाशनाधीन सूचीकरण
D. तुलनात्मक सूचीकरण

143. 'उद्धरण विश्लेषण' (Citation Analysis) किसमें सहायक होती है?
A. विषय अनुक्रमणीकरण
B. मूल प्रलेखों की पहचान
C. वर्णनात्मक सूचीकरण
D. चयनात्मक सूचीकरण

144. 'साइंस साइटेशन इंडेक्स' किसने प्रारम्भ किया था?
A. एफ.डब्ल्यू. लेन्कास्टर B. बी.सी. विकरी
C. ए.सी. फॉस्केट D. यूजीन गारफील्ड

145. प्रेसीज (Precis) से सम्बद्ध लेखक का नाम है–
A. एफ.डब्ल्यू. लेन्कास्टर
B. डी.जे. फोस्फेट
C. डेरिक अस्टिन
D. पाओलीन एथर्टन

146. एस.डी.आई. (SDI) का पूरा रूप क्या है?
A. स्पेशल डॉक्यूमेन्टेशन ऑफ इन्फॉर्मेशन
B. सिलेक्टिव डॉक्यूमेन्टेशन ऑफ इन्फॉर्मेशन
C. स्पेशल डॉक्यूमेन्टेशन इन्स्टीट्यूट
D. सिलेक्टिव डिसेमीनेशन ऑफ इन्फॉर्मेशन

147. थिसॉरस फॉर इंडेक्सिंग का अर्थ है–
A. नियंत्रित शब्दावली B. शब्दों का कोश
C. नामों का कोश D. एक भाषा कोश का नाम

148. 'जर्नल आफ डॉक्यूमेन्टेशन' (Journal of Documentation) का प्रकाशन कहाँ से होता है?
A. भारत B. यू. के.
C. यू. एस. ए. D. कनाडा

149. 'इंडियन साइंस एब्सट्रेक्ट्स' (Indian Science Abstracts) का प्रकाशन कौन करता है?
A. वैज्ञानिक एवं औद्योगिक अनुसंधान परिषद् (सी. एस. आई. आर.)
B. निस्कैर (इन्सडॉक)
C. डैसीडॉक
D. राष्ट्रीय विज्ञान पुस्तकालय, नई दिल्ली

150. क्यूबा के राष्ट्रपति का नाम निम्नलिखित में से किसमें खोजा जा सकता है?
A. वर्ल्ड ऑफ लर्निंग
B. इन्टरनेशनल हू इज हू
C. स्टेट्समैन ईयर बुक
D. इण्डिया : ए रैफरेन्स एनुअल

151. लीसा (Library and Information Science Abstract : LISA) को किसके अनुसार क्रमबद्ध किया जाता है?
A. डी. डी. सी.
B. सी. सी.
C. यू. डी. सी.
D. वर्गीकरण को विशिष्ट प्रणाली

152. एसलिब (ASLIB) को अब किस नाम से जाना जाता है?
A. एसोसियेशन फॉर इन्फॉर्मेशन मैनेजमेन्ट
B. एसोसियेशन ऑफ स्पेशल लाइब्रेरीज
C. एसोसियेशन ऑफ स्पेशल लाइब्रेरी एण्ड इन्फॉर्मेशन ब्यूरो
D. अमेरिका स्पेशल लाइब्रेरी बोर्ड

153. आई.एन.बी. (INB) क्या है?
A. सूचना का प्राथमिक स्रोत
B. सूचना का द्वितीयक स्रोत
C. सूचना का तृतीयक स्रोत
D. उपरोक्त में से कोई नहीं

154. सी.सी.एफ. (CCF) का पूर्ण रूप है–
A. कोलन क्लासिफिकेशन फील्ड्स
B. कॉमन कम्यूनिकेशन फार्मेट
C. क्लासिफाइड केटालॉग फार्मेट
D. कॉमन क्लासीफिकेशन फीचर्स

155. ब्लेज (BLAISE) कहाँ का सूचना नेटवर्क है?
A. बांग्लादेश B. ब्राजील
C. यू. के. D. यू. एस. ए

156. सी.डी.एस./आई.एस.आई.एस. (CDS/ISIS) पैकेज का विकास किसके द्वारा किया गया?
A. इन्सडॉक B. डी.एस.टी.
C. एफ.आई.डी. D. यूनेस्को

157. 'टर्म ट्रन्केशन' की संकल्पना का प्रयोग किस कार्य के लिए होता है?
A. थिसॉरस का निर्माण
B. विषय शीर्षक सूची
C. खोज का सूत्रीकरण
D. उद्धरण विश्लेषण

158. लॉजिकल आपरेटरों 'एण्ड' 'आर' तथा नॉट (AND, OR and NOT) की अभिकल्पना किसने की थी?
A. चार्ल्स बैवेज B. हर्मन हॉलरिथ
C. जॉर्ज बूल D. वैनवर बुश

159. आर.एल.आई.एन (RLIN) का पूरा नाम क्या है?
A. रीट्रीवल ऑफ लाइब्रेरी एण्ड इन्फॉर्मेशन न्यूज
B. रिसर्च लिंकण्ड इन्फॉर्मेशन नेटवर्क
C. रिसर्च लाइब्रेरी एण्ड इन्फॉर्मेशन नेटवर्क
D. रीट्रीवल इन लाइब्रेरी एण्ड इन्फॉर्मेशन नेटवर्क

160. कम्प्यूटर की भाषा में 'बग' (Bug) का क्या अर्थ है?
A. कम्प्यूटर वायरस
B. हार्डवेयर कान्फिगुरेशन में त्रुटि
C. प्रोग्रामिंग में त्रुटि
D. हार्डवेयर और सॉफ्टवेयर का एक-दूसरे के अनुकूल न होना

161. सी.ओ.एम. (COM) का पूरा नाम क्या है?
A. कम्प्यूटर आउटपुट माइक्रोफार्म
B. कम्प्यूटर आपरेटिड मैनेजमेन्ट
C. कम्प्यूटर आपरेटिड माइक्रोफिक
D. कम्प्यूटर आपरेटिड मैग्नेटिक टेप्स

162. बाइट (Byte) से क्या तात्पर्य है?
A. चार बिट्स की कड़ी
B. आठ बिट्स की कड़ी
C. बारह बिट्स की कड़ी
D. सोलह बिट्स की कड़ी

163. 'आप्टीकल फाइबर का प्रयोग किसमें होता है?
A. दूर संचार
B. कम्प्यूटरीकृत सूचीकरण
C. स्वचालित वर्गीकरण
D. सन्दर्भ एवं सूचना सेवा

164. यू.ए.पी. (UAP) किसका मूल कार्यक्रम है?
A. एफ.आई.डी. का
B. आई.एफ.एल.ए. (इफला) का
C. ब्रिटिश लाइब्रेरी का
D. राष्ट्रीय पुस्तकालय (कोलकाता) का

165. इन्सडॉक (Insdoc) निम्नलिखित में से किसका एक अंग था?
A. सी. एस. आई. आर.
B. राष्ट्रीय विज्ञान पुस्तकालय
C. डिपार्टमेन्ट ऑफ इलेक्ट्रॉनिक (भारत सरकार)
D. निसात (एन.आई.एस.ए.टी.)

166. सेनडॉक (SENDOC) कहाँ पर स्थित है?
A. नई दिल्ली B. हैदराबाद
C. कोलकाता D. मुम्बई

167. एफ.आई.डी. (FID) का मुख्यालय कहाँ स्थित है?
A. न्यूयार्क B. लन्दन
C. दि हेग D. बर्लिन

168. 'इनफ्लिबनेट' (INFLIBNET) क्या है?
A. पुस्तकालय एवं सूचना विज्ञान के एक जर्नल का नाम
B. भारत में प्रलेखन केन्द्र
C. भारत के लिए सूचना नेटवर्क
D. यूनेस्को का प्रलेखन कार्यक्रम

169. नियंत्रित समूह (Controlled Group) पद का प्रयोग किसमें होता है?
A. सर्वे शोध में B. ऐतिहासिक शोध में
C. प्रयोगात्मक शोध में D. वर्णनात्मक शोध में

170. आधारभूत सूत्रों का प्रतिपादन करना होता है–
A. शुद्ध शोध B. अनुप्रयुक्त शोध
C. विकासात्मक शोध D. शोध संरचना

171. 'इनफ्रौस' (INFROSS) प्रमुख प्रयोक्ता अध्ययनों में से एक है जिसका संचालन किया गया था–
A. भारत में B. यू.एस.ए. में
C. ब्रिटेन में D. जर्मनी में

172. 'ऑपरेशन रिसर्च' किसके लिए एक उपकरण है?
A. पुस्तकालय प्रबन्धन का
B. पुस्तकालय वर्गीकरण का
C. पुस्तकालय सूचीकरण का
D. सन्दर्भ सेवा का

173. कार्डेक्स (Kardex) का प्रयोग किसके लिए होता है?
A. सार तैयार करने के लिए
B. पुस्तक चयन के लिए
C. पत्र-पत्रिकाओं के पंजीकरण के लिए
D. वर्गीकरण के लिए

174. पी.पी.बी.एस. (PPBS) किससे सम्बन्धित है?
A. आँकड़ों के अनुरक्षण
B. पुस्तक चयन
C. कर्मचारियों के अभिलेख
D. बजट बनाना

175. किस समिति/कमीशन ने पुस्तकालयों को ''स्टैगनेटिंग पूल्स ऑफ बुक्स'' कहा था?

A. रंगानाथन समिति B. सिन्हा समिति
C. फैजी समिति D. कोठारी आयोग

176. सूचना के शैनन-वीवर मॉडल की किस लिए आलोचना की जाती है?

A. अत्याधिक गणितीय होने से
B. एक दिशीय होने से
C. मूलरूप से इलेक्ट्रॉनिक संचार के लिए उपयुक्त होने से
D. उपरोक्त सभी

177. एक व्यावसायिक संघ को मूल रूप से क्या करना चाहिए?

A. मजदूर संघ की तरह कार्य करना
B. अपने सदस्यों के विकास के लिए कार्य करना
C. व्यावसायिक तकनीक में शोध का भार अपने ऊपर लेना
D. एक एम्प्लाइमेंट एक्सचेन्ज के रूप में सेवा करना

178. सार्वजनिक पुस्तकालयों द्वारा दृष्टिहीनों के लिए प्रसार सेवाओं को किसके द्वारा उचित ठहराया है?

A. पुस्तकालय विज्ञान के चौथे नियम द्वारा
B. पुस्तकालय विज्ञान के पंचम नियम द्वारा
C. पुस्तकालय विज्ञान के प्रथम नियम द्वारा
D. पुस्तकालय विज्ञान के सभी नियमों द्वारा

179. राष्ट्रीय पुस्तकालय कोलकाता किस नियम के अन्तर्गत पुस्तकें प्राप्त करता है?

A. रजिस्ट्रेशन ऑफ बुक्स एक्ट, 1887
B. डिलिवरी ऑफ बुक्स एक्ट, 1954
C. दि कापीराइट एक्ट, 1985
D. उपर्युक्त सभी

180. पुस्तकालय अधिनियम किसके माध्यम से सार्वजनिक पुस्तकालय आन्दोलन को समर्थन प्रदान करता है?

A. अनुदान की उपलब्धता को सुनिश्चित करके
B. स्थानीय पुस्तकालय प्राधिकरण स्थापित करके
C. पुस्तकालय सेवाओं को अनिवार्य बनाने से
D. उपर्युक्त सभी

181. ट्रान्सबार्डर डाटा फ्लो का क्या तात्पर्य है?

A. देशों के मध्य प्रलेखों का आदान-प्रदान
B. देशों के मध्य पुस्तकों का मुक्त प्रवाह
C. देशों के मध्य इलेक्ट्रॉनिक सूचना का आदान-प्रदान
D. उपरोक्त में से कोई नहीं

182. भारत में राष्ट्रीय अनुवाद सेवाएँ कहाँ पर स्थित है?

A. निसात B. इन्सडॉक
C. डेसीडॉक D. नासडॉक

183. आप एक सार्वजनिक पुस्तकालय में निम्नलिखित में से किस सामग्री को प्राप्त करने की आकांक्षा नहीं करेंगे?

A. समाचार-पत्र B. ऑडियो कैसेट
C. पेटेन्ट्स D. मानचित्र

184. निम्नलिखित में से 'यूनियन कैटालॉग' कौन-सा है?

A. अलरिच इन्टरनेशनल पिरियोडिकल्स डायरेक्टरी
B. न्यू सीरियल्स टाइटिल्स
C. प्रेस इन इण्डिया
D. एन. यू. सी. एस. एस. आई.

185. निम्नलिखित में से कौन सी.डी.-रोम (CD-ROM) पर भी उपलब्ध है?

A. इण्डियन नेशनल बिब्लियोग्राफी
B. इण्डियन साइंस एबस्ट्रेक्ट
C. नेशनल यूनियन कैटालॉग ऑफ साइंटिफिक सीरियल्स इन इन्डिया
D. इन्डियन बुक्स इन प्रिन्ट

186. ''बुक्स इन प्रिन्ट'' को किस रूप में श्रेणीबद्ध किया जा सकता है?

A. नेशनल बिब्लियोग्राफी फ्रॉम इन्डिया
B. ट्रेड बिब्लियोग्राफी फ्रॉम इन्डिया
C. नेशनल बिब्लियोग्राफी फ्रॉम यू.एस.ए.
D. ट्रेड बिब्लियोग्राफी फ्रॉम यू.एस.ए.

187. पुस्तकालय ओरियन्टेशन बिब्लियोग्राफिक निर्देशन और उपयोगकर्ता शिक्षा निम्नलिखित में से किस रूप में सम्बन्धित है?

A. सबका अर्थ एक ही वस्तु से है
B. उपयोगकर्ता शिक्षा विस्तृत है तथा अन्य दोनों के साथ सम्मिलित है

C. पुस्तकालय ओरियन्टेशन विस्तृत है तथा अन्य दोनों के साथ सम्मिलित है
D. उपरोक्त में से कोई नहीं

188. निम्नलिखित में से कौन-सा एक सूचना का द्वितीयक स्रोत नहीं है?
A. एक विश्वकोश
B. एक पाठ्य पुस्तक
C. एक थीसिस
D. एस स्टेटिस्टिकल डाइजेस्ट

189. 'कानकार्डेन्स' का क्या अर्थ है?
A. एक पुस्तक अथवा एक लेखक की कृति का क्रमाक्षरीय इन्डेक्स
B. बहु-भाषा शब्दकोश
C. मुहावरों की एक व्याख्या
D. इनमें से कोई नहीं

190. "गुजरात तथा राजस्थान में गरीबी" पर खोज करने के लिए एक खोज वक्तव्य को किस रूप में तैयार करने की आवश्यकता होगी?
A. गरीबी तथा (गुजरात तथा राजस्थान)
B. गरीबी तथा (गुजरात अथवा राजस्थान)
C. गरीबी अथवा (गुजरात तथा राजस्थान)
D. गरीबी अथवा (गुजरात अथवा राजस्थान)

191. पुस्तकालय साहित्य निम्नलिखित में से क्या है?
A. इन्डेक्सिंग जर्नल
B. बिब्लियोग्राफी ऑफ बुक्स
C. ट्रेड बिब्लियोग्राफी
D. एब्सट्रेक्टिंग जर्नल

192. 'साइन्स सायटेशन इन्डेक्स' का जनक कौन है?
A. फैराडेन B. यूजीन गारफील्ड
C. एच.पी. लुहन D. बर्विक सेयर्स

193. एस.डी.आई. (S.D.I.) की अवधारणा किसके द्वारा प्रस्तुत की गयी?
A. एच.पी. लुहन B. एस.आर. रंगानाथन
C. डी.जे. फॉस्फेट D. इनमें से कोई नहीं

194. बायो-टैक्नोलॉजी ज्ञान विकसित होने का किसके द्वारा उदाहरण है?
A. फ्यूजन B. लैमिनेशन
C. फिजन D. लूज एसेम्बलेज़

195. निम्नलिखित में से किस प्रकार के इन्डेक्स में एक्सेस प्वाइन्ट्स स्वतः प्राप्त नहीं किये जाते?
A. क्विक (KWIC)
B. उद्धरण अनुक्रमणीकरण (Citation Indexing)
C. क्वोक (KWOC)
D. पॉप्सी (POPSI)

196. एक वर्गीकरण पद्धति में समूह-विशिष्ट पुस्तकालय, मेडीकल पुस्तकालय एवं हॉस्पीटल पुस्तकालय किसका प्रतिनिधित्व करते हैं?
A. एक पक्ष B. एक पंक्ति
C. एक शृंखला D. एक विशिष्टता

197. बी.एस.ओ. (BSO) से क्या तात्पर्य है?
A. एक वर्गीकरण पद्धति
B. एक सूची संहिता
C. एक थिसॉरस
D. एक एक्सचेंज फार्मेट

198. निम्नलिखित में से किसके लिए कोलन वर्गीकरण में रिक्तकारी विधि का प्रयोग किया जाता है?
A. शृंखला में ग्राह्यता B. पंक्ति में ग्राह्यता
C. वैकल्पिक क्रमबद्धता D. लचीलापन

199. एक संग्रह में 50 उपयुक्त प्रलेख हैं। एक पूछताछ के उत्तर में मात्र 30 प्रलेख पुनर्प्राप्त किए गए हैं इनमें से 10 तर्क संगत हैं। पुर्नस्मरण प्रतिशत क्या है?
A. 20% B. 33%
C. 40% D. 60%

200. ए. ए. सी. आर.-II के अनुसार, यदि एक पुस्तक चार लेखकों द्वारा लिखी गयी है, तो इसकी मुख्य प्रविष्टि किसके अन्तर्गत की जाएगी?
A. प्रथम लेखक B. सभी लेखक
C. आख्या D. प्रथम तीन लेखक

201. सी.सी. के किस संस्करण में सर्वप्रथम मूलभूत श्रेणियों को प्रस्तावित किया गया था?
A. द्वितीय B. तृतीय
C. पंचम D. षष्ठम

202. क्विक (KWIC) अनुक्रमणीकरण तकनीक किस पर आधारित होती है?

A. शीर्षक B. उद्धरण
C. सार D. पूर्ण पाठ

203. शून्य आधारित बजट से क्या तात्पर्य है?

A. आय अथवा व्यय में कोई वृद्धि नहीं होगी
B. बजट नहीं होगा
C. आय और व्यय के बीच अन्तर शून्य है
D. आय और व्यय के लिए सभी प्रस्ताव न्यायसंगत बनाने की आवश्यकता होगी

204. यदि एक पुस्तकालय 10 हजार पुस्तकों की सेवा प्रदान करना चाहता है, तो उसके लिए कितनी कॅटालॉग ट्रे की योजना बनानी चाहिए?

A. 10 B. 40
C. 80 D. 100

205. एक महाविद्यालय पुस्तकालय का निम्नलिखित में से कौन-सा मूलभूत उद्देश्य होना चाहिए?

A. शोध कार्य को बढ़ावा देना
B. पढ़ने की आदत को प्रोत्साहित करना
C. महाविद्यालय के शैक्षणिक कार्यक्रम का समर्थन करना
D. छात्रों की मनोरंजनात्मक आवश्यकताओं के लिए सुविधा प्रदान करना

206. बजटिंग की पद्धति जिसका सम्बन्ध जो कुछ घट चुका है, से नहीं है, किन्तु ये भविष्य की आवश्यकताओं से अधिक सम्बन्धित है, इसे किस रूप में जाना जाता है?

A. लाइन बजट B. प्रोग्राम बजट
C. फार्मूला बजट D. शून्य-आधारित बजट

207. ब्राउन चार्जिंग सिस्टम क्या प्रदर्शित नहीं करता है?

A. जब एक विशिष्ट पुस्तक लौटाई जानी है
B. जो पुस्तक सदस्य द्वारा पहले ही उधार ली जा चुकी है
C. बहुत-सी पुस्तकें जिन्हें अभी लौटाना है
D. एक विषय में बहुत-सी पुस्तकें प्रदान की गई हैं

208. शेल्फ लिस्ट कार्ड्स– (अ) शेल्फों के इन्तजाम को रेप्लिकेट करते हैं, (ब) उनका वैरिफिकेशन में प्रयोग किया जाता है, (स) वे शेल्फ पर प्रत्येक वाल्यूम का प्रतिनिधित्व करते हैं।

A. (अ) और (ब) B. (अ) और (स)
C. (ब) और (स) D. उपरोक्त सभी

209. एक पुस्तकालय रैक की मानक चौड़ाई कितनी होती है?

A. $2\frac{1}{2}'$ B. $3'$
C. $3\frac{1}{2}'$ D. $4'$

210. 'स्पैन ऑफ कन्ट्रोल' का किससे सम्बन्ध है?

A. अनेक अधीनस्थ कर्मचारियों का पर्यवेक्षण करना
B. कर्मचारियों पर कठोर नियंत्रण रखना
C. अवधि जिसके बीच नियंत्रण रखना है
D. वह क्षेत्र जिसे नियंत्रण में रखना है

211. निम्नलिखित में से कौन-सी एक उपयोगी निवेश युक्ति (Input device) है?

A. की बोर्ड, रैम तथा सी.डी.-रोम
B. ओ.सी.आर., लाइट पैन तथा की बोर्ड
C. सी.डी.-रोम, ओ.सी.आर. तथा फ्लॉपी डिस्क
D. हार्ड डिस्क, मैग्नेटिक टेप और लाइट पैन

212. यूनीवर्सल बिब्लियोग्राफिक कन्ट्रोल निम्नलिखित में से किसका एक कार्यक्रम है?

A. यूनीसिस्ट (UNISIST)
B. एफ. आई. डी. (FID)
C. इफ्ला (IFLA)
D. अमेरिकन लाइब्रेरी एसोसियेशन

213. निम्नलिखित में से कौन-सी एक कम्प्यूटर प्रोग्रामिंग भाषा नहीं है?

A. फारट्रॉन (FORTRAN)
B. बेसिक (BASIC)
C. कोबोल (COBOL)
D. आस्की (ASCII)

214. ई.आर.एन.ई.टी. (ERNET) का पूरा नाम क्या है?

A. ईस्टर्न रीजन नेटवर्क
B. इलेक्ट्रॉनिक रिसर्च नेटवर्क
C. एजूकेशन एण्ड रिसर्च नेटवर्क
D. इकोनोमिक्स रिसर्च नेटवर्क

215. बायनरी सिस्टम ऑफ नम्बर्स में, 100 कितने दशमलव नम्बर का प्रतिनिधित्व करता है?
A. 100 B. 1
C. 4 D. 3

216. सी.ओ.एम. (COM) का क्या अभिप्राय है?
A. कम्प्यूटर आउटपुट माइक्रोफार्म
B. कैटालॉग आन मैग्नेटिक टेप
C. कम्प्यूटर आउटपुट मैग्नेटिक टेप
D. कैटालॉग ऑन माइक्रोफार्म

217. इनिस-आई.एन.आई.एस. (INIS) किसका एक उदाहरण है?
A. डिस्ट्रीब्यूटेड इनपुट तथा सेन्ट्रलाइज्ड आउटपुट
B. सेन्ट्रलाइज्ड इनपुट तथा आउटपुट
C. सेन्ट्रलाइज्ड इनपुट तथा डिस्ट्रीब्यूटेड आउटपुट
D. डिस्ट्रीब्यूटेड इनपुट तथा आउटपुट

218. कम्प्यूटर के संदर्भ में बेसिक (BASIC) क्या है?
A. कोर मेमोरी B. हार्डवेयर
C. मॉडल D. लैंग्वेज

219. ''इन्फॉर्मेशन नीड ऑफ चार्टेड एकाउन्टैंट'' पर शोध में चार्टेड एकाउन्टेन्ट्स के ऑफिसियल रजिस्टर पर प्रत्येक पाँचवें सदस्य को एक प्रश्नावली भेजी जाती है, यह क्या होगी?
A. रैन्डम सैम्पलिंग
B. स्ट्रैटिफाइड सैम्पलिंग
C. द होल पापुलेशन
D. नाट ए रिप्रेजेन्टेटिव सैम्पल

220. एक प्रश्नावली में 'ओपन-एन्डेड' प्रश्न क्या है?
A. प्रश्न व्याख्या के लिए खुले हैं
B. उत्तर अपूर्ण हो सकते हैं
C. उत्तर प्रतिवादी द्वारा भरा जा सकता है
D. वे जहाँ लम्बे उत्तर की आवश्यकता होती है

221. ''क्रैन फील्ड स्टडीज'' (Cranfield Studies) निम्नलिखित में से किसका उदाहरण है?
A. सर्वे रिसर्च B. प्रयोगात्मक शोध
C. ऐतिहासिक शोध D. केस स्टडी

222. लिब्रामेट्री (Librametry) पद का प्रयोग किसके द्वारा किया गया था?
A. एस.सी. ब्रेडफोर्ड
B. जे.डी. बरनाल
C. एस.आर. रंगानाथन
D. डी.जे. फॉस्केट

223. एम.ई.एस.एच (MESH) किसका उदाहरण है?
A. वर्गीकरण पद्धति B. थिसॉरस
C. एब्स्ट्रैक्टिंग जर्नल D. क्लासॉरस

224. निम्नलिखित में से कौन-सा नेटवर्क मूल रूप से शैक्षणिक उद्देश्य के लिए नहीं है?
A. अर्नेट (EARNET)
B. जानेट (JANET)
C. निकनेट (NICNET)
D. इनफ्लिबनेट (INFLIBNET)

225. ''टैक्नोलोजिकल गेट कीपर्स'' की अवधारणा का प्रतिपादन सर्वप्रथम किसने किया?
A. एलेन B. डियना क्रेन
C. डि सोला प्राइस D. डेरिक ऑस्टिन

226. निम्न में से किसके द्वारा पुस्तकालय अधिनियम पुस्तकालय आन्दोलन को पुष्ट करते हैं?
A. धन उपलब्धि की पुष्टि
B. स्थानीय पुस्तकालय प्राधिकरण की स्थापना
C. पुस्तकालय सेवा को निःशुल्क प्रदान करना
D. उपर्युक्त सभी

227. पी.एम.ई.एस.टी. (PMEST) क्रम को निम्नलिखित में किसके साथ प्रयुक्त किया जाता है?
A. मुख्य वर्गों
B. प्रमाणिक मुख्य विषयों
C. आधार वर्गों
D. ज्ञान के सम्पूर्ण क्षेत्र में

228. पुस्तकें जिनका अग्रिम भुगतान पूर्ण अथवा कुछ अंशों में कर दिया जाता है, उसे क्या कहा जाता है?
A. सशुल्क पुस्तकें
B. अवशेष पुस्तकें
C. उपहार में प्राप्त पुस्तकें
D. इनमें से कोई नहीं

229. एटम इन्डेक्स (Atom Index) किसके द्वारा प्रकाशित किया जाता है?

A. इनिस (INIS)
B. एग्रिसा (AGRIS)
C. बार्क (BARC)
D. न्यूक्लीयर साइंस विभाग

230. इआटलिस (IATALIS) निम्नलिखित में से किससे सम्बन्धित है?
A. शैक्षणिक पुस्तकालयों
B. पुस्तकालय एवं सूचना विज्ञान के प्राध्यापकों
C. विशेष पुस्तकालयों
D. विद्यालयों के पुस्तकालयों

231. "वर्ल्ड ऑफ लर्निंग" (World of Learning) से क्या तात्पर्य है?
A. पत्रिका (जर्नल)
B. निर्देशिका
C. शिक्षा से सम्बन्धित पाठ्य पुस्तक
D. शिक्षा सम्बन्धी ग्रन्थसूची

232. "बुक्स इन प्रिन्ट" (Books in Print) को निम्नलिखित में से किसके अन्तर्गत श्रेणीबद्ध किया जा सकता है?
A. भारतीय राष्ट्रीय ग्रन्थसूची
B. भारतीय व्यापार सम्बन्धी ग्रन्थसूची
C. यू.एस.ए. की राष्ट्रीय ग्रन्थसूची
D. अमेरिका की व्यापार ग्रन्थसूची

233. निम्नलिखित में से कौन-सा सूचना का द्वितीयक स्रोत नहीं है?
A. सारांश पत्रिका B. हैन्डबुक
C. स्टैटिस्टिकल डाइजेस्ट D. पेटेन्ट

234. निम्नलिखित में से कौन-सी एक संघ सूची से सम्बन्धित है?
A. अलरिच पीरियोडिकल डाइरेक्टरी
B. नए सीरियलों के शीर्षक
C. प्रेस इन इण्डिया
D. एन. यू. सी. एस. एस. आई.

235. भारतीय विज्ञान सारांश (इन्डियन साइंस एब्सट्रैक्ट्स) किसके अनुसार क्रमबद्ध है?
A. डी. डी. सी. B. यू. डी. सी.
C. एल. सी. D. सी. सी.

236. प्रयोक्ता (यूजर) को सूचना के यथार्थ स्रोत तक निर्देश, निम्न में से किस रूप में होता है?
A. सामयिक जागरूक सेवा (सी. ए. एस.)
B. डायजेस्ट सेवा
C. डाटा सेवा
D. निर्दशित सेवा (रैफरल सर्विस)

237. बौद्धिक संपदा अधिकार निम्न में से किस रूप में मान्य है?
A. प्रकाशन अधिकार
B. पेटैन्ट
C. A और B में से कोई नहीं
D. A एवं B दोनों

238. गजट (Gazette) किसके बारे में सूचना देता है?
A. दर्शनीय स्थलों
B. विभिन्न स्मारकों के इतिहास
C. प्राचीन अभिलेख संग्रह
D. सरकारी घोषणाएँ एवं अभिसूचनाएँ

239. एक मोनोग्राफ के सूचीकरण हेतु सूचना का मुख्य स्रोत क्या है?
A. विषय-सूची पृष्ठ (Contents Page)
B. मुख पृष्ठ (Title Page)
C. अर्द्धमुख पृष्ठ (Half Title Page)
D. प्रस्तावना (Preface)

240. किसी ग्रन्थ सूची से सम्बद्ध आँकड़े एकत्रीकरण (डाटाबेस) के अन्तर्गत निम्न में से कौन-सा मुख्य लक्षण है?
A. आई.एस.बी.एन.
B. लेखक
C. आख्या
D. मेन एन्ट्री एक्सैस पाइंट

241. सूचीकरण सिद्धान्तों पर अन्तर्राष्ट्रीय सम्मेलन पेरिस में किस वर्ष हुआ था?
A. 1959 B. 1961
C. 1967 D. 1972

242. बी.एस.ओ. (BSO) से क्या तात्पर्य है?
A. वर्गीकरण योजना
B. सूचीकरण संहिता
C. थिसॉरस
D. विनिमय का स्वरूप (एक्सचेंज फार्मेट)

243. भित्ति चित्र सिद्धान्त (Wall-picture principle) निम्न में से किसके विषय में है?
A. सहायक अनुक्रम B. वर्णानुक्रम
C. पक्ष अनुक्रम D. कैनोनिकल अनुक्रम

244. कोलन क्लासिफिकेशन में चिह्न सेमीकोलन (;) किस प्रारम्भिक श्रेणी को दर्शाता है?
A. व्यक्तित्व B. पदार्थ
C. ऊर्जा D. स्थान

245. द्विभाजन (Dichotomy) का तात्पर्य निम्न में से कितने विभाजन से है?
A. दो B. पाँच
C. दस D. अनेक

246. "शिक्षकों के लिए मनोविज्ञान" शीर्षक का सम्बन्ध निम्न में से किस प्रकार का है?
A. सामान्य B. अभिनत (झुकाव)
C. प्रभाव D. तुलनात्मक

247. यू.डी.सी. (UDC) में चिह्न (:) किसके लिए प्रयुक्त हुआ है?
A. विस्तार B. संकलन
C. सम्बन्ध D. समायोजन

248. डी.डी.सी. में ज्ञान जगत का सर्वप्रथम वर्गीकरण कितने भागों में किया गया है?
A. 10 मुख्य भाग B. 100 विभाग
C. 1000 अनुभाग D. 10,000 उप-अनुभाग

249. शोध स्तर पर किसी शोधकर्ता द्वारा पुनर्प्राप्ति प्रणाली के अन्तर्गत विभिन्न सिद्धान्तों के समायोजन का निम्न में से कौन-सा रूप है?
A. पूर्व-समन्वय (Pre-coordinate)
B. पश्च-समन्वय (Post-coordinate)
C. समन्वय-इतर (Under coordinate)
D. अधि-समन्वय (Over coordinate)

250. मूल्य की दृष्टि से, सेवा/कार्यविधि का आंकलन (मापन) निम्न में से किससे प्रभावित है?
A. मूल्य प्रभावीकरण
B. मूल्य सम्बन्धी लेखा-जोखा
C. मूल्य विश्लेषण
D. निष्पादन विश्लेषण

251. 'पर्ट' (PERT) तकनीक निम्न में से किसके लिए है?
A. कार्य अध्ययन B. डाटा संग्रह
C. प्रणाली विश्लेषण D. कार्य विवरण

252. पुस्तकालयों में निधानी-सूची पत्रकों (शैल्फ लिस्ट) का प्रयोग निम्न में से किसके लिए किया जाता है?
A. शैल्फों की पुनः व्यवस्था करना
B. संग्रह सत्यापन के लिए प्रयोग
C. ग्रन्थ विन्यसन (शैल्फिंग) द्वारा शैल्फ पर प्रत्येक खण्ड का प्रदर्शन करना
D. उपर्युक्त सभी

253. बजट की वह विधि जिसमें पूर्व घटित घटनाओं को न दर्शाते हुए केवल भविष्य की आवश्यकताओं का अवलोकन हो, वह निम्न में से क्या है?
A. लाइन बजट B. प्रोग्राम बजट
C. फार्मूला बजट D. जीरो बेस्ड बजट

254. स्वःनवीनीकरण (Self-renewal) की विचारधारा किसके द्वारा प्रस्तुत की गई?
A. एटकिन्सन B. डॉक्टर पैरी
C. डैन्टन D. एम.बी. लाइन

255. पुस्तकालय किसी एजेन्ट के माध्यम से पत्रिकाएं मँगवायेगी —यह वक्तव्य निम्न में से किससे सम्बद्ध है?
A. उद्देश्य B. नीति
C. प्रक्रिया D. लक्ष्य

256. "गुड ऑफिसिज कमेटी" (Good Offices Committee GOC) निम्न में से क्या निर्धारित करने में सहायता करती है?
A. विदेशी मुद्रा विनिमय दर
B. विदेशी एजेन्टों और विक्रेताओं के नामों की सूची
C. बाजार में उपलब्ध पुस्तकें
D. उपयुक्त पुस्तकों के क्रय की सूची

257. "वैस्टर्न इलैक्ट्रिक हॉथ्रोने प्लान्ट" में "एल्टन मायो" के शोधकर्त्ताओं ने यह खोज की, कि–
A. सामाजिक सम्मान (पारितोषिकों) के द्वारा श्रमिक अधिक अभिप्रेरित होते हैं
B. वित्तीय प्रोत्साहनों द्वारा कर्मचारी अधिक प्रोत्साहित होते हैं

C. A और B दोनों
D. A और B में से कोई नहीं

258. प्रबन्धन के वैज्ञानिक तथा विशिष्ट (क्लासीकल) स्कूलों की मुख्य आलोचना किसमें हैं?
A. संस्थान सम्बन्धी संरचनात्मक विशेषताओं पर बल देना
B. व्यक्तिपरक स्वरूप को नकारना
C. संस्थान के अन्तर्गत होने वाले संघर्षो पर विचार न करना
D. उपर्युक्त में से सभी

259. वैज्ञानिक प्रबन्धन स्कूल के जनक कौन हैं?
A. टेलर B. फेयोल
C. मास्लो D. मायो

260. निम्न में से कौन-सा नेटवर्क प्राथमिक रूप से शैक्षणिक उद्देश्य से असम्बद्ध है?
A. एरनेट (EARNET)
B. निकनेट (NICNET)
C. जानेट (JANET)
D. इनफ्लिबनेट (INFLIBNET)

261. यूनिसिस्ट (UNISIST) निम्न में से किसका एक संयुक्त कार्यक्रम है?
A. यूनेस्को एवं एफ.आई.डी.
B. यूनेस्को एवं इफला
C. यूनेस्को एवं आई.एम.एफ.
D. यूनेस्को एवं आई.सी.एस.यू.

262. निम्नलिखित में से कौन एक निसात (NISSAT) का क्षेत्रीय केन्द्र नहीं है?
A. नेशनल कैमीकल लैबोरेटरी
B. राष्ट्रीय सूचना केन्द्र
C. सैन्ट्रल ड्रग रिसर्च इन्स्टीट्यूट
D. ए.टी.आई.आर.ए.

263. ओपेक (OPAC) का पूर्ण रूप क्या है?
A. ओहियो प्रोविन्स एक्वीजीशन कन्सोरथीयम
B. ऑनलाइन पब्लिक एक्सैस कैटालॉग
C. ओहियो पब्लिक एण्ड एकेडेमिक लाइब्रेरिज सेन्टर
D. इनमें से कोई नहीं

264. एग्रिस (AGRIS) के लिए भारतीय निविष्ट (इनपुट) केन्द्र निम्न में से कौन-सा है?
A. आई. सी. ए. आर.
B. कृषि मन्त्रालय
C. आई. ए. आर. आई.
D. उपरोक्त में से कोई नहीं

265. निम्नलिखित में से कौन-सी भाषा कम्प्यूटर प्रोग्रामिंग भाषा नहीं है?
A. फोरट्रॉन (FORTRAN)
B. बेसिक (BASIC)
C. कोबोल (COBOL)
D. आस्की (ASCII)

266. कम्प्यूटर शब्दावली में सी.(C) का सन्दर्भ किससे है?
A. कन्सोल B. सी.पी.यू.
C. मैमोरी D. प्रोग्रामिंग भाषा

267. आई.सी. (Integrated circuit) का प्रयोग किसमें किया गया था?
A. प्रथम पीढ़ी के कम्प्यूटर
B. द्वितीय पीढ़ी के कम्प्यूटर
C. तृतीय पीढ़ी के कम्प्यूटर
D. उपर्युक्त सभी

268. निम्नांकित संग्रह उपकरणों को परिवर्द्धन क्षमता के अनुसार क्रमबद्ध कीजिए–
(अ) मैग्नेटिक टेप, (ब) सी.डी.-रोम, (स) फ्लॉपी डिस्क, (द) मैग्नेटिक डिस्क।
A. स-अ-द-ब B. अ-ब-स-द
C. द-स-अ-ब D. द-अ-ब-स

269. इलेक्ट्रॉनिक मेल (E-mail) को किसके माध्यम से प्रेषित किया जाता है?
A. पोस्टमैन B. कुरियर
C. स्पीड पोस्ट D. कम्प्यूटर एवं मोडेम

270. उधार लेने की प्रवृत्ति पर स्वतंत्र प्रवेश का प्रभाव (ओपन एक्सैस)–इस विषय का प्रत्यक्ष अध्ययन प्रकट करता है कि स्वतंत्र प्रवेश से तात्पर्य है–
A. एक स्वतन्त्र रूप से अस्थिर तत्व
B. एक आश्रित रूप से अस्थिर तत्व
C. किसी प्रकार से भी अस्थिर तत्व नहीं
D. एक मध्यवर्ती अस्थिर तत्व

271. कोर-सैल डिजाइन का प्रयोग निम्न में से किसमें होता है?
A. सर्वेक्षण में
B. परीक्षणों में
C. वैयक्तिक अध्ययन में
D. ऐतिहासिक शोध में

272. विश्वविद्यालय में पुस्तकालय कार्मिकों को प्रोत्साहित करने से सम्बद्ध शोध में यदि शोधकर्ता प्रत्येक वर्ग के कर्मचारियों में से हर पाँचवें कर्मी का अध्ययन करे (जैसे– कनिष्ठ पुस्तकालयाध्यक्ष, सहायक पुस्तकालयाध्यक्ष, उप-पुस्तकालयाध्यक्ष आदि) इस प्रकार निम्न में से कौन-सी प्रक्रिया लागू होगी?
A. अनियमित प्रक्रिया
B. नियमित प्रक्रिया
C. सम्पूर्ण जनसंख्या
D. एक प्रतिनिधि प्रक्रिया नहीं

273. किसी शोध रिपोर्ट में पूर्व घटित संदर्भ को देने में, लेकिन वह तत्कालिक पिछला संदर्भ न हो, के विषय में निम्न में से कौन-सी प्रक्रिया लागू होगी?
A. औप. सिट (Op. cit.)
B. लौक. सिट (Loc. cit.)
C. इबिड (Ibid)
D. उपरोक्त में से कोई नहीं

274. परिकल्पना से क्या तात्पर्य है?
A. साधारीकरण
B. विधि
C. सिद्धान्त
D. परीक्षा आधारित सिद्धान्त

275. एक 'स्लान्टेड एब्स्ट्रेक्ट' से क्या तात्पर्य है?
A. एक आलेख का आलोचनात्मक मूल्यांकन
B. वह जो प्रयोक्ताओं के विशेष समूह के लिए लिखा जाता है
C. पक्षपातपूर्ण आलेख प्रारूप
D. उपरोक्त में से कोई नहीं

276. एक पुष्पिका (Colophon) का अर्थ है–
A. एक पुस्तक में रंगीन दृष्टान्त चित्र
B. लेखक, प्रकाशक आदि के बारे में सूचित करते हुए एक पुरानी पुस्तक के अन्तिम पृष्ठ
C. एक श्रव्य पुस्तक
D. एक प्रलेख का आवरण

277. वर्गीकरण में, समूह–शिशु बालक, किशोर और युवा निम्न में से किसके प्रतिनिधि हैं?
A. एक पंक्ति
B. एक पक्ष
C. एक शृंखला
D. एक विशेषता

278. निम्नलिखित में से किस देश की राष्ट्रीय ग्रन्थ सूची नहीं है?
A. यूनाइटेड किंगडम
B. यू.एस.ए.
C. भारत
D. ऑस्ट्रेलिया

279. एक महाविद्यालय पुस्तकालय का प्राथमिक उद्देश्य क्या होना चाहिए?
A. शोध क्रियाकलापों को उन्नत करना
B. पढ़ने की आदत को प्रोत्साहित करना
C. महाविद्यालय के शिक्षण कार्यक्रमों को प्रोत्साहित करना
D. विद्यार्थियों के लिए मनोरंजनात्मक आवश्यकताओं को उपलब्ध कराना

280. संसाधन सहभागिता क्यों लागू करनी पड़ती है?
A. सूचना अत्याधिक है
B. वित्तीय कमी है
C. सूचना आवश्यकताएँ अधिक जटिल हो चुकी हैं
D. उपरोक्त सभी

281. मिनी कम्प्यूटर है–
A. बहुत छोटे और कहीं भी ले जाये जा सकते हैं
B. इन्हें लैपटॉप कम्प्यूटर के नाम से भी जाना जाता है
C. इनके एक बड़ी संख्या में टर्मीनल हैं
D. माइक्रो कम्प्यूटर जैसे हैं

282. एक गजट किसके बारे में सूचना देता है?
A. देखने योग्य स्थानों
B. स्थानों के इतिहास
C. पुराने अभिलेखों
D. सरकारी घोषणाओं और सूचनाओं

283. क्विक (KWIC) अनुक्रमणी में मूल शब्द प्रकट होता है–
A. प्रत्येक प्रविष्टि के आरम्भ में
B. एक विशिष्ट शब्द के रूप में

C. पंक्ति के मध्य में

D. प्रविष्टि के अन्त में

284. ए.ए.सी.आर.-II के अनुसार, यदि एक पुस्तक चार व्यक्तियों द्वारा सम्पादित है तो उसकी मुख्य प्रविष्टि किसके अन्तर्गत बनेगी?

A. प्रथम सम्पादक

B. सभी सम्पादकों

C. आख्या (शीर्षक)

D. प्रथम तीन सम्पादकों

285. लघु स्तरीय योजना (Short range planning) के लिए निम्नलिखित में से क्या सही नहीं है?

A. यह परिचालन परियोजना के नाम से भी जानी जाती है

B. यह विशिष्ट और विस्तृत है

C. इसे सामान्य निर्देश के रूप में प्रयोग किया जाता है

D. यह एक सीमित समय के लिए है

286. ''एनामलस स्टेट ऑफ नोलेज'' (Anomalous state of knowledge) की अवधारणा किसने प्रस्तुत की?

A. बेल्किन B. विकरी

C. लॉनकास्टर D. रंगानाथन

287. ''एक अनुभाविक शोध में, पुस्तकालय प्रयोग नमूने में प्रयोगकर्त्ता शिक्षण के प्रभाव को'' पुस्तकालय प्रयोग में क्या माना जाएगा?

A. एक स्वतन्त्र चर B. एक परतन्त्र चर

C. एक मध्यवर्ती चर D. चर बिल्कुल नहीं है

288. पी.एम.ई.एस.टी. (PMEST) क्रम किसके साथ प्रयुक्त होता हैं?

A. मुख्य वर्गों

B. कैनोनिकल वर्गों

C. मूल वर्गों

D. ज्ञान के सम्पूर्ण क्षेत्र में

289. एम.बी.ओ. (MBO) के सिद्धान्त का प्रतिपादन किसने किया था?

A. लूथर गुलिक B. हेनरी फेयोल

C. फ्रेडरिक टेलर D. पोटर ड्रकर

290. ए.ए.सी.आर.-II के अनुसार IX अखिल भारतीय पुस्तकालय सम्मेलन का शीर्षक होगा–

A. IX अखिल भारतीय पुस्तकालय सम्मेलन

B. अखिल भारतीय पुस्तकालय सम्मेलन (9वाँ)

C. नवां अखिल भारतीय पुस्तकालय सम्मेलन

D. अखिल भारतीय पुस्तकालय सम्मेलन

291. जिन पुस्तकों का अग्रिम भुगतान पूर्ण रूप से या भागों में किया जाता है, वे क्या कहलाती हैं?

A. चंदा प्रकाशन

B. शेष प्रकाशन

C. उपहार के द्वारा पुस्तकें

D. उपरोक्त में से कोई नहीं

292. जे. केसर, जे.ई.एल. फाराडेन और ई.जे. कोट्स ने स्थायी योगदान दिए हैं–

A. सार तकनीकों में

B. अनुक्रमणीकरण सिद्धान्त और व्यवहार में

C. वर्गीकरण सिद्धान्त में

D. सूचीकरण व्यवहार में

293. भारत में निम्न में से कौन-सी संस्थाएँ लघु पैमाने के उद्योगों को तकनीकी और अन्य सम्बन्धित सूचनाएँ प्रदान करते हैं?

A. डेसीडॉक (DESIDOC)

B. नासडॉक (NASSDOC)

C. निसात (NISSAT)

D. सेनडॉक (SENDOC)

294. जब कोई पुस्तकालय अथवा सूचना केन्द्र अपने संसाधनों अथवा दूसरे साधनों से प्रलेख प्रदान करते हैं, तो यह क्या कहलाता है?

A. प्रलेख वितरण सेवा

B. अंतः पुस्तकालय ऋण

C. छायाप्रति सेवा

D. सन्दर्भ सेवा

295. इन्जीनियरिंग इन्डेक्स के कम्प्यूटरीकृत रूप को किस नाम से जाना जाता है?

A. कॉम्पेनडेक्स (COMPENDEX)

B. इन्जीनियरिंग कॉम्डेक्स

C. ऑनलाइन इन्जीनियरिंग इन्डेक्स

D. कम्प्यूटराइज्ड इन्जीनियरिंग इन्डेक्स

296. कम्प्यूटर शब्दावली में एक प्रोग्राम में, एक त्रुटि को किस नाम से जाना जाता है?

A. बस (BUS)
B. बग (BUG)
C. वायरस (Virus)
D. ब्लोबैक (Blow back)

297. रजिस्टर कार्ड, चैक कार्ड और वर्गीकृत अनुक्रमणी कार्ड का प्रयोग किसमें होता है?

A. त्रिपत्रक प्रणाली B. कार्डेक्स प्रणाली
C. परिचालन D. उपर्युक्त सभी

298. भारत का संविधान किस अनुच्छेद के अन्तर्गत राष्ट्रीय पुस्तकालय की स्थापना करता है?

A. 63 B. 67
C. 26 D. 62

299. डेलफी विधि किससे सम्बन्धित है?

A. पूर्वानुमान प्रवृत्ति
B. गणित ज्योतिष
C. हस्तरेखा विज्ञान
D. उपरोक्त में से कोई नहीं

300. यू.जी.सी. पुस्तकालय समिति ने प्रति व्यक्ति व्यय फार्मूले का सुझाव किसके लिए दिया है?

A. पुस्तकों और अन्य पठनीय सामग्री क्रय करने के लिए
B. पुस्तकालयाध्यक्ष और अन्य स्टाफ के वेतन के लिए
C. भवन अनुरक्षण के लिए
D. पत्र-पत्रिकाओं के शुल्क के लिए

301. कोलन क्लासिफिकेशन में लघु कोष्ठक ( ) का प्रयोग क्या सूचित करने के लिए किया जाता है?

A. विषय युक्ति
B. कालानुक्रमिक युक्ति
C. भौगोलिक युक्ति
D. क्लासिक युक्ति

302. एक संस्था (संगठन) में एक कर्मचारी के निष्पादन की शक्ति और कर्मचारियों का व्यवस्थित मूल्यांकन क्या कहलाता है?

A. कार्य-मूल्यांकन
B. कार्य-विश्लेषण
C. निष्पादन मूल्यांकन
D. कार्य निष्पादन

303. एटम इन्डेक्स (Atom Index) किसके द्वारा उपलब्ध कराया ज़ाता है?

A. इनिस (INIS)
B. एग्रिस (AGRIS)
C. बार्क (BARC)
D. नाभिकीय विज्ञान विभाग (Dept. of Nuclear Science)

304. प्रणाली विश्लेषण (System Analysis) के बारे में निम्नलिखित में से कौन-सा तथ्य सही है?

A. प्रणाली विश्लेषण कार्य की गति को पहचानता है
B. प्रणाली विश्लेषण केवल पुस्तकालय कम्प्यूटरीकृत होने की अवस्था में ही आवश्यक है
C. प्रणाली विश्लेषण केवल बाह्य सलाहकार द्वारा ही हो सकता है
D. उपर्युक्त सभी

305. प्राथमिक विद्यालयों में विज्ञान शिक्षण में दृश्य-श्रव्य के माध्यमों का उपयोग के प्रश्न को इस प्रकार लिखा जा सकता है–

A. श्रव्य-दृश्य माध्यम और विज्ञान और प्राथमिक विद्यालय
B. श्रव्य-दृश्य माध्यम अथवा विज्ञान अथवा प्राथमिक विद्यालय
C. श्रव्य-दृश्य माध्यम अथवा विज्ञान और प्राथमिक विद्यालय
D. श्रव्य-दृश्य माध्यम और विज्ञान अथवा प्राथमिक विद्यालय

306. पुस्तकालय सूची का उपयोग प्रयोक्ता कैसे करते हैं, इसका पता लगाने के लिए एक अध्ययन में एक दिन विशेष में सूची का प्रयोग करने वाले सभी प्रयोक्ताओं का साक्षात्कार किया गया। इसे क्या कहा जाएगा?

A. यादृच्छिक प्रतिदर्श
B. स्तरित प्रतिदर्श
C. सकल जनसंख्या
D. प्रतिनिधिक प्रतिदर्श नहीं

307. निम्न में से ग्रन्थात्मक डेटाबेस की मुख्य विशेषता कौन-सी है?

A. आई.एस.बी.एन.
B. लेखक
C. शीर्षक
D. मेन एन्ट्री एक्सेस पोइंट

308. उद्धरण विश्लेषण का प्रयोग किनकी पहचान के लिए किया जा सकता है?
A. कम प्रयोग होने वाली पत्रिकाओं की
B. कम उपयोगी पत्रिकाओं की
C. सबसे अधिक प्रभावी पत्रिकाओं की
D. उपर्युक्त सभी

309. एक शोध आलेख में, तत्कालिक पहले संदर्भ का उल्लेख करने के लिए निम्न में से किस शब्द का प्रयोग किया जाता है?
A. Op. cit.
B. Ibid
C. IOC. cit.
D. उपरोक्त में से कोई नहीं

310. डी.डी.सी. की सात सहायक सारणियाँ बताती हैं–
A. परिगणनात्मक विशेषताएँ
B. संश्लेषणात्मक विशेषताएँ
C. विश्लेषणात्मक विशेषताएँ
D. वर्णनात्मक विशेषताएँ

311. पश्च समन्वय अनुक्रमणी किसके द्वारा उत्पन्न समस्याओं को हल कर लेते हैं?
A. नियत अनुलेखन क्रम
B. समानार्थी शब्द
C. खोज में लगा समय
D. असंगतियाँ

312. निम्नलिखित में से कौन एक माइक्रोफार्म नहीं है?
A. माइक्रोफिल्म B. माइक्रोफिश
C. माइक्रो कम्प्यूटर D. एपर्चर कार्ड

313. सचेत सेवा (Alerting Services) में सम्मिलित है–
A. जर्नलों के विषय-वस्तु पृष्ठों का वितरण
B. पत्र-पत्रिकाओं की रूटिंग
C. तत्कालिक सामग्री का अनुक्रमणीकरण
D. उपरोक्त सभी

314. एक नवीन पुस्तकालय में 10,000 पुस्तकें हैं तो उसे कितने दोनों ओर वाले मानक आकार के रैकों की आवश्यकता होगी?
A. 20 B. 100
C. 10 D. 50

315. एक पुस्तकालय में निम्नलिखित में से कौन-से पद लाइन पद हैं?
(अ) जूनियर पुस्तकालय सहायक
(ब) विषय विशेषज्ञ
(स) उप-पुस्तकालयाध्यक्ष
(द) सिस्टम लाइब्रेरियन
A. (अ) एवं (ब) B. (अ) एवं (स)
C. (अ) एवं (द) D. उपरोक्त सभी

316. यदि आपसे कहा जाये कि जटिलता के आरोही क्रम में सूचना ज्ञान और डाटा की अवधारणाओं को क्रमबद्ध करें, तो निम्नलिखित में से कौन-सा अनुक्रम सही है?
A. डाटा-सूचना-ज्ञान B. ज्ञान-सूचना-डाटा
C. सूचना-डाटा-ज्ञान D. सूचना-ज्ञान-डाटा

317. एक विद्यालय पुस्तकालय में निम्नलिखित में से कौन-सी सामग्री मिलने की आप आशा नहीं करते?
A. श्रव्य-दृश्य सामग्री B. मानचित्र
C. पत्रिकाएँ D. शोध प्रतिवेदन

318. एक सार्वजनिक पुस्तकालय द्वारा नेत्रहीनों के लिए विस्तार सेवाएँ किसके द्वारा न्याय संगत ठहराई गई हैं?
A. पुस्तकालय विज्ञान के चौथे नियम द्वारा
B. पुस्तकालय विज्ञान के पाँचवें नियम द्वारा
C. पुस्तकालय विज्ञान के प्रथम नियम द्वारा
D. पुस्तकालय विज्ञान के सभी नियमों द्वारा

319. कभी-कभी यह कहा जाता है कि एक कम्प्यूटरीकृत सूची में सूचीकरण नियम और वर्गीकरण प्रणालियाँ किसी भी उद्देश्य को पूरा नहीं करते हैं। क्या आप इस बात से सहमत हैं कि एक कम्प्यूटरीकृत सूची में–
A. सूचीकरण नियमों की आवश्यकता नहीं
B. वर्गीकरण उद्देश्य को पूरा नहीं करता है
C. दोनों की आवश्यकता है
D. किसी की भी आवश्यकता नहीं

320. निम्नलिखित संग्रहण विधियों को बढ़ती क्षमता के अनुसार व्यवस्थित कीजिए।

(अ) मैग्नेटिक टेप
(ब) सी.डी.-रोम
(स) फ्लॉपी डिस्क
(द) मैग्नेटिक डिस्क

A. (स), (अ), (द), (ब)
B. (अ), (ब), (स), (द)
C. (द), (स), (अ), (ब)
D. (द), (अ), (ब), (स)

321. निम्नलिखित में से कौन-सा कथन राष्ट्रीय पुस्तकालयों के लिए असत्य है? राष्ट्रीय पुस्तकालयों से अपेक्षा की जाती है–

A. विधायी निकायों की आवश्यकता पूर्ति की
B. डिपॉजिट पुस्तकालयों के रूप में कार्य करने की
C. राष्ट्रीय ग्रन्थसूची तैयार करने की
D. सार्वभौमिक ग्रन्थात्मक नियंत्रण में सम्मिलित होने की

322. एक कम्प्यूटर की स्मृति क्षमता को किसमें मापा जाता है?

A. बाइट्स में
B. हर्टज में
C. केबीपीएस में
D. चिप्स में

323. पुस्तकालय अभिविन्यास, ग्रन्थ पूरक निर्देश तथा उपयोगकर्ता शिक्षण परस्पर निम्न में से किस प्रकार जुड़े हुए हैं?

A. सभी का समान अर्थ
B. उपयोगकर्त्ता शिक्षण विस्तृत है और दूसरे दोनों को सम्मिलित कर लेता है
C. पुस्तकालय अभिविन्यास विस्तृत है और दूसरे दोनों को सम्मिलित कर लेता है
D. उपरोक्त में से कोई नहीं

324. एक पर्याय शब्दकोश (Thesaurus) के विषय में से कौन-सा कथन सत्य है?

A. एक पर्याय शब्दकोश अनुक्रमणियों की सहायता करता है उपयोगकर्त्ता की नहीं
B. एक पर्याय शब्दकोश वर्णनात्मकार और मुख्य पदों को सम्मिलित करता है
C. एक पर्याय शब्दकोश विस्तृत को संकीर्ण पदों से जोड़ता है
D. एक पर्याय शब्दकोश आधारित अनुक्रमणीकरण प्रणाली की एक अनियन्त्रित शब्दावली है

325. क्रियान्वयन अभिगम (Operational approach) क्या है?

A. अनुभाविक अभिगम
B. ऐतिहासिक अभिगम
C. एकीकृत अभिगम
D. अवस्थितिय अभिगम

326. सार्वजनिक पुस्तकालय के यूनेस्को घोषणा-पत्र का नया संस्करण किस वर्ष प्रकाशित हुआ था?

A. 1972
B. 1990
C. 1994
D. 1996

327. कम्प्यूटर में विषय सामग्री को सामान्यतया किस मानक कोड में प्रस्तुत किया जाता है?

A. बाइट (Byte)
B. हेक्साडेसिमल (Hexadecimal)
C. यांत्रिक भाषा (Machine Language)
D. आस्की (ASCII)

328. भारत में यूनेस्को के सहयोग से निम्नलिखित में से कौन-सा आदर्श सार्वजनिक पुस्तकालय स्थापित किया गया?

A. कोनेमरा सार्वजनिक पुस्तकालय
B. दिल्ली सार्वजनिक पुस्तकालय
C. राष्ट्रीय पुस्तकालय
D. राष्ट्रीय विज्ञान पुस्तकालय

329. 'फेक्ट्स आफन फाइल' (Facts on File) किसका एक साप्ताहिक डाइजेस्ट है?

A. एशिया की घटनाएँ
B. अफ्रीका की घटनाएँ
C. विश्व की घटनाएँ
D. यूरोप की घटनाएँ

330. 'डिलीवरी आफफ बुक्स एक्ट' (Delivery of Books Act) के अन्तर्गत निम्नलिखित पुस्तकालयों में से किस पुस्तकालय को पुस्तकें प्राप्त नहीं होती हैं?

A. कोनेमरा सार्वजनिक पुस्तकालय, चेन्नई
B. केन्द्रीय सचिवालय पुस्तकालय, नई दिल्ली
C. राष्ट्रीय पुस्तकालय, कोलकाता
D. दिल्ली सार्वजनिक पुस्तकालय

331. 'एक्स' (X) एवं 'वाई' (Y) सिद्धान्त की अवधारणा किसने प्रतिपादित की?
A. अब्राहम मोसलो B. हेनरी फेयोल
C. पीटर ड्रकर D. डी. मैकग्रेगर

332. माइक्रो फोटोग्राफी की प्रक्रिया का प्रयोजन किसने किया?
A. जेम्स वाट B. बेन्जामिन डान्सर
C. कार्लसन D. गुटनवर्ग

333. पी. जी. आई. (PGI) किसके मिलने से बनी?
A. यूनेस्को एवं यूनीसिस्ट
B. यूनीसिस्ट एवं इफला
C. यूनीसिस्ट एवं नोटिस
D. यूनीसिस्ट एवं एफ. आई. डी.

334. बूलियन ऑपरेटर्स में से कौन-सा ऑपरेटर खोज को विस्तृत करता है?
A. एण्ड (AND)
B. आर (OR)
C. एण्ड और आर (AND or OR)
D. नाट (NOT)

335. जो व्यक्ति एक आन्तरिक सहयोगी को बाह्य सूचना स्रोत से जोड़ता है, वह क्या कहलाता है?
A. सूचना दलाल (Information Broker)
B. सूचना मध्यस्थ (Information Intermediary)
C. सूचना परामर्शदाता (Information Consultant)
D. तकनीकी प्रहरी (Technological Gatekeeper)

336. वैज्ञानिक प्रबन्ध अवधारणा को किसने प्रस्तुत किया था?
A. चेस्टर बर्नाड B. हेनरी फेयोल
C. पीटर ड्रकर D. एफ.डब्ल्यू. टेलर

337. मार्क (MARC) का संशोधित संस्करण किस नाम से जाना जाता है?
A. मार्क-III
B. मार्क-II
C. मार्क-I
D. उपरोक्त में से कोई नहीं

338. परिकल्पना क्या है?
A. विधि B. अभिधारणा
C. सिद्धान्त D. अनुमान

339. सी.ओ.एम. (COM) का तात्पर्य है–
A. कम्प्यूटर आउटपुट माइक्रोफार्म
B. कैटालॉग ऑन माइक्रोफार्म
C. कम्प्यूटर आउटपुट मैग्नेटिक टेप
D. कैटालॉग आफ मैन्युस्क्रिप्ट्स

340. इनसाइक्लोपीडिया ऑफ लाइब्रेरी एण्ड इन्फॉर्मेशन साइंस का कार्यकारी सम्पादक कौन है?
A. यूजीन गारफील्ड
B. एलेन कान्ट
C. केरोलिन एम. हाल
D. एल.डब्ल्यू. हैरोड

341. फ्लॉपी डिस्क कितने आकारों (Sizes) में उपलब्ध है?
A. तीन B. दो
C. चार D. इनमें से कोई नहीं

342. सूची पत्रक का मानक आकार क्या है?
A. 12.7 सेमी. × 7.5 सेमी.
B. 12.5 सेमी. × 7.5 सेमी.
C. 10 सेमी. × 5.0 सेमी.
D. 5 सेमी. × 3.0 सेमी.

343. आई.एस.बी.एन. (ISBN) को देने के लिए भारत में अधिकारिक संस्था कौन-सी है?
A. इन्सडॉक
B. डेसीडॉक
C. राष्ट्रीय पुस्तकालय
D. आर.आर.आर.एल.एफ. के अन्तर्गत राष्ट्रीय शैक्षणिक संसाधन केन्द्र

344. टैल-टेल शीर्षक (Tell-tale title) से क्या अभिप्राय है?
A. कहानी की पुस्तक
B. चर्चित विषय प्रकट करने वाला शीर्षक
C. पुस्तक का संक्षिप्त शीर्षक
D. चित्रित शीर्षक

345. इन्सपैक (INSPEC) के उद्गम को किसमें खोज निकाल सकते हैं?
A. साइंस साइटेशन इन्डेक्स (यू. एस. ए.)
B. इलेक्ट्रॉनिक इन्डेक्स (यू. के.)
C. इन्जीनियरिंग इन्डेक्स (यू. एस. ए.)
D. फिजिक्स एबस्ट्रेक्ट्स (यू. के.)

346. विषय सन्दर्भ कोड (S.R.C.) पद किससे सम्बन्धित है?
A. लाइब्रेरी ऑफ काँग्रेस वर्गीकरण पद्धति
B. यूनीवर्सल डेसीमल वर्गीकरण पद्धति
C. ब्राड सिस्टम ऑफ आर्डरिंग
D. बिब्लियोग्राफिक वर्गीकरण पद्धति

347. डिक्शनरी कैटालॉग के लिए नियमों की संरचना किसने की?
A. ओ.एच. केसर
B. एस.आर. रंगानाथन
C. मेल्विल ड्यूवी
D. सी.ए. कटर

348. क्विक (KWIC) अनुक्रमणीकरण को किसके द्वारा प्रतिपादित किया गया?
A. डेरिक ऑस्टिन
B. सी.डब्ल्यू. क्लेवर्डन
C. एच.पी. लुहन
D. काइज़र

349. कोलन क्लासिफिकेशन में स्थान एकल में अंक '2' किसके लिए है?
A. विश्व B. मातृ देश
C. चयनित राष्ट्र D. भारत

350. संसाधन सहभागिता की अवधारणा निम्न में से किसको दूर करने के लिए ध्यान में ला सकते हैं?
A. सूचना विस्फोट
B. सूचना की आवश्यकताओं का जटिल होना
C. आर्थिक अवरोध
D. उपरोक्त सभी

351. ऑनलाइन सूचना प्रणाली किस श्रेणी के अन्तर्गत आती है?
A. डेटाबेस वितरक
B. डेटाबेस निर्माता
C. डेटाबेस उत्पादक
D. डेटाबेस परामर्शदाता

352. 4 सैल (Cell) अभिकल्पना किसमें उपयोग होती है?
A. सर्वेक्षण B. केसस्टडी
C. प्रयोग D. ऐतिहासिक शोध

353. निम्नलिखित में से कौन-सी सेवा इन्सडॉक के द्वारा प्रदान नहीं की जाती है?
A. प्रलेख वितरण
B. अनुवाद सेवा
C. सार एवं अनुक्रमणीकरण सेवा
D. ऑनलाइन सूचना पुनर्प्राप्ति

354. निम्नलिखित में से कौन एक निसात का क्षेत्रीय केन्द्र नहीं है?
A. निकहेम (NICHEM)
B. निकनेट (NICNET)
C. निकमेप (NICMAP)
D. निकटेस (NICTAS)

355. संघ सूची (Union Catalogue) निम्न में से किसका एक स्वरूप है?
A. केन्द्रीयकृत सूची B. सीमित सूची
C. सहकारी सूची D. व्याख्यात्मक सूची

356. सी.सी. में पूर्ववर्ती सामान्य एकल का प्रतिनिधित्व किसके द्वारा किया जाता है?
A. रोमन कैपिटल्स
B. इण्डो-अरेबिक न्यूमरल्स
C. रोमन स्माल एवं इण्डो अरेबिन न्यूमरल्स
D. केवल रोमन स्माल

357. 'करेन्ट कन्टेन्ट्स' (Current Contents) में क्या सम्मिलित होता है?
A. पुस्तक के विषय पृष्ठ
B. विश्व के प्रकाशकों की पुस्तक समीक्षाएँ
C. सामयिक पत्रिकाओं के मूल विषय पृष्ठ
D. उपरोक्त में से कोई नहीं

358. आई.एस.बी.एन (ISBN) में कितने अंक होते हैं?
A. छः अंक B. आठ अंक
C. बारह अंक D. दस अंक

359. सी.डी.-रोम पर मैडलाइन (MEDLINE) किसके द्वारा प्रकाशित होती है?
A. यू.एम.आई.
B. सिल्वर प्लाटर
C. कैम्ब्रिज साइन्टीफिक
D. एन.एल.एम. (यू.एस.ए.)

360. निम्नलिखित में से कौन एक विषय निर्माण की विधि नहीं है?

A. संस्थिति (Collocation)
B. विलियन (Fusion)
C. विखण्डन (Fission)
D. समुच्चय (Aglomeration)

361. लोगो (LOGO) क्या है–

A. संस्था का नाम
B. कम्प्यूटर की चित्रण भाषा
C. वैज्ञानिक का नाम
D. उपरोक्त में से कोई नहीं

362. निम्नलिखित में से किस प्रकार के पुस्तकालयों में विभिन्न प्रकार के पाठक होते हैं?

A. विशिष्ट पुस्तकालय
B. शैक्षणिक पुस्तकालय
C. विद्यालय पुस्तकालय
D. सार्वजनिक पुस्तकालय

363. पुस्तकालय सहयोग की मूल अवधारणा को किससे जोड़ सकते हैं?

A. डीलर लाइब्रेरी प्लान
B. फॉरमिंगटन प्लान
C. ओ.सी.एल.सी.
D. उपरोक्त में से कोई नहीं

364. पुस्तकालय विज्ञान के द्वितीय सूत्र का उपसिद्धान्त है–

A. निःशुल्क पुस्तकालय सेवा
B. निःशुल्क पुस्तक सेवा
C. पुस्तकें सबके लिए हैं
D. सभी स्थान पर पुस्तकें

365. प्रकाशनों के सार्वभौम उपलब्धता को किसने प्रारम्भ किया?

A. इफ्ला B. यूनेस्को
C. यू.एन. D. एफ.आई.डी.

366. पर्याय शब्दकोश में पदानुक्रम सम्बन्ध किनके मध्य सम्बन्ध है?

A. बी.टी. एवं आर.टी.
B. आर.टी. एवं बी.टी.
C. एन.टी. एवं आर.टी.
D. बी.टी. एवं एन.टी.

367. स्टेट्समेन वार्षिकी (Statesman Year Book) में केवल यही सूचना उपलब्ध है–

A. विश्व की खेल घटनाएँ
B. संयुक्त राष्ट्र संघ एवं उनकी संस्थाएँ
C. विश्व के राष्ट्र
D. अमेरिका की घटनाएँ

368. आगनिक तर्कशास्त्र (Inductive Logic) किससे अग्रसर होता है?

A. विशिष्ट से सामान्य
B. विशिष्ट से विशिष्ट
C. सामान्य से विशिष्ट
D. सामान्य से सामान्य

369. निम्नलिखित में से कौन-सा प्राथमिक सूचना स्रोत नहीं है?

A. एक पत्रिका का लेख
B. एक हस्त पुस्तिका
C. अनुभविक आँकड़ों का संग्रह
D. एक मानक

370. एक बाइट (Byte) सूचित करता है–

A. चार बिट्स की शृंखला
B. छः बिट्स की शृंखला
C. आठ बिट्स की शृंखला
D. बिट्स की शृंखला

371. कम्प्यूटर पारिभाषिक शब्दावली में कौन-सी भाषा न्यूनतम स्तर भाषा (Low-level language) है?

A. लिस्प (LISP)
B. कोबोल (COBOL)
C. मशीन भाषा (Machine Language)
D. बेसिक (BASIC)

372. किस सार्वजनिक पुस्तकालय अधिनियम में पुस्तकालय उपकर (Cess) का प्रावधान नहीं है?

A. आन्ध्र प्रदेश B. महाराष्ट्र
C. कर्नाटक D. तमिलनाडु

373. लासवैल मॉडल (Laswell Model) को निम्न में से किस नाम से अधिक जाना जाता है?

A. सूचना स्थानान्तरण मॉडल (Information Transfer Model)
B. संचार प्रारूप (Communication Model)
C. गणितीय प्रारूप (Mathematical Model)
D. दूर संचार प्रारूप (Telecommunication Model)

374. दीर्घकालीन योजना किसे कम करती है?
A. अस्त व्यस्तता (Confusion)
B. दक्षता (Efficiency)
C. लागत (Costing)
D. अनिश्चितता (Uncertainity)

375. बायो टैक्नोलॉजी एक उदाहरण है कि किस प्रकार ज्ञान की वृद्धि निम्न में से किसके द्वारा होती है?
A. फ्यूजन B. लेमीनेशन
C. फिजन D. लूज असेम्बलेज

376. यू. डी. सी. चिह्न-05 किस सामान्य सहायक को निर्दिष्ट करता है?
A. स्थान B. सामग्री
C. स्वरूप D. व्यक्ति

377. आई.एस.ओ. 2709 एक्सचेंज फॉर्मेट किसका द्योतक है?
A. तीन भागी रिकार्ड रचना
B. टैग का प्रयोग
C. मैग्नेटिक टेप का आकार
D. सूचीकरण संहिता का प्रयोग

378. ए. ए. सी. आर.-2 के अनुसार, जब पुस्तक के मुख्य पृष्ठ पर चार लेखकों का नाम सम्मिलित है और तीसरे लेखक का नाम बड़े अक्षरों (Bold letters) में है तो मुख्य संलेख का शीर्षक किसके अन्तर्गत बनेगा?
A. प्रथम लेखक में
B. द्वितीय लेखक में
C. तृतीय लेखक में
D. शीर्षक में

379. प्रेसिस (PRECIS) का उद्भव किससे हुआ?
A. स्लिक (SLIC)
B. यूनीटर्म (Uniterm)
C. शृंखलाविधि (Chain procedure)
D. क्विक (KWIC)

380. निम्नलिखित में से कौन-सा जोड़ा गलत है?
A. यूजीन गारफील्ड–उद्धरण अनुक्रमणीकरण
B. एच.पी. लुहन–क्विक अनुक्रमणीकरण
C. एस.आर. रंगानाथन–शृंखला प्रक्रिया
D. डेरिक ऑस्टिन–पाप्सी

381. किसी थिसॉरस में Domestic Violence शब्दों को किन पंक्तियों में पाने की आप अपेक्षा करेंगे?
A. B. T. Violence
B. N. T. Child Abuse
C. R. T. Dowry
D. उपरोक्त सभी

382. किसी पुस्तकालय में प्रोफेशनल कर्मचारियों को प्रशिक्षित करने के लिए कौन-सी पद्धति अपनाते हैं?
A. जॉब स्टैण्डर्ड
B. जॉब रोटेशन
C. परफॉर्मेन्स अप्रेजल
D. कर्मचारियों को कार्यशालाओं एवं सम्मेलन में भेजना

383. क्लासीफिकेशन स्कूल ऑफ मैनेजमेंट के जनक कौन हैं?
A. टेलर B. फेयोल
C. मास्लो D. मायो

384. किसी कर्मचारी को अधिकार देने से उसके/उसकी कार्यशैली में किस प्रकार का परिवर्तन आता है?
A. प्रतिष्ठा E. उत्तरदायित्व
C. जिम्मेदारी D. उपर्युक्त सभी

385. कम्प्यूटर के संवर्धन के व्यय को निम्न में से कहाँ रखा जाएगा?
A. आवर्तक शीर्षक
B. विकास अनुदान
C. अनावर्तक शीर्षक
D. वित्त अनुदान

386. विभिन्न बुलियन ऑपरेटर्स में OR का उपयोग किस लिए होता है?
A. शोध को विस्तृत करने
B. शोध को मर्यादित करने
C. शोध को पूर्ण करने
D. शोध को प्रारम्भ करने

387. गजेटीयर्स (Gazetters) किसके बारे में सूचना देता है?

A. स्थानों की भौगोलिक स्थिति

B. स्थानों का इतिहास

C. सामाजिक प्रथाओं

D. उपर्युक्त सभी

388. अमर्त्य सेन के सम्बन्ध में सूचना प्राप्त करने के लिए निम्न में से किस संदर्भ स्रोत को देखेंगे?

A. इनसाइक्लोपीडिया ब्रिटेनिका

B. फेक्ट्स ऑन फाइल

C. कॉमनवेल्थ यूनीवर्सिटीज ईयर बुक

D. डिक्शनरी ऑफ नेशनल बायोग्राफी

389. इनिस के लिए भारतीय इनपुट केन्द्र है–

A. टाटा इन्स्टीट्यूट ऑफ फन्डामेन्टल रिसर्च

B. भाभा एटोमिक रिसर्च सेन्टर

C. रमन रिसर्च इन्स्टीट्यूट

D. इन्डियन इन्स्टीट्यूट ऑफ साइंस

390. सामयिक जागरूक सेवा (CAS) एवं चयनित सूचना प्रसारण सेवा (SDI) में क्या सम्बन्ध है?

A. एस. डी. आई., सी. ए. एस. का एक प्रकार है

B. सी. ए. एस., एस. डी. आई. का एक प्रकार है

C. दोनों सेवाएँ समान हैं

D. दोनों में कोई सम्बन्ध नहीं है

391. बिब्लियोग्राफिक डेटाबेस का तात्पर्य है–

A. अनुक्रमणीकरण और सारकरण डेटाबेस का समावेश

B. सूचना के द्वितीयक स्रोत के समान जाना जाता है

C. विक्रेता के माध्यम से उपलब्ध है

D. उपर्युक्त सभी

392. निम्नलिखित में से कौन-सी सेवा सारकरण सेवा नहीं है?

A. एरिक (ERIC)

B. लीसा (LISA)

C. मेडलाइन (Medline)

D. एक्सरप्टा मेडिका (Excerpta Medica)

393. किसी अध्ययन की शोध संरचना में क्या सम्मिलित नहीं होना चाहिए?

A. निष्कर्ष B. परिकल्पना

C. प्राविधि D. क्षेत्र

394. मीन, मीडियन और मोड निम्न में से क्या हैं?

A. सेन्ट्रल टेन्डेन्सी का माप

B. डेवीएशन का माप

C. सेम्पलिंग की पद्धति

D. उपरोक्त में से कोई नहीं

395. एक शोध अध्ययन में निम्नलिखित में से किसमें साहित्य समीक्षा से सहायता प्राप्त नहीं होगी?

A. क्या किया गया है इस पर विचार देना

B. उपयोगी पद्धतियाँ बताना

C. सेम्पल की पसंदगी

D. शक्य चल की पहचान

396. बढ़ती हुई पढ़ने की गति के अनुसार निम्नलिखित संग्रह विधियों को क्रमबद्ध कीजिए–(अ) सी.डी.-रोम, (ब) मैगनेटिक डिस्क, (स) फ्लॉपी, (द) मैग्नेटिक टेप।

A. (ब), (अ), (स)

B. (स), (अ), (ब)

C. (ब), (स), (अ)

D. (अ), (स), (ब)

397. निम्नलिखित में से कौन-सा एक वर्ड प्रोसेसिंग सॉफ्टवेयर नहीं है?

A. वर्ड (WORD)

B. वर्ड परफेक्ट (Word perfect)

C. वोर्म (WORM)

D. वर्ड स्टार (Word Star)

398. इनवर्टेड फाइल्स का प्रयोग कब होता है?

A. इनमें बहुत अन्तर्वेश एवं अवेतन होता है

B. गति का महत्व

C. विभिन्न की (Key) से अभिगमन प्राप्त होता है

D. उपरोक्त सभी

399. यूनीसिस्ट (UNISIST) निम्न में से क्या है?

A. एक नेटवर्क B. एक प्रोग्राम

C. एक एजेन्सी D. एक सॉफ्टवेयर

400. निम्नलिखित में से किस नेटवर्क का कन्टेन्ट प्रोवीजन से सम्बन्ध नहीं है?

A. मेडलार्स B. ओ. सी. एल. सी.

C. आई-नेट D. इनिस

उत्तरमाला

1	2	3	4	5	6	7	8	9	10
B	C	B	C	B	C	D	D	C	B
11	**12**	**13**	**14**	**15**	**16**	**17**	**18**	**19**	**20**
B	C	D	C	B	A	B	D	A	B
21	**22**	**23**	**24**	**25**	**26**	**27**	**28**	**29**	**30**
C	B	C	A	D	C	B	D	A	C
31	**32**	**33**	**34**	**35**	**36**	**37**	**38**	**39**	**40**
D	A	C	B	C	B	A	C	D	C
41	**42**	**43**	**44**	**45**	**46**	**47**	**48**	**49**	**50**
A	A	C	D	A	C	A	C	C	D
51	**52**	**53**	**54**	**55**	**56**	**57**	**58**	**59**	**60**
A	B	B	C	D	B	A	C	D	D
61	**62**	**63**	**64**	**65**	**66**	**67**	**68**	**69**	**70**
A	A	B	B	A	C	D	D	A	B
71	**72**	**73**	**74**	**75**	**76**	**77**	**78**	**79**	**80**
A	D	C	B	C	C	A	A	B	A
81	**82**	**83**	**84**	**85**	**86**	**87**	**88**	**89**	**90**
B	A	D	D	B	A	B	C	C	B
91	**92**	**93**	**94**	**95**	**96**	**97**	**98**	**99**	**100**
B	D	A	B	D	D	D	C	D	A
101	**102**	**103**	**104**	**105**	**106**	**107**	**108**	**109**	**110**
B	B	C	B	C	A	A	A	A	A
111	**112**	**113**	**114**	**115**	**116**	**117**	**118**	**119**	**120**
B	A	A	A	A	A	D	B	A	A
121	**122**	**123**	**124**	**125**	**126**	**127**	**128**	**129**	**130**
D	A	A	A	C	B	B	D	C	A
131	**132**	**133**	**134**	**135**	**136**	**137**	**138**	**139**	**140**
A	D	C	D	C	B	D	A	B	C
141	**142**	**143**	**144**	**145**	**146**	**147**	**148**	**149**	**150**
B	C	B	D	C	D	A	D	B	B
151	**152**	**153**	**154**	**155**	**156**	**157**	**158**	**159**	**160**
D	A	B	B	C	D	C	C	C	C

161	**162**	**163**	**164**	**165**	**166**	**167**	**168**	**169**	**170**
A	B	A	B	A	B	C	C	A	A
171	**172**	**173**	**174**	**175**	**176**	**177**	**178**	**179**	**180**
C	A	C	D	B	A	B	D	B	D
181	**182**	**183**	**184**	**185**	**186**	**187**	**188**	**189**	**190**
D	B	C	D	C	D	B	C	A	B
191	**192**	**193**	**194**	**195**	**196**	**197**	**198**	**199**	**200**
A	B	A	A	B	C	A	B	D	C
201	**202**	**203**	**204**	**205**	**206**	**207**	**208**	**209**	**210**
C	C	D	B	C	D	D	C	B	C
211	**212**	**213**	**214**	**215**	**216**	**217**	**218**	**219**	**220**
A	C	D	C	D	D	B	D	B	D
221	**222**	**223**	**224**	**225**	**226**	**227**	**228**	**229**	**230**
B	C	B	B	A	D	A	A	A	B
231	**232**	**233**	**234**	**235**	**236**	**237**	**238**	**239**	**240**
B	D	D	D	B	D	D	D	B	D
241	**242**	**243**	**244**	**245**	**246**	**247**	**248**	**249**	**250**
B	A	C	B	A	B	C	A	B	A
251	**252**	**253**	**254**	**255**	**256**	**257**	**258**	**259**	**260**
C	D	D	D	B	A	A	D	A	B
261	**262**	**263**	**264**	**265**	**266**	**267**	**268**	**269**	**270**
D	B	B	A	D	D	C	A	D	A
271	**272**	**273**	**274**	**275**	**276**	**277**	**278**	**279**	**280**
B	B	C	D	B	B	A	B	C	D
281	**282**	**283**	**284**	**285**	**286**	**287**	**288**	**289**	**290**
D	D	B	C	C	C	A	A	D	C
291	**292**	**293**	**294**	**295**	**296**	**297**	**298**	**299**	**300**
A	B	D	A	A	B	A	D	A	A
301	**302**	**303**	**304**	**305**	**306**	**307**	**308**	**309**	**310**
A	D	A	A	A	A	D	D	B	B
311	**312**	**313**	**314**	**315**	**316**	**317**	**318**	**319**	**320**
A	C	D	A	C	A	D	A	C	A
321	**322**	**323**	**324**	**325**	**326**	**327**	**328**	**329**	**330**
A	C	B	B	C	C	D	B	C	B

331	332	333	334	335	336	337	338	339	340
D	B	C	C	D	D	B	D	A	B
341	**342**	**343**	**344**	**345**	**346**	**347**	**348**	**349**	**350**
B	B	C	B	D	C	D	C	B	D
351	**352**	**353**	**354**	**355**	**356**	**357**	**358**	**359**	**360**
A	C	A	B	C	C	C	D	D	A
361	**362**	**363**	**364**	**365**	**366**	**367**	**368**	**369**	**370**
A	D	D	C	A	D	B	A	B	C
371	**372**	**373**	**374**	**375**	**376**	**377**	**378**	**379**	**380**
C	B	B	C	A	D	B	C	A	A
381	**382**	**383**	**384**	**385**	**386**	**387**	**388**	**389**	**390**
D	B	B	D	A	A	D	B	B	A
391	**392**	**393**	**394**	**395**	**396**	**397**	**398**	**399**	**400**
D	D	A	A	C	C	C	D	B	B

सामान्य सचेतता
General Awareness

1 इतिहास

प्राचीन भारत

- हड़प्पा सभ्यता का सर्वाधिक मान्यता प्राप्त काल 2500 ई.पू. से 1750 ई.पू. है।
- सिन्धु घाटी की सभ्यता में घोड़े के अवशेष सुरकोटदा में मिले हैं।
- सेलखड़ी पदार्थ का उपयोग मुख्य रूप हड़प्पा काल की मुद्राओं के निर्माण में किया गया था।
- हड़प्पा सभ्यता कांस्य युग की थी।
- सिन्धु घाटी सभ्यता के घर ईंट से बनाए जाते थे।
- हड़प्पावासी कपास के उत्पादन में सर्वप्रथम थे।
- हड़प्पा सभ्यता के सर्वप्रथम खोजकर्ता दयाराम साहनी थे।
- सिन्धु घाटी सभ्यता का पत्तननगर (बंदरगाह) लोथल था।
- सिंधु घाटी सभ्यता अपने नगर नियोजन के लिए जानी जाती है।
- हड़प्पा में एक उन्नत जल-प्रबंधन प्रणाली का पता धौलावीरा में चलता है।
- हड़प्पा सभ्यता की खोज 1921 ई. में की गई थी।
- हड़प्पा के मिट्टी के बर्तनों पर सामान्यतः लाल रंग का उपयोग किया जाता था।
- हड़प्पा एवं मोहनजोदड़ो की पुरातात्विक खुदाई के प्रभारी सर जॉन मार्शल थे।
- हड़प्पा सभ्यता के अन्तर्गत हल से जोते गए खेत का साक्ष्य कालीबंगा से मिला है।
- सिन्धु सभ्यता में वृहत् स्नानागार मोहनजोदड़ो में प्राप्त किया गया। मोहनजोदड़ो से 'नृत्य मुद्रा वाली स्त्री' की कांस्य मूर्ति प्राप्त हुई है।
- लोथल से युगल शवाधान का साक्ष्य मिला है।
- पूर्व-वैदिक या ऋग्वैदिक संस्कृति का काल 1500 ई.पू. से 1000 ई.पू. माना जाता है।
- उत्तर-वैदिक संस्कृति का काल 1000 ई.पू. से 600 ई. पू. माना जाता है।
- 'आर्य' शब्द का शाब्दिक अर्थ श्रेष्ठ या कुलीन होता है।
- वैदिक गणित शुल्व सूत्र का महत्वपूर्ण अंग है।
- ऋग्वेद वेद में प्राचीन वैदिक युग की संस्कृति के बारे में सूचना दी गई है।
- भारत के राजचिह्न में प्रयुक्त होने वाला शब्द 'सत्यमेव जयते' मुण्डक उपनिषद् से लिया गया है।
- ऋग्वैदिक आर्यों का मुख्य व्यवसाय पशुपालन था।
- भारतीय संगीत का आदि ग्रन्थ सामवेद को कहा जाता है।
- प्रथम विधि निर्माता मनु हैं।
- ऋग्वेद के 10वें मंडल में शूद्र का उल्लेख पहली बार मिलता है।
- पुराणों की संख्या 18 है।
- इंद्र देवता के लिए ऋग्वेद में 'पुरंदर' शब्द का प्रयोग हुआ है।
- 'शुल्व सूत्र' ज्यामिति विषय से सम्बन्धित पुस्तक है।
- 'असतो मा सद्गमय' ऋग्वेद से लिया गया है।
- आर्य भारत में बाहर से आए और सर्वप्रथम पंजाब में बसे थे।
- ऋग्वेद का नौवाँ मंडल पूर्णतः सोम को समर्पित है।
- प्रसिद्ध दस राजाओं का युद्ध 'दाशराज युद्ध' परुष्णी नदी के तट पर लड़ा गया।
- आरम्भिक वैदिक साहित्य में सर्वाधिक वर्णित नदी सिन्धु है।
- अध्यात्म ज्ञान के विषय में नचिकेता और यम का संवाद कठोपनिषद् में प्राप्त होता है।
- कपिल मुनि द्वारा प्रतिपादित दार्शनिक मत सांख्य दर्शन प्रणाली है।
- भारत के अतरंजीखेड़ा स्थल की खुदाई से लौह धातु के प्रचलन के प्राचीनतम प्रमाण मिले हैं।
- गायत्री मंत्र (देवी सावित्री को सम्बोधित) ऋग्वेद में मिलता है।
- प्राचीन भारत में 'निष्क' से स्वर्ण आभूषण जाने जाते थे।
- योग दर्शन के प्रतिपादक पतंजलि हैं।

- 'चरक संहिता' नामक पुस्तक चिकित्सा विषय से सम्बन्धित है।
- यज्ञ सम्बन्धी विधि-विधानों का पता यजुर्वेद से चलता है।
- प्राचीनतम व्याकरण 'अष्टाध्यायी' के रचनाकार पाणिनि हैं।
- मत्स्य पुराण प्राचीनतम पुराण है।
- ऋग्वेद में सबसे पवित्र नदी सरस्वती माना गया है।
- ब्राह्मण ग्रन्थों में सर्वाधिक प्राचीन शतपथ ब्राह्मण है।
- 'गोत्र' व्यवस्था उत्तर-वैदिक काल से प्रचलन में आई।
- 'मनुस्मृति' मुख्यतया समाज व्यवस्था से सम्बन्धित है।
- अथर्ववेद में जादुई माया और वशीकरण (magical charms and spells) का वर्णन है।
- ऋग्वेद में 'अघन्य' (वध योग्य नहीं) शब्द का प्रयोग गाय के लिए किया गया था।
- उत्तर-वैदिक काल में प्रजापति देवता को सर्वोच्च स्थान प्राप्त था।
- गौतम बुद्ध का जन्म 563 ई.पू. में लुम्बिनी में हुआ था।
- जातक साहित्य बुद्ध के विभिन्न जन्मों की कथाओं के विषय में हैं।
- 'त्रिपिटक' बौद्धों का धर्म ग्रन्थ है।
- बुद्ध ने कुशीनगर में महापरिनिर्वाण (मृत्यु) प्राप्त किया था।
- बुद्ध की मृत्यु के बाद प्रथम बौद्ध संगीति की अध्यक्षता महाकश्यप ने की थी।
- राजगृह नगर में प्रथम बौद्ध संगीति/सभा आयोजित की गई थी।
- 'मिलिंदपण्हो' राजा मिलिंद और नागसेन बौद्ध भिक्षु के मध्य संवाद के रूप में है।
- बौद्ध धर्म तथा जैन धर्म दोनों ही कर्म तथा पुनर्जन्म के सिद्धान्त में विश्वास करते हैं।
- तृतीय बौद्ध संगीति पाटलिपुत्र में आयोजित की गई थी।
- कनिष्क के शासनकाल में चतुर्थ बौद्ध संगीति/सभा कुण्डलवन, कश्मीर नगर में आयोजित की गई थी।
- गौतम बुद्ध के गुरु आलार कलाम थे।
- बुद्ध में वैराग्य भावना बूढ़ा, रोगी, मृत, संन्यासी 4 दृश्यों के कारण बलवती हुई।
- बुद्ध ने सर्वाधिक उपदेश श्रावस्ती में दिए।
- भारत में सबसे बड़ा बौद्ध स्तूप सांची में स्थित है।
- धर्मपाल ने बौद्धों के लिए विख्यात विक्रमशिला विश्वविद्यालय की स्थापना की थी।
- बौद्ध ग्रंथ 'पिटकों' की रचना पालि भाषा में की गई थी।
- कश्मीर में कनिष्क के शासनकाल में जो बौद्ध संगीति आयोजित हुई थी उसकी अध्यक्षता वसुमित्र ने की थी।
- गौतम बुद्ध ने अपना प्रथम उपदेश सारनाथ में दिया था।
- बौद्ध धर्म ग्रहण करने वाली पहली महिला महाप्रजापति गौतमी थी।
- सिद्धार्थ (बुद्ध) को ज्ञान प्राप्ति बोधगया में हुई थी।
- सारनाथ में बुद्ध का प्रथम प्रवचन धर्मचक्रप्रवर्तन कहलाता है।
- सर्वप्रथम शून्यवाद (शून्यता का सिद्धान्त) का प्रतिपादन करने वाले बौद्ध दार्शनिक का नाम नागार्जुन है।
- महावीर स्वामी का जन्म कुण्डग्राम में हुआ था।
- महावीर का जन्म ज्ञांत्रिक क्षत्रिय गोत्र में हुआ था।
- महावीर की माता त्रिशला थी।
- महावीर का मूल नाम वर्धमान था।
- महावीर की मृत्यु पावापुरी में हुई थी।
- जैनियों के पहले तीर्थंकर ऋषभदेव थे।
- जैन परम्परा के अनुसार जैन धर्म में कुल 24 तीर्थंकर हुए।
- जैन समुदाय के श्वेताम्बर सम्प्रदाय के संस्थापक स्थूलभद्र थे।
- जैन तीर्थंकर पार्श्वनाथ द्वारा प्रतिपादित चार महाव्रतों में महावीर स्वामी ने पाँचवें महाव्रत के रूप में ब्रह्मचर्य को जोड़ा।
- भगवान् महावीर का प्रथम शिष्य जमालि था।
- त्रिरत्न सिद्धान्त—सम्यक् धारणा, सम्यक् चरित्र, सम्यक् ज्ञान—जैन धर्म की महिमा है।
- दिलवाड़ा के जैन मन्दिरों का निर्माण चौलुक्यों/सोलंकियों ने करवाया था।
- जैन साहित्य को आगम कहा जाता है।
- जैन ग्रन्थ 'कल्प सूत्र' के रचयिता भद्रबाहु हैं।
- अनेकांतवाद जैन मत का क्रोड़ (केन्द्रीय) सिद्धान्त एवं दर्शन है।
- प्रथम जैन महासभा का आयोजन पाटलिपुत्र में हुआ था।
- द्वितीय जैन महासभा का आयोजन वल्लभी में हुआ था।
- आजीवक सम्प्रदाय के संस्थापक मक्खलि गोसाल थे।
- प्राचीन भारत में पहला विदेशी आक्रमण ईरानियों द्वारा किया गया।
- सिकन्दर ने भारत पर 326 ई.पू. आक्रमण किया।
- उदयिन ने गंगा एवं सोन नदियों के संगम पर पाटलिपुत्र नामक नगर की स्थापना की।
- मगध की प्रथम राजधानी गिरिव्रज/राजगृह थी।
- सोलह महाजनपदों की सूची अंगुत्तर निकाय में उपलब्ध है।
- मगध का राजा घनानंद सिकन्दर महान् का समकालीन था।
- सिकन्दर के आक्रमण के समय उत्तर भारत पर नंद राजवंश का शासन था।

- अभिलेखीय साक्ष्य से प्रकट होता है कि नंद राजा के आदेश से कलिंग में एक नहर खोदी गई थी।
- डेरियस पहला ईरानी शासक था जिसने भारत के कुछ भाग को अपने अधीन किया।
- विश्व का पहला गणतंत्र वैशाली में लिच्छवी द्वारा स्थापित किया गया।
- मौर्य साम्राज्य की स्थापना चन्द्रगुप्त मौर्य द्वारा की गई थी।
- मौर्य साम्राज्य में प्रचलित मुद्रा का नाम पण था।
- मौर्य सम्राट् अशोक जिसका नाम 'देवानामप्रियादर्शी' भी था।
- कौटिल्य/चाणक्य चन्द्रगुप्त मौर्य का प्रधानमंत्री था।
- कलिंग विजय के उपरान्त अशोक महान् ने बौद्ध धर्म को अंगीकार कर लिया था।
- बिन्दुसार ने विद्रोहियों को कुचलने के लिए अशोक को तक्षशिला भेजा था।
- मेगस्थनीज ने भारतीय समाज को सात श्रेणियों में विभाजित किया।
- कौटिल्य के 'अर्थशास्त्र' में राजनीतिक नीतियों पर प्रकाश डाला गया है।
- बराबर (गया जिला) की गुफाओं का उपयोग आजीविकों ने आश्रयगृह के रूप में किया।
- नंद वंश के पश्चात् मगध पर मौर्य राजवंश ने शासन किया।
- मेगस्थनीज की पुस्तक का नाम इण्डिका है।
- इण्डिका में पाटलिपुत्र के प्रशासन का वर्णन उपलब्ध है।
- अशोक के शिलालेखों को पढ़ने वाला प्रथम अंग्रेज जेम्स प्रिंसेप था।
- प्राचीन भारत का वह प्रसिद्ध शासक चन्द्रगुप्त मौर्य था, जिसने अपने जीवन के अन्तिम दिनों में जैन धर्म को अपना लिया था।
- कलिंग युद्ध की विजय तथा क्षत्रियों का वर्णन अशोक के शिलालेख XIII में है।
- प्रसिद्ध यूनानी राजदूत मेगस्थनीज भारत में चन्द्रगुप्त मौर्य के दरबार में आया था।
- कौटिल्य द्वारा रचित 'अर्थशास्त्र' 15 अधिकरणों में विभाजित है।
- अशोक ने श्रीलंका में बौद्ध धर्म के प्रचार हेतु महेन्द्र और संघमित्रा को भेजा था।
- अशोक ने मनसेहरा (पाकिस्तान) एवं शहबाजगढ़ी (पाकिस्तान) से प्राप्त वृहत् शिलालेखों में खरोष्ठी भाषा का प्रयोग किया गया है।
- अन्तिम मौर्य सम्राट् वृहद्रथ की हत्या कर पुष्यमित्र ने शुंग वंश की स्थापना की।
- सातवाहन/आन्ध्र सातवाहन वंश का संस्थापक सिमुक था।
- कुषाण शासक कडफिसस II ने सर्वप्रथम स्वर्ण मुद्राएँ जारी कीं।
- भारत में प्रथम बार सैनिक शासन ग्रीकों द्वारा व्यवहार में लाया गया।
- ईसा पूर्व दूसरी सदी के प्रारम्भ में उत्तरी अफगानिस्तान में स्थापित बैक्ट्रिया भारत-यूनानी राज्य था।
- सर्वप्रथम रोम के साथ तमिलों एवं चेरों का व्यापार प्रारम्भ हुआ।
- कुषाण काल के दौरान मूर्तिकला की गांधार शैली भारत-ग्रीक (यूनानी) शैली का मिश्रण है।
- रोम साम्राज्य के अनुसरण पर कुषाण वंश के शासकों ने 'कैसर' (सीजर) की उपाधि ग्रहण की।
- प्राचीन भारत में कुषाणों ने नियमित रूप से सोने के सिक्के चलाए।
- बुद्ध की खड़ी प्रतिमा कुषाण काल में बनाई गई।
- उत्तरी तथा उत्तरी-पश्चिमी भारत में सर्वाधिक संख्या में ताँबे के सिक्कों को कुषाणों ने जारी किया था।
- विक्रम संवत् 57 ई.पू. से प्रारम्भ हुआ।
- सातवाहन शासकों की राजकीय भाषा प्राकृत थी।
- चरक कनिष्क के राज-चिकित्सक थे।
- तक्षशिला के प्रसिद्ध स्थल होने का कारण गांधार कला था।
- भारत में सर्वप्रथम स्वर्ण मुद्राएँ इण्डो-बैक्ट्रियन ने चलाईं।
- सातवाहन वंश के शासकों ने ब्राह्मणों एवं बौद्ध भिक्षुओं को करमुक्त भूमि या गाँव (भूमि अनुदान) देने की प्रथा आरम्भ की।
- शक् संवत् का प्रारम्भ सम्राट् कनिष्क के शासनकाल में 78 ई. से हुआ था।
- संगम युग में उरैयूर कपास के व्यापार के लिए विख्यात था।
- 'तोलक्कप्पियम्' ग्रन्थ व्याकरण और काव्य से सम्बन्धित है।
- पांड्य संगमयुगीन राज्य के संरक्षण में तीन संगमों का आयोजन किया गया।
- 'लाल चेर' के नाम से प्रसिद्ध चेर शासक शेनगुट्टवन जिसने कण्णगी (पत्तिनी) के मन्दिर का निर्माण कराया था।
- तमिल भाषा के 'शिल्पादिकारम्' और 'मणिमेखलई' नामक गौरवग्रन्थ हिन्दू धर्म से सम्बन्धित है।

- तोलकाप्पियम् संगमयुगीन व्याकरण रचना सर्वाधिक महत्वपूर्ण रचना मानी गई है।
- चोल काल में सूती वस्त्र उद्योग का प्रमुख केन्द्र उरैयुर था।
- गुप्त वंश का संस्थापक श्रीगुप्त था।
- गुप्त शासन के दौरान आर्यभट्ट ऐसा व्यक्ति था जो एक महान् खगोलविज्ञानी और गणितज्ञ था।
- इतिहासकार वी.ए. स्मिथ ने समुद्रगुप्त के विजयों से प्रभावित होकर उसे 'भारत का नेपोलियन' कहकर पुकारा है।
- गुप्त वंश का राजा स्कंदगुप्त ने हूणों को भारत पर आक्रमण करने से रोका।
- कवि कालिदास चन्द्रगुप्त II के 'विक्रमादित्य' राजकवि थे।
- अजंता चित्रकारी की विषयवस्तु बौद्ध धर्म से सम्बन्धित है।
- एरण अभिलेख का सम्बन्ध शासक भानुगुप्त से है।
- फाह्यान चन्द्रगुप्त II के शासनकाल में भारत आया था।
- गुप्त काल को भारतीय संस्कृति का 'स्वर्ण युग' कहा गया है।
- गुप्तकालीन शासक समुद्रगुप्त को 'कविराज' कहा गया।
- धन्वन्तरी चन्द्रगुप्त विक्रमादित्य के राजदरबार के 'नवरत्न' में से एक था जोकि प्रसिद्ध चिकित्सक था।
- गुप्त स्थापत्य कला का सर्वोत्कृष्ट मन्दिर देवगढ़ का दशावतार मन्दिर है।
- गुप्त संवत् (319-320) को प्रारम्भ करने का श्रेय चन्द्रगुप्त I को दिया जाता है।
- दिल्ली के मेहरौली के कुव्वत-उल-इस्लाम मस्जिद के प्रांगण में स्थित प्रसिद्ध लौह स्तम्भ चन्द्रगुप्त की स्मृति है।
- कालिदास द्वारा रचित 'मालविकाग्निमित्र' नाटक का नायक अग्निमित्र था।
- समुद्रगुप्त की सैनिक उपलब्धियों का वर्णन प्रयाग अभिलेख में किया गया है।
- सती प्रथा का पहला उल्लेख एरण अभिलेख से मिलता है।
- गुप्त राजा चन्द्रगुप्त द्वितीय ने 'विक्रमादित्य' की पदवी ग्रहण की थी।
- आर्यभट्ट प्रथम भारतीय विद्वान था, जिसने गणित को एक पृथक् विषय के रूप में स्थापित किया।
- ताँबा का सिक्का जारी करने वाला पहला गुप्त शासक रामगुप्त था।
- पुष्यभूति वंश का सबसे प्रतापी राजा हर्षवर्धन था।
- हर्षवर्धन के समय में चीनी तीर्थयात्री ह्वेनसांग भारत आया था।
- हर्षवर्धन को 'द्वितीय अशोक' कहा जाता है।
- बाणभट्ट हर्षवर्धन के राजदरबारी कवि थे।
- चालुक्य शासक पुलकेशिन II ने नर्मदा नदी के किनारे हर्षवर्धन को परास्त किया था।
- हर्ष शिलादित्य के नाम से भी जाना जाता है।
- सम्राट् हर्षवर्धन ने दो महान् धार्मिक सम्मेलनों का आयोजन कन्नौज व प्रयाग में किया था।
- 'नागानंद', 'रत्नावली' एवं 'प्रियदर्शिका' नाटकों के नाटककार हर्षवर्धन था।
- भारत में ह्वेनसांग को याद करने का मुख्य कारण 'सी-यु-की' की रचना है।
- ह्वेनसांग ने हर्षवर्धन को 'शीलादित्य' कहा है।
- 'हर्षचरित' बाणभट्ट द्वारा लिखी गई थी।
- शून्य की खोज आर्यभट्ट ने की।
- चार्ल्स विल्किन्स ने सर्वप्रथम 'भगवद्‌गीता' का अंग्रेजी में अनुवाद किया था।
- काव्य शैली का प्राचीनतम नमूना रुद्रदमन अभिलेख में मिलता है।

मध्यकालीन भारत

- सर्वप्रथम भारत में 'जजिया कर' लगाने का श्रेय सिंध के विजेता मुहम्मद बिन कासिम को दिया जाता है। उसने ब्राह्मणों को इस कर से पूर्णतः मुक्त रखा।
- 'ढिल्लिका' (दिल्ली) नगर की स्थापना तोमरों ने की थी।
- राणा कुम्भा ने विजय स्तम्भ/कीर्ति स्तम्भ का निर्माण कराया था।
- दिलवाड़ा का जैन मन्दिर आबू पर्वत पर स्थित है।
- खजुराहो स्थित मन्दिरों का निर्माण चंदेल शासकों ने करवाया था।
- सोमनाथ मन्दिर पर 1025 ई. में महमूद गजनवी के आक्रमण के समय गुजरात का शासक भीमदेव I था।
- हिन्दू विधि पर एक पुस्तक 'मिताक्षरा' के लेखक विज्ञानेश्वर हैं।
- रानी पद्मिनी का नाम अलाउद्दीन खिलजी की चित्तौड़ विजय से जोड़ा जाता है। उनके पति का नाम राणा रतन सिंह था।
- विक्रमशिला शिक्षा केन्द्र का संस्थापक धर्मपाल था।
- पाल वंश का संस्थापक गोपाल था।
- राष्ट्रकूट वंश का संस्थापक दन्तिदुर्ग/दन्तिवर्मन II था।

- कंदरिया महादेव मन्दिर परिसर में एक भारी-भरकम नन्दी की मूर्ति है जिसे भारत की विशालतम नन्दी मूर्ति माना जाता है।
- 'गीत गोविन्द' के रचनाकार जयदेव लक्ष्मण सेन के सभा को अलंकृत करते थे।
- भुवनेश्वर तथा पुरी के मन्दिर नागर शैली में निर्मित हैं।
- पुरी में स्थित कोणार्क के विशाल सूर्यदेव के मन्दिर के निर्माता नरसिंह I थे।
- चन्दावर का युद्ध (1194 ई.) जयचन्द एवं मुहम्मद गोरी के मध्य हुआ।
- 'नैषेध चरित' व 'खण्डन-खण्ड-खाद्य' के रचयिता श्रीहर्ष जयचन्द के राजकवि थे।
- विदेशी यात्री अलमसूदी ने गुर्जर-प्रतिहार वंश को 'अल-गुजर' एवं इस वंश के शासकों को 'बौरा' कहकर पुकारा।
- चालुक्य-पल्लव संघर्ष के दौरान नरसिंहवर्मन I 'माम्मल' ने पुलकेशिन II की हत्या कर वातापी पर कब्जा कर लिया तथा 'वातापीकोण्डा' (वातापी का विजेता) की उपाधि धारण की।
- चालुक्य शासक विक्रमादित्य I ने चेर, चोल व पांड्य को हराया, जिस कारण उसे 'तीनों समुद्रों (बंगाल की खाड़ी, हिन्द महासागर व अरब सागर) का स्वामी' भी कहा गया।
- श्रीलंका पर विजय प्राप्त करने वाला चोल वंश का सबसे प्रतापी राजा राजेन्द्र I था।
- राष्ट्रकूट शासकों ने पहाड़ी काटकर एलोरा के विश्वविख्यात कैलाशनाथ मन्दिर का निर्माण कराया था।
- राजराजा I ने तंजौर में वृहदेश्वर मन्दिर का निर्माण कराया था।
- चोल राजाओं ने शैव धर्म को संरक्षण प्रदान किया।
- भगवान नटराज का प्रसिद्ध मन्दिर जिसमें भरतनाट्यम शिल्प कला है, चिंदबरम में स्थित है।
- प्रशासन के क्षेत्र में चोल राजवंश का मुख्य योगदान सुसंगठित स्थानीय स्वशासन में है।
- एलोरा के प्रसिद्ध कैलाश मन्दिर का निर्माण कृष्ण I द्वारा कराया गया था।
- कन्नड़ काव्य-शास्त्र की प्राचीनतम कृति 'कविराजमार्ग' अमोघवर्ष की रचना की।
- मन्दिर स्थापत्य कला की द्रविड़ शैली का आरम्भ पल्लव राजवंश के समय में हुआ।
- 'चालुक्य विक्रम संवत्' का प्रचलन विक्रमादित्य VI के द्वारा किया गया था।
- चोल साम्राज्य का संस्थापक विजयालय है।
- दक्षिणी भारत का 'तक्कोलम का युद्ध' चोल एवं राष्ट्रकूटों के मध्य हुआ था।
- द्रविड़ शैली के मन्दिरों में 'गोपुरम' से तात्पर्य तोरण के ऊपर बसे अलंकृत एवं बहुमंजिला भवन से है।
- एलोरा में गुफाओं व शैलकृत मन्दिरों का सम्बन्ध हिन्दुओं, बौद्धों एवं जैनों से है।
- दिल्ली का सुल्तान कुतुबुद्दीन ऐबक की मृत्यु 'चौगान' (पोलो) खेलते समय हुई थी।
- कुब्बत-उल-इस्लाम मस्जिद का निर्माण कुतुबुद्दीन ऐबक द्वारा किया गया था।
- तराइन की पहली लड़ाई (1191 ई.) मुहम्मद गोरी और पृथ्वीराज चौहान के बीच हुई थी।
- महमूद गजनवी का भारत में अन्तिम आक्रमण जाट विरुद्ध हुआ था।
- महमूद गजनवी के आक्रमण के परिणामस्वरूप लाहौर शहर फारसी संस्कृति का केन्द्र बन गया।
- भारत में मुस्लिम राज का संस्थापक मुहम्मद गोरी को माना जाता है।
- इल्तुतमिश ने इक्तादारी प्रथा चलाई।
- 'लाखबख्श' के नाम से जाना जाने वाला भारतीय शासक कुतुबुद्दीन ऐबक था।
- भारत में गुलाम वंश का संस्थापक कुतुबुद्दीन ऐबक था।
- दिल्ली का पहला तुगलक सुल्तान गयासुद्दीन तुगलक था।
- तराइन के द्वितीय युद्ध में मुहम्मद गोरी ने पृथ्वीराज चौहान को पराजित किया।
- सन् 1329 और 1330 के बीच मुहम्मद-बिन-तुगलक ने ताँबे के सिक्के के रूप में प्रमाणस्वरूप मुद्रा—सांकेतिक मुद्रा (Token Currency) प्रचलित की।
- 'इनाम' भूमि विद्वान और धार्मिक व्यक्ति को दिया जाता था।
- उत्तरी भारत की प्रथम मुस्लिम महिला शासक/दिल्ली पर राज करने वाली प्रथम महिला शासक रजिया सुल्तान थी।
- दक्षिण अफ्रीकी यात्री इब्नबतूता मुहम्मद-बिन-तुगलक शासनकाल में भारत आया था।
- लोदी वंश का संस्थापक बहलोल लोदी था।
- भारतीय इतिहास में बाजार नियमों/मूल्य नियन्त्रण पद्धति की शुरुआत अलाउद्दीन खिलजी की थी।
- दिल्ली सल्तनत का अलाउद्दीन खिलजी प्रथम सुल्तान था, जिसने स्थायी सेना रखी।

- सिकंदर लोदी 'गुलरुखी' के उपनाम से कविताएँ लिखा करता था।
- प्रसिद्ध कवि अमीर खुसरो अलाउद्दीन खिलजी के दरबार में रहे।
- इब्नबतूता सल्तनत काल में प्रचलित डाक व्यवस्था का विस्तृत वर्णन किया है।
- तैमूर लंग ने वर्ष 1398 ई. में भारत पर आक्रमण किया।
- दिल्ली में हुमायूँ का मकबरा भारतीय तथा फारसी वास्तुकला शैली का उदाहरण है।
- दिल्ली का सुल्तान फिरोज तुगलक जो दान-दक्षिणा के बारे में काफी ध्यान रखता था और इसके लिए एक विभाग 'दीवान-ए-खैरात' (दान विभाग) स्थापित किया था।
- नयी फारसी काव्य शैली 'सबक-ए-हिन्दी' अथवा 'हिन्दुस्तानी' शैली के जन्मदाता अमीर खुसरो थे।
- 'तुगलकनामा' के रचनाकार अमीर खुसरो हैं।
- 'अमीर कोही' (कृषि विभाग) नामक एक नया विभाग सुल्तान मुहम्मद-बिन-तुगलक द्वारा शुरू किया गया था।
- भारत में पोलो खेल का प्रचलन तुर्कों ने किया।
- ढाई दिन का झोंपड़ा मस्जिद, अजमेर का निर्माण कुतुबुद्दीन ऐबक ने करवाया था।
- चंगेज खाँ अपने को 'ईश्वर का अभिशाप' कहता था।
- दिल्ली का सुल्तान, फिरोजशाह तुगलक जो भारत में नहरों के सबसे बड़े जाल का निर्माण करने के लिए प्रसिद्ध था।
- नहर निर्माण कराने वाला दिल्ली का प्रथम सुल्तान गयासुद्दीन तुगलक था।
- सिकन्दर लोदी ने भूमि मापने का पैमाना 'गज्ज-ए-सिकन्दरी' का प्रचलन किया।
- मुहम्मद गोरी के सिक्कों पर देवी लक्ष्मी की आकृति बनी है।
- सुल्तान फिरोज तुगलक ने अपनी आत्मकथा (फतूहात-ए-फिरोजशाही) लिखी।
- दिल्ली के सुल्तान फिरोज तुगलक ने ब्राह्मणों पर भी जजिया लगाया था।
- विजयनगर साम्राज्य की स्थापना हरिहर एवं बुक्का की थी।
- मुहम्मद आदिलशाही ने बीजापुर में स्थित गोल गुम्बज का निर्माण किया जो विश्व का दूसरा बड़ा गुम्बज है और अपने मरश्रावी गैलरी (Whispering Gallery) के लिए प्रसिद्ध है।
- हम्पी, तिरुवनमलै, चिदम्बरम्, श्रीरंगम, तिरुपति आदि मन्दिरों के सामने की ओर बने हुए 'रायगोपुरम' का निर्माता कृष्णदेव राय थे।
- चारमीनार का निर्माण कुली कुतुबशाह ने कराया था।
- हम्पी का खुला संग्रहालय कर्नाटक राज्य में है।
- प्रसिद्ध ऐतिहासिक स्थल हम्पी बेल्लारी जिले में स्थित है।
- कृष्णदेव राय के दरबार में 'अष्टदिग्गज' आठ तेलुगू कवि थे।
- शर्की सुल्तानों के शासनकाल में जौनपुर 'पूर्व का शीराज' या 'शीराज-ए-हिन्द' कहा जाता था।
- कल्हण की 'राजतरंगिनी', जिसे 'सही अर्थों में पहला ऐतिहासिक ग्रन्थ' होने का गौरव प्राप्त है, को जौनराज एवं श्रीवर ने आगे बढ़ाया।
- गंगा देवी अपनी 'मदुरा विजय' या 'वीर कम्पराय चरित' कृति में अपने पति के विजय अभियानों का वर्णन करने वाली कवयित्री थी।
- कश्मीर का शासक जैनुल आबिदीन को 'कश्मीर का अकबर' के नाम से जाना जाता है।
- कृष्णदेव राय ने 'आमुक्तमाल्यद' (काव्य) की रचना भाषा में की गई।
- विजयनगर के शासक कृष्णदेव राय को 'आन्ध्र पितामह' भी कहा जाता है।
- कृष्णदेव राय का शासनकाल 'तेलुगू साहित्य का क्लासिकी युग' माना जाता है।
- मुस्लिम शासकों में इब्राहिम आदिलशाह को उसकी धर्मनिरपेक्षता में आस्था के कारण उसकी मुस्लिम प्रजा 'जगद्गुरु' कहकर पुकारती थी।
- हजारारामास्वामी मन्दिर की भीतरी दीवारों पर रामायण के दृश्य उत्कीर्ण किए गए हैं।
- प्रसिद्ध विजय विट्ठल मन्दिर जिसके 56 तक्षित स्तम्भ संगीतमय स्वर निकालते हैं। यह हम्पी में अवस्थित है।
- भक्ति आन्दोलन के प्रारम्भिक प्रतिपादक रामानुज आचार्य थे।
- कबीर के गुरु रामानंद थे।
- भक्ति आन्दोलन का प्रारम्भ आलवार-नयनार संतों द्वारा किया गया।
- रामानुज के अनुयायियों को वैष्णव जाता है।
- 'बीजक' के रचयिता कबीर हैं।
- चैतन्य महाप्रभु गौड़ीय सम्प्रदाय से जुड़े थे।
- पुष्टि मार्ग के दर्शन की स्थापना बल्लभाचार्य ने की।
- चैतन्य महाप्रभु ने ईश्वर को अपने पास अनुभव करने के लिए नृत्य एवं गीतों (कीर्तन) को माध्यम बनाया।
- अद्वैतवाद के सिद्धान्त के प्रतिपादक शंकराचार्य थे।

- ‘गीत गोविन्द’ के रचयिता जयदेव हैं।
- शंकरदेव ने भक्ति आन्दोलन के दौरान असम में इस आन्दोलन का प्रतिनिधित्व किया था।
- ‘ब्रह्म सत्य है और जगत् मिथ्या (भ्रम या माया) है’—यह उक्ति शंकराचार्य की है।
- भक्त तुकाराम मुगल सम्राट जहाँगीर के समकालीन थे।
- रामानन्द ने अपने संदेश के प्रचार के लिए सबसे पहले हिन्दी का प्रयोग किया।
- रैदास रामानन्द के शिष्य थे।
- गुरु रामदास ने पंजाबी भाषा के लिए गुरुमुखी लिपि की शुरुआत की।
- गुरु नानक का जन्म 1469 ई. तलवंडी/ननकाना में हुआ था।
- सिख/सिक्ख धर्म का संस्थापक गुरु नानक को माना जाता है।
- चैतन्य महाप्रभु का जन्म स्थल नदिया/नवद्वीप है।
- सूफी संत मुइनुद्दीन चिश्ती यह मानते थे कि भक्ति संगीत ईश्वर के निकट पहुँचने का मार्ग है।
- भारत में चिश्ती सिलसिले को शेख मुइनुद्दीन चिश्ती ने स्थापित किया।
- सूफी सिलसिला (सम्प्रदाय) मूलतः इस्लाम से सम्बन्धित है।
- दारा शिकोह ने सिर्र-ए-अकबर शीर्षक से उपनिषदों का फारसी में अनुवाद किया था।
- दारा शिकोह ने कादिरी सूफी सिलसिले को अपनाया।
- शेख सलीम चिश्ती को ‘शेख-उल-हिन्द’ की पदवी प्रदान की गई थी।
- ‘सूफिया कलाम’ जो एक प्रकार का भक्ति संगीत है, कश्मीर की विशेषता है।
- सूफी संत ख्वाजा मुइनुद्दीन चिश्ती पृथ्वीराज चौहान के शासनकाल में राजस्थान आए थे।
- ख्वाजा कुतुबुद्दीन सूफी को ‘बख्तियार काकी’ (भाग्यवान रोटियों वाला) कहा गया।
- काव्याभिव्यक्ति के रूप में उर्दू का प्रयोग करने वाला पहला लेखक अमीर खुसरो था।
- ‘मीराज-उल-आसिकीन’—उर्दू शायरी की पहली किताब के सूफी रचयिता सैय्यद मुहम्मद गेसूदराज ‘बंदानवाज’ हैं।
- भारत में ग्रांड ट्रंक रोड शेरशाह सूरी ने बनवाई थी।
- ‘आइन-ए-अकबरी’ एक महान् ऐतिहासिक कृति अबुल फजल द्वारा लिखी गई थी।
- ‘दीन-ए-इलाही’ नामक नया धर्म अकबर द्वारा शुरू किया गया था।
- मुगल प्रशासनिक व्यवस्था में मनसबदारी प्रणाली को अकबर ने प्रारम्भ किया था।
- अपने काल के महान् संगीतज्ञ तानसेन अकबर के दरबार में थे।
- सती प्रथा की भर्त्सना करने वाला मुगल सम्राट अकबर था।
- मुगल चित्रकारी ने जहाँगीर के शासन काल में पराकाष्ठा/चरमोत्कर्ष प्राप्त किया।
- मुगल शासक बाबर ने भारत की वनस्पतियों और प्राणी जगत्, ऋतुओं और फलों का विशद् विवरण अपनी दैनन्दिनी (डायरी) में दिया है।
- शेरशाह की महानता का द्योतक प्रशासनिक सुधार है।
- ‘हुमायूँनामा’ गुलबदन बेगम ने लिखा था।
- अकबर के शासनकाल में ‘महाभारत’ का फारसी भाषा में अनुवाद किया गया था, वह रज्मनामा के नाम से जाना जाता है।
- बहादुरशाह II अन्तिम मुगल सम्राट थे।
- अकबर के शासनकाल में भू-राजस्व सुधारों के लिए टोडरमल उत्तरदायी था।
- अकबर द्वारा बनवाए गए उपासना-भवन/पूजा-गृह का नाम इबादतखाना था।
- सुप्रसिद्ध संगीतज्ञ तानसेन और बैजू बावरा अकबर के शासन काल में सुविख्यात थे।
- ‘रामचरितमानस’ के लेखक तुलसीदास अकबर के शासनकाल से सम्बन्धित थे।
- शाहजहाँ ने मुगल साम्राज्य की राजधानी आगरा से दिल्ली स्थानान्तरित की।
- अकबर की युवावस्था में उसका संरक्षक बैरम खाँ था।
- बाबर ने ऐसे बाग-बगीचे, जिसमें बहता पानी हो, के निर्माण की परम्परा की शुरुआत की थी।
- राजा बीरबल की उपाधि महेश दास को दी गई थी।
- 21 अप्रैल, 1526 ई. में लड़ी गई पानीपत की पहली लड़ाई में बाबर से इब्राहिम लोदी पराजित हुआ था।
- शेरशाह सूरी का मकबरा सासाराम में स्थित है।
- गुरु अर्जुनदेव जहाँगीर के समकालीन थे।
- मुगल शासक औरंगजेब को ‘आलमगीर’ कहा जाता था।
- हल्दीघाटी का युद्ध 1576 ई. में लड़ा गया।

- शेरशाह के समय में मलिक मोहम्मद जायसी ने 'पद्मावत' की रचना की।
- शेरशाह ने चौसा की लड़ाई (1539 ई.) में हुमायूँ को पराजित किया था।
- अकबर के शासनकाल में 'अमलगुजार' नामक अधिकारी का कार्य भूमि राजस्व का मूल्यांकन और संग्रह करना था।
- शिवाजी ने मुगलों को पुरंदर की संधि के द्वारा किलों को हस्तान्तरित किया।
- वर्ष 1699 में वैशाखी के दिन 13 अप्रैल को गुरु गोविन्द सिंह ने 'खालसा पंथ' की नींव रखी थी।
- भारत के इतिहास के संदर्भ में अब्दुल हमीद लाहौरी शाहजहाँ के शासन का एक राजकीय इतिहासकार था।
- मुगल बादशाह हुमायूँ की मृत्यु दीनपनाह पुस्तकालय की सीढ़ियों से गिरने के कारण हुई।
- मुगल प्रशासन में 'मुहतसिब' लोक आचरण अधिकारी होता था।
- 'दास्तान-ए-अमीर हम्जा' का चित्रांकन अब्दुस् समद द्वारा किया गया।
- मुगल बादशाह शाह आलम द्वितीय को वजीर गाजीउद्दीन ने दिल्ली में दाखिल नहीं होने दिया।
- इतिहासकार ए.एल.श्रीवास्तव ने शाहजहाँ के शासन काल को मुगल काल का 'स्वर्ण युग' कहा है।
- मयूर सिंहासन ('तख्त-ए-ताऊस') पर बैठने वाला अन्तिम मुगल बादशाह मुहम्मद शाह 'रंगीला' था।
- शेरशाह के मकबरा में हिन्द तथा ईरानी वास्तुकला का सर्वप्रथम समन्वय देखने को मिलता है।
- मुगल बादशाह औरंगजेब को 'जिन्दा पीर' कहा जाता था।
- अकबर द्वारा बनाई गई पंचमहल इमारत का नक्शा बौद्ध विहार की तरह है।
- औरंगजेब ने दक्षिण में जिन दो राज्यों को विजित किया था, वे गोलकुंडा एवं बीजापुर थे।
- मुगलों ने नवरोज/नौरोज का त्योहार पारसियों से लिया।
- राबिया-उद्दौरानी का मकबरा/बीबी का मकबरा 'द्वितीय ताजमहल' कहलाता है।
- 'अनवार-ए-सुहैली' ग्रन्थ पंचतंत्र का अनुवाद है।
- जहाँगीर के दरबार में पक्षियों का सबसे बड़ा चित्रकार मंसूर था।
- प्रसिद्ध संगीतज्ञ तानसेन का मकबरा ग्वालियर में स्थित है।
- मुगल प्रशासन में जिले को सरकार के नाम से जाना जाता था।
- सिक्ख गुरु तेग बहादुर की मृत्यु के लिए औरंगजेब जिम्मेदार था।
- अकबर के काल में महाभारत का फारसी अनुवाद फैजी के निर्देशन में हुआ था।
- मुसलमान विद्वान अब्दुर्रहीम खानखाना का हिन्दी साहित्य के लिए सबसे महत्वपूर्ण योगदान है।
- मुगल सम्राट अकबर के समय का प्रसिद्ध चित्रकार दशवंत था।
- शेरशाह ने 'अशर्फी', 'रुपया', 'दाम' नामक नये सिक्के चलवाये, वे सोना, चाँदी, ताँबा धातुओं से बने होते थे।
- राजाराम ने अकबर की कब्र को खोदकर उसकी हड्डियों को जला दिया था।
- अकबर के 'नवरत्न' में से एक बीरबल युसूफजाइयों के विद्रोह को दबाते समय मारे गए।
- अकबर ने बीरबल को 'कविराय'/'कविराज' की उपाधि दी।
- मध्यकालीन भारतीय शासक शेरशाह ने 'पट्टा' एवं 'कबूलियत' की प्रथा आरम्भ की थी।
- शिवाजी के प्रशासन में 'पेशवा' प्रधानमंत्री को कहा जाता था।
- 'चौथ' पड़ोसी राज्यों पर शिवाजी द्वारा लगाया गया भूमि कर था।
- 'मराठा राज्य का दूसरा संस्थापक' बालाजी विश्वनाथ को कहा जाता है।
- पानीपत की तीसरी लड़ाई (1716 ई.) पेशवा बाजीराव II और अहमदशाह अब्दाली के बीच हुई थी।
- 'अष्टप्रधान' मंत्रिपरिषद् शिवाजी के शासनकाल में थी।
- 'दास बोध' के रचनाकार समर्थ रामदास हैं।
- लार्ड वेलेसली की सहायक संधि (Subsidiary alliance) को स्वीकार करने वाला पहला मराठा सरदार पेशवा बाजीराव-II थे।
- शिवाजी मुगलों की कैद से भागने के समय आगरा नगर में कैद थे।
- शिवाजी औरंगजेब के आगरा दरबार में 1666 ई. में उपस्थित हुए थे।
- शिवाजी के 'अष्ट प्रधान' का सुमन्त सदस्य विदेशी मामलों की देख-रेख करता था।
- शिवाजी ने जून, 1674 में 'छत्रपति' की उपाधि धारण कर अपना राज्याभिषेक करवाया।

- तृतीय आंग्ल-मराठा युद्ध (1817-18) के दौरान हुई सबसे अन्तिम संधि कानपुर की संधि थी।
- मराठा साम्राज्य का अन्तिम पेशवा बाजीराव II था।
- मराठा पेशवा नाना फड़नवीस को 'मैकियावेली' कहा जाता था।
- मराठा साम्राज्य की सबसे बहादुर महिला ताराबाई थी।
- नागर, द्राविड़ और वेसर भारतीय मंदिर वास्तुकला की तीन मुख्य शैलियाँ हैं।
- प्रसिद्ध चेतक घोड़ा राणा प्रताप से सम्बन्धित है।
- जयसिंह II ने दिल्ली में खगोलीय वेधशाला, जिसे 'जंतर मंतर' कहते हैं, बनवायी थी।
- अंकोरवाट मंदिर की प्रारंभिक अभिकल्पना तथा निर्माण सूर्यवर्मन II के राज्यकाल के दौरान हुए।
- वर्ष 1798 ई. में लॉर्ड वेलेसली द्वारा प्रस्तावित सहायक संधि (Subsidiary Alliance) को स्वीकार करने वाला सबसे पहला भारतीय शासक हैदराबाद का निजाम था।
- भारत का प्रथम गवर्नर जनरल व वायसराय लॉर्ड कैनिंग था।
- तीसरे आंग्ल-मैसूर युद्ध को रोकने के लिए टीपू सुल्तान ने अंग्रेजों के साथ श्रीरंगपट्टनम की संधि की।
- सिक्खों के सैन्य सम्प्रदाय 'खालसा पंथ' का प्रवर्तन गुरु गोविन्द सिंह ने किया।
- सुगौली की संधि (1816 ई.) ईस्ट इंडिया कंपनी और नेपाल बीच सम्पन्न हुई थी।
- हड़प नीति (Doctrine of Lapse) के अन्तर्गत झाँसी, नागपुर व सतारा भारतीय राज्य कब्जे में किए गए थे।
- चूरामन (चूड़ामणि) ने ग्रामीण जाटों को एक सैनिक शक्ति के रूप में संगठित किया।
- सूरजमल 'जाटों का अफलातून' (Plato of Jats) एवं 'जाटों का आदरणीय व विद्वान् व्यक्ति' (The Jat Ulysses) कहा जाता है।
- भारत पर आक्रमण करने वाले ईरानी शासक नादिरशाह को 'ईरान का नेपोलियन' कहा जाता है।
- ठगी प्रथा के उन्मूलन से संबद्ध गवर्नर जनरल बैंटिक थे।
- भारत का प्रथम गवर्नर जनरल विलियम बैंटिंक था।
- द्वैध शासन नीति को वारेन हेस्टिंग्स समाप्त किया था।
- प्रशासनिक अव्यवस्था (कुशासन) के आधार पर डलहौजी ने अवध राज्य को ब्रिटिश साम्राज्य में मिलाया था।
- 'आदिग्रंथ' गुरु अर्जुन ने संकलित किया था।
- भारत में आधुनिक शिक्षा प्रणाली की नींव 1835 में लॉर्ड मैकाले से पड़ी।
- पंजाब में सिक्ख राज्य के संस्थापक रणजीत सिंह थे।
- हैदर अली ने फ्रांसीसी विशेषज्ञों की मदद से डिंडीगुल में एक आधुनिक शस्त्रागार स्थापित किया।
- मुगल बादशाह मुहम्मदशाह 'रंगीला' ने 1733 ई. में बिहार की सूबेदारी बंगाल के नवाब शुजाउद्दीन को प्रदान की।
- अंग्रेजों का पेंशनर बनाने वाला प्रथम मुगल बादशाह शाहआलम II था।
- गोद प्रथा पर प्रतिबंध लगाने वाला गवर्नर जनरल लॉर्ड डलहौजी था।
- हैदर अली की मृत्यु (1782 ई.) द्वितीय आंग्ल-मैसूर युद्ध के दौरान हुई थी।
- ब्रिटिश सरकार का गवर्नर जनरल लार्ड डलहौजी जिसने भारत में डाक टिकट शुरू किए थे।
- नवाब सिराजुद्दौला एवं ईस्ट इंडिया कंपनी के बीच संघर्ष का प्रमुख कारण अंग्रेजों ने व्यापार छूटों का दुरुपयोग किया।
- 'सुरक्षा प्रकोष्ठ नीति' (Ring Fence Policy) वारेन हेस्टिंग्स से सम्बन्धित है।
- इलाहाबाद की संधि (1765) के बाद राबर्ट क्लाइव ने मुर्शिदाबाद का उपदीवान मुहम्मद रजा खान बनाया था।
- रणजीत सिंह ने सुप्रसिद्ध कोहिनूर हीरा शाह शुजा से प्राप्त किया था।
- 1 नवम्बर, 1858 का महारानी विक्टोरिया का घोषणापत्र इलाहाबाद में पढ़कर लॉर्ड कैनिंग ने सुनाया था।
- बक्सर के युद्ध (1764) के समय दिल्ली का शासक शाह आलम II था।
- टीपू सुल्तान अंग्रेजों के साथ 1799 ई. के युद्ध में मारे गए थे।
- सिक्खों के अन्तिम गुरु गुरु गोविन्द सिंह थे।
- भारत में प्रथम रेलवे लाइन ब्रिटिश गवर्नर जनरल लार्ड डलहौजी के समय बिछाई गई थी।
- वारेन हेस्टिंग्स के समय में कलकत्ता में प्रथम न्यायालय की स्थापना की गई थी।
- बंगाल के गवर्नर जनरल वारेन हेस्टिंग्स के काल में पिट्स इंडिया एक्ट (1784) पारित किया गया।

- भारत से ब्रिटेन की ओर 'सम्पत्ति के अपवहन' (Drain of Wealth) का सिद्धान्त दादाभाई नौरोजी ने प्रतिपादित किया था।
- भारत में सबसे पहली सूती वस्त्र मिल बम्बई शहर में स्थापित की गई थी।
- रैयतवाड़ी व्यवस्था 1820 में लागू की गई थी।
- नील कृषकों की दुर्दशा पर लिखी गई पुस्तक 'नील दर्पण' के लेखक दीनबन्धु मित्र थे।
- अंग्रेजी शासन के दौरान भारत के 'आर्थिक दोहन' के विचार का प्रतिपादन दादाभाई नौरोजी ने किया था।
- भारत में अंग्रेजों के समय में प्रथम जनगणना लार्ड मेयो के कार्यकाल में हुई।
- सर टामस मुनरो रैय्यतवाड़ी बंदोबस्त भू-राजस्व बंदोबस्त से सम्बन्धित हैं।
- भारत में प्रथम रेल लाइन का निर्माण 1853 ई. में बम्बई और थाणे नगरों के बीच हुआ।
- भारत में उपनिवेशीक काल में 'ह्विटली आयोग' (1929) का उद्देश्य श्रमिकों की मौजूदा परिस्थितियों पर प्रतिवेदन पर सिफारिशें प्रस्तुत करना था।
- अवध कॉमर्शियल बैंक भारत में भारतीय द्वारा 1881 में स्थापित तथा उनके प्रबंध में चलने वाला सीमित देयता का प्रथम बैंक था।
- अंग्रेजों द्वारा रैय्यतवाड़ी बंदोबस्त मद्रास प्रेसीडेंसी एवं बम्बई प्रेसीडेंसी में लागू किया गया था।
- 'भारतीय शिक्षा का मैग्नाकार्टा (महाअधिकार पत्र)' वुड का घोषणापत्र (Dispatch), 1854 को कहा जाता है।
- गोपाल कृष्ण गोखले ने 1911 में प्राथमिक शिक्षा को निःशुल्क एवं अनिवार्य बनाने वाला विधेयक इंपीरियल लेजिस्लेटिव कौंसिल में प्रस्तुत किया, जिसे 'प्राथमिक शिक्षा का मैग्नाकार्टा' कहा गया।
- हिन्दू कॉलेज, कलकत्ता (1817) की स्थापना डेविड हेयर ने की।
- भारत में विकेन्द्रीकरण का शुभारंभ लार्ड मेयो के समय में हुआ।
- दादाभाई नौरोजी ने अंग्रेजों द्वारा किए गए धन के निकास कार्य को 'अनिष्टों का अनिष्ट' की संज्ञा दी।
- दादाभाई नौरोजी ने भारत के अंग्रेजी उपनिवेश नियंत्रण की आलोचना में 'अनब्रिटिश' (Un-British) पदावली का उपयोग किया था।

आधुनिक भारत

- यूरोपियनों में से फ्रांसीसी स्वतंत्रता-पूर्व भारत में व्यापारी के रूप में सबसे अन्त में आए।
- भारत का बादशाह उस समय अकबर था जब ब्रिटेन की ईस्ट इंडिया कंपनी की स्थापना हुई थी।
- 15 अगस्त, 1947 के बाद भी भारत का गोवा पुर्तगाल के अधीन बना रहा।
- लंदन में ब्रिटिश ईस्ट इंडिया कम्पनी के गठन के समय भारत का बादशाह अकबर था।
- भारत में फ्रांसीसियों ने अपना सबसे पहला कारखाना सूरत में लगाया।
- वांडीवाश का युद्ध (1760) निर्णायक युद्ध था जिसमें फ्रांसीसी हार गए और अंग्रेजों की सर्वोच्चता स्थापित हो गई।
- पुर्तगालियों की पहली फैक्ट्री कालीकट में 1500 ई. में वास्कोडिगामा ने स्थापित की।
- डचों ने अपनी पहली फैक्ट्री 1605 ई. में मुसलीपट्टम में स्थापित की।
- ब्रिटिश ईस्ट इंडिया कम्पनी का प्रथम गवर्नर टॉमस स्मिथ था।
- हॉकिन्स को जहाँगीर ने 'खान' की उपाधि से सम्मानित किया।
- भारत में 1613 ई. में अंग्रेजों ने अपनी पहली फैक्ट्री सूरत में स्थापित की थी।
- 18वीं सदी में लड़े गए युद्धों का सही कालानुक्रम अम्बर युद्ध–प्लासी युद्ध–वांडीवाश युद्ध–बक्सर युद्ध है।
- ब्रिटिशों ने भारत में सूरत में अपनी पहली फैक्ट्री स्थापित करने की अनुमति जहाँगीर से प्राप्त की थी।
- भारत के समुद्री मार्ग की खोज वास्कोडिगामा ने की।
- तृतीय कर्नाटक युद्ध (एंग्लो-फ्रेंच संघर्ष) की समाप्ति पेरिस की संधि से हुई।
- जब 17 मई, 1498 ई. में वास्कोडिगामा कालीकट में उतरा तो कालीकट (कोजीकोड) के राजा जमोरिन ने उसका स्वागत किया था।
- 1717 ई. में मुगल सम्राट फर्रुखसियर ने अंग्रेजों की ईस्ट इंडिया कंपनी को भारत में व्यापार पर विशेषाधिकार प्रदान करने का फरमान जारी किया।

- अल्फांसो डी अल्बुकर्क को 'भारत में पुर्तगाली साम्राज्य का वास्तविक संस्थापक' कहा जाता है।
- पुर्तगाली उपनिवेश का प्रथम गवर्नर भारत में फ्रांसिस्को डी अल्मीडा हुआ था।
- भारत में ईस्ट इंडिया कंपनी का पहला गवर्नर-जनरल वारेन हेस्टिंग्स था।
- वर्ष 1498 ई. में वास्कोडिगामा भारत में कालीकट में उतरा था।
- पुर्तगाली ईस्ट इंडिया कम्पनी 1448 ई. में स्थापित हुई थी।
- ब्रिटिश ईस्ट इंडिया कम्पनी 1600 ई. में स्थापित हुई थी।
- डच ईस्ट इंडिया कम्पनी 1602 ई. में स्थापित हुई थी।
- फ्रेंच ईस्ट इंडिया कम्पनी 1664 ई. में स्थापित की गई थी।
- आधुनिक भारत में हिन्दू धर्म में पहला सुधार आन्दोलन ब्रह्म समाज था।
- 'ब्रह्म समाज' का उद्देश्य एकेश्वरवाद का प्रचार करना था।
- अलीगढ़ में स्थित मुहम्मडन एंग्लो-ओरिएण्टल कॉलेज को सैय्यद अहमद खाँ ने स्थापित किया था।
- 'युवा बंगाल आन्दोलन' (Young Bengal Movement) के नेता हेनरी विवियन डेरोजियो थे।
- 'थियोसोफिकल सोसाइटी' ने भारत में 1882 ई. में अडयार नामक स्थान पर अपना मुख्य कार्यालय संस्थापित किया।
- ई.वी. रामास्वामी नायकर किसी समय महात्मा गाँधी के सहयोगी रह चुके, पर उनसे अलग होकर एक आमूल परिवर्तनवादी आन्दोलन जिसका नाम 'आत्म-सम्मान आन्दोलन' था।
- वर्ष 1829 ई. में सती प्रथा का उन्मूलन लॉर्ड विलियम बैंटिक द्वारा किया गया था।
- 1873 ई. में 'सत्यशोधक समाज' की स्थापना ज्योतिबा फूले द्वारा की गई।
- 'सत्यार्थ प्रकाश' पुस्तक के लेखक दयानंद सरस्वती हैं।
- 'रामकृष्ण मिशन' की स्थापना विवेकानंद ने की थी।
- 'वेदों में सम्पूर्ण सच्चाई निहित है' यह व्याख्या स्वामी दयानंद द्वारा गई।
- 'महाराष्ट्र का सुकरात' महादेव गोविंद रानाडे को कहा जाता है।
- राजा राममोहन राय को 'आधुनिक भारत का जनक' कहा जाता है।
- स्वामी दयानन्द सरस्वती का मूल नाम मूल शंकर था।
- 'प्रार्थना समाज' की स्थापना केशवचन्द्र सेन की प्रेरणा के फलस्वरूप हुई।
- देवबंद आन्दोलन से जुड़े विद्वान अबुल कलाम आजाद जिन्होंने स्वतंत्रता आन्दोलन में महत्वपूर्ण भूमिका निभाई।
- राजा राममोहन राय द्वारा 'ब्रह्म समाज' की स्थापना 1828 ई. में की गई।
- कूका आन्दोलन को गुरु रामसिंह ने संगठित किया।
- 19वीं सदी के उत्तरार्द्ध में 'नव हिन्दूवाद' (Neo-Hinduism) के सर्वश्रेष्ठ प्रतिनिधि स्वामी विवेकानन्द थे।
- स्वामी विवेकानन्द ने रामकृष्ण मिशन की स्थापना वर्ष 1896 में की थी।
- महाराष्ट्र के सुधारक गोपाल हरिदेशमुख को 'लोकहितवादी' कहा जाता है।
- शिकागो विश्व धर्म पार्लियामेंट जिसमें विवेकानंद ने भाग लिया था, का आयोजन सितम्बर, 1893 में हुआ।
- रामकृष्ण परमहंस का मूल नाम गदाधर चट्टोपाध्याय था।
- 'देव समाज' के संस्थापक शिवनारायण अग्निहोत्री थे।
- 'राधा स्वामी सत्संग' के संस्थापक शिवदयाल साहब थे।
- फारसी साप्ताहिक 'मिरात-उल-अखबार' का प्रकाशन राजा राममोहन राय कराते थे।
- बाल विवाह प्रथा को नियन्त्रित करने हेतु 1872 के 'सिविल मैरिज एक्ट' ने लड़कियों के विवाह की न्यूनतम उम्र 14 वर्ष निर्धारित की।
- 'वेदों की ओर लौटो'—यह नारा दयानंद सरस्वती ने दिया था।
- 'प्रार्थना समाज' के संस्थापक आत्माराम पांडुरंग थे।
- विवेकानन्द को 'आधुनिक राष्ट्रीय आन्दोलन का अध्यात्मिक पिता' की संज्ञा सुभाषचन्द्र बोस ने दी।
- राजा राममोहन राय को 'भारत का प्रथम आधुनिक व्यक्ति' माना जाता है।
- वल्लभभाई पटेल को 'सरदार' की उपाधि उनकी कुशल संगठन क्षमता के कारण बारदोली सत्याग्रह के दौरान दी गई थी।
- वायसराय लॉर्ड रिपन के शासनकाल में पहला फैक्ट्री अधिनियम पारित किया गया।
- वायकोम सत्याग्रह (1924-25) केरल में चलाया गया।
- पहली बार भारतीय कारखाना अधिनियम, 1881 में बच्चों की सुरक्षा के उपाय के प्रावधान किए गए।
- बी.आर. अम्बेडकर को 'आधुनिक युग का मनु' कहा जाता है।
- 'अखिल भारतीय व्यापार संघ कांग्रेस' (AITUC) का प्रथम अध्यक्ष लाला लाजपत राय थे।
- 'अखिल भारतीय किसान सभा' के प्रथम सत्र की अध्यक्षता स्वामी सहजानंद ने की।

- बम्बई में 'अखिल भारतीय व्यापार संघ कांग्रेस' (AITUC) की स्थापना 1920 ई. में की गई थी।
- ट्रेड यूनियन आन्दोलन के क्रान्तिकारी चरण का समय 1926-39 था।
- कम्युनिस्ट इंटरनेशनल का सदस्य बनने वाला पहला भारतीय एम.एन. राय थे।
- सितम्बर 1932 में 'पूना समझौता' (Poona Pact) महात्मा गाँधी व बी.आर. अम्बेडकर के बीच हुआ।
- विशुद्ध गाँधीवादी तरीके से लड़ा गया पहला आदिवासी अहिंसक विद्रोह ताना भगत आन्दोलन था।
- महात्मा गाँधी के नेतृत्व में चलाया गया चंपारण का नील सत्याग्रह (1917) नील उत्पादक कृषकों द्वारा तिनकठिया प्रथा के विरुद्ध था।
- नाडार द्वारा मन्दिरों में प्रवेश के अधिकार की माँग की प्रस्तुति के कारण 1899 में तिरुनेवल्ली में भयंकर दंगे हुए थे।
- 'उलगुलान' (महाविद्रोह) बिरसा मुंडा से जुड़ा था।
- मोपला आन्दोलन (1921) मालाबार में हुआ था।
- 'गुलामगिरि' का लेखक ज्योतिबा फूले थे।
- नील आन्दोलन का समर्थन करने वाले 'हिन्दू पैट्रियाट' के संपादक हरिश्चन्द्र मुखर्जी थे।
- जस्टिस पार्टी आन्दोलन, मद्रास से सी.एन. मुदालियार सम्बन्धित नहीं है।
- द्रविड़ कड़गम/द्रविड़ मुनेत्र कड़गम (DMK) के संस्थापक अन्नादुरै थे।
- 1857 के विद्रोह के समय भारत का गवर्नर जनरल लार्ड डलहौजी था।
- वर्ष 1857 के विद्रोह में मंगल पाण्डे ने सबसे पहले अपना बलिदान दिया।
- 1857 में अंग्रेजी साम्राज्य के विरुद्ध पंजाब में नामधारी सिखों ने सशस्त्र विद्रोह किया था।
- बिहार में 1857 की क्रांति के नेता कुँवर सिंह का देहांत 9 मई, 1858 हुआ।
- अंग्रेजी भारतीय सेना में चर्बीवाले कारतूसों से चलने वाली एनफील्ड राइफल को जनवरी, 1857 में शामिल किया गया।
- 1857 के विद्रोह को उर्दू कवि मिर्जा गालिब ने देखा था।
- 1857 की क्रांति के समय ब्रिटेन का प्रधानमंत्री लार्ड पामर्स्टन था।
- 1857 के विद्रोह के दौरान दिल्ली में विद्रोह का सैन्य-नेतृत्व बख्त खाँ ने किया।
- सर्वप्रथम बैंजामिन डिजरायली ने 1857 के विद्रोह के तुरन्त बाद इसे 'राष्ट्रीय विद्रोह' की संज्ञा दी।
- 1857 की क्रान्ति के सम्बन्ध में वी.डी. सावरकर ने कहा : 'यह विद्रोह भारत की स्वतंत्रता के लिए सुनियोजित युद्ध था।
- 1857 के विद्रोह की असफलता के बाद बहादुरशाह II को रंगून निर्वासित कर दिया गया।
- ब्रिटिश सेनापति कैम्पबेल जिसने 1857 के विद्रोह को दबाने में महत्वपूर्ण भूमिका निभाई।
- 1857 की क्रांति का चिह्न कमल एवं चपाती निश्चित किया गया था।
- आधुनिक इतिहासकार वी.डी. सावरकर ने 1857 के विद्रोह को 'स्वतंत्रता की पहली लड़ाई' कहा था।
- मंगल पाण्डे, जिन्होंने अकेले 1857 ई. में विद्रोह का सूत्रपात किया, 34वीं नेटिव इंफैंट्री से सम्बन्धित थे।
- बेगम हजरत महल ने 1857 के विद्रोह का नेतृत्व लखनऊ शहर से किया था।
- जेम्स आउट्रम व डब्ल्यू. टेलर ने 1857 के विद्रोह को एक 'षड्यंत्र' की संज्ञा दी।
- 1857 में भारत में हुए विद्रोह के एक नेता तात्या टोपे का मूल नाम रामचन्द्र पाण्डुरंग था।
- भारतीय राष्ट्रीय कांग्रेस की पहली बैठक बम्बई में हुई थी।
- कांग्रेसी नेता में से दादाभाई नौरोजी को 'भारत का महान् वृद्ध व्यक्ति' (Grand Old Man of India) कहा जाता है।
- भारतीय सिविल सेवा (ICS) में चुने गए पहले भारतीय का नाम सत्येन्द्र नाथ टैगोर था।
- इंडियन नेशनल कांग्रेस के संस्थापक एलन ओक्टोवियन ह्यूम थे। 'हरमिट ऑफ शिमला' ए.ओ.ह्यूम को कहा जाता है।
- दादाभाई नौरोजी प्रथम भारतीय थे, जो ब्रिटिश संसद के लिए निर्वाचित हुए।
- 'ए नेशन इन द मेकिंग' नामक पुस्तक सुरेन्द्रनाथ बनर्जी ने लिखी। भारतीय संघ (Indian Association) के संस्थापक सुरेन्द्रनाथ बनर्जी थे।
- भारतीय राष्ट्रीय कांग्रेस के प्रथम मुस्लिम प्रेसीडेन्ट बदरुद्दीन तैयबजी थे।
- ब्रिटिश हाउस ऑफ कॉमन्स का चुनाव प्रथम भारतीय दादाभाई नौरोजी ने लड़ा था।
- 1905 में बंगाल विभाजन वायसराय लार्ड कर्जन ने किया।
- अरविंद घोष ने इण्डियन नेशनल कांग्रेस की नरमदलीय राजनीति की व्यवस्थित आलोचना 'न्यू लैंप्स फॉर ओल्ड' शीर्षक लेखों की श्रृंखला में की।

- भारतीय राष्ट्रीय कांग्रेस के पहले अध्यक्ष डब्ल्यू.सी. बनर्जी थे।
- दादाभाई नौरोजी ने 1866 ई. में ईस्ट इंडिया एसोसिएशन की स्थापना लंदन में की।
- भारतीय राष्ट्रीय कांग्रेस की सबसे पहली महिला अध्यक्ष एनी बेसेंट थीं।
- खुदीराम बोस और प्रफुल्ल चाकी ने गाड़ी पर यह मानकर बम फेंका था कि उसमें मुजफ्फरपुर के न्यायाधीश किंग्सफोर्ड बैठे थे।
- 'स्वराज मेरा जन्मसिद्ध अधिकार है और उसे मैं लेकर रहूँगा'—यह बाल गंगाधर तिलक ने कहा।
- मॉर्ले-मिण्टो रिफॉर्म्स को वर्ष 1909 में प्रस्तुत किया गया था।
- भारतीय परिषद् अधिनियम, 1909 मॉर्ले-मिण्टो सुधार के नाम से भी जाना जाता है।
- साम्प्रदायिक निर्वाचन क्षेत्रों की पद्धति की शुरुआत भारत में 1909 का मार्ले-मिण्टो रिफॉर्म्स के द्वारा हुई।
- भारत में गरमदलीय आन्दोलन का पिता बाल गंगाधर तिलक को कहा जाता है।
- अरविंदो घोष पहले क्रांतिकारी थे जो बाद में एक योगी और दार्शनिक बन गए।
- वर्ष 1909 में मैडम भीकाजी कामा पेरिस में पैट्रियट समाचार-पत्र प्रकाशित करती थीं।
- भारत में मुस्लिम लीग की स्थापना वर्ष 1906 ई. में हुई थी।
- 1916 ई. में मद्रास में होमरूल मूवमेंट की प्रवर्तक एनी बेसेंट थीं।
- बाल गंगाधर तिलक द्वारा शुरू की गई साप्ताहिक पत्रिका 'केसरी' थी।
- भारतीय इतिहास में 1912 का ऐतिहासिक महत्व राजधानी का कोलकाता से दिल्ली स्थानान्तरण था।
- 'अल-हिलाल' समाचार-पत्र अबुल कलाम आजाद के द्वारा राष्ट्रीयता के प्रचार के लिए शुरू किया गया था।
- 'पंजाब केसरी' का खिताब लाला लाजपत राय को दिया गया था।
- भारतीय राष्ट्रीय कांग्रेस का प्रथम विभाजन 1907 ई. में हुआ था।
- महाराष्ट्र में गणपति उत्सव आरम्भ करने का श्रेय बाल गंगाधर तिलक को प्राप्त है।
- बंगाल विभाजन के विरुद्ध विद्रोह का नेतृत्व सुरेन्द्रनाथ बनर्जी ने किया था।
- 1907 के कांग्रेस के सूरत अधिवेशन की अध्यक्षता डॉ. रास बिहारी घोष ने की।
- दादाभाई नौरोजी ने 1906 में कलकत्ता कांग्रेस अधिवेशन की अध्यक्षता की थी।
- गदर पार्टी की स्थापना वर्ष 1913 में हुई।
- नवाब सलीमुल्लाह खाँ ने ऑल इंडिया मुस्लिम लीग की स्थापना की थी।
- कांग्रेस का 1916 का लखनऊ अधिवेशन में होमरूल समर्थक अपनी राजनीतिक शक्ति का सफलतापूर्वक प्रदर्शन कर सके।
- बाल गंगाधर तिलक को भारतीय 'अशांति के जनक' के रूप में जाना जाता है।
- 'अभिनव भारत' नामक अंग्रेज विरोधी संगठन की स्थापना वी.डी. सावरकर ने की थी।
- सरोजिनी नायडू ने मोहम्मद अली जिन्ना को 'हिन्दू-मुस्लिम एकता का दूत' कहा था।
- 'लाल-बाल-पाल' त्रिगुट के लाला लाजपत राय भारतीय राष्ट्रीय कांग्रेस का अध्यक्ष हुए।
- मुस्लिम लीग के प्रथम अध्यक्ष आगा खाँ थे।
- 'गीता रहस्य' नामक ग्रंथ बाल गंगाधर तिलक के द्वारा लिखा गया।
- कामागाटामारू कनाडा की यात्रा पर निकला एक जहाज था।
- स्वदेशी आन्दोलन (1905-08) के प्रारम्भ का तात्कालिक कारण लार्ड कर्जन द्वारा किया गया बंगाल विभाजन था।
- सूरत की फूट (1907) के बाद कांग्रेस गरम दल वालों के हाथ में आ गई।
- श्रीमती ऐनी बेसेंट कांग्रेस की अध्यक्ष कलकत्ता अधिवेशन, 1917 में निर्वाचित हुईं।
- अखिल भारतीय राष्ट्रीय कांग्रेस की प्रथम महिला अध्यक्ष श्रीमती एनी बेसेंट थीं।
- मुजफ्फरपुर में किंग्सफोर्ड की हत्या का प्रयास 1908 में किया गया।
- लार्ड हार्डिंग ने बंगाल विभाजन वर्ष 1911 में रद्द किया।
- वर्ष 1916 में मुस्लिम लीग और कांग्रेस के बीच एनी बेसेंट ने समझौता कराया था।
- अंग्रेज पुलिस अफसर कैप्टेन सांडर्स भगत सिंह के द्वारा गोली से मारा गया था।
- वर्ष 1940 में मुस्लिम लीग ने एक पृथक् राष्ट्र का संकल्प (पाकिस्तान प्रस्ताव) स्वीकार किया था।
- वर्ष 1947 के बाद हैदराबाद को भारत संघ में सैनिक कार्रवाई द्वारा बलपूर्वक मिलाया गया।

- सुभाष चन्द्र बोस ने कहा था, 'तुम मुझे खून दो, मैं तुम्हें आजादी दूँगा'।
- 'देशबंधु' की उपाधि चितरंजन (सी.आर.) दास से सम्बन्धित है।
- कांग्रेस का 1929 का अधिवेशन, लाहौर में हुआ था, जिसमें 'पूर्ण स्वराज्य' का लक्ष्य घोषित किया गया था।
- कांग्रेस ने भारत छोड़ो आन्दोलन का प्रस्ताव वर्ष 1942 में पारित किया।
- सुभाषचन्द्र बोस ने सिंगापुर में 'दिल्ली चलो' का नारा वर्ष 1943 में दिया।
- असहयोग आन्दोलन (1920-22) को चौरी-चौरा में हुई हिंसक घटना के कारण निलंबित किया गया।
- वर्ष 1928 में लाहौर में सांडर्स की हत्या के कारण भगत सिंह, राजगुरु और सुखदेव को 23 मार्च 1931 में फाँसी दी गई थी।
- गांधी-इरविन समझौता (5 मार्च, 1931) सविनय अवज्ञा आन्दोलन से अधिनियम है।
- काकोरी ट्रेन डकैती कांड के नायक रामप्रसाद बिस्मिल थे।
- 1919 के अधिनियम में द्वैध शासन (Dyarchy) धारणा को चेम्सफोर्ड ने परिचित कराया।
- वल्लभभाई पटेल एवं मोहम्मद अली जिन्ना ने 23 फरवरी, 1946 को रॉयल इंडियन नेवी के विद्रोहियों को आत्मसमर्पण के लिए राजी किया।
- 20 सितम्बर, 1932 को यर्वदा जेल में महात्मा गाँधी ने आमरण अनशन रैम्से मैकडोनाल्ड के सांप्रदायिक पंचाट (Communal Award) के विरुद्ध विरोध में किया।
- महात्मा गाँधी को सर्वप्रथम 'राष्ट्रपिता' सुभाष चन्द्र बोस ने कहा।
- भारतीय राष्ट्रीय कांग्रेस के सबसे अधिक समय तक अध्यक्ष अबुल कलाम आजाद रहे।
- भारत एवं पाकिस्तान का विभाजन माउंटबेटन योजना के तहत हुआ था।
- महात्मा गाँधी की हत्या 30 जनवरी, 1948 को हुई थी।
- सी. राजगोपालाचारी स्वतंत्र भारत के पहले गवर्नर-जनरल बने।
- 'कायदे आजम' मोहम्मद अली जिन्ना को कहा जाता है।
- भारतीय स्वतंत्रता आन्दोलन के दौरान चर्चित पुस्तक 'इंडिया फॉर इंडियन्स' के लेखक चित्तरंजन दास थे।
- जनरल माइक ओ डायर की हत्या ऊधम सिंह ने की थी।
- साइमन कमीशन का भारत आगमन वर्ष 1928 में हुआ।
- महात्मा गाँधी के राजनीतिक गुरु गोपाल कृष्ण गोखले थे।
- 'सारे जहाँ से अच्छा हिन्दोस्तां' के रचनाकार इकबाल हैं।
- 'दीनबन्धु' के नाम से सी.एफ. एण्ड्रूज विख्यात थे।
- 'माई एक्सपेरिमेंट विथ ट्रुथ' के रचनाकार महात्मा गाँधी हैं।
- चंपारण सत्याग्रह के दौरान महात्मा गाँधी के साथ राजेन्द्र प्रसाद व अनुग्रह नारायण सिंह शामिल थे।
- कांग्रेस का प्रथम विभाजन 1907 के सूरत अधिवेशन में हुआ था। इसमें दूसरा विभाजन मुंबई, 1918 में हुआ।
- वर्ष 1919 में पंजाब में हुए क्रूर अत्याचारों के विरोधस्वरूप ब्रिटिश सरकार से प्राप्त 'सर' की उपाधि रवीन्द्रनाथ टैगोर ने लौटा दी थी।
- जालियांवाला बाग के नरसंहार के समय भारत के वायसराय लार्ड चेम्सफोर्ड थे।
- जवाहरलाल नेहरू द्वारा लिखी गई पुस्तक डिस्कवरी ऑफ इंडिया है।
- 1923 ई. में चितरंजन दास एवं मोतीलाल नेहरू ने इलाहाबाद में स्वराज पार्टी की स्थापना की थी।
- जवाहरलाल नेहरू ने कहा, 'मध्य रात्रि के टकोर पर, जब संसार सोता है भारत अपने जीवन व स्वतंत्रता के लिए जाग उठेगा'।
- भारत की आजादी के समय कांग्रेस के अध्यक्ष जी.बी. कृपलानी थे।
- भारत एवं पाकिस्तान के बीच सीमांकन सर सीरिल रेडक्लिफ ने किया था।
- 'इण्डियन लिबरल फेडरेशन' की स्थापना एस.एन. बनर्जी ने की थी।
- दक्षिण अफ्रीका में महात्मा गाँधी द्वारा प्रकाशित पत्रिका का नाम इंडियन ओपिनियन था।
- वर्ष 1932 में अखिल भारतीय हरिजन संघ के संस्थापक महात्मा गाँधी थे।
- सिंगापुर में 21 अक्टूबर, 1943 को स्वतंत्र भारत की आजाद हिन्द सरकार की घोषणा की गई थी।
- 1947 के भारतीय राष्ट्रीय कांग्रेस के दिल्ली अधिवेशन की अध्यक्षता राजेन्द्र प्रसाद ने की।
- 'करो या मरो' (Do or Die) का नारा महात्मा गाँधी ने दिया।
- भारत में द्वैध शासन (Diarchy) प्रारम्भ मॉण्टेग्यू-चेम्सफोर्ड रिफॉर्म्स, 1919 से किया गया था।
- त्रिपुरी संकट की समाप्ति के बाद कांग्रेस का अध्यक्ष राजेन्द्र प्रसाद को चुना गया था।
- भारतीय राष्ट्रीय कांग्रेस के त्रिपुरी (जबलपुर) सम्मेलन में वर्ष 1939 में सुभाष चन्द्र बोस को कांग्रेस का अध्यक्ष चुना गया था।

- महात्मा गाँधी दक्षिण अफ्रीका से भारत वर्ष 1915 में लौटे।
- कवि इकबाल जिन्होंने 'सारे जहाँ से अच्छा' लिखा, भारत के पंजाब से सम्बन्धित हैं।
- 1937 में चुनावों में कांग्रेस द्वारा बहुमत प्राप्त प्रांतों की संख्या छह थी।
- भारतीय मुसलमानों के पृथक् राज्य के लिए 'पाकिस्तान' शब्द का प्रयोग सबसे पहले चौधरी रहमत अली ने किया था।
- वर्ष 1939 में कांग्रेस को छोड़ने के पश्चात् सुभाष चन्द्र बोस ने फॉरवर्ड ब्लॉक की स्थापना की।
- सूर्य सेन ने प्रसिद्ध चिटगांव शस्त्रागार धावे को आयोजित किया था।
- हंटर आयोग की नियुक्ति जालियांवाला बाग हत्याकांड के बाद की गई थी।
- लाला लाजपत राय ने कहा था, 'मेरी पीठ पर किया जाने वाला प्रहार ब्रिटिश साम्राज्य के ताबूत में एक कील सिद्ध होगी'।
- पुस्तक 'द स्टोरी ऑफ द इन्टीग्रेशन ऑफ द इंडियन स्टेट्स' वी.पी. मेनन ने लिखी।
- भारतीय स्वतंत्रता संघर्ष के दौरान सुभाष चन्द्र बोस ने 'फ्री इण्डियन लीजन' नामक सेना बनाई।
- वर्ष 1928 में 'हिन्दुस्तान सोशलिस्ट रिपब्लिक एसोसिएशन' (एच.एस.आर.ए.) की स्थापना दिल्ली में हुई थी।
- जालियांवाला बाग में प्रदर्शन के लिए किचलु और सत्यपाल के बंदी बनाए जाने के विरोध में प्रदर्शन के लिए लोग जमा हुए थे।
- 1942 के आन्दोलन में डॉ. राजेन्द्र प्रसाद को बांकीपुर जेल में कैद रखा गया था।
- भारत छोड़ो आन्दोलन 9 अगस्त, 1942 में प्रारम्भ हुआ।
- स्वामी श्रद्धानंद ने 4 अप्रैल, 1919 को दिल्ली की जामा मस्जिद के प्रवचन मंच से हिन्दू-मुस्लिम एकता पर भाषण दिया।
- व्यक्तिगत सत्याग्रह में विनोबा भावे को प्रथम सत्याग्रही तथा दूसरा सत्याग्रही पं. जवाहरलाल नेहरू को चुना गया था।
- तीसरा गोलमेज सम्मेलन (Round Table Conference) 1932 ई. में हुआ था।
- गाँधीजी ने दाण्डी समुद्र तट पर नमक कानून का उल्लंघन 12 मार्च, 1930 को किया था।
- 'इण्डिया डिवाइडेड' पुस्तक के लेखक डॉ. राजेन्द्र प्रसाद थे।
- भारतीय राष्ट्रीय कांग्रेस के 1924 के बेलगाम अधिवेशन से महात्मा गाँधी द्वारा मात्र एक बार अध्यक्षता की गई।
- राष्ट्रीय नेता विट्ठलभाई पटेल थे जो 1925 में सेंट्रल लेजिस्लेटिव एसेम्बली के अध्यक्ष निर्वाचित हुए थे।
- भूदान आन्दोलन विनोबा भावे ने प्रारम्भ किया था।
- 'लाइफ डिवाइन' पुस्तक के लेखक अरविंद घोष हैं।
- बंगाल की एशियाटिक सोसायटी (1784 में स्थापित) के प्रवर्तक सर विलियम जोन्स थे।
- प्रथम भारतीय नोबल पुरस्कार विजेता रवीन्द्रनाथ टैगोर थे।
- एनी बेसेंट ने 1898 ई. में बनारस में सेंट्रल हिन्दू कॉलेज स्थापित किया था, जो बाद में बनारस हिन्दू विश्वविद्यालय का केन्द्र बन गया।
- भारत के राष्ट्रीय ध्वज का डिजाइन मैडम भीकाजी कामा ने तैयार किया था।
- 'देवदास' उपन्यास के रचनाकार शरत चन्द्र चट्टोपाध्याय हैं।
- 'चित्रा' उपन्यास रवीन्द्रनाथ टैगोर के द्वारा लिखा गया है।
- 'क्षुधित पाषाण' (Hungry Stones) के रचयिता रवीन्द्रनाथ टैगोर हैं।
- 'विश्व इतिहास की झलक' (Glimpses of World History) के रचयिता जवाहरलाल नेहरू हैं।
- 27 दिसम्बर, 1911 में पहली बार 'जन-गण-मन' कोलकाता में गाया गया था।
- भारतीय नागरिक सेवा (आई.सी.एस.) को 'इस्पात का चौखट' (Steel Frame) की संज्ञा दी गई।
- ब्रिटिश ने भारत में प्रांतीय स्वायत्तता (Provincial Autonomy) भारत सरकार अधिनियम, 1955 से लागू कर दिया गया था।
- 'अमृत बाजार पत्रिका' की स्थापना शिशिर कुमार घोष ने की थी।
- 'झण्डा गीत' श्यामलाल गुप्त 'पार्षद' ने लिखा है।
- 1878 का वर्नाक्युलर प्रेस एक्ट लार्ड रिपन ने रद्द किया।
- अमेरिका में 'फ्री हिन्दुस्तान' अखबार तारकनाथ दास ने शुरू किया था।
- 'इंडियन अनरेस्ट' का लेखक वेलेन्टाइन शिरोल था।
- हंटर कमीशन की रिपोर्ट में प्राथमिक शिक्षा के विकास पर विशेष जोर दिया गया था।
- रेग्युलेटिंग एक्ट, 1773 के अन्तर्गत भारत में सर्वप्रथम सर्वोच्च न्यायालय की स्थापना हुई।
- 'गिल्टी मैन ऑफ इंडियाज पार्टीशन' पुस्तक डॉ. राममनोहर लोहिया ने लिखी है।
- 'लेक्चर्स फ्रॉम कोलंबो टू अल्मोड़ा' स्वामी विवेकानंद के अनुभवों पर आधारित है।

- 1854 की वुड विज्ञप्ति (Wood'd Dispatch) में अभिव्यक्त शिक्षा का लक्ष्य भारत में पाश्चात्य संस्कृति का विस्तार था।
- 'गोल्डेन थ्रेशहोल्ड' नामक कविता संग्रह की रचयिता सरोजिनी नायडू हैं।
- फैज अहमद फैज ने 'सुबहे आजादी' नामक कविता लिखी।
- भारत में प्रथम तीन विश्वविद्यालय (कलकत्ता, मद्रास, बम्बई) की स्थापना वर्ष 1857 में हुई।
- ईश्वर चन्द्र विद्यासागर ने 'सोमप्रकाश' नामक समाचार पत्र शुरू किया।

विश्व इतिहास

- सौर पंचांग मिस्र देश की देन है।
- मिस्र के विशाल पिरामिड का निर्माण सम्राट खुफ्रु ने गीजा में करवाया।
- चीन की सभ्यता को पीली नदी घाटी सभ्यता नाम से जाना जाता है।
- चीन का राष्ट्रपिता सनयात सेन को कहा जाता है।
- एशिया का मरीज़ चीन को कहा जाता है।
- यूरोप का मरीज तुर्की को कहा जाता है।
- विश्व में सर्वप्रथम सिक्का व कागजी मुद्रा का प्रचलन चीन में हुआ।
- यूरोपीय पुनर्जागरण इटली से शुरू होता है।
- इटली का फ्लोरेंस नगर पुनर्जागरण केन्द्र था।
- पुनर्जागरण का मुख्य लक्षण तार्किकवाद एवं मानववाद था।
- फासिज्म का जनक मुसोलिनी को माना जाता है।
- पुनर्जागरण काल में चित्रकला का जनक जियाटो को माना जाता है।
- धर्म सुधार आंदोलन का जनक मार्टिन लूथर किंग (जर्मनी) को कहा जाता है।
- अमेरिका के मूल निवासियों को रेड इंडियन कहा जाता है।
- अमेरिका ने दास प्रथा पर 1808 ई. में प्रतिबन्ध लगाया।
- फ्रांसीसी क्रांति से पूर्व फ्रांस में सामन्ती व्यवस्था थी।
- फ्रांसीसी साम्यवाद का जनक सेंट साइमन को माना जाता है।
- फ्रांस की राज्य क्रांति 1789 ई. में हुई।
- नेपोलियन फ्रांस का सम्राट् 1804 ई. में बना।
- सर्वप्रथम राष्ट्रवाद फ्रांस में विकसित हुआ था।
- आधुनिक फ्रांस का निर्माता नेपोलियन बोनापार्ट को कहा जाता है।
- वाटरलू का युद्ध नेपोलियन और मित्र राष्ट्रों के बीच 1815 ई. के बीच लड़ा गया था।
- नेपोलियन को बन्दी बनाकर सेंट हेलेना द्वीप पर भेजा गया।
- रूस के शासक को जार कहा जाता था।
- रूस का अन्तिम जार निकोलस द्वितीय था।
- रूस में नई आर्थिक नीति लेनिन ने 1921 में लागू की।
- आधुनिक रूस का निर्माता स्टालिन को कहा जाता है।
- नाजीवाद की स्थापना हिटलर ने 1920 ई. में की थी।
- जर्मनी के आर्थिक राष्ट्रवाद का पिता फ्रेडरिक लिस्ट को माना जाता है।
- 'दुनिया के मजदूर एक हों' का नारा कार्ल मार्क्स ने दिया था।
- वैज्ञानिक समाजवाद का संस्थापक कार्ल मार्क्स था।
- मेसोपोटामिया के देव मंदिर को जिगुरत कहते हैं।
- सीसे का सर्वप्रथम प्रयोग मेसोपोटामिया में हुआ था।
- 24 सितम्बर, 622 को हजरत मुहम्मद के मक्का से मदीना की यात्रा को हिजरी संवत या मुस्लिम संवत के नाम से जाना जाता है।
- पैगम्बर की शिक्षाओं का संग्रह कुरान ग्रन्थ में है।
- द्वितीय विश्व युद्ध के दौरान जापान के हिरोशिमा और नागासाकी नगरों पर परमाणु बम गिराए गए थे।
- द्वितीय विश्व युद्ध 1939-45 के मध्य हुआ।
- द्वितीय विश्व युद्ध में जर्मनी की पराजय का श्रेय रूस को दिया जाता है।
- पक्की सड़कें बनाने की विधि स्कॉटलैंड में विकसित हुई।
- तुर्की में ग्रिगोरियन कैलेण्डर का प्रचलन 26 दिसम्बर, 1925 ई. को प्रारम्भ हुआ।
- आधुनिक तुर्की का निर्माता मुस्तफा कमाल पाशा को माना जाता है।
- ईसाई धर्म का सर्वाधिक पवित्र प्रतीक क्रॉस है।
- 'डिवाइन कमेडी' दांते की रचना है।
- प्रिंस के रचनाकार मैकियावेली थे।
- 'मोनालिसा' चित्रकार लियानार्डो-द-विन्सी की कृति है।
- 'द लास्ट जजमेंट' और 'द फॉल ऑफ मैन' माइकल एंजेलो की रचना है।

वस्तुनिष्ठ प्रश्नोत्तर

1. चीनी यात्रियों के भारत भ्रमण की श्रृंखला में सुंगयुन का उल्लेख प्राप्त होता है। वह बौद्ध ग्रन्थों की खोज में भारत आया था, उसके भारत आने का समय था :

A. 518 ई॰ B. 629 ई॰
C. 642 ई॰ D. 817 ई॰

2. निम्नलिखित में से वह कौन-सा ग्रन्थ है जिसके आधार पर मैथ्यू अर्नाल्ड ने 'लाइट ऑफ एशिया' नामक ग्रंथ का प्रणयन किया?

A. अंगुत्तर निकाय B. महापरिनिब्बानसुत
C. ललित विस्तर D. बुद्धचरित

3. कालिदास के निम्न ग्रंथों में से किस ग्रंथ से शुंगों के इतिहास के बारे में जानकारी प्राप्त होती है?

A. कुमारसम्भव B. ऋतुसंहार
C. विक्रमोर्वशीयम D. मालविकाग्निमित्रम

4. सूची-I को सूची-II से मिलाइए और नीचे दिए गए कूट से सही उत्तर चुनें :

सूची-I (स्थल)	**सूची-II (वर्तमान समय में भौगोलिक स्थिति)**
(*a*) हड़प्पा	I. राजस्थान
(*b*) कालीबंगा	II. सिन्ध (पाकिस्तान)
(*c*) मोहनजोदड़ो	III. मकरान तट (पाकिस्तान - ईरान सीमा)
(*d*) सुत्कागेन्डोर	IV. पश्चिमी पंजाब (पंजाब)

कूटः

	(*a*)	(*b*)	(*c*)	(*d*)
A.	IV	II	III	I
B.	IV	III	II	I
C.	IV	I	II	III
D.	III	IV	II	I

5. हड़प्पा सभ्यता के अंतर्गत हल से जोते गए खेतों का साक्ष्य कहाँ से मिलता है?

A. रोपड़
B. लोथल
C. कालीबंगा
D. बनवाली

6. सूची-I को सूची-II से सुमेलित कीजिए और सूचियों के नीचे दिए गए कूटों की सहायता से सही उत्तर का चयन कीजिए।

सूची-I	**सूची-II**
(*a*) युगल शवाधान	1. चन्हूदड़ो
(*b*) अग्नि वेदिकाएँ	2. कालीबंगा
(*c*) कर्मकारों के निवास	3. लोथल
(*d*) मनकाकारी	4. बनवाली
	5. हड़प्पा

	(*a*)	(*b*)	(*c*)	(*d*)
A.	3	2	5	1
B.	3	4	1	2
C.	4	2	3	5
D.	2	3	5	1

7. मोहनजोदड़ो पाकिस्तान में कहाँ स्थित है?

A. कराची में B. लरकाना जिले में
C. पेशावर में D. लाहौर में

8. ऋग्वेद में उल्लिखित 'यदु' एवं "तुर्वस" थे :

A. दो सेनानायक B. दो भाई
C. दो राजे D. दो जन

9. ऋग्वैदिक काल में वर्षा का सबसे प्रमुख देवता कौन था ?

A. इन्द्र B. कृष्ण
C. वरुण D. पशुपति

10. सूची-I को सूची-II के साथ सुमेलित कीजिएः

सूची-I	**सूची-II**
(*a*) प्रथम बौद्ध संगीति	I. वसुमित्र
(*b*) द्वितीय बौद्ध संगीति	II. मोग्गलिपुत तिस्स
(*c*) तृतीय बौद्ध संगीति	III. सब्बाकामि
(*d*) चतुर्थ बौद्ध संगीति,	IV. महाकस्सप

कूटः

	(*a*)	(*b*)	(*c*)	(*d*)
A.	I	II	III	IV
B.	IV	III	II	I
C.	I	III	II	IV
D.	IV	II	I	III

11. बुद्ध के जीवन की घटनाओं और उनसे सम्बद्ध स्थलों को सुमेलित करें :

(*a*) जन्मस्थान — I. लुम्बिनी
(*b*) ज्ञान की प्राप्ति — II. बोधगया
(*c*) प्रथम उपदेश — III. सारनाथ
(*d*) निर्वाण की प्राप्ति — IV. कुशीनगर

कूटः

	(*a*)	(*b*)	(*c*)	(*d*)
A.	I	II	III	IV
B.	I	III	II	IV
C.	IV	II	III	I
D.	III	II	I	IV

12. वैदिक राजा की सहायता करने वाला सबसे महत्वपूर्ण अधिकारी था :

A. पुरोहित B. सेनानी
C. ग्रामणी D. व्राजपति

13. 'असतो मा सद्गमय' कहाँ से लिया गया है?

A. ऋग्वेद B. सामवेद
C. यजुर्वेद D. अथर्ववेद

14. 'गायत्री मंत्र' किस वेद से लिया गया है?

A. ऋग्वेद B. सामवेद
C. यजुर्वेद D. अथर्ववेद

15. नागार्जुन के शून्यवाद का प्रतिपादन किया गया है :

A. योगाचार B. वैभाषिक
C. माध्यमिक D. सैद्धान्तिक

16. मोहम्मद-बिन कासिम द्वारा सिन्ध की विजय कब हुई?

A. 713 ई。 B. 716 ई。
C. 712 ई。 D. 719 ई。

17. दिल्ली सल्तनत का वह प्रथम सुल्तान कौन था जिसने 'स्थायी सेना' रखी?

A. इल्तुतमिश B. बलबन
C. अलाउद्दीन खिलजी D. मोहम्मद-बिन-तुगलक

18. निम्नलिखित में से कौन-सा स्थल 'त्रिमूर्ति' के लिए विख्यात है?

A. अजन्ता B. एलोरा
C. एलिफेण्टा D. इनमें से कोई नहीं

19. संगम युग में प्रांतों को मंडलम में विभाजित किया गया था और मंडलम का भी उपविभाजन निम्नलिखित में से किसमें हुआ था?

A. नाडु B. कुर्रम
C. कोट्टम D. उर

20. गुप्त काल का प्रसिद्ध खगोलशास्त्री कौन था?

A. भास्कराचार्य B. वराहमिहिर
C. आर्यभट्ट D. ब्रह्मगुप्त

21. सूची-I को सूची-II के साथ सुमेलित करें :

सूची-I (स्थान)	सूची-II (स्मारक)
(*a*) एलीफेन्टा	1. स्तूप
(*b*) श्रवणबेलगोला	2. मंदिर
(*c*) खजुराहो	3. गुफा
(*d*) साँची	4. मूर्ति

कूटः

	(*a*)	(*b*)	(*c*)	(*d*)
A.	4	2	3	1
B.	3	4	2	1
C.	2	4	3	1
D.	3	2	4	1

22. दीवान-ए-कोही किससे संबंधित है?

A. मोहम्मद-बिन-तुगलक से B. फिरोजशाह तुगलक से
C. अकबर से D. अलाउद्दीन खिलजी से

23. तैमूर ने किसके शासन काल में भारत पर आक्रमण किया?

A. अलाउद्दीन खिलजी के B. बहलोल लोदी के
C. नसीरूद्दीन महमूद के D. मोहम्मद-बिन-तुगलक के

24. 'विजय स्तम्भ' (चित्तौड़) का निर्माण किसने कराया?

A. राणा सांगा B. राणा कुंभा
C. राणा प्रताप D. अमर सिंह

25. मोहम्मद गौरी को सबसे पहले किसने पराजित किया?

A. भीम II B. पृथ्वीराज चौहान
C. जयचंद D. पृथ्वीराज II

26. दिल्ली का प्रथम मुस्लिम शासक कौन था?

A. कुतुबुद्दीन ऐबक B. इल्तुतमिश
C. महमूद गजनवी D. मोहम्मद गौरी

27. निम्नलिखित में से विजयनगर राज्य का प्रथम राजवंश कौन-सा था?

A. होयसल B. संगम

C. सालुव D. तुलुव

28. निम्न में से किसे 'आन्ध्र भोज' के नाम से जाना जाता है?

A. देवराय द्वितीय B. बुक्का

C. कृष्णदेव राय D. कुली कुतुब शाह

29. गुलामवंश के आरम्भिक शासकों का निम्न में से कौन-सा सही अनुक्रम है?

1. कुतुबुद्दीन ऐबक 2. शम्सुद्दीन इल्तुतमिश
3. रजिया सुल्तान 4. आरामशाह

A. 1, 2, 3, 4 B. 1, 4, 2, 3

C. 1, 3, 2, 4 D. 4, 3, 2, 1

30. प्रथम भक्ति आन्दोलन का आयोजन किसने किया था?

A. नानक B. मीरा

C. रामदास D. रामानुजाचार्य

31. सूची-I को सूची-II से सुमेलित कीजिए और सूचियों के नीचे दिए गए कूटों की सहायता से सही उत्तर का चयन कीजिए :

सूची-I	**सूची-II**
(*a*) 1556	1. हल्दी घाटी का युद्ध
(*b*) 1600	2. नादिरशाह का दिल्ली पर कब्जा
(*c*) 1680	3. शिवाजी का देहान्त
(*d*) 1739	4. ईस्ट इण्डिया कम्पनी को अधिकार-पत्र प्रदान किया जाना
	5. अकबर का राज्यारोहण

	(*a*)	(*b*)	(*c*)	(*d*)
A.	3	4	2	1
B.	5	4	3	2
C.	5	2	1	4
D.	1	5	3	2

32. आगरा के लाल किले के निर्माण के श्रेय का अधिकारी कौन है?

A. सिकन्दर लोदी B. अकबर

C. जहाँगीर D. शाहजहाँ

33. सिक्खों के अंतिम गुरु कौन थे?

A. गुरु अर्जन देव B. गुरु तेग बहादुर

C. गुरु गोविन्द सिंह D. इनमें से कोई नहीं

34. निम्न विदेशी भ्रमणकारियों को भारत भ्रमण के संबंध में सही क्रम में संयोजित करें–

1. सर टामस रो 2. राल्फ फिंच
3. विलियम हाकिन्स 4. डोमिंगो पायस
5. बारबोसा

A. 3, 4, 1, 2, 5 B. 5, 2, 4, 1, 3

C. 4, 5, 3, 2, 1 D. 5, 4, 2, 3, 1

35. निम्न यूरोपीय शक्तियों ने भारतीय व्यापार में समय-समय पर प्रवेश किया :

1. अंग्रेज 2. डच
3. फ्रांसीसी 4. पुर्तगाली

निम्न कूट से उनके प्रवेश का सही तिथिक्रम निर्धारित कीजिए :

कूट :

A. 4, 1, 2, 3 B. 4, 1, 3, 2

C. 3, 4, 2, 1 D. 4, 2, 1, 3

36. अंग्रेजों ने अपनी प्रथम फैक्ट्री कहाँ पर स्थापित की थी?

A. कलकत्ता में B. अहमदाबाद में

C. भड़ौच में D. मछलीपट्टनम में

37. निम्नलिखित में से कौन-सा युग्म सही सुमेलित है?

A. बक्सर का युद्ध – मीर जाफर विरुद्ध क्लाइव

B. वांडीवाश का युद्ध – फ्रांसीसी विरुद्ध ईस्ट इंण्डिया कम्पनी

C. चिलियाँवाला का युद्ध – डलहौजी विरुद्ध मराठे

D. खुर्दा का युद्ध – निजाम विरुद्ध ईस्ट इण्डिया कम्पनी

38. रैयतवाड़ी प्रथा प्रारम्भ की थी :

A. टॉमस मुनरो ने B. मार्टिन बर्ड ने

C. कार्नवालिस ने D. लार्ड डलहौजी ने

39. भारत में जिस प्रथम राजनीतिक संगठन की स्थापना 1838 में हुई उसका नाम था :

A. ब्रिटिश इंडिया सोसायटी

B. बंगाल ब्रिटिश इंडिया सोसायटी

C. सेटलर्स एसोसिएशन

D. जमींदारी एसोसिएशन

40. भारत में स्थानीय स्वायत्तशासी संस्थाएँ 1882 में सशक्त की गई थीं :

A. जार्ज बार्लो द्वारा B. लार्ड रिपन द्वारा
C. लार्ड कर्जन द्वारा D. लार्ड लिटन द्वारा

41. निम्नलिखित में से ब्रिटिश सरकार का वह गवर्नर जनरल कौन है जिसने भारत में डाक टिकट शुरू किए थे?

A. लॉर्ड डलहौजी B. लॉर्ड आकलैंड
C. लॉर्ड कैनिंग D. लॉर्ड विलियम बैंटिंक

42. सती प्रथा का अन्त करने तथा ठगी को समाप्त करने का श्रेय किसको जाता है?

A. लॉर्ड डलहौजी B. लॉर्ड विलियम बैंटिंक
C. लॉर्ड आकलैंड D. लॉर्ड कैनिंग

43. 1857 के विद्रोह के ठीक बाद बंगाल में निम्नलिखित में से कौन-सा विप्लव हुआ?

A. सन्यासी विद्रोह B. संथाल विद्रोह
C. नील उपद्रव D. पवना उपद्रव

44. प्रार्थना समाज की स्थापना किसने की थी?

A. केशवचन्द्र सेन ने B. देवेन्द्र ठाकुर ने
C. राजा राममोहन राय ने D. ईश्वरचन्द्र विद्यासागर ने

45. निम्नलिखित कथनों पर विचार कीजिए :
दादाभाई नौरोजी :

1. तीन बार भारतीय राष्ट्रीय कांग्रेस के अध्यक्ष चुने गए थे
2. ने 'पावर्टी एण्ड अनब्रिटिश रूल इन इंडिया' नामक पुस्तक की रचना की
3. ने 'नेशनल सोशल कांफ्रेंस' की स्थापना की

A. केवल 1 B. 1 और 2
C. 2 और 3 D. केवल 3

46. भारतीय राष्ट्रीय कांग्रेस के सर्वप्रथम मुस्लिम अध्यक्ष थे:

A. अबुल कलाम आजाद B. रफी अहमद किदवई
C. एम.ए. अन्सारी D. बदरुद्दीन तैयब जी

47. 1943 में आजाद हिन्द फौज अस्तित्व में आई :

A. जापान में B. तत्कालीन बर्मा में
C. सिंगापुर में D. तत्कालीन मलाया में

48. क्रान्तिकारियों के एक गुप्त समाज 'अभिनव भारत' का गठन किया था :

A. खुदीराम बोस ने B. वी.डी. सावरकर ने
C. प्रफुल्ल चाकी ने D. भगत सिंह ने

49. गदर पार्टी का नेता कौन था?

A. भगत सिंह B. लाला हरदयाल
C. बाल गंगाधर तिलक D. वी.डी. सावरकर

50. लाल, बाल और पाल त्रिगुट का कौन व्यक्ति भारतीय राष्ट्रीय कांग्रेस का अध्यक्ष हुआ?

A. लाला लाजपत राय B. बाल गंगाधर तिलक
C. बिपिनचन्द्र पाल D. इनमें से कोई नहीं

उत्तरमाला

1	2	3	4	5	6	7	8	9	10
A	C	D	C	C	A	B	D	D	B
11	**12**	**13**	**14**	**15**	**16**	**17**	**18**	**19**	**20**
A	A	A	A	C	B	A	C	A	C
21	**22**	**23**	**24**	**25**	**26**	**27**	**28**	**29**	**30**
B	A	C	B	A	A	B	C	B	D
31	**32**	**33**	**34**	**35**	**36**	**37**	**38**	**39**	**40**
B	B	C	C	D	A	B	D	D	B
41	**42**	**43**	**44**	**45**	**46**	**47**	**48**	**49**	**50**
A	B	C	A	C	D	C	B	B	A

***

2 भूगोल

- हिकैटियस को 'भूगोल का जनक' कहा जाता है।
- भूगोल को एक अलग अध्ययनशास्त्र के रूप में स्थापित करने का श्रेय विद्वान इरैटोस्थनीज को है।
- भूगोल के लिए 'ज्योग्रैफिका' (Geographica) शब्द का प्रयोग सर्वप्रथम इरैटोस्थनीज ने किया।
- भूगोल को 'मानव पारिस्थितिकी' के रूप में परिभाषित करने वाला विद्वान एच.एच. बैराज है।
- 'क्षेत्रीय भूगोल' (Regional Geography) का पिता कार्ल रिटर को कहा जाता है।
- 'मानव भूगोल का संस्थापक' कार्ल रिटर को कहा जाता है।
- सूर्य के चारों ओर घूमने वाले खगोलीय पिण्ड ग्रह कहलाते हैं।
- किसी ग्रह के चारों ओर परिक्रमा करने वाले छोटे आकाशीय पिण्ड को उपग्रह कहते हैं।
- ग्रहों की गति का नियम केप्लर ने प्रतिपादित किया।
- आकार के अनुसार सौरमण्डल के ग्रहों का अवरोही क्रम बृहस्पति, शनि, अरुण, वरुण, पृथ्वी, शुक्र, मंगल एवं बुध है।
- 'सौर-प्रणाली' की खोज कॉपरनिकस ने की।
- एक ग्रह की अपने कक्ष में सूर्य से अधिकतम दूरी को अपसौर कहा जाता है।
- एक ग्रह की अपने कक्ष में सूर्य से न्यूनतम दूरी को उपसौर कहा जाता है।
- सूर्य के सबसे दूर वरुण ग्रह है।
- बुध ग्रह सूर्य के सबसे निकट स्थित है।
- बुध और शुक्र ग्रह के पास उपग्रह नहीं हैं।
- शुक्र ग्रह को 'पृथ्वी की बहन' कहा जाता है।
- शुक्र ग्रह को 'शाम का तारा' (Evening Star) कहा जाता है।
- सबसे चमकीला ग्रह शुक्र है।
- सूर्य तथा पृथ्वी के निकटतम ग्रह क्रमशः शुक्र और बुध हैं।
- यूरोपवासी शुक्र ग्रह की पूजा देवी के रूप में करते थे।
- शुक्र ग्रह को 'सुबह का तारा' कहा जाता है।
- शुक्र ग्रह को 'सौन्दर्य का देवता' कहा जाता है।
- उत्तरी ध्रुव की खोज रॉबर्ट पियरी ने की।
- दक्षिणी ध्रुव की खोज एमण्डसेन ने की।
- पृथ्वी की उपसौर (Perihelion) स्थिति जनवरी महीने में होती है।
- पृथ्वी की सूर्य से अपनी अधिकतम दूरी 4 जुलाई को होती है।
- दिन व रात होने का कारण पृथ्वी का अपने अक्ष पर घूर्णन है।
- पृथ्वी अपनी धुरी पर 23 घण्टे 56 मिनट 4 सेकण्ड में घूमती है।
- इक्विनॉक्स (Equinox) का तात्पर्य दिन और रात समान अवधि के होते है।
- दक्षिणी गोलार्द्ध में सबसे लम्बा दिन 22 दिसम्बर को होता है।
- कॉपरनिकस ने सर्वप्रथम प्रतिपादित किया कि सूर्य हमारे सौरमण्डल का केन्द्र है और पृथ्वी उसकी परिक्रमा करती है।
- 21 जून को उत्तरी गोलार्द्ध में सबसे लम्बा दिन होता है।
- 22 दिसम्बर को उत्तरी गोलार्द्ध में सबसे छोटा दिन होता है।
- पृथ्वी का विषुवतीय व्यास लगभग 12,750 किमी. है।
- पृथ्वी को उसके काल्पनिक अक्ष पर घूमने को घूर्णन कहते हैं।
- मंगल ग्रह के दिन का मान और उसके अक्ष का झुकाव लगभग पृथ्वी के दिन के मान और झुकाव के तुल्य है।
- शनि के चारों ओर वलय है।
- नासा के बृहस्पति से सम्बन्धित मिशन का नाम 'जूनो' है।
- आकाश का सबसे चमकदार तारा सिरियस है।
- हैली धूमकेतु का आवर्तकाल होता 76 वर्ष है।
- पश्चिम की ओर भ्रमण करने वाला ग्रह अरुण है।
- जब चन्द्रमा पृथ्वी और सूर्य के मध्य आ जाता है और सूर्य पूरी तरह स्पष्ट दिखाई नहीं देता है तब सूर्य ग्रहण होता है।

- डायमण्ड रिंग (Diamond Ring) की घटना सूर्य ग्रहण के दिन होती है।
- चन्द्रग्रहण का कारण सूर्य एवं चन्द्रमा के बीच पृथ्वी का आना है।
- सूर्य की बाह्यतम परत को किरीट (कोरोना) कहते हैं।
- पृथ्वी की सबसे ऊपरी परत के लिए सर्वप्रथम 'सियाल' (SiAl) शब्द का प्रयोग स्वेस ने किया।
- पृथ्वी की सबसे आन्तरिक परत को बेरीम्फीयर कहा जाता है।
- पृथ्वी पर सबसे उच्चतम तापक्रम 25° उत्तरी अक्षांश पर रिकॉर्ड किए जाते हैं।
- क्षेत्रफल की दृष्टि से विश्व का सबसे बड़ा महाद्वीप एशिया है।
- क्षेत्रफल की दृष्टि से सबसे छोटा महाद्वीप ऑस्ट्रेलिया है।
- यूरोप महाद्वीप को प्रायद्वीपीय महाद्वीप के नाम से जाना जाता है।
- अंटार्कटिका महाद्वीप को 'महाद्वीप' के नाम से जाना जाता है।
- एशिया महाद्वीप को 'महाद्वीपों का महाद्वीप' कहा जाता है।
- एशिया महाद्वीप को उसके काफी बड़े भाग में वर्षा की कम मात्रा की प्राप्ति के कारण 'प्यासी भूमि का महाद्वीप' कहा जाता है।
- एशिया महाद्वीप को विकास की अधिक संभावनाओं की विद्यमानता के कारण 'भविष्य का भण्डारगृह' कहा जाता है।
- ऑस्ट्रेलिया महाद्वीप को 'पक्षियों का महाद्वीप' के उपनाम से जाना जाता है।
- अंटार्कटिका महाद्वीप की संरचना अंग्रेजी के 'एस' (S) अक्षर की तरह है।
- अफ्रीका महाद्वीप से होकर कर्क, विषुवत एवं मकर तीनों रेखाएँ गुजरती हैं।
- उत्तर अमेरिका महाद्वीप की सर्वोच्च पर्वत चोटी माउण्ट मैकिन्ले है।
- दक्षिण अमेरिका महाद्वीप का सर्वोच्च पर्वत शिखर माउण्ट एकांकागुआ है।
- अफ्रीका महाद्वीप का सर्वोच्च पर्वत शिखर माउण्ट किलिमंजारो है।
- एशिया महाद्वीप का सर्वोच्च पर्वत शिखर माउण्ट एवरेस्ट है।
- यूरोप महाद्वीप की सर्वोच्च पर्वत शिखर है—माउण्ट एल्ब्रश
- अंटार्कटिका महाद्वीप में सरीसृप नहीं पाये जाते हैं।
- पुत्राजाया मलेशिया की प्रशासनिक राजधानी तथा संघीय प्रशासनिक केन्द्र है।
- यूरोप की एक पर्वत शृंखला आल्पस है।
- अफ्रीका महाद्वीप में एटलस पर्वत स्थित है।
- ओजोन छिद्र का निर्माण सर्वाधिक अंटार्कटिका के ऊपर है।
- महासागरीय सतह का निर्माण बेसाल्ट प्रकार की चट्टानों से हुआ है।
- पृथ्वी के कोर (Core) में लोहा एवं निकेल तत्व की प्रधानता होती है।
- देशांतरीय दूरी एक घंटे के समयान्तराल 15 डिग्री के बराबर होती है।
- भूमध्य रेखा से उत्तर या दक्षिण किसी दिए गए स्थान की कोणीय दूरी अक्षांश कहलाती है।
- ट्रॉपिक ऑफ कैंसर (Tropic of Cancer) 23½° उत्तरी अक्षांश रेखा है।
- विषुवत् रेखा के समानान्तर कल्पित रेखाएँ अक्षांश रेखाएँ कहलाती हैं।
- दोनों ध्रुवों को जोड़ने वाली वह काल्पनिक रेखा जो भूमध्य रेखा को समकोण पर प्रतिच्छेद करती है, देशान्तर कहलाती है।
- एक देशान्तर से दूसरे देशान्तर के बीच 4 मिनट का समयान्तराल होता है।
- पृथ्वी के उत्तरी ध्रुव एवं दक्षिणी ध्रुव को मिलाने वाली रेखा देशान्तर रेखा कहलाती है।
- यदि दो स्थानों के बीच समय में अन्तर 2 घंटे 20 मिनट है तो देशान्तर में अन्तर 35° होगा।
- दो स्थानों के देशान्तरों में 1° का अन्तर होने पर उनके समयों में 15 मिनट का अन्तर होगा।
- अन्तर्राष्ट्रीय तिथि रेखा का निर्धारण वर्ष 1884 ई. में किया गया।
- ग्रीनविच से 180° मध्याह्न काल्पनिक रेखा अन्तर्राष्ट्रीय तिथि रेखा कहलाती है।
- ग्रीनविच माध्य समय (GMT) तथा भारतीय प्रमाण समय (IST) के बीच समयान्तराल 5 घंटे 30 मिनट है।
- नैनी का प्रामाणिक समय एवं स्थानीय समय लगभग एकसमान है।
- भारत के सर्वाधिक पूर्व एवं पश्चिम में स्थित स्थानों के स्थानीय समय में 2 घंटे का अन्तर है।
- द्वीपों की सर्वाधिक संख्या प्रशान्त महासागर में देखने को मिलती है।

- ग्रीनलैंड विश्व का सबसे बड़ा द्वीप है।
- सेशिल्स द्वीप हिन्द महासागर में स्थित है।
- आइसलैंड द्वीप को 'अग्नि द्वीप' के नाम से जाना जाता है।
- हवाई द्वीप को 'प्रशान्त महासागर का चौराहा' कहा जाताहै।
- इंडोनेशिया की राजधानी 'जकार्ता' जावा द्वीप पर स्थित है।
- जापान की राजधानी 'टोकियो' होन्शू द्वीप पर स्थित है।
- भारत का सबसे बड़ा द्वीप मध्य अंडमान है।
- भारत का दक्षिणतम द्वीप ग्रेट निकोबार है।
- जावा द्वीप 'इंडोनेशिया का हृदय स्थल' कहलाता है।
- जापान का नागासाकी नगर क्यूशू द्वीप पर स्थित है।
- भारत एवं श्रीलंका के मध्य विवाद कच्चा तिवु द्वीप को लेकर है।
- भारत एवं बांग्लादेश के मध्य विवाद न्यूमूर द्वीप कोलेकर है।
- विषुवत्‌रेखीय वर्षा वनों का सबसे बड़ा प्रदेश दक्षिण अमेरिका महाद्वीप में है।
- स्प्रूस, फर तथा चीड़ मुख्य रूप से टैगा वनों में पायेजाते हैं।
- मलेरिया की दवा कुनैन सिनकोना वृक्ष से प्राप्त कीजाती है।
- साइबेरिया क्षेत्र में समशीतोष्ण कोणधारी वन को टैगा नाम से जाना जाता है।
- भूमध्य रेखा के निकट उष्ण कटिबंधी वन तरह के वन पाए जाते हैं।
- निर्माण की दृष्टि से आग्नेय चट्टान सर्वाधिक प्राचीन है।
- भूगर्भ में विशाल आकार की गुम्बदाकार आग्नेय चट्टान को बैथोलिथ नाम से जाना जाता है।
- जानवरों, वनस्पतियों एवं सूक्ष्म जीवों के अवशेष अवसादी चट्टान प्रकार की चट्टानों में पाये जाते हैं।
- चूना पत्थर (Lime Stone) का कायान्तरित रूप संगमरमर है।
- रूपान्तरित चट्टानों की उत्पत्ति आग्नेय और तलछटी से चट्टानों से होती है।
- पृथ्वी की आन्तरिक संरचना की विश्वसनीय जानकारी प्राप्त करने का सबसे प्रमुख स्रोत भूकम्प विज्ञान है।
- भू-गर्भ में जिस स्थान पर भूकम्पीय तरंगों की उत्पत्ति होती है, उस स्थान को भूकम्प केन्द्र कहा जाता है।
- अधिकेन्द्र (Epicentre) भूकम्प का एक बिन्दु है, जो भूकम्प उद्गम केन्द्र के ऊपर भूपृष्ठीय बिन्दु से सम्बन्धित है।
- तरल पदार्थों से होकर न गुजर सकने वाली भूकम्पीय लहर S है।
- सीस्मोग्राफ भूकम्पीय तरंगों को मापने के लिए काम में लाया जाता है।
- भूकम्प के अध्ययन को सीस्मोलॉजी कहते हैं।
- अग्नि वलय (Circle of Fire) प्रशान्त परिमेखला कहा जाता है।
- 'पेले अश्रु' (Pale's Tear) की उत्पत्ति ज्वालामुखी उद्‌गार के समय होती है।
- विश्व के अधिकांश सक्रिय ज्वालामुखी नवीन मोड़दार पर्वतीय क्षेत्रों में पाए जाते हैं।
- प्रशान्त महासागर के चारों तरफ स्थित ज्वालामुखी की पेटी को अग्नि श्रृंखला कहा जाता है।
- लम्बे समय तक शान्त रहने के पश्चात्‌ विस्फोट होने वाला ज्वालामुखी सुसुप्त ज्वालामुखी कहलाता है।
- 'कोटोपैक्सी' इक्वाडोर में स्थित है।
- पृथ्वी की सतह के नीचे द्रवीभूत शैल मैग्मा कहलाता है।
- मृत ज्वालामुखी किलिमंजारो तंजानिया देश में स्थित है।
- स्ट्राम्बोली ज्वालामुखी को भूमध्य सागर का प्रकाश स्तम्भ (Light house of the Mediterranean sea) कहा जाता है।
- माउण्ट एटना ज्वालामुखी सिसली द्वीप पर स्थित है।
- पर्वतों की उत्पत्ति से सम्बन्धित रेडियो सक्रियता सिद्धान्त का प्रतिपादन जॉली ने किया है।
- हिमालय पर्वत नवीन वलित पर्वत के अन्तर्गत आता है।
- रॉकीज, एण्डीज, एटलस, आल्पस, हिमालय आदि वलित पर्वत हैं।
- हिमालय की उत्पत्ति टेथिस भूसन्नति से हुई है।
- दक्षिणी आल्पस पर्वत श्रेणी ऑस्ट्रेलिया में स्थित है।
- रॉकीज पर्वत महाद्वीपीय जलविभाजक के रूप में जाना जाता है।
- विश्व की सबसे लम्बी पर्वतमाला एण्डीज है।
- पर्वतों के उन प्राकृतिक अंतरालों को दर्रा कहा जाता है, जो मार्ग बन जाते हैं।
- माउण्ट एवरेस्ट सबसे ऊँचा पर्वत है।
- एण्डीज पर्वतमाला की सर्वोच्च चोटी एकांकागुआ है।
- अफ्रीका का सर्वोच्च पर्वत शिखर माउण्ट किलिमंजारो तंजानिया में अवस्थित है।
- उत्तर अमेरिका की सर्वोच्च पर्वत चोटी माउण्ट मैकिन्ले है।

- स्पेन और फ्रांस की मध्य पिरेनीज पर्वत सीमा बनाता है।
- यूरोप में आल्पस, उत्तरी अमेरिका में रॉकीज तथा दक्षिण अमेरिका में एण्डीज वलित पर्वत उदाहरण हैं।
- विश्व का सर्वाधिक ऊँचा पठार तिब्बत का पठार है।
- तिब्बत का पठार हिमालय पर्वत तथा क्युनलून के मध्य स्थित है।
- पामीर को 'विश्व की छत' कहा जाता है।
- संसार का सबसे बड़ा मरुस्थल सहारा है।
- गोबी मरुस्थल मंगोलिया में स्थित है।
- 'अल जजीरा' रेगिस्तान सूडान में स्थित है।
- तकलामाकन मरुस्थल चीन में स्थित है।
- कालाहारी मरुस्थल बोत्सवाना में स्थित है।
- महाद्वीपों के सामान्यतः पश्चिमी भाग में मरुस्थलों की उपस्थिति पायी जाती है।
- थार मरुस्थल भारत में है।
- विश्व का सबसे शुष्कतम मरुस्थल अटाकामा है।
- विश्व का मरुस्थल विहीन महाद्वीप यूरोप है।
- पनामा नहर के उत्तरी सिरे पर कोलोन पत्तन स्थित है।
- पनामा नहर के दक्षिणी सिरे पर स्थित पनामा पत्तन है।
- विश्व की सबसे बड़ी जहाजरानी नहर स्वेज नहर है।
- स्वेज नहर भूमध्य सागर को लाल सागर से जोड़ती है।
- स्वेज नहर का निर्माण 1854 ई. में प्रारम्भ हुआ।
- कील नहर उत्तरी सागर को बाल्टिक सागर से जोड़ती है।
- कील नहर बाल्टिक सागर को उत्तरी सागर से मिलाती है।
- जल के आयतन के आधार पर विश्व की सबसे बड़ी नदी अमेजन है।
- मिस्र की सभ्यता को नील नदी का वरदान कहा जाता है।
- यूरोप की राइन नदी 'कोयला नदी' के नाम से जानी जाती है।
- यूरोप महाद्वीप की सबसे लम्बी नदी वोल्गा है।
- पराना तथा पराग्वे नदियों के संगम के पश्चात् इसका सम्मिलित नाम लाप्लाटा हो जाता है।
- नील नदी का उद्गम भूमध्य रेखा के समीप से होता है।
- लिम्पोपो नदी मकर रेखा को दो बार काटती है।
- राइन नदी को 'यूरोपीय व्यापार की जीवन रेखा' कहा जाता है।
- महावेली गंगा श्रीलंका की सबसे बड़ी नदी है।
- बांग्लादेश में गंगा नदी को पद्मा के नाम से पुकारा जाता है।
- यूरोपीय नदी डेन्यूब ब्लैक फोरेस्ट से निकलकर काला सागर में गिरती है।
- ह्वांगहो नदी को 'चीन का शोक' कहा जाता है।
- सर (Syr) और आमू (Amu) नदियाँ अरल सागर में गिरती हैं।
- लम्बाई के घटते क्रम में विश्व की तीन सबसे लम्बी नदियाँ नील, अमेजन, मिसौरी-मिसीसिपी हैं।
- इराक में से यूफ्रेटस व टिगरिस नदियाँ बहती हैं।
- विश्व की अपवाह क्षेत्र की दृष्टि से सबसे बड़ी नदी अमेजन है।
- दक्षिण अमेरिका की सबसे बड़ी नदी अमेजन है।
- विश्व का सबसे ऊँचा जलप्रपात एंजिल वेनेजुएला देश में स्थित है।
- बोयोमा जलप्रपात जैरे नदी पर स्थित है।
- स्टेनली जलप्रपात कांगो नदी पर स्थित है।
- नियाग्रा जलप्रपात सेण्ट लॉरेंस नदी पर स्थित है।
- नियाग्रा जलप्रपात ईरी एवं ओण्टेरियो दो झीलों के मध्य स्थित है।
- नियाग्रा जलप्रपात यू.एस.ए. एवं कनाडा सीमा पर स्थित है।
- विश्व की सबसे बड़ी झील कैस्पियन सागर है।
- विश्व की सबसे बड़ी मीठे जल की झील सुपीरियर झील है।
- सर्वाधिक ऊँचाई पर स्थित नौकायन झील टिटिकाका है।
- विश्व की सबसे बड़ी खारे जल की झील कैस्पियन सागर है।
- कैस्पियन सागर रूस और ईरान के बीच स्थित है।
- विक्टोरिया झील (Victoria Lake) तंजानिया-कीनिया-जायरे अफ्रीकी देशों के मध्य में स्थित है।
- फिनलैंड को 'हजार झीलों की भूमि' कहा जाता है।
- विश्व की सर्वाधिक खारे जल की झील 'वॉन झील' तुर्की में स्थित है।
- झीलों के अध्ययन को लिम्नोलॉजी कहते हैं।
- प्रसिद्ध अंगुलियोंनुमा झील क्षेत्र संयुक्त राज्य अमेरिका में स्थित है।
- क्षेत्रफल और आयतन के आधार पर विश्व की सबसे बड़ी झील कैस्पियन सागर है।
- वायुमण्डल में सर्वाधिक मात्रा में विद्यमान अक्रिय गैस ऑर्गन है।

- सूर्य की तीव्र किरणों द्वारा झुलसने से वायुमंडल की ओजोन गैस हमारी रक्षा करती है।
- पृथ्वी के धरातल से ऊपर की ओर वायुमंडल के विभिन्न स्तरों का सही अनुक्रम क्षोभ मण्डल, समताप मण्डल, मध्य मण्डल, आयन मण्डल है।
- पृथ्वी के वायुमण्डल का सर्वाधिक घनत्व क्षोभ मण्डल पर होता है।
- आजोन परत समताप मण्डल में पायी जाती है।
- वायुदाब में अचानक आने वाली कमी तूफानी मौसम का सूचक होती है।
- विषुवतीय निम्न दाब पेटी का विस्तार विषुवत् रेखा के दोनों ओर 5° अक्षांश तक मिलता है।
- डोलड्रम पेटी का विस्तार सामान्यतः 5°N – 5° S में पाया जाता है।
- डोलड्रम क्षेत्र की विशेषता निम्न दाब एवं शान्त पवन होती है।
- व्यापारिक हवाएँ (Trade Winds) अश्व अक्षांशों से विषुवत रेखा की ओर बहती है।
- पूरे वर्ष एक ही दिशा में प्रवाहित होने वाली पवन सनातनी पवन कहलाती है।
- दहाड़ता चालीसा दक्षिणी गोलार्द्ध में 40° अक्षांश के पास चलने वाली तेज हवा है।
- चीखता साठा पवन 60° दक्षिणी अक्षांश के निकट प्रवाहित होती है।
- रॉकी पर्वत के पूर्वी ढालों पर उतरने वाली हवा को संयुक्त राज्य अमेरिका और कनाडा में चिनूक कहा जाता है।
- फॉन वायु स्विट्जरलैंड में उत्तरी आल्पस के विमुख ढाल पर बहती है।
- व्यापारिक पवनों की परिघटना ऊष्मा का संवहन के कारण से होती है।
- 'चक्रवात की आँख' एक उष्ण कटिबंधीय चक्रवात की विशेषता है।
- फ्रंटल वर्षा चक्रवातीय गतिविधि के कारण से होती है।
- टी-मापक (T-Scale) पर चक्रवातों की शक्ति का मापन किया जाता है।
- फिलीपीन्स, जापान तथा चीन सागर में जो उष्ण कटिबन्धीय चक्रवातीय तूफान आते हैं उन्हें टायफून कहा जाता है।
- उष्ण कटिबन्धीय चक्रवातों को ऑस्ट्रेलिया में विलीविली के नाम से जाना जाता है।
- उच्च दबाव वाली हवाएँ जो केन्द्र से बाहर की ओर चलती हैं, प्रतिचक्रवात कहलाती हैं।
- प्रतिचक्रवात की आकृति सामान्यतः गोलाकार होती है।
- पक्षाभ मेघ को 'मोती की माला' कहा जाता है।
- वर्षा स्तरी मेघ अत्यधिक वर्षा के लिए प्रख्यात है।
- ओक्टास मापनी का प्रयोग मेघाच्छादन की मात्रा के मापने के लिए किया जाता है।
- भूमध्यरेखीय प्रदेश में संवहनीय वर्षा प्रकार की वर्षा होती है।
- समान वर्षा की मात्रा वाले स्थानों को मिलाने वाली रेखा को आइसोहाइट कहा जाता है।
- विश्व में सर्वाधिक वर्षा वाला स्थान मासिनराम है।
- विश्व का सबसे बड़ा महासागर प्रशान्त महासागर है।
- विश्व का सबसे छोटा महासागर आर्कटिक महासागर है।
- विश्व की सबसे गहरी खाई 'मारियाना ट्रेंच' प्रशान्त महासागर में स्थित है।
- 'द ग्रेट ओशन ट्रेड मार्ग' उत्तरी अटलांटिक महासागर से होकर गुजरता है।
- 'बरमूडा त्रिभुज' उत्तरी अटलांटिक महासागर में अवस्थित है।
- सारगैसो सागर उत्तरी अटलांटिक महासागर में अवस्थित है।
- बेरिंग सागर की सीमाएँ तीन महाद्वीपों को स्पर्श करती हैं।
- विश्व में क्षेत्रफल की दृष्टि से सबसे बड़ा सागर दक्षिणी चीन सागर है।
- कील सामुद्रिक नहर उत्तरी सागर और बाल्टिक सागर को जोड़ती है।
- सारगैसो सागर समुद्री शैवाल से भरा स्थिर जल हेतु प्रख्यात है।
- विश्व की सबसे तेज बहने वाली महासागरीय जलधारा गल्फस्ट्रीम जलधारा है।
- गल्फस्ट्रीम महासागरीय जलधारा यूरोप का गर्म कम्बल के नाम से लोकप्रिय है।
- अलनिनो जलधारा को 'क्रिसमस के बच्चे की धारा' कहते हैं।
- गहरा नीला रंग होने के कारण क्यूरोशियो जलधारा को जापानी लोग 'जापान की काली धारा' (Black Stream of Japan) कहते हैं।
- पेरू की धारा को 'हम्बोल्ट की जलधारा' के नाम से भी जाना जाता है।

- गल्फस्ट्रीम धारा की उत्पत्ति मैक्सिको की खाड़ी में होती है।
- लेब्राडोर की ठण्डी धारा और गल्फस्ट्रीम की गर्म धारा उत्तरी अमेरिका के उत्तरी पूर्वी तट पर एक-दूसरे से मिलती हैं।
- केनारी जलधारा दक्षिणी अटलांटिक महासागर में धाराओं के एक पूर्ण वृत्त के निर्माण में योगदान नहीं देती है।
- सागरीय जल में सर्वाधिक मात्रा में पाया जाने वाला लवण सोडियम क्लोराइड है।
- महासागरीय जल में लवणता की सर्वाधिक मात्रा 20° से 40° अक्षांश के मध्य पायी जाती है।
- समुद्री जल की औसत लवणता 35‰ होती है।
- अरब सागर के पानी का औसत खारापन 35 ppt है।
- मृत सागर में उच्च लवणता की मात्रा कम होने का कारण नदियों द्वारा स्वच्छ जल की आपूर्ति है।
- उत्तरी सागर में अपेक्षाकृत अधिक लवणता का कारण उत्तरी अटलांटिक प्रवाह है।
- डोवर जलसन्धि इंगलिश चैनल एवं उत्तरी सागर को जोड़ती है।
- बेरिंग जलसन्धि अन्तर्राष्ट्रीय तिथि रेखा के समानान्तर स्थित है।
- विश्व की सबसे चौड़ी जलसन्धि डेविस जलसन्धि है।
- ऑस्ट्रेलिया एवं पापुआ न्यूगिनी को टारस जलसन्धि अलग करती है।
- बेरिंग जलडमरूमध्य आर्कटिक महासागर को प्रशान्त महासागर से अलग करता है।
- मलक्का जलसन्धि अण्डमान सागर तथा दक्षिणी चीन सागर दो सागरों को संयुक्त करती है।
- 10 डिग्री चैनल अण्डमान और निकोबार द्वीप समूहों को अलग करता है।
- पाक स्ट्रेट बंगाल की खाड़ी और मन्नार की खाड़ी के बीच स्थित है।
- बेरिंग जलडमरूमध्य अन्तर्राष्ट्रीय तिथि रेखा के सर्वाधिक निकट है।
- अरब सागर और लाल सागर को बाब-अल-मंडव जलसन्धि जोड़ती है।
- प्रवाल के विकास के लिए औसत सागरीय लवणता 27‰ से 32‰ होनी चाहिए।
- प्रवाल भित्तियाँ मुख्य रूप से –30° N से 30° S अक्षांश के मध्य पायी जाती हैं।
- प्रवाल भित्तियों की उत्पत्ति से सम्बन्धित हिमानी नियन्त्रण सिद्धान्त का प्रतिपादन डेली ने किया है।
- विश्व की सबसे बड़ी प्रवाल भित्ति ग्रेट बैरियर रीफ ऑस्ट्रेलिया के पूर्वी तट पर स्थित है।
- ऑस्ट्रेलिया के पूर्वी तट पर स्थित ग्रेट बैरियर रीफ अवरोधक प्रवाल भित्ति का उदाहरण है।
- विश्व की सबसे बड़ी प्रवाल भित्ति ऑस्ट्रेलिया के तट के निकट पायी जाती है।
- 'ग्रेट बैरियर रीफ' ऑस्ट्रेलिया के समीप स्थित है।
- कोरल रीफ या जीवाश्म पट्टी प्रायः 18° C से ऊपर शीतोष्ण जलवायु क्षेत्र में पाई जाती है।
- पृथ्वी पर सूर्य और चन्द्रमा के गुरुत्वाकर्षण के कारण ज्वार-भाटा आता है।
- जब सूर्य एवं चन्द्रमा पृथ्वी के निकटतम पहुँचकर सीधी अवस्था (Syzgy) प्राप्त कर लेते हैं तो ऐसी स्थिति में आने वाले ज्वार को सर्वोच्च ज्वार कहा जाता है।
- गैर तेल निर्यातक देशों में खनिज तेल उत्पादन में संयुक्त राज्य अमेरिका अग्रणी देश है।
- खनिज तेल का प्रथम कुआँ 1859 ई. में संयुक्त राज्य अमेरिका में खोदा गया।
- विश्व का सबसे बड़ा यूरेनियम उत्पादक देश कजाकिस्तान है।
- थोरियम का सबसे अधिक भण्डार भारत में पाया जाता है।
- विश्व में पवन ऊर्जा का सबसे बड़ा उत्पादक देश संयुक्त राज्य अमेरिका है।
- विश्व में पवन ऊर्जा उत्पादक देशों में भारत का चौथा स्थान है।
- विश्व में पाया जाने वाला अधिकांश कोयला बिटुमिनस प्रकार का है।
- कोयला की लिग्नाइट किस्म 'भूरा कोयला' के नाम से जानी जाती है।
- सन् 1883 में फ्रांस में सर्वप्रथम जल-विद्युत की स्थापना की गई।
- विश्व में कोयला का सबसे बड़ा उत्पादक देश चीन है।
- विश्वविख्यात 'डोनवास' कोयला क्षेत्र यूक्रेन देश में स्थित है।
- 'रूर बेसिन' कोयला उत्पादक क्षेत्र जर्मनी देश में स्थित है।
- जो ऊर्जा पृथ्वी की सतह के नीचे संचित ऊर्जा को काम में ला सकती है, उसे भू-तापीय ऊर्जा कहा जाता है।

- 'आइसोडोपेन' (Isodopen) शब्द का प्रयोग औद्योगिक स्थानीयकरण में किया जाता है।
- संयुक्त राज्य अमेरिका का सबसे बड़ा लौह-इस्पात उत्पादक क्षेत्र पिट्सबर्ग क्षेत्र है।
- विश्व के एक तिहाई से अधिक कच्चे इस्पात का उत्पादन चीन से प्राप्त होता है।
- विश्व का पहला जूट मिल स्कॉटलैंड के डुंडी में स्थापित किया गया।
- सूती वस्त्र के उत्पाद में विश्व में प्रथम स्थान चीन का है।
- जापान का मैनचेस्टर ओसाका को कहा जाता है।
- जहाज निर्माण की दृष्टि से जापान विश्व में प्रथम स्थान रखता है।
- वायुयान निर्माण में अग्रणी देश संयुक्त राज्य अमेरिका है।
- ऑटोमोबाइल उद्योग की दृष्टि से जापान का विश्व में अग्रणी स्थान है।
- एशिया का सबसे बड़ा लौह-इस्पात उत्पादक देश चीन है।
- विश्व में बॉक्साइट का सर्वाधिक संचित भण्डार गिनी में पाया जाता है।
- ऑस्ट्रेलिया में स्थित कालगूर्ली स्वर्ण उत्पादन के लिए विख्यात है।
- संयुक्त राज्य अमेरिका की सबसे बड़ी स्वर्ण उत्खनन खान 'होम स्टेक' दक्षिण डकोटा राज्य में स्थित है।
- विश्व में चाँदी का सबसे बड़ा उत्पादक देश मैक्सिको है।
- हीरा के उत्पादन में अफ्रीका महाद्वीप का एकाधिकार है।
- औद्योगिक हीरे का सबसे बड़ा उत्पादक देश जायरे (कांगो) है।
- विश्व में मलेशिया टिन का सर्वाधिक निर्यात करता है।
- विश्व का सबसे बड़ा कोबाल्ट उत्पादक देश जायरे है।
- न्यूयार्क में स्थित अमेरिकन म्यूजियम ऑफ नेचुरम हिस्ट्री विश्व का सबसे बड़ा अजायबघर है।
- खनिज पदार्थों की दृष्टि से भारत का छोटानागपुर का पठार अधिक समृद्ध है।
- संसार में टाइटेनियम का सबसे बड़ा उत्पादक देश चीन है।
- सीसा एवं जस्ता को 'जुड़वाँ खनिज' कहा जाता है।
- कनाडा को यूरेनियम सिटी स्थापित करने का श्रेय दिया जाता है।
- विश्व के कृषि प्रदेशों का सर्वाधिक मान्य सीमांकन डी. ह्विटल्सी है।
- वान थ्यूनेन ने अपने कृषि अवस्थिति सिद्धान्त में केन्द्र के चारों ओर 6 पेटियों की संख्या बतायी है।
- चीन विश्व में चावल का सबसे अधिक उत्पादन कराता है।
- विश्व में चावल के अन्तर्गत सर्वाधिक क्षेत्रफल भारत में है।
- क्यूबा में गन्ने की प्रति हेक्टेयर उपज विश्व में सर्वाधिक है।
- विश्व में मक्का की पेटी (Corn belt) यू.एस.ए. में पायी जाती है।
- विश्व में चुकन्दर के दो सबसे बड़े उत्पादक टर्की एवं यूक्रेन हैं।
- विश्व में नारियल का सबसे अधिक उत्पादन इण्डोनेशिया करता है।
- विश्व प्रसिद्ध 'उलंग' (Ullang) किस्म की चाय ताइवान में पैदा होती है।
- मोचा कहवा यमन में उगायी जाती है।
- विश्व में कहवा के दो अग्रगण्य उत्पादक ब्राजील तथा कोलम्बिया हैं।
- विश्व की कहवा मण्डी के नाम से साओपालो प्रसिद्ध है।
- ब्राजील में कहवा का अधिक उत्पादन होने का प्रमुख कारण टेरारोसा मृदा है।
- सेन्टोस बंदरगाह 'कॉफी पत्तन' के नाम से जाना जाता है।
- विश्व में सबसे उत्तम स्वाद वाला कहवा मोचा कहवा माना जाता है।
- विश्व में लम्बे रेशे के कपास का बड़ा उत्पादक एवं निर्यातक देश संयुक्त राज्य अमेरिका है।
- विश्व में कपास का सबसे बड़ा निर्यातक देश संयुक्त राज्य अमेरिका है।
- जूट उत्पादक देशों का सही अवरोही क्रम भारत, बांग्लादेश, चीन है।
- विश्व का सर्वाधिक जूट उत्पादक क्षेत्र गंगा-ब्रह्मपुत्र डेल्टाई मैदान है।
- रेशम के उत्पादन हेतु व्यापारिक स्तर पर रेशम के कीड़ों का पाला जाना सेरीकल्चर कहलाता है।
- विश्व में प्राकृतिक रबड़ का सबसे बड़ा उत्पादक थाईलैंड है।

- विश्व में तम्बाकू का उत्पादन करने वाले प्रमुख देशों का उत्पादन के आधार पर सही अवरोही क्रम चीन, भारत, ब्राजील, यू.एस.ए. है।
- विश्व में अफीम का सर्वाधिक उत्पादन अफगानिस्तान में होता है।
- विश्व में केले का सबसे बड़ा उत्पादक भारत है।
- विश्व में ऊन (Wool) का सर्वाधिक उत्पादन करने वाला देश ऑस्ट्रेलिया है।
- दुग्ध के अग्रणी उत्पादकों का सही अवरोही क्रम भारत, चीन, संयुक्त राज्य अमेरिका, रूस है।
- थाईलैंड में की जाने वाली स्थानान्तरित कृषि को तमराई नाम से जाना जाता है।
- वियतनाम एवं लाओस में की जाने वाली स्थानान्तरित कृषि को 'रे' कहा जाता है।
- ट्रक फार्मिंग (Truck Farming) का अभिप्राय बागवानी कृषि से है।
- व्यापारिक उद्देश्यों की पूर्ति हेतु समुद्री जीवों के उत्पादन की क्रिया मेरीकल्चर कहलाती है।
- व्यापारिक स्तर पर की जाने वाली मछली पालन की क्रिया को पीसीकल्चर कहा जाता है।
- वनों के संरक्षण एवं संवर्द्धन से सम्बन्धित क्रिया सिल्वीकल्चर कहलाती है।
- व्यापारिक स्तर पर की जाने वाली फूलों की कृषि को फ्लोरीकल्चर कहा जाता है।
- व्यापारिक स्तर पर किया जाने वाला विभिन्न प्रकार के फलों का उत्पादन हार्टीकल्चर कहलाता है।
- व्यापारिक स्तर पर शहद उत्पादन हेतु किया जाने वाला मधुमक्खी पालन का कार्य एपीकल्चर कहलाता है।
- जमीन पर फैलने वाली सब्जियों की व्यापारिक कृषि ओलेरीकल्चर कहलाती है।
- नीली क्रान्ति (Blue revolution) मत्स्य पालन से सम्बन्धित है।
- प्रसिद्ध मत्स्य क्षेत्र 'ग्रैंड बैंक' अटलांटिक महासागर में स्थित है।
- विश्व का प्रमुख मत्स्यन क्षेत्र 'डॉगर बैंक' उत्तरी सागर में स्थित है।
- विश्व में सबसे पहले रेलमार्ग उत्तरी पूर्वी इंग्लैंड में कोयला खानों और न्यू कैसिल के मध्य बनाया गया।
- संसार में रेलों का सबसे बड़ा जाल वाला देश यू.एस.ए. है।
- विश्व में सड़क मार्ग की लम्बाई की दृष्टि से प्रथम तीन देशों का अवरोही क्रम यू.एस.ए., भारत, चीन है।
- विश्व का सबसे लम्बा रेलमार्ग ट्रान्स साइबेरियन रेलमार्ग है।
- स्वेज नहर जलमार्ग के सम्बन्ध में यह नहर भूमध्य सागर को फारस की खाड़ी से जोड़ती है।
- संसार की सबसे महत्वपूर्ण जहाजी नहर स्वेज नहर है।
- विश्व में सर्वाधिक जनसंख्या वाले देशों का अवरोही क्रम चीन, भारत, संयुक्त राज्य अमेरिका, इण्डोनेशिया है।
- विश्व जनसंख्या दिवस 11 जुलाई को मनाया जाता है।
- विश्व के अफ्रीका महाद्वीप में आदिम जातियों की सर्वाधिक जनसंख्या पायी जाती है।
- सर्वाधिक प्रवासी जनसंख्या संयुक्त राज्य अमेरिका तथा कनाडा में पायी जाती है।
- अनुकूलतम जनसंख्या के सिद्धान्त का प्रतिपादन डाल्टन ने किया है।
- जनसांख्यिकीय संक्रमण सिद्धान्त को प्रतिपादित नोटेस्टीन ने किया था।
- थॉम्पसन तथा नोटेस्टीन ने जनांकिकी संक्रमण की तीन अवस्थाओं के होने का सुझाव दिया था।
- भारत एवं चीन वर्तमान में जनांकिकी संक्रमण की तृतीय अवस्था से गुजर रहे हैं।
- माल्थस ने प्राकृतिक नियमों के आधार पर जनसंख्या सिद्धान्त का प्रतिपादन किया।
- विश्व में प्रथम बार व्यवस्थित जनगणना का श्रेय स्वीडन देश को है।
- मानव विकास सूचकांक UNDP द्वारा जारी किया जाता है।
- दक्षिण एशियाई देशों में से बांग्लादेश का अधिकतम जनसंख्या घनत्व है।
- पाकिस्तान दक्षिण एशिया का सर्वाधिक नगरीकृत देश है।
- भारत ने सरकारी तौर पर परिवार नियोजन कार्यक्रम को सर्वप्रथम अपनाया।
- 'ऐनू' जनजाति जापान में पायी जाती है।

- 'माओरी' जनजाति का निवास क्षेत्र न्यूजीलैंड में पाया जाता है।
- सेमांग जनजाति का निवास मलेशिया है।
- 'अफ्रीदीस' जनजाति का निवास क्षेत्र पाकिस्तान है।
- बुशमैन का सम्बन्ध कालाहारी मरुस्थल से है।
- बुशमैन जनजाति के लोग सर्वभक्षी की श्रेणी में आते हैं।
- खिरगीज मध्य एशिया की घुमक्कड़ी जनजाति है।
- विषुवत्रेखीय वन क्षेत्र प्रदेश में पिग्मी निवासी पाये जाते हैं।
- श्रीलंका में रहने वाले पिग्मी को वेद्दा नाम से जाना जाता है।
- विश्व के अफ्रीका महाद्वीप में आदिम जातियों की सर्वाधिक जनसंख्या पायी जाती है।
- अफ्रीका की मूलभूत जनजाति 'पिग्मी' कांगो नदी घाटी में पायी जाती है।
- प्राकृतिक प्रदेशों को प्रभावित करने वाला सबसे महत्वपूर्ण कारक जलवायु है।
- विश्व का प्राकृतिक प्रदेशों में बाँटने का प्रथम प्रयास हरबर्टसन ने किया।
- विषुवतीय प्रदेश को 'आलस्य का प्रदेश' कहा जाता है।
- विषुवतीय प्रदेश 'सिनकोना' के उत्पादन की दृष्टि से महत्वपूर्ण स्थान रखता है।
- विषुवतीय प्रदेश को 'गर्म पेटी' के रूप में जाना जाता है।
- विषुवतीय प्रदेश में वनस्पतियों की सर्वाधिक विविधता देखने को मिलती है।
- सागवान (Teak) तथा सखुआ (Sal) मानसूनी प्रदेश प्राकृतिक प्रदेश में पाये जाने वाले प्रमुख पेड़ हैं।
- भूमध्यसागरीय प्रदेश 'विकसित प्रदेश' के नाम से जाना जाता है।
- भूमध्यसागरीय प्रदेश फलों के उत्पादन के लिए प्रसिद्ध है।
- आभ्यान्तरिक प्रकार (mediterranean type) का मौसम कैलीफोर्निया में पाया जाता है।
- सवाना प्रदेश को 'विश्व का चिड़ियाघर' के नाम से जाना जाता है।
- पश्चिमी यूरोपीय प्रदेश को 'प्रयास का प्रदेश' या 'परिश्रम का प्रदेश' (Region of effort) कहा जाता है।
- शीतोष्ण घास प्रदेश 'विश्व का ब्रेड बास्केट' (रोटी का डलिया) कहा जाता है।
- टुण्ड्रा प्रदेश को 'शीत मरुस्थल' (Cold desert) कहा जाता है।
- समुद्र के अन्दर समान गहराई वाले स्थानों को मिलाने वाली रेखा आइसोबाथ कहलाती है।
- सूर्यातप के समान अवधि वाले स्थानों को मिलाने वाली रेखा आइसोहेल कहलाती है।
- समान हिमपात वाले स्थानों को मिलाने वाली रेखाएँ आइसोनिफ कहलाती हैं।
- मानचित्र पर बनाई गई वे रेखाएँ जो समुद्र से बराबर ऊँचाई वाले स्थानों को मिलाती हैं, कन्टूर कहलाती हैं।
- समान जनसंख्या घनत्व वाले स्थानों को मिलाने वाली रेखाएँ आइसोपाइक्निक हैं।
- महासागरीय एवं सागरीय भागों में लवणता की समान मात्रा वाले स्थानों को मिलाने वाली रेखा आइसोहैलाइन के नाम से जानी जाती है।
- एक ही तापमान वाले स्थानों को जोड़ने वाली काल्पनिक रेखाएँ आइसोथर्म कहलाती हैं।
- एक ही समय में कम्पन्न करने वाले स्थानों को जोड़ने वाली रेखाओं की श्रृंखला आइसोसीस्मल लाइन्स कहलाती है।
- एकसमान समय पर तूफान आने वाले स्थानों को मिलाने वाली रेखा आइसोब्राण्ट कहलाती है।
- महासागरों व सागरों की लवणीयता को मानचित्र पर प्रदर्शित करने वाली रेखाएँ आइसोहेलाइन कहलाती हैं।
- आइसोबाथ रेखाएँ समुद्र तल के समान गहराई वाले क्षेत्र प्रदर्शित करती हैं।
- मानचित्र में वे रेखाएँ जहाँ दाब समान हो, समदाब रेखाएँ कहलाती हैं।
- सापेक्षिक आर्द्रता के मापन हेतु हाइग्रोमीटर उपकरण का प्रयोग किया जाता है।
- उच्च तापमान के मापन हेतु पायरोमीटर उपकरण का प्रयोग किया जाता है।
- विकिरण की तीव्रता के मापन हेतु एक्टिनोमीटर उपकरण का प्रयोग किया जाता है।
- वायु में आपेक्षिक आर्द्रता मापन हेतु प्रयुक्त उपकरण हाइग्रोग्राफ है।

वस्तुनिष्ठ प्रश्नोत्तर

1. विज्ञान के किस क्षेत्र में आप 'व्हाइट ड्वार्फ' के बारे में सीखेंगे?

A. खगोलशास्त्र B. कृषि
C. जेनेटिक्स D. एन्थ्रोपोलॉजी

2. मंगल और बृहस्पति की कक्षाओं के बीच सूर्य के चारों ओर परिक्रमा करने वाले शैल के छोटे टुकड़ों के समूह को क्या कहते हैं?

A. उल्का B. धूमकेतु
C. उल्कापिंड D. क्षुद्रग्रह

3. एक खगोलीय इकाई (One Astronomical Unit) दूरी है :

A. पृथ्वी और सूर्य के बीच की
B. पृथ्वी और चन्द्रमा के बीच की
C. बृहस्पति और सूर्य के बीच की
D. प्लूटो और सूर्य के बीच की

4. हीरक वलय एक दृश्य है जिसे देखा जा सकता है :

A. पूर्ण सूर्यग्रहण के आरम्भ में
B. पूर्ण सूर्यग्रहण के अंत में
C. केवल पूर्णतः पथचिह्न के परिधीय क्षेत्रों पर
D. केवल पूर्णतः पथचिह्न के केन्द्रीय क्षेत्रों पर

5. महासागरों में ज्वार-भाटा की उत्पत्ति के क्या कारण हैं?

A. सूर्य के प्रभाव से
B. पृथ्वी की घूर्णन गति से
C. सूर्य और चन्द्रमा के संयुक्त प्रभाव से
D. गुरुत्वाकर्षण, अभिकेन्द्रीय बल तथा अपकेन्द्रीय बल से

6. उत्तरी गोलार्द्ध में सबसे बड़ा दिन होता है :

A. 22 मार्च B. 21 सितम्बर
C. 21 मई D. 21 जून

7. कर्क संक्रांति के दिन निम्नलिखित किस अक्षांश पर सबसे लम्बी रात होगी?

A. 45° उत्तर
B. 45° दक्षिण
C. 66° उत्तर
D. 66° दक्षिण

8. पृथ्वी के धरातल से ऊपर की ओर वायुमण्डल के विभिन्न स्तरों का सही अनुक्रम है :

A. क्षोभमण्डल, समतापमण्डल, आयनमण्डल, मध्यमण्डल
B. क्षोभमण्डल, समतापमण्डल, मध्यमण्डल, आयनमण्डल
C. समतापमण्डल, क्षोभमण्डल, आयनमण्डल, मध्यमण्डल
D. समतापमण्डल, क्षोभमण्डल, मध्यमण्डल, आयनमण्डल

9. ओजोन परत अवस्थित है :

A. क्षोभमण्डल में B. क्षोभसीमा में
C. समतापमण्डल में D. प्रकाशमण्डल में

10. गोबी मरुस्थल स्थित है :

A. ऑस्ट्रेलिया में B. भारत में
C. मंगोलिया में D. प. अफ्रीका में

11. निम्नलिखित कारकों में से कौन-सा एक जलवायु को निर्धारित करने वाला कारक नहीं है?

A. अक्षांश B. देशान्तर
C. स्थल-समुद्र वैषम्य D. उच्चावच लक्षण

12. 'रिंग ऑफ फायर' से जुड़ी भूकम्पीय गतिविधियों का संबध है :

A. प्रशांत के चारों ओर का क्षेत्र
B. मध्य महाद्वीपीय क्षेत्र
C. मध्य अटलांटिक क्षेत्र
D. हिंद महासागर क्षेत्र

13. सूची-I को सूची-II से सुमेलित कीजिए और सूचियों के नीचे दिए गए कूट की सहायता से सही उत्तर का चयन कीजिए।

सूची-I (महासागरीय धारायें)	**सूची-II (स्थान)**
(*a*) लैब्रेडोर	1. नामीबिया
(*b*) खाड़ीय धारा	2. अमेरिका
(*c*) वेंगुएला	3. कनाडा

कूट :

	(*a*)	(*b*)	(*c*)
A.	1	2	3
B.	3	1	2
C.	1	3	2
D.	3	2	1

14. बरमूडा त्रिभुज अवस्थित है :
A. उत्तरी अटलांटिक महासागर में
B. दक्षिणी अटलांटेक महासागर में
C. उत्तरी प्रशान्त महासागर में
D. दक्षिणी प्रशान्त महासागर में

15. पृथ्वी कितनी पुरानी है इसका निर्धारण किस प्रकार किया जाता है?
A. भूवैज्ञानिक समय-मान
B. रेडियो-मैट्रिक काल निर्धारण
C. गुरुत्वाकर्षण पद्धति
D. जीवाश्म पद्धति

16. 'प्रशान्त महासागर का चौराहा' उपनाम से जाना जाता है :
A. हवाई द्वीप B. तिमोर
C. फिजी D. टोंगा

17. कौन-सी विश्व की सर्वाधिक गहरी झील है?
A. टिटिकाका B. विक्टोरिया
C. बैकाल D. मृत सागर

18. 'डॉगर बैंक' कहाँ स्थित है?
A. आर्कटिक महासागर में
B. अटलाण्टिक महासागर में
C. हिन्द महासागर में
D. प्रशांत महासागर में

19. 'सैण्डविच द्वीप' निम्नलिखित में से किसका पुराना नाम है?
A. ग्रीनलैण्ड B. फॉकलैण्ड
C. हवाई द्वीप D. वेस्टइंडीज

20. मत्स्य ग्रहण क्षेत्र अधिकतर उच्च अक्षांशों में स्थित होते हैं, कारण :
1. तटरेखा का अत्यधिक लम्बा होना
2. महाद्वीपीय मग्नतटों का अधिक विस्तार
3. सागरीय जल के तापमान का 20° सेंटीग्रेड से कम होना
4. कम जनसंख्या
A. 1, 2 एवं 3 B. 2, 3 एवं 4
C. 1 एवं 2 D. 2 एवं 4

21. 'ग्रेट बैरियर रीफ' जो विश्व की सबसे बड़ी व लम्बी प्रवाल भित्ति है, स्थित है :
A. ऑस्ट्रेलिया के तटवर्ती भाग में
B. उत्तरी अमेरिका के पूर्वी तट पर
C. उत्तरी अमेरिका के पश्चिमी तट पर
D. यूरोप के तट पर

22. 'एल नीनो इफैक्ट' इसके साथ घनिष्ठ रूप से संबंधित है:
A. गल्फ करेंट (गल्फ धारा)
B. हम्बोल्ट करेंट (धारा)
C. विषुवतीय प्रतिधारा
D. कैनेरीज करेंट (धारा)

23. कैन्टरबरी घास के मैदान तुल्य नहीं हैं :
A. डाउन्स के B. पम्पाज के
C. कम्पास के D. वेल्ड के

24. निम्नलिखित में से कौन-सा एक वस्तुतः वर्षाविहीन स्थान है :
A. कालाहारी मरुस्थल B. सहारा मरुस्थल
C. अटाकामा मरुस्थल D. गिब्सन मरुस्थल

25. निम्नलिखित खाड़ी-युग्मों में से किसे हार्मुज जलडमरूमध्य जोड़ता है?
A. फारस खाड़ी – अदन खाड़ी
B. ओमान खाड़ी – अदन खाड़ी
C. फारस खाड़ी – अकाबा खाड़ी
D. फारस खाड़ी – ओमान खाड़ी

26. सूची-I को सूची-II से सुमेलित कीजिए और सूचियों के नीचे दिए गए कूट की सहायता से सही उत्तर का चयन कीजिए।

सूची-I	**सूची-II**
(*a*) स्टेप्स	1. दक्षिणी अमेरिका
(*b*) पम्पास	2. दक्षिणी अफ्रीका
(*c*) डाउन्स	3. रूस
(*d*) वेल्ड्स	4. ऑस्ट्रेलिया

कूट :

	(*a*)	(*b*)	(*c*)	(*d*)
A.	4	3	2	1
B.	3	1	4	2
C.	2	3	1	4
D.	1	2	3	4

27. निम्नलिखित में से किसको 'पोर्ट ऑफ फाइव सीज' कहा जाता है?
A. केपटाउन B. हवाना
C. मास्को D. ब्लाडीवोस्टक

28. निम्नलिखित कथनों में से कौन-सा एक दक्षिणी-अफ्रीका के 'कैरू' पद को सही परिभाषित करता है?
A. भ्रंशन से निर्मित रिफ्रट घाटी
B. पृथ्वी की हलचल के कारण बनी गुम्बदाकार भू-आकृतियाँ
C. निम्न तटीय भाग से उच्च पठारी भाग की ओर बने सोपान
D. उपरोक्त तीनों में से कोई भी नहीं

29. निम्नलिखित में से कौन-सा एक रूस में अवस्थित है?
A. डॉनेट्स्क B. क्रिवोइरॉग
C. जिटोमीर D. पेचोरा

30. कनाडा तथा ऑस्ट्रेलिया के बीच निम्नलिखित समानताओं पर विचार कीजिए :
1. यू.एस.ए. तथा यू.के. साथ निकट के संबंध।
2. पर्यावरणीय विभिन्नता।
3. कच्चे माल तथा खाद्य सामग्री के निर्यातक।
4. कुछ सीमान्त गुणों में जनसंख्या का केन्द्रीकरण।
उपरोक्त समानताओं में से कौन-कौन-सी सही हैं?
A. 2, 3 तथा 4 B. 1, 2 तथा 3
C. 1, 3 तथा 4 D. 1, 2 तथा 4

31. न्यूमूर द्वीप कहाँ स्थित है?
A. अरब सागर B. हिन्द महासागर
C. बंगाल की खाड़ी D. मन्नार की खाड़ी

32. भारत की सर्वोच्च पर्वत चोटी कौन-सी है?
A. K_2 गाडविन आस्टिन
B. कंचनजंगा
C. नन्दा देवी
D. एवरेस्ट

33. पालघाट निम्नलिखित राज्यों में से किन्हें जोड़ता है?
A. सिक्किम और पश्चिम बंगाल को
B. महाराष्ट्र और गुजरात को
C. केरल और तमिलनाडु को
D. अरुणाचल प्रदेश और सिक्किम को

34. 'सुन्दरवन' का विश्व प्रसिद्ध डेल्टा किन नदियों से संबंधित है?
A. गंगा-ब्रह्मपुत्र B. गंगा-दामोदर
C. कृष्णा D. पद्मा-सुरमा

35. पूर्व की ओर बहने वाली भारत की निम्नलिखित नदियों में से किस एक में निम्नावलन (Down warping) के कारण विभ्रंश घाटी (Rift valley) है?
A. दामोदर B. महानदी
C. सोन D. यमुना

36. गंगा नदी की निम्नांकित सहायक नदियों में से किसका मार्ग उत्तरमुखी है?
A. घाघरा B. रामगंगा
C. गंडक D. सोन

37. 'चिल्का झील प्रदेश' निम्नलिखित नदियों के मुहानों के बीच स्थित है :
A. गंगा और महानदी B. गोदावरी और कृष्णा
C. महानदी और गोदावरी D. कृष्णा और कावेरी

38. पाक खाड़ी किसके बीच है?
A. कच्छ की खाड़ी और खम्भात की खाड़ी के
B. मन्नार की खाड़ी और बंगाल की खाड़ी के
C. लक्षद्वीप और मालदीव द्वीपसमूह के
D. अंडमान और निकोबार द्वीपसमूह के

39. भारत का सबसे गहरा बंदरगाह निम्नलिखित में से कौन-सा है?
A. विशाखापट्टनम, बंदरगाह
B. न्यू मंगलौर बंदरगाह
C. मार्मुगाव बंदरगाह
D. न्हावसेवा बंदरगाह

40. भारत में 'मरुस्थल की राजधानी' किसे कहते हैं?
A. उदयपुर B. जैसलमेर
C. जयपुर D. पालामऊ

41. लाल मिट्टी के संबंध में सही कथनों का चयन करें :
1. यह कपास की खेती के लिये उपयुक्त होती है
2. इसमें आयरन ऑक्साइड होता है
3. इसमें उच्च जल सम्भरण क्षमता पायी जाती है
4. इसमें नाइट्रोजन की उच्च मात्रा पायी जाती है
A. 2 एवं 3 B. केवल 3
C. केवल 4 D. 3 एवं 4

42. मैरीकल्चर (Mary Culture) में किसका उत्पादन किया जाता है?
A. वृक्षों तथा झाड़ियों का
B. समुद्री जीवों का
C. फूलों का
D. मधुमक्खियों का

43. 'पोंग बाँध' किस नदी पर बनाया गया है?
A. सतलज B. रावी
C. चिनाव D. व्यास

44. कृत्रिम झील 'गोविन्द सागर' है :
A. पंजाब में B. कर्नाटक में
C. राजस्थान में D. हिमाचल प्रदेश में

45. भारत का प्रथम तेल कूप कहाँ खोदा गया था?
A. मुम्बई उच्च क्षेत्र B. मोरॉन
C. डिगबोई D. नहरकटिया

46. निम्नलिखित में से कौन एक सुमेलित नहीं है?
A. सुन्दरवन – पश्चिम बंगाल
B. भीतर कनिका – उड़ीसा
C. पिचवरम् – तमिलनाडु
D. वैम्बानद – कर्नाटक

47. चम्बल नदी किन राज्यों में से होकर बहती है?
A. उत्तर प्रदेश, मध्य प्रदेश, राजस्थान
B. मध्य प्रदेश, गुजरात, उत्तर प्रदेश
C. राजस्थान, मध्य प्रदेश, बिहार
D. गुजरात, मध्य प्रदेश, छत्तीसगढ़

48. किस नदी पर 'नर नारायण सेतु' का निर्माण किया गया है?
A. गंगा B. ब्रह्मपुत्र
C. महानदी D. गोदावरी

49. भारत में 'श्वेत क्रांति' का जनक किसे माना जाता है?
A. डॉ. एम.एस. स्वामीनाथन
B. डॉ. वी. कुरियन
C. प्रो. सैम पित्रोदा
D. प्रो. यू.आर. राव

50. भारत के प्रथम समुद्री सैंक्चुअरी, जिसकी सीमाओं के अन्तर्गत प्रवाल भित्तियाँ, मोलस्का, डॉल्फिन, कछुए और अनेक प्रकार के समुद्री पक्षी हैं, स्थापित किया गया है–
A. सुन्दरवन क्षेत्र में B. चिल्का झील में
C. कच्छ की खाड़ी में D. लक्षद्वीप में

उत्तरमाला

1	2	3	4	5	6	7	8	9	10
A	D	A	C	C	D	D	B	C	C
11	**12**	**13**	**14**	**15**	**16**	**17**	**18**	**19**	**20**
B	A	D	A	B	A	C	B	C	A
21	**22**	**23**	**24**	**25**	**26**	**27**	**28**	**29**	**30**
A	B	C	C	D	B	C	C	D	A
31	**32**	**33**	**34**	**35**	**36**	**37**	**38**	**39**	**40**
C	A	C	A	A	D	C	B	A	B
41	**42**	**43**	**44**	**45**	**46**	**47**	**48**	**49**	**50**
A	B	D	A	C	D	A	B	B	D

***

3 भारतीय राजव्यवस्था एवं संविधान

- भारत के गवर्नर जनरल को 1786 का एमेण्डमेंट एक्ट के द्वारा अपनी समिति के निर्णय को अस्वीकार करने का अधिकार मिला।
- मार्ले-मिन्टो सुधार का उद्देश्य पृथक् निर्वाचन प्रणाली था।
- मार्ले-मिन्टो सुधार विधेयक वर्ष 1909 में पारित किया गया।
- मुसलमानों के लिए अतिरिक्त निर्वाचक मण्डल प्रारम्भ में मार्ले-मिंटो सुधार, 1909 द्वारा लाया गया था।
- 1909 के इंडियन कौंसिल एक्ट में साम्प्रदायिक प्रतिनिधित्व बात की व्यवस्था की गई थी।
- भारत की आजादी के समय इंग्लैंड में लेबर पार्टी की सरकार थी।
- केन्द्र में द्वैध शासन प्रणाली को भारत सरकार अधिनियम, 1935 के अन्तर्गत स्थापित किया गया।
- भारत की संविधान सभा गठित करने का आधार कैबिनेट मिशन प्लान, 1946 था।
- बी.आर. अम्बेडकर का संविधान सभा में निर्वाचन पश्चिम बंगाल से हुआ था।
- भारतीय संविधान सभा की स्थापना 9 दिसम्बर, 1946 में हुई।
- संविधान सभा के उद्घाटन अधिवेशन की अध्यक्षता सच्चिदानन्द सिन्हा ने की थी।
- संविधान सभा का पहला सत्र 9 दिसम्बर, 1946 को हुआ था।
- संविधान सभा के अस्थायी अध्यक्ष डॉ. सच्चिदानंद सिन्हा थे।
- 11 दिसम्बर, 1946 को डॉ. राजेन्द्र प्रसाद को संविधान सभा का स्थायी अध्यक्ष चुना गया था।
- संविधान सभा का संवैधानिक सलाहकार बी.एन. राव को नियुक्त किया गया था।
- संविधान सभा के प्रारूप (मसविदा) समिति की नियुक्ति 20 अगस्त, 1947 को की गई।
- भारतीय संविधान सभा की प्रारूप (मसविदा) समिति के अध्यक्ष डॉ. बी.आर. अम्बेडकर थे।
- संविधान की प्रारूप (मसविदा) समिति के समक्ष प्रस्तावना का प्रस्ताव जवाहरलाल नेहरू ने रखा।
- भारतीय संविधान सभा की संघीय शक्ति समिति के अध्यक्ष पं. जवाहरलाल नेहरू थे।
- भारत को एक संविधान देने का प्रस्ताव संविधान सभा द्वारा 22 जनवरी, 1947 को पारित किया गया था।
- राष्ट्रीय झण्डे की अभिकल्पना को भारत की संविधान सभा में जुलाई, 1947 में ग्रहण किया गया था।
- भारतीय संविधान सभा ने भारतीय राष्ट्रीय ध्वज की रूपरेखा को 22 जुलाई, 1947 को अंगीकार किया।
- संविधान सभा द्वारा अन्तिम रूप से पारित संविधान में कुल 395 अनुच्छेद, 8 अनुसूचियाँ थीं।
- भारत का संविधान 26 जनवरी, 1950 को लागू हुआ था।
- भारतीय संविधान की प्रस्तावना में भारत को एक प्रभुत्वसम्पन्न, समाजवादी, धर्मनिरपेक्ष, प्रजातांत्रिक गणराज्य के रूप में घोषित किया गया है।
- भारतीय संविधान में समवर्ती सूची ऑस्ट्रेलिया के संविधान से ली गई है।
- भारतीय संविधान की उद्देशिका में परिवर्तन 42वाँ संशोधन अधिनियम, 1976 में किए गए थे।
- भारतीय संविधान के 42वें संशोधन द्वारा प्रस्तावना में दो शब्द 'समाजवादी' और धर्मनिरपेक्ष जोड़े गए थे।
- भारतीय संविधान की प्रस्तावना के अनुसार भारत के शासन की सर्वोच्च सत्ता जनता में निहित है।
- विश्व का सबसे बड़ा, लिखित एवं सर्वाधिक व्यापक संविधान भारत का है।
- भारतीय संविधान का स्वरूप संरचना में संघात्मक भावना में एकात्मक प्रकार का है।
- भारत में ब्रिटिश संसदात्मक प्रणाली प्रकार की शासन व्यवस्था अपनायी गई है।
- भारतीय संघीय व्यवस्था की एक विशेषता संविधान की सर्वोच्चता है।

- लिखित संविधान की अवधारणा ने सर्वप्रथम फ्रांस में जन्म लिया।
- अध्यक्षात्मक शासन का उदय सर्वप्रथम संयुक्त राज्य अमेरिका में हुआ।
- भारतीय संघवाद को जी. आस्टिन ने सहकारी संघवाद कहा है।
- संविधान की व्याख्या के लिए संघीय उच्चतम न्यायालय विशेषता भारतीय संघ और अमेरिकी संघ दोनों में साझी है।
- भारतीय संविधान में मौलिक कर्तव्य का विचार रूस के संविधान से लिया गया है।
- भारतीय संविधान में सम्मिलित नीति निदेशक तत्वों की प्रेरणा हमें आयरलैण्ड के संविधान से प्राप्त हुई है।
- भारतीय संविधान में मौलिक अधिकारों का उल्लेख करते हुए अमेरिका का अनुसरण किया गया है।
- भारतीय संविधान में संसदीय व्यवस्था को ब्रिटेन के संविधान के समान रखा गया है।
- भारत के संविधान निर्माताओं ने न्यायिक पुनरावलोकन के विचार को अमेरिका से ग्रहण किया है।
- 'कानून के समान संरक्षण' वाक्य अमेरिका से लिया गया है।
- राज्यसभा के गठन में प्रतिभा, अनुभव एवं सेवा को प्रतिनिधित्व देने में भारतीय संविधान निर्माता आयरिश गणतंत्र से प्रभावित हुए थे।
- संविधान के संरक्षक के रूप में सर्वोच्च न्यायालय का अधिकार विश्व के अमेरिका के संविधान से लिया गया है।
- भारतीय संविधान में समवर्ती सूची ऑस्ट्रेलिया के संविधान से ली गई है।
- भारतीय संविधान में मूल कर्तव्यों को शामिल करने का विचार पूर्व सोवियत संघ के संविधान से लिया गया है।
- संघात्मक शासन व्यवस्था को सर्वप्रथम कनाडा ने अपनाया।
- भारत की संसदीय प्रणाली इंग्लैंड से प्रभावित है।
- भारत के संविधान की प्रस्तावना में प्रतिष्ठापित स्वतंत्रता, समानता, और भाईचारे के आदर्शों की प्रेरणा फ्रांस की क्रांति से मिली थी।
- संसदीय शासन प्रणाली सर्वप्रथम ब्रिटेन में विकसित हुई।
- हमारे संविधान में मूल अधिकार सं.रा. अमेरिका के संविधान द्वारा प्रेरित हैं।
- भारत के राष्ट्रपति की आपातकालीन शक्तियाँ जर्मनी के वीमर संविधान की देन हैं।
- संविधान के भाग 4 में ग्राम पंचायतों की स्थापना की बात कही गई है।
- भारतीय संविधान के भाग 9 में पंचायती राज से सम्बन्धित प्रावधान हैं।
- भारतीय संविधान के भाग 9 (क) में नगरपालिकाओं से सम्बन्धित प्रावधान है।
- संविधान के भाग-1 में संघ और उसका राज्य क्षेत्र का वर्णन है।
- संविधान के भाग 3 में मूल अधिकार का उल्लेख मिलता है।
- पहले संविधान संशोधन अधिनियम द्वारा भारतीय संविधान में 9वीं अनुसूची जोड़ी गई।
- भारत संघ में शामिल राज्यों और संघ शासित क्षेत्रों का उल्लेख भारतीय संविधान की प्रथम अनुसूची में है।
- संविधान की चतुर्थ अनुसूची में प्रत्येक राज्यों तथा संघ राज्य क्षेत्रों के लिए राज्यसभा में स्थानों के आवंटन की सूची है।
- भारतीय संविधान में 22 भाषाओं को राजभाषा का दर्जा प्रदान किया गया है। इन राजभाषाओं का उल्लेख आठवीं अनुसूची में है।
- दल-बदल के आधार पर निर्वाचित सदस्यों की अयोग्यता सम्बन्धी विवरण संविधान की 10वीं अनुसूची में दिया गया है।
- संविधान के अनुच्छेद-1 में भारत को राज्यों का संघ कहा गया है।
- भारतीय संविधान का अनुच्छेद 57 राष्ट्रपति के पद के लिए पुनः निर्वाचन की योग्यताएँ निर्धारित करता है।
- भारतीय संविधान के अनुच्छेद 19(i) में 'प्रेस की स्वतंत्रता' दी गई है।
- मौलिक अधिकार के अन्तर्गत अनुच्छेद 24 बच्चों के शोषण से सम्बन्धित है।
- भारतीय संविधान के अनुच्छेद 51A में मौलिक कर्तव्यों की चर्चा की गई है।
- भारतीय संविधान के अन्तर्गत कल्याणकारी राज्य की अवधारणा अनुच्छेद 39 में वर्णित है।
- भारत के संविधान के अनुच्छेद 61 के अन्तर्गत भारत के राष्ट्रपति पर महाभियोग चलाया जा सकता है।
- संविधान के अनुच्छेद 63 में उपराष्ट्रपति पद का प्रावधान किया गया है।

- संविधान के अनुच्छेद 123 के अन्तर्गत राष्ट्रपति अध्यादेश जारी करता है।
- संविधान के अनुच्छेद 124 में सर्वोच्च न्यायालय के न्यायाधीश पर महाभियोग चलाये जाने का प्रावधान है।
- भारतीय संविधान के अनुच्छेद 280 के अन्तर्गत वित्त आयोग के गठन का प्रावधान है।
- संविधान के अनुच्छेद 352 के अन्तर्गत राष्ट्रपति राष्ट्रीय आपातकाल की घोषणा करता है।
- संविधान के अनुच्छेद 356 के तहत राज्यों में संवैधानिक तंत्र के विफल होने पर राष्ट्रपति शासन लागू किया जा सकता है।
- संविधान के अनुच्छेद 360 के आधार पर वित्तीय आपात की उद्घोषणा राष्ट्रपति करता है।
- संविधान के अनुच्छेद 368 में संविधान के संशोधन की प्रक्रिया का उल्लेख है।
- भारतीय संविधान के अनुच्छेद 17 में अस्पृश्यता उन्मूलन का उपबंध किया गया है।
- संविधान के अनुच्छेद 48A के अंतर्गत भारत के प्रत्येक नागरिक का कर्तव्य होगा कि वह पर्यावरण का संरक्षण तथा संवर्धन और वन एवं वन्य जीवों की रक्षा करें।
- 500 से अधिक रजवाड़ों (देशी रियासतों) के भारत में विलय के लिए सरदार वल्लभ भाई पटेल उत्तरदायी थे।
- भाषायी आधार पर राज्यों का पुनर्गठन वर्ष 1956 में किया गया।
- भाषायी आधार पर गठित भारत का प्रथम राज्य आन्ध्र प्रदेश था।
- राज्य पुनर्गठन आयोग का गठन वर्ष 1953 ई. में किया गया था।
- उत्तराखंड राज्य के सृजन के समय 11वें वित्त आयोग ने इसे विशेष वर्ग का राज्य का दर्जा दिया था।
- भारतीय संविधान एकल नागरिकता प्रदान करता है।
- देशीयकरण द्वारा नागरिकता प्राप्ति का एक तरीका विदेशी पुरुष से विवाह करने पर है।
- भारत में एकल नागरिकता की अवधारणा इंग्लैंड से अपनायी गई है।
- संयुक्त राज्य अमेरिका में दोहरी नागरिकता का सिद्धान्त स्वीकार किया गया है।
- भारतीय नागरिकों के मौलिक अधिकारों का वर्णन संविधान के अनुच्छेद 12 से 35 तक में है।
- भारतीय संविधान द्वारा भारतीय नागरिकों को कुल 7 मौलिक अधिकार प्रदान किए गए थे, जिनकी संख्या वर्तमान में 6 है।
- मौलिक अधिकारों के बारे में सुनवाई करने का अधिकार सर्वोच्च न्यायालय को प्रदान किया जाता है।
- मूल अधिकारों पर आवश्यक प्रतिबंध लगाने का अधिकार संसद को है।
- समानता का अधिकार भारतीय संविधान के अनुच्छेद 14 से 18 पाँच अनुच्छेदों में दिया गया है।
- भारतीय संविधान का 21वां अनुच्छेद व्यक्ति के विदेश यात्रा के अधिकार को संरक्षण प्रदान करता है।
- भारतीय संविधान के अनुच्छेद 25 का सम्बन्ध धर्म की स्वतंत्रता से है।
- संविधान के अनुच्छेद 25 द्वारा सिखों द्वारा कृपाण धारण करना धार्मिक स्वतंत्रता का अंग माना गया है।
- भारतीय संविधान के अनुच्छेद 32 में संवैधानिक उपचारों का अधिकार दिया गया है।
- मौलिक अधिकारों में से संवैधानिक उपचारों का अधिकार को डॉ. बी.आर. अम्बेडकर ने 'संविधान का हृदय एवं आत्मा' की संज्ञा दी।
- व्यक्तिगत स्वतंत्रता के लिए हेबियस कॉर्पस (Habeus Corpus) रिट (Writ) याचिका दायर की जा सकती है।
- बन्दी प्रत्यक्षीकरण (Habeus Corpus) व्यक्तिगत स्वतंत्रता से सम्बन्धित है।
- परमादेश (Mandamus) याचिका (writ) का शाब्दिक अर्थ होता है–'हम आदेश देते हैं'।
- अधिकार पृच्छा समादेश किसी अवैध व्यक्ति से सरकारी पद को बचाने के लिए जारी किया जाता है।
- केशवानन्द भारती वाद ने संसद को मौलिक अधिकारों में संशोधन का अधिकार दिया।
- छह वर्ष की आयु से 14 वर्ष की आयु के बीच के सभी बच्चों (शिशुओं) को शिक्षा का अधिकार मूल अधिकार है।
- भारतीय संविधान के अनुच्छेद 36-51 में राज्य के नीति निदेशक तत्वों का उल्लेख है।
- भारत के संविधान में अंतर्राष्ट्रीय सुरक्षा को प्रोत्साहन देना सन्निहित राज्य के नीति निदेशक तत्व में है।

- भारतीय संविधान के राज्य के नीति निदेशक सिद्धान्त भाग में न्यायपालिका तथा कार्यपालिका के पार्थक्य का प्रावधान है।
- संविधान में मूल कर्तव्य से सम्बन्धित प्रावधान स्वर्ण सिंह समिति की संस्तुतियों के आधार पर सम्मिलित किया गया है।
- 1976 ई. में संविधान में मूल कर्तव्यों को अन्तःस्थापित किया गया।
- 42वाँ संविधान संशोधन अधिनियम, 1976 द्वारा संविधान में मूल कर्तव्यों को सम्मिलित किया गया है।
- संविधान में उल्लिखित मौलिक कर्तव्य सभी नागरिकों के लिए हैं।
- भारत की संघीय व्यवस्थापिका को संसद नाम से जाना जाता है।
- भारतीय संसद के दो सदन हैं।
- संसद का स्थायी सदन राज्यसभा है।
- भारतीय संसद बनती है—लोकसभा, राज्यसभा एवं राष्ट्रपति के द्वारा।
- अनुच्छेद 105 प्रावधान भारतीय संविधान के अन्तर्गत संसद के सदस्यों के विशेषाधिकारों तथा उन्मुक्तियों को निर्धारित करता हैं।
- संसद के दो क्रमिक अधिवेशनों के बीच अधिकतम 6 माह समयान्तराल की अनुमति है।
- भारतीय संसद के दोनों सदनों की संयुक्त बैठक साधारण विधेयक के सम्बन्ध में होती है।
- साधारण विधेयक से सम्बन्धित गतिरोध को दूर करने के लिए संसद के दोनों सदनों की संयुक्त बैठक राष्ट्रपति बुलाता है।
- जब संसद के दोनों सदनों के किसी साधारण विधेयक में मतभेद हो तो इस गतिरोध को दोनों सदनों की संयुक्त बैठक में सुलझाया जाता है।
- शून्य काल प्रथा संसदीय प्रणाली को भारत की देन है।
- संसद के कुल सदस्यों का 1/10 भाग वैधानिक चैम्बर की मीटिंग बुलाने के लिए आवश्यक गणपूर्ति (कोरम) है।
- भारत की पार्लियामेन्ट (संसद) का उद्घाटन 1927 में हुआ था।
- संसद के दोनों सदनों का सत्रावसान लोकसभाध्यक्ष करता है।
- भारत की संचित निधि से 'धन निर्गम' पर संसद का नियंत्रण है।
- भारत में कार्यपालिका का अध्यक्ष राष्ट्रपति होता है।
- राष्ट्रपति पद्धति में समस्त कार्यपालिका की शक्तियाँ राष्ट्रपति में निहित होती हैं।
- भारतीय संविधान के अनुसार देश का प्रथम नागरिक राष्ट्रपति होता है।
- भारत के राष्ट्रपति निर्वाचित होने के पात्र बनने के लिए किसी व्यक्ति की आयु 35 वर्ष पूर्ण होनी चाहिए।
- राष्ट्रपति का निर्वाचन अप्रत्यक्ष रूप से होता है।
- राष्ट्रपति पद के निर्वाचन हेतु समानुपातिक प्रतिनिधित्व एवं एकल संक्रमणीय मत पद्धति अपनायी जाती है।
- राष्ट्रपति के निर्वाचन के लिए गठित निर्वाचक मण्डल में स्थानीय संसद तथा राज्य विधानसभाओं के सभी निर्वाचित सदस्य सम्मिलित होते हैं।
- राष्ट्रपति को महाभियोग द्वारा हटाया जा सकता है।
- राष्ट्रपति को भारत का मुख्य न्यायाधीश पद और गोपनीयता की शपथ दिलाता है।
- राष्ट्रपति अपना त्यागपत्र उपराष्ट्रपति को सौंपता है।
- भारतीय राष्ट्रपति के सर्वसम्मति से चुने जाने का अभी तक एकमात्र उदाहरण नीलम संजीव रेड्डी हैं।
- भारतीय संविधान का अनुच्छेद 57 राष्ट्रपति के पद के लिए पुनः निर्वाचन की योग्यताएँ निर्धारित करता है।
- विदेशों को भेजे जाने वाले विभिन्न संसदीय प्रतिनिधिमण्डलों के लिए व्यक्तियों का नामांकन राष्ट्रपति करता है।
- एम. हिदायतुल्ला ने उच्चतम न्यायालय के मुख्य न्यायाधीश तथा कार्यवाहक राष्ट्रपति दोनों ही पदों को सुशोभित किया।
- राष्ट्रपति धन विधेयक को पुनर्विचार के लिए नहीं लौटा सकता।
- राष्ट्रपति द्वारा जारी अध्यादेश अधिवेशन आरम्भ होने के 6 सप्ताह तक अधिक-से-अधिक एक बार में प्रभावी रह सकता है।
- भारत के राष्ट्रपति ने जिस एकमात्र मामले में वीटो (Pocket Veto) शक्ति का प्रयोग किया था, वह भारतीय डाकघर (संशोधन) अधिनियम था।
- लोकसभा द्वारा पारित विधेयक यदि राष्ट्रपति लोकसभा को पुनर्विचार के लिए लौटाता है और लोकसभा उसे पूर्ववत् पास करके राष्ट्रपति के पास भेज देती है, तो राष्ट्रपति विधेयक को अनुमति देगा।

- भारत के राष्ट्रपतियों में से ज्ञानी जैल सिंह कुछ समय के लिए गुटनिरपेक्ष आन्दोलन के महासचिव भी थे।
- भारत के प्रथम राष्ट्रपति डॉ. राजेन्द्र प्रसाद थे।
- भारतीय गणतंत्र के राष्ट्रपति डॉ. एस. राधाकृष्णनन् सदा भारतीय धर्म-निरपेक्षता को सर्वधर्म समभाव कहते रहे।
- जब राष्ट्रपति और उपराष्ट्रपति दोनों के पद एक साथ खाली हों, तो पद पर अस्थायी रूप से भारत का मुख्य न्यायाधीश काम करता है।
- सबसे कम समय के लिए उपराष्ट्रपति पद पर वी.वी. गिरि आसीन रहे।
- भारत का उपराष्ट्रपति राज्यसभा का पदेन सभापति होता है।
- उपराष्ट्रपति का निर्वाचन संसद के द्वारा होता है।
- भारत के प्रथम उपराष्ट्रपति डॉ. एस. राधाकृष्णनन् थे।
- उपराष्ट्रपति पद के चुनाव सम्बन्धी विवाद को सर्वोच्च न्यायालय द्वारा निर्देशित किया जाता है।
- भारत के उपराष्ट्रपति को पदच्युत करने का प्रस्ताव केवल राज्यसभा में प्रस्तावित किया जा सकता है।
- उपराष्ट्रपति अपना त्यागपत्र राष्ट्रपति को देता है।
- राज्यसभा को स्थायी सदन कहते हैं, क्योंकि इसे विघटित नहीं किया जा सकता है।
- राज्यसभा के सदस्यों की अधिकतम संख्या 250 हो सकती है।
- वर्तमान में राज्यसभा के सदस्यों की संख्या 245 है।
- राष्ट्रपति द्वारा राज्यसभा में 12 व्यक्ति मनोनीत किये जाते हैं।
- राज्यसभा में सदस्यों का निर्वाचन आनुपातिक प्रतिनिधित्व के अनुसार एकल संक्रमणीय मत पद्धति द्वारा होता है।
- राज्यसभा में राज्यों का प्रतिनिधित्व राज्य की जनसंख्या पर निर्भर करता है।
- राज्यसभा के सदस्यों के लिए न्यूनतम आयु 30 वर्ष है।
- राज्यसभा के सदस्यों का कार्यकाल 6 वर्ष का होता है।
- लोकसभा द्वारा पारित धन विधेयक राज्यसभा को प्राप्त होने के 14 दिनों के भीतर लोकसभा को वापस लौटाना पड़ताहै।
- स्वतंत्र भारत में राज्यसभा के प्रथम सभापति डॉ. एस. राधाकृष्णनन् थे।
- सर्वप्रथम फिल्म अभिनेता पृथ्वीराज कपूर को राज्यसभा का सदस्य मनोनीत किया गया था।
- राज्यसभा के लिए नामित प्रथम फिल्म अभिनेत्री नरगिस दत्त थी।
- राज्यसभा की प्रथम महिला महासचिव वी.एस. रमा देवीथी।
- राज्यसभा का सर्वप्रथम गठन 3 अप्रैल, 1952 को हुआ।
- राज्यसभा की प्रथम बैठक 13 मई, 1952 को हुई थी।
- 31वें संविधान संशोधन द्वारा लोकसभा सदस्यों की संख्या 545 निर्धारित की गई थी।
- वर्तमान में लोकसभा की सदस्य संख्या 543 है।
- आंग्ल-भारतीय समुदाय के दो सदस्यों के राष्ट्रपति द्वारा मनोनयन की व्यवस्था को 104वें संविधान संशोधन, 2020 द्वारा समाप्त कर दिया गया है।
- लोकसभा में राज्यवार सीटों का आवंटन 1971 की जनगणना पर आधारित है। यह निर्धारण वर्ष 2026 ई. तक यथावत् रहेगा।
- लोकसभा के लिए प्रथम आम चुनाव 1952 में हुआ था।
- संघशासित क्षेत्र दिल्ली 7 प्रतिनिधि निर्वाचित कर लोकसभा में भेजता है।
- आपातकाल के दौरान संसद लोकसभा का कार्यकाल एक बार में 1 वर्ष के लिए बढ़ा सकती है।
- लोकसभा सदस्य अपना त्यागपत्र लोकसभाध्यक्ष को देते हैं।
- 1976 ई. से भूतपूर्व संसद सदस्यों के लिए पेंशन की व्यवस्था लागू की गई।
- राष्ट्रपति प्रधानमंत्री की सलाह पर लोकसभा को कार्यकाल पूरा करने के पूर्व भंग कर सकता है।
- लोकसभा सदस्यों की निर्योग्यता से सम्बन्धित प्रश्नों पर निर्णय लोकसभाध्यक्ष करता है।
- लोकसभा के अध्यक्ष को लोकसभा के सदस्य चुनते हैं।
- अस्थायी लोकसभाध्यक्ष (प्रोटेम स्पीकर) को राष्ट्रपति नियुक्त करता है।
- सामान्यतः 5 वर्ष की समाप्ति के पहले लोकसभा को प्रधानमंत्री की संस्तुति पर राष्ट्रपति द्वारा विघटित किया जा सकता है।
- लोकसभा की सामान्य अवधि संसद द्वारा पारित अधिनियम से बढ़ायी जा सकती है।
- भारत में क्षेत्रफल की दृष्टि से सबसे बड़ा संसदीय निर्वाचन क्षेत्र लद्दाख है।
- लोकसभा में अनुसूचित जाति एवं अनुसूचित जनजातियों के लिए सीटों का आरक्षण संविधान के अनुच्छेद 330 में उपस्थित है।
- लोकसभा का चुनाव लड़ने के लिए प्रत्याशी की न्यूनतम आयु 25 वर्ष होनी चाहिए।
- भारतीय संविधान के अनुसार धन सम्बन्धी विधेयक सर्वप्रथम लोकसभा में पेश किया जाता है।

- नीति आयोग का अध्यक्ष प्रधानमंत्री होता है।
- मंत्रिमण्डल (संघीय) की बैठक की अध्यक्षता प्रधानमंत्री करता है।
- संसदीय शासन प्रणाली में वास्तविक कार्यपालिका शक्ति प्रधानमंत्री के पास होती हैं।
- अनुच्छेद 75 के अनुसार प्रधानमंत्री की नियुक्ति राष्ट्रपति करता है।
- लोकसभा का विश्वास मत प्राप्त किए बिना ही प्रधानमंत्री पद पर कार्य करने वाले प्रथम व्यक्ति चौधरी चरण सिंह थे।
- प्रथम गैर-कांग्रेसी प्रधानमंत्री मोरारजी देसाई बने।
- सबसे अधिक उम्र में प्रधानमंत्री पद पर आसीन होने वाले व्यक्ति मोरारजी देसाई थे।
- मंत्रिपरिषद् में प्रधानमंत्री एवं अन्य मंत्री शामिल होते हैं।
- भारत में मंत्रिपरिषद् के अधिकतर सदस्य लोकसभा से लिए जाते हैं।
- स्वतन्त्र भारत की प्रथम मंत्रिपरिषद् में शामिल एकमात्र महिला मंत्री राजकुमारी अमृत कौर थीं।
- स्वतन्त्र भारत के प्रथम प्रतिरक्षा मंत्री सरदार बलदेव सिंह थे।
- स्वतन्त्र भारत के प्रथम गृहमंत्री सरदार वल्लभभाई पटेल थे।
- संघीय मंत्रिपरिषद् से पदत्याग करने वाला पहले मंत्री श्यामाप्रसाद मुखर्जी थे।
- भारतीय संघ का मंत्रिपरिषद् सामूहिक रूप से लोकसभा के लिए जिम्मेदार होता है।
- स्वतंत्र भारत के प्रथम मंत्रिमंडल में केन्द्रीय शिक्षा मंत्री मौलाना अबुल कलाम आजाद थे।
- लोकसभा में मान्यता प्राप्त विरोधी दल के नेता को कैबिनेट मंत्री जैसी समान सुविधाएँ और मान्यताएँ प्रदान की जाती हैं।
- लोकसभा अध्यक्ष अपना त्यागपत्र लोकसभा के उपाध्यक्ष को देता है।
- स्पीकर और डिप्टी स्पीकर की अनुपस्थिति में लोकसभा की अध्यक्षता लोकसभा का सर्वाधिक वरिष्ठ सदस्य करता है।
- नियम समिति का पदेन अध्यक्ष लोकसभा अध्यक्ष होता है।
- स्वतंत्र भारत के प्रथम लोकसभा अध्यक्ष गणेश वासुदेव मावलंकर थे।
- के.ए. हेगड़े प्रथम स्पीकर थे, जिसके खिलाफ लोकसभा में अविश्वास प्रस्ताव लाया गया था।
- लोकसभा के प्रथम उपाध्यक्ष अनन्तशयनम् आयंगर थे।
- अपने पद पर रहते हुए दिवंगत होने वाले प्रथम लोकसभा अध्यक्ष जी.एम.सी. बालयोगी थे।
- भारत सरकार का प्रथम विधि अधिकारी भारत का महान्यायवादी होता है।
- भारत का महान्यायवादी प्राधिकारी संसद के किसी भी सदन की कार्यवाही में भाग ले सकता है।
- भारत का महान्यायवादी राष्ट्रपति के प्रसादपर्यन्त तक पद धारण करता है।
- संविधान के अनुच्छेद 76 के अन्तर्गत राष्ट्रपति द्वारा भारत के महान्यायवादी की नियुक्ति की जाती है।
- भारत सरकार का सर्वोच्च शासकीय अधिकारी भारत के मंत्रिमंडलीय सचिव हैं।
- भारत के संपरीक्षा एवं लेखा प्रणालियों का प्रधान भारत का नियंत्रक एवं महालेखा परीक्षक होता है।
- महाधिवक्ता को राज्य विधानमंडल के सदनों की कार्यवाहियों में भाग लेने और बोलने का अधिकार है, किन्तु मतदान का अधिकार नहीं है।
- केन्द्र सरकार के व्यय को नियंत्रित करने की शक्ति नियंत्रक एवं महालेखा परीक्षक में निहित है।
- भारत का नियंत्रक एवं महालेखा परीक्षक (C.A.G.) संघ तथा राज्य सरकार के लिए मुख्य लेखाकार तथा लेखा परीक्षक के रूप में काम करता है।
- लेखा परीक्षण का मुख्य उद्देश्य कार्यपालिका के व्यय पर नियंत्रण करना होता है।
- नियुक्ति के 6 वर्ष बाद या 65 वर्ष की आयु पूर्ण होने पर नियंत्रक एवं महालेखा परीक्षक (CAG) सेवानिवृत्त होते हैं।
- भारत के नियंत्रक एवं महालेखा परीक्षक की नियुक्ति संविधान के अनुच्छेद 148 के तहत की जाती है।
- भारत का नियंत्रक एवं महालेखा परीक्षक अपना प्रतिवेदन राष्ट्रपति को देता है।
- भारत के नियंत्रक एवं महालेखा परीक्षक की नियुक्ति लोकधन के व्यय की निगरानी के लिए संसदीय प्रहरी (Watch dog) के रूप में की जाती है।
- भारत में नई संसदीय समिति प्रणाली की शुरुआत 1991 ई. में हुई है।
- संसद की वह स्थायी समिति प्राक्कलन समिति है जिसमें राज्यसभा के सदस्य शामिल नहीं होते हैं।

- लोक लेखा समिति अपनी रिपोर्ट लोकसभा के अध्यक्ष को प्रस्तुत करती है।
- भारत के नियंत्रक और महालेखा परीक्षक की रिपोर्ट की समीक्षा करने वाली संसदीय समिति लोकलेखा समिति है।
- सर्वोच्च न्यायालय में तदर्थ न्यायाधीश की नियुक्ति होती है जब न्यायालय के किसी सत्र के लिए न्यायाधीशों का कोरम (गणपूर्ति) नहीं होता।
- सर्वोच्च न्यायालय में तदर्थ न्यायाधीशों की नियुक्ति राष्ट्रपति की अनुमति प्राप्त कर सर्वोच्च न्यायालय का मुख्य न्यायाधीश कर सकता है।
- उच्चतम न्यायालय के न्यायाधीशों की संख्या में वृद्धि करने की शक्ति संसद के पास है।
- राष्ट्रपति और उपराष्ट्रपति के निर्वाचन में विवाद के मामलों को भारत के उच्चतम न्यायालय में प्रस्तुत किया जाता है।
- राष्ट्रीय मानव अधिकार आयोग के अधिनियम 1993 के अनुसार, केवल भारत के सेवानिवृत्त मुख्य न्यायमूर्ति इस आयोग का अध्यक्ष बन सकता है।
- सर्वोच्च न्यायालय के प्रथम मुख्य न्यायाधीश हीरालाल जे. कानिया थे।
- उच्चतम न्यायालय की सबसे पहली महिला न्यायाधीश फातिमा बीबी थीं।
- संविधान की व्याख्या करने का अन्तिम अधिकार सर्वोच्च न्यायालय को प्राप्त है।
- अनुच्छेद 129 न्यायालय को अभिलेख न्यायालय का स्थान प्रदान करता है।
- जब भारतीय न्यायिक पद्धति में लोकहित मुकदमा (PIL) लाया गया तब भारत के मुख्य न्यायमूर्ति पी.एन. भगवतीथे।
- सर्वोच्च न्यायालय के न्यायधीशों का वेतन संचित निधि से आहरित होता है।
- भारत के सिक्किम उच्च न्यायालय में न्यायाधीशों की संख्या सबसे कम है।
- गुवाहाटी उच्च न्यायालय के सर्वाधिक स्थायी/अस्थायी खंडपीठ हैं।
- भारत के संघ शासित क्षेत्र दिल्ली का अपना उच्च न्यायालय है।
- भारत का सबसे बड़ा उच्च न्यायालय इलाहाबाद उच्च न्यायालय है।
- भारतीय उच्च न्यायालय अधिनियम, 1861 के अन्तर्गत कोलकाता, चेन्नई, एवं मुम्बई में उच्च न्यायालय स्थापित किए गए थे।
- केरल का उच्च न्यायालय कोच्चि में स्थित है।
- उच्च न्यायालय के न्यायाधीश पद पर नियुक्त होने वाली प्रथम महिला अन्ना चण्डी हैं।
- उच्च न्यायालय के मुख्य न्यायाधीश पद पर नियुक्त होने वाली प्रथम महिला लीला सेठ हैं।
- उच्च न्यायालय के मुख्य न्यायाधीश की नियुक्ति राष्ट्रपति करता है।
- किसी न्यायाधीश को एक उच्च न्यायालय से दूसरे में स्थानान्तरित करने का अधिकार भारत के राष्ट्रपति को है।
- राज्य के उच्च न्यायालय के न्यायाधीशों के वेतन तथा भत्ते सम्बन्धित राज्य की संचित निधि पर भारित होते हैं।
- भारत में चलित न्यायालय (Mobile Court) डॉ. ए.पी. जे. अब्दुल कलाम का मानसपुंज है।
- राज्य सरकार का कार्यकारी अध्यक्ष राज्यपाल है।
- भारतीय राज्यों में राज्यपाल की नियुक्ति राष्ट्रपति करता है।
- सामान्य रूप से राज्यपाल का कार्यकाल 5 वर्ष होता है।
- राष्ट्रपति शासन में राज्य का प्रमुख शासन संचालक राज्यपाल होता है।
- राज्यपाल के पद पर नियुक्ति की न्यूनतम उम्र सीमा 35 वर्ष है।
- राज्यपाल को पद की गोपनीयता की शपथ राज्य के उच्च न्यायालय के मुख्य न्यायाधीश दिलवाता है।
- "राज्यपाल सोने के पिंजरे में निवास करने वाली चिड़िया के समतुल्य है।" यह सरोजिनी नायडू का कथन है।
- भारत के किसी भी राज्य की राज्यपाल बनने वाली प्रथम महिला सरोजिनी नायडू थीं।
- जम्मू-कश्मीर का 'सदर-ए-रियासत' पदनाम 1965 ई. में बदलकर राज्यपाल कर दिया गया।
- मुख्यमंत्री की नियुक्ति संविधान के अनुच्छेद 163 के तहत की जाती है।
- भारतीय राज्य की प्रथम महिला मुख्यमंत्री सुचेता कृपलानी बनीं।

- किसी भी राज्य में मुख्यमंत्री पद पर सर्वाधिक दिनों तक आसीन रहने वाले व्यक्ति पवन चामलिंग हैं।
- भारत में राज्य विधानपालिकाओं का उच्च सदन विधानपालिका परिषद् है।
- भारत के 6 राज्यों में द्विसदनात्मक विधानमंडल हैं।
- विधान परिषद् की सदस्य संख्या कम-से-कम 40 होनी चाहिए।
- किसी राज्य में विधान परिषद् की व्यवस्था संविधान के अनुच्छेद 169 के तहत की जाती है।
- विधान परिषद् को समाप्त किया जा सकता है, पर भंग नहीं।
- विधान परिषद् का सदस्य होने के लिए कम-से-कम 30 वर्ष की आयु सीमा होनी चाहिए।
- विधान परिषद् की गणपूर्ति (कोरम) कुल सदस्य संख्या का 1/10 भाग होता है।
- राज्य विधान परिषद् के निर्वाचन क्षेत्रों का परिसीमन परिसीमन आयोग के द्वारा किया जाता है।
- भारत में राज्य विधान परिषद् के सदस्यों का एक तिहाई हिस्सा स्थानीय निकायों द्वारा चुना जाता है।
- विधान परिषद् के 1/6 सदस्य राज्य के राज्यपाल द्वारा मनोनीत किए जाते हैं।
- विधान परिषद् की कुल सदस्य संख्या का 1/12 हिस्सा राज्य के विश्वविद्यालयों के स्नातकों द्वारा चुना जाता है।
- विधान परिषद् की कुल सदस्य संख्या का 1/12 भाग माध्यमिक स्कूलों, कॉलेजों और विश्वविद्यालयों के शिक्षकों द्वारा निर्वाचित होता है।
- यदि किसी राज्य विधान परिषद् का सभापति अपने पद से त्यागपत्र देना चाहे तो वह अपना त्यागपत्र उपसभापति को देगा।
- संविधान के प्रावधानों के अनुसार विधान परिषद् को समाप्त किया जा सकता है।
- वर्तमान में उत्तर प्रदेश, बिहार, कर्नाटक, आन्ध्र प्रदेश, तेलंगाना व महाराष्ट्र राज्य में विधान परिषद् है।
- किसी राज्य की विधानसभा में अधिकतम 500 सदस्य हो सकते हैं।
- भारतीय संविधान यह प्रावधान करता है कि किसी भी राज्य विधानसभा में 60 से कम सदस्य नहीं हो सकते हैं। सिक्किम (32), गोवा (40), एवं मिजोरम (40) इसके अपवाद हैं।
- विधानसभा अध्यक्ष (स्पीकर) अपना त्यागपत्र विधानसभा उपाध्यक्ष को देता है।
- विधानसभा अध्यक्ष को विधानसभा के सदस्यों द्वारा साधारण बहुमत से पारित संकल्प द्वारा पद से हटाया जा सकता है।
- राज्य मंत्रिपरिषद् सामूहिक रूप से विधानसभा के प्रति उत्तरदायी होती है।
- राज्य की विधानसभा के सत्रावसान के आदेश राज्यपाल के द्वारा दिए जाते हैं।
- कोई विधेयक धन विधेयक है अथवा नहीं, इसका निर्णय राज्य में विधानसभा अध्यक्ष करता है।
- किसी विधानसभा में कोई धन विधेयक वित्त मंत्री की अनुमति के बिना प्रस्तुत नहीं किया जा सकता है।
- विधानसभा में किसी दल के निर्वाचित सदस्यों के दल-बदल पर संविधान का 52वाँ संशोधन कानून प्रतिबन्ध लगाया है।
- सामान्यतः किसी क्षेत्रीय परिषद् की अध्यक्षता केन्द्रीय गृह मंत्री करता है।
- क्षेत्रीय परिषदों के गठन के सम्बन्ध में प्रावधान वर्ष 1956 ई. में किया गया।
- अन्तर्राज्यीय परिषद् का निर्माण संवैधानिक प्रावधान द्वारा होता है।
- अन्तर्राज्यीय परिषद् की स्थापना 28 मई, 1990 को हुई।
- योजना आयोग की स्थापना 15 मार्च, 1950 को हुई थी।
- राष्ट्रीय विकास परिषद् का अध्यक्ष प्रधानमंत्री होता है।
- पंचवर्षीय योजना को अन्तिम अनुमोदन राष्ट्रीय विकास परिषद् देता है।
- वित्त आयोग की स्थापना राष्ट्रपति के द्वारा होती है।
- वित्त आयोग के अध्यक्ष की नियुक्ति राष्ट्रपति करता है।
- राष्ट्रपति वित्त आयोग का गठन प्रत्येक 5 वर्ष बाद करते हैं।
- वित्त आयोग का प्रधान कार्य केन्द्र और राज्यों के बीच राजस्व वितरण है।
- प्रथम वित्त आयोग के अध्यक्ष के.सी. नियोगी थे।
- संविधान के अनुच्छेद 311 द्वारा लोक सेवाओं को संरक्षण प्रदान किया गया है।

- सिविल सेवाओं का भारतीयकरण लॉर्ड लिटन द्वारा किया गया।
- भारतीय प्रशासनिक सेवा (IAS) तथा भारतीय पुलिस सेवा (IPS) को समाप्त करने की सिफारिश राजमन्नार आयोग ने की थी।
- संघ लोक सेवा आयोग के अध्यक्ष की पदावधि 6 वर्ष या 65 वर्ष की आयु, जो भी पहले पूर्ण हो होती है।
- संघ लोक सेवा आयोग के सदस्य अपना त्यागपत्र राष्ट्रपति को सौंपते हैं।
- भारत के योजना आयोग का प्रथम अध्यक्ष पं. जवाहरलाल नेहरू थे।
- भारतीय संविधान के अनुच्छेद 324 में निर्वाचन आयोग का वर्णन है।
- भारत में मुख्य निर्वाचन आयुक्त की नियुक्ति राष्ट्रपति करता है।
- परिसीमन आयोग का अध्यक्ष मुख्य चुनाव आयुक्त होता है।
- संसद द्वारा दिसम्बर 1989 में निर्मित कानून के अनुसार एक नागरिक के वयस्क होने की कानूनी आयु 18 वर्ष है।
- भारत में मतदान की आयु सीमा को 21 वर्ष से घटाकर 18 वर्ष 1989 ई. में किया गया।
- EVM का प्रयोग भारतीय चुनावों में 1997 से प्रारम्भ हुआ।
- संघ सूची, राज्य सूची तथा समवर्ती सूची का विस्तृत उल्लेख संविधान की सातवीं अनुसूची में किया गया है।
- सरकारिया आयोग की सिफारिशों का सम्बन्ध केन्द्र और राज्यों के बीच सम्बन्धों से है।
- भारतीय संविधान में राज्य की शक्तियाँ एवं कार्य तीन सूचियों में विभाजित किए गए हैं।
- अवशिष्ट विषयों पर विधि निर्माण का अधिकार संघ प्राप्त है।
- केन्द्र-राज्य सम्बन्धों पर विचार करने के लिए सरकारिया आयोग का गठन 1983 ई. में हुआ।
- समवर्ती सूची में लिखे विषयों पर अधिनियम बनाने का अधिकार राज्य और संघ के पास है।
- भारतीय संविधान की सातवीं अनुसूची के अन्तर्गत वन राज्य सूची का विषय है।
- सामाजिक सुरक्षा एवं सामाजिक बीमा विषय समवर्ती सूची में हैं।
- शिक्षा को 42वें संविधान संशोधन द्वारा राज्य सूची से हटाकर समवर्ती सूची में शामिल किया गया।
- विवाह, संविदा, श्रम, कल्याण, बीमा, आर्थिक व सामाजिक योजना जैसे विषय समवर्ती सूची के अन्तर्गत आते हैं।
- मुद्रा, प्रतिरक्षा, बैंक, प्रादेशिक मामले, डाक-तार, रेलवे, नागरिकता आदि विषय संघ सूची में रखे गए हैं।
- पुलिस, रेलवे पुलिस, न्याय, स्थानीय, स्वशासन, स्वास्थ्य, कृषि, सिंचाई आदि विषयों को राज्य सूची में रखा गया है।
- बिना किसी राज्य की सहमति से अन्तर्राष्ट्रीय संधियों के भारत के किसी भाग अथवा सम्पूर्ण भारत में लागू करने के लिए संसद कोई भी कानून बना सकती है।
- भारतीय संविधान में 343-351 तक अनुच्छेदों में राजभाषा सम्बन्धी प्रावधानों का उल्लेख है।
- भारतीय संघ की आधिकारिक भाषा के रूप में संविधान द्वारा हिन्दी मान्यता प्राप्त है।
- संविधान के अनुच्छेद 343(i) के अन्तर्गत हिन्दी को राजभाषा के रूप में दर्जा प्रदान किया गया है।
- भारतीय संविधान के अनुच्छेद 344 के तहत प्रथम राजकीय भाषा आयोग का गठन 1955 ई. में बी.जी. खेर की अध्यक्षता में हुआ था।
- भारत के संविधान के अन्तर्गत तीन प्रकार की आपातकालीन व्यवस्थाओं पर विचार किया जा सकता है।
- देश में पहली बार राष्ट्रीय आपातकाल की उद्घोषणा 26 अक्टूबर, 1962 में की गई।
- देश में दूसरी बार राष्ट्रीय आपातकाल की उद्घोषणा 3 दिसम्बर, 1971 में की गई।
- राष्ट्रपति ने तीसरी बार राष्ट्रीय आपातकाल की उद्घोषणा 25 जून, 1975 में की।
- तीसरी बार राष्ट्रीय आपातकाल की उद्घोषणा राष्ट्रपति ने आन्तरिक अशान्ति के आधार पर की।
- प्रथम बार राष्ट्रपति शासन 20 जून, 1951 को लागू किया गया।
- प्रथम बार राष्ट्रपति शासन पंजाब (पेप्सू) राज्य में लागू किया गया।

- वित्तीय आपात स्थिति ऐसी आपातकाल स्थिति है, जिसकी घोषणा अभी तक भारत में नहीं की गई है।
- किसी भी राजनीतिक दल को राष्ट्रीय दल के रूप में तभी मान्यता प्राप्त हो सकती है, जबकि आम चुनाव में उसे कम-से-कम चार राज्यों में कुल 4% मत प्राप्त हो।
- भारतीय कम्युनिस्ट पार्टी (CPI) का अस्तित्व वर्ष 1921 ई. में हुआ।
- किसी मान्यता प्राप्त राजनीतिक दल का चुनाव आयोग द्वारा चुनाव चिह्न के आवंटन के निर्णय के विरुद्ध सर्वोच्च न्यायालय में अपील की जा सकती है।
- वह भारतीय राजनीतिक दल भारतीय कम्युनिस्ट पार्टी है जिसकी स्थापना ताशंकद में हुई थी।
- स्वतंत्र श्रमिक दल की स्थापना बी.आर. अम्बेडकर द्वारा की गई थी।
- दल-बदल विरोधी कानून (Anti-Defection Law) से संविधान का 52वाँ संशोधन संबंधित है।
- संविधान के 89वें संशोधन द्वारा अनुसूचित जनजातियों के लिए एक पृथक् राष्ट्रीय आयोग के गठन का प्रावधान किया गया है।
- प्रथम पिछड़ा वर्ग आयोग का गठन 1953 ई. में किया गया था।
- प्रथम पिछड़ा वर्ग आयोग के अध्यक्ष काका कालेलकर थे।
- मण्डल आयोग ने पिछड़े वर्ग के लिए 27% आरक्षण दिया।
- राष्ट्रीय पिछड़ा आयोग की स्थापना 1993 ई. में हुई।
- प्रथम सवैधानिक संशोधन अधिनियम कुछ राज्यों के कृषि भूमि सुधार से सम्बन्धित था।
- 18वें संविधान संशोधन द्वारा पंजाब राज्य को पुनर्गठित करके पंजाब तथा हरियाणा राज्य एवं चण्डीगढ़ केन्द्र शासित प्रदेश की स्थापना की गई।
- 22वें संवैधानिक संशोधन अधिनियम द्वारा मेघालय राज्य की स्थापना की गई।
- 42वें संवैधानिक संशोधन अधिनियम को 'लघु संविधान' कहा गया है।
- 55वें संवैधानिक संशोधन द्वारा अरुणाचल प्रदेश को राज्य का दर्जा प्रदान किया गया।
- 91वाँ संविधान संशोधन विधेयक मंत्रिपरिषद् को 15% तक सीमित करने के लिए जारी किया गया है।
- 73वाँ संविधान संशोधन अधिनियम, 1993 देश में मजबूत एवं जीवंत पंचायती राज संस्थाओं की बुनियाद रखना निर्दिष्ट करता है।
- वर्ष 2012 का 97वाँ संविधान संशोधन अधिनियम सहकारी समितियों (Co-operative societies) के गठन एवं क्रियाकलाप से सम्बन्धित है।
- पंचायतों का कार्यक्रम संविधान की ग्यारहवीं अनुसूची में सम्मिलित है।
- पंचायती राज प्रणाली सत्ता के विकेन्द्रीकरण पर आधारित है।
- 73वें संविधान संशोधन के अनुसार पंचायती राज संस्थाओं में अध्यक्ष के कम-से-कम एक तिहाई पद महिलाओं के लिए आरक्षित किए गए हैं।
- प्रथम पंचायती राज व्यवस्था का उद्घाटन पंडित जवाहरलाल नेहरू द्वारा 2 अक्टूबर, 1959 को नागौर में किया गया था।
- देश के ग्रामीण क्षेत्र के सामाजिक एवं सांस्कृतिक उत्थान के लिए सामुदायिक विकास कार्यक्रम 2 अक्टूबर, 1952 में प्रारम्भ किया गया।
- पंचायती राज की दृष्टि से महत्वपूर्ण प्रतिवेदन बलवन्त राय मेहता समिति प्रतिवेदन है।
- अशोक मेहता समिति पंचायती राज से सम्बन्धित थी।
- पंचायत स्तर पर राज्य सरकार का प्रतिनिधित्व पंचायत सेवक करता है।
- पंचायत चुनाव के लिए उम्मीदवारों की न्यूनतम आयु सीमा 21 वर्ष होनी चाहिए।
- यदि पंचायत भंग होती है, तो 6 माह के अन्दर निर्वाचन होंगे।
- भारत में पहला नगर निगम चेन्नई में स्थापित हुआ था।
- 1957 में किस समिति ने भारत में त्रिस्तरीय पंचायती राज की सर्वप्रथम सिफारिश बलवंत राय मेहता समिति की थी।
- भारत में सही मायने में स्थानीय स्वशासन का जनक लॉर्ड रिपन को कहा जाता है।

वस्तुनिष्ठ प्रश्नोत्तर

1. किस अधिनियम के तहत ब्रिटिश सम्राट ने 'भारत के सम्राट' की उपाधि छोड़ दी?
A. 1935 के अधिनियम द्वारा
B. 1919 के अधिनियम द्वारा
C. भारतीय स्वाधीनता अधिनियम, 1947
D. उपर्युक्त में से कोई नहीं

2. 'भारतीय स्वतन्त्रता का मैग्नाकार्टा' निम्न में से किसे कहा जाता है?
A. 1858 के अधिनियम को
B. 1935 के अधिनियम को
C. 1947 के अधिनियम को
D. 1919 के अधिनियम को

3. भारतीय संविधान में 'आत्मा' की संज्ञा निम्न में से किसको दी जाती है?
A. प्रस्तावना को B. मौलिक अधिकार
C. अनुच्छेद 32 D. नीति निदेशक तत्व

4. निम्न में से किस अनुच्छेद के अनुसार न्यायपालिका का कार्यपालिका से पृथक्करण किया जाता है?
A. अनुच्छेद 45 B. अनुच्छेद 50
C. अनुच्छेद 52 D. अनुच्छेद 48

5. संविधान में लिखित आन्तरिक गड़बड़ी के स्थान पर 'सशस्त्र विद्रोह' शब्द किस संविधान संशोधन द्वारा जोड़ा गया?
A. 42वें संशोधन द्वारा B. 44वें संशोधन द्वारा
C. 16वें संशोधन द्वारा D. 46वें संशोधन द्वारा

6. किस संविधान संशोधन के तहत भारत में मतदान की आयु सीमा 21 वर्ष से घटाकर 18 वर्ष कर दी गई?
A. 42वें संशोधन द्वारा B. 61वें संशोधन द्वारा
C. 46वें संशोधन द्वारा D. 80वें संशोधन द्वारा

7. निम्न में से किस अनुच्छेद में यह प्रावधान है कि "भारत की संसद राष्ट्रपति और दोनों सदनों से मिलकर बनती है। निचले सदन को लोकसभा और उच्च सदन को राज्य सभा कहते हैं"?
A. 42 B. 46
C. 79 D. 80

8. किस संविधान संशोधन ने मूल अधिकारों की तुलना में नीति-निदेशक तत्वों को वरीयता प्रदान की?
A. 41वें संशोधन B. 42वें संशोधन
C. 46वें संशोधन D. उपर्युक्त सभी

9. भारतीय संविधान में मूल कर्त्तव्यों का वर्णन अनुच्छेद 51A में किए गये हैं। वे संविधान के किस भाग में हैं?
A. भाग III B. भाग IVA
C. भाग II D. भाग I

10. किस संविधान संशोधन को 'लघु संविधान के नाम से जाना जाता है'?
A. 44वें संशोधन को B. 42वें संशोधन को
C. 46वें संशोधन को D. 48वें संशोधन को

11. संसद की स्वीकृति के बिना राष्ट्रपति द्वारा घोषित आपातकाल की क्या समय सीमा होगी?
A. छः माह B. दो महीना
C. सिर्फ एक महीना D. तीन महीने

12. वन, शिक्षा, वन्यप्राणियों का संरक्षण और नापतौल को 42वें संविधान संशोधन द्वारा स्थानांतरित किया गया
A. संघसूची से राज्यसूची
B. राज्यसूची से समवर्ती सूची
C. राज्यसूची से संघसूची
D. संघसूची से समवर्ती सूची

13. सही मिलान कीजिए—

सूची-I (संविधान सभा समिति)	**सूची-II (अध्यक्ष)**
(*a*) संचालन समिति	1. सरदार वल्लभभाई पटेल
(*b*) मूल अधिकार उप-समिति	2. डॉ. राजेन्द्र प्रसाद
(*c*) संघीय संविधान समिति	3. जे.बी. कृपलानी
(*d*) प्रांतीय संविधान समिति	4. जवाहर लाल नेहरू

कूट :

	(*a*)	(*b*)	(*c*)	(*d*)
A.	4	2	3	1
B.	2	1	4	3
C.	3	4	2	1
D.	2	3	4	1

14. भारत की संविधान सभा का प्रथम अधिवेशन कब शुरू हुआ?

A. 10 जून, 1946 B. 9 दिसम्बर, 1946

C. 19 नवम्बर, 1947 D. 30 जून, 1949

15. संविधान सभा के अस्थायी अध्यक्ष कौन थे?

A. सच्चिदानन्द सिन्हा B. डॉ. राजेन्द्र प्रसाद

C. डॉ. बी.आर. अम्बेडकर D. पं. जवाहरलाल नेहरू

16. सूची-I को सूची-II से सुमेलित कीजिए और सूचियों के नीचे दिए गए कूट की सहायता से सही उत्तर का चयन कीजिए।

सूची-I (भारत के संविधान के लक्षण)	**सूची-II (किस देश से गृहीत)**
(*a*) मूल अधिकार	1. यू.के.
(*b*) शासन की संसदीय प्रणाली	2. संयुक्त राज्य अमेरिका
(*c*) आपात उपबंध	3. आयरलैण्ड
(*d*) राज्य के नीति निदेशक सिद्धांत	4. जर्मनी
	5. कनाडा

कूट :

	(*a*)	(*b*)	(*c*)	(*d*)
A.	2	4	5	1
B.	5	1	3	4
C.	2	1	4	3
D.	1	2	4	3

17. भारत के संविधान में अन्तर्राष्ट्रीय शान्ति और सुरक्षा की अभिवृद्धि का उल्लेख है :

A. संविधान की उद्देशिका में

B. राज्य के नीति निदेशक तत्वों में

C. मूल कर्त्तव्यों में

D. नौवीं अनुसूची में

18. निम्नलिखित में से किसके मामले उच्च न्यायालय और उच्चतम न्यायालय दोनों की अधिकारिता में आते हैं?

A. केन्द्र और राज्यों के बीच के विवाद

B. राज्यों के परस्पर विवाद

C. मूल अधिकारों का संरक्षण

D. संविधान के उल्लंघन से संरक्षण

19. सम्पत्ति के अधिकार को मूलाधिकारों की सूची से संविधान संशोधन द्वारा निकाल दिया गया है। यह अधिकार अब किस अनुच्छेद के अन्तर्गत प्राप्त है?

A. 31(2) B. 301 क

C. 300 क D. 19(1)

20. संविधान के किस अनुच्छेद के अन्तर्गत राज्य सभा नई अखिल भारतीय प्रशासनिक सेवाओं की रचना प्रस्तावित कर सकती है?

A. अनुच्छेद 311 B. अनुच्छेद 312

C. अनुच्छेद 365 D. अनुच्छेद 249

21. भारत में संविधान के किस अनुच्छेद से अस्पृश्यता समाप्त की गई है?

A. अनुच्छेद 42 B. अनुच्छेद 15

C. अनुच्छेद 17 D. अनुच्छेद 18

22. निम्नलिखित को सुमेलित कीजिए :

(*a*) अन्तर्राज्यीय परिषद्	1. अनुच्छेद 315
(*b*) वित्त आयोग	2. अनुच्छेद 280
(*c*) प्रशासनिक अधिकरण	3. अनुच्छेद 263
(*d*) संघ लोकसेवा आयोग	4. अनुच्छेद 323 (ए)

	(*a*)	(*b*)	(*c*)	(*d*)
A.	2	4	3	1
B.	3	2	1	4
C.	1	2	4	3
D.	3	2	4	1

23. राष्ट्रगान को संविधान सभा द्वारा कब अपनाया गया?

A. 26 नवम्बर, 1949 ई. को

B. 11 दिसम्बर, 1946 ई. को

C. 26 जनवरी, 1950 ई. को

D. 24 जनवरी, 1950 ई. को

24. आकस्मिकता निधि (Contingency fund) को राष्ट्रपति कैसे व्यय कर सकता है?

A. राष्ट्रीय संकट के समय

B. संसदीय स्वीकृति के बाद

C. संसदीय स्वीकृति से पूर्व

D. व्यय नहीं कर सकता

25. राष्ट्रपति के विरुद्ध महाभियोग की कार्यवाही निम्नलिखित में से कहाँ प्रारम्भ की जा सकती है?

A. लोक सभा में
B. इस उद्देश्य से दोनों सदनों की बुलाई गई संयुक्त बैठक में
C. संसद के किसी भी सदन में
D. सर्वोच्च न्यायालय में

26. राष्ट्रपति पर महाभियोग प्रस्ताव 14 दिन के पहले हस्ताक्षरित नोटिस के बाद सदन में लाया जा सकता हैः
A. सदन के कम-से-कम 50 सदस्यों के द्वारा
B. सदन के कुल सदस्यों के कम-से-कम एक-तिहाई सदस्यों के द्वारा
C. सदन के कुल सदस्यों के कम-से-कम एक-चौथाई सदस्यों के द्वारा
D. लोक सभा के कम-से-कम 100 व राज्य सभा के 50 सदस्यों द्वारा

27. निम्नलिखित कथनों पर विचार कीजिए :
आकलन समिति
1. एक तदर्थ समिति है
2. में संसद के दोनों सदनों के सदस्य होते हैं
3. में केवल लोक सभा के ही सदस्य होते हैं
उपर्युक्त में से कौन-सा/से कथन सही है/हैं?
A. 1 और 3 B. 1 और 2
C. केवल 2 D. केवल 3

28. भारत की संचित निधि से 'धन निर्गम' पर किसका नियंत्रण है?
A. महानियंत्रक तथा महालेखा परीक्षक
B. भारत के वित्त मंत्री
C. अधिकृत मंत्री
D. संसद

29. राज्य सभा में विपक्ष का प्रथम नेता कौन था?
A. वाई.बी. चह्वाण
B. भोला पासवान
C. कमलापति त्रिपाठी
D. सी.एम. स्टीफन

30. लोकसभा के प्रथम अध्यक्ष थेः
A. जी.वी मावलंकर
B. रवि राय
C. सरदार हुकुम सिंह
D. एम. अवनन्तशयनम आयंगर

31. राज्य विधानपरिषद् का कितना अंश राज्यपाल साहित्य, कला, विज्ञान, सहकारी आन्दोलन व सामाजिक सेवा से जुड़े व्यक्तियों के नाम निर्दिष्ट करता है?
A. कुल संख्या का 1/2 भाग
B. कुल संख्या का 1/6 भाग
C. कुल संख्या का 1/12 भाग
D. कुल संख्या का 1/3 भाग

32. भारत में किसी राज्य की राज्यपाल बनने वाली पहली महिला :
A. राजकुमारी अमृत कौर
B. पद्मजा नायडू
C. सरोजिनी नायडू
D. सरला ग्रेवाल

33. भारत के किस राज्य में सर्वप्रथम महिला मुख्यमंत्री हुई थी?
A. उत्तर प्रदेश B. बिहार
C. तमिलनाडु D. दिल्ली

34. जर्मनी के वाइमर संविधान से निम्नलिखित में से कौन-सा लक्षण भारतीय संविधान में लिया गया है?
A. सशक्त केन्द्र के साथ संघ का विचार
B. राष्ट्रपति के निर्वाचन की पद्धति
C. आपातकालीन शक्तियाँ
D. राष्ट्रीय आपातकाल के दौरान मौलिक अधिकारों के विलम्बन संबंधी प्रावधान

35. 'फेडरल गवर्नमेण्ट' किसकी कृति है?
A. गार्नर की
B. के.सी. ह्वीयर की
C. प्लेटो की
D. लॉस्की की

36. निम्न में से कौन-सा लक्षण एकात्मक शासन से संबंधित नहीं है?
A. शक्ति विभाजन नहीं होता
B. समस्त देश के लिए एक कार्यपालिका, एक विधायिका और एक न्यायपालिका होती है
C. प्रशासनिक इकाइयाँ स्वायत्तता सम्पन्न होती हैं
D. प्रशासनिक इकाइयों की सत्ता संविधान प्रदत्त अथवा मौलिक नहीं होती

37. 'फेडरेलिज्म एण्ड कॉन्स्टीट्यूशनल चेन्ज' कृति के लेखक हैं

A. के.सी. ह्वीयर B. हरमन फाइनर

C. विलियम लिविंग्स्टन D. कार्ल जे. फ्रेडरिक

38. भारत के सर्वोच्च न्यायालय के कार्यवाहक मुख्य न्यायाधीश की नियुक्ति करता है

A. सर्वोच्च न्यायालय का मुख्य न्यायाधीश

B. प्रधानमंत्री

C. राष्ट्रपति

D. विधि मंत्री

39. प्रशासन में लालफीताशाही का क्या अर्थ है?

A. लोकसेवकों की लापरवाही

B. विलम्ब

C. पक्षपात

D. कार्य के भार की बारीकी से जाँच

40. नौकरशाही शब्द अंग्रेजी के 'ब्यूरोक्रेसी' शब्द का अनुवाद है, जो लैटिन भाषा के 'ब्यूरो' शब्द से लिया गया है। ब्यूरो का अर्थ होता है

A. एक डेस्क या लिखने का मेज

B. कार्यपालिका

C. प्रशासन

D. संगठन

41. ओम्बड्समैन की सर्वप्रथम किस देश में शुरुआत हुई?

A. ब्रिटेन B. स्वीडन

C. नार्वे D. भारत

42. भारत में लोकपाल एवं लोकायुक्त पदों की स्थापना करने की सिफारिश की

A. सरकारिया आयोग ने

B. प्रशासनिक सुधार आयोग ने

C. ठक्कर आयोग ने

D. विधि आयोग ने

43. परमादेश लेख उच्च अदालत द्वारा जारी किया जाता है तथा इसके द्वारा—

A. एक व्यक्ति अथवा सार्वजनिक अधिकारी को अपने कर्त्तव्य का पालन करने के लिए कहा जाता है

B. किसी ऐसे व्यक्ति को जिसे अवैध रूप से बन्दी बनाया गया है 24 घंटे के भीतर, अदालत के सम्मुख प्रस्तुत करने के लिए कहा जाता है

C. किसी व्यक्ति अथवा सार्वजनिक अधिकारी को दिया गया आदेश जिसमें उसे राष्ट्रीय हित में कार्यवाही रोकने के लिए कहा जाता है

D. उपरोक्त सभी मामलों में

44. निम्नलिखित में से किस केस में सर्वोच्च न्यायालय ने संविधान के उन प्रावधानों को असंवैधानिक घोषित किया जो नीति-निदेशक सिद्धांतों को मौलिक अधिकारों पर प्राथमिकता प्रदान करते थे?

A. सुजानसिंह केस

B. गोलकनाथ केस

C. केशवानन्द भारती केस

D. मिनर्वा मिल्स केस

45. भारत के राष्ट्रपति की निम्न न्यायिक शक्तियों में कौन-सी शक्ति सम्मिलित नहीं है?

A. वह सर्वोच्च न्यायालय के मुख्य न्यायाधीश तथा अन्य न्यायाधीशों को नियुक्त करता है

B. वह किसी भी दण्डित व्यक्ति को क्षमा दे सकता है अथवा उसके दण्ड को प्रविलंबित व परिहार कर सकता है

C. वह सर्वोच्च न्यायालयों से किसी भी कानूनी प्रश्न अथवा तथ्य पर परामर्श ले सकता है

D. वह सर्वोच्च न्यायालय के किसी भी न्यायाधीश को दुर्व्यवहार के आधार पर पद से हटा सकता है

46. निम्नलिखित में से किस सकटकाल की घोषणा राष्ट्रपति केवल केन्द्रीय मंत्रिमंडल द्वारा लिखित रूप में लिए निर्णय के आधार पर कर सकता है :

A. युद्ध, बाह्य आक्रमण अथवा सशस्त्र विद्रोह के कारण उत्पन्न संकट

B. किसी राज्य में संवैधानिक तंत्र टूट जाने के कारण संकट

C. भारत अथवा उसके किसी भाग में उत्पन्न वित्तीय स्थायित्व अथवा साख को खतरे के कारण

D. उपरोक्त सभी प्रकार के संकट

47. सर्वोच्च न्यायालय के बारे में कौन-सा कथन सही नहीं है?
A. यह भारत के नागरिकों की स्वतंत्रता के संरक्षक के रूप में कार्य करता है
B. यह संविधान के संरक्षक के रूप में कार्य करता है
C. यह राज्य के नीति-निदेशक सिद्धांतों के रक्षक के रूप में कार्य करता है
D. इसे राष्ट्रपति तथा उप-राष्ट्रपति के चुनाव से संबंधित झगड़ों की छानबीन करने का अधिकार है

48. पंचायती राज से संबंधित 73वें संशोधन में निम्नलिखित में से कौन-सी व्यवस्था नहीं की गई?
A. सभी निर्वाचित देहाती स्थानीय संस्थाओं में सभी सत्रों पर महिलाओं के लिए 30 प्रतिशत स्थान सुरक्षित रखे जाएंगे
B. पंचायती राज संस्थाओं को आवश्यक साधन प्रदान करने के लिए राज्य सरकारें वित्त आयोगों का गठन करेंगी
C. यदि राज्य सरकारें पंचायती राज संस्थाओं को हटाती हैं अथवा उन्हें भंग करती हैं, तो 6 मास के भीतर चुनाव कराये जाएंगे
D. यदि पंचायती राज के निर्वाचित कार्यकर्ताओं के दो से अधिक बच्चे होंगे तो उन्हें पद के लिए अयोग्य घोषित किया जाएगा

49. यदि किसी लोक सभा सदस्य को किसी राज्य का मुख्यमंत्री नियुक्त किया जाता है तो–
A. 14 दिन के पश्चात् लोक सभा का सदस्य नहीं रहता
B. वह 6 मास तक लोक सभा का सदस्य बना रह सकता है परन्तु सदन के मतदान में भाग नहीं ले सकता
C. उसे 6 मास के भीतर राज्य विधान मंडल का सदस्य बन जाना चाहिए
D. उपरोक्त में से कोई नहीं

50. 2003 में पारित 91वें संवैधानिक संशोधन जो कि दल-बंदल से संबंधित है, के निम्न लक्षणों में से कौन-से लक्षण गलत हैं?
A. दल-बदलुओं को किसी भी लाभकारी पद पर बने रहने की अनुमति नहीं होगी जब तक वह चुनाव न जीत लें
B. मंत्री परिषद् का आकार लोक सभा व राज्य विधान सभा की कुल सदस्य संख्या के 15 प्रतिशत तक सीमित होगा
C. विचारधारा संबंधी विषयों को छोड़कर किसी भी राजनैतिक दल में विभाजन की अनुमति नहीं होगी
D. उपरोक्त में से कोई नहीं

उत्तरमाला

1	2	3	4	5	6	7	8	9	10
C	A	A	B	B	B	C	B	B	B
11	**12**	**13**	**14**	**15**	**16**	**17**	**18**	**19**	**20**
C	B	D	B	A	C	B	C	C	B
21	**22**	**23**	**24**	**25**	**26**	**27**	**28**	**29**	**30**
C	D	D	C	C	D	D	D	C	A
31	**32**	**33**	**34**	**35**	**36**	**37**	**38**	**39**	**40**
B	C	A	D	B	C	C	C	B	A
41	**42**	**43**	**44**	**45**	**46**	**47**	**48**	**49**	**50**
B	B	A	D	D	A	C	D	C	D

***

4 भारतीय अर्थव्यवस्था

- मिश्रित अर्थव्यवस्था का अर्थ निजी क्षेत्र तथा सार्वजनिक क्षेत्र का सहअस्तित्व है। भारत ने अपने स्वतंत्र्योत्तर विकास काल में मिश्रित अर्थव्यवस्था को अपनाया ताकि इसका समाजवादी लक्ष्य पूरा हो सके।
- बन्द अर्थव्यवस्था (closed economy) वह अर्थव्यवस्था है, जिसमें न तो निर्यात, न ही आयात होता है।
- छिपी हुई या अदृश्य बेरोजगारी सीमान्त भौतिक उत्पादकता शून्य होती है।
- राष्ट्रीय ग्रामीण विकास संस्थान हैदराबाद में अवस्थित है।
- संरचनात्मक बेरोजगारी का कारण अपर्याप्त उत्पादन क्षमता है।
- वैश्वीकरण (Globalisation) का अर्थ वित्तीय बाजार का एकीकरण है।
- अन्त्योदय कार्यक्रम का उद्देश्य गरीबों में सबसे अधिक गरीब की मदद करना था।
- मध्य प्रदेश को अत्यधिक कुपोषण के कारण 'भारत का इथोपिया' कहा जाता है।
- वर्ल्ड डेवलपमेंट रिपोर्ट I.B.R.D. का वार्षिक प्रकाशन है।
- मानव विकास सूचकांक (HDI) अर्थशास्त्री महबूब-उल-हक की देन है।
- भारत में झूम खेती के अन्तर्गत भूमि का सबसे बड़ा प्रतिशत नगालैंड में है।
- भारत में प्रच्छन्न बेरोजगारी सामान्यतः कृषि क्षेत्र में दिखाई देती है।
- 'हरित सूचकांक' संयुक्त राष्ट्र पर्यावरण कार्यक्रम के द्वारा विकसित किया गया था।
- भारतीय अर्थव्यवस्था के उदारीकरण का अग्रदूत डॉ. मनमोहन सिंह को कहा जाता है।
- तेंदुलकर समिति ने भारत में गरीबी रेखा के नीचे की जनसंख्या 37.2% आकलित किया है।
- देश में राष्ट्रीय न्यादर्श (N.S.S.) की स्थापना 1950 ई. में हुई।
- केन्द्रीय सांख्यिकीय संगठन (C.S.O.) की स्थापना 1956 ई. में हुई है।
- भारत की राष्ट्रीय आय केन्द्रीय सांख्यिकी संगठन द्वारा अनुमानित होती है।
- 'ड्रेन का सिद्धान्त' (the theory of Drain) गोविन्द रानाडे ने प्रतिपादित किया था।
- हिन्दू वृद्धि दर राष्ट्रीय आय से सम्बन्धित है।
- भारत में राष्ट्रीय आय का आकलन सबसे पहले दादाभाई नौरोजी ने किया था।
- प्रति व्यक्ति आय निकालने के लिए राष्ट्रीय आय को देश की कुल जनसंख्या से भाग दिया जाता है।
- 'ग्रेशम का नियम' मुद्रा के प्रचलन से सम्बन्धित है।
- सरकार द्वारा पुरानी मुद्रा को समाप्त कर नई मुद्रा चलाना विमुद्रीकरण कहलाता है।
- वह अवस्था जिसमें मुद्रा का मूल्य गिर जाता है और कीमतें बढ़ जाती हैं, मुद्रा स्फीति कहलाती है।
- मुद्रा स्फीति से बाजार की वस्तुएँ महँगी हो जाती हैं।
- भारत में सर्वप्रथम पत्र-मुद्रा का चलन 1806 ई. में प्रारम्भ हुआ था।
- भारत में मुद्रा स्फीति थोक मूल्य सूचकांक द्वारा मापी जाती है।
- भारतीय रिजर्व बैंक का राष्ट्रीयकरण 1949 में किया गया था।
- भारत में भारतीय रिजर्व बैंक को 'बैंकों का बैंक' कहा जाता है।
- आर.बी.आई. (RBI) का मुख्यालय मुम्बई में स्थित है।
- भारत में करैंसी नोट भारतीय रिजर्व बैंक जारी करता है।
- भारतीय रिजर्व बैंक का लेखा वर्ष जुलाई-जून में होता है।
- भारत में सहकारी आन्दोलन का प्रादुर्भाव 1904 में हुआ।
- भारत का सबसे बड़ा व्यावसायिक बैंक भारतीय स्टेट बैंक है।
- भारतीय स्टेट बैंक द्वारा देश में पहला तैरता हुआ ए.टी.एम. (ATM) कोच्चि में स्थापित किया गया है।
- ग्रामीण विकास के लिए ऋण प्रदान करने वाला 'नाबार्ड' एक बैंक है।

- राष्ट्रीय कृषि एवं ग्रामीण विकास बैंक की स्थापना छठी पंचवर्षीय योजनावधि में की गई थी।
- भारतीय यूनिट ट्रस्ट (U.T.I.) की स्थापना वर्ष 1956 में की गई।
- भारत की सबसे बड़ी म्यूचुअल फंड संस्था U.T.I. है।
- भारतीय जीवन बीमा निगम (LIC) की स्थापना वर्ष 1956 में की गई।
- भारतीय प्रतिभूति एवं विनिमय बोर्ड (SEBI) की स्थापना 1988 में की गई थी।
- भारतीय प्रतिभूति एवं विनिमय बोर्ड को वैधानिक दर्जा 30 अप्रैल, 1992 ई. में प्रदान किया गया।
- देश के पहले पेमेंट गेटवे रूपे (RuPay) का लोकार्पण 8 मई, 2014 को नई दिल्ली में किया गया।
- भारत का सबसे पुराना स्टॉक एक्सचेंज बम्बई स्टॉक एक्सचेंज है।
- बम्बई स्टॉक एक्सचेंज की स्थापना 1875 ई. में हुई है।
- दलाल स्ट्रीट मुम्बई में स्थित है।
- आई.एम.एफ. (IMF) के नियमों के अनुसार हर सदस्य को अपनी वैध मुद्रा सममूल्य घोषित करना होता है अमेरिकी डॉलर के रूप में और पाउण्ड स्टर्लिंग के रूप में।
- भारतीय रिजर्व बैंक से साख प्राप्त करने या बिलों की पुनर्कटौती करवाने के इच्छुक वाणिज्यिक बैंकों को रिजर्व बैंक जिस ब्याज दर पर साख प्रदान करता है या जिस दर पर बिलों की पुनर्कटौती करता है उसे बैंक दर (Bank Rate) कहते हैं।
- वित्तीय सुधारों पर नरसिम्हन समिति (1991) ने बैंकिंग संरचना का चार स्तरीय अधिक्रम स्थापित करने का सुझाव दिया था।
- भारत में राष्ट्रीय आवास बैंक भारतीय रिजर्व बैंक की एक पूर्ण स्वामित्व वाली समानुषंगी के रूप में स्थापित हुआ।
- क्षेत्रीय ग्रामीण बैंक के द्वारा कृषकों के पास आसानी से पहुँचने के के लिए 'किसान क्लब' बनाया गया।
- भारत में रुपए का अवमूल्यन पहली बार वर्ष 1949 में किया गया था।
- एक रुपये के नोट पर वित्त मंत्रालय के सचिव के हस्ताक्षर होते हैं।
- प्रथम क्षेत्रीय ग्रामीण बैंक की स्थापना वर्ष 1975 में की गई।
- भारत में सिक्के जारी करने के लिए वित्त मंत्रालय अधिकृत है।
- यूनाइटेड कॉमर्शियल बैंक का मुख्यालय कोलकाता में है।
- भारत में ग्रामीण अवस्थापना विकास कोष कार्यक्रम को क्रियान्वित करने वाली मुख्य संस्था नाबार्ड है।
- भारत में दाशमिक मुद्रा प्रणाली वर्ष 1957 में शुरू की गई।
- ग्रामीण बैंकों की कार्यकारी समूह की सिफारिशों के फलस्वरूप शुरू में 5 ग्रामीण प्रादेशिक बैंक 1975 में स्थापित किए गए थे।
- मुद्रा स्फीति की उच्च दर और बेरोजगारी की उच्च दर की एक साथ उपस्थिति को स्टैगफ्लेशन कहते हैं।
- भारतीय रिजर्व बैंक की बैंक दर कम करने के फलस्वरूप बाजार की तरलता बढ़ जाती है।
- हमारे देश के लगभग सभी बैंकों ने किसानों को फसल ऋण देने के लिए किसान क्रेडिट कार्ड सुविधा शुरू की है।
- रेपो दर (Repo Rate) वह दर होती है जिस पर सार्वजनिक व निजी बैंक अपनी अल्प अवधि की जरूरतों के लिए रिजर्व बैंक से उधार लेते हैं।
- संकट के समय के दौरान वाणिज्यिक बैंकों की जो आरक्षितियाँ बतौर बफर चल निधि का काम करती हैं, वह SLR है।
- चेक या माँग ड्राफ्ट जैसे बैंकिंग लिखत पर चुम्बकीय सामग्री से बनी विशेष प्रकार की स्याही से मुद्रित नौ अंकीय संख्या MCR कोड कहलाती है।
- CIBIL उधारकर्ताओं की ऋण पृष्ठभूमि रखता/उपलब्ध कराता है।
- भारत सरकार से जल्दी पेंशन पाने के लिए सेवानिवृत्त रक्षाकर्मियों के लिए SANGAM सॉफ्टवेयर का आरम्भ किया गया है।
- बचत बैंक खाते व्यक्तियों द्वारा बचत के लिए खोले जाते हैं।
- चेकों व ड्राफ्टों की वैधता अवधि जारी किए जाने की तिथि से 3 महीने तक है।
- इनसाइड ट्रेडिंग शेयर बाजार से सम्बन्धित है।
- भारत में बैंकों का पहली बार राष्ट्रीयकरण 1969 में हुआ था।
- भारत में शुरू की गई 'स्वाभिमान योजना' ग्रामीण बैंकिंग से सम्बन्धित है।
- बैंक की जो शाखाएँ सीधे विदेशी मुद्रा विनिमय कारोबार कर सकती हैं, उन्हें विदेशी मुद्रा का अधिकृत डीलर कहा जाता है।
- भारत का वित्तीय वर्ष 1 अप्रैल को प्रारम्भ होता है।
- शून्य आधारित बजट तकनीक सं.रा.अ. की देन मानी जाती है। भारत में शून्य आधारित बजट को वर्ष 1987-88 के वार्षिक बजट में अपनाया गया था।

- संशोधित मूल्य वर्धित कर (Modvat) का सम्बन्ध उत्पाद शुल्क से है।
- सम्पदा कर भारत में पहली बार वर्ष 1957 से लागू किया गया।
- यदि वार्षिक संघीय बजट लोकसभा द्वारा पारित नहीं होता है, तो प्रधानमंत्री अपनी मंत्रिपरिषद् का त्यागपत्र पेश करता है।
- राजकोषीय घाटे और बजटीय घाटे का अन्तर सार्वजनिक ऋण के बराबर होता है।
- भारत सरकार के बजट के आँकड़ों में कुल व्यय और कुल प्राप्तियों के बीच अंतर को बजटीय घाटा कहते हैं।
- भारत में कृषि आय कर राज्य सरकारों द्वारा लगाया जा सकता है।
- कराधान राजकोषीय नीति का एक उपकरण है।
- भारत का आर्थिक सर्वेक्षण प्रतिवर्ष वित्त मंत्रालय के द्वारा प्रकाशित किया जाता है।
- संघ सरकार द्वारा अर्जित सीमा शुल्क राजस्व को राज्य सरकारों में वितरित नहीं किया जाता है।
- भारत में योजना से सम्बन्धित सबसे पहला विचार प्रस्तुत करने का श्रेय एम. विश्वेश्वरैया को जाता है।
- भारतीय योजना निर्माण के उद्देश्य राष्ट्रीय आय में वृद्धि, आय और सम्पत्ति में असमानताओं को घटाना, निर्धनता उन्मूलन हैं।
- भारत में योजना की अवधारणा 1950 ई. में स्वीकार की गई।
- भारत में नियोजित आर्थिक विकास का शुभारम्भ 1951 ई. में हुआ।
- भारत सरकार ने एक पृथक् विभाग 'नियोजन एवं विकास विभाग' 1944 ई. में खोला था।
- राष्ट्रीय योजना समिति की स्थापना 1938 ई. में हुई।
- भारत में औद्योगीकरण की प्रक्रिया द्वितीय पंचवर्षीय योजना में प्रारम्भ की गई थी।
- द्वितीय पंचवर्षीय योजना का प्रारूप पी.सी. महालनोबिस ने तैयार किया था।
- खादी एवं ग्रामीण उद्योग आयोग की स्थापना पहली पंचवर्षीय योजना के अन्तर्गत की गई थी।
- 'भारत सहायता क्लब' की स्थापना द्वितीय पंचवर्षीय योजनावधि के दौरान की गई थी।
- पंचवर्षीय योजना के इतिहास में भारत की सर्वाधिक असफल योजना तृतीय योजना को माना जाता है।
- तृतीय पंचवर्षीय योजना का मुख्य उद्देश्य आत्मपोषित विकास था।
- भारत की तीसरी पंचवर्षीय योजना ने अपनी प्राथमिकता को विकास से हटाकर प्रतिरक्षा की ओर केन्द्रित कर दिया था।
- चतुर्थ योजना ने पंचवर्षीय योजनावधि के दौरान सरकार ने यह कृषि नीति बनायी जिसने हरित क्रान्ति को जन्म दिया।
- चौथी पंचवर्षीय योजना (1969-74) गाडगिल योजना को कहा जाता है।
- भारत में 'गरीबी हटाओ' का नारा पाँचवीं पंचवर्षीय योजना के अन्तर्गत दिया गया था।
- जन सहयोग एवं ग्रामीण प्रौद्योगिकी विकास परिषद् अर्थात् कपार्ट (CAPART) का गठन 1 सितम्बर, 1986 को किया गया था। इसका मुख्यालय नई दिल्ली में है।
- किशोरियों के हितार्थ एक नई राजीव गाँधी किशोरी अधिकारिता योजना 'सबला' का शुभारम्भ 19 नवम्बर, 2010 से किया गया है।
- राष्ट्रीय कृषि और ग्रामीण विकास बैंक (NABARD) की स्थापना छठी पंचवर्षीय योजना के दौरान की गई।
- सातवीं पंचवर्षीय योजना में प्रारम्भ किया गया एक महत्वपूर्ण रोजगार कार्यक्रम JRY था।
- अर्थव्यवस्था के विकास के लिए केन्द्रीयकृत नियोजन सर्वप्रथम पूर्व सोवियत संघ में अपनाया गया।
- भारत की पंचवर्षीय योजना के संदर्भ में औद्योगीकरण के ढाँचे में परिवर्तन के अन्तर्गत भारी उद्योग का महत्व कम करते हुए आधारित संरचनाओं पर बल देने की शुरूआत दसवीं योजना से की गई।
- केन्द्र एवं राज्य के बीच वित्तीय विवादों के निपटारे हेतु मुख्य एजेंसी वित्त आयोग है।
- वित्त आयोग के अध्यक्ष के लिए जरूरी है कि वह सार्वजनिक मामलों में अनुभव वाला व्यक्ति हो।
- राष्ट्रीय नियोजन में 'रोलिंग प्लान' की अवधारणा जनता सरकार के द्वारा लागू की गई थी।
- ग्यारहवीं पंचवर्षीय योजना का उद्देश्य समाविष्ट आर्थिक वृद्धि था।
- 20 सूत्रीय आर्थिक कार्यक्रम प्रथम बार वर्ष 1975 में प्रारम्भ किया गया था।
- दूसरी पंचवर्षीय योजना में 'भारी उद्योग' को प्राथमिक दी गई थी।

- अन्तर्राष्ट्रीय व्यापार का प्रमुख प्रहरी W.T.O. है।
- इण्डिया ब्राण्ड इक्विटी फण्ड की स्थापना 1996 ई. में की गई।
- भारत को अधिकतम विदेशी विनिमय रत्न एवं आभूषण मद से प्राप्त होता है।
- TRIPS (बौद्धिक सम्पदा अधिकारों के व्यापार से सम्बन्धित पक्ष) करार का संचालन WTO के द्वारा होता है।
- भारत से सर्वाधिक मूल्य के रत्न एवं आभूषणों का निर्यात संयुक्त राज्य अमेरिका को होता है।
- समुदाय/संगठन के अनुसार भारत के निर्यात का सबसे बड़ा भाग यूरोपीय आर्थिक समुदाय को जाता है।
- भारतीय चमड़े का सर्वाधिक निर्यात इंग्लैण्ड को किया जाता है।
- भारत द्वारा अन्य देशों के साथ 'दोहरा कर परिहार समझौता' (DTAA) द्विपक्षीय व्यापार बढ़ाने के लिए किया जा रहा है।
- LNG के आयात के लिए भारत में पहला एल.एन.जी. टर्मिनल दाहेज स्थापित किया गया है।
- भारत द्वारा सबसे अधिक विदेशी मुद्रा पेट्रोलियम पदार्थ के आयात पर व्यय की जाती है।
- यदि सूरत में बनी वस्तुएँ मुम्बई या दिल्ली में बेची जाएं तो यह प्रादेशिक व्यापार है।
- भारतीय विदेश व्यापार संस्थान नई दिल्ली में स्थित है।
- देशों के समूहों के साथ व्यापार करने की औपचारिक पद्धति को ट्रेड बैंचर्स कहा जाता है।
- निजी क्षेत्र में देश का प्रथम निर्यात प्रोसेसिंग क्षेत्र (EPZ) सूरत में स्थापित किया गया था।
- उत्तर प्रदेश में निर्यात प्रोसेसिंग क्षेत्र नोएडा है।
- ECGC संगठन विदेश व्यापार का संवर्द्धन करता है।
- विश्व व्यापार संगठन (WTO) जिसका अंग है, वह गैट सदस्यों द्वारा स्थापित एक अन्तर्राष्ट्रीय व्यापार संगठन है।
- गैट (GATT) का तात्पर्य जनरल एग्रीमेंट ऑन टैरिफ्स एंड ट्रेड है।
- वर्ष 2003 में विदेशी विनिमय प्रबन्ध अधिनियम (FEMA) प्रभावी हुआ।
- भारत में FERA का स्थान FEMA ने ले लिया है।
- मीरा सेठ समिति का सम्बन्ध हथकरघे के विकास से था।
- जानकी रमन समिति का गठन बैंकों की प्रतिभूतियों के सौदों की जाँच हेतु किया गया था।
- रेखी समिति का सम्बन्ध अप्रत्यक्ष करों के सम्बन्ध में समान नियमावली बनाने से था।
- नरसिम्हन समिति ने बैंकिंग संरचना सुधार सम्बन्धी अपने सुझाव केन्द्र सरकार को दिए थे।
- सुन्दर राजन समिति का सम्बन्ध पेट्रोलियम से है।
- भूतलिंगम समिति V.A.T. से सम्बन्धित है।
- उर्जित पटेल समिति का सम्बन्ध मौद्रिक एवं साख नीति के मौजूदा फ्रेमवर्क की समीक्षा से है।
- चेलैया समिति प्रत्यक्ष कर क्षेत्र में जाँच हेतु गठित की गई थी।
- केलकर टास्क फोर्स की सिफारिशों का सम्बन्ध करों से है।
- आबिद हुसैन समिति लघु उद्योगों की समस्याओं के निवारण हेतु गठित की गई।
- 1994 में जनसंख्या के लिए स्वामीनाथन समिति का गठन किया गया था।
- सार्वजनिक वितरण प्रणाली से सम्बन्धित वेणुगोपाल समिति है।
- बी.के. चतुर्वेदी कमेटी ने निम्नलिखित में से तेल क्षेत्र में कीमत सुधार से सम्बन्धित कार्य किया है।
- 'गोल्डन हैंडशेक' स्कीम स्वैच्छिक सेवानिवृत्ति से सम्बन्धित है।
- हांगकांग, सिंगापुर, दक्षिण कोरिया, ताइवान चार देशों को 'एशियन टाइगर' कहा जाता है।
- महात्मा गाँधी राष्ट्रीय ग्रामीण रोजगार अधिनियम के अन्तर्गत कार्यरत कामगारों की मजदूरी अब मल्टी कमोडिटी एक्सचेंज सूचकांक पर आधारित है।
- नियमित रूप से स्कूल जाने हेतु बच्चों को प्रेरित करने के लिए भारत सरकार द्वारा मध्याह्न भोजन योजना शुरू की गई है।
- ग्रामीण गरीबी उन्मूलन के लिए PURA मॉडल अपनाने का समर्थन डॉ. ए.पी.जे. अब्दुल कलाम ने किया था।
- कार्ल मार्क्स की पुस्तक 'दास कैपिटल' 1867 में प्रकाशित हुई थी।
- अर्थशास्त्र का नोबेल पुरस्कार स्वीडन के सेन्ट्रल बैंक ने स्थापित किया था।
- भारत में सबसे पहले हरियाणा में मूल्यवर्द्धित कर (VAT) लागू हुआ।
- वस्तु एवं सेवा कर (GST) भारत में 1 जुलाई, 2017 से लागू होने वाली एक महत्वपूर्ण अप्रत्यक्ष कर व्यवस्था है।
- आधुनिक अर्थशास्त्र का जनक एडम स्मिथ को कहा जाता है।
- ट्रिप्स (Trips) और ट्रिम्स (Trism) पद WTO से सम्बन्धित हैं।
- 'आधार' भारतीय नागरिकों को पहचान उपलब्ध कराने हेतु एक कार्यक्रम है।
- एगमार्क (Agmark) पदार्थों की गुणवत्ता के लिए एक मोहर है।

वस्तुनिष्ठ प्रश्नोत्तर

1. राजकोषीय नीति किससे संबंध रखती है?
A. सरकारी राजस्व B. सरकारी खर्च व ऋण
C. बैंक दर नीति D. A व B दोनों

2. भारत में मुद्रा स्फीति मापी जाती है :
A. थोक मूल्य सूचकांक द्वारा
B. शहरी गैर-कामगारों के लिए उपभोक्ता मूल्य सूचकांक द्वारा
C. कृषि श्रमिकों के लिए उपभोक्ता मूल्य सूचकांक द्वारा
D. राष्ट्रीय आय अवस्फीति द्वारा

3. भारत सरकार ने देश के 14 बैंकों का राष्ट्रीयकरण किया था :
A. जुलाई, 1969 में B. अगस्त, 1971 में
C. मार्च, 1981 में D. जुलाई, 1991 में

4. नाबार्ड (NABARD) किसका नाम है?
A. वाणिज्यिक बैंक
B. वित्तीय संस्था
C. कृषि सहायक विशिष्ट बैंक
D. गैर-बैंकिंग वित्तीय संस्था

5. भारतीय रिजर्व बैंक का लेखावर्ष (Accounting year) है :
A. जुलाई-जून B. अप्रैल-मार्च
C. अक्टूबर-सितम्बर D. जनवरी-दिसम्बर

6. 'रेपो दर' वह दर है जिस पर :
A. भारतीय रिजर्व बैंक राज्य सरकारों को ऋण देता है
B. अन्तर्राष्ट्रीय सहायता संस्थाएँ भारतीय रिजर्व बैंक को ऋण देती हैं
C. भारतीय रिजर्व बैंक अन्य बैंकों को ऋण देता है
D. अन्य बैंक भारतीय रिजर्व बैंक को ऋण देते हैं

7. गैर-निष्पादित परिसम्पत्ति (NPA) क्या है?
A. ऐसी सम्पत्तियाँ जिनसे बैंक को आय प्राप्त नहीं होती है
B. ऐसी सम्पत्तियाँ जिनसे बैंक को आय प्राप्त होती है
C. सभी सरकारी परिसम्पत्तियाँ गैर-निष्पादित परिसम्पत्तियाँ हैं
D. सभी निजी क्षेत्र की परिसम्पत्तियाँ हैं

8. यदि सकल घरेलू उत्पाद में विदेशों से प्राप्त शुद्ध साधन आय का योग किया जाये तो प्राप्त होगा :
A. GNP B. NNP
C. NDP D. प्रति व्यक्ति आय

9. 'बोकारो स्टील प्लांट' किस देश की सहायता से बनाया गया है?
A. रूस B. फ्रांस
C. ब्रिटेन D. अमेरिका

10. 'गोल्डेन हैण्ड शेक' का सन्दर्भ निम्न में से किस एक से है?
A. अति विशिष्ट व्यक्तियों को सम्मानित करना
B. स्वैच्छिक सेवानिवृत्ति योजना
C. मंगलमय समुद्र-यात्रा की कामना
D. विशिष्ट अतिथियों की अगवानी

11. निम्नलिखित में से कौन-कौन से मिलकर विश्व बैंक का गठन करते हैं?
1. अंतर्राष्ट्रीय पुनर्निर्माण और विकास बैंक
2. अन्तर्राष्ट्रीय वित्त निगम
3. अन्तर्राष्ट्रीय विकास संघ
4. अन्तर्राष्ट्रीय मुद्रा निधि

नीचे दिए गए कूट का प्रयोग कर सही उत्तर चुनिए :
कूट :
A. 1, 2 और 3 B. 1 और 2
C. 3 और 4 D. 1, 2, 3 और 4

12. अंतर्राष्ट्रीय मुद्रा कोष (आई.एम.एफ.) किस सम्मेलन के बाद अस्तित्व में आया?
A. बर्लिन सम्मेलन
B. लंदन सम्मेलन
C. रोम सम्मेलन
D. ब्रेटन वुड्स सम्मेलन

13. ''वर्ल्ड डेवलपमेंट रिपोर्ट'' एक वार्षिक प्रकाशन है :
A. संयुक्त राष्ट्र विकास के कार्यक्रम का
B. अन्तर्राष्ट्रीय पुनर्निर्माण एवं विकास बैंक का
C. विश्व व्यापार संगठन का
D. अन्तर्राष्ट्रीय मुद्रा कोष का

14. सर्वप्रथम क्षेत्रीय ग्रामीण बैंक की शुरुआत कब हुई?
A. 1955 B. 1965
C. 1975 D. 1980

15. भारत की पहली औद्योगिक नीति की घोषणा हुई :
A. अप्रैल, 1948 B. मई, 1948
C. जून, 1948 D. मार्च, 1948

16. नाबार्ड की स्थापना हुई थी :
A. मई, 1982 B. जून, 1982
C. जुलाई, 1982 D. अगस्त, 1982

17. 'गरीबी हटाओ' किस पंचवर्षीय योजना का मुख्य उद्देश्य रखा गया था?
A. तीसरी योजना B. पांचवीं योजना
C. छठी योजना D. सातवीं योजना

18. 'मंदड़िया' व 'तेजड़िया' शब्दावली किससे संबंधित है?
A. शेयर बाजार B. घुड़सवारी
C. करारोपण D. सार्वजनिक व्यय

19. आर्थिक नियोजन विषय है :
A. संघ सूची में
B. राज्य सूची में
C. समवर्ती सूची में
D. किसी विशेष सूची में उल्लिखित नहीं है

20. भारत में वस्तु एवं सेवा कर (जीएसटी) को किस वर्ष लागू किया गया है?
A. 2015 B. 2017
C. 2016 D. 2018

21. भारत की पहली मानव विकास रिपोर्ट (HDR) कब जारी की गई थी?
A. मार्च, 2000 B. अप्रैल, 2002
C. जून, 2002 D. अप्रैल, 2001

22. द्वीप विकास प्राधिकरण (Island Develpoment Authority) का अध्यक्ष कौन होता है?
A. राष्ट्रपति B. प्रधानमंत्री
C. गृहमंत्री D. योजना मंत्री

23. भारत में राज्यों में सड़क मार्ग की लम्बाई में प्रथम स्थान किस राज्य का है?
A. उत्तर प्रदेश B. केरल
C. महाराष्ट्र D. तमिलनाडु

24. 'ट्राई' (TRAI) निम्नलिखित में से किस क्षेत्र का नियामक निकाय है?
A. विद्युत् B. बीमा
C. पूँजी बाजार D. दूरसंचार

25. 'कुटीर ज्योति योजना' से निम्नलिखित में से कौन-सा कार्यक्रम संबंधित है?
A. ग्रामीण क्षेत्रों में कुटीर उद्योगों को प्रोत्साहन देना
B. ग्रामीण बेरोजगार युवकों को रोजगार दिलाना
C. ग्रामीण क्षेत्रों में गरीबी रेखा से नीचे जीवनयापन करने वाले परिवारों को विद्युत् उपलब्ध कराना
D. उपर्युक्त सभी

26. ओटसी (OTCEI) क्या है?
A. चीन की परमाणु शक्तियुक्त एक पनडुब्बी
B. अमरीका की आर्थिक नीति के लिए प्रयुक्त नाम
C. भारत का एक शेयर बाजार
D. भारत के सुरक्षा अनुसंधान विकास

27. एशियाई विकास बैंक ने भारत के किस नगर में अपना आवासीय कार्यालय (Residential Office) खोला है?
A. नई दिल्ली B. कोलकाता
C. मुम्बई D. बंगलुरू

28. महिला समृद्धि योजना का लाभ प्राप्त करने के लिए ग्रामीण महिलाएं अपना बचत खाता खोल सकती हैं :
A. ग्रामीण डाकघरों में
B. वाणिज्यिक बैंकों में
C. किसी भी ग्रामीण विकास बैंक में
D. उपर्युक्त किसी में भी

29. सांसद आदर्श गाँव योजना (SAGY) का शुभारम्भ 11 अक्टूबर, 2014 को किया गया था। यह दिन किसकी जयंती है?
A. जयप्रकाश नारायण B. वल्लभभाई पटेल
C. दीनदयाल उपाध्याय D. श्यामाप्रसाद मुखर्जी

30. हिन्द महासागर तट क्षेत्रीय सहयोग संघ (Indian Ocean Rim Association for Regional Cooperation—IORARC) की स्थापना की औपचारिक घोषणा कब की गई थी?
A. 5 मार्च, 1996 B. 5 मार्च, 1997
C. 1 अप्रैल, 1998 D. 15 अगस्त, 1947

31. भारत में पहला ऋण वसूली न्यायाधिकरण (Debt Recovery Tribunal) किस शहर में स्थापित किया गया था?

A. दिल्ली B. कोलकाता

C. जयपुर D. बंगलुरू

32. अल्पसंख्यक समुदाय के युवाओं में दक्षता विकास के लिए मौलाना आजाद नेशनल एकेडमी फॉर स्किल्स (MANAS) की स्थापना किस शहर में की जा रही है?

A. दिल्ली B. हैदराबाद

C. अहमदाबाद D. श्रीनगर (जम्मू-कश्मीर)

33. दक्षिण विनियोग व्यापार तथा तकनीकी आँकड़ा विनिमय केन्द्र 'सिटडेक' (SITTDEC—South Investment Trade and Technology Data Exchange Centre) निम्नलिखित में से किसकी योजना है?

A. सार्क B. एसियान

C. जी-7 D. जी-15

34. केन्द्र सरकार द्वारा प्रारम्भ की गई 'सर्वप्रिय योजना' का संबंध किससे है?

A. नए रोजगार सृजित करना

B. आय की असमानता को दूर करना

C. आवश्यक वस्तुएं सस्ते मूल्य पर उपलब्ध करना

D. उपर्युक्त सभी

35. केन्द्र सरकार की 'हृदय' (HRIDAY) योजना निम्नलिखित में से किससे संबंधित है?

A. रेलवे प्लेटफॉर्मों पर वाई-फाई सुविधा उपलब्ध कराना

B. रेलवे स्टेशनों पर खानपान सुविधाओं का उन्नयन

C. विरासत शहरों का विकास व उनमें आर्थिक गतिविधियों को बढ़ावा देने

D. हृदय संबंधी रोगों की रोकथाम हेतु विशेष पहल

36. प्रधानमंत्री जन-धन योजना के तहत् बैंक खाता खोलने वालों को 'रूपे' (RuPay) डेबिट कार्ड दिया जा रहा है। रूपे कार्ड निम्नलिखित में से किसके द्वारा विकसित किया गया पेमेंट गेटवे है?

A. भारतीय स्टेट बैंक

B. सेबी (SEBI)

C. नेशनल पेमेंट कॉर्पोरेशन ऑफ इंडिया

D. भारतीय रिजर्व बैंक

37. अल्पावधि में जब आय में वृद्धि होती है, तो उपभोग की औसत प्रवृत्ति में सामान्यतः

A. वृद्धि होती है। B. गिरावट आती है।

C. स्थिरता बनी रहती है। D. उतार-चढ़ाव आता है।

38. भारत की निम्नलिखित वित्तीय संस्थाओं पर विचार कीजिए–

1. भारतीय औद्योगिक वित्त निगम (आई.एफ.सी.आई.)
2. भारतीय औद्योगिक साख एवं निवेश निगम (आई. सी.आई.सी.आई.)
3. भारतीय औद्योगिक विकास बैंक (आई.डी.बी.आई.)
4. राष्ट्रीय कृषि एवं ग्रामीण विकास बैंक (नाबाडी)

इन संस्थाओं की स्थापना का सही कालक्रम हैः

A. 1, 2, 3, 4 B. 2, 3, 4, 1

C. 3, 4, 1, 2 D. 4, 1, 2, 3

39. सूची-I को सूची-II से सुमेलित कीजिए और सूचियों के नीचे दिए गये कूट का प्रयोग कर सही उत्तर चुनिए:

सूची-I	**सूची-II**
(*a*) संयुक्त राष्ट्र विकास कार्यक्रम	1. भारत मानव विकास प्रतिवेदन
(*b*) राष्ट्रीय अनुप्रयुक्त आर्थिक अनुसन्धान परिषद्	2. भारत विकास प्रतिवेदन
(*c*) इन्दिरा गांधी विकास एवं अनुसंधान परिषद्	3. विश्व विकास प्रतिवेदन
(*d*) विश्व बैंक	4. मानव विकास प्रतिवेदन

कूट :	(*a*)	(*b*)	(*c*)	(*d*)
A.	4	1	2	3
B.	4	2	1	3
C.	2	3	4	1
D.	2	1	4	3

40. निम्नलिखित पर विचार कीजिएः

1. जनता के पास मुद्रा
2. बैंकों के पास जमा (डिमाण्ड डिपाजिट्स)
3. बैंकों के पास समय जमा (टाइम डिपाजिट्स)

इनमें कौन-कौन से भारत में व्यापक धन (ब्रॉड मनी) (एम-3) में शामिल हैं?

A. 1 और 2 B. 1 और 3

C. 2 और 3 D. 1, 2 और 3

41. भारत में, भारतीय द्वारा 1881 ई. में स्थापित हुआ तथा उनके प्रबन्ध में चलने वाला सीमित देयता का प्रथम बैंक थाः
A. हिन्दुस्तान कमर्शियल बैंक
B. अवध कमर्शियल बैंक
C. पंजाब नेशनल बैंक
D. पंजाब एण्ड सिन्ध बैंक

42. जिला साख योजना बनायी जाती हैः
A. लीड बैंक के अन्तर्गत
B. नाबार्ड के अन्तर्गत
C. जिला पंचायत के अन्तर्गत
D. भारतीय स्टेट बैंक के अन्तर्गत

43. राष्ट्रीय जल विकास एजेन्सी की स्थापना की गईः
A. वर्ष 1982 में B. वर्ष 1986 में
C. वर्ष 1991 में D. वर्ष 1999 में

44. भारत में जनसंख्या वृद्धि के इतिहास में कौन-सा वर्ष 'महाविभाजन का वर्ष' कहलाता है?
A. सन् 1951 B. सन् 1991
C. सन् 2001 D. सन् 1921

45. केन्द्र व राज्य के बीच वित्तीय (फिस्कल) विवादों के निपटारे हेतु मुख्य एजेन्सी हैः
A. सर्वोच्च न्यायालय B. न्याय मन्त्री
C. वित्त मन्त्री D. वित्त आयोग

46. भारतीय रुपये को परिवर्तनीय बनाया गया—
A. चालू खाते में 1 मार्च, 1993 को
B. चालू खाते में अगस्त, 1994 को
C. पूँजी खाते में अगस्त, 1994 को
D. चालू खाते में अप्रैल, 1994 को

47. भारत का आर्थिक सर्वेक्षण प्रत्येक वर्ष सरकारी तौर पर प्रकाशित किया जाता हैः
A. भारतीय रिजर्व बैंक द्वारा
B. भारतीय योजना आयोग द्वारा
C. भारत सरकार के वित्त मन्त्रालय द्वारा
D. भारत सरकार के उद्योग मन्त्रालय द्वारा

48. भारत में तृतीयक क्षेत्र (Tertiary sector) में सम्मिलित हैः
1. व्यापार एवं परिवहन
2. वित्त एवं वास्तविक (स्थावर) सम्पदा
3. वानिकी और मत्स्यकी
नीचे दिए गए कूट से सही उत्तर का चयन कीजिएः
कूट :
A. केवल 1 B. 1 और 2
C. 2 और 3 D. केवल 3

49. जनसंख्या दिवस हैः
A. 11 जुलाई B. 23 सितम्बर
C. 24 अक्टूबर D. 1 दिसम्बर

50. भारत में अंग्रेजों के समय में प्रथम जनगणना हुईः
A. लार्ड डफरिन के कार्यकाल में
B. लार्ड लिटन के कार्यकाल में
C. लार्ड मेयो के कार्यकाल में
D. लार्ड रिपन के कार्यकाल में

उत्तरमाला

1	2	3	4	5	6	7	8	9	10
D	A	A	C	B	D	A	A	A	B
11	**12**	**13**	**14**	**15**	**16**	**17**	**18**	**19**	**20**
A	D	B	C	A	C	B	A	C	B
21	**22**	**23**	**24**	**25**	**26**	**27**	**28**	**29**	**30**
B	B	C	D	C	C	A	A	A	B
31	**32**	**33**	**34**	**35**	**36**	**37**	**38**	**39**	**40**
B	A	D	C	C	C	B	A	A	D
41	**42**	**43**	**44**	**45**	**46**	**47**	**48**	**49**	**50**
B	A	A	D	D	B	C	D	A	C

***

5 सामान्य विज्ञान

भौतिक विज्ञान

- डेसीबल वातावरण में ध्वनि मापने के लिए प्रयोग में लाया जाता है।
- ऐम्पियर धारा मापने की इकाई है।
- यंग प्रत्यास्थता गुणांक का SI मात्रक न्यूटन/मी.^{2} है।
- मात्रकों की अन्तर्राष्ट्रीय पद्धति 1971 ई. में लागू की गई।
- विद्युत् मात्रा की इकाई ऐम्पियर है।
- SI पद्धति में लैंस की शक्ति की इकाई डायोप्टर है।
- कैण्डेला मात्रक ज्योति तीव्रता है।
- ल्यूमेन ज्योति फ्लक्स का मात्रक है।
- 'क्यूरी' (Curie) रेडियोएक्टिव धर्मिता इकाई का नाम है।
- दाब का मात्रक पास्कल है।
- कार्य का मात्रक जूल है।
- यदि एक पेंडुलम से दोलन करने वाली घड़ी को पृथ्वी से चन्द्रमा पर ले जाएँ, तो घड़ी सुस्त होगी।
- प्रकाश वोल्टीय सेल के प्रयोग से सौर ऊर्जा का रूपान्तरण करने से प्रकाशीय ऊर्जा का उत्पादन होता है।
- उत्प्लावकता से सम्बन्धित वैज्ञानिक आर्किमिडीज है।
- जल पृष्ठ पर लोहे के टुकड़े के न तैरने का कारण लोहे द्वारा विस्थापित जल का भार लोहे के भार से कम होना है।
- वेग, संवेग और कोणीय वेग सदिश राशि हैं।
- अदिश राशि ऊर्जा है।
- बल द्रव्यमान और त्वरण का गुणनफल है।
- किसी पिण्ड के उस गुणधर्म को जड़त्व कहते हैं जिससे वह सीधी रेखा में विराम या एकसमान गति की स्थिति में किसी भी परिवर्तन का विरोध करता है।
- न्यूटन के पहले नियम को जड़त्व का नियम कहते हैं।
- पारसेक (Parsec) इकाई दूरी की है।
- समुद्र में प्लवन करते आइसबर्ग का 1/10 भाग समुद्र की सतह से ऊपर रहता है।
- पानी का घनत्व अधिकतम 4°C पर होता है।
- बर्नोली प्रमेय ऊर्जा संरक्षण पर आधारित है।
- लोहे की सुई पानी की सतह पर तैरती है। इस परिघटना का कारण पृष्ठ तनाव है।
- ब्लाटिंग पेपर द्वारा स्याही के सोखने में केशिकीय अभिक्रिया परिघटना शामिल है।
- यदि हम भूमध्य रेखा से ध्रुवों की ओर जाते हैं, तो g का मान बढ़ता है।
- एक अंतरिक्ष यात्री पृथ्वी तल की तुलना में चन्द्र तल पर अधिक ऊँची छलांग लगा सकता है, क्योंकि चन्द्र तल पर गुरुत्वाकर्षण बल पृथ्वी तल की तुलना में अत्यल्प है।
- एक केशनली में जल की अपेक्षा एक तरल अधिक ऊँचाई तक चढ़ता है, इसका कारण है तरल का पृष्ठ तनाव जल की अपेक्षा अधिक है।
- गुरुत्वाकर्षण के सार्वभौमिक नियम का प्रतिपादन न्यूटन ने किया।
- किसी पिण्ड का भार ध्रुवों पर सर्वाधिक होता है।
- एक लिफ्ट में किसी व्यक्ति का प्रत्यक्ष भार वास्तविक भार से कम होता है, जब लिफ्ट त्वरण के साथ नीचे जा रही हो।
- 36,000 km की ऊँचाई भूस्थिर उपग्रहों की है।
- पानी की बूँदों का तैलीय पृष्ठों पर न चिपकने का कारण आसंजक बल का अभाव है।
- लोलक की आवर्त काल (Time Period) लम्बाई के ऊपर निर्भर करता है।
- गर्मियों में लोलक की लम्बाई बढ़ जाती है जिससे इकाई दोलन में लगा हुआ समय बढ़ जाता है।
- किसी सरल लोलक की लम्बाई 4% बढ़ा दी जाए तो उसका आवर्त काल 2% बढ़ जाएगा।
- घड़ी के स्प्रिंग में भंडारित ऊर्जा स्थितिज ऊर्जा होती है।

- ''प्रत्येक क्रिया के बराबर व विपरीत दिशा में एक प्रतिक्रिया होती है।'' यह न्यूटन का गति विषयक तृतीय नियम है।
- जल में तैरना न्यूटन की गति के तृतीय नियम के कारण सम्भव है।
- पृथ्वी के गुरुत्वाकर्षण का कितना 1/6 भाग चन्द्रमा के गुरुत्वाकर्षण के सबसे नजदीक है।
- ऑटोमोबाइलों में प्रयुक्त द्रवचालित ब्रेक पास्कल के सिद्धान्त का एक प्रत्यक्ष अनुप्रयोग है।
- रेल की पटरियाँ अपने वक्रों (Curves) पर रेलगाड़ी के भार के क्षैतिज घटक से आवश्यक अभिकेन्द्रीय बल के कारण से झुकी (bent) हुई होती हैं।
- क्रीम सेपरेटर में दूध में से वसा को अपकेन्द्रीय बल से अलग किया जा सकता है।
- सूर्य पर ऊर्जा का निर्माण नाभिकीय संलयन द्वारा होता है।
- पानी से भरी डाट लगी बोतल जमने पर टूट जाएगी क्योंकि जमने पर जल का आयतन बढ़ जाता है।
- स्थिर पानी में मिट्टी का तेल डालने पर मच्छर कम होते हैं, क्योंकि यह लार्वा के सांस में बाधा डालता है।
- पानी से निकालने पर सेविंग ब्रश के बाल आपस में चिपक जाते हैं। इसका कारण पृष्ठ तनाव है।
- जेट इंजन रैखिक संवेग के संरक्षण का सिद्धान्त पर कार्य करता है।
- हवाई जहाज में फाउन्टेन पेन से स्याही बाहर निकल आती है, क्योंकि ऊँचाई बढ़ने से वायुदाब में कमी आती है।
- एक हॉर्स पावर (H.P.) 746 वाट के बराबर होता है।
- एक भूस्थिर उपग्रह अपनी कक्षा में निरन्तर गति करता है। यह अपकेन्द्र बल के प्रभाव से होता है, जो पृथ्वी द्वारा उपग्रह पर लगाने वाले गुरुत्वाकर्षण से प्राप्त होता है।
- बर्फ पानी में तैरती है, परन्तु एल्कोहल में डूब जाती है, क्योंकि बर्फ पानी से हल्की होती है तथा ऐल्कोहल से भारी होती है।
- चलती हुई बस जब अचानक ब्रेक लगाती है, तो उसमें बैठे हुए यात्री बस की दिशा में गिरते हैं। इसको न्यूटन का पहला नियम द्वारा समझाया जा सकता है।
- रॉकेट की कार्य-प्रणाली संवेग संरक्षण सिद्धान्त पर आधारित होती है।
- प्रेशर कुकर में खाना जल्दी पकता है, क्योंकि इससे पानी का क्वथनांक बढ़ जाता है।
- वायुदाबमापी की रीडिंग में अचानक गिरावट इस बात का संकेत है कि मौसम तूफानी होगा।
- श्यानता की इकाई प्वाइज है।
- प्रकाश का तरंग सिद्धान्त हाइगेन्स के द्वारा प्रस्थापित किया गया था।
- अपवर्तक दूरबीन में असमान फोकस दूरी के दो उत्तल लैंस द्वारा होता है।
- आकाश में नीला रंग प्रकट होने के साथ सम्बन्धित प्रकाश की प्रकीर्णन परिघटना है।
- अपवर्तन गुणधर्म के कारण पानी से भरे बर्तन में डुबोई गई छड़ी मुड़ी हुई प्रतीत होती है।
- जब प्रकाश जाता है तब हीरे से काँच में पूर्ण आन्तरिक परावर्तन होता है।
- इन्द्रधनुष बनने का कारण वायुमण्डल में सूर्य की किरणों का जल बूँदों के द्वारा परावर्तन है।
- मृगतृष्णा (Mirage) उदाहरण पूर्ण आन्तरिक परावर्तन का है।
- प्रकाश में ध्रुवण की घटना से यह सिद्ध होता है कि प्रकाश तरंगें अनुप्रस्थ हैं।
- तरण ताल वास्तविक गहराई से कम गहरा दिखाई देता है। इसका कारण अपवर्तन है।
- अन्तर्दर्शी (Endoscope) यह आहारनाल के भीतर देखने के लिए प्रयुक्त एक प्रकाशिक यंत्र है।
- मायोपिया का तात्पर्य निकट दृष्टि दोष से है।
- हाइपरमेट्रोपिया (Hypermetropia) का अर्थ दूर दृष्टि दोष है।
- प्रकाश की गति 3×10^8 m/s है।
- सूर्य ग्रहण के समय सूर्य का किरीट (कोरोना) भाग दिखायी देता है।
- प्रकाश वायु की अपेक्षा काँच में मन्द गति से चलता है, क्योंकि वायु का अपवर्तनांक काँच के अपवर्तनांक से कम होता है।
- जब प्रकाश की तरंगें वायु से काँच में होकर गुजरती हैं, तब केवल तरंगदैर्ध्य तथा वेग परिवर्त्य प्रभावित होंगे।
- निकट दृष्टि दोष दूर करने के लिए नतोदर (concave) लैंस उपयोग में लाया जाता है।
- अवतल लैंस हमेशा आभासी प्रतिबिम्ब प्रकार का प्रतिबिम्ब बनाते हैं।

- साबुन के पतले झाग में चमकदार रंगों का बनना बहुलित परावर्तन और व्यतिकरण परिघटना का परिणाम है।
- कार में दृश्यावलोकन के लिए उत्तल दर्पण के शीशे का प्रयोग होता है।
- ENT डॉक्टरों द्वारा प्रयोग किया जाने वाला हैड मिरर अवतल प्रकार का होता है।
- स्वस्थ नेत्र के लिए स्पष्ट दृष्टि की न्यूनतम दूरी 25 सेमी. होती है।
- निकट दृष्टि दोष से पीड़ित व्यक्ति को दूर की वस्तुएँ दिखाई नहीं देती हैं।
- निकट दृष्टि दोष से पीड़ित व्यक्ति के चश्मे में अवतल लैंस का प्रयोग किया जाता है।
- वे रंग जो अन्य रंगों के मिश्रण से उत्पन्न नहीं किए जा सकते हैं, प्राथमिक रंग हैं।
- मरीचिका प्रकाश के अपवर्तन और पूर्ण आन्तरिक परावर्तन का एक उदाहरण है।
- बाह्य अंतरिक्ष में किसी अंतरिक्ष यात्री को आकाश काला दिखायी देगा।
- अबिन्दुकता का दोष दूर करने के लिए सिलिंडरी लैंस का प्रयोग करना चाहिए।
- आइन्स्टीन के $E = mc^2$ समीकरण में 'c' प्रकाश वेग का द्योतक है।
- प्रिज्म (Prism) में प्रकाश के विभिन्न रंगों का विभाजन प्रकाश का वर्ण विक्षेपण कहलाता है।
- मानव आँख की रेटिना पर वास्तविक तथा उल्टा प्रतिबिम्ब बनता है।
- जब कोई वस्तु दो समान्तर समतल दर्पणों के बीच रखी जाती हे, तो बने हुए प्रतिबिम्बों की संख्या अनन्त होगी।
- सबसे कम तरंगदैर्घ्य वाला प्रकाश बैंगनी होता है।
- जब प्रकाश के लाल, हरा व नीला रंगों को समान अनुपात में मिलाया जाता है, तो परिणामी रंग सफेद होगा।
- दृष्टि पटल (Retina) पर बना प्रतिबिम्ब वस्तु से छोटा लेकिन उल्टा होता है।
- धूप के चश्मे की क्षमता 0 डायोप्टर होती है।
- यदि साबुन के दो भिन्न-भिन्न व्यास के बुलबुलों को एक नली द्वारा एक-दूसरे के सम्पर्क में लाया जाए, तो छोटा बुलबुला और छोटा व बड़ा बुलबुला और बड़ा हो जाएगा।
- किसी अपारदर्शी वस्तु का रंग उस रंग के कारण होता है, जिसे वह परावर्तित करता है।
- जब एक काम्पेक्ट डिस्क (CD) सूर्य के प्रकाश में देखी जाती है तो इन्द्रधनुष के समान रंग दिखायी देते हैं। इसकी व्याख्या अपवर्तन, विवर्तन एवं पारगमन की परिघटना के आधार पर की जा सकती है।
- फ्लक्स घनता और चुम्बकीय क्षेत्र की क्षमता का अनुपात पारगम्यता के माध्यम में होता है।
- ट्रान्सफार्मर का सिद्धान्त विद्युत्-चुम्बकीय प्रेरण के सिद्धान्त पर आधारित है।
- चुम्बकीय याम्योत्तर और भौगोलिक याम्योत्तर के बीच के कोण को चुम्बकीय दिकपात् कहते हैं।
- डायनेमो (विद्युत् जनित्र) के कार्य करने का सिद्धान्त विद्युत्-चुम्बकीय प्रभाव है।
- पृथ्वी एक बहुत बड़ा चुम्बक है। इसका चुम्बकीय क्षेत्र दक्षिण से उत्तर दिशा में विस्तृत होता है।
- किसी चुम्बक की आकर्षण शक्ति सबसे अधिक दोनों किनारों पर होती है।
- ताँबा मुख्य रूप से विद्युत् चालन के लिए प्रयोग किया जाता है क्योंकि इसकी विद्युत् प्रतिरोधकता निम्न होती है।
- शुष्क सेल प्राथमिक सेल है।
- लोहे के ऊपर जिंक की परत चढ़ाने को गैल्वेनाइजेशन कहते हैं।
- शुष्क सेल (बैटरी) में अमोनियम क्लोराइड और जिंक क्लोराइड विद्युत् अपघट्यों के रूप में प्रयोग होता है।
- किरचॉफ का धारा नियम आधारित ऊर्जा संरक्षण पर है।
- डायनेमो एक मशीन है, जिसका काम उच्च वोल्टेज को निम्न वोल्टेज में परिवर्तित करना है।
- ट्रान्सफॉर्मर केवल प्रत्यावर्ती धारा से काम करता है।
- शुष्क सेल में जो ऊर्जा संग्रहित रहती है, वह रासायनिक ऊर्जा है।
- प्रतिरोध (Resistance) का मात्रक ओम है।
- एक कृत्रिम उपग्रह में विद्युत् ऊर्जा का स्रोत सौर बैटरी है।
- विद्युत् ऊर्जा को यांत्रिक ऊर्जा में बदलने की युक्ति विद्युत् मोटर है।
- प्रत्यावर्ती धारा को दिष्ट धारा में परिवर्तित करने वाली युक्ति को रेक्टीफायर कहते हैं।

- प्रतिदीप्ति नली में सर्वाधिक सामान्यतः प्रयोग होने वाली वस्तु पारा वाष्प तथा ऑर्गन है।
- दो विद्युत् आवेशों के बीच लगने वाले बल से सम्बन्धित कूलॉम का नियम है।
- तड़ित चालक का आविष्कार बैंजामिन फ्रेंकलिन ने किया।
- किलोवाट-घण्टा विभवान्तर की इकाई है।
- फैराडे का नियम सम्बन्धित विद्युत् अपघटन से है।
- विद्युत् फ्यूज में इस्तेमाल किया जाने वाला पदार्थ टिन और सीसा का एक मिश्र धातु होता है। इस मिश्र धातु में उच्च विशिष्ट प्रतिरोध एवं निम्न गलनांक होना चाहिए।
- बिजली के बल्ब का फिलामेन्ट टंगस्टन तत्व से बना होता है।
- एक विद्युत् सर्किट में एक फ्यूज तार का उपयोग सर्किट में प्रवाहित होने वाली अधिक विद्युत् धारा को रोकने के लिए किया जाता है।
- जब किसी बोतल में पानी भरा जाता है और उसे जमने दिया जाता है तो बोतल टूट जाती है, क्योंकि पानी जमने पर फैलता है।
- द्रव तापमानी की अपेक्षा गैस तापमापी अधिक संवेदी होता है, क्योंकि गैस द्रव की अपेक्षा अधिक प्रसार करती है
- सूर्य का ताप पाइरोमीटर तापमापी द्वारा मापा जाता है।
- मानव शरीर का तापमान 98.6°F होता है। सेल्सियस स्केल पर यह 37°C होगा।
- ऊष्मा का सबसे अच्छा चालक चाँदी है।
- सूर्य की ऊष्मा पृथ्वी पर विकिरण प्रकार के संचार माध्यम से आती है।
- –40° तापमान होने पर पाठ्यांक सेल्सियस और फारेनहाइट तापमापियों में एक ही होंगे।
- न्यूनतम सम्भव ताप –273°C है।
- पानी का घनत्व 4°C पर ताप पर अधिकतम होता है।
- सूर्य विकिरण का अवरक्त किरण भाग सोलर कुकर को गर्म कर देता है।
- भाप से हाथ अधिक जलता है, अपेक्षाकृत उबलने वाले जल से क्योंकि भाप में गुप्त ऊष्मा होती है।
- काले वस्त्रों के मुकाबले श्वेत वस्त्र शीतल उनके पास जो भी प्रकाश पहुँचता है उसे वे परावर्तित करते हैं।
- बोलोमीटर (Bolometer) एक यंत्र है जो ऊष्मीय विकिरण मापता है।
- जिस ताप पर कोई ठोस पदार्थ ऊष्मा पाकर द्रव में परिणत होता है, गलनांक कहलाता है।
- जब बर्फ को 0°C से 10°C तक गर्म किया जाता है, तो जल का आयतन पहले कम होता है और उसके बाद बढ़ता है।
- ऊष्मागतिकी का प्रथम नियम ऊर्जा संरक्षण अवधारणा की पुष्टि करता है।
- अन्तरिक्ष यात्रा, चुम्बकीय प्रोत्थापन एवं दूरमिति से न्यून तापमानों (Cryogenics) का अनुप्रयोग होता है।
- किसी द्रव का उसके क्वथनांक से पूर्व उसके वाष्प में बदलने की प्रक्रिया को वाष्पीकरण कहते हैं।
- पहाड़ों पर पानी 100°C से कम तापमान पर उबलने लगता है।
- थर्मामीटरों में आमतौर पर पारद का प्रयोग किया जाता है, क्योंकि इसमें उच्च चालकता होती है।
- यदि किसी स्थान के तापमान में सहसा वृद्धि होती है तो आपेक्षिक आर्द्रता घटती है।
- ऊँची पहाड़ियों पर हिमपात ऊँची पहाड़ियों पर तापमान हिमांक से कम होता है, अतः जलवाष्प जमकर बर्फ बन जाती है।
- पहाड़ की चोटियों पर आलुओं को पकाने में अधिक समय लगता है, क्योंकि वायुमण्डलीय दाब कम होता है।
- तेज हवा वाली रात्रि में ओस नहीं बनती है, क्योंकि वाष्पीकरण की दर तेज होती है।
- मिट्टी के घड़े में वाष्पीकरण क्रिया के कारण जल ठण्डा रहता है।
- शीतकाल में एक मोटी कमीज की अपेक्षा दो पतली कमीजें हमें अधिक गरम रखती हैं क्योंकि दो कमीजों के बीच वायु की परत रोधी के माध्यम के रूप में काम करती है।
- ध्वनि का तारत्व (Pitch) आवृत्ति पर निर्भर करता है।
- चमगादड़ अंधेरे में उड़ सकता है, क्योंकि वे अति तीव्र ध्वनि तरंग पैदा करता है जो उसका नियंत्रण करता है।
- नजदीक आती रेलगाड़ी की सीटी की आवाज बढ़ती जाती है जबकि दूर जाने वाली रेलगाड़ी के लिए यह घटती जाती है। यह घटना डॉप्लर प्रभाव का उदाहरण है।
- अवरक्त तरंग का प्रयोग रात्रि दृष्टि उपकरण में किया जाता है।

- किसी ध्वनि स्रोत की आवृत्ति में होने वाले उतार-चढ़ाव को डॉप्लर प्रभाव कहते हैं।
- स्टेथोस्कोप ध्वनि के परावर्तन सिद्धान्त पर कार्य करता है।
- सोनार (Sonar) अधिकांशतः नौसंचालकों द्वारा प्रयोग में लाया जाता है।
- सोनोग्राफी एक जैव पद्धति है जिसमें पराश्रव्य ध्वनि का उपयोग किया जाता है।
- चन्द्रमा के धरातल पर दो व्यक्ति एक-दूसरे की बात नहीं सुन सकते, क्योंकि चन्द्रमा पर वायुमण्डल नहीं है।
- ध्वनि की तीव्रता के लिए डेसीबल इकाई का प्रयोग किया जाता है।
- पोजिट्रॉन (Positron) की खोज एण्डरसन ने की थी।
- इलेक्ट्रॉन की खोज थॉमसन ने की थी।
- किसी तत्व की परमाणु संख्या नाभिक में प्रोटॉन की संख्या है।
- एल्फा (α) कण के दो इकाई धन आवेश होते हैं। इसका द्रव्यमान लगभग हीलियम के एक परमाणु के बराबर होता है।
- कोबाल्ट-60 आमतौर पर विकिरण चिकित्सा में प्रयुक्त होता है, क्योंकि यह गामा किरणें उत्सर्जित करता है।
- परमाणु के नाभिक प्रोटॉन व न्यूट्रॉन में होते हैं।
- समस्थानिक (Isotopes) होते हैं, किसी एक ही तत्व के परमाणु जिनका परमाणु भार भिन्न किन्तु परमाणु क्रमांक समान होता है।
- किसी परमाणु नाभिक का आइसोटोप वह नाभिक है, जिसमें प्रोटॉनों की संख्या वही होती है, परन्तु न्यूट्रॉनों की संख्या भिन्न होती है।
- ऐसे दो तत्वों जिनमें इलेक्ट्रॉनों की संख्या भिन्न-भिन्न हो, परन्तु जिनकी द्रव्यमान संख्या समान हो, को समभारिक कहते हैं।
- ऐसे परमाणु जिनके परमाणु क्रमांक समान परन्तु परमाणु द्रव्यमान भिन्न-भिन्न होते हैं, समस्थानिक कहलाते हैं।
- रेडियो कार्बन डेटिंग की उम्र ज्ञात करने के लिए जीवाश्मों को प्रयुक्त किया जाता है।
- पृथ्वी की आयु का निर्धारण यूरेनियम विधि द्वारा किया जाता है।
- नाभिकीय रिएक्टरों में ऊर्जा नियंत्रित विखण्डन द्वारा उत्पन्न होती है।
- डायोड वह प्रयुक्ति है जो धारा को एक दिशा में प्रवाहित होने देती है।
- लेजर एक युक्ति है, जिसके द्वारा वर्णविक्षेपित विकिरण उत्पन्न किया जाता है।
- निम्नतापी इंजनों (क्रायोजेनिक इंजन) का अनुप्रयोग रॉकेट में किया जाता है।
- तारे अपनी ऊर्जा नाभिकीय संयोजन के फलस्वरूप प्राप्त करते हैं।
- न्यूनतम तापमान पैदा करने के लिए अतिचालकता सिद्धान्त का प्रयोग किया जाता है।
- एक टी.वी. सेट को चलाने के लिए सूक्ष्म तरंगें को टी.वी. रिमोट नियंत्रण इकाई द्वारा प्रयोग किया जाता है।
- रडार का उपयोग जहाजों, वायुयानों आदि को ढूँढ़ना एवं मार्ग निर्देश करने के लिए किया जाता है।
- त्रिविमीय चित्र होलोग्राफी के द्वारा लिया जाता है।
- एक भारी नाभिक के दो हल्के नाभिकों में टूटने की प्रक्रिया को नाभिकीय विखण्डन कहते हैं।
- हाइड्रोजन बम नाभिकीय संलयन पर आधारित है।
- नाभिकीय रिएक्टर में भारी जल (D_2O) का प्रयोग मंदक रूप में किया जाता है।
- बेरियम एक उपयुक्त रूप में रोगियों को पेट के एक्स किरण परीक्षण से पूर्व खिलाया जाता है, क्योंकि बेरियम एक्स किरणों का एक अच्छा अवशोषक है और इससे चित्र में पेट की (अन्य क्षेत्रों की तुलना में) स्पष्टता से देखने में सहायता मिलती है।
- तेल का एक बैरल लगभग 159 लीटर के बराबर है।
- एक नैनोमीटर (Nanometer) 10^{-7} cm के बराबर होता है।
- एस. चन्द्रशेखर ने कृष्ण छिद्र (Black Hole) सिद्धान्त को प्रतिपादित किया था।
- प्रकाश ऊर्जा को विद्युत ऊर्जा में प्रकाश-विद्युत सेल बदलता है।
- 1 खगोलीय इकाई औसतन पृथ्वी और सूर्य की दूरी के बराबर होती है।
- सूर्य की किरणों की तीव्रता मापने वाले उपकरण को एक्टिओमीटर कहते हैं।
- चन्द्रा एक्स रे दूरबीन का नाम वैज्ञानिक एस. चन्द्रशेखर के सम्मान में रखा गया।
- वायुयान का आविष्कार ओ. राइट एवं डब्ल्यू. राइट ने किया था।

रसायन विज्ञान

- एक ही प्रकार का परमाणु प्राकृत तत्व में मिलता है।
- अमोनिया एक रासायनिक यौगिक है।
- जल एक यौगिक है, क्योंकि इसमें रासायनिक बंधों से जुड़े हुए दो भिन्न तत्व होते हैं।
- दो या दो से अधिक शुद्ध पदार्थों को किसी भी अनुपात में मिला देने से मिश्रण बनता है।
- ऐसे तत्व जिनमें धातु और अधातु दोनों के गुण पाये जाते हैं, उपधातु कहलाते हैं।
- जॉन डाल्टन ने 'परमाणु सिद्धांत' की खोज की।
- परमाणु के नाभिक में प्रोटॉन एवं न्यूट्रॉन के कण होते हैं।
- एक इलेक्ट्रॉन पर 1.6×10^{-19} C आवेश होता है।
- इलेक्ट्रॉन की खोज थॉमसन ने की थी।
- प्रोटॉन की खोज गोल्डस्टीन ने की।
- न्यूट्रॉन की खोज चैडविक ने की थी।
- न्यूक्लियस की द्रव्यमान संख्या सदा उसके परमाणु क्रमांक से अधिक होती है।
- अनिश्चितता के सिद्धान्त का प्रतिपादन हाइजेनबर्ग ने किया।
- नाभिक की खोज रदरफोर्ड ने α-कणों की सहायता से की।
- किसी तत्व के रासायनिक गुण परमाणु संख्या पर निर्भर करते हैं। रासायनिक तत्व के अणु के सन्दर्भ में चुम्बकीय क्वाण्टम संख्या का सम्बन्ध चक्रण से है।
- स्पर्ण-पत्र (Gold Foil) से α के प्रकीर्णन का अध्ययन करके रदरफोर्ड ने नाभिक की खोज की।
- किसी तत्व के परमाणु की दूसरी कक्षा में इलेक्ट्रॉनों की अधिकतम संख्या 8 हो सकती है।
- कार्बन का परमाणु क्रमांक 6 तथा परमाणु भार 12 है। इसके नाभिक में 6 प्रोटॉन होते हैं।
- ऋणावेशित परमाणु (ऋणायन) में प्रोटॉनों की संख्या परमाणु में इलेक्ट्रॉनों की संख्या से कम होता है।
- इलेक्ट्रॉनिक विन्यासीकरण के द्वारा तत्वों की प्रकृति को ज्ञात किया जा सकता है।
- नाभिक में विद्यमान न्यूट्रॉनों की संख्या निर्धारण में किसी तत्व की परमाणु संख्या सहायता नहीं करती है।
- रेडियोसक्रियता की खोज वैज्ञानिक हेनरी बेक्वेरल ने सर्वप्रथम की।
- रेडियोधर्मी पदार्थ उत्सर्जित अल्फा कण, बीटा कण, गामा कण करता है।
- अल्फा और बीटा किरणों की खोज रदरफोर्ड ने की।
- पृथ्वी की आयु का आकलन यूरेनियम डेटिंग से किया जाता है।
- परमाणु बम का आविष्कार ऑटो हान ने किया था।
- विखण्डन की अभिक्रिया से सबसे अधिक हानिकारक विकिरण पैदा होता है।
- परमाणु बम में ऊर्जा मुक्त करने के लिए विखण्डन की प्रक्रिया उत्तरदायी होती है।
- हाइड्रोजन बम अनियंत्रित संलयन अभिक्रिया सिद्धांत पर कार्य करता है।
- किसी तत्व के समस्थानिकों के बीच अन्तर न्यूट्रॉन की भिन्न (अलग) संख्या की उपस्थिति के कारण होता है।
- किसी परमाणु नाभिक का आइसोटोप वह नाभिक है जिसमें प्रोटॉनों की संख्या वही होती है, परन्तु न्यूट्रॉनों की संख्या भिन्न होती है।
- हाइड्रोजन के रेडियो सक्रिय समस्थानिक को ट्राइटियम कहते हैं।
- सर्वाधिक संख्या में समस्थानिक पोलोनियम के पाये जाते हैं।
- आइसोटोन (Isotones) में समान संख्या में न्यूट्रॉन होते हैं।
- वे आयन जिनमें इलेक्ट्रॉनों की संख्या समान होती है, समइलेक्ट्रॉनिक कहलाते हैं।
- रक्त कैंसर (ल्यूकेमिया) को नियंत्रित करने के लिए उपयोग किया जाने वाला रेडियो आइसोटोप कोबाल्ट-60 है।
- अम्ल एवं भस्म के परीक्षण के लिए लिटमस पत्र का उपयोग किया जाता है।
- जल में घुलनशील भस्म (Base) को क्षार कहते हैं।
- पी.एच. (pH) मान का निर्धारण सॉरेन्सन ने किया।
- किसी एक सामान्य व्यक्ति के रक्त का pH स्तर 7.35–7.45 होता है।
- pH मूल्यांक किसी घोल के अम्लीय या क्षारीय होने का मूल्यांक दर्शाता है।
- कॉपर सल्फेट का जलीय घोल प्रकृति में अम्लीय होता है, क्योंकि लवण में हाइड्रोलाइसिस होता है।
- ''समान ताप और दाब पर गैसों के समान आयतनों में अणुओं की संख्या समान होती है।'' यह एवोगाड्रो की परिकल्पना नियम के अनुसार है।

- गैसों के विसरण का नियम ग्राहम ने प्रतिपादित किया।
- आदर्श गैस की ऊर्जा मोल की संख्या पर निर्भर करती है।
- वे पदार्थ जो जलकर ऊष्मा प्रदान करते हैं, ईंधन कहलाते हैं।
- कार्बन मोनोऑक्साइड तथा नाइट्रोजन गैस के गैसीय मिश्रण को प्रोड्यूशर गैस कहते हैं।
- सुरक्षा की दृष्टि से खाना पकाने वाली L.P.G. गैस सिलिण्डर में मरकैप्टन भरकर गैस को गंधयुक्त बनाया जाता है।
- गोबर गैस में मुख्यतः मीथेन होता है।
- एल.पी.जी. (L.P.G.) में ब्यूटेन गैस मुख्य रूप से होती है।
- L.P.G. का पूरा नाम लिक्विफाइड पेट्रोलियम गैस है।
- C.N.G. को पारिस्थितिकी मैत्रीपूर्ण कहा जाता है क्योंकि इसमें कार्बन मोनोऑक्साइड बहुत ही कम होता है।
- हाइड्रोजन ईंधन न्यूनतम पर्यावरणीय प्रदूषण उत्पन्न करता है।
- अग्निशमन में CO_2 गैस प्रयुक्त होती है।
- प्रति ग्राम ईंधन द्वारा मोचित ऊर्जा की दृष्टि से सर्वोत्तम ईंधन हाइड्रोजन है।
- उत्प्रेरक (Catalyst) की खोज बर्जीलियम ने की।
- जाइमेस एन्जाइम ग्लूकोस को ऐल्कोहॉल में परिवर्तित करता है।
- सल्फ्यूरिक अम्ल बनाने की सम्पर्क विधि में उत्प्रेरक के रूप में प्लेटिनम चूर्ण प्रयुक्त होता है।
- क्लोरीन गैस बनाने की डीकन विधि में उत्प्रेरक के रूप में क्यूप्रिक क्लोराइड प्रयुक्त होता है।
- अमोनिया उत्पादन की हैबर विधि में उत्प्रेरक वर्द्धक के रूप में मोलिब्डेनम कार्य करता है।
- तत्वों का सबसे पहला वर्गीकरण डोबेरेनर ने किया था।
- "तत्वों के भौतिक और रासायनिक गुण उनके परमाणु भारों के आवर्त फलन होते हैं।" यह नियम मेंडेलीफ ने प्रतिपादित किया।
- तीसरे और चौथे समूह के ऑक्साइड का सामान्य गुणधर्म बेसिक और एसीडिक है।
- शून्य समूह में रखे गए तत्व निष्क्रिय तत्व के नाम से जाने जाते हैं।
- पृथ्वी पर सबसे अधिक मात्रा में पाया जाने वाला तत्व ऑक्सीजन है।
- आजकल सड़क की रोशनी में पीले लैम्प बहुतायत से प्रयुक्त हो रहे हैं। इन लैम्पों में सोडियम का उपयोग करते हैं।
- कास्टिक सोडा का रासायनिक सूत्र NaOH है।
- बेकिंग सोडा (Baking Soda) का रासायनिक सूत्र $NaHCO_3$ है।
- सागरीय जल की लवणता में अधिकतम योगदान सोडियम क्लोराइड का है।
- बेकिंग सोडा का रासायनिक नाम सोडियम बाइकार्बोनेट है।
- फोटोग्राफी में स्थायीकर के रूप में प्रयुक्त होने वाला रसायन सोडियम थायोसल्फेट है।
- प्रति अम्ल के रूप में प्रयोग किया जाने वाला क्षारक मैग्नीशियम हाइड्रॉक्साइड होता है।
- अस्थियों और दाँतों में मौजूद रासायनिक द्रव्य कैल्सियम फॉस्फेट है।
- प्लास्टर ऑफ पेरिस (Plaster of Peris) का रासायनिक सूत्र $2CaSO_4.H_2O$ है।
- डोलोमाइट (Dolomite) का रासायनिक सूत्र $CaCO_3.MgCO_3$ है।
- अग्निशमन वस्त्र एस्बेस्टॉस से बनाये जाते हैं।
- ब्लीचिंग पाउडर का रासायनिक नाम कैल्सियम ऑक्सीक्लोराइड है।
- पृथ्वी के गर्भ में दूसरा सबसे ज्यादा पाया जाने वाला धातु लोहा है।
- जंगरहित लोहा बनाने में प्रयुक्त महत्वपूर्ण धातु क्रोमियम है।
- लोहे को इस्पात में बदलने के लिए निकेल धातु मिलायी जाती है।
- स्टील की कठोरता प्रदान करने के लिए क्रोमियम की मात्रा मिलायी जाती है।
- गैल्वेनीकृत लोहे पर जिंक का लेप रहता है।
- फेरिक क्लोराइड पदार्थ के लगाने से कटे स्थान से रक्त का बहना रुक जाता है।
- सोने के आभूषण बनाते समय उसमें ताँबा धातु मिलायी जाती है।
- वाटर टैंकों में शैवाल को नष्ट करने के लिए कॉपर सल्फेट का प्रयोग किया जाता है।
- चूहों को मारने की दवा जिंक फॉस्फाइड है।
- चाँदी के बर्तन कुछ अवधि के बाद चाँदी पर सल्फाइड का लेप बन जाने के कारण काले पड़ जाते हैं।
- हॉलमार्क का चिह्न स्वर्णाभूषण उत्पादों पर लगाया जाता है।
- मिनिमाता रोग पारा के कारण होता है।
- मरकरी को क्विक सिल्वर (Quick Silver) के नाम से जाना जाता है।
- सामान्य ट्यूबलाइट (प्रतिदीप्ति बल्ब) में ऑर्गन के साथ मरकरी वेपर गैस भरी रहती है।

- सिन्दूर (Vermillion) का रासायनिक नाम मरक्यूरिक सल्फाइड है।
- संचायक बैटरियों में सीसा धातु का प्रयोग किया जाता है।
- कैडमियम प्रदूषण इटाई-इटाई रोग से संबद्ध है।
- टंगस्टन धातु रोशनी के बल्बों के फिलामेन्ट के रूप में प्रयुक्त होती है। राजस्थान स्थित 'डेगाना' टंगस्टन के उत्पादन के लिए प्रसिद्ध है।
- जर्मेनियम धातु अर्द्धचालक की भाँति ट्रान्जिस्टर में प्रयुक्त होती है।
- 'येलो केक' नामक जिस वस्तु की सीमा पार तस्करी की जाती है, वह यूरेनियम ऑक्साइड है।
- प्याज-लहसुन में गंध पोटेशियम तत्व की उपस्थिति के कारण होती है।
- मैंगनीज डाइऑक्साइड शुष्क सेल (Dry Cell) में विध्रुवक का कार्य करता है।
- Sr व Ba तत्वों के लवणों द्वारा आतिशबाजी में रंग प्राप्त होते हैं।
- मोती की रासायनिक संरचना कैल्सियम कार्बोनेट है।
- माणिक्य और नीलम रासायनिक रूप से एल्युमिनियम ऑक्साइड के नाम से जाने जाते हैं।
- शुष्क सेल (बैटरी) में अमोनियम क्लोराइड और जिंक क्लोराइड का विद्युत् अपघट्यों के रूप में प्रयोग होता है।
- प्राकृतिक यूरेनियम जिसमें रेडियोधर्मी U^{235} आइसोटोप का घटक कृत्रिम रूप से बढ़ाया जाता है।
- जिंक सल्फेट का आमतौर पर प्रयोग कवकनाशी के रूप में किया जाता है।
- ओडियो और वीडियो टेप पर आयरन ऑक्साइड से रासायनिक पदार्थ का लेप रहता है।
- पोर्टलैंड सीमेंट में जिप्सम मिलाने में सीमेंट के शीघ्र जमने में मदद मिलती है।
- सीमेंट बनाने के लिए चूना-पत्थर और मृत्तिका के मिश्रण को खूब तप्त किया जाता है।
- नाइट्रिक एसिड तथा हाइड्रोक्लोरिक एसिड के मिश्रण में सोने को घोला जा सकता है।
- एल्युमिनियम धातु से बनाया गया मिश्र धातु हवाई जहाज तथा रेल के डिब्बे में पुर्जे बनाने के काम में लिया जाता है।
- काँच को गहरा नीला रंग कोबाल्ट ऑक्साइड से मिलता है।
- बंगाल बेसिन में भौमजल अधिकतर आर्सेनिक से प्रदूषित होता है।
- पोटैशियम परमैंगनेट जल को कीटाणु रहित बना देता है।
- हीरा और ग्रेफाइट कार्बन के अपररूप हैं।
- नाभिकीय रिएक्टर में ग्रेफाइट से मंदक के रूप में प्रयोग किया जाता है।
- कच्ची चीनी को रंगविहीन करने हेतु एनीमल चारकोल का प्रयोग किया जाता है।
- मुलायम कोयला के नाम से बिटुमिनस को जाना जाता है।
- वाहनों से निकलने वाली प्रदूषित गैस मुख्यतः कार्बन मोनोऑक्साइड है।
- सूखी बर्फ ठोस कार्बन डाइऑक्साइड है।
- गेहूँ के आटे में यीस्ट मिलाकर डबल रोटी बनाने से वह स्पंजी तथा कोमल हो जाती है, क्योंकि उत्पन्न CO_2 रोटी को स्पंजी बना देती है।
- कार्बन डाइऑक्साइड ग्लोबल वार्मिंग (Global Warming) के लिए उत्तरदायी गैस है।
- संगणकों (Computers) के आई.सी. चिप्स प्रायः सिलिकॉन से बनाये जाते हैं।
- आकाश में बिजली चमकने पर NO गैस उत्पन्न होती है।
- प्रकाश रसायनी धूम कोहरे बनने के समय नाइट्रोजन ऑक्साइड गैस उत्पन्न होती है।
- डॉक्टरों द्वारा एनस्थीसिया के रूप में प्रयोग होने वाली हास्य गैस (Laughing Gas) नाइट्रस ऑक्साइड है।
- अम्लीय वर्षा (Acid rain) का कारण $NO_2 + SO_2$ है।
- गोताखोर सांस लेने के लिए ऑक्सीजन तथा हीलियम गैसों के मिश्रणों का प्रयोग करते हैं।
- पक्षियों की हड्डियों का पाउडर उर्वरक के रूप में काम में लाया जाता है, क्योंकि यह फॉस्फोरस से भरपूर होता है।
- दियासलाइयों के निर्माण में लाल फॉस्फोरस प्रयुक्त होता है।
- घरेलू प्रशीतित्र में सामान्यतः अमोनिया प्रशीतक प्रयोग में लाते हैं।
- ऑक्सीजन गैस पायरोगैलोल के क्षारीय विलयन में से गुजरने पर बादामी घोल बनाती है।
- एक शुष्क सेल में मैग्नीशियम क्लोराइड एवं जिंक क्लोराइड का इलेक्ट्रोलाइट्स की तरह इस्तेमाल होता है।
- रसायनों का सम्राट् (King of Chemicals) सल्फ्यूरिक अम्ल कहलाता है।
- रसायन उद्योग में H_2SO_4 तेजाब (Acid) 'मूल रसायन' माना जाता है।
- 'क्लोरीनन' (chlorination) संदूषित जल में क्लोरीन को थोड़ी मात्रा में मिलाना है।

- अक्रिय गैसों की खोज करने का श्रेय रैम्जे को प्राप्त है।
- वायु में रेडॉन नोबल गैस नहीं होती है।
- जीनॉन अक्रिय गैस यौगिक बना सकती है।
- कैंसर के उपचार के लिए प्रयुक्त उत्कृष्ट गैस रेडॉन है।
- वायुयानों के टायरों में हीलियम गैस प्रयोग की जाती है।
- ग्रीन हाउस गैसों के उत्सर्जन में संयुक्त राज्य अमेरिका का सर्वाधिक योगदान है।
- ओजोन परत मुख्यतः स्ट्रेटोस्फीयर (अवस्थित) रहती है।
- वनस्पति तेल से डालडा या वनस्पति घी बनाने में हाइड्रोजनीकरण प्रक्रिया इस्तेमाल की जाती है।
- वायुमण्डल में हाइड्रोजन नहीं पायी जाती है क्योंकि यह सबसे हल्की गैस होती है।
- बैटरी में हाइड्रोक्लोरिक एसिड का प्रयोग किया जाता है।
- सिगरेट के धुएँ का मुख्य प्रदूषक कार्बन मोनोऑक्साइड और बैंजीन है।
- पौधे नाइट्रोजन को नाइट्रेट्स रूप में लेते हैं।
- बारूद नाइटर, सल्फर और चारकोल का मिश्रण होता है।
- नाभिकीय रिएक्टरों में ग्रेफाइट का प्रयोग विमंदक के रूप में किया जाता है।
- वह गैस जो वनस्पति के निर्माण में प्रयुक्त होती है, वह हाइड्रोजन है।
- एक सांड़ के वीर्य को कृत्रिम गर्भाधान हेतु तरल नाइट्रोजन में रखना चाहिए।
- भाप अंगार गैस कार्बन मोनोक्साइड और हाइड्रोजन का मिश्रण होती है।
- जीवन शक्ति के सिद्धान्त का प्रतिपादन बर्जीलियस ने किया।
- प्रकृति में सबसे अधिक मात्रा में पाया जाने वाला कार्बनिक यौगिक सेलुलोज है।
- कपूर (Camphor) को ऊर्ध्वपातन विधि द्वारा शुद्ध किया जाता है।
- भारी वाहनों में डीजल का उपयोग उच्च क्षमता और आर्थिक बचत के लिए किया जाता है।
- व्यापारिक वैसलिन पेट्रोलियम से निकाला जाता है।
- पेट्रोलियम से प्राप्त होने वाला मोम (wax) पैराफिन मोम है।
- बायो गैस (Bio Gas) का मुख्य घटक मीथेन है।
- दलदली भूमि (Marshy Land) से मीथेन गैस निकलती है।
- खाना बनाने में प्रयोग की जाने वाली गैस मुख्यतः मीथेन है।
- रसोई गैस ब्यूटेन एवं प्रोपेन का मिश्रण है।
- धातुओं में जोड़ लगाने (Welding) में ऐसीटिलीन गैस प्रयुक्त होती है।
- प्रशीतक फ्रीऑन (Feron) डाइफ्लुओरो डाइक्लोरो मीथेन है।
- कच्चे फलों को कृत्रिम रूप से पकाने के लिए प्रयोग में लायी जाने वाली गैस का नाम ऐसीटिलीन है।
- क्लोरोफ्लोरो कार्बन गैस ओजोन परत के ह्रास के लिए उत्तरदायी है।
- शराब (Wine) में इथाइल ऐल्कोहॉल उपस्थित रहता है।
- उन शराब त्रासदियों में जिनके परिणामस्वरूप अन्धता आदि होती है, हानिकारक पदार्थ मिथाइल ऐल्कोहॉल है।
- शराब का निर्माण किण्वन क्रिया के परिणामस्वरूप होता है।
- जब चीटियाँ काटती हैं तो वे फॉर्मिक अम्ल अन्तःक्षेपित करती हैं।
- मधुमक्खी के दंश से एक अम्ल छूटता है, जिसके कारण दर्द और जलन होती है। यह अन्तःक्षेपित अम्ल मेथेनाइक अम्ल है।
- टमाटर सॉस (Sauce) में ऑक्जैलिक अम्ल पाया जाता है।
- मांसपेशियों में लैक्टिक अम्ल द्रव के एकत्रित होने से थकावट आती है।
- नींबू साइट्रिक अम्ल के कारण खट्टा होता है।
- मानव गुर्दे में बनने वाली पथरी प्रायः कैल्सियम ऑक्जैलेट की बनी होती है।
- डी.डी.टी. (D.D.T.) का पूरा नाम डाइक्लोरो डाइफिनाइल ट्राइक्लोरो इथेन है।
- खाद्य पदार्थों के परिरक्षण हेतु बेंजोइक अम्ल पदार्थ प्रयुक्त होता है।
- आँसू गैस (Tear Gas) में क्लोरो ऐसिटोक्यूसोन प्रयुक्त होता है।
- भोपाल गैस त्रासदी के दौरान मेथिल आइसोथायोसायनेट गैस निकली थी।
- प्राकृतिक रबड़ आइसोप्रीन का एक बहुलक है।
- बुलेटप्रूफ जैकेट के निर्माण में बहुलक पदार्थ केवलर का उपयोग होता है।
- बेकेलाइट फीनॉल तथा अन्य फॉर्मेल्डिहाइड का बहुलक है।
- प्लास्टिक उद्योग में प्रयुक्त होने वाला शब्द PVC से तात्पर्य पॉली विनाइल क्लोराइड है।
- बरसाती (Rain Coat) पॉली कार्बोनेट्स से बनाया जाता है।
- कृत्रिम रेशम का अन्य नाम डेक्रॉन भी है।
- मानव निर्मित प्रथम कृत्रिम रेशा रेयॉन था।
- प्राकृतिक रबड़ का बहुलक आइसोप्रीन है।

जीव विज्ञान

- मानव शरीर में पाचन का अधिकांश भाग छोटी आँत में सम्पन्न होता है।
- मनुष्य में पाचन क्रिया मुख से प्रारम्भ होती है।
- सर्वप्रथम रक्त परिसंचरण तंत्र का अध्ययन हार्वे ने किया था।
- पेस मेकर का कार्य दिल की धड़कन प्रारम्भ करना है।
- धमनी की भित्तियों पर रक्त द्वारा डाले गए दबाव को 'रक्त दाब' (Blood Pressure) धमनी कहते हैं।
- अधिकतम पोषक तत्व रक्त में छोटी आँत से अवशोषित किये जाते हैं।
- लार में टायलिन एन्जाइम पाया जाता है। पेट में भोजन को पचाने के लिए एन्जाइम की खास आवश्यकता होती है।
- मानव शरीर में खून के शुद्धिकरण की प्रक्रिया को डायलिसिस कहते हैं।
- पेप्सिन प्रोटीन को पॉलीपेप्टाइड में बदल देता है।
- पाचन क्रिया में प्रोटीन एमीनो अम्ल पदार्थ में बदल जाते हैं।
- स्वस्थ मनुष्य का रक्त चाप (सिस्टॉलिक व डाइस्टॉलिक) 120 mm व 80 mm होता है।
- रक्त में लाल रंग हीमोग्लोबिन के कारण होता है।
- शरीर में हीमोग्लोबिन का कार्य ऑक्सीजन का परिवहन है।
- हीमोग्लोबिन RBC का महत्वपूर्ण घटक है।
- जब कोई बाहरी पदार्थ मानव रुधिर प्रणाली में प्रविष्ट होता है, तो प्रतिक्रिया WBC प्रारम्भ करता है।
- लाल रक्त कणिकाएँ (RBC) अस्थि मज्जा में उत्पन्न होते हैं।
- RBC को कब्रिस्तान का प्लीहा कहा जाता है।
- मनुष्य की लाल रक्त कोशिकाओं का जीवनकाल 120 दिन होता है।
- पचे हुए भोजन में मौजूद विषैले पदार्थ का यकृत अंग चूषण करता है।
- सफेद रक्त कण (WBC) का मुख्य कार्य रोग प्रतिरोधक क्षमता धारण करना है।
- मानव शरीर में सबसे छोटी अन्तःस्रावी ग्रंथि अवटु ग्रंथि है।
- मूत्र का पीला रंग यूरोक्रोम की मौजूदगी के कारण होता है।
- मानव शरीर के भीतर खून हिपेरिन की उपस्थिति के कारण नहीं जमता है। रुधिर के प्लाज्मा में लिम्फोसाइट के द्वारा एन्डीबॉडी निर्मित होती है।
- मानव के श्वेत रक्त कणों (WBC) का व्यास लगभग 0.007 mm होता है।
- अपोहन (Dialysis) का प्रयोग वृक्क क्रिया को पूरा करने के लिए होता है।
- एम्नियोसेन्टोसिस भ्रूण के लिंग को बताने का एक तरीका है।
- मानव शरीर में रक्तचाप नियंत्रित अधिवृक्क ग्रंथि से होता है।
- जीवनरक्षक हार्मोन एड्रीनल ग्रन्थि से स्रावित होते हैं।
- मानव शरीर की पीयूष ग्रन्थि को 'मास्टर ग्रन्थि' कहा जाता है। मनुष्य के शरीर की सबसे छोटी ग्रन्थि पिट्यूटरी है।
- स्त्रियों की नसबंदी को ट्यूबेक्टोमी कहा जाता है।
- गाय और भैंस के थनों में दूध उतारने के लिए ऑक्सीटोसिन हार्मोन की सुई लगायी जाती है।
- एड्रिनेलीन हार्मोन को 'लड़ो-उड़ो हार्मोन' के नाम से जाना जाता है। बीटा कोशिका से इन्सुलिन स्रावित होता है।
- इन्सुलिन पेनिक्रियाज द्वारा उत्पादित होता है।
- हमारी छोड़ी हुई सांस की हवा में CO_2 की मात्रा लगभग 4% होती है।
- मानव त्वचा को रंग देने वाला वर्णक मेलानिन है।
- अधिक ऊँचाई पर मानव शरीर में लाल रक्त कणिकाएँ संख्या में बढ़ जाएँगी।
- मानव हृदय में कक्ष की संख्या चार है।
- मानव शरीर में पैरों की हड्डियाँ फिबुला एवं टिबिया हैं।
- गर्भाशय (womb) के लिए वैकल्पिक शब्द यूटरस है।
- हीमोग्लोबिन की अधिकतम बंधुता ऑक्सीजन के लिए होती है। मानव शरीर में हार्मोनों में से कौन-सा रक्त कैल्सियम और फॉस्फेट को विनियमित परावटु (Parathyroid) हार्मोन करता है।
- परासरण प्रक्रिया द्वारा ऑक्सीजन श्वसन के दौरान रुधिर में प्रवेश करती है और फिर उसे छोड़ती है।
- सेरेब्रम मस्तिष्क से सम्बन्धित है।
- मानव शरीर की मस्तिष्क कोशिकाओं में सबसे कम पुनर्योजन शक्ति होती है।
- किसी मृतप्राय व्यक्ति का गुर्दा लेने के लिए, उसे केवल तंत्रिकीय प्रकार्यों का अवसान स्थिति में होना चाहिए।
- यदि एक पिता का रक्त वर्ग A है और माता का रक्त वर्ग 'O' हो, तो उनके पुत्र का रक्त O वर्ग हो सकता है। यदि माता-पिता में से एक का रुधिर वर्ग AB है और दूसरे का O, तो उनके बच्चे का संभावित रुधिर वर्ग A या B होगा। AB रक्त समूह सर्वग्राही है।

- O रक्त वर्ग सार्वत्रिक दाता (Universal Donor) होता है।
- मानव में कुल 206 हड्डियाँ होती हैं।
- शरीर की सर्वाधिक प्रबल अस्थि जबड़े में होती है।
- मानव शरीर की सबसे छोटी हड्डी स्टेपिस है।
- मानव शरीर की सबसे लम्बी हड्डी फीमर है।
- लम्बे समय तक कठोर शारीरिक कार्य के पश्चात् मांसपेशियों में थकान अनुभव होने का कारण ग्लूकोज का अवक्षय होता है। शरीर में ऊतकों का निर्माण प्रोटीन से होता है।
- कैप्सूल (Capsule) का आवरण स्टार्च का बना होता है।
- फ्रक्टोस शहद का प्रमुख घटक है।
- ग्लूकोज शर्करा तत्काल ऊर्जा प्रदान करती है।
- सर्वाधिक ऊर्जा कार्बोहाइड्रेट प्रदान करता है।
- मानव शरीर में ग्लाइकोजेन कार्बोहाइड्रेट पुनः संग्रह होता है।
- फ्लुओरीन तत्व का सम्बन्ध दाँतों की विकृति के साथ है।
- हृदय की धड़कन को नियंत्रित करने के लिए पोटैशियम खनिज आवश्यक है।
- सागरीय खरपतवार आयोडीन का महत्वपूर्ण स्रोत है।
- सीमेंट और अस्थियों दोनों में विद्यमान तत्व कैल्सियम है।
- विटामिन K का सम्बन्ध रक्त थक्का से है।
- मूत्र के स्रवण को बढ़ाने वाली औषधि को डाइयूरेटिक कहते हैं।
- पेचिश रोग के लिए उत्तरदायी प्रोटोजोआ एण्टअमीबा है।
- एड्स को जाँचने के लिए ELISA टेस्ट किया जाता है।
- एवियन इन्फ्लूएन्जा (Bird Flu) विषाणु को H_5N_1 से निरूपित किया जाता है।
- गहरे तले हुए खाद्य पदार्थ कैंसरजनक होते हैं, क्योंकि उनमें वसा की प्रचुरता होती है।
- मानव शरीर में रक्त की अपर्याप्त आपूर्ति को इस्कीमिया कहते हैं।
- टी.बी. के लिए बी.सी.जी. प्रतिरक्षण होता है।
- BCG का टीका तपेदिक के विरुद्ध प्रतिरोधक क्षमता उत्पन्न करने के लिए उपयुक्त है।
- पीलिया यकृत के संक्रमण के कारण होता है।
- वैरीओला वाइरस चेचक (Small pox) होने का कारण है।
- गाय के दूध का रंग कैरोटिन की मौजूदगी के कारण थोड़ा पीला होता है।
- 14 वर्ष तक की आयु के बच्चों के विकास के लिए सबसे अधिक महत्वपूर्ण प्रोटीन है।
- मानव शरीर में संक्रमण को रोकने में मदद करने वाला विटामिन A है।
- टायफाइड रोग रक्ताधान द्वारा नहीं फैलता है।
- विटामिन B_6 की कमी से पुरुष में अरक्तता हो जाता है।
- जिस बीमारी में रक्त में शर्करा का स्तर बढ़ जाता है, उसका नाम डायबिटीज मेलिटस है।
- जापानी एनसेफिलाइटिस का कारक विषाणु होता है।
- EEG से जिस अंग की कार्य प्रणाली प्रकट होती है, वह मस्तिष्क है।
- आयोडीन की कमी के कारण घेंघा रोग होता है।
- सुअरों को मानव रिहायशी क्षेत्रों से दूर रखना जापानी एनसेफेलाइटिस के उन्मूलन में सहायक है।
- 'घात करो और छिप जाओ' नाम से विख्यात विषाणु आर.एस.वी. विषाणु है।
- वसा में घुलनशील विटामिन कैल्सिफेरॉल, केरोटिन, टोकोफेरॉल होते हैं।
- एक कार्यशील महिला को प्रतिदिन 45 ग्राम प्रोटीन लेना चाहिए।
- शरीर की कैलोरी आवश्यकता गर्मी की अपेक्षा सर्दियों में बढ़ जाती है, क्योंकि शरीर का ताप बनाये रखने के लिए अधिक कैलोरी आवश्यक है।
- दूध का धवल रंग कैसीन की उपस्थिति के कारण है।
- पौधों और जन्तुओं में कार्बोहाइड्रेट स्टार्च और ग्लूकोस के रूप में संचित होते हैं।
- कोयला खान में काम करने वाले व्यक्तियों को ब्लैक लंग रोग हो जाता है।
- कालाजार का रोगवाहक सिकटा मक्खी है।
- चेचक के लिए टीके का आविष्कार लुई पाश्चर ने किया था।
- ऑस्टियोपोरोसिस की पहचान करने के लिए BMD परीक्षण किया जाता है।
- डेंगू बुखार के कारण मानव शरीर में प्लेटलेट्स की कमी हो जाती है।
- गाजर विटामिन A का समृद्ध स्रोत है।
- मानव शरीर में विटामिन A यकृत में संचित रहता है।
- जिस विटामिन में कोबाल्ट होता है, वह विटामिन B_{12} है।
- विटामिन B_{12} साइनोकोबालामिन है।
- विटामिन C खट्टे फलों में पाया जाता है तथा चर्म को स्वस्थ रखने के लिए जरूरी होता है।
- विटामिन C का सबसे उत्तम स्रोत आँवला है।
- विटामिन C की कमी के कारण मसूड़ों से रक्त आता है और दाँत हिलने लगता है।
- विटामिन C का रासायनिक नाम एस्कॉर्बिक अम्ल है।

- मछलियों के यकृत के तेल में विटामिन D की प्रचुरता होती है।
- विटामिन E का रासायनिक नाम टोकोफेरॉल है।
- विटामिन B पानी में घुलनशील है।
- गोल्डेन धान में सर्वाधिक मात्रा विटामिन A की होती है।
- 'जीवविज्ञान' (Biology) शब्द का प्रयोग सर्वप्रथम लैमार्क तथा ट्रेविरेनस ने किया।
- 'जीवविज्ञान के जनक' (Father of Biology) अरस्तू के नाम से जाने जाते हैं।
- जन्तुविज्ञान (Zoology) के जनक अरस्तू कहलाते हैं।
- वनस्पतिविज्ञान (Botany) के जनक थियोफ्रेस्टस हैं।
- 'चिकित्सा शास्त्र का जनक' हिप्पोक्रेटस को कहा जाता है।
- एण्टीबायोटिक्स अधिकांशतया जीवाणुओं से प्राप्त होते हैं।
- नाइट्रोजन यौगिकीकरण में फली फसल सहायक हैं।
- फाइकोलॉजी (Phycology) में शैवाल (Algae) का अध्ययन किया जाता है।
- पुष्पों का अध्ययन एन्थोलॉजी कहलाता है।
- सार्स (S.A.R.S.) विषाणु जनित रोग है।
- जन्तुओं में होने वाली 'फूट एण्ड माउथ' रोग विषाणु के कारण उत्पन्न होती है।
- दमा एवं खाँसी के रोगों में काम आने वाली औषधि इफेड्रिन (Ephedrine) इफेड्रा से प्राप्त की जाती है।
- तारपीन का तेल चीड़ से प्राप्त किया जाता है।
- सामान्य प्रयोग में आने वाला मसाला लौंग फूल की कली से प्राप्त होता है।
- प्रकाश संश्लेषण के लिए CO_2 गैस आवश्यक है।
- पौधे व पेड़ का खाना तैयार करने की प्रक्रिया फोटोसिन्थेसिस कहलाती है।
- सिनकोना की छाल से प्राप्त औषधि को मलेरिया उपचार के लिए प्रयुक्त किया जाता था। जिस कृत्रिम औषधि ने इस प्राकृतिक उत्पाद को प्रतिस्थापित किया वह क्लोरोक्विन है।
- मटर फसल मृदा को नाइट्रोजन से भरपूर कर देती है।
- नर पुष्प और स्त्री पुष्प दोनों को जन्म देने वाले पादप उभयलिंगाश्रयी कहलाते हैं।
- आँवला पादप को 'शाकीय भारतीय डॉक्टर' कहते हैं।
- पेड़ों की पत्तियों में पाया जाने वाला हरा पदार्थ क्लोरोफिल कहलाता है।
- 'जीन' शब्द का सर्वप्रथम प्रयोग जोहान्सन ने किया।
- वाटसन द्वारा आनुवंशिकता के विज्ञान को 'आनुवंशिकी' कहा गया।
- डी.एन.ए. के द्विहेलिक्स प्रारूप को पहली बार वाटसन तथा क्रिक ने प्रस्तावित किया था।
- लाइसोसोम को कोशिका की आत्महत्या की थैली कहा जाता है।
- कोशिका भित्ति की उपस्थिति के कारण किसी पादप कोशिका और पशु कोशिका में अन्तर पाया जाता है।
- संवहनी पौधों में पानी ऊपर जाइलम टिशू से जाता है।
- भारतीय वैज्ञानिक जे.सी. बोस ने पादपों में जल की लम्बी दूरी के अभिगमन का सिद्धांत प्रस्तुत किया।
- हाइड्रोफाइट (Hydrophyte) एक जलीय पौधे को कहते हैं।
- हाइड्रोपोनिक्स (Hydroponics) मिट्टी के बिना पौधे की वृद्धि से सम्बन्धित है।
- पादपालय (Phytotron) एक सुविधा है, जिससे नियंत्रित दशाओं में पादपों का उगना संभव हो पाता है।
- रेगिस्तान में पैदा होने वाले पौधे जीरोफाइट्स कहलाते हैं।
- पारिस्थितिक निके की संकल्पना को ग्रीनेल्स ने प्रतिपादित किया था।
- राष्ट्रीय वानस्पतिक उद्यान लखनऊ में स्थित है।
- भारत में वन अनुसंधान संस्थान देहरादून में स्थित है।
- रेड डाटा बुक उन जातियों के बारे में जानकारी देती है, जो संकटापन्न हैं।
- लाल पारिस्थितिक तंत्र की स्थिरता उत्पादकों और उपभोक्ताओं पर निर्भर करती है।
- वह वर्णक जो वनस्पति को पराबैंगनी किरणों के दुष्प्रभाव से बचाता है, फाइकोसायनिन है।
- पारिस्थितिक तंत्र में तत्वों के चक्रण को जैव भूरासायनिक चक्र कहते हैं।
- जब पादप विविधता को प्राकृतिक आवास में संक्षारित किया जाता है, तो इस संरक्षण को स्व-स्थाने कहते हैं।
- पर्यावरणीय आयोजन के साथ मूलतः सम्बन्धित संगठन NEERI है।
- दो भिन्न समुदायों के बीच का संक्रान्ति क्षेत्र इकोटोन है।
- पुरुष में पुरुषत्व के लिए XY गुणसूत्री संयोजन उत्तरदायी है।
- एक सामान्य मानव शरीर कोशिका में गुणसूत्रों की संख्या 46 होती है।
- बच्चों के लिंग निर्धारण के लिए उत्तरदायी क्रोमोसोम पिता का होता है।
- मनुष्य में पुरुष का Y व स्त्री का X क्रोमोसोम के मिलने से बालक का जन्म होगा।

- शिशु का पितृत्व स्थापित करने के लिए DNA फिंगर प्रिंटिंग तकनीक का प्रयोग किया जाता है।
- 'जीन' शब्द जी.मेण्डल ने बनाया था।
- 'जेनेटिक्स' आनुवंशिकता और विचरण का अध्ययन है।
- मच्छरों के नियन्त्रण हेतु प्रयोग होने वाली कीटभक्षी मछली गेम्बूसिया है।
- घोंसला बनाने वाला एक मात्र साँप किंग कोबरा है।
- पृथ्वी पर विशालतम जीवित पक्षी शुतुरमुर्ग है।
- न्यूजीलैंड में पाया जाने वाला उड्डयनहीन पक्षी किवी है।
- सबसे बड़ा उड़ने में असमर्थ पक्षी जो सबसे तेज गति से दौड़ सकता है, वह ऑस्ट्रिच है।
- मोर का वैज्ञानिक नाम पावो क्रिस्टेशस है।
- रक्त में प्रति स्कंदक पदार्थ हेपेरिन है।
- अधिकांश कीट (Insects) श्वसन वातक तंत्र से करते हैं।

वस्तुनिष्ठ प्रश्नोत्तर

1. 'ब्लैक होल' (Black Hole) अंतरिक्ष में एक पिंड है जो किसी प्रकार के विकिरण (Radiation) को बाहर नहीं आने देता। इस गुण का कारण है इसकाः

A. बहुत छोटा आकार B. बहुत बड़ा आकार
C. बहुत उच्च घनत्व D. बहुत अल्प घनत्व

2. पेट अथवा शरीर के अन्य आन्तरिक अंगों के अन्वेक्षण के लिए प्रयुक्त तकनीक, एन्डोस्कोपी, आधारित है :

A. पूर्ण आंतरिक परावर्तन परिघटना पर
B. व्यतिकरण परिघटना पर
C. विवर्तन परिघटना पर
D. ध्रुवण परिघटना पर

3. वाशिंग मशीन का कार्य सिद्धांत हैः

A. अपकेंद्रण B. अपोहन
C. उत्क्रम परासरण D. विसरण

4. उचित रीति से कटे हीरे की असाधारण चमक का आधारभूत कारण यह है किः

A. उसमें अति उच्च पारदर्शिता होती है
B. उसका अति उच्च अपवर्तन सूचकांक होता है
C. वह बहुत कठोर होता है
D. उसके सुनिश्चित विदलन-तल होते हैं

5. तारे अपनी ऊर्जा प्राप्त करते हैं:

1. नाभिकीय संलयन से 2. गुरुत्वीय संकुचन से
3. रासायनिक अभिक्रिया से 4. नाभिकीय विखण्डन से

नीचे दिये गये कूट से सही उत्तर का चयन कीजिएः

कूट :

A. 1 तथा 2 B. 1, 2 और 3
C. 1 तथा 4 D. 2 तथा 4

6. त्रिविमीय (3-dimensional) चित्र निम्न में से किसके द्वारा लिया जाता है?

A. होलोग्राफी B. फोटोग्राफी
C. फोटो क्रोमेटिक D. रेडियोग्राफी

7. निम्नलिखित में से किसने 'एक्स' किरणों का आविष्कार किया?

A. रदरफोर्ड B. रौन्ट्जन
C. मैक्सवेल D. टोरिसैली

8. लेजर अथवा किसी अन्य संसक्त प्रकाश-स्रोत से निकली दो प्रकाश किरणों के व्यतिकरण से त्रिविमीय प्रतिबिम्ब बनाने से सम्बद्ध संवृति कहलाता हैः

A. प्रकाशीय फोटोग्राफी B. एक्स-किरण फोटोग्राफी
C. विकिरणी चित्रण D. होलोग्राफी

9. पेसमेकर का कार्य होता हैः

A. यह हृदय स्पन्दन कम करता है
B. यह हृदय स्पन्दन को समंजित करता है
C. यह हृदय स्पन्दन बढ़ाता है
D. यह हृदय में रुधिर प्रवाह तेज करता है

10. सूर्य के केन्द्र में उपस्थित पदार्थ होते हैं:

A. ठोस, द्रव तथा गैस अवस्थाओं में
B. केवल द्रव अवस्थाओं में
C. केवल गैसीय अवस्थाओं में
D. द्रव एवं गैसीय दोनों अवस्थाओं में

11. ऑटोमोबाइल्स के हाइड्रोलिक ब्रेक के कार्य करने का सिद्धान्त हैः

A. आर्किमिडीज का सिद्धान्त
B. न्यूटन के गति का नियम

C. बरनौली का सिद्धान्त
D. पास्कल का नियम

12. दूर-दृष्टि दोष निवारण के लिए काम में लेते हैं:
A. अवतल लेन्स B. उत्तल दर्पण
C. उत्तल लेन्स D. अवतल दर्पण

13. पृथ्वी के परितः घूमने वाले कृत्रिम उपग्रह से बाहर गिराई गई गेंद:
A. सूर्य पर चली जाएगी
B. चन्द्रमा पर चली जाएगी
C. पृथ्वी पर गिरेगी
D. पृथ्वी के परितः उपग्रह के समान आवर्तकाल के साथ उसी के कक्ष में घूमती रहेगी

14. टेलिस्कोप की खोज किस वैज्ञानिक ने की थी?
A. न्यूटन B. जेम्स वॉट
C. हम्फ्री डेवी D. गैलीलियो

15. कृष्ण-छिद्र सिद्धान्त को प्रतिपादित किया था:
A. सी.वी. रमन ने B. एच.जे. भाभा ने
C. एस. चन्द्रशेखर ने D. हरगोविन्द खुराना ने

16. लहसुन की अभिलाक्षणिक गंध का कारण है:
A. क्लोरो यौगिक B. सल्फर यौगिक
C. फ्लुओरीन यौगिक D. एसीटिक अम्ल

17. फोटोग्राफी में 'स्थायीकर' के रूप में प्रयुक्त होने वाला रसायन है:
A. सोडियम सल्फेट B. सोडियम थायोसल्फेट
C. अमोनियम परसल्फेट D. बोरेक्स (सुहागा)

18. स्टेनलेस स्टील बनाने के लिए क्या प्रयोग में लाया जाता है?
A. क्रोमियम और निकिल
B. निकिल व तांबा
C. क्रोमियम व ग्रेफाइट
D. बेन्जीन व एसिटोन

19. गैसों के विसरण का नियम किसने प्रतिपादित किया?
A. ग्राहम B. चार्ल्स
C. बॉयल D. एवोगाड्रो

20. घरेलू प्रशीतित्र (रेफ्रीजरेटर) में सामान्यतः कौन-सा प्रशीतक प्रयोग में लाते हैं?
A. निआन B. अमोनिया
C. नाइट्रोजन D. फ्रेआन

21. अश्रु गैस है:
A. अमोनिया B. क्लोरीन
C. हाइड्रोजन कार्बाइड D. हाइड्रोजन सल्फाइड

22. बुलेट प्रूफ पदार्थ बनाने के लिए निम्नलिखित में से कौन-सा बहुलक प्रयुक्त होता है :
A. पॉलिविनाइल क्लोराइड B. पॉलिऐमाइड
C. पॉलिएथिलीन D. पॉलिकार्बोनेट्स

23. निम्नलिखित में से कौन-सा सामान्य ताप पर ठोस अवस्था में रहता है?
A. क्लोरीन B. ब्रोमीन
C. आयोडीन D. फ्लोरीन

24. डॉक्टरों द्वारा एनस्थीसिया (Aneasthesia) के रूप में प्रयोग होने वाली हास्य गैस है:
A. नाइट्रोजन B. नाइट्रोजन ऑक्साइड
C. नाइट्रस ऑक्साइड D. नाइट्रोजन डाइऑक्साइड

25. निम्नलिखित कथनों का विचार कीजिए—
1. टेफ्लॉन तथा डेक्रॉन बहुलक हैं।
2. नियोप्रीन संश्लिष्ट रबड़ है।
3. पॉलिथीन, पॉलिएथिलीन बहुलक हैं।
4. प्राकृतिक रबर क्लोरोप्रीन है।

उपरोक्त कथनों में से कौन-से सही हैं?

कूट :
A. 1, 2 तथा 3 B. 1, 2 तथा 4
C. 2, 3 तथा 4 D. 1, 3 तथा 4

26. रासायनिक दृष्टि से 'सिन्दूर' है:
A. कैल्सियम कार्बोनेट B. पौटेशियम नाइट्रेट
C. मरक्यूरिक सल्फाइड D. सोडियम क्लोराइड

27. 'स्मार्ट जैल' होता है:
A. एक पदार्थ जो जीवन-तन्त्रों की नकल है
B. एक जैल जो मछली से प्राप्त होता है
C. एक जैल जो समुद्री खरपतवार से प्राप्त होता है
D. उपरोक्त में से कोई नहीं

28. सूची-I को सूची-II के साथ सुमेलित कीजिए और सूचियों के नीचे दिए गये कूट का प्रयोग कर सही उत्तर चुनिए:

सूची-I	सूची-II
(*a*) नीला थोथा	1. सोडियम बाइकार्बोनेट
(*b*) ऐप्सम साल्ट	2. सोडियम हाइड्रॉक्साइड

(*c*) बेकिंग सोडा 3. मैग्नीशियम सल्फेट
(*d*) कॉस्टिक सोडा 4. कॉपर सल्फेट

कूट :

	(*a*)	(*b*)	(*c*)	(*d*)
A.	3	4	2	1
B.	4	3	2	1
C.	3	4	1	2
D.	4	3	1	2

29. परमाणु में कक्षों को भरने का क्रम नियन्त्रित होता है:
A. हॉफबाऊ सिद्धान्त द्वारा
B. हाईजेनबर्ग के अनिश्चितता सिद्धान्त द्वारा
C. हुण्ड के नियम द्वारा
D. पाऊली के अपवर्जन सिद्धान्त द्वारा

30. ग्लाइकोजेन निम्नलिखित में से किसमें जमा होता है?
A. प्लीहा B. यकृत
C. अमाशय D. अग्न्याशय

31. सूची-I को सूची-II से सुमेलित कीजिए और सूचियों के नीचे दिए गए कूट की सहायता से सही उत्तर का चयन कीजिए:

सूची-I (रोग)	**सूची-II (जीव)**
(*a*) मलेरिया	1. कवक
(*b*) पोलियो	2. जीवाणु
(*c*) तपेदिक	3. विषाणु
(*d*) दाद	4. प्रोटोजोआ

कूट :

	(*a*)	(*b*)	(*c*)	(*d*)
A.	4	3	2	1
B.	4	3	1	2
C.	3	4	1	2
D.	3	4	2	1

32. छिछले हैंडपम्प से पानी पीने वाले लोगों को नीचे लिखे सभी रोगों के होने की सम्भावना है, सिवाय :
A. हैजा के B. टायफॉयड के
C. कामला के D. फ्लुओरोसिस के

33. सूची-I को सूची-II से सुमेलित कीजिए और सूचियों के नीचे दिए गए कूट की सहायता से सही उत्तर का चयन कीजिए:

सूची-I	**सूची-II**
(*a*) मलेरिया	1. अस्थि मज्जा
(*b*) फाइलेरिया	2. मस्तिष्क
(*c*) मस्तिष्क शोथ	3. पेशी
(*d*) श्वेतरक्तता	4. लसिका पर्व
	5. रक्त कोशिका

कूट :

	(*a*)	(*b*)	(*c*)	(*d*)
A.	5	3	2	1
B.	5	4	2	1
C.	4	3	5	1
D.	5	4	1	2

34. शरीर में ऊतकों का निर्माण होता है:
A. वसा से B. कार्बोहाइड्रेट्स से
C. प्रोटीन से D. विटामिन्स से

35. मानव शरीर में ऑक्सीजन का अभिगमन होता है:
1. रक्त के द्वारा 2. फुफ्फुस के द्वारा
3. ऊतक के द्वारा
अभिगमन का सही अनुक्रम है:
A. 1, 2, 3 B. 3, 1, 2
C. 2, 1, 3 D. 1, 3, 2

36. मनुष्य के अंगों में से, हानिकारक विकिरणों से सबसे कम सुप्रभाव्य अंग है:
A. आँख B. हृदय
C. मस्तिष्क D. फेफड़ा

37. कौन-सा हार्मोन "लड़ो या उड़ो" के नाम से जाना जाता है?
A. इन्सुलिन B. एड्रीनेलिन
C. एस्ट्रोजन D. ऑक्सीटोसिन

38. सिनकोना पौधे के किस भाग से कुनैन प्राप्त किया जाता है?
A. तने की छाल से B. फूल से
C. फल से D. पत्ती से

39. जेरेन्टोलॉजी निम्नलिखित में से किसके अध्ययन से संबंधित है?
A. शिशु B. महिलाएँ
C. त्वचा की बीमारी D. वृद्ध

40. ब्रिटिश अनुसन्धानों द्वारा उद्घाटित किया गया है कि 'करी-पत्ता' का पौध, जो भारत का देशज है, औषध निर्माण समवाय के लिए अरबों डॉलर उत्पादन की क्षमता रखता है, करी-पत्ती द्वारा उपचार का दावा किया जाता है:

A. रक्तचाप (Blood pressure) में
B. मधुमेह (Diabetes) में
C. मलेरिया (Malaria) में
D. यक्ष्मा (Tuberculosis) में

41. जैव विकास (Evolution) को सर्वप्रथम किसने समझाया?
A. न्यूटन ने B. आइन्सटीन ने
C. चार्ल्स डार्विन ने D. लैमार्क ने

42. फूलों के अध्ययन को कहते हैं:
A. पोमोलॉजी B. एन्थोलॉजी
C. एग्रोस्टोलॉजी D. पैलिनोलॉजी

43. सोयाबीन में नाइट्रोजन स्थिरीकरण (Nitrogen Fixation) के लिए जिम्मेदार बैक्टीरिया है:
A. राइजोबियम लैग्यूमिनोसैरम
B. राइजोबियम जैपोनिकम
C. राइजोबियम फैजियोलाई
D. राइजोबियम ट्राइफोली

44. फसल लोगिंग विधि है:
A. भूमि उर्वरता मूल्यांकन की
B. फसलोत्पादन के लिए पोषक तत्वों की आवश्यकता जानने के लिए पौध विश्लेषण की
C. फसलों के नुकसान को जानने की
D. उर्वरकों की उपयोगिता परीक्षण की

45. गोलकृमि (मिमटोड) से होने वाला रोग है:
A. फाइलेरिया B. फ्लुओरोसिस
C. इन्सेफ्लाइटीस D. कुष्ठ

46. थैलेसीमिया का रोगी शरीर में निम्न के संश्लेषण की क्षमता नहीं रखता:
A. विटामिन डी B. हार्मोन
C. हीमोग्लोबिन D. प्रोटीन

47. मानव गुर्दे में बनने वाली 'पथरी' प्रायः बनी होती है:
A. कैल्शियम ऑक्जेलेट की
B. सोडियम एसिटेट की
C. मैग्नीशियम सल्फेट की
D. कैल्शियम की

48. मानव तन्त्र में निम्नलिखित में से कौन-सा पाचक एन्जाइम नहीं है?
A. ट्रिप्सिन B. गैस्ट्रिन
C. टॉयलिन D. पेप्सिन

49. अधिकांश कीट (Insects) श्वसन कैसे करते हैं?
A. त्वचा (skin) से
B. क्लोम (Gills) से
C. फेफड़ों (Lungs) से
D. वातक तन्त्र (Tracheal system) से

50. प्रयोगशाला में सर्वप्रथम DNA का संश्लेषण किया था:
A. मिलर ने B. खुराना ने
C. डी. व्रीज ने D. कैल्विन ने

उत्तरमाला

1	2	3	4	5	6	7	8	9	10
C	A	A	B	A	A	B	D	C	D
11	**12**	**13**	**14**	**15**	**16**	**17**	**18**	**19**	**20**
D	C	D	D	C	B	B	A	A	B
21	**22**	**23**	**24**	**25**	**26**	**27**	**28**	**29**	**30**
A	D	C	C	A	C	A	D	A	B
31	**32**	**33**	**34**	**35**	**36**	**37**	**38**	**39**	**40**
D	D	B	C	C	C	B	A	D	B
41	**42**	**43**	**44**	**45**	**46**	**47**	**48**	**49**	**50**
D	B	B	B	A	C	A	B	D	B

***

5 कम्प्यूटर

- 'कम्प्यूटर का पितामह' चार्ल्स बेबेज को कहा जाता है।
- सर्वप्रथम आधुनिक कम्प्यूटर की खोज 1946 ई. में हुई।
- CPU हार्डवेयर डिवाइस है, जिसे आमतौर पर कम्प्यूटर का 'ब्रेन' कहते हैं।
- कम्प्यूटर हार्डवेयर जो आँकड़ों की बहुत अधिक मात्रा को भंडार में रख सकता है, चिप कहलाता है।
- कम्प्यूटर में किसी शब्द की लम्बाई बिट में मापते हैं।
- 1024 बाइट 1 KB के बराबर है।
- किसी प्रोग्राम में 'बग' (Bug) एरर होता है।
- कम्प्यूटर भाषा JAVA के आविष्कारक सन माइक्रोसिस्टम हैं।
- वैज्ञानिक कम्प्यूटर भाषा FORTRAN है।
- कम्प्यूटर भाषा FORTRAN विज्ञान क्षेत्र में उपयोगी है।
- कम्प्यूटर भाषा COBOL व्यावसायिक कार्य के लिए उपयोगी है। प्रोग्राम हेतु सर्वप्रथम विकसित की गई कम्प्यूटर भाषा FORTRON है।
- FORTAN, ALGOL, PASCAL आदि भाषाओं को सिखाने के लिए BASIC भाषा को 'नींव का पत्थर' कहा जाता है। पहला संक्रियात्मक इलेक्ट्रॉनिक अंकीय कम्प्यूटर ENIAC है।
- भारत में निर्मित प्रथम कम्प्यूटर सिद्धार्थ है।
- ई-मेल (E-Mail) का जन्मदाता रे टामलिंसन को माना जाता है।
- भारत का प्रथम कम्प्यूटरीकृत डाकघर नई दिल्ली है।
- www के आविष्कारक तथा संस्थापक टिम बर्नर्स ली हैं।
- कम्प्यूटर शब्दकोष में CD अक्षरों का प्रयोग कॉम्पेक्ट डिस्क के लिए किया जाता है।
- अनुपम एक सुपर कम्प्यूटर है।
- भारत में विकसित 'परम' सुपर कम्प्यूटर का विकास C-DAC संस्था ने किया है।
- कम्प्यूटर डाटा की सबसे छोटी इकाई बिट है।
- अनुपम भाषा परमाणु अनुसंधान केन्द्र द्वारा विकसित सुपर कम्प्यूटर परियोजना है।
- डाटा के प्रेषण की गति को मापने के लिए सामान्यतः प्रयुक्त एकक (Unit) बिट प्रति सेकेण्ड है।
- कम्प्यूटर में वायरस वह प्रोग्राम है जो कम्प्यूटर के सॉफ्टवेयर को हानि पहुँचाता है।
- वेक्स-780 आई.सी. चिपों द्वारा निर्मित प्रथम डिजिटल कम्प्यूटर जाना जाता है।
- आजकल सबसे अधिक प्रयोग होने वाली निवेश युक्ति (Input device) माउस है।
- पद एम.बी. (MB) मेगा बाइट्स के लिए प्रयोग किया जाता है।
- आँकड़ा संचय में रिकॉर्डों का वृक्षाकार संचय श्रेणीबद्ध मॉडल कहलाता है।
- कम्प्यूटर की भाषा में एक मेगाबाइट 10,48,576 बाइट के बराबर होता है।
- सुपर कम्प्यूटर के लिए शब्द लम्बाई का परास (Range) 64 बिट तक होता है।
- भारत में सुपर कम्प्यूटर 'परम' का निर्माण पुणे में हुआ।
- कम्प्यूटर वाइरस केवल एक प्रकार का सॉफ्टवेयर है, जो मुख्यतया प्रोग्रामों को नष्ट करते हैं।
- कम्प्यूटर में विण्डो एक प्रकार का सॉफ्टवेयर है।
- उस यंत्र का मॉडेम है जो कम्प्यूटर को टेलीफोन लाइन से जोड़ता है।
- कम्प्यूटर सिस्टम के हार्डवेयर को भौतिक रूप से स्पर्श किया जा सकता है।
- CD-ROM एक मैग्नेटिक मेमोरी है।
- एक छोटे सिलिकॉन चिप पर ट्रॉन्जिस्टरों और अन्य इलेक्ट्रॉनिक उपकरणों के साथ पूर्ण इलेक्ट्रॉनिक सर्किट को इंटिग्रेटिड सर्किट कहते हैं।
- कम्प्यूटर में विंडो एक प्रकार का सॉफ्टवेयर है।
- माइक्रोसॉफ्ट का नवीनतम ऑपरेटिंग सिस्टम विन्डोज-7 है।
- IBM कम्प्यूटर कम्पनी है।
- गूगल सर्च इंजन है।

- एक कम्प्यूटर प्रोग्रामर आँकड़ों को कम्प्यूटर में डालता है।
- प्रथम पीढ़ी के कम्प्यूटर वैक्यूम ट्यूब प्रयोग करते थे।
- टेक्स्ट में आपकी पॉजिशन दर्शाने वाले ब्लिंकिंग प्वाइण्ट को कर्सर कहते हैं।
- वेबसाइट के मेन पेज को होमपेज कहते हैं।
- सॉफ्टवेयर (Software) के लिए एक अन्य शब्द प्रोग्राम है।
- कम्प्यूटर के मुख्य सिस्टम बोर्ड को मदरबोर्ड कहते हैं।
- प्रिन्टर और मॉनीटर जैसे पेरिफेरल उपकरणों को हार्डवेयर माना जाता है।
- कम्प्यूटर प्रिन्टर किस प्रकार का डिवाइस आउटपुट है।
- कम्प्यूटर में बिल्ट परमानेंट मेमोरी को ROM कहते हैं।
- की-बोर्ड, स्कैनर, माइक्रोफोन इनपुट डिवाइस के उदाहरण हैं।
- आउटपुट डिवाइस कम्प्यूटर का मॉनीटर होता है।
- कम्प्यूटर के डाटा का सी.पी.यू. से परिधि यंत्रों को अंतरण कम्प्यूटर पार्ट्स के माध्यम से प्राप्त किया जाता है।
- एक ही समय पर दोनों दिशाओं में डाटा भेजने के लिए फुल डुप्लैक्स डाटा संचार विधि प्रयुक्त की जाती है।
- पहला ग्राफिकल यूजर इन्टरफेस जीरॉक्स कम्पनी ने बनाया था।
- LAN उच्च गति का एक ऐसा नेटवर्क है, जो किसी शहर या नगर में स्थानीय नेटवर्क को जोड़ता है।
- अनेक घरेलू उपकरणों में निर्मित छोटे और सस्ते कम्प्यूटर माइक्रो कम्प्यूटर के प्रकार होते हैं।
- ऐल्टा-विस्टा एक सर्च इंजन है।
- उस युक्ति को मोडम कहा जाता है, जो कम्प्यूटर आउटपुट को टेलीफोन लाइनों पर प्रेषित करने के लिए रूपांतरित करती है।
- माइक्रोसॉफ्ट वर्ड प्रोसेसिंग डिवाइस का एक उदाहरण है।
- संचार नेटवर्क WAN का प्रयोग बड़ी संस्थाओं द्वारा प्रादेशिक, राष्ट्रीय और वैश्विक क्षेत्र में किया जाता है।
- प्रोलॉग (Prolog) 1972 में भाषा विकसित हुई।
- ब्लॉग (Blog) शब्द दो शब्दों वेब-लॉग (Web-Log) का संयोजन है।
- कम्प्यूटर कंट्रोल करने सम्बन्धी इंस्ट्रक्शन्स या प्रोग्रामों को सॉफ्टवेयर कहते हैं।
- इंटरनेट पर सर्वर से सूचना प्राप्त करने के कम्प्यूटर के प्रोसेस का अर्थ डाउनलोडिंग है।
- भारत का पहला कम्प्यूटर भारतीय विज्ञान संस्थान, बेंगलुरू में संस्थापित किया गया था।
- ट्रेक बॉल का एक उदाहरण पॉइंटिंग डिवाइस है।
- मॉड्यूलेटर-डी मॉड्युलेटर का सामान्य नाम मोडम है।

वस्तुनिष्ठ प्रश्नोत्तर

1. टेक्स्ट की लाइन के आरंभ में मूव होने के लिए .... कुंजी प्रेस कीजिए।

A. पेजअप B. a
C. होम D. एंटर

2. विंडोज डेस्कटॉप पर .... द्वारा विभिन्न ऐप्लिकेशनूस और डाक्यूमेंट्स रिप्रेजेंट किए जाते हैं।

A. प्रतीक B. लेबल
C. ग्राफ D. आइकन

3. मल्टीपल प्रोसेसर्स द्वारा दो या अधिक प्रोग्रामों के साथ-साथ प्रोसेसिंग निम्नलिखित है।

A. मल्टीप्रोग्रामिंग B. मल्टीटास्किंग
C. टाइम-शेरिंग D. मल्टीप्रोसेसिंग

4. जब आप कम्प्यूटर चालू करते हैं तब बूट रूटीन यह टेस्ट करता है ....

A. RAM टेस्ट B. डिस्क ड्राइव टेस्ट
C. मैमरी टेस्ट D. पावर-ऑन-सेल्फ-टेस्ट

5. सॉफ्टवेयर के .... में कमांडों और ऑप्शनों की सूची होती है।

A. मीनू बार B. टूल बार
C. टाइटल बार D. फार्मूला बार

6. आउटपुट क्या है?

A. वह, जो प्रोसैसर यूजर से ले
B. वह, जो यूजर प्रोसैसर को दे
C. वह, जो प्रोसैसर को यूजर से मिले
D. वह, जो प्रोसैसर, यूजर को दे

7. सामान्यतः रीसाइकिल बिन तक .... में रखे आइकन के जरिए जाते हैं।

A. डेस्कटॉप B. हार्ड ड्राइव
C. शॉर्टकट मीनू D. प्रापर्टी डायलॉग बॉक्स

8. .... एक यूनिट के रूप में सेव किया गया सूचना का संग्रह है।

A. फोल्डर B. फाइल
C. पाथ D. फाइल एक्सटेंशन

9. प्रिंटर और मॉनिटर जैसे पैरिफरल उपकरणों को .... माना जाता है।
A. हार्डवेयर B. सॉफ्टवेयर
C. डाटा D. सूचना

10. कंप्यूटर के मुख्य सिस्टम बोर्ड को .... कहते हैं।
A. इंटिग्रेटिड सर्किट B. मदरबोर्ड
C. प्रोसेसर D. माइक्रोचिप

11. RAM को कंप्यूटर के प्रोसेसर .... कहा जा सकता है।
A. की फैक्टरी B. की ऑपरेटिंग रूम
C. वेइटिंग रूम D. प्लानिंग रूम

12. .... प्रोग्राम में सभी स्टेटमेंट्स को एक सिंगल बैच में कनवर्ट करता है और इंस्ट्रक्शन्स के रिजल्टिंग कलेक्शनस को एक नई फाइल में रखा जाता है।
A. कनवर्टर B. कंपाइलर
C. इंटरप्रिंटर D. इंस्ट्रक्शन

13. ALU .... ऑपरेशनस करता है।
A. अरीथमैटिक B. ASCII
C. अल्गोरिद्म बेस्ड D. लोगरिद्म बेस्ड

14. हार्डवेयर के उस पीस को क्या कहते हैं जिसका प्रयोग कुंजियों से कंप्यूटर में सूचना एंटर करने के लिए किया जाता है?
A. की-बोर्ड B. मॉनिटर
C. हार्ड डिस्क D. आइकन

15. .... इनपुट डिवाइस का एक उदाहरण है।
A. कीबोर्ड B. मॉनिटर
C. माउस D. सेंट्रल प्रोसैसिंग यूनिट

16. CPU में क्या-क्या होता है?
A. एक कार्ड रीडर एवं प्रिंटिंग डिवाइस
B. एक इनालिटिकल इंजिन और एक कंट्रोल यूनिट
C. एक कंट्रेाल यूनिट और एक अरिथमैटिक लॉजिक यूनिट
D. एक अरिथमैटिक लॉजिक यूनिट और एक कार्ड रीडर

17. CPU का फंक्शन है ....
A. टेक्स्ट को एक्सटर्नल स्टोरेज उपलब्ध कराना
B. ऑपरेटर के साथ कम्युनिकेट करना
C. इन्फोरमेशन और इन्स्ट्रक्शन रीड, इंटरप्रेट और प्रौसेस करना
D. हार्ड कॉपी उपलब्ध कराना

18. कंप्यूटर ''डेस्कटॉप'' का अर्थ क्या है?
A. विजिबल स्क्रीन
B. मॉनिटर के आसपास की जगह
C. माउस पैड का ऊपरी हिस्सा
D. फोल्डर का भीतरी हिस्सा

19. प्रिंटिड सूचना जो .... कहलाती है, भौतिक रूप से मौजूदा होती है और डिस्प्ले डिवाइस में प्रस्तुत सूचना की तुलना में आउटपुट का अधिक स्थाई रूप होती है।
A. सॉफ्ट कॉपी B. कार्बन कॉपी
C. हार्ड कॉपी D. डेस्क कॉपी

20. मेन फ्रेम या सुपर कंप्यूटर को एक्सेस करने के लिए प्रयोक्ता प्रायः .... का प्रयोग करते हैं।
A. टर्मिनल B. नोड
C. डेस्कटॉप D. हैंड हैल्ड

21. वेब पेज में वह कौन-सा शब्द है, जिसे क्लिक करने पर दूसरा डाक्युमेंट खुल जाता है?
A. एंकर B. हाइपरलिंक
C. रेफरेंस D. URL

22. किसी डाक्युमेंट को प्रिंट करने के लिए .... प्रेस करें, फिर ENTER प्रेस करें।
A. SHIFT + P B. CTRL + P
C. ALT + P D. ESC + P

23. कंप्यूटर प्रोग्राम हाई लेवल प्रोग्रामिंग लैंग्वेज में लिखे जाते हैं, तथापि प्रोग्राम के मानव पठनीय पाठ को .... कहते हैं।
A. कैश B. इंस्ट्रक्शन सेट
C. सोर्स कोड D. वर्ड साइज़

24. पेज पर एलिमेंट्स के फिजिकल एरेंजमेंट की डाक्युमेंट के .... के रूप में रिफर किया जाता है।
A. फीचर्स B. फार्मेट
C. पेजिनेशन D. ग्रिड

25. CD-ROM और CD-RW में क्या अंतर है?
A. ये दोनों एक ही हैं—केवल विभिन्न निर्माताओं ने भिन्न नाम दिए हैं
B. CD-ROM को राइट किया जा सकता है, CD-RW को नहीं
C. CD-RW में राइट किया जा सकता है, लेकिन CD-ROM से केवल रीड किया जा सकता है
D. CD-ROM में CD-RW से ज्यादा सूचना होती है

26. ईमेलों संदेशों के स्टोरेज एरिया को क्या कहते हैं?
A. फोल्डर B. डाइरेक्टरी
C. मेल बॉक्स D. हार्ड डिस्क

27. यदि कोई प्रयोक्ता CPU में उपलब्ध जानकारी को तुरंत प्राप्त करना चाहे तो इसे .... में स्टोर किया जाना चाहिए।
A. CD B. सैकेंडरी स्टोरेज
C. CPU D. RAM

28. पेज पर शब्द किस रूप में दिखेंगे, उसके लिए क्या शब्द है?
A. टेक्स्ट फारमेटिंग B. करेक्टर फारमेटिंग
C. प्वाइंट साइज D. टाइप फेस

29. कंप्यूटर नेटवर्क में शेयर्ड कॉमन रिसोर्स होने की सबसे ज्यादा संभावना किस प्रकार के रिसोर्स की है?
A. प्रिंटर B. स्पीकर
C. फ्लॉपी डिस्क ड्राइव D. की बोर्ड

30. कम्प्यूटर प्रोग्रामों के एरर्स को .... कहते हैं।
A. बग्स B. गलतियां
C. ओवरलुक्ड आइटम D. ब्लंडर

31. डम्ब टर्मिनल्स और .... होते हैं।
A. माउस B. स्पीकर्स
C. की बोर्ड D. माउस स्पीकर्स

32. .... ग्राफिकल ऑब्जेक्ट होते हैं, जो आमतौर पर प्रयोग होने वाले एप्लिकेशनों का प्रतिनिधित्व करते हैं।
A. GUI B. ड्राइवर
C. विंडोज D. आइकन

33. कंपाइलर हायर लेवल प्रोग्रामों को मशीन लैंग्वेज प्रोग्राम में ट्रान्सलेट करता है, जिसे .... कहते हैं।
A. सोर्स कोड B. ऑब्जेक्ट कोड
C. कंपाइल्ड कोड D. बीटा कोड

34. ENIAC प्रथम पीढ़ी के कम्प्यूटर में किस तकनीकी का उपयोग किया गया था?
A. Vacuum Tube B. Transistor
C. VLSI D. LSI

35. कम्प्यूटर की सहायता से दस्तावेजों में त्रुटियाँ ढूँढना, लिपि को व्यवस्थित करना, आदि कहलाता है:
A. सूचना B. प्रणाली
C. जानकारी D. प्रक्रिया

36. MOS क्या है?
A. मेटल ऑक्साइड सेमीकंडक्टर
B. मोस्ट ऑफन स्टोर
C. मेथड ऑर्गनाइज्ड स्टेक
D. इनमें से कोई भी नहीं

37. MTBF का अर्थ है:
A. मीन टाइम विफोर फेल्योर
B. मास्टर टाइम विफोर फीचर
C. मोस्ट थ्रेटेंड विफोर टाइम
D. मास्टर टेस्ट ब्रोड फीचर

38. OMR का पूर्ण नाम है:
A. Optical Mark Reader
B. Optical Marker Recognition
C. Optical Mark Resolution
D. Optical Magnetic Reader

39. EL का पूर्ण नाम है:
A. Electronic Line B. Electrolumine scent
C. Electromagnetic D. Electronic Lumeno

40. CRT की आंतरिक सतह पर लेपित रहता है:
A. कैल्शियम पदार्थ B. फास्फोरस पदार्थ
C. क्रिस्टल पदार्थ D. पिक्सेल पदार्थ

उत्तरमाला

1	2	3	4	5	6	7	8	9	10
C	D	D	B	A	D	A	B	A	B
11	**12**	**13**	**14**	**15**	**16**	**17**	**18**	**19**	**20**
C	A	C	A	A	C	C	A	C	A
21	**22**	**23**	**24**	**25**	**26**	**27**	**28**	**29**	**30**
B	B	C	C	C	C	D	A	A	A
31	**32**	**33**	**34**	**35**	**36**	**37**	**38**	**39**	**40**
C	D	B	A	D	A	A	A	B	B

***

6 खेल-कूद

- अभिलिखित प्रथम ओलम्पिक खेल 777 ई.पू. में आयोजित हुए थे।
- आधुनिक ओलम्पिक खेल का प्रथम आयोजन 1896 ई. में हुआ।
- ओलम्पिक ध्वज पर अंकित पाँच छल्ले (Rings) पाँच महाद्वीपों के प्रतीक हैं।
- लेटिन भाषा में ओलम्पिक खेलों का आदर्श वाक्य है—Citius, Altius, Fortius.
- ओलम्पिक के मोटो Citius, Altius, Fortius का शाब्दिक अर्थ है—और तेज, और ऊँचा, शक्ति का भरपूर प्रदर्शन।
- अन्तर्राष्ट्रीय ओलम्पिक संस्था का मुख्यालय लौसाने है।
- वर्ष 1928 ई. में भारत ने ओलम्पिक खेलों में हॉकी का पहला स्वर्ण पदक जीता।
- ओलम्पिक खेलों में महिलाओं की भागीदारी सर्वप्रथम पेरिस ओलम्पिक (1900) में प्रारम्भ हुई।
- भारत ने ओलम्पिक खेलों में सर्वप्रथम वर्ष 1928 में, एमस्टरडम ओलम्पिक में भाग लिया।
- ओलम्पिक से किसी स्पर्धा के फाइनल तक पहुँचने वाली प्रथम भारतीय महिला पी.टी. ऊषा है।
- ओलम्पिक की व्यक्तिगत स्पर्धा में कोई पदक जीतने वाली प्रथम भारतीय महिला कर्णम मल्लेश्वरी है।
- ओलम्पिक ध्वज पर अंकित/चित्रित आपस में जुड़े पाँच विभिन्न रंग के छल्लों में काला रंग अफ्रीका महाद्वीप को प्रदर्शित करता है।
- भारतीय ओलम्पिक परिषद् की स्थापना 1924 ई. में की गई।
- भारतीय ओलम्पिक परिषद् के प्रथम अध्यक्ष जे.जे. टाटा थे।
- ओलम्पिक मशाल जलाने की प्रथा की शुरुआत 1928 ई. में हुई।
- एशियाई खेल का सर्वप्रथम आयोजन 1951 ई. में हुआ।
- एशियाई खेल पहली बार नई दिल्ली में आयोजित हुए।
- एशियाई खेल संघ का प्रतीक चिह्न चमकता सूरज है।
- पहले कॉमनवेल्थ गेम्स हेमिल्टन, 1930 में हुए थे।
- भारत ने राष्ट्रमण्डल खेलों में प्रथम बार 1934 ई., लंदन में भाग लिया।
- क्रिकेट खेल की शुरुआत इंग्लैण्ड में हुई।
- विश्व में 'क्रिकेट का मक्का' के नाम से लॉर्ड्स जाना जाता है।
- आई.सी.सी. द्वारा क्रिकेटर कपिल देव को 'बीसवीं शताब्दी का क्रिकेटर' घोषित किया गया है।
- 'लिटिल मास्टर' के नाम से भारतीय क्रिकेट खिलाड़ी सुनील गावस्कर को जाना जाता है।
- शेन वार्न क्रिकेट खिलाड़ियों के मध्य 'हॉलीवुड' के नाम से प्रसिद्ध हैं।
- 'ग्रेट डिलेयर' उपनाम से अन्तर्राष्ट्रीय क्रिकेट अम्पायर स्टीव बकनर को जाना जाता है।
- क्रिकेट में बल्ले की अधिकतम अनुमत लम्बाई 38 इंच होती है।
- क्रिकेट में भूमि से स्टम्प्स की ऊँचाई 27 इंच होती है।
- क्रिकेट में प्रयुक्त गेंद का वजन 155.9 ग्राम से 163 ग्राम होता है।
- मेलबोर्न क्रिकेट क्लब (MCC) की स्थापना 1787 ई. में हुई।
- टेस्ट मैच व एक दिवसीय मैचों में सर्वाधिक रन बनाने वाले बल्लेबाज सचिन तेंदुलकर हैं।
- टेस्ट मैचों में सर्वाधिक विकेट लेने वाले गेंदबाज मुथैया मुरलीधरन (श्रीलंका) हैं।
- हॉकी की उत्पत्ति एशियाई महाद्वीप में हुई थी।
- बंगाल हॉकी जो कि भारत का पहला हॉकी एसोसिएशन है 1908 में बना था।
- 'ददुदा' के नाम से मेजर ध्यानचन्द को जाना जाता है।
- अन्तर्राष्ट्रीय खेल संस्था 'फिडे' (FIDE) शतरंज खेल से सम्बन्धित है।

- अन्तर्राष्ट्रीय खेल संस्था 'फीफा' (FIFA) का सम्बन्ध फुटबॉल से है।
- पूर्ण आकार के गोल्फ के मैदान में 18 संख्या में होल्स (Holes) होते हैं।
- प्रथम एशियाई खेल का शुभंकर अप्पू था।
- राष्ट्रीय खेल संस्थान पटियाला में अवस्थित है।
- लक्ष्मीबाई कॉलेज ऑफ फिजिकल एजुकेशन ग्वालियर में अवस्थित है।
- नेताजी सुभाषचन्द बोस खेल संस्थान पटियाला में अवस्थित है।
- स्पोर्ट्स अथॉरिटी ऑफ इंडिया (SAI) की स्थापना 1984 ई. में हुई थीं।
- विश्व के सर्वोच्च पर्वत शिखर माउण्ट एवरेस्ट पर चढ़ने वाली प्रथम भारतीय महिला पर्वतारोही बछेन्द्री पाल है।
- बिना ऑक्सीजन के विश्व के सर्वोच्च पर्वत शिखर माउण्ट एवरेस्ट पर चढ़ने वाला प्रथम भारतीय पर्वतारोही होने का गौरव फू दोरजी को प्राप्त है।
- राष्ट्र मंडल खेल प्रत्येक चार वर्ष बाद आयोजित किए जाते है?
- दो बार माउण्ट एवरेस्ट पर विजय प्राप्त करने वाली प्रथम महिला पर्वतारोही जया क्षेत्री है।
- भारत में पोलो खेल का प्रचलन तुर्क ने प्रारम्भ किया।
- पोलो खेल का प्रचलन भारत के मणिपुर में हुआ।
- कबड्डी खेल का उद्‌भव भारत में हुआ माना जाता है।
- शतरंज का जन्मदाता देश भारत को कहा जाता है। .
- पोलवाल्ट के बादशाह सर्गेइ बुबका का सम्बन्ध यूक्रेन से है।
- साइकिलिंग का खेल परिसर वेलोड्रम कहलाता है।
- मुक्केबाजी का खेल परिसर रिंग कहलाता है।
- निशानेबाजी और तीरंदाजी का खेल परिसर रेंज नाम से जाना जाता है।
- घुड़सवारी का खेल परिसर एरीना नाम से जाना जाता है।
- स्केटिंग खेले जाने वाले स्थान (परिसर) को रिंग कहा जाता है।
- आइस हॉकी का खेल परिसर रिंक कहलाता है।
- बेसबॉल का खेल परिसर 'डायमण्ड' कहलाता है।
- गोल्फ का खेल परिसर 'कोर्स' कहलाता है।
- मुक्केबाजी की स्पर्धा में 3-3 मिनट के तीन राउण्ड (चक्र) होते हैं।
- मेजर ध्यानचंद को 'हॉकी का जादूगर' कहा जाता है।
- स्वर्ण बालिका (Golden Girl) एवं उड़नपरी (Flying Spirit) उपनाम से भारतीय महिला एथलीट पी.टी. ऊषा को जानी जाती है।
- फ्लाइंग सिख (Flying Sikh) के नाम से मिल्खा सिंह को जाना जाता है।
- मुक्केबाजी के लिए प्रसिद्ध स्थान मैडीसन स्क्वायर है।
- माउण्ट ऐवरेस्ट को फतह करने वाला सबसे युवा भारतीय अर्जुन वाजपेयी है।
- कुत्तों की दौड़ के लिए प्रसिद्ध 'ह्वाइट सिटी स्टेडियम' इंगलैण्ड में स्थित है।
- 'डेविस कप' की शुरूआत 1900 ई. में हुई।
- विम्बलडन जूनियर खिताब जीतने वाला प्रथम भारतीय होने का गौरव रामनाथन कृष्णन को प्राप्त है।
- विम्बलडन जूनियर खिताब जीतने वाली प्रथम भारतीय महिला खिलाड़ी सानिया मिर्जा है।
- किसी भी विदेशी फुटबॉल क्लब के लिए खेलने वाले प्रथम भारतीय खिलाड़ी बाइचुंग भुटिया हैं।

वस्तुनिष्ठ प्रश्नोत्तर

1. 'नेटवेस्ट ट्रॉफी' किस खेल से सम्बन्धित है?
A. क्रिकेट B. लॉन टेनिस
C. शतरंज D. पोलो

2. तैराकी में जब तैराक के दोनों हाथ पानी पर एक साथ आगे-पीछे हों तो वह कैसी तैराकी होती है?
A. बैक स्ट्रोक B. बैस्ट स्ट्रोक
C. बटरफ्लाई स्ट्रोक D. फ्री स्टाइल

3. 'सिली प्वाइन्ट' किस खेल से सम्बन्धित है?
A. क्रिकेट से B. टेनिस से
C. बैडमिन्टन से D. ब्रिज से

4. ओलंपिक में स्वर्ण पदक विजेता नीरज चोपड़ा का संबंध किस खेल से है?
A. बैडमिंटन B. भाला फेंक
C. गोल्फ D. शतरंज

5. 'पीचर' किस खेल में होता है?
A. बिलियर्ड्स B. बॉस्केटबॉल
C. बेसबॉल D. इनमें से कोई नहीं

6. प्रसिद्ध खिलाड़ी पेले किस देश के हैं?
A. बेल्जियम B. ब्राजील
C. पुर्तगाल D. सेनेगल

7. मोहन बागान, ईस्ट बंगाल तथा मोहम्मडन स्पोर्टिंग क्लब किस खेल से सम्बन्धित हैं?
A. हॉकी B. क्रिकेट
C. फुटबॉल D. पोलो

8. कौन-सी प्रतियोगिता राष्ट्रीय फुटबॉल प्रतियोगिता से सम्बन्धित है?
A. रणजी ट्रॉफी B. दिलीप ट्रॉफी
C. डूरण्ड ट्रॉफी D. संतोष ट्रॉफ़ी

9. निम्नलिखित में से कौन-सी अन्तर्राष्ट्रीय टेनिस खेल प्रतियोगिता घास के मैदान में खेली जाती है?
A. यू.एस. ओपन B. फ्रेंच ओपन
C. विम्बलडन D. ऑस्ट्रेलियाई ओपन

10. प्रथम एशियाई खेल का आयोजन स्थल था :
A. बैंकाक में B. टोकियो में
C. सियोल में D. नई दिल्ली में

11. 'आयरन' शब्द किस खेल से सम्बन्धित है?
A. गोल्फ B. टेबिल टेनिस
C. पोलो D. जूडो

12. चैंपियंस ट्रॉफी किस खेल से संबंधित है?
A. शतरंज B. हॉकी
C. फुटबॉल D. पोलो

13. किस अन्तर्राष्ट्रीय चैम्पियनशिप में थॉमस कप दिया जाता है?
A. फुटबॉल B. क्रिकेट
C. बॉस्केटबॉल D. बेडमिण्टन

14. किस खेल में 'फ्री-थ्रो' दिया जाता है?
A. वॉलीबाल में B. बॉस्केटबाल में
C. बैडमिन्टन में D. क्रिकेट में

15. शब्द 'फ्री हिट' किस खेल से सम्बन्धित है?
A. क्रिकेट B. टेबल टेनिस
C. पोलो D. जूडो

16. 'गैम्बिट' शब्द निम्नलिखित में से किस खेल से जुड़ा है?
A. कैरम B. ब्रिज
C. शतरंज D. बिलियर्ड्स

17. बुला चौधरी का संबंध निम्नलिखित में से किस खेल से है?
A. ऊंची कूद B. तैराकी
C. शतरंज D. बैडमिंटन

18. अर्जुन अटवाल ने निम्नलिखित में से किस खेल में महारत हासिल की है?
A. हॉकी B. गोल्फ
C. शतरंज D. स्क्वैश

19. भारत में फुटबॉल का सबसे पुराना टूर्नामेंट निम्नलिखित में कौन-सा है?
A. आई.एफ.ए. कप B. रोवर्स कप
C. सुब्रतो कप D. डूरण्ड कप

20. सर्वप्रथम क्रिकेट टैस्ट मैच किस देश में खेला गया था?
A. न्यूजीलैंड B. भारत
C. ऑस्ट्रेलिया D. इंग्लैंड

21. विश्वनाथन आनन्द किस खेल से सम्बन्धित हैं?
A. शतरंज B. बिलियड्र्स
C. शूटिंग D. तैराकी

22. आधुनिक ओलम्पिक खेलों का सबसे पहला विजेता कौन था?
A. जेम्स कालाघान B. जेम्स कोनोली
C. चार्ल्स कोनोली D. उपरोक्त में से कोई नहीं

23. ओलम्पिक खेलों के ध्वज को सर्वप्रथम किस ओलम्पिक में फहराया गया था?
A. सिडनी B. लंदन
C. एंटवर्प D. सियोल

24. सानिया मिर्जा का संबंध किस खेल से है?
A. क्रिकेट B. टेनिस
C. फुटबॉल D. हॉकी

25. जूल्स रिमेट ट्रॉफी किस खेल में प्रदान की जाती है?
A. क्रिकेट B. हॉकी
C. बॉस्केटबाल D. फुटबॉल

26. ग्रैंड स्लैम (Grand slam) निम्नलिखित में से किस खेल से सम्बन्धित है?
A. टेनिस B. टेबल टेनिस
C. फुटबॉल D. पोलो

27. रुइया स्वर्ण कप का संबंध किस खेल से है?
A. टेनिस B. टेबल टेनिस
C. ब्रिज D. पोलो

28. अमेरिका का राष्ट्रीय खेल क्या है?
A. क्रिकेट B. सॉकर
C. बेसबॉल D. बिलियर्ड्स

29. किस भारतीय खिलाड़ी को हॉकी का जादूगर कहा जाता था?
A. टोनी लुईस को
B. सुशील कुमार को
C. मेजर ध्यानचन्द को
D. उपर्युक्त में से कोई नहीं

30. 'बुली ऑफ' किस खेल से जुड़ा है?
A. हॉकी B. स्क्वैश
C. शतरंज D. पोलो

31. प्रथम आधुनिक ओलम्पिक खेल कब और कहां खेले गए?
A. रोम, 1894 ई॰ में B. एथेन्स, 1896 ई॰ में
C. पेरिस, 1898 ई॰ में D. वॉन, 1896 ई॰ में

32. किसके विशेष प्रयासों से 1896 में आधुनिक ओलम्पिक खेल पुनः शुरू हुए?
A. थियोडोसियस B. पीयरे कोबर्टिन
C. डोरैण्डो पाट्री D. जेस्सी ओवेन्स

33. आधुनिक ओलम्पिक खेलों में विजेताओं को स्वर्ण पदक देने की प्रथा कब से आरम्भ हुई?
A. 1902 से B. 1908 से
C. 1912 से D. 1918 से

34. निम्नलिखित में से कौन-सा कप/ट्रॉफी फुटबॉल से संबंधित नहीं है?
A. दिलीप ट्रॉफी B. मर्डेका कप
C. सन्तोष ट्रॉफी D. डूरण्ड कप

35. खो-खो के खेल में कितनी क्रॉस लेन्स होती हैं?
A. 10 B. 8
C. 6 D. 12

36. लॉन टेनिस जाल की ऊँचाई कितनी होती है?
A. 2 फुट 6 इंच B. 3 फुट 6 इंच
C. 4 फुट D. 2 फुट 2 इंच

37. राजीव गांधी खेल रत्न पुरस्कार (अब मेजर ध्यानचंद खेल रत्न पुरस्कार) के प्रथम विजेता कौन थे?
A. पी॰टी॰ ऊषा B. सचिन तेंदुलकर
C. चिरंजीव मिल्खा सिंह D. विश्वनाथन आनन्द

38. ओलंपिक पदक जीतने वाली सबसे पहली भारतीय महिला खिलाड़ी हैं:
A. पी.टी. ऊषा B. अश्वनी नाचप्पा
C. ऊषा सचदेव D. कर्णम मल्लेश्वरी

39. निम्नलिखित में से कौनसा जोड़ा गलत है?

	कप/ट्रॉफियां	**सम्बन्धित खेल**
A.	प्रेसीडेंट्स कप	मुक्केबाजी
B.	ब्रिटिश ओपन चैम्पियनशिप	गोल्फ
C.	वर्ल्ड सीरीज	बेसबॉल
D.	जापान सीरीज	वॉलीबॉल

40. 'अपर कट' शब्द किस खेल में प्रयोग किया जाता है?
A. वॉलीबॉल B. बॉक्सिंग
C. टेनिस D. क्रिकेट

उत्तरमाला

1	2	3	4	5	6	7	8	9	10
A	C	A	B	C	B	C	D	C	D
11	**12**	**13**	**14**	**15**	**16**	**17**	**18**	**19**	**20**
A	B	D	B	A	C	B	B	D	C
21	**22**	**23**	**24**	**25**	**26**	**27**	**28**	**29**	**30**
A	B	C	B	D	A	C	C	C	A
31	**32**	**33**	**34**	**35**	**36**	**37**	**38**	**39**	**40**
B	B	B	A	B	B	D	D	D	B

***

7 अन्तर्राष्ट्रीय संगठन

- संयुक्त राष्ट्र संघ की स्थापना 24 अक्टूबर, 1945 में हुई।
- संयुक्त राष्ट्र संघ दिवस 24 अक्टूबर को मनाया जाता है।
- संयुक्त राष्ट्र संघ की स्थापना का उद्देश्य अन्तर्राष्ट्रीय शान्ति था।
- संयुक्त राष्ट्र संघ की कार्यकारी भाषा अंग्रेजी और फ्रेंच हैं।
- संयुक्त राष्ट्र संघ की अधिकारिक (मान्यता प्राप्त) भाषाएँ अंग्रेजी, फ्रेंच, रूसी, अरबी, स्पेनिश और चीनी हैं।
- संयुक्त राष्ट्र संघ के ध्वज पर जैतून वृक्ष की शाखाओं का प्रतीक चिह्न है।
- वर्तमान में संयुक्त राष्ट्र संघ के 193 सदस्य राष्ट्र हैं।
- संयुक्त राष्ट्र की सुरक्षा परिषद् में 5 स्थायी और 10 अस्थायी सदस्य होते हैं।
- सुरक्षा परिषद् के स्थायी सदस्य संयुक्त राष्ट्र अमेरिका, रूस, फ्रांस, ब्रिटेन और चीन हैं।
- सुरक्षा परिषद् के स्थायी सदस्यों को वीटो का विशेषाधिकार प्राप्त है।
- अन्तर्राष्ट्रीय न्यायालय हेग (नीदरलैण्ड) में है।
- अन्तर्राष्ट्रीय न्यायालय में 15 न्यायाधीश होते हैं।
- अन्तर्राष्ट्रीय न्यायालय में प्रथम भारतीय न्यायाधीश डॉ. नगेन्द्र सिंह हैं।
- संयुक्त राष्ट्र संघ का मुख्यालय न्यूयार्क में है। संयुक्त राष्ट्र संघ का सबसे बड़ा अधिकारी महासचिव होता है।
- संयुक्त राष्ट्र संघ के महासचिव का कार्यकाल 5 वर्ष का होता है।
- विश्व बैंक का निर्माण अंतर्राष्ट्रीय पुनर्निर्माण एवं विकास बैंक (IBRD) को अन्य सहयोगी संस्थाओं के साथ मिलाकर होता है।
- विश्व बैंक की स्थापना का प्रस्ताव 1944 ई. में ब्रेटनवुड्स आर्थिक सम्मेलन में पारित हुआ।
- अंतर्राष्ट्रीय विकास संघ (IDA) की स्थापना 24 सितंबर, 1960 को तथा अंतर्राष्ट्रीय वित्त निगम (IFC) की स्थापना जुलाई, 1956 में हुई।
- तत्कालीन अमेरिकी राष्ट्रपति फ्रैंकलीन डी. रुजवेल्ट द्वारा आयोजित ब्रेटनवुड्स सम्मेलन में 1944 में अंतर्राष्ट्रीय मुद्रा कोष की स्थापना का प्रस्ताव पारित हुआ।
- 27 दिसंबर, 1945 को अंतर्राष्ट्रीय मुद्रा कोष की स्थापना हुई। IMF ने 1 मार्च, 1947 ई. से कार्य करना आरंभ किया। इसका मुख्यालय वाशिंगटन में स्थित है।
- UNICEF का विस्तारित शब्द United Nations International Children Fund होता है। इसका मुख्य कार्य स्वास्थ्य, पोषण आदि के जरिये बाल-विकास करना है।
- विश्व स्वास्थ्य संगठन (WHO—World Health Organisation) 1948 ई. में संयुक्त राष्ट्र का विशिष्ट अभिकरण बना। इससे पूर्व यह संस्था अंतर्राष्ट्रीय स्वास्थ्य कार्यालय के नाम से 1929 ई. से पेरिस (फ्रांस) में कार्यरत थी।
- संयुक्त राष्ट्र शरणार्थी उच्चायोग (UNCHR) को उसके उत्कृष्ट योगदान के लिए 1954 ई. एवं 1981 ई. में विश्व प्रतिष्ठित नोबेल पुरस्कार प्रदान किया गया।
- अंतर्राष्ट्रीय रेड क्रॉस की स्थापना हेनरी ड्यूनेंट ने की थी।
- रेड क्रॉस के विकास में फ्लोरेंस नाइटेंगल (लेडी विद द लैंप) का भी महत्वपूर्ण योगदान है।
- युद्ध एवं आपदा पीड़ितों की सेवा के उद्देश्य से गठित 'रेड क्रॉस' को 1917, 1944 तथा 1963 ई. में नोबेल पुरस्कार तथा वर्ष 2004 में अंतर्राष्ट्रीय गांधी शांति पुरस्कार प्रदान किया गया।
- 1 जनवरी, 1958 को यूरोप के 'इनर सिक्स' कहे जाने वाले छह देशों (फ्रांस, जर्मनी, इटली, बेल्जियम, नीदरलैंड और लक्जमबर्ग) द्वारा रोम की संधि के माध्यम से यूरोपीय आर्थिक समुदाय की स्थापना की गई। इसी संगठन को बाद में यूरोपीय संघ नाम दिया गया।

- 1 जनवरी, 1994 ई. को स्वतंत्र यूरोपीय मुद्रा संस्थान की स्थापना की गई।
- संयुक्त यूरोपीय मुद्रा 'यूरो' के चलन तथा संचालन पर नियंत्रण रखने के लिए जून 1998 ई. में फ्रेंकफर्ट (जर्मनी) में यूरोपीय सेंट्रल बैंक की स्थापना की गई।
- यूरोपीय अन्तरिक्ष एजेंसी (ESA) की स्थापना 1975 ई. में की गई थी।
- उत्तर अटलांटिक गठबंधन की स्थापना 4 अप्रैल, 1949 ई. को हुई।
- एशियाई विकास बैंक की स्थापना 1966 ई. में की गई।
- 1948 ई. में गठित यूरोपीय आर्थिक सहयोग संगठन को 1961 ई. में आर्थिक सहयोग एवं विकास संगठन के रूप में परिवर्तित कर दिया गया। इसका मुख्यालय पेरिस (फ्रांस) में है।
- ASEAN की स्थापना 8 अगस्त, 1967 ई. को हुई। उस समय इण्डोनेशिया, मलेशिया, फिलीपीन्स, सिंगापुर तथा थाइलैंड ने इसका गठन किया था।
- सार्क की स्थापना 7-8 दिसम्बर, 1985 ई. में की गई थी।
- अरब लीग की स्थापना 22 मार्च, 1945 ई. को हुई।
- ओपेक की स्थापना 1960 ई. में बगदाद में हुई।

वस्तुनिष्ठ प्रश्नोत्तर

1. निम्न देशों में से कौन-सा देश संयुक्त राष्ट्रसंघ की सुरक्षा परिषद् का स्थायी सदस्य नहीं है?
A. फ्रांस B. जर्मनी
C. चीन D. यूनाइटेड किंगडम

2. दक्षिण एशियाई प्राथमिकता व्यापार समझौता 'साप्टा' का औपचारिक उद्घाटन हुआ–
A. 7 दिसम्बर, 1994 को
B. 7 नवम्बर, 1993 को
C. 7 दिसम्बर, 1995 को
D. उपरोक्त में से कोई नहीं

3. निम्न में से किसका सम्बन्ध संयुक्त राष्ट्र संघ से नहीं है?
A. सामान्य सभा B. एमनेस्टी इन्टरनेशनल
C. अन्तर्राष्ट्रीय न्यायालय D. ट्रस्टीशिप काउन्सिल

4. ऐपेक (APEC) का पूर्ण रूप क्या है?
A. एशिया फॉर पीस एण्ड इकोनॉमिक कोऑपरेशन
B. एशिया पैक्ट फॉर इनवायरमेन्ट कन्ट्रोल
C. एशिया पैसिफिक इकोनॉमिक कन्ट्रोल
D. एशिया पैसिफिक इकोनॉमिक कोऑपरेशन

5. सी॰आई॰ए॰ किस देश की जासूसी संस्था (Intelligence Agency) है?
A. रूस B. इंग्लैण्ड
C. भारत D. यू॰एस॰ए॰

6. इब्सा (IBSA) फोरम में सम्मिलित नहीं है–
A. ब्राजील B. भारत
C. चीन D. दक्षिण अफ्रीका संघ

7. विश्व बौद्धिक सम्पदा संगठन कहाँ स्थित है?
A. न्यूयार्क में B. लन्दन में
C. पेरिस में D. जेनेवा में

8. डब्ल्यू॰टी॰ओ॰ का मुख्यालय अवस्थित है–
A. जेनेवा में B. पेरिस में
C. रोम में D. न्यूयार्क में

9. अन्तर्राष्ट्रीय न्यायालय स्थित है–
A. जेनेवा में B. हेग में
C. लन्दन में D. पेरिस में

10. सार्क का मुख्यालय है–
A. काठमाण्डू B. नई दिल्ली
C. इस्लामाबाद D. ढाका

11. वर्ल्ड हेल्थ ऑर्गेनाइजेशन (W.H.O.) का मुख्यालय है–
A. जेनेवा B. पेरिस
C. न्यूयार्क D. बर्लिन

12. सार्क के प्रारम्भिक उद्देश्य निम्नलिखित में से कौन-से हैं?
1. आर्थिक विकास, सामाजिक प्रगति तथा सांस्कृतिक परिवर्द्धन के गतिवर्द्धन द्वारा दक्षिणी एशिया के लोगों के कल्याण की अभिवृद्धि।
2. अन्य विकासशील देशों से सहयोग सुदृढ़ करना।
3. अन्य क्षेत्रीय संगठनों से सहयोग सुदृढ़ करना।
4. क्षेत्रीय शान्ति एवं सुरक्षा की अभिवृद्धि।

निम्न कूट से सही उत्तर का चयन कीजिए–

कूट :
A. केवल 4 B. 1 व 4
C. 1, 2 व 3 D. उपरोक्त सभी

13. रेडक्रॉस का मुख्यालय स्थित है–
A. दोहा में B. जेनेवा में
C. रोम में D. न्यूयार्क में

14. क्षेत्रीय संगठन 'आसियान' का क्षेत्र है–
A. पूर्वी-एशिया B. ऑस्ट्रेलिया
C. दक्षिण-पूर्व एशिया D. दक्षिण एशिया

15. सी॰टी॰बी॰टी॰ (CTBT) का सीधा सम्बन्ध किस विषय से है?
A. परमाणु शस्त्र के परीक्षण निषेध बाबत समझौता
B. अन्तर्राष्ट्रीय खेलकूद
C. पशुओं का व्यापार
D. बाल मजदूरी पर रोक

16. निम्नलिखित कथनों पर विचार कीजिए–
1. अन्तर्राष्ट्रीय मानकीकरण संघ (ISO) का मुख्यालय रोम में है।
2. (ISO) 9000 गुणवत्ता प्रबन्धन तन्त्र और मानकों से सम्बद्ध है।
3. (ISO) 14000 पर्यावरण प्रबन्धन तन्त्र और मानकों से सम्बद्ध है।

उपरोक्त कथनों में से कौन-सा/से सही है/हैं?
A. 1, 2 व 3 B. केवल 3
C. 2 व 3 D. उपरोक्त में कोई भी नहीं

17. निम्नलिखित कथनों पर विचार कीजिए–
1. नार्थ अटलाण्टिक ट्रीटी ऑर्गेनाइजेशन (NATO) के स्थान पर नई संस्था का नाम नार्थ अटलाण्टिक कोऑपरेशन काउन्सिल (NACC) है।
2. संयुक्त राज्य अमेरिका और यूनाइटेड किंगडम वर्ष 1949 में (NATO) की स्थापना के समय उसके सदस्य बने।

उपरोक्त में से कौन-सा/से सही है/हैं?
A. केवल 1
B. केवल 2
C. 1 और 2 दोनों
D. न तो 1 और न ही 2

18. ऑर्गेनाइजेशन ऑफ इस्लामिक कॉन्फ्रेन्स (OIC) का मुख्यालय कहाँ अवस्थित है?
A. दुबई B. जेद्दा
C. इस्लामाबाद D. अंकारा

19. विश्व के विभिन्न देशों के सरकारी विभागों में भ्रष्टाचार पर नजर रखने वाली अंतर्राष्ट्रीय संस्था 'ट्रांसपेरेंसी इंटरनेशनल' स्थित है–
A. टोक्यो में B. जेनेवा में
C. बर्लिन में D. लंदन में

20. निम्न में से किस संस्था के आह्वान पर 2 अक्टूबर को 'अंतर्राष्ट्रीय अहिंसा दिवस' घोषित किया गया है?
A. संयुक्त राष्ट्र महासभा B. भारत-यूरोपीय संघ
C. आसियान D. राष्ट्रमंडल

21. 'जाना' किस देश की संवाद एजेंसी है?
A. मोरक्को B. सूडान
C. लीबिया D. यूनान

22. निम्न में से किसके सुझाव पर संयुक्त राष्ट्र संघ (UNO) का नामकरण हुआ?
A. फ्रेंकलिन रूजवेल्ट B. हैरी ट्रूमैन
C. विंस्टन चर्चिल D. जवाहरलाल नेहरू

23. 'वर्ल्ड वाइल्ड लाइफ फंड' (WWF) का मुख्यालय कहां स्थित है?
A. लुसेन B. जेनेवा
C. ग्लांड D. ज्युरिख

24. 'वर्ल्ड वाइल्ड लाइफ फंड' (WWF) के प्रतीक चिह्न (Logo) के रूप में किस पशु का प्रयोग किया गया है?
A. अमेरिकन हिरण B. पांडा
C. पेंगुइन D. बाघ

25. 'हेग' स्थित अंतर्राष्ट्रीय न्यायालय (International Court of Justice) किस देश में है?
A. कनाडा B. नीदरलैंड्स
C. स्वीडन D. स्विट्जरलैंड

26. 'द यूरोपियन कोर्ट ऑफ ऑडिटर्स' (The European Court of Auditors) नामक संगठन मुख्यालय है–
A. ब्रूसेल्स में B. लक्जमबर्ग में
C. नीदरलैंड में D. डेनमार्क में

27. संयुक्त राष्ट्र की आमसभा का वार्षिक अधिवेशन किस माह के तीसरे मंगलवार से शुरू होता है?
A. अगस्त B. सितंबर
C. अक्टूबर D. नवंबर

28. विश्व का वह एकमात्र देश कौन है जिसके राष्ट्रीय ध्वज (National Flag) पर उसका मानचित्र अंकित है?

A. बरूंडी B. साइप्रस
C. कैमरून D. लक्जमबर्ग

29. जीव-जंतुओं के हितों से संबद्ध संस्था, 'वर्ल्ड वाइल्ड लाइफ फंड' (WWF) की स्थापना किस वर्ष की गई थी?
A. 1961 में B. 1962 में
C. 1963 में D. 1964 में

30. 'अंतारा' निम्न में से किस देश की समाचार एजेंसी है?
A. रूस B. इंडोनेशिया
C. नीदरलैंड्स D. मलेशिया

31. संयुक्त राष्ट्र मानवाधिकार परिषद् (UN Human Rights Council) का गठन कब किया गया?
A. जून, 2004 B. जून, 2005
C. जून, 2006 D. जून, 2007

32. इंटरपोल (INTERPOL) का मुख्यालय कहां अवस्थित है?
A. लियोन B. जेनेवा
C. वियना D. ब्रूसेल्स

33. बच्चों के अधिकारों के लिए कार्यरत अमेरिकी गैर-सरकारी संगठन 'क्राई' (CRY) का परिवर्तित नाम है–
A. चाइल्ड रिलीफ एंड यू (Child Relief and You)
B. चाइल्ड राइट्स एंड यू (Child Rights and You)
C. चाइल्ड रिलीफ एंड यू अमेरिका (Child Relief and You America)
D. चाइल्ड रिलीफ विद् यू (Child Relief with You)

34. 'अरब लीग' (Arab League) का मुख्यालय कहां अवस्थित है?
A. काहिरा B. सीरिया
C. यमन D. तेहरान

35. 'विश्व खाद्य कार्यक्रम' (World Food Programme) संयुक्त राष्ट्र संघ के निम्न में से किस एजेंसी द्वारा नियोजित किया गया है?
A. अंतर्राष्ट्रीय मुद्रा कोष (IMF)
B. खाद्य एवं कृषि संगठन (FAO)
C. विश्व स्वास्थ्य संगठन (WHO)
D. अंतर्राष्ट्रीय वित्त निगम (IFC)

36. मानवाधिकारों से संबद्ध विश्वव्यापी संगठन 'एमनेस्टी इंटरनेशनल' का मुख्यालय कहां है?
A. मिस्र B. न्यूयार्क
C. लंदन D. जेनेवा

37. फैनकार्ट घोषणा-पत्र (1991) संबंधित था–
A. वैश्वीकरण एवं व्यक्ति केंद्रित विकास से
B. ढांचागत समायोजन से
C. विश्व व्यापार से
D. परमाणु अस्त्र परीक्षण से

38. विश्व व्यापार संगठन (WTO) के सदस्य देशों के मंत्रियों की बैठक कितने वर्ष के अंतराल पर होती है?
A. एक वर्ष B. दो वर्ष
C. तीन वर्ष D. चार वर्ष

39. 'ओपेक' (Organisation of Petroleum Exporting Countries—OPEC) की स्थापना निम्न में से कहां हुई थी?
A. तेहरान B. बगदाद
C. जकार्ता D. दोहा

40. 'बिम्स्टेक' (BIMSTEC) का मुख्यालय अवस्थित है–
A. बांग्लादेश में B. म्यांमार में
C. थाइलैंड में D. श्रीलंका में

उत्तरमाला

1	2	3	4	5	6	7	8	9	10
B	C	B	D	D	C	D	A	B	A
11	**12**	**13**	**14**	**15**	**16**	**17**	**18**	**19**	**20**
A	D	B	C	A	C	B	B	C	A
21	**22**	**23**	**24**	**25**	**26**	**27**	**28**	**29**	**30**
C	A	C	A	B	B	B	D	A	B
31	**32**	**33**	**34**	**35**	**36**	**37**	**38**	**39**	**40**
C	A	B	A	B	C	A	B	B	C

***

8 पुरस्कार एवं सम्मान

राष्ट्रीय पुरस्कार

- भारत का सबसे बड़ा राष्ट्रीय पुरस्कार भारत रत्न है।
- भारत रत्न पुरस्कार की शुरुआत 1954 में हुई थी।
- सर्वप्रथम चक्रवर्ती राजगोपालाचारी को भारत रत्न प्रदान किया गया था।
- भारत रत्न मेडल पर सूर्य का चित्र अंकित रहता है।
- मरणोपरान्त सर्वप्रथम भारत रत्न से लालबहादुर शास्त्री को सम्मानित किया गया।
- भारत रत्न से सम्मानित प्रथम विदेशी व्यक्ति खान अब्दुल गफ्फार खाँ थे।
- भारत का दूसरा नागरिक सम्मान पद्म विभूषण है।
- भारत का तीसरा नागरिक सम्मान पद्म भूषण है।
- भारत का चौथा नागरिक सम्मान पद्म श्री है।
- परमवीर चक्र वीरता के लिए दिए जाने वाला सर्वोच्च सम्मान है।
- महावीर चक्र दूसरा सबसे बड़ा सम्मान है।
- वीर चक्र तीसरा सबसे बड़ा सम्मान है।
- पहला परमवीर चक्र मेजर सोमनाथ शर्मा को प्रदान किया गया था।
- वायु सेना के लिए पहला परमवीर चक्र फ्लाइंग अफसर निर्मलजीत सिंह सेखों को प्रदान किया गया।
- फिल्म के क्षेत्र में दिया जाने वाला सबसे बड़ा पुरस्कार दादा साहेब फाल्के पुरस्कार है।
- प्रथम दादा साहेब फाल्के पुरस्कार देविका रानी को 1969 में प्रदान किया गया।
- राष्ट्रीय फिल्म पुरस्कार की स्थापना 1954 में की गई।
- राष्ट्रीय फिल्म पुरस्कार सूचना एवं प्रसारण मंत्रालय, भारत सरकार के द्वारा दिए जाते हैं।
- फिल्म फेयर पुरस्कार की स्थापना 1952 में की गई।
- अर्जुन पुरस्कार खेल के क्षेत्र में दिया जाता है।
- अर्जुन पुरस्कार का शुभारंभ 1961 में हुआ था।
- द्रोणाचार्य पुरस्कार खेल प्रशिक्षक को दिया जाता है।
- द्रोणाचार्य पुरस्कार की शुरुआत 1985 में हुई।
- मेजर ध्यानचंद खेल रत्न पुरस्कार (राजीव गाँधी खेल रत्न पुरस्कार) की शुरूआत 1992 में हुई।

अन्तर्राष्ट्रीय पुरस्कार

- नोबेल पुरस्कार स्वीडिश अकादमी के द्वारा प्रदान किए जाते हैं।
- नोबेल पुरस्कार अल्फ्रेड नोबेल की स्मृति में दिए जाते हैं।
- नोबेल पुरस्कार साहित्य, शांति, रसायन, भौतिकी, चिकित्सा एवं अर्थशास्त्र के क्षेत्र में दिए जाते हैं।
- नोबेल पुरस्कार वर्ष 1901 में प्रारम्भ किए गए।
- अर्थशास्त्र के क्षेत्र में नोबेल पुरस्कार की शुरुआत 1969 में की गई।
- नोबेल पुरस्कार अधिकतम तीन व्यक्तियों को एक साथ दिया जा सकता है।
- भारत में सर्वप्रथम नोबेल पुरस्कार रवीन्द्रनाथ टैगोर को 1913 ई. में दिया गया था।
- रवीन्द्रनाथ टैगोर (1861-1941) को गीतांजलि के लिए 1913 ई. में दिया गया था।
- चन्द्रशेखर वेंकटरमन (1888-1970) को भौतिकशास्त्र के लिए 1930 ई. में दिया गया था।
- हरगोविन्द खुराना (1922-2011) को चिकित्सा के लिए 1968 ई. में दिया गया था।
- मदर टेरेसा (1910-1997) को शांति के लिए 1979 ई. में दिया गया था।
- सुब्रह्मण्यम चन्द्रशेखर (1910-1995) को भौतिकशास्त्र के लिए 1983 ई. में दिया गया था।
- अमर्त्य सेन (1933) को अर्थशास्त्र के लिए 1998 ई. में दिया गया था।
- सबसे अधिक नोबेल पुरस्कार प्राप्त करने वाला देश अमेरिका है।

- सबसे अधिक नोबेल पुरस्कार पाने वाली महिला मैडम क्यूरी हैं।
- नोबेल पुरस्कार 10 दिसम्बर को दिए जाते हैं।
- ऑस्कर पुरस्कार फिल्मों के क्षेत्र में दिए जाते हैं।
- ऑस्कर पुरस्कार का शुभारंभ 1929 ई. में हुआ।
- सत्यजित रे को लाइफ टाइम एचीवमेंट पुरस्कार से सम्मानित किया जा चुका है।
- प्रथम भारतीय सुश्री भानु अथैया ने (गाँधी फिल्म के लिए) ऑस्कर पुरस्कार जीता।
- रेमन मैग्सेसे पुरस्कार फिलीपीन्स के राष्ट्रपति रेमन मैग्सेसे की स्मृति में दिए जाते हैं।
- रेमन मैग्सेसे पुरस्कार की स्थापना 1957 में की गई।
- रेमन मैग्सेसे पुरस्कार को एशिया का नोबेल पुरस्कार कहा जाता है।

वस्तुनिष्ठ प्रश्नोत्तर

1. ''मूर्तिदेवी साहित्य पुरस्कार'' किसने शुरू किया है?
A. मानव संसाधन विकास मंत्रालय, केंद्रीय सरकार
B. साहित्य अकादमी
C. भारतीय ज्ञानपीठ ट्रस्ट
D. भारतीय विद्या भवन

2. निम्नलिखित में से किसने कम-से-कम दो बार नोबेल पुरस्कार प्राप्त किया?
A. विंस्टन चर्चिल B. मैडम क्यूरी
C. ओक्टैवियो पाज D. जॉर्ज चौपाक

3. शांतिस्वरूप भटनागर पुरस्कार प्रदान किया जाता है?
A. सी.एस.आई.आर.
B. मानव संसाधन विकास मंत्रालय
C. विज्ञान एवं तकनीकी विभाग
D. उपर्युक्त में से कोई नहीं

4. साहित्य क्षेत्र में ज्ञानपीठ पुरस्कार पाने वाली प्रथम महिला:
A. आशापूर्णा देवी B. सुभद्रा कुमारी चौहान
C. अमृता प्रीतम D. महादेवी वर्मा

5. भारत रत्न अलंकरण सर्वप्रथम किसे प्रदान किया गया?
A. एस. राधाकृष्णन को
B. सी.वी. रमन को
C. सी. राजगोपालाचारी को
D. जवाहरलाल नेहरू को

6. निम्नांकित में से किसे नोबेल पुरस्कार नहीं मिला है?
A. सुब्रह्मण्यम् चन्द्रशेखर B. सी.वी. रमन
C. महात्मा गांधी D. रवीन्द्रनाथ टैगोर

7. मैग्सेसे पुरस्कार विजेता पहले भारतीय कौन थे?
A. इंदिरा गाँधी B. टी.एन. शेषन
C. किरन बेदी D. विनोबा भावे

8. 'स्वर्ण कमल' पुरस्कार किस क्षेत्र में दिया जाता है?
A. साहित्य B. सिनेमा
C. शास्त्रीय संगीत D. थियेटर

9. अर्थशास्त्र को छोड़कर अन्य क्षेत्रों में नोबेल पुरस्कार किस वर्ष से दिए जा रहे हैं?
A. 1900 B. 1901
C. 1899 D. 1902

10. अर्थशास्त्र के लिए नोबेल पुरस्कार 1967 में स्थापित किया गया था, परन्तु सर्वप्रथम पुरस्कार किस वर्ष प्रदान किया गया?
A. 1967 B. 1968
C. 1969 D. 1970

11. ऑस्कर अवार्ड पाने वाले पहले भारतीय थे :
A. सत्यजीत रे B. भानु अथैया
C. शशि कपूर D. नरगिस दत्त

12. पद्मश्री पुरस्कार पाने वाली पहली भारतीय अभिनेत्री कौन थीं?
A. स्मिता पाटिल B. नरगिस दत्त
C. मीना कुमारी D. मधुबाला

13. किस वैज्ञानिक को नोबेल शांति पुरस्कार से सम्मानित किया गया?
A. नार्मन बोरलॉग B. एम.एस. स्वामीनाथन
C. एस. चन्द्रशेखर D. हरगोविन्द खुराना

14. अपने जीवनकाल में भारत रत्न से सम्मानित किए जाने वाले राजपुरुष थे:
A. लालबहादुर शास्त्री B. राजीव गाँधी
C. मोरारजी देसाई D. के. कामराज नाडार

15. गण राजशेखर को उनकी तमिल फिल्म 'मोघ मुल्क' पर मिलने वाला पुरस्कार था–
A. दादा साहेब फाल्के पुरस्कार
B. सर्वश्रेष्ठ अभिनेता का राष्ट्रीय पुरस्कार
C. इन्दिरा गाँधी अवार्ड फॉर बेस्ट फिल्म
D. फिल्म फेयर अवार्ड

16. किन उपलब्धियों के लिए 'ग्लोबल 500' पुरस्कार प्रदान किए जाते हैं?
A. जनसंख्या नियन्त्रण
B. आतंकवाद के विरुद्ध अभियान
C. पर्यावरण प्रतिरक्षा
D. मादक पदार्थों के विरुद्ध अभियान

17. शान्तिस्वरूप भटनागर पुरस्कार किस क्षेत्र में योग्यता प्रदर्शित करने हेतु दिया जाता है?
A. कला एवं दस्तकारी B. साहित्य
C. विज्ञान एवं प्रौद्योगिकी D. खेलकूद

18. निम्नलिखित में से किस पाकिस्तानी नागरिक को भारत सरकार द्वारा 'भारत रत्न' से सम्मानित किया गया है?
A. लियाकत अली खाँ
B. एम॰ए॰ जिन्ना
C. खान अब्दुल गफ्फार खाँ
D. मोहम्मद इकबाल

19. द्रोणाचार्य पुरस्कार किन व्यक्तियों को दिए जाते हैं?
A. योग विशेषज्ञ
B. एशियाई खेलों में स्वर्ण पदक विजेता
C. खेल प्रशिक्षक
D. उपर्युक्त में से कोई नहीं

20. निम्नलिखित में से कौन संगठन 'कलिंग पुरस्कार' प्रदान करता है?
A. यूनेस्को
B. सी॰एस॰आई॰आर॰
C. विज्ञान एवं तकनीकी विभाग
D. मानव संसाधन विकास मंत्रालय

21. डॉ॰ अमर्त्य सेन को नोबेल पुरस्कार उनके निम्न में से किस एक के योगदान के अभिज्ञान में दिया गया है?
A. श्रम अर्थशास्त्र B. विपणन अर्थशास्त्र
C. मौद्रिक अर्थशास्त्र D. कल्याण अर्थशास्त्र

22. दलाई लामा को नोबेल शान्ति पुरस्कार दिया गया–
A. 1989 ई॰ में B. 1990 ई॰ में
C. 1992 ई॰ में D. 1993 ई॰ में

23. निम्नलिखित में किस विषय पर नोबेल पुरस्कार नहीं दिया जाता है?
A. चिकित्सा B. अर्थशास्त्र
C. गणित D. रसायनशास्त्र

24. पुलित्जर पुरस्कार निम्नलिखित में से किस एक से सम्बन्धित है?
A. पर्यावरण संरक्षण B. ओलम्पिक खेल
C. पत्रकारिता D. नागर विमानन

25. निम्न में से किस पुरस्कार को एशिया का नोबेल पुरस्कार कहा जाता है?
A. रेमन मैग्सेसे पुरस्कार को
B. जवाहरलाल नेहरू अंतर्राष्ट्रीय सद्भावना पुरस्कार को
C. इंदिरा गांधी अंतर्राष्ट्रीय शांति, निरस्त्रीकरण एवं विकास पुरस्कार को
D. महात्मा गांधी शांति पुरस्कार को

26. राष्ट्रीय एकता पर सर्वोत्तम फीचर फिल्म को किस पुरस्कार से सम्मानित किया जाता है?
A. इंदिरा गाँधी पुरस्कार B. देविका रानी पुरस्कार
C. नरगिस दत्त पुरस्कार D. एम.जी. रामचंद्रन पुरस्कार

27. तानसेन सम्मान किस राज्य के द्वारा प्रदान किया जाता है?
A. उत्तर प्रदेश B. मध्य प्रदेश
C. गुजरात D. महाराष्ट्र

28. 'भारतीय ज्ञानपीठ पुरस्कार' से सम्मानित पहला हिंदी साहित्यकार निम्न में से कौन था?
A. रामधारी सिंह दिनकर B. सुमित्रानंदन पंत
C. महादेवी वर्मा D. रामविलास शर्मा

29. निम्न में से कौन एक के.के. बिड़ला फाउंडेशन का पुरस्कार नहीं है?
A. सरस्वती सम्मान B. वाचस्पति पुरस्कार
C. व्यास सम्मान D. साहित्य अकादमी सम्मान

30. सूची-I और सूची-II को मिलाते हुए दिए गए कूट से उत्तर चुनें–

सूची-I (**पुरस्कार/सम्मान**)	**सूची-II** (**प्रदान करने वाला संस्थान**)
(*a*) भारत-भारती सम्मान	1. मध्य प्रदेश साहित्य परिषद्

(*b*) इकबाल सम्मान — 2. बिहारी हिन्दी संस्थान
(*c*) राजेंद्र सम्मान — 3. उत्तर प्रदेश हिंदी संस्थान
(*d*) सरला सम्मान — 4. उड़ीसा साहित्य अकादमी

कूट :

	(*a*)	(*b*)	(*c*)	(*d*)
A.	1	2	3	4
B.	2	3	1	4
C.	3	1	2	4
D.	3	2	4	1

31. सी.के. नायडू पुरस्कार किस क्षेत्र से संबद्ध है?
A. खेल B. अभिनय
C. पत्रकारिता D. संगीत

32. ग्रैमी पुरस्कार विजेता पहला भारतीय निम्न में से कौन था?
A. पं. जसराज B. पं. रविशंकर
C. पं. हरिप्रसाद चौरसिया D. उस्ताद बिस्मिल्लाह खां

33. 'सत्येन मैत्र पुरस्कार' प्रदान किया जाता है–
A. सतत् शिक्षा में योगदान के लिए
B. साक्षरता में अभिवृद्धि के लिए
C. शिक्षा के प्रति जनचेतना जाग्रत करने के लिए
D. इनमें से सभी

34. भारत सरकार का कौन-सा मंत्रालय 'दादा साहब फाल्के पुरस्कार' प्रदान करता है?
A. मानव संसाधन विकास मंत्रालय
B. युवा एवं संस्कृति मंत्रालय
C. सूचना एवं प्रसारण मंत्रालय
D. सूचना एवं जनसंपर्क मंत्रालय

35. देश का सर्वोच्च शौर्य पुरस्कार निम्न में से कौन है?
A. महावीर चक्र B. वीर चक्र
C. अशोक चक्र D. परमवीर चक्र

36. बुकर पुरस्कार किस क्षेत्र में प्रदान किया जाता है?
A. औषधि
B. साहसिक कार्य
C. कल्पना साहित्य लेखन
D. विज्ञान

37. पत्रकारिता क्षेत्र में महिलाओं को उनकी विशिष्ट उपलब्धियों के लिए निम्न में से कौन-सा पुरस्कार प्रदान किया जाता है?
A. एम्मी पुरस्कार
B. रिपोर्टिंग पुरस्कार
C. चमेली देवी जैन पुरस्कार
D. नीरजा भनोत पुरस्कार

38. रेमन मैग्सेसे पुरस्कार प्रदान करने वाली संस्था 'रमन मैग्सेसे फाउंडेशन' किस देश की संस्था है?
A. फिलीपींस B. भारत
C. जापान D. भूटान

39. पत्रकारिता के क्षेत्र का सर्वोच्च पुलित्जर पुरस्कार निम्न में किसके द्वारा प्रदान किया जाता है?
A. ऑक्सफोर्ड विश्वविद्यालय
B. कोलंबिया विश्वविद्यालय
C. बोस्टन विश्वविद्यालय
D. पेंसिलवानिया विश्वविद्यालय

40. महिला सशक्तिकरण के क्षेत्र में 'तीलू रौतेली राज्य स्त्री शक्ति पुरस्कार' किस राज्य द्वारा प्रदान किया जाता है?
A. उत्तर प्रदेश B. उत्तराखंड
C. मध्य प्रदेश D. छत्तीसगढ़

उत्तरमाला

1	2	3	4	5	6	7	8	9	10
C	B	A	A	C	C	D	B	B	C
11	**12**	**13**	**14**	**15**	**16**	**17**	**18**	**19**	**20**
B	B	A	C	C	C	C	C	C	A
21	**22**	**23**	**24**	**25**	**26**	**27**	**28**	**29**	**30**
D	A	C	C	A	C	B	B	D	C
31	**32**	**33**	**34**	**35**	**36**	**37**	**38**	**39**	**40**
A	B	D	C	D	C	C	A	B	B

***

9 सामान्य ज्ञान विविध

- भारत सरकार द्वारा अन्तरिक्ष आयोग और अन्तरिक्ष विभाग की स्थापना 1972 में की गई।
- विक्रम साराभाई अन्तरिक्ष केन्द्र VSSC का मुख्यालय तिरुवनन्तपुरम में है।
- इंडियन स्पेस रिसर्च ऑर्गनाइजेशन (ISRO) का मुख्यालय बैंगलुरु (कर्नाटक) में है।
- इसरो का गठन 1969 में हुआ था।
- अन्तरिक्ष उपयोग केन्द्र (SAC) अहमदाबाद (गुजरात) में स्थित है।
- श्रीहरिकोटा हाई एल्टीट्यूड रेंज (SHAR) हैदराबाद (तेलंगाना) में स्थित है।
- श्रीहरिकोटा का नाम बदलकर सतीश धवन अंतरिक्ष केन्द्र कर दिया गया है।
- विकास एवं शैक्षिक संचार यूनिट अहमदाबाद (गुजरात) में स्थित है।
- स्पेस साइंस एण्ड टेक्नॉलोजी केन्द्र की स्थापना थुम्बा 1965 में की गई।
- थल सेना को 7 कमानों में बाँटा गया है।
- भारतीय सेना की सबसे छोटी और सबसे बड़ी इकाई क्रमशः सेक्शन और कोर होती है।
- भारत के प्रथम भारतीय कमांडर इन चीफ जनरल के.एम. करिअप्पा जो बाद में फील्ड मार्शल बने।
- भारतीय सेना के अन्तिम कमांडर इन चीफ महाराज राजेन्द्र सिंह थे।
- भारतीय सेना के प्रथम चीफ ऑफ डिफेंस स्टाफ (CDS) जनरल बिपिन रावत थे।
- नौ सेना को तीन (पश्चिमी, पूर्वी व दक्षिणी) कमानों में बाँटा गया है।
- देश में निर्मित प्रथम पनडुब्बी शाल्की है।
- भारत का सबसे बड़ा नौ सैनिक अड्डा सी बर्ड कारवार (कर्नाटक) है।
- वायु सेना का मुख्यालय नई दिल्ली में है।
- नेशनल डिफेंस अकादमी खडगवासला में स्थित है।
- इंडियन मिलिट्री अकादमी देहरादून में स्थित है।
- इन्फेंट्री स्कूल मऊ में है।
- आर्टिलरी स्कूल दवलाली में है।
- नेशनल डिफेंस कॉलेज नई दिल्ली में है।
- डिफेंस सर्विस स्टॉफ कॉलेज विलिंगटन में है।
- आर्म्ड सेण्टर अहमदनगर में है।
- एयरफोर्स एडमिनिस्ट्रेटिव कॉलेज कोयम्बटूर में स्थित है।
- एयरफोर्स अकादमी हैदराबाद में स्थित है।
- एलीमेन्ट्री फ्लाइंग स्कूल विदर में है।
- इंडियन नेवल अकादमी कोच्चि में है।
- आई.एन.एस. 'चिल्का' भुवनेश्वर में है।
- आई.एन.एस. 'तसिरकार्ल' विशाखापत्तनम में स्थित है।
- आई.एन.एस. 'शिवांगी' लोनावाला में स्थित है।
- इंटेलीजेंस ब्यूरो की स्थापना 1920 में हुई।
- इंटेलीजेंस ब्यूरो का मुख्यालय नई दिल्ली में है।
- केन्द्रीय रिजर्व पुलिस बल (CRPF) की स्थापना 1939 में की गई। केन्द्रीय रिजर्व पुलिस बल का मुख्यालय नई दिल्ली में स्थित है।
- राष्ट्रीय कैडेट कोर (NCC) की स्थापना 1948 में की गई।
- प्रादेशिक सेना की स्थापना 1948 में की गई।
- असम रायफल्स की स्थापना 1950 में की गई।
- होम गार्ड्स की स्थापना 1962 में की गई।
- केन्द्रीय जाँच ब्यूरो (CBI) की स्थापना 1953 में की गई तथा इसका मुख्यालय नई दिल्ली में है।
- इण्डो-तिब्बत सीमा पुलिस की स्थापना 1962 में की गई तथा इसका मुख्यालय नई दिल्ली में है।
- केन्द्रीय औद्योगिक सुरक्षा बल की स्थापना 1969 में की गई तथा इसका मुख्यालय नई दिल्ली में है।
- तट रक्षा बल की स्थापना 1978 में की गई तथा इसका मुख्यालय नई दिल्ली में है।
- राष्ट्रीय सुरक्षा गार्ड की स्थापना 1984 में की गई तथा इसका मुख्यालय नई दिल्ली में है।

- रैपिड एक्शन फ़ोर्स (RAP) की स्थापना 1993 में की गई तथा इसका मुख्यालय नई दिल्ली में है।
- युद्ध सम्बन्धी नृत्य मेघालय का बम्बू नृत्य है।
- बस्तर में डण्डारी नृत्य होली त्योहार पर किया जाता है।
- लोक नृत्य राहुला का सम्बन्ध उत्तर प्रदेश के बुन्देलखण्ड क्षेत्र से है।
- ताण्डव नृत्य का सम्बन्ध वीर और रौद्र रस से है।
- ध्रुपद गायकी के लिए प्रसिद्ध घराना ग्वालियर घराना है।
- बड़े गुलाम अली पटियाला घराना से सम्बन्धित थे।
- सुप्रसिद्ध ठुमरी गायिका गिरिजा देवी का सम्बन्ध बनारस घराना से है।
- गायन की ध्रुपद शैली का आरम्भ मानसिंह तोमर ने किया।
- वर्तमान समय में हिन्दुस्तानी संगीत की सर्वाधिक लोकप्रिय गायन शैली खयाल है।
- ग्वालियर घराने को खयाल गायिकी का जन्मदाता माना जाता है।
- बेगम अख्तर का नाम शास्त्रीय गजल व ठुमरी से सम्बद्ध है।
- 'कर्नाटक संगीत का पितामह' पुरन्दर दास को कहा जाता है।
- शास्त्रीय संगीत सामवेद से लिया गया है।
- गजलों का जनक अमीर खुसरो को कहा जाता है।
- संगीतकार तानसेन का सम्बन्ध रीवा, ग्वालियर, मुगल राज दरबार से रहा है।
- भातखण्डे संगीत महाविद्यालय लखनऊ में स्थित है।
- अमीर खुसरो का नाम सितार वाद्ययंत्र के आविष्कार से सम्बन्धित है।
- प्रातःकाल में गाया जाने वाला राग दरबारी है।
- प्राचीनतम हिन्दुस्तानी गायन शैली ध्रुपद है।
- राग देस रात्रि के द्वितीय प्रहर में गाया जाता है।
- शास्त्रीय संगीत के सिद्धान्त की विवेचना सामवेद में की गई है।
- हिन्दुस्तानी संगीत का सर्वाधिक प्राचीन घराना ग्वालियर घराना है।
- पण्डित रविशंकर को सितार वाद्ययंत्र को बजाने में विशिष्टता प्राप्त थी।
- मुँह से बजाया जाने वाला वाद्य यंत्र अलगोजा है।
- शहनाई वाद्य-यंत्र वायु द्वारा संचालित होता है।
- गुदई महाराज का सम्बन्ध तबला वाद्य यंत्र से है।
- प्राचीन सिक्कों पर वीणा बजाते हुए दिखाया गया हिन्दू राजा समुद्रगुप्त था।
- औरंगजेब मुगल शासक वीणा वादन के लिए प्रसिद्ध था।
- उस्ताद बिस्मिल्ला खाँ शहनाई वाद्ययंत्र को बजाते थे।
- विलायत खान सितार वाद्ययंत्र से सम्बन्ध रखते हैं।
- एस. बालचन्द्रन वीणा वाद्ययंत्र से सम्बन्धित हैं।
- हरिप्रसाद चौरसिया ने बांसुरी वादन क्षेत्र में प्रसिद्धि अर्जित की है।
- वी.जी. जोग वायलिन वाद्य संगीत के लिए प्रसिद्ध हैं।
- गोविन्द स्वामी पिल्लाई का सम्बन्ध वायलिन वाद्ययंत्र से है।
- शरण रानी को जिस क्षेत्र में ख्याति प्राप्त है, वह चित्रकला है।
- मधुबनी लोक कला बिहार से सम्बन्धित है।
- पिछवाई कलाकृतियों में बने चित्र भगवान कृष्ण के जीवन से उद्धृत किए गए हैं।
- कवि चित्रकार मोलाराम चित्रकला की गढ़वाल शैली के लिए प्रसिद्ध हैं।
- प्रसिद्ध चित्र मोनालिसा लियोनार्दो द विन्ची ने चित्रित किया है।
- गन्धार शैली की मूर्तिकला में बुद्ध का सारनाथ में हुए प्रथम धर्मोपदेश से सम्बद्ध प्रवचन मुद्रा का नाम धर्मचक्र है।
- भारत में भीमबेटका शिलाश्रय से सर्वाधिक चित्र प्राप्त हुए हैं।
- चित्रकला की मुगल शैली का प्रारम्भ जहाँगीर ने किया था।
- मुगलकालीन शासकों में जहाँगीर के काल को 'चित्रकारी का स्वर्णकाल' कहा जाता है।
- सुप्रसिद्ध चित्र 'बनी-ठनी' किशनगढ़ शैली पर आधारित है।
- कांगड़ा चित्रकला शैली का सम्बन्ध हिमाचल प्रदेश से है।
- अमृता शेरगिल चित्रकार के रूप में प्रसिद्ध हुई।
- एम.एफ. हुसैन ने पेंटिंग की शुरुआत फिल्म के पोस्टरों से की।
- जहाँगीर मुगल शासक चित्रकारों का सबसे बड़ा संरक्षक था।
- भारत की प्राचीन कला परम्पराओं को पुनर्जीवित करने के लिए 'इण्डियन सोसायटी ऑफ ओरिण्टल आर्ट' की स्थापना अवनीन्द्र नाथ टैगोर ने की थी।
- अजन्ता चित्रकारी का विषय-वस्तु बौद्ध धर्म से सम्बन्धित है।
- भारतीय एवं यूनानी सभ्यताओं ने गन्धार कला शैली की रचना में सहायता प्रदान की है।
- गुफा चित्रों में से सबसे पुराने चित्र एलोरा से हैं।
- मूर्तिकला की गन्धार स्कूल शैली भारतीय एवं ग्रीक शैलियों का सम्मिश्रण थी।

- सरहुल पर्व का सम्बन्ध झारखण्ड से है।
- कर्मा पर्व का सम्बन्ध बिहार-झारखण्ड से है।
- 'ओणम' केरल का प्रमुख त्योहार है।
- 'पोंगल' तमिलनाडु का प्रमुख त्योहार है।
- भोगाली बिहू एवं रंगोली बिहू असम का प्रमुख त्योहार है।
- 'वैशाखी' पंजाब में मनाया जाने वाला प्रमुख त्योहार है।
- 'युगादि' गुजरातियों का नववर्ष पर्व है।
- 'लोसांग' उत्सव सिक्किम में मनाया जाता है।
- पारसी नववर्ष दिवस नवरोज कहलाता है।
- वार्षिक पुष्कर मेला ऊँट के व्यापार के लिए प्रसिद्ध है।
- नौरोज त्योहार पारसी से सम्बन्धित है।
- हिन्दू पर्व दीपावली 'थारू' जनजाति द्वारा शोक पर्व के रूप में मनाया जाता है।
- हिन्दू-मुस्लिम एकता का प्रतीक सुलहकुल उत्सव आगरा में आयोजित किया जाता है।
- प्रसिद्ध 'केला देवी मेला' करौली में आयोजित होता है।
- सन्त कबीर के सम्मान में 'मगहर महोत्सव' वर्ष 1990 में प्रारम्भ किया था।
- रासलीला, याओसंग, लाई हरीबा आदि त्योहार मणिपुरी लोगों के हैं।
- चपचार कूट त्योहार मिजोरम में मनाया जाता है।
- देवाशरीफ में प्रतिवर्ष प्रसिद्ध सूफी संत हाजी वारिस अली शाह मजार पर मेला लगता है।
- बाल गंगाधर तिलक ने महाराष्ट्र के गणपति उत्सव का ऐसा कायाकल्प किया कि यह एक राष्ट्रीय उत्सव हो गया और उसका स्वरूप राजनीतिक हो गया।
- पुरी में रथयात्रा भगवान जगन्नाथ के सम्मान में निकाली जाती है।
- अन्तर्राष्ट्रीय प्रसिद्ध सूरजकुण्ड क्राफ्ट मेला फरीदाबाद में लगता है।
- हाथी उत्सव जयपुर में मनाया जाता है।
- 'बैलूर मठ' कोलकाता में अवस्थित है।
- 'इन्दिरा प्वाइण्ट' अंडमान-निकोबार में स्थित है।
- 'खुदाबख्श ओरिएण्टल पब्लिक लाइब्रेरी' पटना में स्थित है।
- विनोबा भावे द्वारा स्थापित 'पवनार आश्रम' महाराष्ट्र में स्थित है।
- प्रख्यात सांस्कृतिक केन्द्र 'भारत भवन' भोपाल में स्थित है।
- 'लैंसडाऊन' पर्वतीय नगर उत्तराखंड में स्थित है।
- 'आनन्द भवन' प्रयागराज में स्थित है।
- 'शालीमार बाग' और 'निशात बाग' श्रीनगर में स्थित हैं।
- 'विवेकानन्द रॉक मेमोरियल' रामेश्वरम् में स्थित है।
- 'सालारजंग संग्रहालय' हैदराबाद में स्थित है।
- 'गेटवे ऑफ इण्डिया' मुम्बई में अवस्थित है।
- विश्वविख्यात 'रॉक गार्डेन' चण्डीगढ़ में स्थित है।
- 'झारखण्ड का शिमला' राँची को कहा जाता है।
- 'जवाहर सुरंग' जम्मू-कश्मीर में है।
- 'डायमण्ड हार्बर' और 'साल्ट-लेक सिटी' कोलकाता में स्थित हैं।
- भारतीय युद्ध स्मारक का पुरातत्व संग्रहालय नई दिल्ली में स्थित है।
- बहमनी सुल्तानों का 'गोल गुम्बज' बीजापुर में स्थित है।
- एत्माउद्दौला का मकबरा आगरा में शाहजहाँ ने बनवाया।
- विश्व का सबसे ऊँचा कहा जाने वाला 'विश्व शान्ति स्तूप' बिहार के राजगीर में है।
- साँची का महान स्तूप मध्य प्रदेश में है।
- दक्षिण भारत में पर्वतीय सैरगाह 'उद्गमंडलम' या 'ऊँटी' तमिलनाडु में स्थित है।
- भारत में प्राचीनतम तारामंडल गृह कोलकाता में है।
- जयपुर, दिल्ली, मथुरा तथा उज्जैन में जन्तर-मन्तर के नाम से वेधशाला का निर्माण सवाई राजा जयसिंह ने कराया था।
- प्रसिद्ध ऐलीफेन्टा गुफाएँ मुम्बई के समीप स्थित हैं।
- गारो हिल्स मेघालय में है।
- ग्वालियर का किला राजा मानसिंह तोमर ने बनवाया था।
- श्रृंगेरी, बद्रीनाथ, द्वारका और पुरी में चार मठ आदि शंकराचार्य द्वारा स्थापित किए गए थे।
- एफिल टॉवर जो 1887 से 1889 के बीच निर्मित की गई थी, वह पेरिस में स्थित है।
- फीनिक्स फॉर्म डरबन में है।
- स्टेच्यू ऑफ लिबर्टी यू.एस.ए. में बना हुआ है।
- पंजशीर घाटी अफगानिस्तान में स्थित है।
- कम्बोडिया में भारतीय स्थापत्य कला का एक उत्कृष्ट नमूना अंगकोरवाट मन्दिर है।
- कम्बोडिया स्थित 'अंगकोरवाट मन्दिर' विष्णु देवता को समर्पित है।
- 'वेलिंग वाल' (Wailing Wall) जेरूसलम में स्थित है।

- भारत में निजी क्षेत्र में पहला रेडियो स्टेशन बंगलौर में स्थापित किया गया।
- भारत का सबसे ऊँचा टी.वी. टॉवर पीतमपुरा में स्थापित है।
- दूरदर्शन से हिन्दी समाचार के प्रसारण की शुरुआत 15 अगस्त, 1965 में हुई।
- भारत में रेडियो प्रसारण का प्रारम्भ वर्ष 1927 ई. में हुआ।
- वर्ष 1936 ई. में भारतीय प्रसारण सेवा का नाम परिवर्तित कर 'ऑल इण्डिया रेडियो' (A.I.R.) कर दिया गया।
- आकाशवाणी के प्रतीक-चिह्न में 'बहुजन हिताय, बहुजन सुखाय' अंकित है।
- वर्ष 1965 ई. में दूरदर्शन (Television) को आकाशवाणी से पृथक् कर 'दूरदर्शन' नामक स्वतंत्र संगठन की स्थापना की गई।
- वर्ष 1957 ई. में 'ऑल इण्डिया रेडियो' का नाम परिवर्तित कर 'आकाशवाणी' किया गया।
- दूरदर्शन की वाणिज्यिक सेवा जनवरी, 1986 में प्रारम्भ हुई।
- 'ग्रीन चैनल' एक डाक सेवा है।
- भारत में 'डाक सूचकांक प्रणाली' की शुरुआत वर्ष 1972 में हुई।
- भारत में STD सेवा की शुरुआत वर्ष 1960 में हुई।
- भारत में पहली STD सेवा दो स्थानों लखनऊ-कानपुर के मध्य शुरू हुई।
- 'प्रोजेक्ट ऐरो' का सम्बन्ध डाकघर के आधुनिकीकरण से है।
- विश्व में डाकघरों का सबसे बड़ा जाल भारत में पाया जाता है।
- भारत की प्रथम महिला राष्ट्रपति श्रीमती प्रतिभा देवी सिंह पाटिल हैं।
- भारत की प्रथम महिला प्रधानमंत्री श्रीमती इंदिरा गाँधी हैं।
- यूपीएससी की प्रथम महिला अध्यक्ष रोज मिलियन बैथ्यू हैं।
- भारत की प्रथम महिला शासिका रजिया सुल्तान हैं।
- भारत की प्रथम महिला आई.ए.एस. अन्ना जॉर्ज हैं।
- भारत की प्रथम महिला आई.पी.एस. किरण बेदी हैं।
- ओलम्पिक में वैयक्तिक स्पर्धा में भारत के लिए पहला स्वर्ण पदक जीतने वाला खिलाड़ी अभिनव बिन्द्रा (10 मी. एयर राइफल, 2008) है।
- ब्रिटिश संसद का सदस्य बनने वाला प्रथम भारतीय दादाभाई नौरोजी थे।
- ह्वाइट पेपर भारत और ब्रिटेन का सरकारी दस्तावेज है।
- येलो बुक फ्रांस का सरकारी दस्तावेज है।
- ग्रीन बुक इटली और ईरान का सरकारी दस्तावेज है।
- ह्वाइट बुक जर्मनी, चीन और पुर्तगाल का सरकारी दस्तावेज है।
- ऑरेन्ज बुक नीदरलैण्ड का सरकारी दस्तावेज है।
- ग्रे बुक बेल्जियम और जापान का सरकारी दस्तावेज है।

वस्तुनिष्ठ प्रश्नोत्तर

1. 'मोहिनी अट्टम' परम्परागत नृत्य है:

A. आन्ध्र प्रदेश का B. कर्नाटक का
C. केरल का D. तमिलनाडु का

2. 'बाबा गरियापूजा' त्योहार मनाया जाता है:

A. अरुणाचल प्रदेश में B. हिमाचल प्रदेश में
C. राजस्थान में D. त्रिपुरा में

3. निम्नलिखित में से किस हिन्दू त्योहार को थारू लोग 'शोक पर्व' के रूप में मनाते हैं?

A. दशहरा B. दीपावली
C. होली D. नागपंचमी

4. चक्यारकूथू नृत्य (Chakiarkoothu Dance) के विषय में निम्नलिखित कथनों पर विचार कीजिए:

1. यह चाक्यार (Chakiar) जाति द्वारा किया जाता है।
2. परम्परागत रूप से यह हिन्दुओं की उच्च जातियों में नहीं देखा जा सकता।
3. मियावु (Mizhavu) संगीत वाद्य है।
4. इसका नाट्य रूप कूथाम्बलम (Koothambalam) है।

इनमें से कौन-कौन से कथन सही हैं?

A. 1, 3 और 4 B. 1, 2 और 3
C. 2, 3 और 4 D. 1, 2 और 4

5. निम्न में से किसे 'गजलों का जनक' कहा जाता है?

A. अमीर खुसरो B. मिर्जा गालिब
C. उमर खय्याम D. बहादुरशाह जफर

6. संथाल जनजाति के लोगों द्वारा बोली जाने वाली भाषा किस भारतीय भाषा-समूह के अंतर्गत आती है?

A. आस्ट्रिक B. चीनी-तिब्बती

C. द्रविड़ D. आर्य

7. 'बणी-ठणी' नामक चित्र किस चित्रकला शैली से संबद्ध है?

A. किशनगढ़ शैली B. बूंदी शैली
C. अलवर शैली D. बीकानेरी शैली

8. प्रथम अभिनेत्री जो राज्यसभा के लिए नामांकित की गई:

A. जयललिता B. वैजयन्तीमाला
C. नरगिस दत्त D. देविका रानी

9. वह कौन एकमात्र भारतीय है, जिसको ग्रेट ब्रिटेन में 'लॉर्ड' का खिताब दिया गया है?

A. स्वर्ण सिंह B. एल.एन. मित्तल
C. स्वराज पॉल D. धनराज पाल

10. जे.एल. बेयर्ड का नाम किस आविष्कार से जुड़ा हुआ है?

A. बैरोमीटर B. हेलीकॉप्टर
C. टेलीविजन D. टेलीफोन

11. संयुक्त राज्य अमेरिका के इतिहास में एकमात्र अनिर्वाचित राष्ट्रपति थे:

A. मुनरो B. निक्सन
C. फोर्ड D. कार्टर

12. प्रथम महिला जो उत्तरी ध्रुव पर पहुँची, थी:

A. ऐन बैनक्रोफ्ट B. एलिजाबेथ
C. लूसी जेनीफर D. ची हा लुंग

13. भारत में किसी राज्य की राज्यपाल बनने वाली पहली महिला हैं

A. राजकुमारी अमृत कौर B. पद्मजा नायडू
C. सरोजिनी नायडू D. सरला ग्रेवाल

14. अल्फ्रेड नोबेल ने किसका आविष्कार किया?

A. माइक्रोफोन B. टाइपराइटर
C. डायनामाइट D. ग्रामोफोन

15. कालीदास की संस्कृत रचना 'अभिज्ञानशाकुंतलम्' का अंग्रेजी अनुवाद सर्वप्रथम किसके द्वारा किया गया?

A. सर रिचर्ड बर्टन B. चार्ल्स विलकिंसन
C. मैक्स मूलर D. सर विलियम जोंस

16. भारत का प्रथम एवं पूरी तरह से गैर कांग्रेसी प्रधानमंत्री कौन रहे हैं?

A. मोरारजी देसाई B. चौ. चरण सिंह
C. वी.पी. सिंह D. अटल बिहारी वाजपेयी

17. सर्वोच्च न्यायालय की प्रथम महिला न्यायाधीश निम्न में से कौन रही हैं?

A. लीला सेठ B. मीरा साहिब फातिमा बीबी
C. अन्ना चांडी D. राधाबाई सुब्बाराव

18. निम्न में से कौन भारत के प्रथम लोकसभा अध्यक्ष थे?

A. दिलीप सिंह B. बलिराम भगत
C. जी.वी. मावलंकर D. सत्येंद्र प्र. सिंह

19. निम्न में से किसे 'प्रकृति का सुकुमार कवि' कहा जाता है?

A. मैथिलीशरण गुप्त B. फणीश्वर नाथ रेणु
C. सुमित्रानंदन पंत D. निर्मल वर्मा

20. निम्न में से किसने 'संपूर्ण क्रांति' का नारा दिया था?

A. जयप्रकाश नारायण B. सरदार बल्लभ सिंह
C. मोरारजी देसाई D. कर्पूरी ठाकुर

21. भारत के प्रथम मुख्य चुनाव आयुक्त कौन थे?

A. टी.एन. शेषन B. बी.के. हलधर
C. सुकुमार सेन D. एन. कृष्णमूर्ति

22. राष्ट्रीय विज्ञान दिवस मनाया जाता है:

A. जनवरी 28 को B. फरवरी 28 को
C. मार्च 28 को D. अप्रैल 28 को

23. विश्व परिवेश दिवस मनाया जाता है:

A. 21 मार्च को B. 23 मार्च को
C. 5 जून को D. 5 अक्टूबर को

24. प्रतिवर्ष 13 फरवरी को महिला दिवस मनाया जाता है, स्मृति में:

A. इन्दिरा गाँधी की B. कमला नेहरू की
C. सरोजिनी नायडू की D. रानी लक्ष्मीबाई की

25. सामाजिक अधिकारिता स्मृति दिवस कब मनाया जाता है?

A. मार्च, 18 B. मार्च, 19
C. मार्च, 20 D. मार्च, 21

26. विश्व वन्य जीव दिवस मनाया जाता है:

A. 21 मार्च को B. 2 मई को
C. 5 जून को D. 21 जून को

27. हिमाचल प्रदेश की कौन-सी जनजाति के पुरुष अपनी पत्नियों के वेश में होते हैं?

A. थारू B. संथाल
C. चेंचू D. कूकी

28. निम्न में से भारत की कौन-सी जनजाति बहुपति प्रथा का पालन करती है?

A. भील B. नागा

C. खस D. कोरकू

29. निम्न में से होपी जनजाति कहाँ पायी जाती है?

A. एरीजोना B. भारत

C. बांग्लादेश D. श्रीलंका

30. राजीव गाँधी राष्ट्रीय युवा विकास संस्थान किस राज्य में स्थित है?

A. तमिलनाडु B. कर्नाटक

C. हिमाचल प्रदेश D. उत्तराखण्ड

31. काण्डला बन्दरगाह स्थित है:

A. खम्भात की खाड़ी में B. कर्क रेखा पर

C. कच्छ का रन में D. कच्छ की खाड़ी में

32. शेवराए पहाड़ियाँ (Hills) कहाँ अवस्थित हैं?

A. आन्ध्र प्रदेश B. कर्नाटक

C. केरल D. तमिलनाडु

33. प्रायद्वीपीय भारत की सबसे बड़ी नदी कौन-सी है?

A. नर्मदा B. गोदावरी

C. महानदी D. कावेरी

34. गुरु शिखर पर्वत चोटी किस राज्य में अवस्थित है?

A. राजस्थान B. गुजरात

C. मध्य प्रदेश D. महाराष्ट्र

35. नगालैण्ड के निवासी निम्न में से किस प्रजाति के कहे जा सकते हैं?

A. कोकेशियन B. मंगोलॉयड

C. नीग्रॉयड D. लोऑयड

36. निम्नलिखित में से कौन-सा एक 'टाप स्लिप' के नाम से भी जाना जाता है?

A. सिमलीपाल राष्ट्रीय उद्यान

B. पेरियार वन्यजीव अभयारण्य

C. मंजीरा वन्यजीव अभयारण्य

D. इन्दिरा गाँधी वन्यजीव अभयारण्य और राष्ट्रीय उद्यान

37. भारत में उत्तर से दक्षिण की ओर जाते हुए नदियों का निम्नलिखित में से सही अनुक्रम कौन-सा है?

A. श्योक – स्पिती – जस्कर – सतलज

B. श्योक – जस्कर – स्पिती – सतलज

C. जस्कर – श्योक – सतलज – स्पिती

D. जस्कर – सतलज – श्योक – स्पिती

38. दस डिग्री चैनल पृथक् करता है:

A. अण्डमान को निकोबार द्वीपों से

B. अण्डमान को म्यान्मार से

C. भारत को श्रीलंका से

D. लक्षद्वीप को मालदीव से

39. एक जनजाति, जो सरहुल त्योहार मनाती है, वह है:

A. संथाल B. मुण्डा

C. भील D. थारू

40. भाखड़ा-नांगल बाँध किस नदी पर बनाया गया है?

A. रावी B. सिन्धु

C. चिनाब D. सतलज

उत्तरमाला

1	2	3	4	5	6	7	8	9	10
C	D	B	A	A	A	A	C	C	C
11	**12**	**13**	**14**	**15**	**16**	**17**	**18**	**19**	**20**
C	A	C	C	D	D	B	C	C	A
21	**22**	**23**	**24**	**25**	**26**	**27**	**28**	**29**	**30**
C	B	D	C	C	A	A	C	A	A
31	**32**	**33**	**34**	**35**	**36**	**37**	**38**	**39**	**40**
D	D	B	A	B	D	B	A	B	D

***